C000003364

German
Pocket Dictionary

German – English
Englisch – Deutsch

Berlitz Publishing
New York · Munich · Singapore

Original edition edited by the
Langenscheidt editorial staff

Project management: Heike Pleisteiner
Lexicographical work: Howard Atkinson,
Martin Fellermayer, Stuart Fortey, Heike Pleisteiner,
Heike Richini, Robin Sawers, Karin Weindl

Book in cover photo: © Punchstock/Medioimages

This dictionary uses the new German spelling system
valid as of 2006.

This dictionary has been created with the help of dictionary databases owned by HarperCollins Publishers Ltd.

© 2009 Berlitz Publishing/APA Publications GmbH & Co.
Verlag KG, Singapore Branch, Singapore

Printed in Germany
ISBN 978-981-268-353-3

09020 (97869)

Contents

How to use this dictionary

Where do I find what I am looking for?

This dictionary contains over 36,000 references, which are listed **in alphabetical order**. The only exceptions to this strict rule are **phrasal verbs**, which are entered directly under the simple verb form. This means, to take an example, that **keep back, keep off, keep out, keep to** and **keep up** are all entered directly under **keep**. The entry for the word **keeper** follows the phrasal verbs, although strictly speaking it ought to come alphabetically between **keep back** and **keep off**.

The letters **ä, ö** and **ü** are treated on the same basis as **a, o** and **u**. Thus the entry for **träumen**, for example, comes between **Traum** and **traumhaft**.

For the **pronunciation** of German words, see the notes on pages 9–14.

How do I find what I am looking for?

The structure of the individual entries is the same for both sections of the dictionary.

Each entry is structured using Arabic numerals (1, 2, 3 etc.). These can differentiate between different **parts of speech** (noun, adjective, adverb, verb, etc.):

> **search 1.** *n* Suche *f* (*for* nach);
> *do a ~ for* IT suchen nach; *in*
> *~ of* auf der Suche nach **2.** *vi*
> suchen (*for* nach) **3.** *vt* durch-
> suchen

They can also differentiate between the different **meanings** of a word:

> **Druck 1.** *m* ⟨-(e)s, Drücke⟩
> PHYS pressure; *fig* ⟨strain⟩
> stress; *jdn unter ~ setzen*
> put sb under pressure **2.** *m*
> ⟨-(e)s, -e⟩ TYPO printing;
> (*product, typeface*) print

What can I find under each entry?

Look at the following entry:

> **cash 1.** *n* Bargeld *nt;* **in ~** bar; **~**
> **on delivery** per Nachnahme
> **2.** *vt* (*check/cheque*) einlösen

This example will serve to illustrate the main elements, which are itemised and explained below:

cash	the **word** itself in **bold print**
1.	Arabic numeral to differentiate between different parts of speech
n	part of speech (in this case, noun) in *italics*
Bargeld	German equivalent of the English word in standard script
nt	gender of the German equivalent (in this case, neuter) in *italics*
;	semi-colon used to separate the translation from the typical usages which follow
in ~	the expression **in cash** in **bold italics**
~	the swung dash as part of the expression stands for the main word **cash**
bar	German equivalent of the English expression in standard script
~ on delivery	the expression **cash on delivery** in **bold italics**
per Nachnahme	German equivalent of the English expression in standard script
2.	Arabic numeral to differentiate between different parts of speech
vt	part of speech (in this case, transitive verb) in *italics*

(*check*/ *cheque*)	typical object of the equivalent German expression (in this case, 'cash a *check/cheque*') placed within brackets and *italicised*
einlösen	German equivalent of the English word in standard script

Are all the entries structured in this way?

Every entry more or less follows the simple structure outlined above. The clear differentiation between various forms and meanings will lead you to the correct translation. In addition, the *italicised* information in brackets can denote a subject or object of the given word, or else it can indicate the general context in which the word is used:

> **break down** *vi* (*car*) eine Panne haben; (*machine*) versagen; (*person*) zusammenbrechen; **break up 1.** *vi* aufbrechen; (*meeting, organisation*) sich auflösen; (*marriage*) in die Brüche gehen (...)

What is the purpose of the information in *italics*?

Information in *italics*, with or without brackets, often provides a more precise indication of the different meanings of a word. This information might refer to synonyms (words with a similar meaning), possible subjects and objects, etc. and is included in order to indicate which translation should be used in any given context.

Italics are also used to provide grammatical information, as well as to clarify the meaning and use of a word for which there is no direct translation:

> **Mehlspeise** *f sweet dish made from flour, eggs and milk*

> **Einwohnermeldeamt** *nt registration office for residents*

Translations of verbs are often followed by the prepositions which they take in *italics*. Equivalents are then given in standard script and the cases they take in *italics*.

> **inform** *vt* informieren (*of,
> about* über + *acc*); **keep sb
> ~ed** jdn auf dem Laufenden
> halten

For further information on the use of *italics*, you should refer to the **List of Abbreviations** on pages 15–16.

What is the purpose of cross-references?

Cross-references are always indicated by the → symbol. They usually refer you to another word of similar meaning or to an alternative spelling of the given word. When you look up the cross-referenced word, you will then find the translation(s) and other relevant information:

> **Januar** *m* ⟨-(s), -e⟩ January; →
> ***Juni***
>
> **Juni** *m* ⟨-(s), -s⟩ June; ***im ~*** in
> June; ***am 4. ~*** on 4(th) June,
> on June 4(th) ; ***Anfang/
> Mitte/Ende ~*** at the be-
> ginning/in the middle/at
> the end of June; ***letzten/
> nächsten ~*** last/next June
>
> **homeopathic** *adj* (*US*) → ***ho-
> moeopathic***
>
> **homoeopathic** *adj* homöo-
> pathisch

What is the purpose of the context indicators?

These help you to differentiate between the various meanings of a word and the contexts in which they are used:

> **dressing** *n* GASTR Dressing *nt*,
> Soße *f*; MED Verband *m*

The most common of these indicators are written in SMALL CAPITAL LETTERS and can be found in the **List of Abbreviations** on pages 15–16. Less common indicators are not abbreviated and are given in *italics*.

> **knight** *n* Ritter *m*; (*in chess*)
> Pferd *nt*, Springer *m*

How is the register of a word indicated?

This dictionary provides information on the following types of register: *fig* (figurative), *pej* (pejorative or derogatory), *fam* (familiar or informal) and *vulg* (vulgar). As far as possible, translations of words with such indicators have been chosen to reflect the same register. In other words, a vulgar German word or expression will be translated by a suitably vulgar English word or expression, and so on. These indicators can be found in the **List of Abbreviations** on pages 15–16.

What type of grammatical information can I find in this dictionary?

A list of the **Irregular German Verbs** contained in this dictionary can be found in the appendix on pages 599–602. Irregular verb forms are given in italics immediately after the verb and are also listed as separate entries:

> **schwimmen** ⟨schwamm, ge-
> schwommen⟩ *vi* swim
>
> **schwamm** *imperf* → **schwim-
> men**
>
> **geschwommen** *pp* →
> **schwimmen**

Irregular **plural forms**, as well as the **genitive forms**, are given after the relevant nouns:

> **Haus** *nt* ⟨-es, Häuser⟩ house;
> *nach* ~*e* home; *zu* ~*e* at
> home

The **List of Abbreviations** on pages 15–16 contains all the indicators for grammatical information used in this dictionary.

What can I find in the appendices?

In addition to the **Irregular German Verbs** mentioned above (pp. 599–602), the appendices also include chapters on **Numbers** (pp. 603–605), **European currency** (p. 605), **Temperatures** (p. 606) and **Weights and measures** (pp. 607–608).

Notes on the pronunciation of German words

The rules governing the pronunciation of German words tend to be more straightforward than their English equivalents – and there are fewer exceptions. This means that you can apply these rules consistently without any great fear of being incorrect.

In order to help you understand the basic rules, we have divided our guidelines into the following sections: **consonants**, **vowels**, **stress**.

We have concentrated on those German sounds which follow different rules from their English equivalents and on those which do not exist in English at all.

Consonants

Silent consonants

The only silent consonant in German is **h**, which is silent or not depending on its position in a word. It is pronounced at the beginning of a word (as in **Held** *hero*) or between two vowels (as in the name **Johannes**). It is silent when it comes between a vowel and a consonant (as in **Fehler** *mistake*) and when it comes at the end of a word (as in **froh** *happy*).

When **h** is used in combination with other consonants (such as in **sch** and **ch**), different rules apply (see under **combinations of consonants**).

Single and double consonants

Most German single and double consonants are pronounced in the same way as their English equivalents.

The rules and examples below show **only** cases in which they are pronounced differently or (in the case of **ß**) do not exist in English at all.

consonant	rule	example
b	often pronounced **p** (as in the English **p**oet) at the end of a word, sometimes at the end of a syllable	hal**b** **Ab**stieg
c	pronounced **ts** (as in the English bi**ts**) pronounced **k** (as in the English **k**ite) in words of foreign derivation (most cases)	**C**D **C**annabis, **C**ola
d	often pronounced **t** (as in the English taxi) at the end of a word, sometimes at the end of a syllable	Lan**d** un**d** so weiter
g	often pronounced **k** (as in the English **k**ite) at the end of a word, sometimes at the end of a consonant; pronounced **ch** (as in the Scottish loch*) if the word ends in -ig	Zu**g** Flu**g**zeug lusti**g**
h	see **silent consonants** (above)	
j	usually pronounced **y** (as in the English **y**oung)	**J**oghurt
q	pronounced **kv** in combination with the vowel **u**	**Qu**iz
r	rolled at the back of the mouth (similarly to the Scottish **r** sound)	**r**und
s	pronounced **z** (as in the English **z**ebra) when it comes between two vowels	le**s**en

ß	pronounced **s** (as in the English *six*) never occurs at the beginning of a word	**Fußball**
t	pronounced **ts** (as in the English *bits*) when followed by the letters -ion	**Intuition**
v	mostly pronounced **f** (as in the English *fork*)	**verstehen**
	pronounced **v** (as in the English *vote*) in words of Greek or Latin derivation	**Veto**
w	pronounced **v** (as in the English *vote*)	**wo, Wunder**
z	pronounced **ts** (as in the English *bits*)	**Zunge**

*   This sound does not commonly exist in English. It can best be described by comparing it to the sound made at the beginning of the word *human* in the phrase '**a h**uman being'.

Double consonants within one syllable always make the preceding vowel short (**Kra**bbe, **pa**ddeln, **ko**mmen, **gewi**nnen, **mu**ss, **fe**tt)

Combinations of consonants

In German, certain combinations of consonants (if they are pronounced as part of the same syllable) produce a sound which is not found in English. The most difficult for English native speakers is the following sound:

ch   This combination produces a guttural sound which can best be described by comparing it to the sound made at the beginning of the word *human* in the English phrase '**a h**uman being'. However, the sound can be pronounced in two slightly different basic ways, depending on the vowel sound which precedes it: in a word such as **lachen** (*to laugh*), it is produced at the back of the throat (as in Scottish *loch**), whereas in **ich** (*I*) it is produced at the front of the mouth and sounds a little more like the English **sh** (as in *fi***sh**).

The following consonant combinations also produce sounds different from their English equivalents:

chs	pronounced **ks** (as in the English ki**cks**)	**Lachs**, **wachsen**
ng	always pronounced as in the English si**ng**er, never as in fi**ng**er	**Hunger**
sch	always pronounced **sh** (as in the English **sh**oe)	**Frosch**, **Schiff**, **verschwinden**
sp	at the beginning of a word or syllable, pronounced **shp** (as in the English phrase ca**sh p**rize)	**Sport**, **verspätet**
st	at the beginning of a word or syllable, pronounced **sht** (as in the English phrase fi**sh t**ank)	**Stein**, **verstehen**
th	always pronounced **t** (as in the English **t**axi)	**Thunfisch**
tsch	pronounced **ch** (as in the English **ch**icken)	**Quatsch**
tz	pronounced **ts** (as in the English bi**ts**)	**Katze**

Vowels

Long and short vowel sounds

German vowel sounds can be long or short. Certain sounds (such as those produced by the letters **ä**, **ö** and **ü**) have no direct equivalent in English – in these cases we have given an approximation of the sound.

letter (-s)	vowel sound produced	example
a	short (close to the English f**a**n)	**Hammer**
a, ah, aa	long (close to the English marm**a**lade)	**Vater**, **Bahn**, **Aal**
ä	short (close to the English s**e**t)	**ändern**

ä, äh	long (close to the English bear)	**Käfig, ähnlich**
e	short (as in the English wet)	**endlich**
e, ee, eh	long (close to the English gay, but with no concluding y sound)	**edel, Fee, Fehler**
i	short (as in the English igloo)	**in, Kinn**
i, ie	long (as in the English feel)	**Kino, tief**
o	short (as in the English hop)	**kommen**
o, oo, oh	long (close to the English fold)	**los, Moos, Kohl**
oh	long (close to the English more)	**Ohr**
ö	short (close to the English flirt, but shorter)	**können**
ö	long (close to the English flirt)	**Löwe**
u	short (as in the English full)	**Mutter, unter**
u, uh	long (as in the English pool)	**tun, Kuh**
ü	short*	**dünn**
ü, üh	long (close to the English tune, but with a raised tongue)	**über, fühlen**

* There is really no English equivalent to this sound. The word **dünn**, for example can best be produced by pronouncing the English word **din** with pursed lips.

Diphthongs

A diphthong is in effect the combination of two vowel sounds. There are relatively few of these in German.

ei, ai	as in the English my	**fein, Haifisch**
au	as in the English now	**August**
eu, äu	as in the English toy	**neun, äußerst**

Stress

Most German words are stressed on the first syllable. The only major exception to this rule concerns words beginning with prefixes such as **be-**, **ent-** and **ver-**, which are usually stressed on the subsequent syllable (**be**antworten, Ent**täuschung**, ver**muten**).

Additionally, some words of foreign (especially Latin) derivation are stressed on the final syllable (Ca**fé**, Ele**fant**, Sol**dat**, Sta**tion**).

Abbreviations

a.	also	*impers*	impersonal	(*Imperfekt*)
abbr	abbreviation	*in cpds*	in compounds	
acc	accusative	*indef*	indefinite	
acr	acronym	*interj*	interjection	
adj	adjective	*inv*	invariable	
adv	adverb	*irr*	irregular	
AGR	agriculture	IT	IT, computing	
ANAT	anatomy	*jdm*	jemandem	
art	article	*jdn*	jemanden	
ART	fine arts	*jds*	jemandes	
ASTR	astronomy, astrology	*jmd*	jemand	
AUTO	automobiles, traffic	LAW	law	
		LING	linguistics	
AVIAT	aviation	*m*	masculine	
BIO	biology	MATH	mathematics	
BOT	botany	MED	medicine	
Brit	British	METEO	meteorology	
CHEM	chemistry	MIL	military	
COMM	commerce	MUS	music	
conj	conjunction	*n*	noun	
contr	contraction	NAUT	nautical	
dat	dative	*nom*	nominative	
ELEC	electricity	*npl*	plural noun	
esp	especially	*nsing*	singular noun	
etw	etwas	*nt*	neuter	
f	feminine	*num*	numeral	
fam	familiar, informal	*or*	or	
fig	figurative	*pej*	pejorative	
FILM	film, cinema	PHOT	photography	
FIN	finance	PHYS	physics	
GASTR	gastronomy, cooking	*pl*	plural	
		POL	politics	
gen	genitive	*pp*	past participle	
hist	historically	*pref*	prefix	
HIST	history	*prep*	preposition	
imperf	past tense	*pron*	pronoun	

pt	past tense	THEAT	theater/theatre
®	registered trademark	TV	television
		TYPO	typography, printing
RADIO	radio		
RAIL	railways	*US*	North American
REL	religion	*vaux*	auxiliary verb
sb	somebody	*vi*	intransitive verb
Scot	Scottish	*vr*	reflexive verb
sg	singular	*vt*	transitive verb
SPORT	sports	*vulg*	vulgar
sth	something	ZOOL	zoology
TECH	technology	~	swung dash
TEL	telecommunications	→	refer to

German – English

A

A abbr → **Autobahn** ≈ M (*Brit*), ≈ I (*US*)

à prep + acc at … each; *4 Tickets à 8 Euro* 4 tickets at 8 euros each

Aal m ⟨-(e)s, -e⟩ eel

ab 1. prep + dat from; *von jetzt ~* from now on; *Berlin ~ 16:30 Uhr* departs Berlin 16.30; *~ Seite 17* from page 17; *~ 18* from the age of 18 **2.** adv off; *links ~* to the left; *~ und zu* (*or* **an**) now and then (*or* again); *der Knopf ist~* the button has come off

abbauen vt (*tent*) take down; (*in number, degree*) reduce

abbeißen irr vt bite off

abbestellen vt cancel

abbiegen irr vi turn off; (*road*) bend; *nach links / rechts ~* turn left / right

Abbildung f illustration

abblasen irr vt fig call off

abblenden vt, vi AUTO (*die Scheinwerfer*) ~ dip (*Brit*) (*or* dim (*US*)) one's headlights; **Abblendlicht** nt dipped (*Brit*) (*or* dimmed (*US*)) headlights pl

abbrechen irr vt break off; (*building*) pull down; (*end*)

stop; (*computer program*) abort

abbremsen vi brake, slow down

abbringen irr vt *jdn von einer Idee ~* talk sb out of an idea; *jdn vom Thema ~* get sb away from the subject; *davon lasse ich mich nicht ~* nothing will make me change my mind about it

abbuchen vt to debit (*von* to)

abdanken vi resign

abdrehen 1. vt (*gas, water*) turn off; (*light*) switch off **2.** vi (*ship, plane*) change course

Abend m ⟨-s, -e⟩ evening; *am ~* in the evening; *zu ~ essen* have dinner; *heute / morgen / gestern ~* this / tomorrow / yesterday evening; *guten ~!* good evening; **Abendbrot** nt supper; **Abendessen** nt dinner; **Abendgarderobe** f evening dress (*or* gown); **Abendkasse** f box office; **Abendkleid** nt evening dress (*or* gown); **Abendmahl** nt *das ~* (Holy) Communion; **abends** adv in the evening; *montags ~* on

Monday evenings

Abenteuer nt ‹-s, -› adventure; **Abenteuerurlaub** m adventure holiday

aber conj but; (nevertheless) however; **oder ~** alternatively; **~ ja!** (but) of course; **das ist ~ nett von Ihnen** that's really nice of you

abergläubisch adj superstitious

abfahren irr vi leave (or depart) (nach for); (skier) ski down; **Abfahrt** f departure; (from motorway) exit; (in skiing) descent; (piste) run; **Abfahrtslauf** m (in skiing) downhill; **Abfahrtszeit** f departure time

Abfall m waste; (household) rubbish (Brit), garbage (US); **Abfalleimer** m rubbish bin (Brit), garbage can (US)

abfällig adj disparaging; **~ von jdm sprechen** make disparaging remarks about sb

abfärben vi (in the wash) run; fig rub off

abfertigen vt (parcel) prepare for dispatch; (at the border) clear; **Abfertigungsschalter** m (at airport) check-in desk

abfinden irr 1. vt pay off 2. vr **sich mit etw ~** come to terms with sth; **Abfindung** f (money) compensation; (for employee) redundancy payment

abfliegen irr vi (plane) take off; (passenger also) fly off; **Abflug** m departure; (becoming airborne) take-off; **Abflughalle** f departure lounge; **Abflugzeit** f departure time

Abfluss m drain; (of washbasin) plughole (Brit); **Abflussrohr** nt waste pipe; (outside) drainpipe

abfragen vt test; IT call up

abführen 1. vi MED have a laxative effect 2. vt (tax, charges) pay; **jdn ~ lassen** take sb into custody; **Abführmittel** nt laxative

Abgabe f handing in; (of ball) pass; (charge) tax; (of statement) making; **abgabenfrei** adj tax-free; **abgabenpflichtig** adj liable to tax

Abgase pl AUTO exhaust fumes pl; **Abgas(sonder)untersuchung** f exhaust emission test

abgeben irr 1. vt (luggage, key) leave (bei with); (homework etc) hand in; (heat) give off; (statement, judgment) make 2. vr **sich mit jdm ~** associate with sb; **sich mit etw ~** bother with sth

abgebildet adj **wie oben ~** as shown above

abgehen irr vi (letters) go; (button etc) come off; (amount) be taken off; (road) branch off; **von der**

Schule ~ leave school; *sie geht mir ab* I really miss her; *was geht denn hier ab? fam* what's going on here?

abgehetzt *adj* exhausted, shattered

abgelaufen *adj (passport)* expired; *(time, period)* up; *die Milch ist* ~ the milk is past its sell-by date

abgelegen *adj* remote

abgemacht *interj* OK, it's a deal, that's settled, then

abgeneigt *adj einer Sache dat* ~ *sein* be averse to sth; *ich wäre nicht* ~, *das zu tun* I wouldn't mind doing that

Abgeordnete(r) *mf* Member of Parliament

abgepackt *adj* prepacked

abgerissen *adj der Knopf ist* ~ the button has come off

abgesehen *adj es auf jdn / etw* ~ *haben* be after sb/sth; ~ *von* apart from

abgespannt *adj (person)* exhausted, worn out

abgestanden *adj* stale; *(beer)* flat

abgestorben *adj (plant)* dead; *(fingers)* numb

abgestumpft *adj (person)* insensitive

abgetragen *adj (clothes)* worn

abgewöhnen *vt jdm etw* ~ cure sb of sth; *sich etw* ~ give sth up

abhaken *vt* tick off; *das (Thema) ist schon abgehakt* that's been dealt with

abhalten *irr vt (meeting)* hold; *jdn von etw* ~ keep sb away from sth; *(prevent)* keep sb from sth

abhanden *adj* ~ *kommen* get lost

Abhang *m* slope

abhängen 1. *vt (picture)* take down; *(trailer)* uncouple; *(pursuer)* shake off **2.** *irr vi von jdm / etw* ~ depend on sb/sth; *das hängt davon ab, ob …* it depends (on) whether …; **abhängig** *adj* dependent *(von* on)

abhauen *irr* **1.** *vt (branch, arm etc)* cut off **2.** *vi* beat clear off; *hau ab!* get lost!, beat it!

abheben *irr* **1.** *vt (money)* withdraw; *(receiver, playing card)* pick up **2.** *vi (plane)* take off; *(rocket)* lift off; *(in card game)* cut

abholen *vt* collect; *(at station etc)* meet; *(with car)* pick up; **Abholmarkt** *m* cash and carry

abhorchen *vt* MED listen to

abhören *vt (vocabulary)* test; *(phone call)* tap; *(tape etc)* listen to

Abitur *nt* ⟨-s, -e⟩ German school-leaving examination, ≈ A-levels *(Brit)*, ≈ High School Diploma *(US)*

abkaufen *vt jdm etw* ~ buy

sth from sb; *das kauf ich dir nicht ab!* fam I don't believe you

abklingen irr vi (pain) ease; (effect) wear off

abkommen irr vi get away; *von der Straße ~* leave the road; *von einem Plan ~* give up a plan; *vom Thema ~* stray from the point

Abkommen nt ⟨-s, -⟩ agreement

abkoppeln vt (trailer) unhitch

abkratzen 1. vt scrape off **2.** vi fam (die) kick the bucket, croak

abkühlen vi, vr, vt cool down

abkürzen vt (word) abbreviate; *den Weg ~* take a short cut; **Abkürzung** f (of word) abbreviation; (path) short cut

abladen irr vt unload

Ablage f (for documents) tray; (for whole office) filing system

Ablauf m drain; (of events) course; (of deadline) expiry; **ablaufen** irr vi (liquid) drain away; (events) happen; (deadline, passport) expire

ablegen 1. vt put down; (clothes) take off; (habit) get out of; (exam) take, sit; (documents) file away **2.** vi (ship) cast off

ablehnen 1. vt reject; (invitation) decline; (be against) disapprove of; (applicant)

turn down **2.** vi decline

ablenken vt distract; *jdn von der Arbeit ~* distract sb from their work; *vom Thema ~* change the subject; **Ablenkung** f distraction

ablesen vt (text, speech) read; *das Gas / den Strom ~* read the gas / electricity meter

abliefern vt deliver

abmachen vt take off; (date, price etc) agree; **Abmachung** f agreement

abmelden 1. vt (newspaper) cancel; (car) take off the road **2.** vr give notice of one's departure; (from hotel) check out; (member) cancel one's membership

abmessen irr vt measure

abnehmen irr vt **1.** vt take off, remove; (receiver) pick up; (driving licence) take away; (money) get (jdm out of sb); (purchase, fam: believe) buy (jdm from sb) **2.** vi decrease; (slim) lose weight; TEL pick up the phone; *fünf Kilo ~* lose five kilos

Abneigung f dislike (gegen of); (stronger) aversion (gegen to)

abnutzen vt, vr wear out

Abonnement nt ⟨-s, -s⟩ subscription; **Abonnent(in)** m(f) subscriber; **abonnieren** vt subscribe to

abraten irr vi jdm von etw ~ advise sb against sth

abräumen vt **den Tisch ~**

clear the table; **das Geschirr ~** clear away the dishes; (*prize etc*) walk off with

Abrechnung *f* settlement; (*invoice*) bill

abregen *vr fam* calm (*or* cool) down; **reg dich ab!** take it easy

Abreise *f* departure; **abreisen** *vi* leave (*nach* for); **Abreisetag** *m* day of departure

abreißen *irr* **1.** *vt* (*house*) pull down; (*sheet of paper*) tear off; **den Kontakt nicht ~ lassen** stay in touch **2.** *vi* (*button etc*) come off

abrunden *vt* **eine Zahl nach oben / unten** round a number up / down

abrupt *adj* abrupt

ABS *nt abbr* = **Antiblockiersystem** AUTO ABS

Abs. *abbr* → **Absender** from

absagen **1.** *vt* cancel, call off; (*invitation*) turn down **2.** *vi* decline; **ich muss leider ~** I'm afraid I can't come

Absatz *m* COMM sales *pl*; (*in text*) paragraph; (*of shoe*) heel

abschaffen *vt* abolish, do away with

abschalten *vt, vi a. fig* switch off

abschätzen *vt* estimate; (*situation*) assess

abscheulich *adj* disgusting

abschicken *vt* send off

abschieben *irr vt* (*asylum seeker etc*) deport

Abschied *m* ⟨-(e)s, -e⟩ parting; **~ nehmen** say good-bye (*von jdm* to sb); **Abschiedsfeier** *f* farewell party

Abschlagszahlung *f* interim payment

Abschleppdienst *m* AUTO breakdown service; **abschleppen** *vt* tow; **Abschleppseil** *nt* towrope; **Abschleppwagen** *m* breakdown truck (*Brit*), tow truck (*US*)

abschließen *irr vt* (*door*) lock; (*bring to an end*) conclude, finish; (*agreement, deal*) conclude; **Abschluss** *m* close, conclusion; (*of agreement, deal*) conclusion

abschmecken *vt* (*sample*) taste; (*with salt etc*) season

abschminken **1.** *vr* take one's make-up off **2.** *vt fam* **sich** *dat* **etw ~** get sth out of one's mind

abschnallen *vr* undo one's seatbelt

abschneiden *irr* **1.** *vt* cut off **2.** *vi* **gut / schlecht ~** do well / badly

Abschnitt *m* (*of book, text*) section; (*of cheque, ticket*) stub

abschrauben *vt* unscrew

abschrecken *vt* deter, put off

abschreiben *irr vt* copy (*bei, von* from, off); (*give up on*) write off; COMM deduct

abschüssig adj steep

abschwächen vt lessen; (statement, criticism) tone down

abschwellen irr vi (inflammation) go down; (noise) die down

absehbar adj foreseeable; **in ~er Zeit** in the foreseeable future; **absehen** irr 1. vt (end, consequences) foresee 2. vi **von etw ~** refrain from sth

abseits 1. adv out of the way; SPORT offside **2.** prep + gen away from; **Abseits** nt SPORT offside; **Abseitsfalle** f SPORT offside trap

absenden irr vt send off; (letter etc) post; **Absender(in)** m(f) ⟨-s, -⟩ sender

absetzen 1. vt (glass, spectacles etc) put down; (passenger) drop (off); COMM sell; FIN deduct; (cancel) drop **2.** vr (leave) clear off; (mud etc) be deposited

Absicht f intention; **mit ~** on purpose; **absichtlich** adj intentional, deliberate

absolut adj absolute

abspecken vi fam lose weight

abspeichern vt IT save

absperren vt block (or close) off; (door) lock; **Absperrung** f blocking (or closing) off; (obstacle) barricade

abspielen 1. vt (CD etc) play **2.** vr happen

abspringen irr vi jump down / off; (participant) drop out (von of)

abspülen vt rinse; (dishes) wash (up)

Abstand m distance; (time gap) interval; **~ halten** keep one's distance

abstauben vt, vi dust; fam (steal) pinch

Abstecher m ⟨-s, -⟩ detour

absteigen irr vi (from bicycle etc) get off, dismount; (at hotel) stay (in + dat at)

abstellen vt (bag, tray etc) put down; (car) park; (light, machine etc) turn (or switch) off; (bad practice etc) stop; **Abstellraum** m store room

Abstieg m ⟨-(e)s, -e⟩ (from mountain) descent; SPORT relegation

abstimmen vi vote **2.** vt (aims, dates) fit in (auf + acc with); **Dinge aufeinander ~** coordinate things **3.** vr come to an agreement (or arrangement)

abstoßend adj repulsive

abstrakt adj abstract

abstreiten irr vt deny

Abstrich m MED smear; **~e machen** cut back (an + dat on); (expect less) lower one's sights

Absturz m fall; AVIAT, IT crash; **abstürzen** vi fall; AVIAT, IT crash

absurd adj absurd

Abszess m ⟨-es, -e⟩ abscess

abtauen vt, vi thaw; (fridge) defrost

Abtei f ⟨-, -en⟩ abbey

Abteil nt ⟨-(e)s, -e⟩ compartment

Abteilung f (in firm, department store) department; (in hospital) section

abtreiben irr 1. vt (child) abort 2. vi be driven off course; MED carry out an abortion; (pregnant woman) have an abortion; **Abtreibung** f abortion

abtrocknen vt dry

abwarten 1. vt wait for; **das bleibt abzuwarten** that remains to be seen 2. vi wait

abwärts adv down

Abwasch m ⟨-(e)s⟩ washing-up; **abwaschen** irr vt (dirt) wash off; (dishes) wash (up)

Abwasser nt ⟨-s, Abwässer⟩ sewage

abwechseln vr alternate; **sich mit jdm ~** take turns with sb; **abwechselnd** adv alternately; **Abwechslung** f change; **zur ~** for a change

abweisen irr vt turn away; (application) turn down; **abweisend** adj unfriendly

abwesend adj absent; **Abwesenheit** f absence

abwiegen irr vt weigh (out)

abwimmeln vt fam **jdn ~** get rid of sb, give sb the elbow

abwischen vt (face, table etc) wipe; (dirt) wipe off

abzählen vt count; (money) count out

Abzeichen nt badge

abzeichnen 1. vt draw, copy; (document) initial 2. vr stand out; fig (be imminent) loom

abziehen irr vt 1. take off; (bed) strip; (key) take out; (number, amount) take away, subtract 2. vi go away

Abzug m (photo) print; (opening) vent; (of troops) withdrawal; (of amount) deduction; **nach ~ der Kosten** charges deducted; **abzüglich** prep + gen minus; **~ 20% Rabatt** less 20% discount

abzweigen 1. vi branch off 2. vt set aside; **Abzweigung** f junction

Accessoires pl accessories pl

ach interj oh; **~ so!** oh, I see; **~ was!** (surprised) really?; (annoyed) don't talk nonsense

Achse f ⟨-, -n⟩ axis; AUTO axle

Achsel f ⟨-, -n⟩ shoulder; armpit

Achsenbruch m AUTO broken axle

acht num eight; **heute in ~ Tagen** in a week('s time), a week from today

Acht f ⟨-⟩ **sich in ~ nehmen** be careful (vor + dat of), watch out (vor + dat for); **etw außer ~ lassen** disregard sth

achte(r, s) adj eighth; → **drit-**

te; **Achtel** nt ⟨-s, -⟩ (fraction) eighth; (liquid measure) eighth of a litre; (glass of wine) ≈ small glass

achten 1. vt respect **2.** vi pay attention (auf + acc to)

Achterbahn f big dipper, roller coaster

achtgeben vi take care (auf + acc of)

achthundert num eight hundred; **achtmal** adv eight times

Achtung 1. f attention; (esteem) respect **2.** interj look out

achtzehn num eighteen; **achtzehnte(r, s)** adj eighteenth; → **dritte**; **achtzig** num eighty; **in den ~er Jahren** in the eighties; **achtzigste(r, s)** adj eightieth

Acker m ⟨-s, Äcker⟩ field

Action f ⟨-, -s⟩ fam action; **Actionfilm** m action film

Adapter m ⟨-s, -⟩ adapter

addieren vt add (up)

Adel m ⟨-s⟩ nobility; **adelig** adj noble

Ader f ⟨-, -n⟩ vein

Adjektiv nt adjective

Adler m ⟨-s, -⟩ eagle

adoptieren vt adopt; **Adoption** f ⟨-, -en⟩ adoption; **Adoptiveltern** pl adoptive parents pl; **Adoptivkind** nt adopted child

Adrenalin nt ⟨-s⟩ adrenalin

Adressbuch nt directory; (personal) address book; **A-**

dresse f ⟨-, -n⟩ address; **adressieren** vt address (an + acc to)

Advent m ⟨-s, -⟩ Advent; **Adventskranz** m Advent wreath

Adverb nt adverb

Aerobic nt ⟨-s⟩ aerobics sg

Affäre f ⟨-, -n⟩ affair

Affe m ⟨-n, -n⟩ monkey

Afghanistan nt ⟨-s⟩ Afghanistan

Afrika nt ⟨-s⟩ Africa; **Afrikaner(in)** m(f) ⟨-s, -⟩ African; **afrikanisch** adj African

After m ⟨-s, -⟩ anus

Aftershave nt ⟨-(s), -s⟩ aftershave

AG f ⟨-, -s⟩ abbr → **Aktiengesellschaft** plc (Brit), corp. (US)

Agent(in) m(f) agent; **Agentur** f ⟨-, -en⟩ agency

aggressiv adj aggressive

Ägypten nt ⟨-s⟩ Egypt

ah interj ah, ooh

äh interj er, um; (disgusted) ugh

aha interj I see, aha

ähneln 1. vi + dat be like, resemble **2.** vr be alike (or similar)

ahnen vt suspect; **du ahnst es nicht!** would you believe it?

ähnlich adj similar (dat to); **jdm ~ sehen** look like sb; **Ähnlichkeit** f similarity

Ahnung f idea; (vague) suspicion; **keine ~!** no idea; **ah-**

nungslos *adj* unsuspecting

Ahorn *m* ⟨-s, -e⟩ maple

Aids *nt* ⟨-⟩ Aids; **aidskrank** *adj* suffering from Aids; **Aidstest** *m* Aids test

Airbag *m* ⟨-s, -s⟩ AUTO airbag; **Airbus** *m* airbus

Akademie *f* ⟨-, -n⟩ academy; **Akademiker(in)** *m(f)* ⟨-s, -⟩ (university) graduate

akklimatisieren *vr* acclimatize oneself

Akkordeon *nt* ⟨-s, -s⟩ accordion

Akku *m* ⟨-s, -s⟩ (storage) battery

Akkusativ *m* accusative (case)

Akne *f* ⟨-, -⟩ acne

Akrobat(in) *m(f)* ⟨-s, -en⟩ acrobat

Akt *m* ⟨-(e)s, -e⟩ act; ART nude

Akte *f* ⟨-, -n⟩ file; *etw zu den ~n legen a.* fig file sth away; **Aktenkoffer** *m* briefcase

Aktie *f* ⟨-, -n⟩ share; **Aktiengesellschaft** *f* public limited company (*Brit*), corporation (*US*)

Aktion *f* campaign; (*military, police*) operation

Aktionär(in) *m(f)* ⟨-s, -e⟩ shareholder

aktiv *adj* active; **aktivieren** *vt* activate

aktualisieren *vt* update; **aktuell** *adj* (*subject*) topical; (*modern*) up-to-date; (*problem*) current; *nicht mehr ~* no longer relevant

Akupunktur *f* acupuncture

Akustik *f* acoustics *sg*; **akustisch** *adj* acoustic

akut *adj* acute

AKW *nt* ⟨-s, -s⟩ *abbr* → *Atomkraftwerk* nuclear power station

Akzent *m* ⟨-(e)s, -e⟩ accent; (*emphasis*) stress; *mit starkem schottischen ~* with a strong Scottish accent

akzeptieren *vt* accept

Alarm *m* ⟨-(e)s, -e⟩ alarm; **Alarmanlage** *f* alarm system; **alarmieren** *vt* alarm; *die Polizei ~* call the police

Albanien *nt* ⟨-s⟩ Albania

Albatros *m* ⟨-ses, -se⟩ albatross

albern *adj* silly

Albtraum *m* nightmare

Album *nt* ⟨-s, Alben⟩ album

Algen *pl* algae *pl*, seaweed *sg*

Algerien *nt* ⟨-s⟩ Algeria

Alibi *nt* ⟨-s, -s⟩ alibi

Alimente *pl* maintenance *sg*

Alkohol *m* ⟨-s, -e⟩ alcohol; **alkoholfrei** *adj* non-alcoholic; *~es Getränk* soft drink; **Alkoholiker(in)** *m(f)* ⟨-s, -⟩ alcoholic; **alkoholisch** *adj* alcoholic; **Alkoholtest** *m* breathalyser® test (*Brit*), alcohol test (*US*)

All *nt* ⟨-s⟩ universe

alle(r, s) 1. *pron* all; *~ Passagiere* all passengers; *wir ~* all of us; *~ beide* both of us / you / them; *~ vier Jahre* every four years; *~ 100 Me-*

ter every 100 metres; → *alles* 2. *adv fam* finished

Allee *f* ⟨-, -n⟩ avenue

allein *adj, adv* alone; (*unaided*) on one's own, by oneself; *nicht* ~ not only; (*unaided*) **erziehend** *adj* ~ *e Mutter* single mother; **Alleinerziehende(r)** *mf* single mother / father / parent; **alleinstehend** *adj* single, unmarried

allerbeste(r, s) *adj* very best

allerdings *adv* admittedly; (*definitely*) certainly, sure (*US*)

allererste(r, s) *adj* very first; *zu allererst* first of all

Allergie *f* allergy; **Allergiker(in)** *m(f)* ⟨-s, -⟩ Allergy sufferer; **allergisch** *adj* allergic (*gegen* to)

allerhand *adj inv fam* all sorts of; *das ist doch ~!* (*reproaching*) that's the limit

Allerheiligen *nt* ⟨-⟩ All Saints' Day

allerhöchste(r, s) *adj* very highest; **allerhöchstens** *adv* at the very most; **allerlei** *adj inv* all sorts of; **allerletzte(r, s)** *adj* very last; **allerwenigste(r, s)** *adj* very least

alles *pron* everything; ~ *Gute!* all the best!; ~ *in allem* all in all; → *alle*

Alleskleber *m* ⟨-s, -⟩ all-purpose glue

allgemein *adj* general; *im Allgemeinen* in general

Allgemeinarzt *m*, **Allge-**

meinärztin *f* GP (*Brit*), family practitioner (*US*)

Alligator *m* ⟨-s, -en⟩ alligator

alljährlich *adj* annual

allmählich 1. *adj* gradual 2. *adv* gradually

Allradantrieb *m* all-wheel drive

Alltag *m* everyday life; **alltäglich** *adj* everyday; (*average*) ordinary; (*life, walk etc*) daily

allzu *adv* all too

Allzweckreiniger *m* ⟨-s, -⟩ multi-purpose cleaner

Alpen *pl die* ~ the Alps *pl*

Alphabet *nt* ⟨-(e)s, -e⟩ alphabet; **alphabetisch** *adj* alphabetical

Alptraum *m* → **Albtraum**

als *conj* (*comparison*) than; (*time*) when; *das Zimmer ist größer* ~ *das andere* this room is bigger than the other; *das Essen war billiger* ~ *ich erwartet hatte* the meal was cheaper than I expected (it to be); ~ *Kind* as a child; *nichts* ~ (*Ärger*) nothing but (trouble); *anders* ~ different from; *erst* ~ only when; ~ *ob* as if

also 1. *conj* so, therefore 2. *adv, interj* so; ~ *gut* (*or schön*)! okay then!

alt *adj* old; *wie* ~ *sind Sie?* how old are you?; *28 Jahre* ~ 28 years old; *vier Jahre älter* four years older

Altar *m* ⟨-(e)s, Altäre⟩ altar

Alter nt ‹-s, -› age; (last period of life) old age; **im ~ von** at the age of; **er ist in meinem ~** he's my age

alternativ adj alternative; (concerned for the environment) ecologically minded; (farming) organic; **Alternative** f alternative

Altersheim nt old people's home

Altglas nt used glass; **Altglascontainer** m bottle bank; **altmodisch** adj old-fashioned; **Altpapier** nt waste paper; **Altstadt** f old town

Alt-Taste f Alt key

Alufolie f tin (or kitchen) foil

Aluminium nt ‹-s› aluminium (Brit), aluminum (US)

Alzheimerkrankheit f Alzheimer's (disease)

am contr = **an dem**; ~ **2. Januar** on January 2(nd); ~ **Morgen** in the morning; ~ **Strand** on the beach; ~ **Bahnhof** at the station; **was gefällt Ihnen ~ besten?** what do you like best?; ~ **besten bleiben wir hier** it would be best if we stayed here

Amateur(in) m(f) amateur

ambulant adj outpatient; **kann ich ~ behandelt werden?** can I have it done as an outpatient?; **Ambulanz** f ambulance; (in hospital) outpatients' department

Ameise f ‹-, -n› ant

amen interj amen

Amerika nt ‹-s› America; **Amerikaner(in)** m(f) ‹-s, -› American; **amerikanisch** adj American

Ampel f ‹-, -n› traffic lights pl

Amphitheater nt amphitheatre

Amsel f ‹-, -n› blackbird

Amt nt ‹-(e)s, Ämter› (governmental agency) office, department; (position) post; **amtlich** adj official; **Amtszeichen** nt TEL dialling tone (Brit), dial tone (US)

amüsant adj amusing; **amüsieren 1.** vt amuse **2.** vr enjoy oneself, have a good time

an 1. prep + dat ~ **der Wand** on the wall; ~ **der Themse** on the Thames; **alles ist ~ seinem Platz** everything is in its place; ~ **einem kalten Tag** on a cold day; ~ **Ostern** at Easter **2.** prep + acc ~ **die Tür klopfen** knock at the door; **ans Meer fahren** go to the seaside; ~ **die 40 Grad** nearly 40 degrees **3.** adv **von ... ~** from ... on; **das Licht / Radio ist ~** the light / radio is on

anal adj anal

analog adj analogous; IT analog

Analyse f ‹-, -n› analysis; **analysieren** vt analyse

Ananas f ‹-, - or -se› pineapple

anbaggern vt fam chat up (Brit), come on to (US)

Anbau m AGR cultivation; (building) extension; **anbauen** vt AGR cultivate; (garage etc) build on

anbehalten irr vt keep on

anbei adv enclosed; **~ sende ich ...** please find enclosed ...

anbeten vt worship

anbieten irr **1.** vt offer **2.** vr volunteer

anbinden irr vt tie up

Anblick m sight

anbraten irr vt brown

anbrechen irr **1.** vt start; (reserves, savings) break into; (bottle, packet) open **2.** vi start; (day) break; (night) fall

anbrennen irr vt, vi burn; **das Fleisch schmeckt angebrannt** the meat tastes burnt

anbringen irr vt (along with one) bring; (fasten) fix, attach

Andacht f <-, -en> devotion; (church service) prayers pl

andauern vi continue, go on; **andauernd** adj continual

Andenken nt <-s, -> memory; (object) souvenir

andere(r, s) adj other; (not the same) different; (following) next; **am ~n Tag** the next day; **von etw/jmd ~m sprechen** talk about sth / sb else; **unter ~m** among

other things; **andererseits** adv on the other hand

ändern 1. vt alter, change **2.** vr change

andernfalls adv otherwise

anders adv differently (als from); **jemand / irgendwo ~** someone / somewhere else; **sie ist ~ als ihre Schwester** she's not like her sister; **es geht nicht ~** there's no other way; **anders(he)rum** adv the other way round; **anderswo** adv somewhere else

anderthalb num one and a half

Änderung f change, alteration

andeuten vt indicate; (indirectly) hint at

Andorra nt <-s> Andorra

Andrang m **es herrschte großer ~** there was a huge crowd

androhen vt **jdm etw ~** threaten sb with sth

aneinander adv at/on / to one another (or each other); **~ denken** think of each other; **sich ~ gewöhnen** get used to each other; **aneinandergeraten** vi clash; **aneinanderlegen** vt put together

anerkennen irr vt (country, certificate etc) recognize; (efforts etc) appreciate; **Anerkennung** f recognition; (of efforts etc) appreciation

anfahren *irr* **1.** *vt* (*pedestrian*) run into; (*place, port*) stop (*or* call) at; (*goods*) deliver; **jdn ~** *fig* (*verbally*) jump on sb **2.** *vi* start; (*in car*) drive off

Anfall *m* MED attack; **anfällig** *adj* delicate; (*machine*) temperamental; **~ für** prone to

Anfang *m* ⟨-(e)s, Anfänge⟩ beginning, start; **zu/am ~** to start with; **~ Mai** at the beginning of May; **sie ist ~ 20** she's in her early twenties; **anfangen** *irr*, *vi* begin, start; **damit kann ich nichts ~** it's no use to me; **Anfänger(in)** *m(f)* ⟨-s, -⟩ beginner; **anfangs** *adv* at first; **Anfangsbuchstabe** *m* first (*or* initial) letter

anfassen *vt* touch **2.** *vi* **kannst du mal mit ~?** can you give me a hand?

Anflug *m* AVIAT approach; (*small amount*) trace

anfordern *vt* demand; **Anforderung** *f* request (*von* for); (*on sb or sth*) demand

Anfrage *f* inquiry

anfreunden *vr* **sich mit jdm ~** make (*or* become) friends with sb

anfühlen *vr* feel; **es fühlt sich gut an** it feels good

Anführungszeichen *pl* quotation marks *pl*

Angabe *f* TECH specification; *fam* (*swanking*) showing off; (*in tennis*) serve; **~n** *pl*

(*information*) particulars *pl*; **die ~n waren falsch** the information was wrong; **angeben** *irr* **1.** *vt* (*name, reason*) give; (*temperature, time etc*) indicate; (*course, pace*) set **2.** *vi fam* boast; SPORT serve; **Angeber(in)** *m(f)* ⟨-s, -⟩ *fam* show-off; **angeblich** *adj* alleged

angeboren *adj* inborn

Angebot *nt* offer; COMM supply (*an + dat* of); **~ und Nachfrage** supply and demand

angebracht *adj* appropriate

angebunden *adj* **kurz ~** curt

angeheitert *adj* tipsy

angehen *irr* **1.** *vt* concern; **das geht dich nichts an** that's none of your business; **ein Problem ~** tackle a problem; **was ihn angeht** as far as he's concerned, as for him **2.** *vi* (*fire*) catch; *fam* (*start*) begin; **angehend** *adj* prospective

Angehörige(r) *mf* relative

Angeklagte(r) *mf* accused, defendant

Angel *f* ⟨-, -n⟩ fishing rod; (*of door*) hinge

Angelegenheit *f* affair, matter

Angelhaken *m* fish hook; **angeln** **1.** *vt* catch **2.** *vi* fish; **Angeln** *nt* ⟨-s⟩ angling, fishing; **Angelrute** *f* ⟨-, -n⟩ fishing rod

angemessen *adj* appropriate, suitable

angenehm adj pleasant; **~!** pleased to meet you

angenommen 1. adj assumed **2.** conj **~, es regnet, was machen wir dann?** suppose it rains, what do we do then?

angesehen adj respected

angesichts prep + gen in view of, considering

Angestellte(r) mf employee

angetan adj **von jdm / etw ~ sein** be impressed by (or taken with) sb/sth

angewiesen adj **auf jdn / etw ~ sein** be dependent on sb/sth

angewöhnen vt **sich etw ~** get used to doing sth; **Angewohnheit** f habit

Angina f ⟨-, Anginen⟩ tonsillitis; **Angina Pectoris** f ⟨-⟩ angina

Angler(in) m(f) ⟨-s, -⟩ angler

Angora nt ⟨-s⟩ angora

angreifen irr vt attack; (with hand) touch; (harm) damage; **Angriff** m attack; **etw in ~ nehmen** get started on sth

Angst f ⟨-, Ängste⟩ fear; **~ haben** be afraid (or scared) (vor + dat of); **jdm ~ machen** scare sb; **ängstigen 1.** vt frighten **2.** vr worry (um, wegen + dat about); **ängstlich** adj nervous; (anxious) worried

anhaben irr vt (clothes) have on, wear; (light) have on

anhalten irr vi stop; (carry on) continue; **anhaltend** adj continuous; **Anhalter(in)** m(f) ⟨-s, -⟩ hitch-hiker; **per ~ fahren** hitch-hike

anhand prep + gen with; **~ von** by means of

anhängen vt hang up; RAIL (carriages) couple; (something extra) add (on); **jdm etw ~** fam (blame) pin sth on sb; **Anhänger** m ⟨-s, -⟩ AUTO trailer; (on suitcase) tag; (jewellery) pendant; **Anhänger(in)** m(f) ⟨-s, -⟩ supporter; **Anhängerkupplung** f towbar; **anhänglich** adj affectionate; pej clinging

Anhieb m **auf ~** straight away; **das kann ich nicht auf ~ sagen** I can't say offhand

anhimmeln vt worship, idolize

anhören 1. vt listen to **2.** vr sound; **das hört sich gut an** that sounds good

Animateur(in) m(f) host / hostess

Anis m ⟨-es, -e⟩ aniseed

Anker m ⟨-s, -⟩ anchor; **ankern** vt, vi anchor; **Ankerplatz** m anchorage

anklicken vt IT click on

anklopfen vi knock (an + acc on)

ankommen irr vi arrive; **bei jdm gut ~** go down well with sb; **es kommt darauf an** it depends (ob on whether); **darauf kommt es nicht an**

that doesn't matter

ankotzen vt vulg **es kotzt mich an** it makes me sick

ankreuzen vt mark with a cross

ankündigen vt announce

Ankunft f ⟨-, Ankünfte⟩ arrival; **Ankunftszeit** f arrival time

Anlage f (tendency) disposition; (aptitude) talent; (park) gardens pl, grounds pl; (in letter etc) enclosure; (for CDs etc) stereo (system); TECH plant; FIN investment

Anlass m ⟨-es, Anlässe⟩ cause (zu for); (event) occasion; **aus diesem ~** for this reason; **anlassen** irr vt (engine) start; (light, garment) leave on; **Anlasser** m ⟨-s, -⟩ AUTO starter; **anlässlich** prep + gen on the occasion of

Anlauf m run-up; **anlaufen** irr vi begin; (film) open; (window) mist up; (metal) tarnish

anlegen 1. vt put (an + acc against / on); (jewellery) put on; (garden) lay out; (money) invest; (gun) aim (auf + acc at); **es auf etw** acc ~ be out for sth **2.** vi (ship) berth, dock **3.** vr **sich mit jdm ~** fam pick a quarrel with sb; **Anlegestelle** f moorings pl

anlehnen 1. vt lean (an + acc against); (door) leave ajar **2.**

vr lean (an + acc against)

anleiern vt etw ~ fam get sth going

Anleitung f instructions pl

Anliegen nt ⟨-s, -⟩ matter; (question) request

Anlieger(in) m(f) ⟨-s, -⟩ resident; **~ frei** residents only

anlügen irr vt lie to

anmachen vt (fasten) attach; (light, TV etc) switch on; (salad) dress; fam (excite) turn on; fam (talk to) chat up (Brit), come on to (US); fam (attack verbally) have a go at

Anmeldeformular nt application form; (for registering with the authorities) registration form; **anmelden 1.** vt (visit etc) announce **2.** vr (with doctor etc) make an appointment; (with the authorities, for course etc) register; **Anmeldeschluss** m deadline for applications, registration deadline; **Anmeldung** f registration; (request) application

annähen vt **einen Knopf (an den Mantel) ~** sew a button on (one's coat)

annähernd adv roughly; **nicht ~** nowhere near

Annahme f ⟨-, -n⟩ acceptance; (supposition) assumption; **annehmbar** adj acceptable; **annehmen** irr vt accept; (name) take; (child) adopt; (take as true) suppose, assume

Annonce f ⟨-, -n⟩ advertisement

annullieren vt cancel

anöden vt fam bore stiff (or silly)

anonym adj anonymous

Anorak m ⟨-s, -s⟩ anorak

anpacken vt (problem, task) tackle; **mit ~** lend a hand

anpassen 1. vt fig adapt (dat to) **2.** vr adapt (an + acc to)

anpfeifen vt das Spiel ~ start the game; **Anpfiff** m sport (starting) whistle; (start) kick-off; fam (reprimand) roasting

anprobieren vt try on

Anrede f form of address

anreden vt address

anregen vt stimulate; **Anregung** f stimulation; (idea) suggestion

Anreise f journey; **anreisen** vi arrive; **Anreisetag** m day of arrival

Anreiz m incentive

anrichten vt (food) prepare; (damage) cause

Anruf m call; **Anrufbeantworter** m ⟨-s, -⟩ answering machine, answerphone; **anrufen** irr vt u tel call, phone, ring (Brit)

ans contr = **an das**

Ansage f announcement; (on answerphone) recorded message; **ansagen** vt announce; **angesagt sein** be recommended; (fashiona-

ble) be the in thing

anschaffen vt buy

anschauen vt look at

Anschein m appearance; **dem (or allem) ~ nach ...** it looks as if ...; **den ~ erwecken, hart zu arbeiten** give the impression of working hard; **anscheinend 1.** adj apparent **2.** adv apparently

anschieben irr vt **könnten Sie mich mal ~?** auto could you give me a push?

Anschlag m notice; (on sb or sth) attack; **anschlagen** irr **1.** vt (poster) put up; (damage) chip **2.** vi (medicine etc) take effect; **mit etw an etw** acc **~** bang sth against sth

anschließen irr **1.** vt elec, tech connect (an + acc to); (into socket) plug in **2.** vi, vr (sich) an etw acc **~** (building etc) adjoin sth; (happen after) follow sth **3.** vr join (jdm / einer Gruppe sb/a group); **anschließend 1.** adj adjacent; (happening afterwards) subsequent **2.** adv afterwards; **~ an** + acc following; **Anschluss** m elec, rail connection; (of water, gas etc) supply; **im ~ an** + acc following; **kein ~ unter dieser Nummer** tel the number you have dialled has not been recognized; **Anschlussflug** m connecting flight

anschnallen 1. vt (skis) put on **2.** vr fasten one's seat belt

Anschrift f address

anschwellen irr vi swell (up)

ansehen irr vt look at; (while sth happens) watch; **jdn / etw als etw ~** look on sb/sth as sth; **das sieht man ihm an** he looks it

an sein irr vi → **an**

ansetzen 1. vt (date) fix; (food) prepare **2.** vi start, begin; **zu etw ~** prepare to do sth

Ansicht f view, opinion; (act of seeing) sight; **meiner ~ nach** in my opinion; **zur ~** on approval; **Ansichtskarte** f postcard

ansonsten adv otherwise

anspielen vi **auf etw** acc ~ allude to sth; **Anspielung** f allusion (auf + acc to)

ansprechen irr **1.** vt speak to; (interest) appeal to **2.** vi **auf etw** acc ~ (patient) respond to sth; **ansprechend** adj attractive; **Ansprechpartner(in)** m(f) contact

anspringen irr vi AUTO start

Anspruch m claim; (entitlement) right (auf + acc to); **etw in ~ nehmen** take advantage of sth; **~ auf etw haben** be entitled to sth; **anspruchslos** adj undemanding; (life, accommodation etc) modest; **anspruchsvoll** adj demanding

Anstalt f ⟨-, -en⟩ institution

Anstand m decency; **anständig** adj decent; fig fam proper; (large) considerable

anstarren vt stare at

anstatt prep + gen instead of

anstecken 1. vt (in on MED infect; **jdn mit einer Erkältung ~** pass one's cold on to sb **2.** vr **ich habe mich bei ihm angesteckt** I caught it from him **3.** vi fig be infectious; **ansteckend** adj infectious; **Ansteckungsgefahr** f danger of infection

anstehen irr vi queue (Brit), stand in line (US); (task etc) be on the agenda

anstelle prep + gen instead of

anstellen 1. vt (radio, heating etc) turn on; (worker) employ; (undertake) do; **was hast du wieder angestellt?** what have you been up to now? **2.** vr queue (Brit), stand in line (US); fam **stell dich nicht so an!** stop making such a fuss

Anstoß m impetus; SPORT kick-off; **anstoßen** irr **1.** vt push; (with foot) kick **2.** vi knock, bump; (chink glasses) drink (a toast) (auf + acc to); **anstößig** adj offensive; (clothes etc) indecent

anstrengen 1. vt strain **2.** vr make an effort; **anstrengend** adj tiring

Antarktis f Antarctic

Anteil m share (an + dat in); ~

nehmen an + dat sympa-
thize with; take an interest
in

Antenne f ‹-, -n› aerial

Antibabypille f die ~ the pill;
Antibiotikum nt ‹-s, Antibio-
tika› MED antibiotic

antik adj antique

Antilope f ‹-, -n› antelope

Antiquariat nt second-hand
bookshop

Antiquitäten pl antiques pl;
Antiquitätenhändler(in)
m(f) antique dealer

antörnen vt fam turn on

Antrag m ‹-(e)s, Anträge› proposal; POL motion; (docu-
ment) application form; **einen ~ stellen auf** + acc make
an application for

antreffen irr vt find

antreiben irr vt TECH drive;
(onto shore) wash up; **jdn
zur Arbeit ~** make sb work

antreten irr vt **eine Reise ~**
set off on a journey

Antrieb m TECH drive; (moti-
vation) impetus

antun irr vt **jdm etwas ~** do
sth to sb; **sich** dat **etwas ~**
(commit suicide) kill oneself

Antwort f ‹-, -en› answer, reply; **um ~ wird gebeten**
RSVP (if vous
plaît); **antworten** vi answer,
reply; **jdm ~** answer sb; **auf
etw** acc ~ answer sth

anvertrauen vt **jdm etw ~** entrust sb with sth

Anwalt m ‹-s, Anwälte›, **An-**

wältin f lawyer

anweisen irr vt instruct; (flat,
job etc) allocate (jdm etw sth
to sb); **Anweisung** f instruction; (for making payment)
money order

anwenden irr vt use; (law,
rule) apply; **Anwender(in)**
m(f) ‹-s, -› user; **Anwen-
dung** f use; IT application

anwesend adj present; **Anwesenheit** f presence

anwidern vt disgust

Anwohner(in) m(f) ‹-s, -› resident

Anzahl f number (an + dat
of); **anzahlen** vt pay a deposit on; **100 Euro ~** pay
100 euros as a deposit; **Anzahlung** f deposit

Anzeichen nt sign; MED
symptom

Anzeige f ‹-, -n› (in newspaper) advertisement; (electronic) display; (made to
the police) report; **anzeigen**
vt (temperature, time) indicate, show; (electronically)
display; (make known) an-
nounce; **jdn / einen Auto-
diebstahl bei der Polizei ~**
report sb/a stolen car to
the police

anziehen irr vt attract; 1. vt
(clothes) put on; (screw, rope)
tighten 2. vr get dressed; **an-
ziehend** adj attractive

Anzug m suit

anzüglich adj suggestive

anzünden vt light; (house etc)

set fire to

anzweifeln *vt* doubt

Aperitif *m* ⟨-s, -s *(or* -e)⟩ aperitif

Apfel *m* ⟨-s, Äpfel⟩ apple; **Apfelbaum** *m* apple tree; **Apfelkuchen** *m* apple cake; **Apfelmus** *nt* apple purée; **Apfelsaft** *m* apple juice; **Apfelsine** *f* orange; **Apfelwein** *m* cider

Apostroph *m* ⟨-s, -e⟩ apostrophe

Apotheke *f* ⟨-, -n⟩ chemist's (shop) (*Brit*), pharmacy (*US*); **apothekenpflichtig** *adj* only available at the chemist's (*or* pharmacy); **Apotheker(in)** *m(f)* ⟨-s, -⟩ chemist (*Brit*), pharmacist (*US*)

Apparat *m* ⟨-(e)s, -e⟩ (piece of) apparatus; TEL telephone; RADIO, TV set; **am ~!** TEL speaking; **am ~ bleiben** TEL hold the line

Appartement *nt* ⟨-s, -s⟩ studio flat (*Brit*) (*or* apartment (*US*))

Appetit *m* ⟨-(e)s, -e⟩ appetite; **guten ~!** bon appétit; **appetitlich** *adj* appetizing

Applaus *m* ⟨-es, -e⟩ applause

Aprikose *f* ⟨-, -n⟩ apricot

April *m* ⟨-(s), -e⟩ April; → **Juni ~, ~!** April fool!; **Aprilscherz** *m* ⟨-es, -e⟩ April fool's joke

apropos *adv* by the way; **~ Urlaub ...** while we're on the subject of holidays ...

Aquajogging *nt* aqua jogging; **Aquaplaning** *nt* ⟨-(s)⟩ aquaplaning

Aquarell *nt* ⟨-s, -e⟩ watercolour

Aquarium *nt* ⟨-s, Aquarien⟩ aquarium

Äquator *m* ⟨-s⟩ equator

Araber(in) *m(f)* ⟨-s, -⟩ Arab; **arabisch** *adj* Arab; (*numeral, language*) Arabic; (*Sea, Desert*) Arabian

Arbeit *f* ⟨-, -en⟩ work; (*post*) job; (*product*) piece of work; **arbeiten** *vi* work; **Arbeiter(in)** *m(f)* ⟨-s, -⟩ worker; (*unskilled*) labourer; **Arbeitgeber(in)** *m(f)* ⟨-s, -⟩ employer; **Arbeitnehmer(in)** *m(f)* ⟨-s, -⟩ employee; **Arbeitsagentur** *f* job agency (*Brit*), unemployment agency (*US*); **Arbeitsamt** *nt* job centre (*Brit*), employment office (*US*); **Arbeitserlaubnis** *f* work permit; **arbeitslos** *adj* unemployed; **Arbeitslose(r)** *mf* unemployed person; **die ~n** *pl* the unemployed *pl*; **Arbeitslosengeld** *nt* (income--related) unemployment benefit; job-seeker's allowance (*Brit*); **Arbeitslosenhilfe** *f* (non-income related) unemployment benefit; **Arbeitslosigkeit** *f* unemployment; **Arbeitsplatz** *m* job; (*place*) workplace; **Arbeits-**

speicher m IT main memory; **Arbeitszeit** f working hours pl; **Arbeitszimmer** nt study

Archäologe m ⟨-n, -n⟩, **Archäologin** f archaeologist

Architekt(in) m(f) ⟨-en, -en⟩ architect; **Architektur** f architecture

Archiv nt ⟨-s, -e⟩ archives pl

arg 1. adj bad; (unpleasant, intense) awful **2.** adv (very) terribly

Argentinien nt ⟨-s⟩ Argentina

Ärger m ⟨-s⟩ annoyance; (stronger) anger; (difficulties) trouble; **ärgerlich** adj angry; (irritating) annoying; **ärgern 1.** vt annoy **2.** vr get annoyed

Argument nt ⟨-s, -e⟩ argument

Arktis f ⟨-⟩ Arctic

arm adj poor

Arm m ⟨-(e)s, -e⟩ arm; (of river) branch

Armaturenbrett nt instrument panel; AUTO dashboard

Armband nt bracelet; **Armbanduhr** f (wrist)watch

Armee f ⟨-, -n⟩ army

Ärmel m ⟨-s, -⟩ sleeve; **Ärmelkanal** m (English) Channel

Armut f ⟨-⟩ poverty

Aroma nt ⟨-s, Aromen⟩ aroma

arrogant adj arrogant

Arsch m ⟨-es, Ärsche⟩ vulg arse (Brit), ass (US); **Arschloch** nt vulg (person) arse-

hole (Brit), asshole (US)

Art f ⟨-, -en⟩ (manner) way; (type) kind, sort; (of animal) species; **nach~ des Hauses** à la maison; **auf diese ~ (und Weise)** in this way; **das ist nicht seine ~** that's not like him

Arterie f ⟨-, -n⟩ artery

artig adj good, well-behaved

Artikel m ⟨-s, -⟩ (product) article, item; (in newspaper) article

Artischocke f ⟨-, -n⟩ artichoke

Artist(in) m(f) ⟨-en, -en⟩ (circus) performer

Arznei f medicine; **Arzt** m ⟨-es, Ärzte⟩ doctor; **Arzthelfer(in)** m(f) doctor's assistant; **Ärztin** f (female) doctor; **ärztlich** adj medical; **sich ~ behandeln lassen** undergo medical treatment

Asche f ⟨-, -n⟩ ashes pl; (from cigarette) ash; **Aschenbecher** m ashtray; **Aschermittwoch** m Ash Wednesday

Asiat(in) m(f) ⟨-en, -en⟩ Asian; **asiatisch** adj Asian; **Asien** nt ⟨-s⟩ Asia

Aspekt m ⟨-(e)s, -e⟩ aspect

Asphalt m ⟨-(e)s, -e⟩ asphalt

Aspirin® nt ⟨-s, -e⟩ aspirin

aß imperf → **essen**

Ass nt ⟨-es, -e⟩ (in card game, tennis) ace

Assistent(in) m(f) assistant

Ast m ⟨-(e)s, Äste⟩ branch

Asthma nt ⟨-s⟩ asthma

Astrologie f astrology; **Astronaut(in)** m(f) ⟨-en, -en⟩ astronaut; **Astronomie** f astronomy

ASU f ⟨-, -s⟩ abbr = **Abgassonderuntersuchung** exhaust emission test

Asyl nt ⟨-s, -e⟩ asylum; (place) home; (for the homeless) shelter; **Asylant(in)** m(f), **Asylbewerber(in)** m(f) asylum seeker

Atelier nt ⟨-s, -s⟩ studio

Atem m ⟨-s⟩ breath; **atemberaubend** adj breathtaking; **Atembeschwerden** pl breathing difficulties pl; **atemlos** adj breathless; **Atempause** f breather

Athen nt Athens

Äthiopien nt ⟨-s⟩ Ethiopia

Athlet(in) m(f) ⟨-en, -en⟩ athlete

Atlantik m ⟨-s⟩ Atlantic (Ocean)

Atlas m ⟨- or Atlasses, Atlanten⟩ atlas

atmen vt, vi breathe; **Atmung** f breathing

Atom nt ⟨-s, -e⟩ atom; **Atombombe** f atom bomb; **Atomkraftwerk** nt nuclear power station; **Atommüll** m nuclear waste; **Atomwaffen** pl nuclear weapons pl

Attentat nt ⟨-(e)s, -e⟩ assassination (auf + acc of); (unsuccessful) assassination attempt

Attest nt ⟨-(e)s, -e⟩ certificate

attraktiv adj attractive

Attrappe f ⟨-, -n⟩ dummy

ätzend adj fam revolting; (bad) lousy (US)

au interj ouch; ~ **ja!** yeah

Aubergine f ⟨-, -n⟩ aubergine, eggplant (US)

auch conj also, too; even; (actually) really; **oder** ~ or; **ich** ~ so do I; **ich** ~ **nicht** me neither; **wer / was** ~ **immer** whoever / whatever; **ich gehe jetzt - ich** ~ I'm going now - so am I; **das weiß ich** ~ **nicht** I don't know either

audiovisuell adj audiovisual

auf 1. prep + acc or dat on; ~ **der Reise / dem Tisch** on the way / the table; ~ **der Post**® **/ der Party** at the post office / the party; **etw** ~ **den Tisch stellen** put sth on the table; ~ **Deutsch** in German **2.** prep + acc (mountain, tree etc) up; (direction) to; (following) after; ~ **eine Party gehen** go to a party; **bis** ~ **ihn** except for him; ~ **einmal** suddenly; (simultaneously, in one go) at once **3.** adv open; ~ **sein** fam be open; (person) be up; ~ **und ab** up and down; ~**!** come on!; ~ **dass** so that

aufatmen vi breathe a sigh of relief

aufbauen vt (erect) put up; (develop) build up; (form)

construct; (*establish*) found, base (*auf* + *acc* **on**); *sich eine Existenz* ~ make a life for oneself

aufbewahren *vt* keep, store

aufbleiben *irr vi* (*door, shop etc*) stay open; (*person*) stay up

aufblenden *vi, vt* (*die Scheinwerfer*) ~ put one's headlights on full beam

aufbrechen *irr* **1.** *vt* break open **2.** *vi* burst open; (*go*) leave; (*on journey*) set off

aufdrängen 1. *vt jdm etw* ~ force sth on sb **2.** *vr* intrude (*jdm* **on sb**); **aufdringlich** *adj* pushy

aufeinander *adv* on top of each other; ~ **achten** look after each other; ~ **vertrauen** trust each other; **aufeinanderfolgen** *vi* follow one another; **aufeinanderprallen** *vi* crash into one another

Aufenthalt *m* stay; (*of train*) stop; **Aufenthaltsgenehmigung** *f* residence permit; **Aufenthaltsraum** *m* lounge

aufessen *irr vt* eat up

auffahren *irr vi* (*car*) run *or* (*get crash*) into (*auf* + *acc* **into**); (*get closer*) drive up; **Auffahrt** *f* (*of building*) drive; (*onto motorway*) slip road (*Brit*), ramp (*US*); **Auffahrunfall** *m* rear-end collision; (*several vehicles*) pile-up

auffallen *irr vi* stand out; *jdm* ~ strike sb; *das fällt gar*

nicht auf nobody will notice; **auffallend** *adj* striking; **auffällig** *adj* conspicuous; (*clothes, colour*) striking

auffangen *irr vt* (*ball*) catch; (*blow*) cushion

auffassen *vt* understand; **Auffassung** *f* view; opinion; (*interpretation*) concept; (*comprehension*) grasp

auffordern *vt* (*order*) call upon; (*request*) ask

auffrischen *vt* (*knowledge*) brush up

aufführen 1. *vt* THEAT perform; (*in table, index*) list; (*example*) give **2.** *vr* behave; **Aufführung** *f* THEAT performance

Aufgabe *f* job, task; (*schoolwork*) exercise; homework

Aufgang *m* (*steps*) staircase

aufgeben *irr* **1.** *vt* (*job, smoking, plan etc*) give up; (*parcel*) post; (*luggage*) check in; (*order*) place; (*advertisement*) insert; (*puzzle, problem*) set **2.** *vi* give up

aufgehen *irr vi* (*sun, dough*) rise; (*door, flower*) open; (*become clear*) dawn (*jdm* **on sb**)

aufgelegt *adj* **gut / schlecht** ~ in a good / bad mood

aufgeregt *adj* excited

aufgeschlossen *adj* open (-minded)

aufgeschmissen *adj fam* in a fix

aufgrund, auf Grund *prep*

+ *gen* on the basis of; (*reason*) because of

aufhaben *irr* **1.** *vt* (*hat etc*) have on; **viel ~** have a lot of homework to do **2.** *vi* (*shop*) be open

aufhalten *irr* **1.** *vt* (*person*) detain; (*development*) stop; (*door, hand*) hold open; (*eyes*) keep open **2.** *vr* (*reside*) live; (*temporarily*) stay

aufhängen *irr vt* hang up

aufheben *irr vt* (*from ground etc*) pick up; (*not throw away*) keep

aufholen 1. *vt* (*time*) make up **2.** *vi* catch up

aufhören *vi* stop; **~, etw zu tun** stop doing sth

aufklären *vt* (*mystery etc*) clear up; **jdn ~** enlighten sb; (*about sex*) tell sb the facts of life

Aufkleber *m* ⟨-s, -⟩ sticker

aufkommen *irr vi* (*wind*) come up; (*doubt, feeling*) arise; (*fashion etc*) appear on the scene; **für den Schaden ~** pay for the damage

Aufladegerät *nt* charger; **aufladen** *irr vt* load; (*mobile phone etc*) charge; (*prepaid card etc*) top up

Auflage *f* edition; (*of newspaper*) circulation; (*imposed on sb*) condition

auflassen *vt* (*hat, glasses*) keep on; (*door*) leave open

Auflauf *m* crowd; (*dish*) bake

auflegen 1. *vt* (*CD, make-up etc*) put on; (*receiver*) put down **2.** *vi* TEL hang up

aufleuchten *vi* light up

auflösen 1. *vt* (*in liquid*) dissolve **2.** *vr* (*in liquid*) dissolve; **der Stau hat sich aufgelöst** traffic is back to normal; **Auflösung** *f* (*of puzzle*) solution; (*of screen*) resolution

aufmachen 1. *vt* open; (*garment*) undo **2.** *vr* set out (*nach* for)

aufmerksam *adj* attentive; **jdn auf etw** *acc* **~ machen** draw sb's attention to sth; **Aufmerksamkeit** *f* attention; (*concentration*) attentiveness; (*present*) small token

aufmuntern *vt* encourage; (*make happier*) cheer up

Aufnahme *f* ⟨-, -n⟩ PHOT photo (-graph); (*in film*) shot; (*to club, hospital etc*) admission; (*start*) beginning; (*on tape etc*) recording; **Aufnahmeprüfung** *f* entrance exam; **aufnehmen** *irr vt* (*to hospital, club etc*) admit; (*music*) record; (*begin*) take up; (*in list*) include; (*understand*) take in; **mit jdm Kontakt ~** get in touch with sb

aufpassen *vi* pay attention; (*be careful*) take care; **auf jdn / etw ~** keep an eye on sb/sth

Aufprall *m* ⟨-s, -e⟩ impact; **aufprallen** *vi* **auf etw** *acc* **~**

hit sth, crash into sth

Aufpreis m extra charge

aufpumpen vt pump up

Aufputschmittel nt stimulant

aufräumen vt, vi clear away; (room) tidy up

aufrecht adj upright

aufregen 1. vt excite; (irritate) annoy **2.** vr get worked up; **aufregend** adj exciting; **Aufregung** f excitement

aufreißen irr vt (paper bag etc) tear open; (door) fling open; (person) fam pick up

Aufruf m AVIAT, IT call; (public request) appeal; **aufrufen** irr vt (request) call upon (zu for); (names) call out; AVIAT call; IT call up

aufrunden vt (amount) round up

aufs contr = **auf das**

Aufsatz m essay

aufschieben irr vt postpone; (delay doing) put off; (door) slide open

Aufschlag m (on price) extra charge; (in tennis) service; **aufschlagen** irr **1.** vt (book, eyes) open; (knee etc) cut open; (tent) pitch, put up; (camp) set up **2.** vi (in tennis) serve; **aufetw** acc ~ hit sth

aufschließen irr **1.** vt unlock, open up **2.** vi (people in a row) close up

aufschneiden irr **1.** vt cut open; (bread, meat etc) slice **2.** vi boast, show off

Aufschnitt m (slices pl of) cold meat; (cheese) (assorted) sliced cheeses pl

aufschreiben irr vt write down

Aufschrift f inscription; (piece of paper) label

Aufschub m (until a later date) postponement

Aufsehen nt ⟨-s⟩ stir; **großes ~ erregen** cause a sensation; **Aufseher(in)** m(f) ⟨-s, -⟩ guard; (in firm) supervisor; (in museum) attendant; (in park) keeper

auf sein irr vi → **auf**

aufsetzen 1. vt put on; (document) draw up **2.** vi (plane) touch down

Aufsicht f supervision; (in exam) invigilation; **die ~ haben** be in charge

aufspannen vt (umbrella) put up

aufsperren vt (mouth) open wide; (door, flat) unlock

aufspringen irr vi jump (auf + acc onto); (stand up quickly) jump up; (door, suitcase) spring open

aufstehen irr vi get up; (door) be open

aufstellen vt put up; (in a row) line up; (candidate) put up; (list, schedule) draw up; (record) set up

Aufstieg m ⟨-(e)s, -e⟩ (up mountain) ascent; (progress) rise; (in career, sport) promotion

aus

Aufstrich m spread
auftanken vt, vi (car) tank up; (plane) refuel
auftauchen vi turn up; (from water etc) surface; (question, problem) come up
auftauen 1. vt (food) defrost **2.** vi thaw; fig (person) unbend
Auftrag m ⟨-(e)s, Aufträge⟩ COMM order; (allocated work) job; (orders) instructions pl; (mission) task; **im ~ von** on behalf of; **auftragen** irr vt (ointment etc) apply; (meal) serve
auftreten irr vi appear; (problem) come up; (act) behave; **Auftritt** m (of actor) entrance; fig (argument) scene
aufwachen vi wake up
aufwachsen irr vi grow up
Aufwand m ⟨-(e)s⟩ expenditure; (costs also) expense; (exertion) effort; **aufwändig** adj costly; **das ist zu ~** that's too much trouble
aufwärmen vt, vr warm up
aufwärts adv upwards; **mit etw geht es ~** things are looking up for sb
aufwecken vt wake up
aufwendig adj → aufwändig
aufwischen vt wipe up; (floor) wipe
aufzählen vt list
aufzeichnen vt sketch; (write) jot down; (on tape etc) record; **Aufzeichnung**

f (written) note; (on tape etc) recording; (on film) record
aufziehen irr **1.** vt (drawer, curtains etc) pull open; (watch) wind (up); fam (make fun of) tease; (children) bring up; (animals) rear **2.** vi (storm) come up
Aufzug m lift (Brit), elevator (US); (clothes) get-up; THEAT act
Auge nt ⟨-s, -n⟩ eye; **jdm etw aufs ~ drücken** fam force sth on sb; **ins ~ gehen** go wrong; **unter vier ~n** in private; **etw im ~ behalten** keep sth in mind; **Augenarzt** m, **Augenärztin** f eye specialist, eye doctor (US); (optician) optician; **Augenblick** m moment; **im ~ at** the moment; **Augenbraue** f ⟨-, -n⟩ eyebrow; **Augenbrauenstift** m eyebrow pencil; **Augenfarbe** f eye colour; **seine ~** the colour of his eyes; **Augenlid** nt eyelid; **Augenoptiker(in)** m(f) ⟨-s, -⟩ optician; **Augentropfen** pl eyedrops pl; **Augenzeuge** m, **Augenzeugin** f eyewitness
August m ⟨-(e)s⟩ or ⟨-, -e⟩ August; → **Juni**
Auktion f auction
aus 1. prep + dat (from inside) out of; (source) from; (material) (made) of; **~ Berlin kommen** come from Berlin; **~ Versehen** by mistake; **~**

Angst out of fear **2.** *adv* out; (*ended*) finished, over; **ein/~** TECH on / off; **~ sein** *fam* SPORT be out; (*finished*) be over; **auf etw** *acc* **~ sein** be after sth; **von mir ~** as far as I'm concerned; **von mir ~!** I don't care; **zwischen uns ist es ~** we're finished; **Aus** *nt* ⟨-⟩ SPORT touch; *fig* end

ausatmen *vi* breathe out

ausbauen *vt* (*house, road*) extend; (*engine etc*) remove

ausbessern *vt* repair; (*clothes*) mend

ausbilden *vt* educate; (*apprentice etc*) train; (*skills*) develop; **Ausbildung** *f* education; (*of apprentice etc*) training; (*of skills*) development

Ausblick *m* view; *fig* outlook

ausbrechen *irr vi* break out; **in Tränen ~** burst into tears; **in Gelächter ~** burst out laughing

ausbreiten 1. *vt* spread (out); (*arms*) stretch out **2.** *vr* spread

Ausbruch *m* (*of war, epidemic etc*) outbreak; (*of volcano*) eruption; (*of feelings*) outburst; (*from prison*) escape

ausbuhen *vt* boo

Ausdauer *f* perseverance; SPORT stamina

ausdehnen *vt* stretch; *fig* (*power*) extend

ausdenken *irr vt* **sich** *dat* **etw ~** come up with sth

Ausdruck 1. *m* ⟨Ausdrücke pl⟩ expression **2.** *m* ⟨Ausdrucke pl⟩ (*from computer*) print-out; **ausdrucken** *vt* IT print (out)

ausdrücken 1. *vt* (*facts, feelings etc*) express; (*cigarette*) put out; (*lemon etc*) squeeze **2.** *vr* express oneself; **ausdrücklich 1.** *adj* express **2.** *adv* expressly

auseinander *adv* apart; **~ schreiben** write as separate words; **auseinandergehen** *irr vi* (*people*) separate; (*opinions*) differ; (*object*) fall apart; **auseinanderhalten** *irr vt* tell apart; **auseinandersetzen 1.** *vt* explain **2.** *vr* look (*mit* at); (*disagree*) argue (*mit* with); **Auseinandersetzung** *f* (*row*) argument; (*discussion*) debate

Ausfahrt *f* (*of train etc*) departure; (*from motorway, garage etc*) exit

ausfallen *irr vi* (*hair*) fall out; (*concert, class etc*) be cancelled; (*machine*) break down; (*electricity*) be cut off; (*well, badly etc*) turn out; **groß / klein ~** (*clothes, shoes*) be too big / too small

ausfindig machen *vt* discover

ausflippen *vi fam* freak out

Ausflug *m* excursion, outing; **Ausflugsziel** *nt* destination

Ausfluss *m* MED discharge

ausfragen *vt* question

Ausfuhr *f* ⟨-, -en⟩ export

ausführen *vt* (*order, task, plan*) carry out; (*person*) take out; COMM export; (*theory etc*) explain

ausführlich 1. *adj* detailed **2.** *adv* in detail

ausfüllen *vt* fill up; (*questionnaire etc*) fill in (*or* out)

Ausgabe *f* (*money*) expenditure; IT output; (*of book*) edition; (*of magazine*) issue

Ausgang *m* way out, exit; (*at airport*) gate; (*conclusion*) end; (*outcome*) result; „*kein ~*" 'no exit'

ausgeben *irr* **1.** *vt* (*money*) spend; (*share out*) distribute; *jdm etw ~* (*treat sb*) buy sb sth **2.** *vr sich für etw / jdn ~* pass oneself off as sth / sb

ausgebucht *adj* fully booked

ausgefallen *adj* unusual

ausgehen *irr vi* (*in the evening etc*) go out; (*petrol, coffee etc*) run out; (*hair*) fall out; (*fire, light etc*) go out; (*well, badly etc*) turn out; *davon ~, dass* assume that; *ihm ging das Geld aus* he ran out of money

ausgelassen *adj* exuberant

ausgeleiert *adj* worn out

ausgenommen *conj, prep + gen* or *dat* except

ausgerechnet *adv ~ du* you of all people; *~ heute* today

of all days

ausgeschildert *adj* signposted

ausgeschlafen *adj bist du ~?* have you had enough sleep?

ausgeschlossen *adj* impossible, out of the question

ausgesprochen 1. *adj* out-and-out; (*strong*) marked **2.** *adv* extremely; *~ gut* really good

ausgezeichnet *adj* excellent

ausgiebig *adj* (*use*) thorough; (*meal*) substantial

ausgießen *irr vt* (*drink*) pour out; (*jug, glass etc*) empty

ausgleichen *irr* **1.** *vt* even out **2.** *vi* SPORT equalize

Ausguss *m* sink; (*waste pipe*) outlet

aushalten *irr* **1.** *vt* bear, stand; *nicht auszuhalten sein* be unbearable **2.** *vi* hold out

aushändigen *vt jdm etw ~* hand sth over to sb

Aushang *m* notice

Aushilfe *f* temporary help; (*in office*) temp

auskennen *irr vr* know a lot (*bei, mit* about); (*in a place*) know one's way around

auskommen *irr vi gut / schlecht mit jdm ~* get on well / badly with sb; *mit etw ~* get by with sth

Auskunft *f* ⟨-, Auskünfte⟩ information; (*particulars*) details *pl*; (*counter*) information desk; TEL (directory) enquiries *sg* (*Brit*), information (*US*)

auslachen *vt* laugh at

ausladen *irr vt* (*luggage etc*) unload; *jdn* ~ (*guest*) tell sb not to come

Auslage *f* window display; **~n** *pl* (*costs*) expenses

Ausland *nt* foreign countries *pl*; **im / ins** ~ abroad; **Ausländer(in)** *m(f)* ⟨-s, -⟩ foreigner; **ausländerfeindlich** *adj* hostile to foreigners, xenophobic; **ausländisch** *adj* foreign; **Auslandsgespräch** *nt* international call; **Auslandskrankenschein** *m* health insurance certificate for foreign countries, ≈ E111 (*Brit*); **Auslandsschutzbrief** *m* international (*motor*) insurance cover (*documents pl*)

auslassen *irr* **1.** *vt* leave out; (*word etc also*) omit; (*do without*) skip; (*anger*) vent (*an* + *dat* on) **2.** *vr* **sich über etw** *acc* ~ speak one's mind about sth

auslaufen *irr vi* (*liquid*) run out; (*tank: also*) leak; (*ship*) leave port; (*contract*) expire

auslegen *vt* (*goods*) display; (*money*) lend; (*text etc*) interpret; (*machine, keyboard*) design (*für, auf* + *acc* for)

ausleihen *irr vt* (*to sb*) lend; **sich** *dat* **etw** ~ borrow sth

ausloggen *vi* IT log out (*or* off)

auslösen *vt* (*explosion, alarm*) set off; (*bring about*) cause; **Auslöser** *m* ⟨-s, -⟩ PHOT shutter release

ausmachen *vt* (*light, radio*) turn off; (*fire*) put out; (*date, price*) fix; (*arrange*) agree; (*proportion, amount etc*) represent; (*be significant*) matter; **macht es Ihnen etwas aus, wenn …?** would you mind if …?; **das macht mir nichts aus** I don't mind

Ausmaß *nt* extent

Ausnahme *f* ⟨-, -n⟩ exception; **ausnahmsweise** *adv* as an exception, just this once

ausnutzen *vt* (*time, opportunity, influence*) use; (*person, sb's good nature*) take advantage of

auspacken *vt* unpack

ausprobieren *vt* try (out)

Auspuff *m* ⟨-(e)s, -e⟩ TECH exhaust; **Auspuffrohr** *nt* exhaust (pipe); **Auspufftopf** *m* AUTO silencer (*Brit*), muffler (*US*)

ausrauben *vt* rob

ausräumen *vt* clear away; (*cupboard, room*) empty; (*misgivings*) put aside

ausrechnen *vt* calculate, work out

Ausrede *f* excuse

ausreden **1.** *vi* finish speaking **2.** *vt* **jdm etw** ~ talk sb out of sth

ausreichend *adj* sufficient,

satisfactory; (*mark in school*) ≈ D

Ausreise f departure; **bei der ~** on leaving the country; **Ausreiseerlaubnis** f exit visa; **ausreisen** vi leave the country

ausreißen irr **1.** vt tear out **2.** vi come off; fam (*abscond*) run away

ausrenken vt **sich** dat **den Arm ~** dislocate one's arm

ausrichten vt (*message*) deliver; (*regards*) pass on; **ich konnte bei ihr nichts ~** I couldn't get anywhere with her; **jdm etw ~** tell sb sth

ausrufen irr vt (*over loudspeaker*) announce; **jdn ~ lassen** have sb paged; **Ausrufezeichen** nt exclamation mark

ausruhen vi, vr rest

Ausrüstung f equipment

ausrutschen vi slip

ausschalten vt switch off; fig eliminate

Ausschau f **~ halten** look out (*nach* for)

ausscheiden irr **1.** vt MED give off, secrete **2.** vi leave (*aus etw* sth); SPORT be eliminated

ausschlafen irr **1.** vi, vr have a lie-in **2.** vt sleep off

Ausschlag m MED rash; **den ~ geben** fig tip the balance; **ausschlagen** irr **1.** vt (*tooth*) knock out; (*invitation*) turn down **2.** vi (*horse*) kick out; **ausschlaggebend** adj

decisive

ausschließen irr vt lock out; fig exclude; **ausschließlich 1.** adv exclusively **2.** prep + gen excluding

Ausschnitt m (*part*) section; (*of dress*) neckline; (*from newspaper*) cutting

Ausschreitungen pl riots pl

ausschütten vt (*liquid*) pour out; (*container*) empty

aussehen irr vi look; **krank ~** look ill; **gut ~** (*person*) be good-looking; (*thing*) be looking good; **es sieht nach Regen aus** it looks like rain; **es sieht schlecht aus** things look bad

aus sein irr vi → **aus**

außen adv outside; **nach ~** outwards; **von ~** from (the) outside; **Außenbordmotor** m outboard motor; **Außenminister(in)** m(f) foreign minister, Foreign Secretary (*Brit*); **Außenseite** f outside; **Außenseiter(in)** m(f) outsider; **Außenspiegel** m wing mirror (*Brit*), side mirror (*US*)

außer 1. prep + dat except (for); **nichts ~** nothing but; **~ Betrieb** out of order; **~ sich sein** be beside oneself (*vor* with); **~ Atem** out of breath **2.** conj except; **~ wenn** unless; **~ dass** except; **außerdem** conj besides

äußere(r, s) adj outer, external

außergewöhnlich 1. adj unusual **2.** adv exceptionally; **~ kalt** exceptionally cold; **außerhalb** prep + gen outside

äußerlich adj external

äußern 1. vt express; (display) show **2.** vr give one's opinion; (be visible) show itself

außerordentlich adj extraordinary; **außerplanmäßig** adj unscheduled

äußerst adv extremely; **äußerste(r, s)** adj utmost; (in distance) farthest; (date) last possible

Äußerung f remark

aussetzen 1. vt (child, animal) abandon; (reward) offer; **ich habe nichts daran auszusetzen** I have no objection to it **2.** vi stop; (take a break) drop out; (in game) miss a turn

Aussicht f (chance) prospect; **aussichtslos** adj hopeless; **Aussichtsplattform** f observation platform; **Aussichtsturm** m observation tower

Aussiedler(in) m(f) ‹-s, -› émigré (person of German descent from Eastern Europe)

ausspannen 1. vi relax **2.** vt **er hat ihm die Freundin ausgespannt** fam he's nicked his girlfriend

aussperren 1. vt lock out **2.** vr lock oneself out

Aussprache f (of words) pronunciation; (talk) (frank) discussion; **aussprechen** irr **1.** vt pronounce; (thoughts etc) express **2.** vr talk (über + acc about) **3.** vi finish speaking

ausspülen vt rinse (out)

Ausstattung f (in hospital, office etc) equipment; (in flat etc) furnishings pl; (in car) fittings pl

ausstehen irr **1.** vt endure; **ich kann ihn nicht ~** I can't stand him **2.** vi (debt etc) be outstanding

aussteigen irr vi get out (aus of); (from bus etc) get off; **aus dem Bus / Zug ~** get off the bus / train; **Aussteiger(in)** m(f) dropout

ausstellen vt display; (at trade fair, in museum etc) exhibit; fam (radio, heating etc) switch off; (cheque etc) make out; (passport etc) issue; **Ausstellung** f exhibition

aussterben irr vi die out

ausstrahlen vt radiate; (programme) broadcast; **Ausstrahlung** f RADIO, TV broadcast; fig (of person) charisma

ausstrecken 1. vr stretch out **2.** vt (hand) reach out (nach for)

aussuchen vt choose

Austausch m exchange; **austauschen** vt exchange (gegen for)

austeilen vt distribute; hand

out

Auster f ⟨-, -n⟩ oyster; **Austernpilz** m oyster mushroom

austragen irr vt (mail) deliver; (competition) hold

Australien nt ⟨-s⟩ Australia; **Australier(in)** m(f) ⟨-s, -⟩ Australian; **australisch** adj Australian

austrinken irr **1.** vt (glass) drain; (wine, coffee etc) drink up **2.** vi finish one's drink

austrocknen vi dry out; (river) dry up

ausüben vt (profession, sport) practise; (influence) exert

Ausverkauf m sale; **ausverkauft** adj (tickets, item) sold out

Auswahl f selection, choice (an + dat of); **auswählen** vt select, choose

auswandern vi emigrate

auswärtig adj not local; (relating to other countries) foreign; **auswärts** adv out of town; SPORT ~ **spielen** play away; **Auswärtsspiel** nt away match

auswechseln vt replace; SPORT substitute

Ausweg m way out

ausweichen irr vi get out of the way; **jdm / einer Sache** ~ move aside for sb/sth; fig avoid sb/sth

Ausweis m ⟨-es, -e⟩ (for individual) identity card, ID;

(for library etc) card; **ausweisen** irr **1.** vt expel **2.** vr prove one's identity; **Ausweiskontrolle** f ID check; **Ausweispapiere** pl identification documents pl

auswendig adv by heart

auswuchten vt AUTO (wheels) balance

auszahlen 1. vt (money) pay (out); (person) pay off **2.** vr be worth it

auszeichnen 1. vt (special person) honour; COMM price **2.** vr distinguish oneself

ausziehen irr **1.** vt (clothes) take off **2.** vr undress **3.** vi (from flat) move out

Auszubildende(r) mf trainee

authentisch adj authentic, genuine

Auto nt ⟨-s, -s⟩ car; ~ **fahren** drive; **Autoatlas** m road atlas; **Autobahn** f motorway (Brit), freeway (US); **Autobahnauffahrt** f motorway access road (Brit), on-ramp (US); **Autobahnausfahrt** f motorway exit (Brit), off-ramp (US); **Autobahngebühr** f toll; **Autobahnkreuz** nt motorway interchange; **Autobahnring** m motorway ring (Brit), beltway (US); **Autobombe** f car bomb; **Autofähre** f car ferry; **Autofahrer(in)** m(f) driver, motorist; **Autofahrt** f drive

Autogramm nt ⟨-s, -e⟩ autograph

Automarke f make of car

Automat m ⟨-en, -en⟩ vending machine

Automatik f ⟨-, -en⟩ AUTO automatic transmission; **Automatikschaltung** f automatic gear change (*Brit*) (*or* shift (*US*)); **Automatikwagen** m automatic

automatisch 1. adj automatic **2.** adv automatically

Automechaniker(in) m(f) car mechanic; **Autonummer** f registration (*Brit*) (*or* license (*US*)) number; **Autoradio** nt car radio; **Autoreifen** m car tyre; **Autoreisezug** m Motorail train® (*Brit*), auto train (*US*); **Autorennen** nt motor racing; (*single event*) motor race; **Autoschlüssel** m car key; **Autotelefon** nt car phone; **Autounfall** m car accident; **Autoverleih** m, **Autovermietung** f car hire (*Brit*) (*or* rental (*US*)); (*firm*) car hire (*Brit*) (*or* rental (*US*)) company; **Autowaschanlage** f car wash; **Autowerkstatt** f car repair shop, garage; **Autozubehör** nt car accessories pl

Avocado f ⟨-, -s⟩ avocado

Axt f ⟨-, Äxte⟩ axe

Azubi m ⟨-s, -s⟩ f ⟨-, -s⟩ acr → **Auszubildende**, trainee

B

B abbr → **Bundesstraße**

Baby nt ⟨-s, -s⟩ baby; **Babybett** nt cot (*Brit*), crib (*US*); **Babyfläschchen** nt baby's bottle; **Babynahrung** f baby food; **Babysitter(in)** m(f) babysitter; **Babysitz** m child seat; **Babywickelraum** m baby-changing room

Bach m ⟨-(e)s, Bäche⟩ stream

Backblech nt baking tray (*Brit*), cookie sheet (*US*)

Backbord nt port (side)

Backe f ⟨-, -n⟩ cheek

backen ⟨backte, gebacken⟩ vt, vi bake

Backenzahn m molar

Bäcker(in) m(f) ⟨-s, -⟩ baker; **Bäckerei** f bakery; (*selling bread*) baker's (shop)

Backofen m oven; **Backpulver** nt baking powder

Backspace-Taste f IT backspace key

Backstein m brick

Backwaren pl bread, cakes and pastries pl

Bad nt ⟨-(e)s, Bäder⟩ bath; (*in sea etc*) swim; (*resort*) spa; **ein ~ nehmen** have (*or* take) a bath; **Badeanzug** m swimsuit, swimming costume (*Brit*); **Badehose** f swim-

ming trunks *pl*; **Badekappe**
f swimming cap; **Bademantel** *m* bathrobe; **Bademeis-
ter(in)** *m(f)* pool attendant;
Bademütze *f* swimming cap
baden 1. *vi* have a bath; (*in
sea etc*) swim, bathe (*Brit*)
2. *vt* bath (*Brit*), bath (*US*)
Baden-Württemberg *nt* ⟨-s⟩
Baden-Württemberg
Badeort *m* spa; **Badesachen**
pl swimming things *pl*; **Badeschaum** *m* bubble bath,
bath foam; **Badetuch** *nt*
bath towel; **Badewanne** *f*
bath (tub); **Badezeug** *nt*
swimming gear; **Badezim-
mer** *nt* bathroom
Badminton *nt* badminton
baff *adj* ~ **sein** *fam* be flabbergasted (*or* gobsmacked)
Bagger *m* ⟨-s, -⟩ excavator;
Baggersee *m* artificial lake
in quarry etc, used for bathing
Bahamas *pl* **die** ~ the Bahamas *pl*
Bahn *f* ⟨-, -en⟩ railway (*Brit*),
railroad (*US*); (*racetrack*)
track; (*for single runner*)
lane; ASTR orbit; *Deutsche*
~ Germany's main railway
operator; **bahnbrechend**
adj groundbreaking; **Bahn-
Card®** *f* ⟨-, -s⟩ rail card (*allowing 50% or 25% reduc-
tion on tickets*); **Bahnfahrt**
f railway (*Brit*) (*or* railroad
(*US*)) journey; **Bahnhof** *m*
station; *am* (*or* *auf dem*) ~

at the station; **Bahnlinie** *f*
railway (*Brit*) (*or* railroad
(*US*)) line; **Bahnpolizei** *f*
railway (*Brit*) (*or* railroad
(*US*)) police; **Bahnsteig** *m*
⟨-(e)s, -e⟩ platform; **Bahn-
strecke** *f* railway (*Brit*) (*or*
railroad (*US*)) line; **Bahnübergang** *m* level crossing
(*Brit*), grade crossing (*US*)
Bakterien *pl* bacteria *pl*,
germs *pl*
bald *adv* soon; almost; *bis* ~*!*
see you soon (*or* later); **bal-
dig** *adj* speedy
Balkan *m* ⟨-s⟩ *der* ~ the Balkans *pl*
Balken *m* ⟨-s, -⟩ beam
Balkon *m* ⟨-s, -s *or* -e⟩ balcony
Ball *m* ⟨-(e)s, Bälle⟩ ball;
(*event*) dance, ball
Ballett *nt* ⟨-s⟩ ballet
Ballon *m* ⟨-s, -s⟩ balloon
Ballspiel *nt* ball game
Ballungsgebiet *nt* conurba-
tion
Baltikum *nt* ⟨-s⟩ *das* ~ the
Baltic States *pl*
Bambus *m* ⟨-ses, -se⟩ bamboo; **Bambussprossen** *pl*
bamboo shoots *pl*
banal *adj* banal; (*question, re-
mark*) trite
Banane *f* ⟨-, -n⟩ banana
band *imperf* → **binden**
Band 1. *m* ⟨-(e)s, Bände⟩
(*book*) volume **2.** *nt* ⟨-(e)s,
Bänder⟩ (*of fabric*) ribbon,
tape; (*in factory*) production
line; (*for recording*) tape;

ANAT ligament; *etw auf ~*
aufnehmen tape sth 3. *f* ⟨-,
-s⟩ (*musicians*) band
Bandage *f* ⟨-, -n⟩ bandage;
bandagieren *vt* bandage
Bande *f* ⟨-, -n⟩ gang
Bänderriss *m* MED torn ligament
Bandscheibe *f* ANAT disc;
Bandwurm *m* tapeworm
Bank 1. *f* ⟨-, Bänke⟩ bench **2.** *f*
⟨-, -en⟩ FIN bank
Bankautomat *m* cash dispenser; **Bankkarte** *f* bank
card; **Bankkonto** *nt* bank account; **Bankleitzahl** *f* bank
sort code; **Banknote** *f* banknote; **Bankverbindung** *f*
banking (*or* account) details
pl
bar *adj* ~*es Geld* cash; *etw*
(in) ~ bezahlen pay sth (in)
cash
Bar *f* ⟨-, -s⟩ bar
Bär *m* ⟨-en, -en⟩ bear
barfuß *adj* barefoot
barg *imperf → bergen*
Bargeld *nt* cash; **bargeldlos**
adj non-cash
Barkeeper *m* ⟨-s, -⟩, **Bar-
mann** *m* barman, bartender
(*US*)
barock *adj* baroque
Barometer *nt* ⟨-s, -⟩ barometer
barsch *adj* brusque
Barsch *m* ⟨-(e)s, -e⟩ perch
Barscheck *m* open (*or* un-
crossed) cheque
Bart *m* ⟨-(e)s, Bärte⟩ beard

bärtig *adj* bearded
Barzahlung *f* cash payment
Basar *m* ⟨-s, -e⟩ bazaar
Baseballmütze *f* baseball
cap
Basel *nt* ⟨-s⟩ Basle
Basilikum *nt* ⟨-s⟩ basil
Basis *f* ⟨-, Basen⟩ basis
Baskenland *nt* Basque region
Basketball *m* basketball
Bass *m* ⟨-es, Bässe⟩ bass
basta *interj* **und damit** ~*!* and
that's that
basteln 1. *vt* make **2.** *vi* make
things, do handicrafts
bat *imperf → bitten*
Batterie *f* battery; **batterie-
betrieben** *adj* battery-pow-
ered
Bau 1. *m* ⟨-(e)s⟩ (*constructing*)
building, construction; (*organization*) structure;
(*place*) building site **2.** *m*
⟨Baue *pl*⟩ (*of animal*) burrow
3. *m* ⟨Bauten *pl*⟩ (*edifice*)
building; **Bauarbeiten** *pl*
construction work *sg*; (*on
road*) roadworks *pl* (*Brit*),
roadwork (*US*); **Bauarbei-
ter(in)** *m(f)* construction
worker
Bauch *m* ⟨-(e)s, Bäuche⟩ stomach; **Bauchnabel** *m* navel;
Bauchredner(in) *m(f)* ven-
triloquist; **Bauchschmer-
zen** *pl* stomach-ache *sg*;
Bauchspeicheldrüse *f* pan-
creas; **Bauchtanz** *m* belly
dance; (*activity*) belly danc-

ing; **Bauchweh** nt ‹-s› stomach-ache

bauen vt, vi build; TECH construct

Bauer m ‹-n or -s, -n› farmer; (in chess) pawn; **Bäuerin** f farmer; farmer's wife; **Bauernhof** m farm

baufällig adj dilapidated; **Baujahr** nt year of construction; **der Wagen ist ~ 2002** the car is a 2002 model, the car was made in 2002

Baum m ‹-(e)s, Bäume› tree

Baumarkt m DIY centre

Baumwolle f cotton

Bauplatz m building site; **Baustein** m (for building) stone; (toy) brick; fig element; **elektronischer ~** chip; **Baustelle** f building site; (on road) roadworks pl (Brit), roadwork (US); **Bauteil** nt prefabricated part; **Bauunternehmer(in)** m(f) building contractor; **Bauwerk** nt building

Bayern nt ‹-s› Bavaria

beabsichtigen vt intend

beachten vt pay attention to; (rule etc) observe; **nicht ~** ignore; **beachtlich** adj considerable

Beachvolleyball nt beach volleyball

Beamte(r) m ‹-n, -n›, **Beamtin** f official; (employed by the state) civil servant

beanspruchen vt claim; (time, space) take up; **jdn ~**

keep sb busy

beanstanden vt complain about; **Beanstandung** f complaint

beantragen vt apply for

beantworten vt answer

bearbeiten vt work; (material, data) process; CHEM treat; (case etc) deal with; (book etc) revise; fam (try to influence) work on; **Bearbeitungsgebühr** f handling (or service) charge

beatmen vt **jdn ~** give sb artificial respiration

beaufsichtigen vt supervise; (in exam) invigilate

beauftragen vt instruct; **jdn mit etw ~** give sb the job of doing sth

Becher m ‹-s, -› mug; (without handle) tumbler; (for yoghurt) pot; (made of cardboard) tub

Becken nt ‹-s, -› basin; (for washing) sink; (for swimming) pool; MUS cymbal; ANAT pelvis

bedanken vr say thank you; **sich bei jdm für etw ~** thank sb for sth

Bedarf m ‹-(e)s› need (an + dat for); COMM demand (an + dat for); **je nach ~** according to demand; **bei ~** if necessary; **Bedarfshaltestelle** f request stop, flag stop (US)

bedauerlich adj regrettable; **bedauern** vt regret; (person) feel sorry for; **bedauernswert** adj regrettable; (person) unfortunate

bedeckt adj covered; (sky) overcast

bedenken irr vt consider; **Bedenken** nt ⟨-s, -⟩ (thought) consideration; (reservation) doubt; (moral doubt) scruples pl; **bedenklich** adj dubious; (condition, situation) serious

bedeuten vt mean; **jdm nichts / viel ~** mean nothing/a lot to sb; **bedeutend** adj important; (large) considerable; **Bedeutung** f meaning; importance

bedienen 1. vt serve; (machine) operate **2.** vr (when eating) help oneself; **Bedienung** f service; (person) waiter / waitress; shop assistant; (supplement) service (charge); **Bedienungsanleitung** f operating instructions pl; **Bedienungshandbuch** nt instruction manual; **Bedingung** f condition; **unter der ~, dass** on condition that; **unter diesen ~en** under these circumstances

bedrohen vt threaten

Bedürfnis nt need

beeilen vr hurry

beeindrucken vt impress

beeinflussen vt influence

beeinträchtigen vt affect

beenden vt end; (complete) finish

beerdigen vt bury; **Beerdigung** f burial; (ceremony) funeral

Beere f ⟨-, -n⟩ berry; (for wine) grape

Beet nt ⟨-(e)s, -e⟩ bed

befahl imperf → **befehlen**

befahrbar adj passable; NAUT navigable; **befahren 1.** irr vt (road) use; (mountain pass) drive over; (river etc) navigate **2.** adj **stark / wenig ~** busy / quiet

Befehl m ⟨-(e)s, -e⟩ order; IT command; **befehlen** ⟨befahl, befohlen⟩ **1.** vt order; **jdm ~, etw zu tun** order sb to do sth **2.** vi give orders

befestigen vt fix; (with string, rope) attach; (with glue) stick

befeuchten vt moisten

befinden irr vr be

befohlen pp → **befehlen**

befolgen vt (advice etc) follow

befördern vt transport; (at work) promote; **Beförderung** f transport; (at work) promotion; **Beförderungsbedingungen** pl conditions pl of carriage

Befragung f questioning; (survey) opinion poll

befreundet adj friendly; **~ sein** be friends (mit jdm with sb)

befriedigen vt satisfy; **befriedigend** adj satisfactory; (mark for schoolwork) ≈

C; **Befriedigung** f satisfaction

befristet adj limited (auf + acc to)

befruchten vt fertilize; fig stimulate

Befund m ⟨-(e)s, -e⟩ findings pl; MED diagnosis

befürchten vt fear

befürworten vt support

begabt adj gifted, talented; **Begabung** f talent, gift

begann imperf → **beginnen**

begegnen vi meet (jdm sb), meet with (einer Sache dat sth)

begehen irr vt (offence) commit; (anniversary etc) celebrate

begehrt adj sought-after; (bachelor) eligible

begeistern 1. vt fill with enthusiasm; (stimulate) inspire 2. vr **sich für etw ~** be / get enthusiastic about sth; **begeistert** adj enthusiastic

Beginn m ⟨-(e)s⟩ beginning; **zu ~** at the beginning; **beginnen** ⟨begann, begonnen⟩ vt, vi start, begin

beglaubigen vt certify; **Beglaubigung** f certification

begleiten vt accompany; **Begleiter(in)** m(f) companion; **Begleitung** f company; MUS accompaniment

beglückwünschen vt congratulate (zu on)

begonnen pp → **beginnen**

begraben irr vt bury; Be-

gräbnis nt burial; (ceremony) funeral

begreifen irr vt understand

Begrenzung f boundary; fig restriction

Begriff m ⟨-(e)s, -e⟩ concept; (mental impression) idea; **im ~ sein, etw zu tun** be on the point of doing sth; **schwer von ~ sein** be slow on the uptake

begründen vt justify; **Begründung** f explanation; (vindication) justification

begrüßen vt greet; (guest) welcome; **Begrüßung** f greeting; (reception) welcome

behaart adj hairy

behalten irr vt keep; (keep in head) remember; **etw für sich ~** keep sth to oneself

Behälter m ⟨-s, -⟩ container

behandeln vt treat; **Behandlung** f treatment

behaupten 1. vt claim, maintain 2. vr assert oneself; **Behauptung** f claim

beheizen vt heat

behelfen irr vr **sich mit / ohne etw ~** make do with / without sth

beherbergen vt accommodate

beherrschen 1. vt (situation, feelings) control; (instrument) master 2. vr control oneself; **Beherrschung** f control (über + acc of); **die ~ verlieren** lose one's self-control

behilflich adj helpful; **jdm ~
sein** help sb (bei with)

behindern vt hinder; (traffic,
view) obstruct; **Behinder-
te(r)** mf disabled person;
behindertengerecht adj
suitable for disabled people

Behörde f ⟨-, -n⟩ authority;
die ~n pl the authorities (pl)

bei prep + dat (place) near, by;
(stay) at; (time) at, on; (in the
course of) during; (circumstance) in; **~m Friseur** at
the hairdresser's; **~ uns zuhause** at our place; in our
country; **~ Nacht** at night;
~ Tag by day; **~ Nebel** in
fog; **~ Regen findet die Veranstaltung im Saal statt** if it
rains the event will take
place in the hall; **etw ~ sich
haben** have sth on one; **~m
Fahren** while driving

beibehalten irr vt keep

Beiboot nt dinghy

beibringen irr vt **jdm etw ~**
(tell) break sth to sb; (instruct) teach sb sth

beide(s) pron both; **meine ~n
Brüder** my two brothers,
both my brothers; **wir ~** both
(or the two) of us; **keiner
von ~** neither of them; **alle
~** both (of them); **~s ist sehr
schön** both are very nice; **30
~** (in tennis) 30 all

beieinander adv together

Beifahrer(in) m(f) passenger; **Beifahrerairbag** m pas-

senger airbag; **Beifahrersitz**
m passenger seat

Beifall m ⟨-(e)s⟩ applause

beige adj inv beige

Beigeschmack m aftertaste

Beil nt ⟨-(e)s, -e⟩ axe

Beilage f GASTR side dish;
vegetables pl; (of newspaper) supplement

beiläufig 1. adj casual **2.** adv
casually

Beileid nt condolences pl;
(mein) herzliches ~ please
accept my sincere condo-
lences

beiliegend adj enclosed

beim contr = **bei dem**

Bein nt ⟨-(e)s, -e⟩ leg

beinah(e) adv almost, nearly

beinhalten vt contain

Beipackzettel m instruction
leaflet

beisammen adv together;
Beisammensein nt ⟨-s⟩
get-together

beiseite adv aside; **beiseitelegen** vt **etw ~** (save) put
sth by

Beispiel nt ⟨-(e)s, -e⟩ example;
**sich dat an jdm / etw ein ~
nehmen** take sb/sth as an
example; **zum ~** for example

beißen ⟨biss, gebissen⟩ **1.** vt
bite **2.** vi bite; (smoke, acid)
sting **3.** vr (colours) clash

Beitrag m ⟨-(e)s, Beiträge⟩ contribution; (for membership)
subscription; (for insurance)
premium; **beitragen** irr vt, vi
contribute (zu to)

bekannt *adj* well-known; (*recognizable*) familiar; **mit jdm ~ sein** know sb; **~ geben** announce; **jdn mit jdm ~ machen** introduce sb to sb; **Bekannte(r)** *mf* friend; (*less close*) acquaintance; **bekanntlich** *adv* as everyone knows; **Bekanntschaft** *f* acquaintance

bekiffen *vr fam* get stoned

beklagen *vr* complain

Bekleidung *f* clothing

bekommen *irr* **1.** *vt* get; (*letter, present etc*) receive; (*child*) have; (*train, cold*) catch, get; **wie viel ~ Sie dafür?** how much is that? **2.** *vi* **jdm ~** (*food*) agree with sb; **wir ~ schon** we're being served

beladen *irr vt* load

Belag *m* ⟨-(e)s, Beläge⟩ coating; (*on teeth*) plaque; (*on tongue*) fur

belasten *vt* load; (*body*) strain; (*environment*) pollute; *fig* (*with worries etc*) burden; COMM (*account*) debit; LAW incriminate

belästigen *vt* bother; (*stronger*) pester; (*sexually*) harass; **Belästigung** *f* annoyance; **sexuelle ~** sexual harassment

belebt *adj* (*street etc*) busy

Beleg *m* ⟨-(e)s, -e⟩ COMM receipt; (*written evidence*) proof; **belegen** *vt* (*bread*) spread; (*seat*) reserve;

(*course*) register for; (*claim, expenditure etc*) prove

belegt *adj* TEL engaged (*Brit*), busy (*US*); (*hotel*) full; (*tongue*) coated; **~es Brötchen** sandwich; **der Platz ist ~** this seat is taken; **Belegtzeichen** *nt* TEL engaged tone (*Brit*), busy tone (*US*)

beleidigen *vt* insult; (*hurt feelings of*) offend; **Beleidigung** *f* insult; LAW slander; (*written*) libel

beleuchten *vt* light; (*light up*) illuminate; *fig* examine; **Beleuchtung** *f* lighting; (*lighting up*) illumination

Belgien *nt* ⟨-s⟩ Belgium; **Belgier(in)** *m(f)* ⟨-s, -⟩ Belgian; **belgisch** *adj* Belgian

belichten *vt* expose; **Belichtung** *f* exposure; **Belichtungsmesser** *m* ⟨-s, -⟩ light meter

Belieben *nt* (**ganz**) **nach ~** (just) as you wish

beliebig 1. *adj* **jedes ~e Muster** any pattern; **jeder ~e** anyone **2.** *adv* **~ lange** as long as you like; **~ viel** as many (*or* much) as you like

beliebt *adj* popular

beliefern *vt* supply

bellen *vi* bark

Belohnung *f* reward

Belüftung *f* ventilation

belügen *irr vt* lie to

bemerkbar *adj* noticeable; **sich ~ machen** (*person*) attract attention; (*thing*) be-

come noticeable; **bemerken**
vt notice; (*say*) remark; **be-**
merkenswert *adj* remarkable; **Bemerkung** *f* remark

bemitleiden *vt* pity

bemühen *vr* try (hard), make
an effort; **Bemühung** *f* effort

bemuttern *vt* mother

benachbart *adj* neighbour-
ing

benachrichtigen *vt* inform;
Benachrichtigung *f* notification

benachteiligen *vt* (put at a)
disadvantage; (*racially etc*)
discriminate against

benehmen *irr vr* behave; **Be-**
nehmen *nt* ⟨-s⟩ behaviour

beneiden *vt* envy; *jdn um*
etw ~ envy sb sth

Beneluxländer *pl* Benelux
countries *pl*

benommen *adj* dazed

benötigen *vt* need

benutzen *vt* use; **Benut-**
zer(in) *m(f)* ⟨-s, -⟩ user; **be-**
nutzerfreundlich *adj* user-
-friendly; **Benutzerhand-**
buch *nt* user's guide; **Be-**
nutzerkennung *f* user ID;
Benutzeroberfläche *f* TT user / system interface; **Benut-**
zung *f* use; **Benutzungsge-**
bühr *f* (hire) charge

Benzin *nt* ⟨-s, -e⟩ AUTO petrol
(*Brit*), gas (*US*); **Benzinka-**
nister *m* petrol (*Brit*) (or
gas (*US*)) can; **Benzinpum-**
pe *f* petrol (*Brit*) (or gas

(*US*)) pump; **Benzintank**
m petrol (*Brit*) (or gas
(*US*)) tank; **Benzinuhr** *f* fuel
gauge

beobachten *vt* observe; **Be-**
obachtung *f* observation

bequem *adj* comfortable;
(*excuse*) convenient; (*idle*)
lazy; *machen Sie es sich*
~ make yourself at home;
Bequemlichkeit *f* comfort;
laziness

beraten *irr* **1.** *vt* advise; (*plan*
etc) discuss **2.** *vr* consult;
Beratung *f* advice; (*at doc-*
tor's etc) consultation

berauben *vt* rob

berechnen *vt* calculate;
COMM charge; **berechnend**
adj (*person*) calculating

berechtigen *vt* entitle (*zu*
to); *fig* justify; **berechtigt**
adj justified; *zu etw ~ sein*
be entitled to sth

bereden *vt* discuss

Bereich *m* ⟨-(e)s, -e⟩ area;
(*sphere*) field

bereisen *vt* travel through

bereit *adj* ready; *zu etw ~*
sein be ready for sth; *sich*
~ erklären, etw zu tun agree
to do sth

bereiten *vt* prepare; (*grief*)
cause; (*pleasure*) give

bereitlegen *vt* lay out

bereitmachen *vr* get ready

bereits *adv* already

Bereitschaft *f* readiness; *~*
haben (*doctor*) be on call

bereitstehen *vi* be ready

bereuen *vt* regret
Berg *m* ⟨-(e)s, -e⟩ mountain; (*smaller*) hill; **in die ~e fahren** go to the mountains; **bergab** *adv* downhill; **bergauf** *adv* uphill; **Bergbahn** *f* mountain railway (*Brit*) (*or* railroad (*US*))
bergen ⟨barg, geborgen⟩ *vt* (*person*) rescue
Bergführer(in) *m(f)* mountain guide; **Berghütte** *f* mountain hut; **bergig** *adj* mountainous; **Bergschuh** *m* climbing boot; **Bergsteigen** *nt* ⟨-s⟩ mountaineering; **Bergsteiger(in)** *m(f)* ⟨-s, -⟩ mountaineer; **Bergtour** *f* mountain hike
Bergung *f* rescue; (*of body, vehicle*) recovery
Bergwacht *f* ⟨-, -en⟩ mountain rescue service; **Bergwerk** *nt* mine
Bericht *m* ⟨-(e)s, -e⟩ report; **berichten** *vt, vi* report; **berichtigen** *vt* correct
Bermudadreieck *nt* Bermuda triangle; **Bermudainseln** *pl* Bermuda *sg*; **Bermudashorts** *pl* Bermuda shorts *pl*
Bernstein *m* amber
berüchtigt *adj* notorious, infamous
berücksichtigen *vt* take into account; (*application, applicant*) consider
Beruf *m* ⟨-(e)s, -e⟩ occupation; (*requiring academic training*) profession; (*skilled,*

self-employed) trade; **was sind Sie von ~?** what do you do (for a living)?; **beruflich** *adj* professional
Berufsausbildung *f* vocational training; **Berufsschule** *f* vocational college; **berufstätig** *adj* employed; **Berufsverkehr** *m* commuter traffic
beruhigen 1. *vt* calm **2.** *vr* (*person, situation*) calm down; **beruhigend** *adj* reassuring; **Beruhigungsmittel** *nt* sedative
berühmt *adj* famous
berühren 1. *vt* (*emotionally*) move; (*be important for*) affect; (*subject*) mention, touch on **2.** *vr* touch
besaufen *irr vr fam* get plastered
beschädigen *vt* damage
beschäftigen 1. *vt* occupy; (*worker*) employ **2.** *vr* **sich mit etw ~** occupy oneself with sth; (*problem etc*) deal with sth; **beschäftigt** *adj* busy, occupied; **Beschäftigung** *f* (*work*) employment; (*activity*) occupation; (*with problem etc*) preoccupation (*mit* with)
Bescheid *m* ⟨-(e)s, -e⟩ information; **~ wissen** be informed (*or* know) (*über + acc* about); **ich weiß ~** I know; **jdm ~ geben** (*or* **sagen**) let sb know

bescheiden *adj* modest

bescheinigen *vt* certify; *(confirm)* acknowledge; **Bescheinigung** *f* certificate; *(for money)* receipt

bescheißen *irr vt vulg* cheat *(um* out of)

beschimpfen *vt* swear at

Beschiss *m* ⟨-es⟩ *das ist ~ vulg* that's a rip-off; **beschissen** *adj vulg* shitty

beschlagnahmen *vt* confiscate

Beschleunigung *f* acceleration; **Beschleunigungsspur** *f* acceleration lane

beschließen *irr vt* decide on; *(conclude)* end; **Beschluss** *m* decision

beschränken 1. *vt* limit, restrict *(auf* + *acc* to) **2.** *vr* restrict oneself *(auf* + *acc* to); **Beschränkung** *f* limitation, restriction

beschreiben *irr vt* describe; *(paper)* write on; **Beschreibung** *f* description

beschuldigen *vt* accuse *(gen* of); **Beschuldigung** *f* accusation

beschummeln *vt, vi fam* cheat *(um* out of)

beschützen *vt* protect *(vor* + *dat* from)

Beschwerde *f* ⟨-, -n⟩ complaint; **~n** *pl (illness)* trouble *sg*; **beschweren 1.** *vt* weight down; *fig* burden **2.** *vr* complain

beschwipst *adj* tipsy

beseitigen *vt* remove; *(problem)* get rid of; *(rubbish)* dispose of; **Beseitigung** *f* removal; *(of rubbish)* disposal

Besen *m* ⟨-s, -⟩ broom

besetzen *vt (house, country)* occupy; *(seat)* take; *(post)* fill; *(role)* cast; **besetzt** *adj* full; TEL engaged *(Brit)*, busy *(US)*; *(seat)* taken; *(toilet)* engaged; **Besetztzeichen** *nt* engaged tone *(Brit)*, busy tone *(US)*

besichtigen *vt (museum)* visit; *(sights)* have a look at; *(town)* tour

besiegen *vt* defeat

Besitz *m* ⟨-es⟩ possession; *(objects)* property; **besitzen** *irr vt* own; *(quality)* have; **Besitzer(in)** *m(f)* ⟨-s, -⟩ owner

besoffen *adj fam* plastered

besondere(r, s) *adj* special; *(specific, more than usual)* particular; *(strange)* peculiar; **nichts ~s** nothing special; **Besonderheit** *f* special feature; *(unusual characteristic)* peculiarity; **besonders** *adv* especially, particularly; *(individually)* separately

besorgen *vt (obtain)* get *(jdm* for sb); *(buy also)* purchase; *(task etc)* deal with

besprechen *irr vt* discuss; **Besprechung** *f* discussion; *(conference)* meeting; **Besprechungsraum** *m* consultation room

besser adj better; **es geht ihm ~** he feels better; **~ gesagt** or rather; **~ werden** improve; **bessern 1.** vt improve **2.** vr improve; (person) mend one's ways; **Besserung** f improvement; **gute ~!** get well soon

beständig adj constant; (weather) settled

Bestandteil m component

bestätigen vt confirm; (receipt, letter) acknowledge; **Bestätigung** f confirmation; (of letter) acknowledgement

beste(r, s) 1. adj best; **das ~ wäre, wir ...** it would be best if we ... **2.** adv **sie singt am ~n** she sings best; **so ist es am ~n** it's best that way; **am ~n gehst du gleich** you'd better go at once

bestechen irr vt bribe; **Bestechung** f bribery

Besteck nt ⟨-(e)s, -e⟩ cutlery

bestehen irr **1.** vi be, exist; (continue) last; **~ auf** + dat insist on; **~ aus** consist of **2.** vt (test, exam) pass; (fight) win

bestehlen irr vt rob

bestellen vt order; (reserve) book; (regards, message) pass on (jdm to sb); (person) send for; **Bestellnummer** f order number; **Bestellung** f COMM order; (action) ordering

bestens adv very well

bestimmen vt determine; (rules) lay down; (day, place) fix; (person to a post) appoint; (intend) mean (für for); **bestimmt 1.** adj definite; (left unspecified) certain; (resolute) firm **2.** adv definitely; (know) for sure; **Bestimmung** f (rule) regulation; (intended use) purpose

Best.-Nr. abbr → **Bestellnummer** order number

bestrafen vt punish

bestrahlen vt illuminate; MED treat with radiotherapy

bestreiten irr vt (assertion etc) deny

Bestseller m ⟨-s, -⟩ bestseller

bestürzt adj dismayed

Besuch m ⟨-(e)s, -e⟩ visit; (person) visitor; **~ haben** have visitors / a visitor; **besuchen** vt visit; (school, cinema etc) go to; **Besucher(in)** m(f) ⟨-s, -⟩ visitor; **Besuchszeit** f visiting hours pl

betäuben vt MED anaesthetize; **Betäubung** f anaesthetic; **örtliche ~** local anaesthetic; **Betäubungsmittel** nt anaesthetic

Bete f ⟨-, -n⟩ **Rote ~** beetroot

beteiligen 1. vr **sich an etw** dat ~ take part in sth, participate in sth **2.** vt **jdn an etw** dat ~ involve sb in sth; **Beteiligung** f participation; (portion) share; (number of peo-

ple present) attendance

beten *vi* pray

Beton *m* ⟨-s, -s⟩ concrete

betonen *vt* stress; (*give prominence to*) emphasize; **Betonung** *f* stress; *fig* emphasis

Betr. *abbr* = **Betreff** re

Betracht *m* in ~ **ziehen** take into consideration; **in ~ kommen** be a possibility; **nicht in ~ kommen** be out of the question; **betrachten** *vt* look at; ~ **als** regard as; **beträchtlich** *adj* considerable

Betrag *m* ⟨-(e)s, Beträge⟩ amount, sum; **betragen** *irr* **1.** *vt* amount (*or* come) to **2.** *vr* behave

betreffen *irr vt* concern; (*regulation etc*) affect; *was mich betrifft* as for me; **betreffend** *adj* relevant, in question

betreten *irr vt* enter; (*stage etc*) step onto; *„Betreten verboten"* 'keep off / out'

betreuen *vt* look after; (*party of tourists, department*) be in charge of; **Betreuer(in)** *m(f)* ⟨-s, -⟩ (*of invalid, old person*) carer; (*of child*) child minder; (*of party of tourists*) groupleader

Betrieb *m* ⟨-(e)s, -e⟩ (*company*) firm; (*buildings etc*) plant; (*of machine, factory*) operation; (*in shops etc*) bustle; *außer ~ sein* be out of order; *in ~ sein* be in op-

eration; **betriebsbereit** *adj* operational; **Betriebsrat** *m* works council; **Betriebssystem** *nt* IT operating system

betrinken *irr vr* get drunk

betroffen *adj* (*upset*) shaken; *von etw ~ werden / sein* be affected by sth

betrog *imperf* → **betrügen**; **betrogen** *pp* → **betrügen**

Betrug *m* ⟨-(e)s⟩ deception; LAW fraud; **betrügen** ⟨betrog, betrogen⟩ *vt* deceive; LAW defraud; (*partner*) cheat on; **Betrüger(in)** *m(f)* ⟨-s, -⟩ cheat

betrunken *adj* drunk

Bett *nt* ⟨-(e)s, -en⟩ bed; *ins* (*or zu*) ~ *gehen* go to bed; *das ~ machen* make the bed; **Bettbezug** *m* duvet cover; **Bettdecke** *f* blanket

betteln *vi* beg

Bettlaken *nt* sheet

Bettler(in) *m(f)* ⟨-s, -⟩ beggar

Bettsofa *nt* sofa bed; **Betttuch** *nt* sheet; **Bettwäsche** *f* bed linen; **Bettzeug** *m* bedding

beugen 1. *vt* bend **2.** *vr* bend; (*yield*) submit (*dat* to)

Beule *f* ⟨-, -n⟩ bump; (*in car etc*) dent

beunruhigen *vt, vr* worry

beurteilen *vt* judge

Beute *f* ⟨-⟩ (*of thief*) booty, loot; (*of animal*) prey

Beutel *m* ⟨-s, -⟩ bag

Bevölkerung *f* population

bevollmächtigt *adj* author-

ized (*zu etw* to do sth)
bevor *conj* before; **bevorstehen** *irr vi* (*difficulties*) lie ahead; (*danger*) be imminent; **jdm ~** (*surprise etc*) be in store for sb; **bevorstehend** *adj* forthcoming; **bevorzugen** *vt* prefer
bewachen *vt* guard; **bewacht** *adj* **~er Parkplatz** supervised car park (*Brit*), guarded parking lot (*US*)
bewegen *vt*, *vr* move; **jdn dazu ~, etw zu tun** get sb to do sth; **es bewegt sich etwas** *fig* things are beginning to happen; **Bewegung** *f* movement; PHYS motion; (*inner*) emotion; (*bodily*) exercise; **Bewegungsmelder** *m* ⟨-s, -⟩ sensor (*which reacts to movement*)
Beweis *m* ⟨-es, -e⟩ proof; (*material, facts*) evidence; **beweisen** *irr vt* prove; (*demonstrate*) show
bewerben *irr vr* apply (*um* for); **Bewerbung** *f* application; **Bewerbungsunterlagen** *pl* application documents *pl*
bewilligen *vt* allow; (*money*) grant
bewirken *vt* cause, bring about
bewohnen *vt* live in; **Bewohner(in)** *m(f)* ⟨-s, -⟩ inhabitant; (*of house*) resident
bewölkt *adj* cloudy, overcast; **Bewölkung** *f* clouds *pl*

bewundern *vt* admire; **bewundernswert** *adj* admirable
bewusst 1. *adj* conscious; (*intentional*) deliberate; **sich dat einer Sache** *gen* **~ sein** be aware of sth **2.** *adv* consciously; (*intentionally*) deliberately; **bewusstlos** *adj* unconscious; **Bewusstlosigkeit** *f* unconsciousness; **Bewusstsein** *nt* ⟨-s⟩ consciousness; **bei ~** conscious
bezahlen *vt* pay; (*goods, service*) pay for; **sich bezahlt machen** be worth it
Bezahlung *f* payment
bezeichnen *vt* (*with sign etc*) mark; (*give name to*) call; (*categorize*) describe; **Bezeichnung** *f* name; (*expression*) term
beziehen *irr* **1.** *vt* (*bed*) change; (*house, position*) move into; (*get*) receive; (*newspaper*) take; **einen Standpunkt ~** *fig* take up a position **2.** *vr* refer (*auf* + *acc* to); **Beziehung** *f* (*between two things*) connection; (*between lovers*) relationship; **~en haben** (*influential*) have connections (*or* contacts); **in dieser ~** in this respect; **beziehungsweise** *adv* or; (*more precisely*) or rather
Bezirk *m* ⟨-(e)s, -e⟩ district
Bezug *m* ⟨-(e)s, Bezüge⟩ (*for cushion etc*) cover; (*for pil-

low) pillowcase; **in ~ auf** + *acc* with regard to; **bezüglich** *prep* + *gen* concerning

bezweifeln *vt* doubt

BH *m* ⟨-s, -s⟩ bra

Bhf. *abbr* → **Bahnhof** station

Biathlon *m* ⟨-s, -s⟩ biathlon

Bibel *f* ⟨-, -n⟩ Bible

Biber *m* ⟨-s, -⟩ beaver

Bibliothek *f* ⟨-, -en⟩ library

biegen ⟨bog, gebogen⟩ **1.** *vt* bend **2.** *vi* turn (*in* + *acc* into); **Biegung** *f* bend

Biene *f* ⟨-, -n⟩ bee

Bier *nt* ⟨-(e)s, -e⟩ beer; **helles ~** ≈ lager (*Brit*), beer (*US*); **dunkles ~** ≈ brown ale (*Brit*), dark beer (*US*); **zwei ~, bitte!** two beers, please; **Biergarten** *m* beer garden; **Bierzelt** *nt* beer tent

bieten ⟨bot, geboten⟩ **1.** *vt* offer; (*at auction*) bid; **sich** *dat* **etw ~ lassen** put up with sth **2.** *vr* (*opportunity*) present itself (*dat* to)

Bikini *m* ⟨-s, -s⟩ bikini

Bild *nt* ⟨-(e)s, -er⟩ picture; (*in one's mind*) image; PHOT photo

bilden 1. *vt* form; (*intellectually*) educate; (*rule, basis etc*) constitute **2.** *vr* form; (*learn*) educate oneself

Bilderbuch *nt* picture book

Bildhauer(in) *m(f)* ⟨-s, -⟩ sculptor

Bildschirm *m* screen; **Bildschirmschoner** *m* ⟨-s, -⟩ screensaver; **Bildschirm-**

text *m* viewdata, videotext

Bildung *f* formation; (*knowledge, manners*) education; **Bildungsurlaub** *m* educational holiday; (*of employee*) study leave

Billard *nt* billiards *sg*

billig *adj* cheap; (*just*) fair

Billigflieger *m* budget airline; **Billigflug** *m* cheap flight

Binde *f* ⟨-, -n⟩ bandage; (*worn on arm*) band; (*for woman's period*) sanitary towel (*Brit*), sanitary napkin (*US*)

Bindehautentzündung *f* conjunctivitis

binden ⟨band, gebunden⟩ *vt* tie; (*book*) bind; (*sauce*) thicken

Bindestrich *m* hyphen

Bindfaden *m* string

Bindung *f* bond, tie; (*on ski*) binding

Bio- *in cpds* bio-; **Biokost** *f* health food; **Biologie** *f* biology; **biologisch** *adj* biological; (*cultivation*) organic

Birke *f* ⟨-, -n⟩ birch

Birne *f* ⟨-, -n⟩ pear; ELEC (*light*) bulb

bis 1. *prep* + *acc* (*space*) to, as far as; (*time*) till, until; (*at the latest*) by; **Sie haben ~ Dienstag Zeit** you have until (*or* till) Tuesday; **~ Dienstag muss es fertig sein** it must be ready by Tuesday; **~ hierher** this far; **~ in die Nacht** into the night; **~ auf Weite-**

res until further notice; ~ **bald / gleich!** see you later / soon; ~ **auf etw** acc including sth; **(excluding)** except sth; ~ **zu** up to; **von ... ~ ...** from ... to ... **2.** conj (numbers) to; (time) until, till

Bischof m ⟨-s, Bischöfe⟩ bishop

bisher adv up to now, so far

Biskuit nt ⟨-(e)s, -s or -e⟩ sponge

biss imperf → **beißen**

Biss m ⟨-es, -e⟩ bite

bisschen 1. adj **ein ~** a bit of; **ein ~ Salz / Liebe** a bit of salt / love; **ich habe kein ~ Hunger** I'm not a bit hungry **2.** adv **ein ~** a bit; **kein ~** not at all

bissig adj (dog) vicious; (remark) cutting

Bit nt ⟨-s, -s⟩ IT bit

bitte interj please; **(wie) ~?** (I beg your) pardon?; ~ **(schön)!** (replying to thanks) you're welcome, that's alright; **hier, ~** here you are; **Bitte** f ⟨-, -n⟩ request; **bitten** ⟨bat, gebeten⟩ vt, vi ask (**um** for)

bitter adj bitter

Blähungen pl MED wind sg

blamieren 1. vr make a fool of oneself **2.** vt **jdn ~** make sb look a fool

Blankoscheck m blank cheque

Blase f ⟨-, -n⟩ bubble; MED

blister; ANAT bladder

blasen ⟨blies, geblasen⟩ vi blow; **jdm einen ~** vulg give sb a blow job

Blasenentzündung f cystitis

blass adj pale

Blatt nt ⟨-(e)s, Blätter⟩ leaf; (of paper) sheet; **blättern** vi IT scroll; **in etw** dat ~ leaf through sth; **Blätterteig** m puff pastry; **Blattsalat** m green salad; **Blattspinat** m spinach

blau adj blue; fam (drunk) plastered; GASTR boiled; **~es Auge** black eye; **~er Fleck** bruise; **Blaubeere** f bilberry, blueberry; **Blaulicht** nt flashing blue light; **blaumachen** vi skip work; (pupil) skip school; **Blauschimmelkäse** m blue cheese

Blazer m ⟨-s, -⟩ blazer

Blech nt ⟨-(e)s, -e⟩ sheet metal; (for oven) baking tray (Brit), cookie sheet (US); **Blechschaden** m AUTO damage to the bodywork

Blei nt ⟨-(e)s, -e⟩ lead

bleiben ⟨blieb, geblieben⟩ vi stay; **lass das ~!** stop it; **das bleibt unter uns** that's (just) between ourselves; **mir bleibt keine andere Wahl** I have no other choice

bleich adj pale; **bleichen** vt bleach

bleifrei adj (petrol) unleaded;

bleihaltig adj (petrol) leaded

Bleistift m pencil

Blende f ⟨-, -n⟩ PHOT aperture

Blick m ⟨-(e)s, -e⟩ look; (brief) glance; (from a place) view; **auf den ersten ~** at first sight; **einen ~ auf etw** acc **werfen** have a look at sth; **blicken** vi look; **sich ~ lassen** show up

blieb imperf → **bleiben**

blies imperf → **blasen**

blind adj blind; (glass etc) dull; **Blinddarm** m appendix; **Blinddarmentzündung** f appendicitis; **Blinde(r)** mf blind person / man / woman; **die ~n** pl the blind pl; **Blindenhund** m guide dog; **Blindenschrift** f braille

blinken vi (star, lights) twinkle; (brightly, briefly) flash; AUTO indicate; **Blinker** m ⟨-s, -⟩ AUTO indicator (Brit), turn signal (US)

blinzeln vi blink

Blitz m ⟨-es, -e⟩ (flash of) lightning; PHOT flash; **blitzen** vi PHOT use a/the flash; **es blitzte und donnerte** there was thunder and lightning; **Blitzlicht** nt flash

Block m ⟨-(e)s, Blöcke⟩ block; (of paper) pad; **Blockflöte** f recorder; **Blockhaus** nt log cabin; **blockieren 1.** vt block **2.** vi jam; (wheels) block; **Blockschrift** f block letters pl

blöd adj stupid; **blödeln** vi

fam fool around

Blog nt ⟨-s, -s⟩ IT blog

blond adj blond; (woman) blonde

bloß 1. adj (without covering) bare; (nothing more than) mere **2.** adv only; **geh mir ~ aus dem Weg** just get out of my way

blühen vi flower; fig flourish

Blume f ⟨-, -n⟩ flower; (of wine) bouquet; **Blumengeschäft** nt florist's (shop); **Blumenkohl** m cauliflower; **Blumenladen** m flower shop; **Blumenstrauß** m bunch of flowers; **Blumentopf** m flowerpot; **Blumenvase** f vase

Bluse f ⟨-, -n⟩ blouse

Blut nt ⟨-(e)s⟩ blood; **Blutbild** nt blood count; **Blutdruck** m blood pressure

Blüte f ⟨-, -n⟩ (part of plant) flower, bloom; (on tree) blossom; fig prime

bluten vi bleed

Blütenstaub m pollen

Bluter m ⟨-s, -⟩ MED haemophiliac; **Bluterguss** m haematoma; (on skin) bruise; **Blutgruppe** f blood group; **blutig** adj bloody; **Blutkonserve** f unit of stored blood; **Blutorange** f blood orange; **Blutprobe** f blood sample; **Blutspende** f blood donation; **Bluttransfusion** f blood transfusion; **Blutung** f bleeding; **Blutvergiftung** f *f* blood poisoning; **Blut-wurst** *f* black pudding (*Brit*), blood sausage (*US*)

BLZ *abbr* → **Bankleitzahl**

Bob *m* ⟨-s, -s⟩ bob(sleigh)

Bock *m* ⟨-(e)s, Böcke⟩ (*deer*) buck; (*sheep*) ram; (*stand*) trestle; **sport** vaulting horse; **ich hab keinen ~ (drauf)** *fam* I don't feel like it

Boden *m* ⟨-s, Böden⟩ ground; (*of room*) floor; (*of sea, barrel*) bottom; (*loft*) attic; **Bo-dennebel** *m* ground mist; **Bodenpersonal** *nt* ground staff; **Bodenschätze** *pl* mineral resources *pl*

Bodensee *m* **der ~** Lake Constance

Body *m* ⟨-s, -s⟩ body; **Body-building** *nt* ⟨-s⟩ bodybuilding

bog *imperf* → **biegen**

Bogen *m* ⟨-s, -⟩ curve; (*in architecture*) arch; (*weapon, for violin etc*) bow; (*of paper*) sheet

Bohne *f* ⟨-, -n⟩ bean; **grüne ~n** *pl* green (*or* French (*Brit*)) beans *pl*; **weiße ~n** *pl* haricot beans *pl*; **Bohnenkaffee** *m* real coffee; **Bohnensprosse** *f* bean sprout

bohren *vt* drill; **Bohrer** *m* ⟨-s, -⟩ drill

Boiler *m* ⟨-s, -⟩ water heater

Boje *f* ⟨-, -n⟩ buoy

Bolivien *nt* ⟨-s⟩ Bolivia

Bombe *f* ⟨-, -n⟩ bomb

Bon *m* ⟨-s, -s⟩ receipt; (*exchangeable for goods etc*) voucher, coupon

Bonbon *m* ⟨-s, -s⟩ sweet (*Brit*), candy (*US*)

Bonus *m* ⟨- *or* -ses, -se *or Boni*⟩ bonus; (*in sport, school*) bonus points *pl*; (*in insurance*) no-claims bonus

Boot *nt* ⟨-(e)s, -e⟩ boat; **Boots-verleih** *m* boat hire (*Brit*) (*or* rental (*US*))

Bord *m* ⟨-(e)s, -e⟩ **an ~ (eines Schiffes)** on board (a ship); **an ~ gehen** (*ship*) go on board; (*plane*) board; **von ~ gehen** disembark; **Bord-computer** *m* dashboard computer

Bordell *nt* ⟨-s, -e⟩ brothel

Bordkarte *f* boarding card

Bordstein *m* kerb (*Brit*), curb (*US*)

borgen *vt* borrow; **jdm etw ~** lend sb sth; **sich dat etw ~** borrow sth

Börse *f* ⟨-, -n⟩ stock exchange; (*for coins*) purse

bös *adj* → **böse**; **bösartig** *adj* malicious; **MED** malignant

Böschung *f* slope; (*along river*) embankment

böse *adj* bad; (*stronger*) evil; (*wound*) nasty; (*annoyed*) angry; **bist du mir ~?** are you angry with me?

boshaft *adj* malicious

Bosnien *nt* ⟨-s⟩ Bosnia; **Bos-nien-Herzegowina** *nt* ⟨-s⟩ Bosnia-Herzegovina

böswillig adj malicious

bot imperf → **bieten**

botanisch adj ~er Garten botanical gardens pl

Botschaft f message; POL embassy; **Botschafter(in)** m(f) ambassador

Botsuana nt ⟨-s⟩ Botswana

Bouillon f ⟨-, -s⟩ stock

Boutique f ⟨-, -n⟩ boutique

Bowle f ⟨-, -n⟩ punch

Box f ⟨-, -en⟩ (container, for horse) box; (of stereo system) speaker; (in motor racing) pit

boxen vi box; **Boxer** m ⟨-s, -⟩ (dog, sportsman) boxer; **Boxershorts** pl boxer shorts pl; **Boxkampf** m boxing match

Boykott m ⟨-s, -e⟩ boycott

brach imperf → **brechen**

brachte imperf → **bringen**

Brainstorming nt brainstorming

Branchenverzeichnis nt yellow pages® pl

Brand m ⟨-(e)s, Brände⟩ fire

Brandenburg nt ⟨-s⟩ Brandenburg

Brandsalbe f ointment for burns

Brandung f surf

Brandwunde f burn

brannte imperf → **brennen**

Brasilien nt ⟨-s⟩ Brazil

braten ⟨briet, gebraten⟩ vt roast; grill; fry; **Braten** m ⟨-s, -⟩ roast; (uncooked) joint; **Bratensoße** f gravy; **Brathähnchen** nt roast

chicken; **Bratkartoffeln** pl fried potatoes pl; **Bratpfanne** f frying pan; **Bratspieß** m spit; **Bratwurst** f fried sausage; grilled sausage

Brauch m ⟨-s, Bräuche⟩ custom

brauchen vt need (für, zu for); (patience, care etc) require; (time) take; (make use of) use; **wie lange wird er ~?** how long will it take him?; **du brauchst es nur zu sagen** you only need to say; **das braucht (seine) Zeit** it takes time; **ihr braucht es nicht zu tun** you don't need (or need not) to do it; **sie hätte nicht zu kommen ~** she needn't have come

brauen vt brew; **Brauerei** f brewery

braun adj brown; (from sun) tanned; **Bräune** f ⟨-, -n⟩ brownness; (from sun) tan; **Bräunungsstudio** nt tanning studio

Brause f ⟨-, -n⟩ (apparatus) shower; (drink) fizzy drink (Brit), soda (US)

Braut f ⟨-, Bräute⟩ bride; **Bräutigam** m ⟨-s, -e⟩ bridegroom

brav adj (child) good, well-behaved

bravo interj well done

brechen ⟨brach, gebrochen⟩ **1.** vt break; (vomit) bring up; **sich** dat **den Arm ~** break

Brocken

one's arm **2.** *vi* break; (*when unwell*) vomit, be sick; **Brechreiz** *m* nausea

Brei *m* ⟨-(e)s, -e⟩ mush, pulp; (*oats*) porridge; (*for children*) pap

breit *adj* wide; (*shoulders*) broad; **zwei Meter ~** two metres wide; **Breite** *f* ⟨-, -n⟩ breadth; (*in measurements*) width; GEO latitude; **der ~ nach** widthways; **Breitengrad** *m* (degree of) latitude

Bremen *nt* ⟨-s⟩ Bremen

Bremsbelag *m* brake lining; **Bremse** *f* ⟨-, -n⟩ brake; ZOOL horsefly; **bremsen 1.** *vi* brake **2.** *vt* (*car*) brake; *fig* slow down; **Bremsflüssigkeit** *f* brake fluid; **Bremslicht** *nt* brake light; **Bremspedal** *nt* brake pedal; **Bremsspur** *f* tyre marks *pl*; **Bremsweg** *m* braking distance

brennen ⟨brannte, gebrannt⟩ *vi* burn; (*house*, *forest*) be on fire; **es brennt!** fire!; **mir ~ die Augen** my eyes are smarting; **das Licht ~ lassen** leave the light on; **Brennholz** *nt* firewood; **Brennnessel** *f* stinging nettle; **Brennspiritus** *m* methylated spirits *pl*; **Brennstab** *m* fuel rod; **Brennstoff** *m* fuel

Brett *nt* ⟨-(e)s, -er⟩ board; (*longer*) plank; (*for books etc*) shelf; (*for game*) board;

Schwarzes ~ notice board, bulletin board (*US*); **~er** *pl* skis *pl*; **Brettspiel** *nt* board game

Brezel *f* ⟨-, -n⟩ pretzel

Brief *m* ⟨-(e)s, -e⟩ letter; **Briefbombe** *f* letter bomb; **Brieffreund(in)** *m(f)* penfriend, pen pal; **Briefkasten** *m* letterbox (*Brit*), mailbox (*US*); **Briefmarke** *f* stamp; **Briefpapier** *nt* writing paper; **Brieftasche** *f* wallet; **Briefträger(in)** *m(f)* postman / -woman; **Briefumschlag** *m* envelope; **Briefwaage** *f* letter scales *pl*

briet *imperf* → **braten**

Brille *f* ⟨-, -n⟩ glasses *pl*; (*protective*) goggles *pl*; **Brillenetui** *nt* glasses case

bringen ⟨brachte, gebracht⟩ *vt* bring; (*somewhere else*) take; (*go and come back with*) get, fetch; THEAT, FILM show; RADIO, TV broadcast; **Sie mir bitte noch ein Bier** could you bring me another beer, please?; **jdn nach Hause ~** take sb home; **jdn dazu ~, etw zu tun** make sb do sth; **jdn auf eine Idee ~** give sb an idea

Brise *f* ⟨-, -n⟩ breeze

Brite *m* ⟨-n, -n⟩, **Britin** *f* British person, Briton; **er ist ~** he is British; **die ~n** the British; **britisch** *adj* British

Brocken *m* ⟨-s, -⟩ bit; (*larger*) lump, chunk

Brokkoli m broccoli
Brombeere f blackberry
Bronchitis f ⟨-⟩ bronchitis
Bronze f ⟨-, -n⟩ bronze
Brosche f ⟨-, -n⟩ brooch
Brot nt ⟨-(e)s, -e⟩ bread; loaf;
Brotaufstrich m spread;
Brötchen nt roll; **Brotzeit** f
break; (food) snack; **~ machen** have a snack
Browser m ⟨-s, -⟩ IT browser
Bruch m ⟨-(e)s, Brüche⟩ (action) breaking; (crack etc;
with party, tradition etc)
break; MED rupture, hernia;
(of bone) fracture; MATH
fraction; **brüchig** adj brittle
Brücke f ⟨-, -n⟩ bridge
Bruder m ⟨-s, Brüder⟩ brother
Brühe f ⟨-, -n⟩ (clear) soup;
(basis for soup) stock; pej
(drink) muck; **Brühwürfel**
m stock cube
brüllen vi roar; (bull) bellow;
(in agony) scream (with
pain)
brummen 1. vi (bear, person)
growl; (mumble) mutter;
(insect) buzz; (engine, radio)
drone **2.** vt growl
brünett adj brunette
Brunnen m ⟨-s, -⟩ fountain;
(deep) well; (natural) spring
Brust f ⟨-, Brüste⟩ breast; (of
man) chest; **Brustschwimmen** nt ⟨-s⟩ breaststroke;
Brustwarze f nipple
brutal adj brutal
brutto adv gross
BSE nt ⟨-⟩ abbr = **bovine**

*spongiforme Enzephalo-
pathie* BSE
Bube m ⟨-n, -n⟩ boy, lad;
(playing card) jack
Buch nt ⟨-(e)s, Bücher⟩ book
Buche f ⟨-, -n⟩ beech (tree)
buchen vt book; (amount)
enter
Bücherei f library
Buchfink m chaffinch
Buchhalter(in) m(f) ac-
countant
Buchhandlung f bookshop
Büchse f ⟨-, -n⟩ tin (Brit), can
Buchstabe m ⟨-ns, -n⟩ letter;
buchstabieren vt spell
Bucht f ⟨-, -en⟩ bay
Buchung f booking; COMM
entry
Buckel m ⟨-s, -⟩ hump
bücken vr bend down
Buddhismus m ⟨-⟩ Bud-
dhism
Bude f ⟨-, -en⟩ (at market)
stall; fam (flat) pad, place
Büfett nt ⟨-s, -s⟩ sideboard;
kaltes ~ cold buffet
Büffel m ⟨-s, -⟩ buffalo
Bügel m ⟨-s, -⟩ (for clothes)
hanger; (on saddle) stirrup;
(of glasses) sidepiece; (of
ski-lift) T-bar; **Bügelbrett**
nt ironing board; **Bügeleisen** nt iron; **Bügelfalte** f
crease; **bügelfrei** adj non-
-iron; **bügeln** vt, vi iron
buh interj boo
Bühne f ⟨-, -n⟩ stage; **Bühnenbild** nt set
Bulgare m ⟨-n, -n⟩, **Bulgarin** f

Bulgarian; **Bulgarien** nt ⟨-s⟩ Bulgaria; **bulgarisch** adj Bulgarian; **Bulgarisch** nt Bulgarian

Bulimie f ⟨-⟩ bulimia

Bulle m ⟨-n, -n⟩ bull; fam (policeman) cop

Bummel m ⟨-s, -⟩ stroll; **bummeln** vi stroll; (do things slowly) dawdle; (be idle) loaf around; **Bummelzug** m slow train

bums interj bang

bumsen vi vulg screw

Bund 1. m ⟨-(e)s, Bünde⟩ (of trousers, skirt) waistband; (between friends) bond; (organization) association; POL confederation; **der ~** fam (German military) the army **2.** nt ⟨-(e)s, -e⟩ bunch; (of straw etc) bundle

Bundes- in cpds Federal; (referring to Germany also) German; **Bundeskanzler(in)** m(f) Chancellor; **Bundesland** nt state, Land; **Bundesliga** f **erste / zweite ~** First / Second Division; **Bundespräsident(in)** m(f) President; **Bundesrat** m Upper House of the German Parliament); (in Switzerland) Council of Ministers; **Bundesregierung** f Federal Government; **Bundesrepublik** f Federal Republic; **~ Deutschland** Federal Republic of Germany; **Bundesstraße** f ≈ A road

(Brit), ≈ state highway (US); **Bundestag** m Lower House (of the German Parliament); **Bundeswehr** f (German) armed forces pl

Bündnis nt alliance

Bungalow m ⟨-s, -s⟩ bungalow

Bungeejumping nt ⟨-s⟩ bungee jumping

bunt 1. adj colourful; (programme etc) varied; **~e Farben** bright colours **2.** adv (paint) in bright colours; **Buntstift** m crayon, coloured pencil

Burg f ⟨-, -en⟩ castle

Bürger(in) m(f) ⟨-s, -⟩ citizen; **bürgerlich** adj (rights, marriage etc) civil; (in social hierarchy) middle-class; pej bourgeois; **Bürgermeister(in)** m(f) mayor; **Bürgersteig** m ⟨-(e)s, -e⟩ pavement (Brit), sidewalk (US)

Büro nt ⟨-s, -s⟩ office; **Büroklammer** f paper clip

Bürokratie f bureaucracy

Bursche m ⟨-n, -n⟩ lad; (man) guy

Bürste f ⟨-, -n⟩ brush; **bürsten** vt brush

Bus m ⟨-ses, -se⟩ bus; (longdistance) coach (Brit), bus; **Busbahnhof** m bus station

Busch m ⟨-(e)s, Büsche⟩ bush; shrub

Busen m ⟨-s, -⟩ breasts pl, bosom

Busfahrer(in) m(f) bus driver; **Bushaltestelle** f bus stop

Businessclass f ⟨·⟩ business class

Busreise f coach tour (Brit), bus tour

Bußgeld nt fine

Büstenhalter m ⟨-s, -⟩ bra

Busverbindung f bus connection

Butter f ⟨·⟩ butter; **Butterbrot** nt slice of bread and butter; **Buttermilch** f buttermilk

Button m ⟨-s, -s⟩ badge (Brit), button (US)

b. w. abbr = **bitte wenden** pto

Byte nt ⟨-s, -s⟩ byte

bzw. adv abbr → **beziehungsweise**

C

ca. adv abbr → **circa** approx

Cabrio nt ⟨-s, -s⟩ convertible

Café nt ⟨-s, -s⟩ café

Cafeteria f ⟨·, -s⟩ cafeteria

Call-Center nt ⟨-s, -⟩ call centre

campen vi camp; **Camping** nt ⟨-s⟩ camping; **Campingbus** m camper; **Campingplatz** m campsite, camping ground (US)

Cappuccino m ⟨-s, -⟩ cappuccino

Carving nt ⟨-s⟩ (in skiing) carving; **Carvingski** m carving ski

CD f ⟨·, -s⟩ abbr → **Compact Disc** CD; **CD-Brenner** m ⟨-s, -⟩ CD burner, CD writer; **CD-Player** m ⟨-s, -⟩ CD player; **CD-ROM** f ⟨·, -s⟩ abbr = **Compact Disc Read Only Memory** CD-ROM; **CD--ROM-Laufwerk** nt CD--ROM drive, **CD-Spieler** m CD player

Cello nt ⟨-s, -s or Celli⟩ cello

Celsius nt celsius; **20 Grad ∼** 20 degrees Celsius, 68 degrees Fahrenheit

Cent m ⟨·, -s⟩ (of dollar and euro) cent

Chamäleon nt ⟨-s, -s⟩ chameleon

Champagner m ⟨-s, -⟩ champagne

Champignon m ⟨-s, -s⟩ mushroom

Champions League f ⟨·, -s⟩ Champions League

Chance f ⟨·, -n⟩ chance; **die ∼n stehen gut** the prospects are good

Chaos nt ⟨·⟩ chaos; **Chaot(in)** m(f) ⟨-en, -en⟩ fam disorganized person, scatterbrain; **chaotisch** adj chaotic

Charakter m ⟨-s, -e⟩ character; **charakteristisch** adj characteristic (für of)

Charisma nt ⟨-s, Charismen or Charismata⟩ charisma

charmant adj charming

Charterflug m charter flight;

chartern vt charter

Chat m ⟨-s, -s⟩ IT chat; **chatten** vi IT chat

checken vt check; fam (understand) get

Check-in m ⟨-s, -s⟩ check-in; **Check-in-Schalter** m check-in desk

Chef(in) m(f) ⟨-s, -s⟩ boss; **Chefarzt** m, **Chefärztin** f senior consultant (Brit), medical director (US)

Chemie f ⟨-⟩ chemistry; **chemisch** adj chemical; **~e Reinigung** dry cleaning

Chemotherapie f chemotherapy

Chicoree m ⟨-s⟩ chicory

Chiffre f ⟨-, -n⟩ cipher; (in newspaper) box number

Chile nt ⟨-s⟩ Chile

Chili m ⟨-s, -s⟩ chilli

China nt ⟨-s⟩ China; **Chinakohl** m Chinese leaves pl (Brit), bok choy (US); **Chinarestaurant** nt Chinese restaurant; **Chinese** m ⟨-n, -n⟩ Chinese; **Chinesin** f ⟨-, -nen⟩ Chinese (woman); **sie ist ~** she's Chinese; **chinesisch** adj Chinese; **Chinesisch** nt Chinese

Chip m ⟨-s, -s⟩ IT chip; **Chipkarte** f smart card

Chips pl (snack) crisps pl (Brit), chips pl (US)

Chirurg(in) m(f) ⟨-en, -en⟩ surgeon

Chlor nt ⟨-s⟩ chlorine

Choke m ⟨-s, -s⟩ choke

Cholera f ⟨-⟩ cholera

Cholesterin nt ⟨-s⟩ cholesterol

Chor m ⟨-(e), Chöre⟩ choir; THEAT chorus

Choreografie f choreography

Christ(in) m(f) ⟨-en, -en⟩ Christian; **Christbaum** m Christmas tree; **Christi Himmelfahrt** f the Ascension (of Christ); **Christkind** nt baby Jesus; (bringing presents) ≈ Father Christmas, Santa Claus; **christlich** adj Christian

Chrom nt ⟨-s⟩ chrome; CHEM chromium

chronisch adj chronic

chronologisch 1. adj chronological **2.** adv in chronological order

Chrysantheme f ⟨-, -n⟩ chrysanthemum

circa adv about, approximately

City f ⟨-⟩ city centre, downtown (US)

Clementine f ⟨-, -n⟩ clementine

clever adj clever, smart

Clique f ⟨-, -n⟩ group; pej clique; **David und seine ~** David and his lot or crowd

Clown m ⟨-s, -s⟩ clown

Club m ⟨-s, -s⟩ club; **Cluburlaub** m club holiday (Brit), club vacation (US)

Cocktail m ⟨-s, -s⟩ cocktail; **Cocktailtomate** f cherry tomato

Cognac m ⟨-s⟩ cognac
Cola f ⟨-, -s⟩ Coke®, cola
Comic m ⟨-s, -s⟩ comic strip; (*magazine*) comic
Compact Disc f ⟨-, -s⟩ compact disc
Computer m ⟨-s, -⟩ computer; **Computerfreak** m computer nerd; **computergesteuert** *adj* computer-controlled; **Computergrafik** f computer graphics *pl*; **computerlesbar** *adj* machine-readable; **Computerspiel** nt computer game; **Computertomografie** f computer tomography; scan; **Computervirus** m computer virus
Container m ⟨-s, -⟩ (*for transporting goods*) container; (*for refuse*) skip
Control-Taste f control key
Cookie nt ⟨-s, -s⟩ IT cookie

cool *adj fam* cool
Cornflakes pl cornflakes *pl*
Couch f ⟨-, -en⟩ couch; **Couchtisch** m coffee table
Coupé nt ⟨-s, -s⟩ coupé
Coupon m ⟨-s, -s⟩ coupon
Cousin m ⟨-s, -s⟩ cousin; **Cousine** f cousin
Crack nt ⟨-s⟩ (*drug*) crack
Creme f ⟨-, -s⟩ cream; GASTR mousse
Creutzfeld-Jakob-Krankheit f Creutzfeld-Jakob disease, CJD
Croissant nt ⟨-s, -s⟩ croissant
Curry 1. m ⟨-s⟩ curry powder **2.** nt ⟨-s⟩ (*dish*) curry; **Currywurst** f fried sausage with ketchup and curry powder
Cursor m ⟨-s, -⟩ IT cursor
Cybercafé nt cybercafé; **Cyberspace** m ⟨-⟩ cyberspace

D

da 1. *adv* there; here; (*time*) then; ~ **oben / drüben** up / over there; ~, **wo** where; ~ **sein** be there; **ist jemand** ~? is there anybody there?; **ich bin gleich wieder** ~ I'll be right back; **ist noch Brot** ~? is there any bread left?; **es ist keine Milch mehr** ~ we've run out of milk; ~, **bitte!** there you are; ~ **kann man nichts machen** there's nothing you can do **2.** *conj* as

dabei *adv* (*position*) close to it; (*simultaneously*) at the same time; (*but*) though; **sie hörte Radio und rauchte** ~ she was listening to the radio and smoking (at the same time); ~ **fällt mir ein** ... that reminds me ...; ~ **kam es zu einem Unfall** this led to an accident; ... **und** ~ **hat er gar keine Ahnung** ... even though he has no idea; **ich finde nichts**

~ I don't see anything wrong with it; *es bleibt ~* that's settled; *~ sein* be present; *ich bin ~!* count me in; *er war gerade ~ zu gehen* he was just (or on the point of) leaving

dabeibleiben *irr vi* stick with it; *ich bleibe dabei* I'm not changing my mind

dabeihaben *irr vt er hat seine Schwester dabei* he's brought his sister; *ich habe kein Geld dabei* I haven't got any money on me

Dach *nt* ⟨-(e)s, Dächer⟩ roof; **Dachboden** *m* attic, loft; **Dachgepäckträger** *m* roofrack; **Dachrinne** *f* gutter

Dachs *m* ⟨-es, -e⟩ badger

dachte *imperf* → **denken**

Dackel *m* ⟨-s, -⟩ dachshund

dadurch 1. *adv* (space) through it; (*means*) in that way; (*cause*) because of that, for that reason **2.** *conj ~, dass* because; *~, dass er hart arbeitete* (*means*) by working hard

dafür *adv* for it; (*in place of it*) instead; *~ habe ich 50 Euro bezahlt* I paid 50 euros for it; *ich bin ~ zu bleiben* I'm for (or in favour of) staying; *~ ist er ja* that's what he's there for; *er kann nichts ~* he can't help it

dagegen *adv* against it; (*dissimilarity*) in comparison; (*exchange*) for it; *ich habe*

nichts ~ I don't mind

daheim *adv* at home

daher 1. *adv* from there; (*reason*) that's why **2.** *conj* that's why

dahin *adv* there; (*time*) then; (*past, used up*) gone; *bis ~* till then; (*place*) up to there; *bis ~ muss die Arbeit fertig sein* the work must be finished by then

dahinter *adv* behind it;

dahinterkommen *vi* find out

Dahlie *f* dahlia

Dalmatiner *m* ⟨-s, -⟩ dalmatian

damals *adv* at that time, then

Dame *f* ⟨-, -n⟩ lady; (*card*) queen; (*game*) draughts *sg* (*Brit*), checkers *sg* (*US*); **Damenbinde** *f* sanitary towel (*Brit*), sanitary napkin (*US*); **Damenkleidung** *f* ladies' wear; **Damentoilette** *f* ladies' toilet (or restroom (*US*))

damit 1. *adv* with it; (*as a result*) by that; *was meint er ~?* what does he mean by that?; *genug ~!* that's enough **2.** *conj* so that

Damm *m* ⟨-(e)s, Dämme⟩ dyke; (*creating reservoir*) dam; (*in harbour*) mole; (*for railway, road*) embankment

Dämmerung *f* twilight; (*in morning*) dawn; (*in evening*) dusk

Dampf *m* ⟨-(e)s, Dämpfe⟩ steam; (*haze*) vapour;

Dampfbad nt Turkish bath;
Dampfbügeleisen nt steam
iron; **dampfen** vi steam
dämpfen vt GASTR steam;
(*sound*) deaden; (*enthusiasm*) dampen
Dampfer m ⟨-s, -⟩ steamer
Dampfkochtopf m pressure
cooker
danach adv after that; (*time
also*) afterwards; (*rules etc*)
accordingly; **mir ist nicht** ~
I don't feel like it; ~ **sieht
es aus** that's what it looks
like
Däne m ⟨-n, -n⟩ Dane
daneben adv beside it; (*dissimilarity*) in comparison
Dänemark nt ⟨-s⟩ Denmark
Dänin f Dane, Danish woman / girl; **dänisch** adj Danish; **Dänisch** nt Danish
dank prep + dat or gen thanks
to; **Dank** m ⟨-(e)s⟩ thanks pl;
vielen ~! thank you very
much; **jdm** ~ **sagen** thank
sb; **dankbar** adj grateful;
(*task*) rewarding; **danke** interj thank you, thanks; **nein
~! no, thank you; ~, **gerne!**
yes, please; ~, **gleichfalls!**
thanks, and the same to
you; **danken** vi **jdm für
etw** ~ thank sb for sth;
nichts zu ~! you're welcome
dann adv then; **bis**...! see you
(later); ~ **eben nicht** okay,
forget it, suit yourself
daran adv on it; (*fix*) to it;
(*bang*) against it; **es liegt**

~, **dass** ... it's because ...
darauf adv on it; (*direction*)
towards it; (*time*) afterwards; **es kommt ganz** ~
an, ob ... it all depends
whether ...; **ich freue mich**
~ I'm looking forward to
it; **am Tag** ~ the next day
darauffolgend adj (*day,
year*) next, following
daraus adv from it; **was ist** ~
geworden? what became of
it?
darin adv in it; **das Problem
liegt** ~, **dass** ... the basic
problem is that ...
Darlehen nt ⟨-s, -⟩ loan
Darm m ⟨-(e)s, Därme⟩ intestine; (*of sausage*) skin;
Darmgrippe f gastroenteritis
darstellen vt represent;
THEAT play; (*give account
of*) describe; **Darsteller(in)**
m(f) actor / actress; **Darstellung** f representation;
(*account*) description
darüber adv above it, over it;
(*drive*) over it; (*amount*)
more; (*time*) meanwhile;
(*talk, argue, be pleased*)
about it
darum adv (*reason*) that's
why; **es geht** ~, **dass** ...
the point (*or thing*) is that ...
darunter adv under it;
(*group*) among them;
(*amount*) less; **was verstehen Sie** ~? what do you understand by that?

dazu

darunterfallen *vi* be included

das 1. *art* the; **er hat sich ~ Bein gebrochen** he's broken his leg; **vier Euro ~ Kilo** four euros a kilo **2.** *pron* that (one), this (one); **~ Auto** that car; **ich nehme ~ da** I'll take that one; **~ heißt** that is; **~ sind Amerikaner** they're American **3.** *pron* (*thing*) that, which; (*person*) who, that; **~ Auto, ~ er kaufte** the car (that (*or* which)) he bought; **~ Mädchen, ~ nebenan wohnt** the girl who (*or* that) lives next door

da sein *irr vi* → **da**

dass *conj* that; **so ~** so that; **es sei denn, ~** unless; **ohne ~ er grüßte** without saying hello

dasselbe *pron* the same

Datei *f* IT file; **Dateimanager** *m* file manager

Daten *pl* data *pl*; **Datenbank** *f* database; **Datenmissbrauch** *m* misuse of data; **Datenschutz** *m* data protection; **Datenträger** *m* data carrier; **Datenverarbeitung** *f* data processing

datieren *vt* date

Dativ *m* dative (case)

Dattel *f* ⟨-, -n⟩ date

Datum *nt* ⟨-s, Daten⟩ date

Dauer *f* ⟨-, -n⟩ duration; (*of film, visit etc*) length; **auf die ~** in the long run; **für die ~ von zwei Jahren** for

(a period of) two years; **Dauerauftrag** *m* FIN standing order; **dauerhaft** *adj* lasting; (*material*) durable; **Dauerkarte** *f* season ticket; **dauern** *vi* last; (*require time*) take; **es hat sehr lange gedauert, bis er ...** it took him a long time to ...; **wie lange dauert es denn noch?** how much longer will it be?; **das dauert mir zu lange** I can't wait that long; **dauernd 1.** *adj* lasting; (*continual*) constant **2.** *adv* always, constantly; **er lachte ~** he kept laughing; **unterbrich mich nicht ~** stop interrupting me; **Dauerwelle** *f* perm (*Brit*), permanent (*US*)

Daumen *m* ⟨-s, -⟩ thumb

Daunendecke *f* eiderdown

davon *adv* of it; (*distance*) away; (*separation*) from it; (*reason*) because of it; **ich hätte gerne ein Kilo ~** I'd like one kilo of that; **~ habe ich gehört** I've heard of it; (*event*) I've heard about it; **das kommt ~, wenn ...** that's what happens when ...; **was habe ich ~?** what's the point?; **auf und ~** up and away; **davonlaufen** *irr vi* run away

davor *adv* in front of it; (*time*) before; **ich habe Angst ~** I'm afraid of it

dazu *adv* (*in addition*) on top of that, as well; (*suitability*) for it, for that purpose; *ich möchte Reis ~* I'd like rice with it; *und ~ noch* and in addition; *~ fähig sein, etw zu tun* be capable of doing sth; *wie kam es ~?* how did it happen?; **dazugehören** *vi* belong to it; **dazukommen** *irr vi* join sb; *kommt noch etwas dazu?* anything else?

dazwischen *adv* in between; *(difference etc)* between them; *(in group)* among them

dazwischenkommen *irr vi wenn nichts dazwischenkommt* if all goes well; *mir ist etwas dazwischengekommen* something has cropped up

dealen *vi fam* deal in drugs; **Dealer(in)** *m(f)* ⟨-s, -⟩ *fam* dealer, pusher

Deck *nt* ⟨-(e)s, -s or -e⟩ deck; *an ~ on* deck

Decke *f* ⟨-, -n⟩ cover; *(for bed)* blanket; *(for table)* tablecloth; *(of room)* ceiling

Deckel *m* ⟨-s, -⟩ lid

decken 1. *vt* cover; *(table)* lay, set **2.** *vr (interests)* coincide; *(statements)* correspond **3.** *vi* lay *(or* set) the table

Decoder *m* ⟨-s, -⟩ decoder

defekt *adj* faulty; **Defekt** *m* ⟨-(e)s, -e⟩ fault, defect

definieren *vt* define; **Definition** *f* ⟨-, -en⟩ definition

deftig *adj (prices)* steep; *ein*

~es Essen a good solid meal

dehnbar *adj* flexible, elastic; **dehnen** *vt, vr* stretch

Deich *m* ⟨-(e)s, -e⟩ dyke

dein *pron (as adj)* your; **deine(r, s)** *pron (as noun)* yours, of you; **deinetwegen** *adv* because of you; *(to please you)* for your sake

deinstallieren *vt (program)* uninstall

Dekolleté *nt* ⟨-s, -s⟩ low neckline

Dekoration *f* decoration; *(in shop)* window dressing; **dekorativ** *adj* decorative; **dekorieren** *vt* decorate; *(shop window)* dress

Delfin *m* ⟨-s, -e⟩ dolphin

delikat *adj (food)* delicious; *(problem)* delicate

Delikatesse *f* ⟨-, -n⟩ delicacy

Delle *f* ⟨-, -n⟩ *fam* dent

Delphin *m* ⟨-s, -e⟩ dolphin

dem *dat sg → der, → das; wie ~ auch sein mag* be that as it may

demnächst *adv* shortly, soon

Demo *f* ⟨-, -s⟩ *fam* demo

Demokratie *f* ⟨-, -n⟩ democracy; **demokratisch** *adj* democratic

demolieren *vt* demolish

Demonstration *f* demonstration; **demonstrieren** *vt, vi* demonstrate

den 1. *art acc sg, dat pl → der; sie hat sich ~ Arm gebrochen* she's broken her arm

dermaßen

2. *pron* him; (*thing*) that one; **~ hab ich schon ewig nicht mehr gesehen** I haven't seen him in ages **3.** *pron* (*person*) who, that, whom; (*thing*) which, that; *der Typ, auf ~ sie steht* the guy (who) she fancies; *der Berg, auf ~ wir geklettert sind* the mountain (that) we climbed

denkbar 1. *adj das ist ~* that's possible **2.** *adv ~ einfach* extremely simple; **denken** ⟨dachte, gedacht⟩ **1.** *vt, vi* think (*über* + *acc* about); *an jdn / etw ~* think of sb/sth; (*recall, take into consideration*) remember sb/sth; *woran denkst Du?* what are you thinking about?; *denk an den Kaffee!* don't forget the coffee **2.** *vr* imagine; *das kann ich mir ~* I can (well) imagine

Denkmal *nt* ⟨-s, Denkmäler⟩ monument; **Denkmalschutz** *m* monument preservation; *unter ~ stehen* be listed

denn 1. *conj* for, because **2.** *adv* then; (*after comparative*) than; *was ist ~?* what's wrong?; *ist das ~ so schwierig?* is it really that difficult?

dennoch *conj* still, nevertheless

Deo *nt* ⟨-s, -s⟩, **Deodorant** *nt* ⟨-s, -s⟩ deodorant; **Deoroller**

m roll-on deodorant; **Deospray** *m or nt* deodorant spray

Deponie *f* ⟨-, -n⟩ waste disposal site, tip

Depressionen *pl an ~ leiden* suffer from depression *sg*; **deprimieren** *vt* depress

der 1. *art the*; (*dative*) to the; (*genitive*) of the; *~ arme Marc* poor Marc; *ich habe es ~ Kundin geschickt* I sent it to the client; *~ Vater ~ Besitzerin* the owner's father **2.** *pron* that (one), this (one); *~ mit ~ Brille* the one (*or* him) with the glasses; *~ schreibt nicht mehr* (*pen etc*) that one doesn't write any more **3.** *pron* (*person*) who, that; (*thing*) which, that; *jeder, ~ ...* anyone who ...; *er war ~ erste, ~ es erfuhr* he was the first to know

derart *adv* so; (*before adj*) such; **derartig** *adj ein ~er Fehler* such a mistake, a mistake like that

deren *gen → die* **1.** *pron* (*person*) her; (*thing*) its; (*pl*) their **2.** *pron* (*person*) whose; (*thing*) of which

dergleichen *pron und ~ mehr* and the like, and so on; *nichts ~* no such thing

derjenige *pron* the one; *~, der* the one who (*or* that)

dermaßen *adv* so much; (*with adj*) so

derselbe *pron* the same (person / thing)

deshalb *adv* therefore; ~ **frage ich ja** that's why I'm asking

Design *nt* ⟨-s, -s⟩ design; **Designer(in)** *m(f)* ⟨-s, -⟩ designer

Desinfektionsmittel *nt* disinfectant; **desinfizieren** *vt* disinfect

dessen *gen* → **der**, → **das 1.** *pron* (*person*) his; (*thing*) its; **ich bin mir ~ bewusst** I'm aware of that **2.** *pron* (*person*) whose; (*thing*) of which

Dessert *nt* ⟨-s, -s⟩ dessert; **zum** (*or* **als**) ~ for dessert

destilliert *adj* distilled

desto *adv* **je eher, ~ besser** the sooner, the better

deswegen *conj* therefore

Detail *nt* ⟨-s, -s⟩ detail; **ins ~ gehen** go into detail

Detektiv(in) *m(f)* ⟨-s, -e⟩ detective

deutlich *adj* clear; (*difference*) distinct

deutsch *adj* German; **Deutsch** *nt* German; **auf ~** in German; **ins ~e übersetzen** translate into German; **Deutsche(r)** *mf* German; **Deutschland** *nt* Germany

Devise *f* ⟨-, -n⟩ motto; **~n** *pl* FIN foreign currency *sg*; **Devisenkurs** *m* exchange rate

Dezember *m* ⟨-(s), -⟩ December; → **Juni**

dezent *adj* discreet

d. h. *abbr* = **das heißt** i.e.

Dia *nt* ⟨-s, -s⟩ slide

Diabetes *m* ⟨-, -⟩ MED diabetes; **Diabetiker(in)** *m(f)* ⟨-s, -⟩ diabetic

Diagnose *f* ⟨-, -n⟩ diagnosis

diagonal *adj* diagonal

Dialekt *m* ⟨-(e)s, -e⟩ dialect

Dialog *m* ⟨-(e)s, -e⟩ dialogue; IT dialog

Dialyse *f* ⟨-, -n⟩ MED dialysis

Diamant *m* ⟨-en, -en⟩ diamond

Diaprojektor *m* slide projector

Diät *f* ⟨-, -en⟩ diet; **eine ~ machen** be on a diet; (*start*) go on a diet

dich *pron acc* → **du**; you; ~ (*selbst*) yourself; **pass auf ~ auf** look after yourself; **reg ~ nicht auf** don't get upset

dicht 1. *adj* dense; (*fog*) thick; (*weave*) close; (*shoes, boat etc*) watertight; (*traffic*) heavy **2.** *adv* ~ **an** / **bei** close to; ~ **bevölkert** densely populated

Dichter(in) *m(f)* ⟨-s, -⟩ poet; (*author*) writer

Dichtung *f* AUTO gasket; (*for tap etc*) washer; (*verse*) poetry

Dichtungsring *m* TECH washer

dick *adj* thick; (*person*) fat; **jdn ~ haben** be sick of sb; **Dickdarm** *m* colon; **Dick-**

kopf *m* stubborn (*or* pig-headed) person; **Dickmilch** *f* sour milk

die 1. *art* the; **~ arme Sarah** poor Sarah **2.** *pron* (*sg*) that (one), this (one); (*pl*) those (ones), **~ mit den langen Haaren** the one (*or* her) with the long hair; **ich nehme ~ da** I'll take that one / those **3.** *pron* (*person*) who, that; (*thing*) which, that; **sie war ~ erste, ~ es erfuhr** she was the first to know **4.** *pl* → **der**, → **die**, → **das**

Dieb(in) *m(f)* ⟨-(e)s, -e⟩ thief; **Diebstahl** *m* ⟨-(e)s, Diebstähle⟩ theft; **Diebstahlsicherung** *f* burglar alarm

diejenige *pron* the one; **~, die** the one who (*or* that); **~n** (*pl*) those people, the ones

Diele *f* ⟨-, -n⟩ hall

Dienst *m* ⟨-(e)s, -e⟩ service; **außer ~** retired; **~ haben** be on duty

Dienstag *m* Tuesday; → **Mittwoch**; **dienstags** *adv* on Tuesdays; → **mittwochs**

Dienstbereitschaft *f* **~ haben** (doctor) be on call; **diensthabend** *adj* **der ~e Arzt** the doctor on duty; **Dienstleistung** *f* service; **dienstlich** *adj* official; **er ist ~ unterwegs** he's away on business; **Dienstreise** *f* business trip; **Dienststelle** *f* department; **Dienstwagen** *m* company car; **Dienstzeit**

f office hours *pl*; MIL period of service

diesbezüglich *adj* (formal) on this matter

diese(r, s) *pron* this (one); (*pl*) these; **~ Frau** this woman; **~r Mann** this man; **~s Mädchen** this girl; **~ Leute** these people; **ich nehme ~/~n/~s** I'll take this one; **ich nehme ~ pl** I'll take these (ones); (there) I'll take those (ones)

Diesel *m* ⟨-s, -⟩ AUTO diesel

dieselbe *pron* the same; **es sind immer ~n** it's always the same people

Dieselmotor *m* diesel engine; **Dieselöl** *nt* diesel (oil)

diesig *adj* hazy, misty

diesmal *adv* this time

Dietrich *m* ⟨-s, -e⟩ skeleton key

Differenz *f* ⟨-, -en⟩ difference

digital *adj* digital; **Digital-** *in cpds* (display etc) digital; **Digitalfernsehen** *nt* digital television, digital TV; **Digitalkamera** *f* digital camera

Diktat *nt* ⟨-(e)s, -e⟩ dictation

Diktatur *f* dictatorship

Dill *m* ⟨-s⟩ dill

DIN *abbr* = **Deutsche Industrienorm** DIN; **~ A4** A4

Ding *nt* ⟨-(e)s, -e⟩ thing; **vor allem ~en** above all; **der Stand der ~e** the state of affairs; **das ist nicht mein ~** *fam* it's not my sort of thing (*or*

cup of tea); **Dingsbums** *nt* ‹-› *fam* thingy, thingummybob

Dinkel *m* ‹-s, -› BOT spelt

Dinosaurier *m* ‹-s, -› dinosaur

Diphtherie *f* ‹-, -n› diphtheria

Diplom *nt* ‹-(e)s, -e› diploma

Diplomat(in) *m(f)* ‹-en, -en› diplomat

dir *pron dat* → **du**; (to) you; **hat er ~ geholfen?** did he help you?; **ich werde es ~ erklären** I'll explain it to you; **wasch ~ die Hände** go and wash your hands; **ein Freund von ~** a friend of yours

direkt 1. *adj* direct; *(question)* straight; **~e Verbindung** through service **2.** *adv* directly; *(straightaway)* immediately; **~ am Bahnhof** right next to the station; **Direktflug** *m* direct flight

Direktor(in) *m(f)* director; *(of school)* headmaster / -mistress *(Brit)*, principal *(US)*

Direktübertragung *f* live broadcast

Dirigent(in) *m(f)* conductor; **dirigieren** *vt* direct; MUS conduct

Discman® *m* ‹-s, -s› Discman®

Diskette *f* disk, diskette; **Diskettenlaufwerk** *nt* disk drive

Diskjockey *m* ‹-s, -s› disc jockey; **Disko** *f* ‹-, -s› *fam*

disco, club; **Diskothek** *f* ‹-, -en› discotheque, club

diskret *adj* discreet

diskriminieren *vt* discriminate against

Diskussion *f* discussion; **diskutieren** *vt, vi* discuss

Display *nt* ‹-s, -s› display

disqualifizieren *vt* disqualify

Distanz *f* distance

Distel *f* ‹-, -n› thistle

Disziplin *f* ‹-, -en› discipline

divers *adj* various

dividieren *vt* divide *(durch* by); **8 dividiert durch 2 ist 4** 8 divided by 2 is 4

DJ *m* ‹-s, -s› *abbr* → **Diskjockey** DJ

doch 1. *adv* **das ist nicht wahr! — ~!** that's not true — yes it is; **nicht ~!** oh no; **er kommt ~?** he will come, won't he?; **er hat es ~ gemacht** he did it after all; **setzen Sie sich ~** do sit down, please **2.** *conj* but

Doktor(in) *m(f)* doctor

Dokument *nt* document; **Dokumentarfilm** *m* documentary (film); **dokumentieren** *vt* document; **Dokumentvorlage** *f* IT document template

Dolch *m* ‹-(e)s, -e› dagger

Dollar *m* ‹-(s), -s› dollar

dolmetschen *vt, vi* interpret; **Dolmetscher(in)** *m(f)* ‹-s, -› interpreter

Dolomiten *pl* Dolomites *pl*

Dom *m* ‹-(e)s, -e› cathedral

drängeln

Domäne *f* ⟨-, -n⟩ domain, province; IT domain

Dominikanische Republik *f* Dominican Republic

Domino *nt* ⟨-s, -s⟩ dominoes *sg*

Donau *f* ⟨-⟩ Danube

Döner *m* ⟨-s, -⟩, **Döner Kebab** *m* ⟨-(s), -s⟩ doner kebab

Donner *m* ⟨-s, -⟩ thunder; **donnern** *vi* **es donnert** it's thundering

Donnerstag *m* Thursday; → **Mittwoch**; **donnerstags** *adv* on Thursdays; → **mittwochs**

doof *adj fam* stupid

dopen *vt dep;* **Doping** *nt* ⟨-s⟩ doping; **Dopingkontrolle** *f* drugs test

Doppel *nt* ⟨-s, -⟩ duplicate; SPORT doubles *sg*; **Doppelbett** *nt* double bed; **Doppeldecker** *m* double-decker; **Doppelhaushälfte** *f* semi-detached house (Brit), duplex (US); **doppelklicken** *vi* double-click; **Doppelname** *m* double-barrelled name; **Doppelpunkt** *m* colon; **Doppelstecker** *m* two-way adaptor; **doppelt** *adj* double; **in ~er Ausführung** in duplicate; **Doppelzimmer** *nt* double room

Dorf *nt* ⟨-(e)s, Dörfer⟩ village

Dorn *m* ⟨-(e)s, -en⟩ BOT thorn

Dörrobst *nt* dried fruit

Dorsch *m* ⟨-(e)s, -e⟩ cod

dort *adv* there; **~ drüben** over

there; **dorther** *adv* from there

Dose *f* ⟨-, -n⟩ box; (for food) tin (Brit); can; (for beer) can

dösen *vi* doze

Dosenbier *nt* canned beer; **Dosenmilch** *f* canned milk, tinned milk (Brit); **Dosenöffner** *m* tin opener (Brit), can opener

Dotter *m* ⟨-s, -⟩ (egg) yolk

downloaden *vt* download

Downsyndrom *nt* ⟨-s, -e⟩ MED Down's syndrome

Dozent(in) *m(f)* lecturer

Dr. *abbr* → **Doktor**

Drache *m* ⟨-n, -n⟩ dragon; **Drachen** *m* ⟨-s, -⟩ (toy) kite; SPORT hang-glider; **Drachenfliegen** *nt* ⟨-s⟩ hang-gliding; **Drachenflieger(in)** *m(f)* ⟨-s, -⟩ hang-glider

Draht *m* ⟨-(e)s, Drähte⟩ wire; **Drahtseilbahn** *f* cable railway

Drama *nt* ⟨-s, Dramen⟩ drama; **dramatisch** *adj* dramatic

dran *adv fam contr* → **daran**; **gut ~ sein** (rich) be well-off; (lucky) be fortunate; (healthy) be well; **schlecht ~ sein** be in a bad way; **wer ist ~?** whose turn is it?; **ich bin ~** it's my turn; **bleib ~!** TEL hang on

drang *imperf* → **dringen**

Drang *m* ⟨-(e)s, Dränge⟩ urge (nach for); (of circumstances etc) pressure

drängeln *vt, vi* push

drängen 1. *vt* push; (*try to persuade*) urge **2.** *vi* be urgent; (*time*) press; **auf etw** *acc* ~ press for sth

drankommen *irr vi* **wer kommt dran?** who's turn is it?, who's next?

drauf *fam contr* → **darauf**; **gut / schlecht ~ sein** be in a good / bad mood

Draufgänger(in) *m(f)* ⟨-s, -⟩ daredevil

draufkommen *irr vi* remember; **ich komme nicht drauf** I can't think of it

draufmachen *vi fam* **einen ~** go on a binge

draußen *adv* outside

Dreck *m* ⟨-(e)s⟩ dirt, filth; **dreckig** *adj* dirty, filthy

drehen 1. *vt, vi* turn; (*cigarette*) roll; (*film*) shoot **2.** *vr* turn; (*revolve*) rotate; **sich ~ um** (*concern*) be about

Drehstrom *m* three-phase current; **Drehtür** *f* revolving door; **Drehzahlmesser** *m* rev counter

drei *num* three; ~ **viertel voll** three-quarters full; **es ist ~ viertel neun** it's a quarter to nine; **Drei** *f* ⟨-, -en⟩ three; (*mark in school*) ≈ C; **Dreieck** *nt* triangle; **dreieckig** *adj* triangular; **dreifach 1.** *adj* triple **2.** *adv* three times; **dreihundert** *num* three hundred; **Dreikönigstag** *m* Epiphany; **dreimal** *adv* three times; **Dreirad** *nt* tricy-

cle; **dreispurig** *adj* three-lane

dreißig *num* thirty; **dreißigste(r, s)** *adj* thirtieth; → **dritte**

Dreiviertelstunde *f* **eine ~** three quarters of an hour

dreizehn *num* thirteen; **dreizehnte(r, s)** *adj* thirteenth; → **dritte**

dressieren *vt* train

Dressing *nt* ⟨-s, -s⟩ (*salad*) dressing

Dressman *m* ⟨-s, Dressmen⟩ (*male*) model

Dressur *f* ⟨-, -en⟩ training

drin *fam contr* → **darin**; in it; **mehr war nicht ~** that was the best I could do

dringen ⟨drang, gedrungen⟩ *vi* (*water, light, cold*) penetrate (*durch* through, *in* + *acc* into); **auf etw** *acc* ~ insist on sth; **dringend, dringlich** *adj* urgent

drinnen *adv* inside

dritt *adv* **wir sind zu ~** there are three of us; **dritte(r, s)** *adj* third; **die Dritte Welt** the Third World; **3. September** 3(rd) September; **am 3. September** on 3(rd) September, on September 3(rd); **München, den 3. September** Munich, September 3(rd); **Drittel** *nt* ⟨-s, -⟩ (*fraction*) third; **drittens** *adv* thirdly

Droge *f* ⟨-, -n⟩ drug; **drogenabhängig, drogensüchtig** *adj* addicted to drugs

Drogerie f chemist's (*Brit*), drugstore (*US*); **Drogeriemarkt** m discount chemist's (*Brit*) (or drugstore (*US*))

drohen vi threaten (*jdm* sb); **mit etw ~** threaten to do sth

dröhnen vi (*engine*) roar; (*voice, music*) boom; (*room*) resound

Drohung f threat

Drossel f ⟨-, -n⟩ thrush

drüben adv over there; on the other side

drüber fam contr → **darüber**

Druck 1. m ⟨-(e)s, Drücke⟩ PHYS pressure; fig (*strain*) stress; **jdn unter ~ setzen** put sb under pressure **2.** m ⟨-(e)s, -e⟩ TYPO printing; (*product, typeface*) print; **Druckbuchstabe** m block letter; **in ~ schreiben** print; **drucken** vt, vi print

drücken 1. vt, vi (*button, hand*) press; (*garment*) pinch; fig (*prices*) keep down; **jdm etw in die Hand ~** press sth into sb's hand **2.** vr **sich vor etw** dat **~** get out of sth; **drückend** adj oppressive

Drucker m ⟨-s, -⟩ IT printer; **Druckertreiber** m printer driver

Druckknopf m press stud (*Brit*), snap fastener (*US*); **Drucksache** f printed matter; **Druckschrift** f block letters pl

drunten adv down there

drunter fam contr → **darunter**

Drüse f ⟨-, -n⟩ gland

Dschungel m ⟨-s, -⟩ jungle

du pron you; **bist ~ es?** is it you?; **wir sind per ~** we're on first-name terms

Dübel m ⟨-s, -⟩ Rawlplug®

ducken vt, vr duck

Dudelsack m bagpipes pl

Duett nt ⟨-s, -e⟩ duet

Duft m ⟨-(e)s, Düfte⟩ scent; **duften** vi smell nice; **es duftet nach ...** it smells of ...

dulden vt tolerate

dumm adj stupid; **Dummheit** f stupidity; (*act*) stupid thing; **Dummkopf** m idiot

dumpf adj (*sound*) muffled; (*memory*) vague; (*pain*) dull

Düne f ⟨-, -n⟩ dune

Dünger m ⟨-s, -⟩ fertilizer

dunkel adj dark; (*voice*) deep; (*suspicion*) vague; (*mysterious*) obscure; (*suspicious*) dubious; **im Dunkeln tappen** be in the dark; **dunkelblau** adj dark blue; **dunkelblond** adj light brown; **dunkelhaarig** adj dark-haired; **Dunkelheit** f darkness

dünn adj thin; (*coffee*) weak

Dunst m ⟨-es, Dünste⟩ haze; (*light fog*) mist; CHEM vapour

dünsten vt GASTR steam

Duo nt ⟨-s, -s⟩ duo

Dur nt ⟨-⟩ MUS major (key); **in G~** in G major

durch 1. prep + acc through; (means) by; (time) during; ~ **Amerika reisen** travel across the USA; **er verdient seinen Lebensunterhalt ~ den Verkauf von Autos** he makes his living by selling cars **2.** adv (meat) cooked through, well done; **das ganze Jahr ~** all through the year, the whole year long; **darf ich bitte ~?** can I get through, please?

durchaus adv absolutely; ~ **nicht** not at all

Durchblick m view; **den ~ haben** fig know what's going on; **durchblicken** vi look through; fam understand (bei etw sth); **etw ~ lassen** fig hint at sth

Durchblutung f circulation

durchbrennen irr vi (fuse) blow; (wire) burn through; fam (abscond) run away

durchdacht adv **gut ~** well thought-out

durchdrehen 1. vt (meat) mince **2.** vi (wheels) spin; fam (under stress) crack up

durcheinander adv in a mess; fam (person) confused; **Durcheinander** nt (-s) (of people) confusion; (of things) mess; **durcheinanderbringen** irr vt mess up; (person) confuse; **durcheinanderreden** vi talk all at the same time; **durcheinandertrinken** irr vi mix one's

drinks

Durchfahrt f way through; „**~ verboten!**" 'no thoroughfare'

Durchfall m MED diarrhoea

durchfallen irr vi fall through; (in exam) fail

durchfragen vr ask one's way

durchführen vt carry out

Durchgang m passage; SPORT round; (in election) ballot; **Durchgangsverkehr** m through traffic

durchgebraten adj well done

durchgefroren adj frozen to the bone

durchgehen irr vi go through (durch etw sth); (horse) break loose; (make off) run away; **durchgehend** adj (train) through; ~ **geöffnet** open all day

durchhalten irr vt **1.** vi hold out **2.** vt (pace) keep up; **etw ~** (not give up) see sth through

durchkommen irr vi get through; (patient) pull through

durchlassen irr vt (person) let through; (water) let in

durchlesen irr vt read through

durchleuchten vt X-ray

durchmachen vt go through; (development) undergo; **die Nacht ~** make a night of it, have an all-nighter

Durchmesser m (-s, -) diameter

Durchreise f journey

through; **auf der ~** passing through; (goods) in transit; **Durchreisevisum** nt transit visa

durchreißen irr vt, vi tear (in two)

durchs contr = **durch das**

Durchsage f ⟨-, -n⟩ announcement

durchschauen vt (person, lie) see through

durchschlagen irr vr struggle through

durchschneiden irr vt cut (in two)

Durchschnitt m average; **im ~** on average; **durchschnittlich 1.** adj average **2.** adv on average

durchsetzen 1. vt get through **2.** vr (be successful) succeed; (assert oneself) get one's way

durchsichtig adj transparent, see-through

durchstellen vt TEL put through

durchstreichen irr vt cross out

durchsuchen vt search (nach for); **Durchsuchung** f search

Durchwahl f direct dialling; (number) extension

durchziehen irr vt (plan) carry through

Durchzug m draught

dürfen ⟨durfte, gedurft⟩ vi **etw tun ~** (permission) be allowed to do sth; **darf ich?** may I?; **das darfst du nicht** **(tun)!** you mustn't do that; **was darf es sein?** what can I do for you?; **er dürfte schon dort sein** he should be there by now

dürr adj (thin) skinny

Durst m ⟨-(e)s⟩ thirst; **~ haben** be thirsty; **durstig** adj thirsty

Dusche f ⟨-, -n⟩ shower; **duschen** vi, vr have a shower; **Duschgel** nt shower gel

Düse f ⟨-, -n⟩ nozzle; TECH jet; **Düsenflugzeug** nt jet (aircraft)

düster adj dark; (thoughts, future) gloomy

Dutyfreeshop m ⟨-s, -s⟩ duty-free shop

duzen 1. vt address as 'du' **2.** vr **sich ~ (mit jdm)** address each other as 'du', be on first-name terms

DVD f ⟨-, -s⟩ abbr = **Digital Versatile Disk** DVD; **DVD-Player** m ⟨-s, -⟩ DVD player; **DVD-Rekorder** m ⟨-s, -⟩ DVD recorder

dynamisch adj dynamic

Dynamo m ⟨-s, -s⟩ dynamo

E

Ebbe f ⟨-, -n⟩ low tide

eben 1. *adj* level; (*even*) smooth **2.** *adv* just; (*confirming sth*) exactly

ebenfalls *adv* also, as well; (*reply*) you too; **ebenso** *adv* just as; **~ gut** just as well; **~ viel** just as much

EC m ⟨-, -s⟩ *abbr* → **Eurocityzug**

Echo nt ⟨-s, -s⟩ echo

echt *adj* (*leather, gold*) real, genuine; **ein ~er Verlust** a real loss

EC-Karte f ≈ debit card

Ecke f ⟨-, -n⟩ corner; MATH angle; **an der ~** at the corner; **gleich um die ~** just round the corner; **eckig** *adj* rectangular

Economyclass f ⟨-⟩ coach (class), economy class

Ecstasy f ⟨-⟩ (*drug*) ecstasy

Efeu m ⟨-s⟩ ivy

Effekt m ⟨-s, -e⟩ effect

egal *adj* **das ist ~** it doesn't matter; **das ist mir ~** I don't care, it's all the same to me; **~ wie teuer** no matter how expensive

egoistisch *adj* selfish

ehe *conj* before

Ehe f ⟨-, -n⟩ marriage; **Ehefrau** f wife

ehemalig *adj* former; **ehemals** *adv* formerly

Ehemann m husband; **Ehepaar** nt married couple

eher *adv* (*time*) sooner; (*preference*) rather; (*passing judgment*) more; **je ~, desto besser** the sooner the better

Ehering m wedding ring

eheste(r, s) 1. *adj* (*earliest*) first **2.** *adv* **am ~n** (*probably*) most likely

Ehre f ⟨-, -n⟩ honour; **ehren** vt honour; **Ehrenwort** nt word of honour; **~! I** promise

ehrgeizig *adj* ambitious

ehrlich *adj* honest

Ei nt ⟨-(e)s, -er⟩ egg

Eiche f ⟨-, -n⟩ oak (tree); **Eichel** f ⟨-, -n⟩ acorn

Eichhörnchen nt squirrel

Eid m ⟨-(e)s, -e⟩ oath

Eidechse f ⟨-, -n⟩ lizard

Eierbecher m eggcup; **Eierstock** m ovary; **Eieruhr** f egg timer

Eifersucht f jealousy; **eifersüchtig** *adj* jealous (*auf + acc* of)

Eigelb nt ⟨-(e)s, -⟩ egg yolk

eigen *adj* own; (*typical*) characteristic (*jdm* of sb); (*strange*) peculiar; **eigenartig** *adj* peculiar; **Eigenschaft** f quality; CHEM, PHYS property

eigentlich 1. *adj* actual, real **2.** *adv* actually, really; *was*

denken Sie sich ~ dabei?
what on earth do you think
you're doing?

Eigentum *nt* property; **Ei-
gentümer(in)** *m(f)* owner;
Eigentumswohnung *f* own-
er-occupied flat (Brit), condominium (US)

eignen *vr* **sich ~ für** be suited
for; **er würde sich als Leh-
rer ~** he'd make a good
teacher

Eilbrief *m* express letter, spe-
cial-delivery letter; **Eile** *f* ‹-›
hurry; **eilen** *vi* (letter, matter) be urgent; **es eilt nicht**
there's no hurry; **eilig** *adj*
hurried; (pressing) urgent;
es ~ haben be in a hurry

Eimer *m* ‹-s, -› bucket

ein *adv* **nicht ~ noch aus wissen** not know what to do; **~ -
aus** (switch) on - off

ein(e) *art* a; an; **~ Mann** a
man; **~ Apfel** an apple; **~e
Stunde** an hour; **~ Haus** a
house; **~ (gewisser) Herr
Miller** a (certain) Mr Miller;
~es Tages one day

einander *pron* one another,
each other

einarbeiten 1. *vt* train **2.** *vr*
get used to the work

einatmen *vt, vi* breathe in

Einbahnstraße *f* one-way
street

einbauen *vt* build in; (engine
etc) install, fit; **Einbauküche** *f* fitted kitchen

einbiegen *irr vi* turn (in + acc
into)

einbilden *vt* **sich** *dat* **etw ~**
imagine sth

einbrechen *irr vi* (into house)
break in; (roof etc) fall in,
collapse; **Einbrecher(in)**
m(f) ‹-s, -› burglar

einbringen *irr.* **1.** *vt* (harvest)
bring in; (profit) yield; **jdm
etw ~** bring (or earn) sb sth
2. *vr* **sich in** *acc* **etw ~** make
a contribution to sth

Einbruch *m* break-in, burglary; **bei ~ der Nacht** at night-
fall

Einbürgerung *f* naturaliza-
tion

einchecken *vt* check in

eincremen *vt, vr* put some
cream on

eindeutig 1. *adj* clear, obvious **2.** *adv* clearly; **~ falsch**
clearly wrong

eindringen *irr vi* force one's
way in (in + acc -to); (into
house) break in (in + acc
-to); (gas, water) get in (in
+ acc -to)

Eindruck *m* impression; **großen ~ auf jdn machen** make
a big impression on sb

eine(r, s) *pron* one; someone;
~r meiner Freunde one of
my friends; **~r nach dem an-
dern** one after the other

eineiig *adj* (twins) identical

eineinhalb *num* one and a
half

einerseits *adv* on the one
hand

einfach 1. adj (not complicated) simple; (person) ordinary; (food) plain; (not multiple) single; **~e Fahrkarte** single ticket (Brit), one-way ticket (US) **2.** adv simply; (single time) once

Einfahrt f (in car) driving in; (of train) arrival; (place) entrance

Einfall m idea; **einfallen** irr vi (light etc) fall in; (roof, house) collapse; **ihm fiel ein, dass ...** it occurred to him that ...; **ich werde mir etwas ~ lassen** I'll think of something; **was fällt Ihnen ein!** what do you think you're doing?

Einfamilienhaus nt detached house

einfarbig adj all one colour; (fabric etc) self-coloured

Einfluss m influence

einfrieren irr vt, vi freeze

einfügen vt fit in; add; IT insert; **Einfügetaste** f IT insert key

Einfuhr f ⟨-, -en⟩ import; **Einfuhrbestimmungen** pl import regulations pl

einführen vt introduce; (goods) import; **Einführung** f introduction

Eingabe f (of data) input; **Eingabetaste** f IT return (or enter) key

Eingang m entrance; **Eingangshalle** f entrance hall, lobby (US)

eingeben irr vt (data etc) enter, key in

eingebildet adj imaginary; (conceited) arrogant

Eingeborene(r) mf native

eingehen irr **1.** vi (letter, money) come in, arrive; (animal, plant) die; (fabric) shrink; **auf etw** acc **~** agree to sth; **auf jdn ~** respond to sb **2.** vt (contract) enter into; (bet) make; (risk) take

eingelegt adj (in vinegar) pickled

eingeschaltet adj (switched) on

eingeschlossen adj locked in; (in price) included

eingewöhnen vr settle in

eingießen irr vt pour

eingreifen irr vi intervene; **Eingriff** m intervention; (surgical) operation

einhalten irr vt (promise etc) keep

einheimisch adj (product, team) local; **Einheimische(r)** mf local

Einheit f unity; (measurement) unit; **einheitlich** adj uniform

einholen vt (car, person) catch up with; (lateness) make up for; (advice, permission) ask for

Einhorn nt unicorn

einhundert num one (or a) hundred

einig adj united; **sich** dat **~ sein** agree

einige 1. pron pl some; (quite a few) several **2.** adj some; **nach ~r Zeit** after some time; **~ hundert Euro** some hundred euros

einigen vr agree (auf + acc on)

einigermaßen adv fairly, quite; (passably) reasonably

einiges pron something; (amount) quite a bit; (number) a few things; **es gibt noch ~ zu tun** there's still a fair bit to do

Einkauf m purchase; **Einkäufe (machen)** (to do one's) shopping; **einkaufen 1.** vt buy **2.** vi go shopping; **Einkaufsbummel** m shopping trip; **Einkaufstasche** f, **Einkaufstüte** f shopping bag; **Einkaufswagen** m shopping trolley (Brit) (or cart (US)); **Einkaufszentrum** nt shopping centre (Brit) (or mall (US))

einklemmen vt jam; **er hat sich** dat **den Finger eingeklemmt** he got his finger caught

Einkommen nt ⟨-s, -⟩ income

einladen irr vt (person) invite; (things) load; **jdn zum Essen ~** take sb out for a meal; **ich lade dich ein** (I'm paying) it's my treat; **Einladung** f invitation

Einlass m ⟨-es, Einlässe⟩ admittance; **~ ab 18 Uhr** doors open at 6 pm; **einlassen** irr

vr **sich mit jdm / auf etw** acc **~** get involved with sb/sth

einleben vr settle down

einlegen vt (film etc) put in; (food before cooking) marinate; **eine Pause ~** take a break

einleiten vt start; (measures) introduce; (birth) induce; **Einleitung** f introduction; (of birth) induction

einleuchten vi **jdm ~** be (or become) clear to sb; **einleuchtend** adj clear

einloggen vi IT log on (or in)

einlösen vt (cheque) cash; (voucher) redeem; (promise) keep

einmal adv once; (at earlier time) before; (in the future) some day; (to begin with) first; **~ im Jahr** once a year; **noch ~** once more, again; **ich war schon ~ hier** I've been here before; **warst du schon ~ in London?** have you ever been to London?; **nicht ~** not even; **auf ~** suddenly; (simultaneously, in one go) at once; **einmalig** adj unique; (occurring only once) single; (excellent) fantastic

einmischen vr interfere (in + acc in)

Einnahme f ⟨-, -n⟩ (money) takings pl; (of medicine) taking; **einnehmen** irr vt (medicine) take; (money) take in;

einordnen

(attitude, space) take up; **jdn für sich ~** win sb over

einordnen 1. vt put in order; *(categorize)* classify; *(documents)* file **2.** vr AUTO etc get into lane; **sich rechts / links ~** get into the right / left lane

einpacken vt pack (up)

einparken vt, vi park

einplanen vt allow for

einprägen vt **sich** dat **etw ~** remember *(or* memorize*)* sth

einräumen vt *(books, crockery)* put away; *(cupboard)* put things in

einreden vr **jdm / sich etw ~** talk sb / oneself into (believing) sth

einreiben irr vt **sich mit etw ~** rub sth into one's skin

einreichen vt hand in; *(application)* submit

Einreise f entry; **Einreisebestimmungen** pl entry regulations pl; **Einreiseerlaubnis** f, **Einreisegenehmigung** f entry permit; **einreisen** vi enter *(in ein Land* a country)*; **Einreisevisum** nt entry visa

einrenken vt *(arm, leg)* set

einrichten 1. vt *(house)* furnish; *(business etc)* establish, set up; *(fix)* arrange **2.** vr furnish one's home; *(get ready)* prepare oneself *(auf + acc* for)*; *(adjust)* adapt *(auf + acc* to)*; **Einrichtung** f *(in house)* furnishings pl;

(organization) institution; *(swimming pool etc)* facility

eins num one; **Eins** f ⟨-, -en⟩ one; *(mark in school)* ≈ A

einsam adj lonely

einsammeln vt collect

Einsatz m *(component)* insert; *(of machine, troops etc)* use; *(in gambling)* stake; *(of one's life)* risk; MUS entry

einschalten vt ELEC switch on

einschätzen vt estimate, assess

einschenken vt pour

einschiffen vr embark *(nach* for)*

einschlafen irr vi fall asleep, drop off; **mir ist der Arm eingeschlafen** my arm's gone to sleep

einschlagen irr **1.** vt *(window)* smash; *(teeth, skull)* smash in; *(path, direction)* take **2.** vi hit *(in etw acc* sth, *auf jdn* sb)*; *(lightning)* strike; *(film, song etc)* be a success

einschließen irr vt *(person)* lock in; *(object)* lock away; *(encircle)* surround; fig include; **einschließlich 1.** adv inclusive **2.** prep + gen including; **von Montag bis ~ Freitag** from Monday up to and including Friday, Monday through Friday *(US)*

einschränken 1. vt limit, restrict; *(reduce)* cut down on

2. *vr* cut down (on expenditure)

einschreiben *irr vr* register; *(for school)* enrol; **Einschreiben** *nt* (-s, -) registered letter; **etw per ~ schicken** send sth by special delivery

einschüchtern *vt* intimidate

einsehen *irr* **1.** *vt* (*understand*) see; *(error)* recognize; *(files)* have a look at

einseitig *adj* one-sided

einsenden *irr vt* send in

einsetzen 1. *vt* put in; *(to a post)* appoint; *(money)* stake; *(machine, troops etc)* use **2.** *vi* (*rain etc*) set in; MUS enter, come in **3.** *vr* work hard; **sich für jdn / etw ~** support sb/sth

Einsicht *f* insight; **zu der ~ kommen, dass ...** come to realize that ...

einsperren *vt* lock up

einspielen *vt* (*money*) bring in

einspringen *irr vi* (*help out*) step in (*für for*)

Einspruch *m* objection (*gegen* to)

einspurig *adj* single-lane

Einstand *m* (*in tennis*) deuce

einstecken *vt* pocket; ELEC plug in; *(letter)* post, mail (*US*); *(keys, passport etc)* take; *(accept)* swallow

einsteigen *irr vi* (*into car*) get in; *(onto bus, train, plane)* get on; *(in business, project*

etc) get involved

einstellen 1. *vt* (*end*) stop; *(device etc)* adjust; *(camera)* focus; *(station, radio)* tune in; *(car, bicycle etc)* put; *(worker)* employ, take on **2.** *vr* **sich auf jdn / etw ~** adapt to sb / prepare oneself for sth; **Einstellung** *f* (*of device etc*) adjustment; *(of camera)* focusing; *(of worker)* taking on; *(opinion)* attitude

einstürzen *vi* collapse

eintägig *adj* one-day

eintauschen *vt* exchange (*gegen* for)

eintausend *num* one (*or* a) thousand

einteilen *vt* divide (up) (*in + acc* into); *(time)* organize

eintönig *adj* monotonous

Eintopf *m* stew

eintragen *irr* **1.** *vt* (*in list*) put down, enter **2.** *vr* put one's name down, register

eintreffen *irr vi* happen; *(person, train, letter etc)* arrive

eintreten *irr vi* enter (*in etw acc* sth); *(club, party)* join (*in etw acc* sth); *(event)* occur; **~ für** support; **Eintritt** *m* admission; **„~ frei"** 'admission free'; **Eintrittskarte** *f* (*entrance*) ticket; **Eintrittspreis** *m* admission charge

einverstanden *interj* okay, all right **2.** *adj* **mit etwas ~ sein** agree to sth, accept sth

Einwanderer *m*, **Einwanderin** *f* immigrant; **einwan-**

dern *vi* immigrate

einwandfrei *adj* perfect, flawless

Einwegflasche *f* non-returnable bottle

einweichen *vt* soak

einweihen *vt* (*building*) inaugurate, open; *jdn in etw acc ~* let sb in on sth; **Einweihungsparty** *f* housewarming party

einwerfen *irr vt* (*ball, remark etc*) throw in; (*letter*) post, mail (*US*); (*money*) put in, insert; (*window*) smash

einwickeln *vt* wrap up; *fig jdn ~* take sb in

Einwohner(in) *m(f)* ⟨-s, -⟩ inhabitant; **Einwohnermeldeamt** *nt* registration office for residents

Einwurf *m* (*opening*) slot; SPORT throw-in

Einzahl *f* singular

einzahlen *vt* pay in (*auf ein Konto* -to an account)

Einzel *nt* ⟨-s, -⟩ (*in tennis*) singles *sg*; **Einzelbett** *nt* single bed; **Einzelfahrschein** *m* single ticket (*Brit*), one-way ticket (*US*); **Einzelgänger(in)** *m(f)* loner; **Einzelhandel** *m* retail trade; **Einzelkind** *nt* only child

einzeln 1. *adj* individual; (*not together*) separate; (*solitary*) single; *~e* ... several ...; some ...; *der / die Einzelne* the individual; *im Einzelnen* in detail **2.** *adv* sepa-

rately; (*pack, list*) individually; *~ angeben* specify; *~ eintreten* enter one by one

Einzelzimmer *nt* single room; **Einzelzimmerzuschlag** *m* single-room supplement

einziehen *irr* **1.** *vt den Kopf ~* duck **2.** *vi* (*into house*) move in

einzig 1. *adj* only; (*solitary*) single; (*special*) unique; *kein ~er Fehler* not a single mistake; *das Einzige* the only thing; *der / die Einzige* the only person **2.** *adv* only; *die ~ richtige Lösung* the only correct solution; **einzigartig** *adj* unique

Eis *nt* ⟨-es, -⟩ ice; (*food*) ice-cream; **Eisbahn** *f* ice (-skating) rink; **Eisbär** *m* polar bear; **Eisbecher** *m* (ice-cream) sundae; **Eisberg** *m* iceberg; **Eisbergsalat** *m* iceberg lettuce; **Eiscafé** *nt*, **Eisdiele** *f* ice-cream parlour

Eisen *nt* ⟨-s, -⟩ iron; **Eisenbahn** *f* railway (*Brit*), railroad (*US*); **eisern** *adj* iron

eisgekühlt *adj* chilled; **Eishockey** *nt* ice hockey; **Eiskaffee** *m* iced coffee; **eiskalt** *adj* ice-cold; (*temperature*) freezing; **Eiskunstlauf** *m* figure skating; **eislaufen** *irr vi* skate; **Eisschokolade** *f* iced chocolate; **Eisschrank** *m* fridge, ice-box (*US*); **Eistee** *m* iced empfing

tea; **Eiswürfel** *m* ice cube; **Eiszapfen** *m* icicle

eitel *adj* vain

Eiter *m* ⟨-s⟩ pus

Eiweiß *nt* ⟨-es, -e⟩ egg white; CHEM, BIO protein

ekelhaft, **ek(e)lig** *adj* disgusting, revolting; **ekeln** *vr* be disgusted (*vor* + *dat* at)

EKG *nt* ⟨-s, -s⟩ *abbr* = **Elektrokardiogramm** ECG

Ekzem *nt* ⟨-s, -e⟩ MED eczema

elastisch *adj* elastic

Elch *m* ⟨-(e)s, -e⟩ elk; (*North American*) moose

Elefant *m* elephant

elegant *adj* elegant

Elektriker(in) *m(f)* ⟨-s, -⟩ electrician; **elektrisch** *adj* electric; **Elektrizität** *f* electricity; **Elektroauto** *nt* electric car; **Elektrogerät** *nt* electrical appliance; **Elektrogeschäft** *nt* electrical shop; **Elektroherd** *m* electric cooker; **Elektromotor** *m* electric motor; **Elektronik** *f* electronics *sg*; **elektronisch** *adj* electronic; **Elektrorasierer** *m* ⟨-s, -⟩ electric razor

Element *nt* ⟨-s, -e⟩ element

elend *adj* miserable; **Elend** *nt* ⟨-(e)s⟩ misery

elf *num* eleven; **Elf** *f* ⟨-, -en⟩ SPORT eleven

Elfenbein *nt* ivory

Elfmeter *m* SPORT penalty (kick)

elfte(r, s) *adj* eleventh; →

dritte

Ell(en)bogen *m* elbow

Elster *f* ⟨-, -n⟩ magpie

Eltern *pl* parents *pl*

EM *f* *abbr* = **Europameisterschaft** European Championship(s)

E-Mail *f* ⟨-, -s⟩ IT e-mail; *jdm eine ~ schicken* e-mail sb, send sb an e-mail; *jdm etwas per ~ schicken* e-mail sth to sb; **E-Mail-Adresse** *f* e-mail address; **e-mailen** *vt* e-mail

Emoticon *nt* ⟨-s, -s⟩ emoticon

emotional *adj* emotional

empfahl *imperf* → **empfehlen**

empfand *imperf* → **empfinden**

Empfang *m* ⟨-(e)s, Empfänge⟩ (*party; in hotel, office*) reception; (*of letter, goods*) receipt; *in ~ nehmen* receive; **empfangen** (empfing, empfangen) *vt* receive; **Empfänger(in)** *m(f)* ⟨-s, -⟩ recipient; addressee **2.** *m* TECH receiver; **Empfängnisverhütung** *f* contraception; **Empfangshalle** *f* reception area

empfehlen (empfahl, empfohlen) *vt* recommend; **Empfehlung** *f* recommendation

empfinden (empfand, empfunden) *vt* feel; **empfindlich** *adj* (*person*) sensitive; (*spot*) sore; (*easily offended*) touchy; (*material*) delicate

empfing *imperf* → **empfan-**

gen

empfohlen *pp* → *empfehlen*

empfunden *pp* → *empfinden*

empört *adj* indignant (*über* + *acc* at)

Ende *nt* ⟨-s, -n⟩ end; (*of film, novel*) ending; **am ~** at the end; (*when all is said and done*) in the end; **~ Mai** at the end of May; **~ der Achtzigerjahre** in the late eighties; **sie ist ~ zwanzig** she's in her late twenties; **zu ~** over, finished; **enden** *vi* end; **der Zug endet hier** this service (*or* train) terminates here; **endgültig** *adj* final; (*proof*) conclusive

Endivie *f* endive

endlich *adv* at last, finally; (*in the end*) eventually; **End-spiel** *nt* final; (*last round*) finals *pl*; **Endstation** *f* terminus; **Endung** *f* ending

Energie *f* energy; **~ sparend** energy-saving; **Energiebe-darf** *m* energy requirement; **Energieverbrauch** *m* energy consumption

energisch *adj* (*firm*) forceful

eng **1.** *adj* narrow; (*clothes*) tight; *fig* (*friendship, relationship*) close; **das wird ~** *fam* (*deadline*) we're running out of time, it's getting tight **2.** *adv* **~ befreundet sein** be close friends

engagieren 1. *vt* engage **2.** *vr* commit oneself, be committed (*für* to)

Engel *m* ⟨-s, -⟩ angel

England *nt* England; **Eng-länder(in)** *m(f)* ⟨-s, -⟩ Englishman / -woman; **die ~** *pl* the English *pl*; **englisch** *adj* English; GASTR rare; **Englisch** *nt* English; **ins ~e übersetzen** translate into English

Enkel *m* ⟨-s, -⟩ grandson; **En-kelin** *f* granddaughter

enorm *adj* enormous; *fig* tremendous

Entbindung *f* MED delivery

entdecken *vt* discover; **Ent-deckung** *f* discovery

Ente *f* ⟨-, -n⟩ duck

entfernen 1. *vt* remove; IT delete **2.** *vr* go away; **entfernt** *adj* distant; **15 km von X ~** 15 km away from X; **20 km voneinander ~** 20 km apart; **Entfernung** *f* distance; **aus der ~** from a distance

entführen *vt* kidnap; **Entfüh-rer(in)** *m(f)* kidnapper; **Ent-führung** *f* kidnapping

entgegen 1. *prep* + *dat* contrary to **2.** *adv* towards; **dem Wind ~** against the wind; **entgegengesetzt** *adj* (*direction*) opposite; (*view*) opposing; **entgegenkom-men** *irr vi* **jdm ~** come to meet sb; *fig* accommodate sb; **entgegenkommend** *adj* (*traffic*) oncoming; *fig* obliging

entgegnen *vt* reply (*auf* + *acc* to)

entgehen *irr vi jdm* ~ escape sb's notice; **sich** *dat* **etw** ~ **lassen** miss sth

entgleisen *vi* RAIL be derailed; *fig (person)* misbehave

Enthaarungscreme *f* hair remover

enthalten *irr* 1. *vt* contain; *(price)* include 2. *vr* abstain *(gen* from)

entkoffeiniert *adj* decaffeinated

entkommen *irr vi* escape

entkorken *vt* uncork

entlang *prep + acc or dat* ~ **dem Fluss, den Fluss** ~ along the river; **entlanggehen** *irr vi* walk along

entlassen *irr vt (patient)* discharge; *(worker)* dismiss

entlasten *vt jdn* ~ relieve sb of some of his / her work

entmutigen *vt* discourage

entnehmen *irr* take *(dat* from)

entrahmt *adj (milk)* skimmed

entschädigen *vt* compensate; **Entschädigung** *f* compensation

entscheiden *irr vt, vi, vr* decide; **sich für / gegen etw** ~ decide on / against sth; **wir haben uns entschieden, nicht zu gehen** we decided not to go; **das entscheidet sich morgen** that'll be decided tomorrow; **entscheidend** *adj* decisive; *(question, problem)* crucial; Ent-

scheidung *f* decision

entschließen *irr vr* decide *(zu, für* on), make up one's mind; **Entschluss** *m* decision

entschuldigen 1. *vt* excuse 2. *vr* apologize; **sich bei jdm für etw** ~ apologize to sb for sth 3. *vi* **entschuldige!**, ~ **Sie!** *(introducing question)* excuse me; *(apology)* (I'm) sorry, excuse me *(US)*; **Entschuldigung** *f* apology; *(justification)* excuse; **jdn um** ~ **bitten** apologize to sb; ~**!** *(colliding with sb)* (I'm) sorry, excuse me *(US)*; *(introducing question)* excuse me; *(could you repeat that?)* (I beg your) pardon?

entsetzlich *adj* dreadful, appalling

entsorgen *vt* dispose of

entspannen 1. *vt (body)* relax; POL *(situation)* ease 2. *vr* relax; *fam* chill out; **Entspannung** *f* relaxation

entsprechen *irr vi + dat* correspond to; *(requirements, wishes etc)* comply with; **entsprechend** 1. *adj* appropriate 2. *adv* accordingly 3. *prep + dat* according to, in accordance with

entstehen *vi (difficulties)* arise; *(town, building etc)* be built; *(work of art)* be created

enttäuschen *vt* disappoint;

Enttäuschung f disappointment

entweder conj ~ ... oder ... either ... or ...; ~ oder! take it or leave it

entwerfen irr vt (furniture, clothes) design; (plan, contract) draft

entwerten vt devalue; (ticket) cancel; **Entwerter** m (-s, -) ticket-cancelling machine

entwickeln vt, vr a. PHOT develop; (courage, energy) show, display; **Entwicklung** f development; **Entwicklungshelfer(in)** m(f) (-s, -) development worker; **Entwicklungsland** nt developing country

Entwurf m outline; (of product) design; (of contract, novel etc) draft

entzückend adj delightful, charming

Entzug m withdrawal; (treatment) detox; **Entzugserscheinung** f withdrawal symptom

entzünden vr catch fire; MED become inflamed; **Entzündung** f MED inflammation

Epidemie f (-, -n) epidemic

Epilepsie f (-, -n) epilepsy

epilieren vt remove body hair, depilate; **Epiliergerät** nt Ladyshave®

er pron he; (thing) it; ~ ist's it's him; **wo ist mein Mantel?** - ~ **ist** ... where's my coat? - it's ...

Erbe 1. m (-n, -n) heir **2.** nt (-s) inheritance; fig heritage; **erben** vt inherit; **Erbin** f heiress; **erblich** adj hereditary

erbrechen irr vt, vr vomit; **Erbrechen** nt vomiting

Erbschaft f inheritance

Erbse f (-, -n) pea

Erdapfel m potato; **Erdbeben** nt earthquake; **Erdbeere** f strawberry; **Erde** f (-, -n) (planet) earth; (earth's surface) ground; **Erdgas** nt natural gas; **Erdgeschoss** nt ground floor (Brit), first floor (US); **Erdkunde** f geography; **Erdnuss** f peanut; **Erdöl** nt (mineral) oil; **Erdrutsch** m landslide; **Erdteil** m continent

ereignen vr happen, take place; **Ereignis** nt event

erfahren 1. irr vt learn, find out; (feeling) experience **2.** adj experienced; **Erfahrung** f experience

erfinden irr vt invent; **erfinderisch** adj inventive, creative; **Erfindung** f invention

Erfolg m (-(e)s, -e) success; (consequence) result; ~ **versprechend** promising; **viel** ~! good luck; **erfolglos** adj unsuccessful; **erfolgreich** adj successful

erforderlich adj necessary

erforschen vt explore; (problem etc) investigate

erfreulich adj pleasing, pleasant; (*news*) good; **erfreulicherweise** *adv* fortunately

erfrieren *vi* freeze to death; (*plants*) be killed by frost

Erfrischung *f* refreshment

erfüllen 1. *vt* (*room*) fill; (*request, wish etc*) fulfil **2.** *vr* come true

ergänzen 1. *vt* (*remark*) add; (*collection etc*) complete **2.** *vr* complement one another; **Ergänzung** *f* completion; (*thing added*) supplement

ergeben 1. *irr vt* (*amount*) come to; (*lead to*) result in **2.** *irr vr* surrender; (*arise*) result (*aus* from) **3.** *adj* devoted; (*unassuming*) humble

Ergebnis *nt* result

ergreifen *irr vt* seize; (*career*) take up; (*opportunity*) take; (*fill with pity etc*) move

erhalten *irr vt* receive; (*building, custom etc*) preserve; **gut~ sein** be in good condition; **erhältlich** *adj* available

erheblich *adj* considerable

erhitzen *vt* heat (up)

erhöhen 1. *vt* raise; (*in amount, degree*) increase **2.** *vr* increase

erholen *vr* recover; (*relax*) have a rest; **erholsam** *adj* restful; **Erholung** *f* recovery; (*on holiday etc*) relaxation, rest

erinnern 1. *vt* remind (*an + acc* of) **2.** *vr* remember

(*an etw acc* sth); **Erinnerung** *f* memory; (*object*) souvenir; (*letter etc*) reminder

erkälten *vr* catch a cold; **erkältet** *adj* (*stark*) **~ sein** have a (bad) cold; **Erkältung** *f* cold

erkennen *irr vt* recognize; (*discern, understand*) see; **~, dass…** realize that …; **erkenntlich** *adj* **sich ~ zeigen** show one's appreciation

Erker *m* ⟨-s, -⟩ bay

erklären *vt* explain; (*announce*) declare; **Erklärung** *f* explanation; (*announcement*) declaration

erkundigen *vr* enquire (*nach* about)

erlauben *vt* allow, permit; **jdm ~, etw zu tun** allow (or permit) sb to do sth; **sich dat etw~** permit oneself sth; **~ Sie(, dass ich rauche)?** do you mind (if I smoke)?; **was ~ Sie sich?** what do you think you're doing?; **Erlaubnis** *f* permission

Erläuterung *f* explanation; (*on text*) comment

erleben *vt* experience; (*pleasant time etc*) have; (*bad experience etc*) go through; (*scene etc*) witness; **be still alive for**) live to see; **Erlebnis** *nt* experience

erledigen *vt* (*matter, task*) deal with; *fam* (*exhaust*) wear out; *fam* (*ruin*) finish; **erledigt** *adj* finished; (*sorted* *out*) dealt with; *fam* (*exhausted*) whacked, knackered (*Brit*)

erleichtert *adj* relieved

Erlös *m* ⟨-es, -e⟩ proceeds *pl*

ermahnen *vt* (*against sth*) warn

ermäßigt *adj* reduced; **Ermäßigung** *f* reduction

ermitteln 1. *vt* find out; (*culprit*) trace **2.** *vi* LAW investigate

ermöglichen *vt* make possible (*dat* for)

ermorden *vt* murder

ermüdend *adj* tiring

ermutigen *vt* encourage

ernähren 1. *vt* feed; (*family*) support **2.** *vr* support oneself; *sich ~ von* live on; Ernährung *f* food; Ernährungsberater(in) *m(f)* nutritional (*or* dietary) adviser

erneuern *vt* renew; (*to original condition*) restore; (*to good condition*) renovate; (*with new one*) replace

ernst 1. *adj* serious **2.** *adv* jdn / etw ~ nehmen take sb/sth seriously; Ernst *m* ⟨-es⟩ seriousness; *das ist mein* ~ I'm quite serious; *im* ~? seriously?; **ernsthaft 1.** *adj* serious **2.** *adv* seriously

Ernte *f* ⟨-, -n⟩ harvest; Erntedankfest *nt* harvest festival (*Brit*), Thanksgiving (Day) (*US*); **ernten** *vt* harvest; (*praise etc*) earn

erobern *vt* conquer

eröffnen *vt* open; **Eröffnung** *f* opening

erogen *adj* erogenous

erotisch *adj* erotic

erpressen *vt* (*person*) blackmail; (*money etc*) extort; **Erpressung** *f* blackmail; (*of money*) extortion

erraten *irr vt* guess

erregen 1. *vt* excite; (*sexually*) arouse; (*make angry*) annoy; (*cause*) arouse **2.** *vr* get worked up; Erreger *m* ⟨-s, -⟩ MED germ; virus

erreichbar *adj ~ sein* be within reach; (*person*) be available; *das Stadtzentrum ist zu Fuß / mit dem Wagen leicht ~* the city centre is within easy walking / driving distance; **erreichen** *vt* reach; (*train etc*) catch

Ersatz *m* ⟨-es⟩ replacement; (*temporary*) substitute; (*for loss etc*) compensation; Ersatzreifen *m* AUTO spare tyre; Ersatzteil *nt* spare (part)

erscheinen *irr vi* appear; (*give impression*) seem

erschöpft *adj* exhausted; Erschöpfung *f* exhaustion

erschrecken 1. *vt* frighten **2.** ⟨erschrak, erschrocken⟩ *vi* get a fright; **erschreckend** *adj* alarming; **erschrocken** *adj* frightened

erschwinglich *adj* affordable

ersetzen *vt* replace; (*expens-*

es

es) reimburse

erst *adv* first; (*initially*) at first; (*as recently as, merely*) only; (*no earlier than*) not until; **~ jetzt / gestern** only now / yesterday; **~ morgen** not until tomorrow; **es ist ~ 10 Uhr** it's only ten o'clock; **~ recht** all the more; **~ recht nicht** even less

erstatten *vt* (*costs*) refund; **Bericht ~** report (*über + acc* on) **Anzeige gegen jdn ~** report sb to the police

erstaunlich *adj* astonishing; **erstaunt** *adj* surprised

erstbeste(r, s) *adj* **das ~ Hotel** any old hotel; **der Erstbeste** just anyone

erste(r, s) *adj*; → **dritte zum ~n Mal** for the first time; **er wurde Erster** he came first; **auf den ~n Blick** at first sight

erstens *adv* first(ly), in the first place

ersticken *vi* (*person*) suffocate; **in Arbeit ~** be snowed under with work

erstklassig *adj* first-class

erstmals *adv* for the first time

erstrecken *vr* extend, stretch (*auf + acc* to; *über + acc* over)

ertappen *vt* catch

erteilen *vt* (*advice, permission*) give

Ertrag *m* ⟨-(e)s, Erträge⟩ yield; (*profit*) proceeds *pl*; **ertra-**

gen *irr vt* (*pain*) bear, stand; (*tolerate*) put up with; **erträglich** *adj* bearable; (*fairly good*) tolerable

ertrinken *irr vi* drown

erwachsen *adj* grown-up; **~ werden** grow up; **Erwachsene(r)** *mf* adult, grown-up

erwähnen *vt* mention

erwarten *vt* expect; wait for; **ich kann den Sommer kaum ~** I can hardly wait for the summer

erwerbstätig *adj* employed

erwidern *vt* reply; (*greeting, visit*) return

erwischen *vt fam* catch (*bei etw* doing sth)

erwünscht *adj* desired; (*person*) welcome

Erz *nt* ⟨-es, -e⟩ ore

erzählen *vt* tell (*jdm etw* sb sth); **Erzählung** *f* story, tale

erzeugen *vt* produce; (*electricity*) generate; **Erzeugnis** *nt* product

erziehen *irr vt* bring up; (*intellectually*) educate; (*animal*) train; **Erzieher(in)** *m(f)* ⟨-s, -⟩ educator; (*in kindergarten*) (nursery school) teacher; **Erziehung** *f* upbringing; (*intellectual*) education

es *pron* it; (*baby, animal*) he / she; **ich bin ~** it's me; **~ ist kalt** it's cold; **~ gibt ...** there is .../there are ...; **ich hoffe ~** I hope so; **ich kann ~** I can do it

Escape-Taste f IT escape key
Esel m ⟨-s, -⟩ donkey
Espresso m ⟨-s, -⟩ espresso
essbar adj edible; **essen** ⟨aß, gegessen⟩ vt, vi eat; **zu Mittag / Abend** ~ have lunch / dinner; **was gibt's zu ~?** what's for lunch / dinner?; ~ **gehen** eat out; **Essen** nt ⟨-s, -⟩ meal; food
Essig m ⟨-s, -e⟩ vinegar
Esslöffel m dessert spoon; **Esszimmer** nt dining room
Estland nt Estonia
Etage f ⟨-, -n⟩ floor, storey; **in** (or **auf**) **der ersten** ~ on the first (Brit) (or second (US)) floor; **Etagenbett** nt bunk bed
Etappe f ⟨-, -n⟩ stage
ethnisch adj ethnic
Etikett nt ⟨-(e)s, -e⟩ label
etliche pron pl several, quite a few; **etliches** pron quite a lot
etwa adv (approximation) about; (possibility) perhaps; (example) for instance
etwas 1. pron something; (with negative, question) anything; (small amount) a little; ~ **Neues** something / anything new; ~ **zu essen** something to eat; ~ **Salz** some salt; **wenn ich noch** ~ **tun kann ...** if I can do anything else ... **2.** adv a bit, a little; ~ **mehr** a little more
EU f ⟨-⟩ abbr = **Europäische Union** EU

euch pron acc, dat → **ihr**; you, (to) you; ~ **(selbst)** yourselves; **wo kann ich ~ treffen?** where can I meet you?; **sie schickt es** ~ she'll send it to you; **ein Freund von** ~ a friend of yours; **setzt** ~ **bitte** please sit down; **habt ihr** ~ **amüsiert?** did you enjoy yourselves?
euer pron (as adj) your; ~ **David** (at end of letter) Yours, David; **euere(r, s)** pron → **eure**
Eule f ⟨-, -n⟩ owl
eure(r, s) pron (as noun) yours; **das ist** ~ that's yours; **euretwegen** adv because of you; (to please you) for your sake
Euro m ⟨-, -⟩ (currency) euro; **Eurocent** m eurocent; **Eurocity** m ⟨-(s), -s⟩, **Eurocityzug** m European Intercity train; **Europa** nt ⟨-s⟩ Europe; **Europäer(in)** m(f) ⟨-s, -⟩ European; **europäisch** adj European; **Europäische Union** European Union; **Europameister(in)** m(f) European champion; (team) European champions pl; **Europaparlament** nt European Parliament
Euter nt ⟨-s, -⟩ udder
evangelisch adj Protestant
eventuell 1. adj possible **2.** adv possibly, perhaps
ewig adj eternal; **er hat** ~ **gebraucht** it took him ages;

Ewigkeit f eternity

Ex mf ex; **Ex-** in cpds ex-, former; **Exfrau** f ex-wife; **Exfreund** m ex-boyfriend; **Exminister** m former minister

exakt adj precise

Examen nt ⟨-s, -⟩ exam

Exemplar nt ⟨-s, -e⟩ specimen; (book) copy

Exil nt ⟨-s, -e⟩ exile

Existenz f existence; (financial means) livelihood, living; **existieren** vi exist

exklusiv adj exclusive; **exklusive** adv, prep + gen excluding

exotisch adj exotic

Experte m ⟨-n, -n⟩, **Expertin** f expert

explodieren vi explode; **Explosion** f explosion

Export m ⟨-(e)s, -e⟩ export; **exportieren** vt export

Express m ⟨-es⟩, **Expresszug** m express (train)

extra 1. adj inv fam separate; (additional) extra **2.** adv separately; (for particular person or purpose) specially; (intentionally) on purpose; **Extra** nt ⟨-s, -s⟩ extra

extrem 1. adj extreme **2.** adv extremely; **~ kalt** extremely cold

exzellent adj excellent

Eyeliner m ⟨-s, -⟩ eyeliner

F

fabelhaft adj fabulous, marvellous

Fabrik f factory

Fach nt ⟨-(e)s, Fächer⟩ compartment; (area of knowledge) subject; **Facharzt** m, **Fachärztin** f specialist; **Fachausdruck** m ⟨-s, Fachausdrücke⟩ technical term

Fächer m ⟨-s, -⟩ fan

Fachfrau f specialist, expert; **Fachmann** m ⟨-leute pl⟩ specialist, expert; **Fachwerkhaus** nt half-timbered house

Fackel f ⟨-, -n⟩ torch

fad(e) adj (food) bland; (boring) dull

Faden m ⟨-s, Fäden⟩ thread

fähig adj capable (zu, gen of); **Fähigkeit** f ability

Fahndung f search

Fahne f ⟨-, -n⟩ flag

Fahrausweis m ticket

Fahrbahn f road; (between lines) lane

Fähre f ⟨-, -n⟩ ferry

fahren ⟨fuhr, gefahren⟩ **1.** vt drive; (bicycle) ride; (convey) drive, take; **50 km/h ~** drive at (or do) 50 kph **2.** vi go; (in car) drive; (ship) sail; (depart) leave; **mit dem Auto / Zug ~** go by car / train; **rechts ~!** keep to the right; **Fahrer(in)** m(f) ⟨-s, -⟩ driver; **Fahrer-**

flucht f ~ **begehen** fail to stop after an accident; **Fahrersitz** m driver's seat

Fahrgast m passenger; **Fahrgeld** nt fare; **Fahrgemeinschaft** f car pool; **Fahrkarte** f ticket

Fahrkartenautomat m ticket machine; **Fahrkartenschalter** m ticket office

fahrlässig adj negligent

Fahrlehrer(in) m(f) driving instructor; **Fahrplan** m timetable; **Fahrpreis** m fare; **Fahrpreisermäßigung** f fare reduction

Fahrrad nt bicycle; **Fahrradschloss** nt bicycle lock; **Fahrradverleih** m cycle hire (Brit) (or rental (US)); **Fahrradweg** m cycle path

Fahrschein m ticket; **Fahrscheinautomat** m ticket machine; **Fahrscheinentwerter** m ticket-cancelling machine

Fahrschule f driving school; **Fahrschüler(in)** m(f) learner (driver) (Brit), student driver (US)

Fahrstuhl m lift (Brit), elevator (US)

Fahrt f ⟨-, -en⟩ journey; (short) trip; AUTO drive; **auf der ~ nach London** on the way to London; **nach drei Stunden ~** after travelling for three hours; **gute ~!** have a good trip; **Fahrtkosten** pl travelling expenses pl

fahrtüchtig f (person) fit to drive; (vehicle) roadworthy

Fahrtunterbrechung f break in the journey, stop

Fahrverbot nt ~ **erhalten / haben** be banned from driving; **Fahrzeug** nt vehicle; **Fahrzeugbrief** m (vehicle) registration document; **Fahrzeughalter(in)** m(f) registered owner; **Fahrzeugpapiere** pl vehicle documents pl

fair adj fair

Fakultät f faculty

Falke m ⟨-n, -n⟩ falcon

Fall m ⟨-(e)s, Fälle⟩ (accident) fall; (instance, in law) case; **auf jeden ~, auf alle Fälle** in any case; (without fail) definitely; **auf keinen ~** on no account; **für den ~, dass** ... in case ...

Falle f ⟨-, -n⟩ trap

fallen ⟨fiel, gefallen⟩ vi fall; **etw ~ lassen** drop sth

fällig adj due

falls adv if; (allowing for eventuality) in case

Fallschirm m parachute; **Fallschirmspringen** nt parachuting, parachute jumping; **Fallschirmspringer(in)** m(f) parachutist

falsch adj wrong; (dishonest, not genuine) false; ~ **verbunden** sorry, wrong number; **fälschen** vt forge; **Falschgeld** nt counterfeit money; **Fälschung** f forgery, fake

Faltblatt *nt* leaflet

Falte *f* ⟨-, -n⟩ fold; (*in skin*) wrinkle; (*in skirt*) pleat; **falten** *vt* fold; **faltig** *adj* creased; (*skin*, *face*) wrinkled

Familie *f* family; **Familienangehörige(r)** *mf* family member; **Familienname** *m* surname; **Familienstand** *m* marital status

Fan *m* ⟨-s, -s⟩ fan

fand *imperf →* **finden**

fangen ⟨fing, gefangen⟩ **1.** *vt* catch **2.** *vr* (*not fall*) steady oneself; *fig* compose oneself

Fantasie *f* imagination

fantastisch *adj* fantastic

Farbe *f* ⟨-, -n⟩ colour; (*substance*) paint; (*for fabric*) dye; **färben** *vt* colour; (*fabric*, *hair*) dye; **Farbfilm** *m* colour film; **farbig** *adj* coloured; **Farbkopierer** *m* colour copier; **Farbstoff** *m* dye; (*for food*) colouring

Farn *m* ⟨-(e)s, -e⟩ fern

Fasan *m* ⟨-(e)s, -e(n)⟩ pheasant

Fasching *m* ⟨-s, -e⟩ carnival, Mardi Gras (*US*); **Faschingsdienstag** *m* ⟨-s, -e⟩ Shrove Tuesday, Mardi Gras (*US*)

Faschismus *m* fascism

Faser *f* ⟨-, -n⟩ fibre

Fass *nt* ⟨-(e)s, Fässer⟩ barrel; (*for oil*) drum

fassen 1. *vt* (*take hold of*) grasp; (*be able to contain*)

hold; (*decision*) take; (*comprehend*) understand; **nicht zu ~!** unbelievable **2.** *vr* compose oneself; **Fassung** *f* (*of jewel*) mount; (*of glasses*) frame; (*of lamp*) socket; (*of text*) version; (*self-control*) composure; **jdn aus der ~ bringen** throw sb; **die ~ verlieren** lose one's cool

fast *adv* almost, nearly

fasten *vi* fast; **Fastenzeit** *f* **die ~** (*Christian*) Lent; (*Muslim*) Ramadan

Fast Food *nt* ⟨-s⟩ fast food

Fastnacht *f* carnival

faul *adj* (*fruit*, *vegetables*) rotten; (*person*) lazy; (*excuse*) lame; **faulen** *vi* rot

faulenzen *vi* do nothing, hang around; **Faulheit** *f* laziness

faulig *adj* rotten; (*smell*, *taste*) foul

Faust *f* ⟨-, Fäuste⟩ fist; **Fausthandschuh** *m* mitten

Fax *nt* ⟨-, -(e)⟩ fax; **faxen** *vi*, *vt* fax; **Faxgerät** *nt* fax machine; **Faxnummer** *f* fax number

FCKW *nt* ⟨-, -s⟩ *abbr* = **Fluorchlorkohlenwasserstoff** CFC

Februar *m* ⟨-(s), -e⟩ February; *→* **Juni**

Fechten *nt* fencing

Feder *f* ⟨-, -n⟩ feather; (*for writing*) (pen-)nib; TECH spring; **Federball** *m* shuttlecock; (game) badminton; **Federung** f suspension

Fee f ⟨-, -n⟩ fairy

fegen vi, vt sweep

fehlen vi (from school etc) be absent; **etw fehlt jdm** sb lacks sth; **was fehlt ihm?** what's wrong with him?; **du fehlst mir** I miss you; **es fehlt an ...** there's none

Fehler m ⟨-s, -⟩ mistake, error; (defect, failing) fault; **Fehlermeldung** f IT error message

Fehlzündung f AUTO misfire

Feier f ⟨-, -n⟩ celebration; (get-together) party; **feierlich** adj solemn; **feiern** vt, vi celebrate, have a party; **Feiertag** m holiday; **gesetzlicher ~** public (or bank (Brit) or legal (US)) holiday

feig(e) adj cowardly

Feige f ⟨-, -n⟩ fig

Feigling m coward

Feile f ⟨-, -n⟩ file

fein adj fine; (gentleman, manners) refined

Feind(in) m(f) ⟨-(e)s, -e⟩ enemy; **feindlich** adj hostile

Feinkost f ⟨-⟩ delicacies pl; **Feinkostladen** m delicatessen

Feinstaub m particulate matter

Feinwaschmittel nt washing powder for delicate fabrics

Feld nt ⟨-(e)s, -er⟩ field; (in chess) square; SPORT pitch; **Feldweg** m path across the fields

Felge f ⟨-, -n⟩ (wheel) rim

Fell nt ⟨-(e)s, -e⟩ fur; (of sheep) fleece

Fels m ⟨-en, -en⟩, **Felsen** m ⟨-s, -⟩ rock; (rock face) cliff; **felsig** adj rocky

feministisch adj feminist

Fenchel m ⟨-s, -⟩ fennel

Fenster nt ⟨-s, -⟩ window; **Fensterbrett** nt windowsill; **Fensterladen** m shutter; **Fensterplatz** m windowseat; **Fensterscheibe** f windowpane

Ferien pl holidays pl (Brit), vacation sg (US); **~ haben / machen** go on holiday (Brit) (or vacation (US)); **Ferienhaus** nt holiday (Brit) (or vacation (US)) home; **Ferienkurs** m holiday (Brit) (or vacation (US)) course; **Ferienlager** nt holiday camp (Brit), vacation camp (US); (for children in summer) summer camp; **Ferienort** m holiday (Brit) (or vacation (US)) resort; **Ferienwohnung** f holiday flat (Brit), vacation apartment (US)

Ferkel nt ⟨-s, -⟩ piglet

fern adj distant, far-off; **von ~** from a distance; **Fernabfrage** f remote-control access; **Fernbedienung** f remote control; **Ferne** f distance; **aus der ~** from a distance

ferner adj, adv further; (in ad-

dition) besides

Fernflug m long-distance flight; **Ferngespräch** nt long-distance call; **ferngesteuert** adj remote-controlled; **Fernglas** nt binoculars pl; **Fernlicht** nt full beam (*Brit*), high beam (*US*)

fernsehen vi watch television; **Fernsehen** nt television; **im ~ on television; **Fernseher** m TV (set); **Fernsehkanal** m TV channel; **Fernsehprogramm** nt TV programme; (*magazine*) TV guide; **Fernsehserie** f TV series sg; **Fernsehturm** m TV tower

Fernstraße f major road; **Fernverkehr** m long-distance traffic

Ferse f ⟨-, -n⟩ heel

fertig adj ready; (*completed*) finished; **~ machen** (*task etc*) finish; **sich ~ machen** get ready; **mit etw ~ werden** be able to cope with sth; **auf die Plätze, ~, los!** on your marks, get set, go!; **Fertiggericht** nt ready meal; **fertigmachen** vt (*criticize*) give sb hell; (*annoy*) drive sb mad

fest adj firm; (*food*) solid; (*salary*) regular; (*shoes*) sturdy; (*sleep*) sound

Fest nt ⟨-(e)s, -e⟩ party; REL festival

Festbetrag m fixed amount

festbinden irr vt tie (*an + dat*

to); **festhalten** irr **1.** vt hold onto **2.** vr hold on (*an + dat* to)

Festival nt ⟨-s, -s⟩ festival

Festland nt mainland

festlegen 1. vt fix **2.** vr commit oneself

festlich adj festive

festmachen vt fasten; (*date etc*) fix; **festnehmen** irr vt arrest

Festnetz nt TEL fixed-line network; **Festplatte** f IT hard disk

festsetzen vt fix

Festspiele pl festival sg

feststehen irr vi be fixed

feststellen vt establish; (*say*) remark

Festung f fortress

Festzelt nt marquee

fett adj (*person*) fat; (*food etc*) greasy; (*type*) bold; **Fett** nt ⟨-(e)s, -e⟩ fat; TECH grease; **fettarm** adj low-fat; **fettig** adj fatty; (*dirty*) greasy

feucht adj damp; (*air*) humid; **Feuchtigkeit** f dampness; (*of air*) humidity; **Feuchtigkeitscreme** f moisturizing cream

Feuer nt ⟨-s, -⟩ fire; **haben Sie ~?** have you got a light?; **Feueralarm** m fire alarm; **feuerfest** adj fireproof; **Feuerlöscher** m ⟨-s, -⟩ fire extinguisher; **Feuermelder** m ⟨-s, -⟩ fire alarm; **Feuertreppe** f fire escape; **Feuerwehr** f ⟨-,

-en⟩ fire brigade; **Feuerwerk** *nt* fireworks *pl*; **Feuerzeug** *nt* (cigarette) lighter

Fichte *f* ⟨-, -n⟩ spruce

ficken *vt, vi vulg* fuck

Fieber *nt* ⟨-s, -⟩ temperature, fever; **~ haben** have a high temperature; **Fieberthermometer** *nt* thermometer

fiel *imperf* → **fallen**

fies *adj fam* nasty

Figur *f* ⟨-, -en⟩ figure; (*in chess*) piece

Filet *nt* ⟨-s, -s⟩ fillet

Filiale *f* ⟨-, -n⟩ COMM branch

Film *m* ⟨-(e)s, -e⟩ film, movie; **filmen** *vt, vi* film

Filter *m* ⟨-s, -⟩ filter; **Filterkaffee** *m* filter coffee; **filtern** *vt* filter; **Filterpapier** *nt* filter paper

Filz *m* ⟨-es, -e⟩ felt; **Filzschreiber** *m*, **Filzstift** *m* felt(-tip) pen, felt-tip

Finale *nt* ⟨-s, -s⟩ SPORT final

Finanzamt *nt* tax office; **finanziell** *adj* financial; **finanzieren** *vt* finance

finden (*fand, gefunden*) *vt* find; (*have opinion*) think; *ich finde nichts dabei, wenn ...* I don't see what's wrong if ...; *ich finde es gut / schlecht* I like / don't like it

fing *imperf* → **fangen**

Finger *m* ⟨-s, -⟩ finger; **Fingerabdruck** *m* fingerprint; **Fingernagel** *m* fingernail

Fink *m* ⟨-en, -en⟩ finch

Finne *m* ⟨-n, -n⟩, **Finnin** *f* Finn, Finnish man / woman; **finnisch** *adj* Finnish; **Finnisch** *nt* Finnish; **Finnland** *nt* Finland

finster *adj* dark; (*suspicious*) dubious; (*morose*) grim; (*thought*) dark; **Finsternis** *f* darkness

Firewall *f* ⟨-, -s⟩ IT firewall

Firma *f* ⟨-, Firmen⟩ firm

Fisch *m* ⟨-(e)s, -e⟩ fish; **~e pl** ASTR Pisces *sg*; **fischen** *vt, vi* fish; **Fischer(in)** *m(f)* ⟨-s, -⟩ fisherman / -woman; **Fischerboot** *nt* fishing boat; **Fischgericht** *nt* fish dish; **Fischhändler(in)** *m(f)* fishmonger; **Fischstäbchen** *nt* fish finger (*Brit*) (*or* stick (*US*))

Fisole *f* ⟨-, -n⟩ French bean

fit *adj* fit; **Fitness** *f* ⟨-⟩ fitness; **Fitnesscenter** *nt* ⟨-s, -⟩ fitness centre; **Fitnesstrainer(in)** *m(f)* fitness trainer, personal trainer

fix *adj* quick; **~ und fertig** exhausted

fixen *vi fam* shoot up; **Fixer(in)** *m(f)* ⟨-s, -⟩ *fam* junkie

FKK *f abbr* = **Freikörperkultur** nudism; **FKK-Strand** *m* nudist beach

flach *adj* flat; (*water, plate*) shallow; **~er Absatz** low heel; **Flachbildschirm** *m* flat screen

Fläche *f* ⟨-, -n⟩ area; (*of ob-*

Fluggast

ject) surface

Flagge f ⟨-, -n⟩ flag

flambiert *adj* flambé(ed)

Flamme f ⟨-, -n⟩ flame

Flasche f ⟨-, -n⟩ bottle; *eine ~ sein fam* be useless; **Flaschenöffner** m bottle opener; **Flaschenpfand** nt deposit

flatterhaft *adj* fickle; **flattern** *vi* flutter

flauschig *adj* fluffy

Flaute f ⟨-, -n⟩ calm; COMM recession

Flechte f ⟨-, -n⟩ plait; MED scab; BOT lichen; **flechten** ⟨flocht, geflochten⟩ *vt* plait; ⟨*wreath*⟩ bind

Fleck m ⟨-(e)s, -e⟩, **Flecken** m ⟨-s, -⟩ spot; ⟨*dirt*⟩ stain; **Fleckentferner** m ⟨-s, -⟩ stain remover; **fleckig** *adj* spotted; ⟨*with dirt*⟩ stained

Fledermaus f bat

Fleisch nt ⟨-(e)s⟩ flesh; ⟨*food*⟩ meat

Fleischbrühe f meat stock

Fleischer(in) m(f) ⟨-s, -⟩ butcher; **Fleischerei** f butcher's (shop)

fleißig *adj* diligent, hardworking

flexibel *adj* flexible

flicken *vt* mend; **Flickzeug** nt repair kit

Flieder m ⟨-s, -⟩ lilac

Fliege f ⟨-, -n⟩ fly; ⟨*clothing*⟩ bow tie

fliegen ⟨flog, geflogen⟩ *vt, vi* fly

Fliese f ⟨-, -n⟩ tile

Fließband nt conveyor belt; ⟨*system*⟩ production ⟨*or* assembly⟩ line; **fließen** ⟨floss, geflossen⟩ *vi* flow; **fließend** *adj* ⟨*speech, German*⟩ fluent; ⟨*transition*⟩ smooth; *~(es) Wasser* running water

flippig *adj fam* eccentric

flirten *vi* flirt

Flitterwochen *pl* honeymoon *sg*

flocht *imperf* → **flechten**

Flocke f ⟨-, -n⟩ flake

flog *imperf* → **fliegen**

Floh m ⟨-(e)s, Flöhe⟩ flea; **Flohmarkt** m flea market

Flop m ⟨-s, -s⟩ flop

Floskel f ⟨-, -n⟩ empty phrase

floss *imperf* → **fließen**

Floß nt ⟨-es, Flöße⟩ raft

Flosse f ⟨-, -n⟩ fin; ⟨*of swimmer*⟩ flipper

Flöte f ⟨-, -n⟩ flute; ⟨*held vertically*⟩ recorder

Fluch m ⟨-(e)s, Flüche⟩ curse; **fluchen** *vi* swear, curse

Flucht f ⟨-, -en⟩ flight; **flüchten** *vi* flee ⟨*vor* + *dat* from⟩; **flüchtig** *adj ich kenne ihn nur ~* I don't know him very well at all; **Flüchtling** m refugee

Flug m ⟨-(e)s, Flüge⟩ flight; **Flugbegleiter(in)** m(f) ⟨-s, -⟩ flight attendant; **Flugblatt** nt leaflet

Flügel m ⟨-s, -⟩ wing; MUS grand piano

Fluggast m passenger ⟨*on a*

plane); **Fluggesellschaft** *f* airline; **Flughafen** *m* airport; **Fluglotse** *m* air-traffic controller; **Flugnummer** *f* flight number; **Flugplan** *m* flight schedule; **Flugplatz** *m* airport; (*small*) airfield; **Flugschein** *m* plane ticket; **Flugschreiber** *m* flight recorder, (black box); **Flugsteig** *m* ‹-s, -e› gate; **Flugticket** *nt* plane ticket; **Flugverbindung** *f* flight connection; **Flugverkehr** *m* air traffic; **Flugzeit** *f* flying time; **Flugzeug** *nt* plane; **Flugzeugentführung** *f* hijacking

Flunder *f* ‹-, -n› flounder

Fluor *nt* ‹-s› fluorine

Flur *m* ‹-(e)s, -e› hall

Fluss *m* ‹-es, Flüsse› river; (*movement*) flow

flüssig *adj* liquid; **Flüssigkeit** *f* ‹-, -en› liquid; **Flüssigseife** *f* liquid soap

flüstern *vt, vi* whisper

Flut *f* ‹-, -en› flood; (*in sea*) high tide; **Flutlicht** *nt* floodlight

Fohlen *nt* ‹-s, -› foal

Föhn *m* ‹-(e)s, -e› hairdryer; (*wind*) foehn; **föhnen** *vt* dry; (*at hairdresser's*) blow-dry

Folge *f* ‹-, -n› (*one after another*) series *sg*; (*belonging together*) sequence; (*of novel*) instalment; (*of TV series*) episode; (*consequence*) result; **~n haben** have conse-

quences; **folgen** *vi* follow (*jdm* sb); (*do as told*) obey (*jdm* sb); **jdm ~ können** *fig* be able to follow sb; **folgend** *adj* following; **folgendermaßen** *adv* as follows; **folglich** *adv* consequently

Folie *f* foil; (*for projector*) transparency

Fön® *m* → **Föhn**

Fondue *nt* ‹-s, -s› fondue

fönen *vt* → **föhnen**

fordern *vt* demand

fördern *vt* promote; (*support*) help

Forderung *f* demand

Forelle *f* trout

Form *f* ‹-, -en› form; (*outer form*) shape; (*for casting*) mould; (*for baking*) baking tin (*Brit*) (*or* pan (*US*)); **in ~ sein** be in good form; **Formalität** *f* formality; **Format** *nt* format; **formatieren** *vt* (*disk*) format; (*text*) edit; **formen** *vt* form, shape; **förmlich** *adj* formal; (*proper*) real; **formlos** *adj* informal; **Formular** *nt* ‹-s, -e› form; **formulieren** *vt* formulate

forschen *vi* search (*nach* for); (*academic*) (do) research; **Forscher(in)** *m(f)* researcher; **Forschung** *f* research

Förster(in) *m(f)* ‹-s, -› forester; (*for animals*) gamekeeper

fort *adv* away; (*missing*) gone; **fortbewegen 1.** *vt* move away **2.** *vr* move; **Fortbil-dung** *f* further education; (*vocational*) further training; **fortfahren** *irr vi* go away; (*carry on*) continue; **fortgehen** *irr vi* go away; **fortgeschritten** *adj* advanced; **Fortpflanzung** *f* reproduction

Fortschritt *m* progress; **~e machen** make progress; **fortschrittlich** *adj* progressive

fortsetzen *vt* continue; **Fortsetzung** *f* continuation; (*episode*) instalment; **~ folgt** to be continued

Foto 1. *nt* ⟨-s, -s⟩ photo **2.** *nt* ⟨-s, -s⟩ camera; **Fotograf(in)** *m(f)* ⟨-en, -en⟩ photographer; **Fotografie** *f* photography; (*picture*) photograph; **fotografieren 1.** *vt* photograph **2.** *vi* take photographs; **Fotohandy** *nt* camera phone; **Fotokopie** *f* photocopy; **fotokopieren** *vt* photocopy

Foul *nt* ⟨-s, -s⟩ foul

Foyer *nt* ⟨-s, -s⟩ foyer

Fr. *f abbr* → **Frau** Mrs; (*unmarried, neutral*) Ms

Fracht *f* ⟨-, -en⟩ freight, NAUT cargo; **Frachter** *m* ⟨-s, -⟩ freighter

Frack *m* ⟨-(e)s, Fräcke⟩ tails

Frage *f* ⟨-, -n⟩ question; **das ist eine ~ der Zeit** that's a matter (*or* question) of time; **Fragebogen** *m* question-

naire; **fragen** *vt, vi* ask; **Fragezeichen** *nt* question mark; **fragwürdig** *adj* dubious

Franken 1. *m* ⟨-s, -⟩ Swiss franc **2.** *nt* ⟨-s⟩ (*region*) Franconia

frankieren *vt* stamp; (*with machine*) frank

Frankreich *nt* ⟨-s⟩ France; **Franzose** *m* ⟨-n, -n⟩, **Französin** *f* Frenchman *-woman*; **die ~n** *pl* the French *pl*; **französisch** *adj* French; **Französisch** *nt* French

fraß *imperf* → **fressen**

Frau *f* ⟨-, -en⟩ woman; (*spouse*) wife; (*form of address*) Mrs; (*unmarried, neutral*) Ms; **Frauenarzt** *m*, **Frauenärztin** *f* gynaecologist

Fräulein *nt* young lady; (*old-fashioned form of address*) Miss

Freak *m* ⟨-s, -s⟩ *fam* freak

frech *adj* cheeky; **Frechheit** *f* cheek; **so eine ~!** what a cheek

Freeclimbing *nt* ⟨-s⟩ free climbing

frei *adj* free; (*road*) clear; (*worker*) freelance; **ein ~er Tag** a day off; **~e Arbeitsstelle** vacancy; **Zimmer ~** room(s) to let (*Brit*), room(s) for rent (*US*); **im Freien** in the open air

Freibad *nt* open-air (swimming) pool; **freiberuflich**

adj freelance; **freig(i)ebig**
adj generous; **Freiheit** *f* freedom; **Freikarte** *f* free ticket;
freilassen *irr vt* (set) free
freilich *adv* of course
Freilichtbühne *f* open-air
theatre; **freimachen** *vr* undress; **freinehmen** *irr vt*
sich *dat* **einen Tag** ~ take a
day off; **Freisprechanlage**
f hands-free phone; **Freistoß** *m* free kick
Freitag *m* Friday; → **Mittwoch**; **freitags** *adv* on Fridays; → **mittwochs**
freiwillig *adj* voluntary
Freizeit *f* spare (or free) time;
Freizeithemd *nt* sports
shirt; **Freizeitkleidung** *f* leisure wear; **Freizeitpark** *m*
leisure park
fremd *adj* (*unfamiliar*)
strange; (*of another country*)
foreign; (*not one's own*)
someone else's; **Fremde(r)**
mf stranger; (*from another
country*) foreigner; **Fremdenführer(in)** *m(f)* (tourist)
guide; **Fremdenverkehr** *m*
tourism; **Fremdenverkehrsamt** *nt* tourist information
office; **Fremdsprache** *f* foreign language; **Fremdsprachenkenntnisse** *pl* knowledge *sg* of foreign languages; **Fremdwort** *nt* foreign word
Frequenz *f* RADIO frequency
fressen ⟨fraß, gefressen⟩ *vt, vi*
(*animal*) eat; (*person*) guz-

zle
Freude *f* ⟨-, -n⟩ joy, delight;
freuen 1. *vt* please; **es freut
mich, dass ...** I'm pleased
that ... **2.** *vr* be pleased
(*über* + *acc* about); **sich
auf etw** *acc* ~ look forward
to sth
Freund *m* ⟨-(e)s, -e⟩ friend; (*in
relationship*) boyfriend;
Freundin *f* friend; (*in relationship*) girlfriend; **freundlich** *adj* friendly; (*helpful
etc*) kind; **freundlicherweise** *adv* kindly; **Freundschaft** *f* friendship
Frieden *m* ⟨-s, -⟩ peace; **Friedhof** *m* cemetery; **friedlich**
adj peaceful
frieren ⟨fror, gefroren⟩ *vt, vi*
freeze; **ich friere, es friert
mich** I'm freezing
Frikadelle *f* ⟨-, -n⟩ rissole
Frisbee® *nt*, **Frisbeescheibe®** *f* frisbee®
frisch *adj* fresh; (*full of life*)
lively; **"~ gestrichen"** 'wet
paint'; **sich ~ machen** freshen up; **Frischhaltefolie** *f*
clingfilm (*Brit*), plastic
wrap (*US*); **Frischkäse** *m*
cream cheese
Friseur(in) ⟨-s, -e⟩ *m(f)* hairdresser; **frisieren 1.** *vt* **jdn
~** do sb's hair **2.** *vr* do one's
hair
Frist *f* ⟨-, -en⟩ period; (*last
date*) deadline; **innerhalb einer ~ von zehn Tagen** within
a ten-day period; **eine ~ ein-**

halten meet a deadline; *die ~ ist abgelaufen* the deadline has expired; **fristlos** *adj* **~e Entlassung** dismissal without notice

Frisur *f* hairdo, hairstyle
frittieren *vt* deep-fry
Frl. *f abbr* → **Fräulein** Miss
froh *adj* happy; **~e Weihnachten!** Merry Christmas
fröhlich *adj* happy, cheerful
fror *imperf* → **frieren**
Frosch *m* ⟨-(e)s, Frösche⟩ frog
Frost *m* ⟨-(e)s, Fröste⟩ frost; **bei ~** in frosty weather; **Frostschutzmittel** *nt* anti-freeze
Frottee *nt* terry(cloth);
Frottier(hand)tuch *nt* towel
Frucht *f* ⟨-, Früchte⟩ fruit; (*grain*) corn; **Fruchteis** *nt* fruit-flavoured ice-cream; **fruchtig** *adj* fruity; **Fruchtsaft** *m* fruit juice; **Fruchtsalat** *m* fruit salad

früh *adj, adv* early; **heute ~** this morning; **um fünf Uhr ~** at five (o'clock) in the morning; **~ genug** soon enough; **früher 1.** *adj* earlier; (*ex-*) former **2.** *adv* formerly, in the past; **frühestens** *adv* at the earliest

Frühjahr *nt*, **Frühling** *m* spring; **Frühlingsrolle** *f* spring roll; **Frühlingszwiebel** *f* spring onion (*Brit*), scallion (*US*)
Frühstück *nt* breakfast; **frühstücken** *vi* have breakfast;

Frühstücksbüfett *nt* breakfast buffet
frühzeitig *adj* early
Frust *m* ⟨-s⟩ *fam* frustration; **frustrieren** *vt* frustrate
Fuchs *m* ⟨-es, Füchse⟩ fox
fühlen *vt, vi, vr* feel
fuhr *imperf* → **fahren**
führen 1. *vt* lead; (*business*) run; (*accounts*) keep **2.** *vi* lead, be in the lead **3.** *vr* behave; **Führerschein** *m* driving licence (*Brit*), driver's license (*US*); **Führung** *f* leadership; (*of company*) management; MIL command; (*in museum, town*) guided tour; **in ~ liegen** be in the lead

füllen *vt, vr* fill; GASTR stuff
Füller *m* ⟨-s, -⟩, **Füllfederhalter** *m* ⟨-s, -⟩ fountain pen
Füllung *f* filling
Fund *m* ⟨-(e)s, -e⟩ find; **Fundbüro** *nt* lost property office (*Brit*), lost and found (*US*); **Fundsachen** *pl* lost property *sg*

fünf *num* five; **Fünf** *f* ⟨-, -en⟩ five; (*mark in school*) ≈ E; **fünfhundert** *num* five hundred; **fünfmal** *adv* five times; **fünfte(r, s)** *adj* fifth; → **dritte**; **Fünftel** *nt* ⟨-s, -⟩ fifth; **fünfzehn** *num* fifteen; **fünfzehnte(r, s)** *adj* fifteenth; → **dritte**; **fünfzig** *num* fifty; **fünfzigste(r, s)** *adj* fiftieth

Funk *m* ⟨-s⟩ radio; **über ~** by

radio

Funke m ⟨-ns, -n⟩ spark; **funkeln** vi sparkle

Funkgerät nt radio set; **Funktaxi** nt radio taxi, radio cab

Funktion f function; **funktionieren** vi work, function

für prep + acc for; **was ~ (ein) ...?** what kind (or sort) of ...?; **Tag ~ Tag** day after day

Furcht f ⟨-⟩ fear; **furchtbar** adj terrible; **fürchten 1.** vt be afraid of, fear **2.** vr be afraid (vor + dat of); **fürchterlich** adj awful

füreinander adv for each other

fürs contr = **für das**

Fürst(in) m(f) ⟨-en, -en⟩ prince / princess; **Fürstentum** nt principality

Furunkel nt ⟨-s, -⟩ boil

Furz m ⟨-es, -e⟩ vulg fart; **furzen** vi vulg fart

Fuß m ⟨-es, Füße⟩ foot; (of glass, column etc) base; (of furniture) leg; **zu ~** on foot;

zu ~ gehen walk; **Fußball** m football (Brit), soccer

Fußballmannschaft f football (Brit) (or soccer) team; **Fußballplatz** m football pitch (Brit), soccer field (US); **Fußballspiel** nt football (Brit) (or soccer) match; **Fußballspieler(in)** m(f) footballer (Brit), soccer player; **Fußboden** m floor; **Fußgänger(in)** m(f) ⟨-, -⟩ pedestrian; **Fußgängerüberweg** m pedestrian crossing (Brit), crosswalk (US); **Fußgängerzone** f pedestrian precinct (Brit) (or zone (US)); **Fußgelenk** nt ankle; **Fußpilz** m athlete's foot; **Fußtritt** m kick; **jdm einen ~ geben** give sb a kick, kick sb; **Fußweg** m footpath

Futter nt ⟨-s, -⟩ feed; (hay etc) fodder; (material) lining; **füttern** vt feed; (garment) line

Fuzzi m ⟨-s, -s⟩ fam guy

G

gab imperf → **geben**

Gabe f ⟨-, -n⟩ gift

Gabel f ⟨-, -n⟩ fork; **Gabelung** f fork

gaffen vi gape

Gage f ⟨-, -n⟩ fee

gähnen vi yawn

Galerie f gallery

Galle f ⟨-, -n⟩ gall; (organ) gall

bladder; **Gallenstein** m gallstone

Galopp m ⟨-s⟩ gallop; **galoppieren** vi gallop

galt imperf → **gelten**

gammeln vi naul (or hang) around

Gang m ⟨-(e)s, Gänge⟩ walk; (in plane) aisle; (of meal,

events etc) course; (*in building*) corridor; (*connecting way*) passage; AUTO gear; **den zweiten ~ einlegen** change into second (gear); **etw in ~ bringen** get sth going; **Gangschaltung** f gears pl; **Gangway** f ⟨-, -s⟩ AVIAT steps pl; NAUT gangway

Gans f ⟨-, Gänse⟩ goose; **Gänseblümchen** nt daisy; **Gänsehaut** f goose pimples pl (*Brit*), goose bumps pl (*US*)

ganz 1. *adj* whole; (*set etc*) complete; **~ Europa** all of Europe; **sein ~es Geld** all his money; **den ~en Tag** all day; **die ~e Zeit** all the time **2.** *adv* quite; (*totally*) completely; **es hat mir ~ gut gefallen** I quite liked it; **~ schön viel** quite a lot; **~ tägig** *adj* all-day; (*work, job*) full-time

gar 1. *adj* done, cooked **2.** *adv* at all; **~ nicht / nichts / keiner** not / nothing / nobody at all; **~ nicht schlecht** not bad at all

Garage f ⟨-, -n⟩ garage

Garantie f guarantee; **garantieren** vt guarantee

Garderobe f ⟨-, -n⟩ (*clothes*) wardrobe; (*in theatre, museum etc*) cloakroom

Gardine f curtain

Garn nt ⟨-(e)s, -e⟩ thread

Garnele f ⟨-, -n⟩ shrimp

garnieren vt decorate; (*food*) garnish

Garten m ⟨-s, Gärten⟩ garden; **Gärtner(in)** m(f) ⟨-s, -⟩ gardener; **Gärtnerei** f market garden (*Brit*), truck farm (*US*)

Garzeit f cooking time

Gas nt ⟨-es, -e⟩ gas; **~ geben** AUTO accelerate; **~ geben** get a move on; **Gasanzünder** m gas lighter; **Gasheizung** f gas heating; **Gasherd** m gas stove, gas cooker (*Brit*); **Gaskocher** m ⟨-s, -⟩ camping stove; **Gaspedal** nt accelerator, gas pedal (*US*)

Gasse f ⟨-, -n⟩ alley

Gast m ⟨-es, Gäste⟩ guest; **Gäste haben** have guests; **Gästebett** nt spare bed; **Gästebuch** nt visitors' book; **Gästehaus** nt guest house; **Gästezimmer** nt guest room; **gastfreundlich** *adj* hospitable; **Gastgeber(in)** m(f) ⟨-s, -⟩ host / hostess; **Gasthaus** nt, **Gasthof** m inn; **Gastland** nt host country

Gastritis f ⟨-⟩ gastritis

Gastronomie f catering trade

Gastspiel nt SPORT away game; **Gaststätte** f restaurant; pub (*Brit*), bar; **Gastwirt(in)** m(f) ⟨-s, -⟩ landlord / -lady

Gaumen m ⟨-s, -⟩ palate

geb. 1. *adj abbr* = **geboren** b. **2.** *adj abbr* = **geborene** née → **geboren**

Gebäck nt ⟨-(e)s, -e⟩ pastries

pl, biscuits *pl* (*Brit*), cookies *pl* (*US*)

gebacken *pp* → **backen**

Gebärmutter *f* womb

Gebäude *nt* ⟨-s, -⟩ building

geben ⟨gab, gegeben⟩ **1.** *vt*, *vi* give (*jdm etw* sb sth, sth to sb); (*cards*) deal; *lass dir eine Quittung ~* ask for a receipt **2.** *vt impers* **es gibt** there is / are; (*in the future*) there will be; *das gibt's nicht* I don't believe it **3.** *vr* (*person*) behave, act; *das gibt sich wieder* it'll sort itself out

Gebet *nt* ⟨-(e)s, -e⟩ prayer

gebeten *pp* → **bitten**

Gebiet *nt* ⟨-(e)s, -e⟩ area; (*British etc*) territory; *fig* field

gebildet *adj* educated; (*with book learning*) well-read

Gebirge *nt* ⟨-s, -⟩ mountains *pl*

Gebiss *nt* ⟨-es, -e⟩ teeth *pl*; (*false*) dentures *pl*; **gebissen** *pp* → **beißen**; **Gebissreiniger** *m* denture tablets *pl*

Gebläse *nt* ⟨-s, -⟩ fan, blower

geblasen *pp* → **blasen**

geblieben *pp* → **bleiben**

gebogen *pp* → **biegen**

geboren 1. *pp* → **gebären 2.** *adj* born; *Andrea Jordan, ~e Christian* Andrea Jordan, née Christian

geborgen 1. *pp* → **bergen 2.** *adj* secure, safe

geboten *pp* → **bieten**

gebracht *pp* → **bringen**

gebrannt *pp* → **brennen**

gebraten *pp* → **braten**

gebrauchen *vt* use; **Gebrauchsanweisung** *f* directions *pl* for use; **gebraucht** *adj* used; *etw ~ kaufen* buy sth secondhand; **Gebrauchtwagen** *m* secondhand (*or* used) car

gebrochen *pp* → **brechen**

Gebühr *f* ⟨-, -en⟩ charge; (*for using road*) toll; (*for doctor, lawyer etc*) fee; **gebührenfrei** *adj* free of charge; (*number*) freefone® (*Brit*), toll-free (*US*); **gebührenpflichtig** *adj* subject to charges; **~e Straße** toll road

gebunden *pp* → **binden**

Geburt *f* ⟨-, -en⟩ birth; **gebürtig** *adj* *er ist ~er Schweizer* he is Swiss by birth; **Geburtsdatum** *nt* date of birth; **Geburtsjahr** *nt* year of birth; **Geburtsname** *m* birth name; (*of woman*) maiden name; **Geburtsort** *m* birthplace; **Geburtstag** *m* birthday; *herzlichen Glückwunsch zum ~!* Happy Birthday; **Geburtsurkunde** *f* birth certificate

Gebüsch *nt* ⟨-(e)s, -e⟩ bushes *pl*

gedacht *pp* → **denken**

Gedächtnis *nt* memory; *im ~ behalten* remember

Gedanke *m* ⟨-ns, -n⟩ thought; *sich dat über etw acc ~n* *machen* think about sth; (*anxiously*) be worried about sth; **Gedankenstrich** *m* dash

Gedeck *nt* ‹-(e)s, -e› place setting; (*on menu*) set meal

Gedenkstätte *f* memorial

Gedicht *nt* ‹-(e)s, -e› poem

Gedränge *nt* ‹-s› crush, crowd

gedrungen *pp* → **dringen**

Geduld *f* ‹-› patience; **geduldig** *adj* patient

gedurft *pp* → **dürfen**

geehrt *adj* **Sehr ~er Herr Young** Dear Mr Young

geeignet *adj* suitable

Gefahr *f* ‹-, -en› danger; **auf eigene ~** at one's own risk; **gefährden** *vt* endanger

gefahren *pp* → **fahren**

gefährlich *adj* dangerous

Gefälle *nt* ‹-s, -› gradient, slope

gefallen 1. *pp* → **fallen 2.** *irr vi jdm ~* please sb; **er/es gefällt mir** I like him / it; **sich dat etw ~ lassen** put up with sth

Gefallen *m* ‹-s, -› favour; **jdm einen ~ tun** do sb a favour

gefangen *pp* → **fangen**

Gefängnis *nt* prison

Gefäß *nt* ‹-es, -e› container, receptacle; ANAT, BOT vessel

gefasst *adj* composed, calm; **auf etw acc ~ sein** be prepared (*or* ready) for sth

geflochten *pp* → **flechten**

geflogen *pp* → **fliegen**

geflossen *pp* → **fließen**

Geflügel *nt* ‹-s› poultry

gefragt *adj* in demand

gefressen *pp* → **fressen**

Gefrierbeutel *m* freezer bag; **Gefrierfach** *nt* freezer compartment; **Gefrierschrank** *m* (upright) freezer; **Gefriertruhe** *f* (chest) freezer

gefroren *pp* → **frieren**

Gefühl *nt* ‹-(e)s, -e› feeling

gefunden *pp* → **finden**

gegangen *pp* → **gehen**

gegeben *pp* → **geben**

gegebenenfalls *adv* if need be

gegen *prep + acc* against; (*exchange*) (in return) for; **~ 8 Uhr** about 8 o'clock; **Deutschland ~ England** Germany versus England; **etwas ~ Husten** something for coughs

Gegend *f* ‹-, -en› area; **hier in der ~** around here

gegeneinander *adv* against one another

Gegenfahrbahn *f* opposite lane; **Gegenmittel** *nt* remedy (*gegen* for); **Gegenrichtung** *f* opposite direction; **Gegensatz** *m* contrast; **im ~ zu** in contrast to; **gegensätzlich** *adj* conflicting; **gegenseitig** *adj* mutual; **sich ~ helfen** help each other

Gegenstand *m* object; (*topic*) subject

Gegenteil *nt* opposite; **im ~** on the contrary; **gegenteilig**

adj opposite, contrary

gegenüber 1. *prep* + *dat* opposite; (*with regard to a person*) to(wards) **2.** *adv* opposite; **gegenüberstehen** *vt* face; (*problems*) be faced with; **gegenüberstellen** *vt* confront (*dat* with); *fig* compare (*dat* with)

Gegenverkehr *m* oncoming traffic; **Gegenwart** *f* ⟨-⟩ present (tense)

gegessen *pp* → **essen**

geglichen *pp* → **gleichen**

geglitten *pp* → **gleiten**

Gegner(in) *m(f)* ⟨-s, -⟩ opponent

gegolten *pp* → **gelten**

gegossen *pp* → **gießen**

gegraben *pp* → **graben**

gegriffen *pp* → **greifen**

gehabt *pp* → **haben**

Gehalt 1. *m* ⟨-(e)s, -e⟩ content **2.** *nt* ⟨-(e)s, Gehälter⟩ salary

gehalten *pp* → **halten**

gehangen *pp* → **hängen**

gehässig *adj* spiteful, nasty

gehauen *pp* → **hauen**

gehbehindert *adj* **sie ist ~** she can't walk properly

geheim *adj* secret; **etw ~ halten** keep sth secret; **Geheimnis** *nt* secret; (*puzzling*) mystery; **geheimnisvoll** *adj* mysterious; **Geheimnummer** *f*, **Geheimzahl** *f* (*of credit card*) PIN number

geheißen *pp* → **heißen**

gehen ⟨ging, gegangen⟩ **1.** *vt, vi*

go; (*on foot*) walk; (*function*) work; **über die Straße ~** cross the street **2.** *vi impers* **wie geht es (dir)?** how are you (*or* things)?; **mir / ihm geht es gut** I'm/he's (doing) fine; **geht das?** is that possible?; **geht's noch?** can you still manage?; **es geht** not too bad, OK; **es geht um ...** it's about ...

Gehirn *nt* ⟨-(e)s, -e⟩ brain; **Gehirnerschütterung** *f* concussion

gehoben *pp* → **heben**

geholfen *pp* → **helfen**

Gehör *nt* ⟨-(e)s⟩ hearing

gehorchen *vi* obey (*jdm* sb)

gehören 1. *vi* belong (*jdm* to sb); **wem gehört das Buch?** whose book is this?; **gehört es dir?** is it yours? **2.** *vr impers* **das gehört sich nicht** it's not done

Gehweg *m* ⟨-s, -e⟩ pavement (*Brit*), sidewalk (*US*)

Geier *m* ⟨-s, -⟩ vulture

Geige *f* ⟨-, -n⟩ violin

geil *adj* randy (*Brit*), horny (*US*); *fam* (*wonderful*) fantastic

Geisel *f* ⟨-, -n⟩ hostage

Geist *m* ⟨-(e)s, -er⟩ spirit; (*phantom*) ghost; (*intellect*) mind; **Geisterbahn** *f* ghost train, tunnel of horror (*US*); **Geisterfahrer(in)** *m(f)* person driving the wrong way on the motorway

geizig *adj* stingy

gekannt pp → **kennen**
geklungen pp → **klingen**
gekniffen pp → **kneifen**
gekommen pp → **kommen**
gekonnt 1. pp → **können 2.** adj skilful
gekrochen pp → **kriechen**
Gel nt ⟨-s, -s⟩ gel
Gelächter nt ⟨-s, -⟩ laughter
geladen 1. pp → **laden 2.** adj loaded; ELEC live; fig furious
gelähmt adj paralysed
Gelände nt ⟨-s, -⟩ land, terrain; (of factory, for sport) grounds pl; (being built on) site
Geländer nt ⟨-s, -⟩ railing; (on stairs) banister
Geländewagen m off-road vehicle
gelang imperf → **gelingen**
gelassen 1. pp → **lassen 2.** adj calm, composed
Gelatine f gelatine
gelaufen pp → **laufen**
gelaunt adj **gut / schlecht ~** in a good / bad mood
gelb adj yellow; (traffic light) amber, yellow (US); **gelblich** adj yellowish; **Gelbsucht** f jaundice
Geld nt ⟨-(e)s, -er⟩ money; **Geldautomat** m cash machine (or dispenser (Brit)), ATM (US); **Geldbeutel** m, **Geldbörse** f purse; **Geldschein** m (bank)note (Brit), bill (US); **Geldstrafe** f fine; **Geldstück** nt coin; **Geldwechsel** m exchange of

money; **Geldwechselautomat** m, **Geldwechsler** m ⟨-s, -⟩ change machine
Gelee nt ⟨-s, -s⟩ jelly
gelegen pp → **liegen**
Gelegenheit f opportunity; (event) occasion
gelegentlich 1. adj occasional **2.** adv occasionally
Gelenk nt ⟨-(e)s, -e⟩ joint
gelernt adj skilled
gelesen pp → **lesen**
geliehen pp → **leihen**
gelingen ⟨gelang, gelungen⟩ vi succeed; **es ist mir gelungen, ihn zu erreichen** I managed to get hold of him
gelitten pp → **leiden**
gelogen pp → **lügen**
gelten ⟨galt, gegolten⟩ **1.** vt be worth; **jdm viel / wenig ~** mean a lot / not mean much to sb **2.** vi be valid; (in game etc) be allowed; **etw ~ lassen** accept sth
gelungen pp → **gelingen**
gemahlen pp → **mahlen**
Gemälde nt ⟨-s, -⟩ painting, picture
gemäß 1. prep + dat in accordance with **2.** adj appropriate (dat to)
gemein adj mean, nasty
Gemeinde f ⟨-, -n⟩ district, community; (church district) parish; (people in church) congregation
gemeinsam 1. adj joint, common **2.** adv together, jointly; **das Haus gehört uns bei-**

den ~ the house belongs to both of us

Gemeinschaft f community

gemeint pp → **meinen**; **das war nicht so ~** I didn't mean it like that

gemessen pp → **messen**

gemieden pp → **meiden**

gemischt adj mixed

gemocht pp → **mögen**

Gemüse nt ⟨-s, -⟩ vegetables pl; **Gemüsehändler(in)** m(f) greengrocer

gemusst pp → **müssen**

gemustert adj patterned

gemütlich adj comfortable, cosy; (person) good-natured, easy-going; **mach es dir ~** make yourself at home

genannt pp → **nennen**

genau 1. adj exact, precise **2.** adv exactly, precisely; ~ **in der Mitte** right in the middle; **es ist mit etw ~ nehmen** be particular about sth; ~ **genommen** strictly speaking; **ich weiß es ~** I know for certain (or for sure); **genauso** adv exactly the same (way); ~ **gut / viel / viele Leute** just as well / much / many people (wie as)

genehmigen vt approve; **sich dat etw ~** indulge in sth; **Genehmigung** f approval

Generalkonsulat nt consulate general

Generation f generation

Genf nt ⟨-s⟩ Geneva; **~er See**

Lake Geneva

Genforschung f genetic research

genial adj brilliant

Genick nt ⟨-(e)s, -e⟩ (back of the) neck

Genie nt ⟨-s, -s⟩ genius

genieren vr feel awkward; **ich geniere mich vor ihm** he makes me feel embarrassed

genießen ⟨genoss, genossen⟩ vt enjoy

Genitiv m genitive (case)

genmanipuliert adj genetically modified, GM

genommen pp → **nehmen**

genoss imperf → **genießen**

genossen pp → **genießen**

Gentechnik f genetic technology; **gentechnisch** adv ~ **verändert** genetically modified, GM

genug adv enough

genügen vi be enough (jdm for sb); **danke, das genügt** thanks, that's enough (or that will do)

Genuss m ⟨-es, Genüsse⟩ pleasure; (eating, drinking) consumption

geöffnet adj (shop etc) open

Geografie f geography

Geologie f geology

Georgien nt ⟨-s⟩ Georgia

Gepäck nt ⟨-(e)s⟩ luggage (Brit), baggage; **Gepäckabfertigung** f luggage (Brit) (or baggage) check-in; **Gepäckannahme** f (for *forwarding*) luggage (*Brit*) (*or* baggage) office; (*for safekeeping*) left-luggage office (*Brit*), baggage checkroom (*US*); **Gepäckaufbewahrung** *f* left-luggage office (*Brit*), baggage checkroom (*US*); **Gepäckausgabe** *f* luggage (*Brit*) (*or* baggage) office; (*at airport*) baggage reclaim; **Gepäckband** *nt* luggage (*Brit*) (*or* baggage) conveyor; **Gepäckkontrolle** *f* luggage (*Brit*) (*or* baggage) check; **Gepäckstück** *nt* item of luggage (*Brit*) (*or* baggage); **Gepäckträger** *m* porter; (*fixed to bicycle*) carrier; **Gepäckwagen** *m* luggage van (*Brit*), baggage car (*US*)

gepfiffen *pp* → **pfeifen**

gepflegt *adj* well-groomed; (*park*) well looked after

gequollen *pp* → **quellen**

gerade **1.** *adj* straight; (*number*) even **2.** *adv* exactly; (*a short while ago*) just; **warum ~ ich?** why me (*or* all people)?; **~ weil** precisely because; **~ noch** only just; **~ neben** right next to; **geradeaus** *adv* straight ahead

gerannt *pp* → **rennen**

Gerät *nt* ⟨-(e)s, -e⟩ device, gadget; (*implement*) tool; (*radio, TV*) set; (*gear*) equipment

geraten **1.** *pp* → **raten 2.** *irr vi* turn out; **gut / schlecht ~** turn out well / badly; **an**

jdn ~ come across sb; **in etw** *acc* **~** get into sth

geräuchert *adj* smoked

geräumig *adj* roomy

Geräusch *nt* ⟨-(e)s, -e⟩ sound; (*unpleasant*) noise

gerecht *adj* fair; (*punishment, reward*) just

gereizt *adj* irritable

Gericht *nt* ⟨-(e)s, -e⟩ LAW court; (*food*) dish

gerieben *pp* → **reiben**

gering *adj* small; (*minor*) slight; (*temperature, price etc*) low; (*time*) short; **geringfügig 1.** *adj* slight, minor **2.** *adv* slightly

gerissen *pp* → **reißen**

geritten *pp* → **reiten**

gern(e) *adv* willingly, gladly; **etw ~ tun** like doing sth; **~ geschehen** you're welcome; **gernhaben, gern mögen** *irr vt* like

gerochen *pp* → **riechen**

Gerste *f* ⟨-, -n⟩ barley; **Gerstenkorn** *nt* (*on eyelid*) stye

Geruch *m* ⟨-(e)s, Gerüche⟩ smell

Gerücht *nt* ⟨-(e)s, -e⟩ rumour

gerufen *pp* → **rufen**

Gerümpel *nt* ⟨-s⟩ junk

gerungen *pp* → **ringen**

Gerüst *nt* ⟨-(e)s, -e⟩ (*around building*) scaffolding; *fig* framework (*zu* of)

gesalzen *pp* → **salzen**

gesamt *adj* whole, entire; (*costs*) total; (*works*) complete; **Gesamtschule** *f* ≈

comprehensive school

gesandt pp → **senden**

Gesäß nt ⟨-es, -e⟩ bottom

geschaffen pp → **schaffen**

Geschäft nt ⟨-(e)s, -e⟩ business; shop; (transaction) deal; **geschäftlich 1.** adj commercial **2.** adv on business; **Geschäftsfrau** f businesswoman; **Geschäftsführer(in)** m(f) managing director; (of shop) manager; **Geschäftsleitung** f executive board; **Geschäftsmann** m businessman; **Geschäftsreise** f business trip; **Geschäftszeiten** pl business (or opening) hours pl

geschehen ⟨geschah, geschehen⟩ vi happen

Geschenk nt ⟨-(e)s, -e⟩ present, gift; **Geschenkgutschein** m gift voucher; **Geschenkpapier** nt giftwrap

Geschichte f ⟨-, -n⟩ story; (matter) affair; HIST history

geschickt adj skilful

geschieden 1. pp → **scheiden 2.** adj divorced

geschienen pp → **scheinen**

Geschirr nt ⟨-(e)s, -e⟩ crockery; (for cooking) pots and pans pl; (of horse) harness; **~ spülen** do (or wash) the dishes, do the washing-up (Brit); **Geschirrspülmaschine** f dishwasher; **Geschirrspülmittel** nt washing-up liquid (Brit), dishwashing liquid (US); **Ge-**

schirrtuch nt tea towel (Brit), dish towel (US)

geschissen pp → **scheißen**

geschlafen pp → **schlafen**

geschlagen pp → **schlagen**

Geschlecht nt ⟨-(e)s, -er⟩ sex; LING gender; **Geschlechtskrankheit** f sexually transmitted disease, STD; **Geschlechtsverkehr** m sexual intercourse

geschlichen pp → **schleichen**

geschliffen pp → **schleifen**

geschlossen adj closed

Geschmack m ⟨-(e)s, Geschmäcke⟩ taste; **geschmacklos** adj tasteless; **Geschmack(s)sache** f **das ist ~** that's a matter of taste; **geschmackvoll** adj tasteful

geschmissen pp → **schmeißen**

geschmolzen pp → **schmelzen**

geschnitten pp → **schneiden**

geschoben pp → **schieben**

Geschoss nt ⟨-es, -e⟩ (storey) floor

geschossen pp → **schießen**

Geschrei nt ⟨-s⟩ cries pl; fig fuss

geschrieben pp → **schreiben**

geschrie(e)n pp → **schreien**

geschützt adj protected

Geschwätz nt ⟨-es⟩ chatter; (about other people) gossip; **geschwätzig** adj talkative,

getan

gossipy

geschweige adv ~ (**denn**) let alone

geschwiegen pp → **schweigen**

Geschwindigkeit f speed; PHYS velocity; **Geschwindigkeitsbegrenzung** f speed limit

Geschwister pl brothers and sisters pl

geschwollen adj swollen; (speech) pompous

geschwommen pp → **schwimmen**

geschworen pp → **schwören**

Geschwulst f ⟨-, Geschwülste⟩ growth

Geschwür nt ⟨-(e)s, -e⟩ ulcer

gesehen pp → **sehen**

gesellig adj sociable; **Gesellschaft** f society; (people with sb) company

gesessen pp → **sitzen**

Gesetz nt ⟨-es, -e⟩ law; **gesetzlich** adj legal; **gesetzwidrig** adj illegal

Gesicht nt ⟨-(e)s, -er⟩ face; (look) expression; **mach doch nicht so ein ~!** stop pulling such a face; **Gesichtscreme** f face cream; **Gesichtswasser** nt toner

gesoffen pp → **saufen**

gesogen pp → **saugen**

gespannt adj tense; (keen) eager; **ich bin ~, ob ...** I wonder if ...; **auf etw/jdn ~ sein** look forward to

sth / to seeing sb

Gespenst nt ⟨-(e)s, -er⟩ ghost

gesperrt adj closed

gesponnen pp → **spinnen**

Gespräch nt ⟨-(e)s, -e⟩ talk, conversation; discussion; (by phone) call

gesprochen pp → **sprechen**

gesprungen pp → **springen**

Gestalt f ⟨-, -en⟩ form, shape; (person) figure

gestanden pp → **stehen**, → **gestehen**

Gestank m ⟨-(e)s⟩ stench

gestatten vt permit, allow; ~ **Sie?** may I?

Geste f ⟨-, -n⟩ gesture

gestehen irr vt confess

gestern adv yesterday; ~ **Abend / Morgen** yesterday evening / morning

gestiegen pp → **steigen**

gestochen pp → **stechen**

gestohlen pp → **stehlen**

gestorben pp → **sterben**

gestört adj disturbed; (radio reception) poor

gestoßen pp → **stoßen**

gestreift adj striped

gestrichen pp → **streichen**

gestritten pp → **streiten**

gestunken pp → **stinken**

gesund adj healthy; **wieder ~ werden** get better; **Gesundheit** f health; ~**!** bless you!

gesundheitsschädlich adj unhealthy

gesungen pp → **singen**

gesunken pp → **sinken**

getan pp → **tun**

getragen pp → **tragen**

Getränk nt ⟨-(e)s, -e⟩ drink; **Getränkeautomat** m drinks machine; **Getränkekarte** f list of drinks

Getreide nt ⟨-s, -⟩ cereals pl, grain

getrennt adj separate; **~ leben** live apart; **~ zahlen** pay separately

getreten pp → **treten**

Getriebe nt ⟨-s, -⟩ AUTO gearbox

getrieben pp → **treiben**

getroffen pp → **treffen**

getrunken pp → **trinken**

Getue nt fuss

geübt adj experienced

Gewähr f ⟨-⟩ guarantee

Gewalt f ⟨-, -en⟩ power; (influence) control; (brute strength) force; (brutality) violence; **mit aller ~** with all one's might; **gewaltig** adj tremendous; (mistake) huge

gewandt 1. pp → **wenden 2.** adj (physically) nimble; (talented) skilful; (practised) experienced

gewann imperf → **gewinnen**

gewaschen pp → **waschen**

Gewebe nt ⟨-s, -⟩ fabric; BIO tissue

Gewehr nt ⟨-(e)s, -e⟩ rifle, gun

Geweih nt ⟨-(e)s, -e⟩ antlers pl

gewellt adj (hair) wavy

gewendet pp → **wenden**

Gewerbe nt ⟨-s, -⟩ trade; **Gewerbegebiet** nt industrial estate (Brit) (or park (US)); **gewerblich** adj commercial

Gewerkschaft f trade union

gewesen pp → **sein**

Gewicht nt ⟨-(e)s, -e⟩ weight; fig importance

gewiesen pp → **weisen**

Gewinn m ⟨-(e)s, -e⟩ profit; (from gambling) winnings pl; **gewinnen** ⟨gewann, gewonnen⟩ **1.** vt win; (acquire) gain; (coal, oil) extract **2.** vi win; (profit) gain; **Gewinner(in)** m(f) ⟨-s, -⟩ winner

gewiss 1. adj certain **2.** adv certainly

Gewissen nt ⟨-s, -⟩ conscience; **ein gutes / schlechtes ~ haben** have a clear / bad conscience

Gewitter nt ⟨-s, -⟩ thunderstorm

gewogen pp → **wiegen**

gewöhnen 1. vt jdn an etw acc ~ accustom sb to sth **2.** vr sich an jdn / etw ~ get used (or accustomed) to sb/sth; **Gewohnheit** f habit; (tradition) custom; **gewöhnlich** adj usual; (average) ordinary; pej common; **wie ~** as usual; **gewohnt** adj usual; **etw ~ sein** be used to sth

Gewölbe nt ⟨-s, -⟩ vault

gewonnen pp → **gewinnen**

geworben pp → **werben**

geworden pp → **werden**

geworfen pp → **werfen**

Gewürz nt ⟨-es, -e⟩ spice; Ge-

würznelke f clove; **gewürzt** adj seasoned

gewusst pp → **wissen**

Gezeiten pl tides pl

gezogen pp → **ziehen**

gezwungen pp → **zwingen**

Gibraltar nt ⟨-s⟩ Gibraltar

Gicht f ⟨-⟩ gout

Giebel m ⟨-s, -⟩ gable

gierig adj greedy

gießen ⟨goss, gegossen⟩ vt pour; (flowers) water; (metal) cast; **Gießkanne** f watering can

Gift nt ⟨-(e)s, -e⟩ poison; **giftig** adj poisonous

Gigabyte nt gigabyte

Gin m ⟨-s, -s⟩ gin

ging imperf → **gehen**; **Gin Tonic** m ⟨-(s), -s⟩ gin and tonic

Gipfel m ⟨-s, -⟩ summit, peak; POL summit; fig (culmination) height

Gips m ⟨-es, -e⟩ MED plaster; **Gipsverband** m plaster cast

Giraffe f ⟨-, -n⟩ giraffe

Girokonto nt current account (Brit), checking account (US)

Gitarre f ⟨-, -n⟩ guitar

Gitter nt ⟨-s, -⟩ bars pl

glänzen vi a. fig shine; **glänzend** adj shining; fig brilliant

Glas nt ⟨-es, Gläser⟩ glass; (for jam) jar; **Glascontainer** m bottle bank; **Glaser(in)** m(f) glazier; **Glasscheibe** f pane (of glass); **Glassplitter** m splinter of glass

Glasur f glaze; GASTR icing

glatt adj smooth; (floor, road etc) slippery; (lie) downright; **Glatteis** nt (black) ice

Glatze f ⟨-, -n⟩ bald head

glauben vt, vi believe (an + acc in); (have opinion) think; **jdm ~** believe sb

gleich 1. adj equal; (similar) same, identical; **es ist mir ~** it's all the same to me **2.** adv equally; (immediately) straight away; (soon) in a minute; **~ groß / alt** the same size / age; **~ nach / an** right after / at; **Gleichberechtigung** f equal rights pl; **gleichen** ⟨glich, geglichen⟩ **1.** vi **jdm / einer Sache ~** be like sb/sth **2.** vr be alike; **gleichfalls** adv likewise; **danke ~!** thanks, and the same to you; **gleichgültig** adj indifferent; (immaterial) unimportant; **gleichmäßig** adj regular; (distribution) even, equal; **gleichzeitig 1.** adj simultaneous **2.** adv at the same time

Gleis nt ⟨-es, -e⟩ track, rails pl; (area in station) platform

gleiten ⟨glitt, geglitten⟩ vi glide; (slip down) slide; **Gleitschirmfliegen** nt ⟨-s⟩ paragliding

Gletscher m ⟨-s, -⟩ glacier

glich imperf → **gleichen**

Glied nt ⟨-(e)s, -er⟩ (arm, leg) limb; (of chain) link; (male organ) penis; **Gliedmaßen**

pl limbs *pl*

glitschig *adj* slippery

glitt *imperf* → **gleiten**

glitzern *vi* glitter; (*stars*) twinkle

Glocke *f* ⟨-, -n⟩ bell; **Glockenspiel** *nt* chimes *pl*

Glotze *f* ⟨-, -n⟩ *fam* (*TV*) box;

glotzen *vi fam* stare

Glück *nt* ⟨-(e)s⟩ luck; (*pleasure*) happiness; **~ haben** be lucky; **viel ~!** good luck; **zum ~** fortunately; **glücklich** *adj* lucky; (*pleased*) happy; **glücklicherweise** *adv* fortunately; **Glückwunsch** *m* congratulations *pl*; **herzlichen ~ zur bestandenen Prüfung** congratulations on passing your exam; **herzlichen ~ zum Geburtstag!** Happy Birthday

Glühbirne *f* light bulb; **glühen** *vi* glow; **Glühwein** *m* mulled wine

GmbH *f* ⟨-, -s⟩ *abbr* = **Gesellschaft mit beschränkter Haftung** ≈ Ltd (*Brit*), ≈ Inc (*US*)

Gokart *m* ⟨-s⟩, -s⟩ go-kart

Gold *nt* ⟨-(e)s⟩ gold; **golden** *adj* gold; (*fig*) golden; **Goldfisch** *m* goldfish; **Goldmedaille** *f* gold medal; **Goldschmied(in)** *m(f)* goldsmith

Golf 1. *m* ⟨-(e)s, -e⟩ gulf; **der ~ von Biskaya** the Bay of Biscay 2. *nt* ⟨-s⟩ golf; **Golfplatz** *m* golf course; **Golfschläger** *m* golf club

Gondel *f* ⟨-, -n⟩ gondola; (*of cable railway*) cable-car

gönnen *vt* **ich gönne es ihm** I'm really pleased for him; **sich dat etw ~** allow oneself sth

goss *imperf* → **gießen**

gotisch *adj* Gothic

Gott *m* ⟨-es, Götter⟩ God; (*deity*) god; **Gottesdienst** *m* service; **Göttin** *f* goddess

Grab *nt* ⟨-(e)s, Gräber⟩ grave

graben ⟨grub, gegraben⟩ *vt* dig; **Graben** *m* ⟨-s, Gräben⟩ ditch

Grabstein *m* gravestone

Grad *m* ⟨-(e)s, -e⟩ degree; **wir haben 30 ~ Celsius** it's 30 degrees Celsius, it's 86 degrees Fahrenheit; **bis zu einem gewissen ~** up to a certain extent

Graf *m* ⟨-en, -en⟩ count; (*in Britain*) earl

Graffiti *pl* graffiti *sg*

Grafik *f* ⟨-, -en⟩ graph; (*work of art*) graphic; (*illustration*) diagram; **Grafikkarte** *f* IT graphics card

Gräfin *f* ⟨-, -nen⟩ countess

Gramm *nt* ⟨-s⟩ gram(me)

Grammatik *f* grammar

Grapefruit *f* ⟨-, -s⟩ grapefruit

Graphik *f* → **Grafik**

Gras *nt* ⟨-es, Gräser⟩ grass

grässlich *adj* horrible

Gräte *f* ⟨-, -n⟩ (fish)bone

gratis *adj*, *adv* free (of charge)

gratulieren *vi* **jdm** (*zu etw*) ~

congratulate sb (on sth); **(ich) gratuliere!** congratulations!

grau adj grey, gray (US); **grauhaarig** adj grey-haired

grausam adj cruel

gravierend adj (error) serious

greifen ⟨griff, gegriffen⟩ **1.** vt seize; **zu etw ~** fig resort to sth **2.** vi (rule etc) have an effect (bei on)

grell adj harsh

Grenze f ⟨-, -n⟩ boundary; (of country) border; (on sth) limit; **grenzen** vi border (an + acc on); **Grenzkontrolle** f border control

Grieche m ⟨-n, -n⟩ Greek; **Griechenland** nt Greece; **Griechin** f Greek; **griechisch** adj Greek; **Griechisch** nt Greek

Grieß m ⟨-es, -e⟩ GASTR semolina

griff imperf → **greifen**

Griff m ⟨-(e)s, -e⟩ grip; (of door etc) handle; **griffbereit** adj handy

Grill m ⟨-s, -s⟩ grill; (outdoors) barbecue

Grille f ⟨-, -n⟩ cricket

grillen 1. vt grill **2.** vi have a barbecue; **Grillfest** nt, **Grillfete** f barbecue; **Grillkohle** f charcoal

grinsen vi grin; (mockingly) sneer

Grippe f ⟨-, -n⟩ flu; **Grippeschutzimpfung** f flu vacci-

nation

grob adj coarse; (error, breach) gross; (estimate) rough

Grönland nt ⟨-s⟩ Greenland

groß 1. adj big, large; (person) tall; fig great; (letter) capital; (adult) grown-up; **im Großen und Ganzen** on the whole **2.** adv greatly; **großartig** adj wonderful

Großbritannien nt ⟨-s⟩ (Great) Britain

Großbuchstabe m capital letter

Größe f ⟨-, -n⟩ size; (of person) height; fig greatness; **welche ~ haben Sie?** what size do you take?

Großeltern pl grandparents pl; **Großhandel** m wholesale trade; **Großmarkt** m hypermarket; **Großmutter** f grandmother; **großschreiben** irr vt write with a capital letter; **Großstadt** f city; **Großvater** m grandfather; **großzügig** adj generous

Grotte f ⟨-, -n⟩ grotto

grub imperf → **graben**

Grübchen nt dimple

Grube f ⟨-, -n⟩ pit

grüezi interj (Swiss) hello

grün adj green; **~er Salat** lettuce; **~e Bohnen** French beans

Grund m ⟨-(e)s, Gründe⟩ reason; (earth's surface)

ground; (of sea, container) bottom; (belonging to sb) land, property; **aus gesundheitlichen Gründen** for health reasons; **aus diesem ~** for this reason

gründen vt found; **Gründer(in)** m(f) founder

Grundgebühr f basic charge

gründlich adj thorough

grundsätzlich adj fundamental, basic; **sie kommt ~ zu spät** she's always late; **Grundschule** f primary school; **Grundstück** nt plot; (land) estate; (for building on) site

Grüne(r) mf POL Green; **die ~n** the Green Party

Gruppe f ⟨-, -n⟩ group; **Gruppenermäßigung** f group discount; **Gruppenreise** f ⟨-, -n⟩ group tour

Gruß m ⟨-es, Grüße⟩ greeting; **viele Grüße** best wishes; **Grüße an** + acc regards to; **mit freundlichen Grüßen** Yours sincerely (Brit), Sincerely yours (US); **grüßen** vt greet; **grüß deine Mutter von mir** give your mother my regards; **Julia lässt (euch) ~** Julia sends (you) her regards

gucken vi look

Gulasch nt ⟨-(e)s, -e⟩ goulash

gültig adj valid

Gummi m or nt ⟨-s, -s⟩ rubber; **Gummistiefel** m wellington (boot) (Brit), rubber boot

(US)

günstig adj favourable; (price) good

gurgeln vi gurgle; (with mouthwash) gargle

Gurke f ⟨-, -n⟩ cucumber; **saure ~** gherkin

Gurt m ⟨-(e)s, -e⟩ belt

Gürtel m ⟨-s, -⟩ belt; GEO zone; **Gürtelrose** f shingles sg

gut 1. adj good; (mark in school) ≈ B; **sehr ~** very good, excellent; (mark in school) ≈ A; **alles Gute!** all the best **2.** adv well; **~ gehen** (business etc) go well; **es geht ihm ~** he's doing fine; **~ aussehend** good-looking; **~ gelaunt** in a good mood; **~ gemeint** well meant; **schon ~!** it's all right; **mach's ~!** take care, bye

Gutachten nt ⟨-s, -⟩ report; **Gutachter(in)** m(f) ⟨-s, -⟩ expert

gutartig adj MED benign

Güter pl goods pl; **Güterzug** m goods train

gutgläubig adj trusting

Guthaben nt ⟨-s⟩ (credit) balance

gutmütig adj good-natured

Gutschein m voucher

Gutschrift f credit

guttun irr vi **jdm ~** do sb good

Gymnasium nt ≈ grammar school (Brit), ≈ high school (US)

Gymnastik f exercises pl,

keep-fit
Gynäkologe m, **Gynäkolo-**

gin f gynaecologist
Gyros nt ⟨-, -⟩ doner kebab

H

Haar nt ⟨-(e)s, -e⟩ hair; **um ein ~** nearly; **sich dat die ~e schneiden lassen** have one's hair cut; **Haarbürste** f hairbrush; **Haarfestiger** m setting lotion; **Haargel** nt hair gel; **haarig** adj hairy; fig nasty; **Haarschnitt** m haircut; **Haarspange** f hair slide (Brit), barrette (US); **Haarspliss** m split ends pl; **Haarspray** nt hair spray; **Haartrockner** m ⟨-s, -⟩ hairdryer; **Haarwaschmittel** nt shampoo

haben ⟨hatte, gehabt⟩ vt, vaux have; **Hunger / Angst ~** be hungry / afraid; **Ferien ~** be on holiday (Brit) (or vacation (US)); **welches Datum ~ wir heute?** what's the date today?; **ich hätte gerne ...** I'd like ...; **hätten Sie etwas dagegen, wenn ...?** would you mind if ...?; **was hast du denn?** what's the matter (with you)?

Haben nt COMM credit
Habicht m ⟨-(e)s, -e⟩ hawk
Hacke f ⟨-, -n⟩ (of foot, shoe) heel; **hacken** vt chop; (hole) hack; (soil) hoe; **Hacker(in)** m(f) ⟨-s, -⟩ IT hacker; **Hackfleisch** nt mince(d

meat) (Brit), ground meat (US)
Hafen m ⟨-s, Häfen⟩ harbour; (larger) port; **Hafenstadt** f port
Hafer m ⟨-s⟩ oats pl; **Haferflocken** pl rolled oats pl
Haft f ⟨-⟩ custody; **haftbar** adj liable, responsible; **haften** vi stick; **~ für** be liable (or responsible) for; **Haftnotiz** f Post-it®; **Haftpflichtversicherung** f third party insurance; **Haftung** f liability
Hagebutte f ⟨-, -n⟩ rose hip
Hagel m ⟨-s⟩ hail; **hageln** vi impers hail
Hahn m ⟨-(e)s, Hähne⟩ cock; (for water) tap (Brit), faucet (US); **Hähnchen** nt cockerel; GASTR chicken
Hai(fisch) m ⟨-(e)s, -e⟩ shark
Haken m ⟨-s, -⟩ hook; (mark) tick
halb adj half; **~ eins** half past twelve; fam half twelve; **eine ~e Stunde** half an hour; **~ offen** half-open; **Halbfinale** nt semifinal; **halbieren** vt halve; **Halbinsel** f peninsula; **Halbjahr** nt half-year; **Halbmond** m ASTR half-moon; (symbol) crescent; **Halbpension** f half board;

halbtags adv (work) part-time; **halbwegs** adv (fairly) reasonably; **Halbzeit** f half; (interval) half-time

half imperf → **helfen**; **Hälfte** f ⟨-, -n⟩ half

Halle f ⟨-, -n⟩ hall; **Hallenbad** nt indoor (swimming) pool

hallo interj hello, hi

Halogenlampe f halogen lamp

Hals m ⟨-es, Hälse⟩ neck; (inside) throat; **Halsband** nt (for animal) collar; **Halsentzündung** f sore throat; **Halskette** f necklace; **Hals-Nasen-Ohren-Arzt** m, **Hals-Nasen-Ohren-Ärztin** f ear, nose and throat specialist; **Halsschmerzen** pl sore throat sg; **Halstuch** nt scarf

halt 1. interj stop **2.** adv **das ist ~ so** that's just the way it is; **Halt** m ⟨-(e)s, -e⟩ stop; (grip) hold; (inner strength) stability

haltbar adj durable; (food) non-perishable; **Haltbarkeitsdatum** nt best-before date

halten ⟨hielt, gehalten⟩ **1.** vt keep; (grip) hold; **~ für** regard as; **~ von** think of; **den Elfmeter ~** save the penalty; **eine Rede ~** give (or make) a speech **2.** vi hold; (stay fresh) keep; (come to standstill) stop; **zu jdm ~** stand by sb **3.** vr (stay fresh) keep

Haltestelle f stop; **Halteverbot** nt **hier ist ~** you can't stop here

Haltung f (of body) posture; fig attitude; (self-control) composure

Hamburg nt ⟨-s⟩ Hamburg; **Hamburger** m ⟨-s, -⟩ GASTR hamburger

Hammelfleisch nt mutton

Hammer m ⟨-s, Hämmer⟩ hammer; fig fam (mistake) howler

Hämorr(ho)iden pl haemorrhoids pl, piles pl

Hamster m ⟨-s, -⟩ hamster

Hand f ⟨-, Hände⟩ hand; **jdm die ~ geben** shake hands with sb; **zu Händen von** attention; **Handarbeit** f (school subject) handicraft; **~ sein** be handmade; **Handball** m handball; **Handbremse** f handbrake; **Handbuch** nt handbook, manual; **Handcreme** f hand cream

Handel m ⟨-s⟩ trade; (deal) transaction; **handeln 1.** vi act; COMM trade; **~ von** be about **2.** vr impers **es handelt sich um ...** it's about ...

Handfeger m ⟨-s, -⟩ brush; **Handfläche** f palm; **Handgelenk** nt wrist; **handgemacht** adj handmade; **Handgepäck** nt hand luggage Brit (or baggage)

Händler(in) m(f) ⟨-s, -⟩ dealer

handlich adj handy

Handlung f act, action; (of

novel, film) plot

Handschellen *pl* handcuffs

Handschrift *f* handwriting; **Handschuh** *m* glove; **Handschuhfach** *nt* glove compartment; **Handtasche** *f* handbag, purse (*US*); **Handtuch** *nt* towel; **Handwerk** *nt* trade; **Handwerker** *m* ⟨-s, -⟩ workman

Handy *nt* ⟨-s, -s⟩ mobile (phone) (*Brit*), cell phone (*US*); **Handynummer** *f* mobile number (*Brit*), cell phone number (*US*)

Hang *m* ⟨-(e)s, Hänge⟩ slope; *fig* tendency

Hängematte *f* hammock

hängen 1. ⟨hing, gehangen⟩ *vi* hang; *an der Wand / an der Decke* ~ hang on the wall / from the ceiling; *an jdm* ~ *fig* be attached to sb; ~ *bleiben* get caught (*an + dat* on); *fig* get stuck **2.** *vt* hang (*an + acc* on)

Hantel *f* ⟨-, -n⟩ dumbbell

Hardware *f* ⟨-, -s⟩ *tt* hardware

Harfe *f* ⟨-, -n⟩ harp

harmlos *adj* harmless

harmonisch *adj* harmonious

Harn *m* ⟨-(e)s, -e⟩ urine; **Harnblase** *f* bladder

hart *adj* hard; *fig* harsh; ~ *gekocht* (egg) hard-boiled; **hartnäckig** *adj* stubborn

Haschisch *nt* ⟨-⟩ hashish

Hase *m* ⟨-n, -n⟩ hare

Haselnuss *f* hazelnut

Hass *m* ⟨-es⟩ hatred (*auf*

+ *acc, gegen* of), hate; **hassen** *vt* hate

hässlich *adj* ugly; (*mean*) nasty

Hast *f* ⟨-⟩ haste, hurry; **hastig** *adj* hasty

hatte *imperf* → **haben**

Haube *f* ⟨-, -n⟩ hood; (*hat*) cap; AUTO bonnet (*Brit*), hood (*US*)

hauchdünn *adj* (layer, slice) wafer-thin

hauen ⟨haute, gehauen⟩ *vt* hit

Haufen *m* ⟨-s, -⟩ pile; *ein* ~ *Geld* a lot of money

häufig 1. *adj* frequent **2.** *adv* frequently, often

Haupt- *in cpds* main; **Hauptbahnhof** *m* central (*or* main) station; **Haupteingang** *m* main entrance; **Hauptgericht** *nt* main course

Häuptling *m* chief

Hauptquartier *nt* headquarters *pl*; **Hauptrolle** *f* leading role; **Hauptsache** *f* main thing; **hauptsächlich** *adv* mainly, chiefly; **Hauptsaison** *f* high (*or* peak) season; **Hauptsatz** *m* main clause; **Hauptschule** *f* ≈ secondary school (*Brit*), ≈ junior high school (*US*); **Hauptstadt** *f* capital; **Hauptstraße** *f* main road; (*in town centre*) main street; **Hauptverkehrszeit** *f* rush hour

Haus *nt* ⟨-es, Häuser⟩ house; *nach* ~*e* home; *zu* ~*e* at home; *jdn nach* ~*e bringen*

take sb home; **Hausarbeit** f
housework; **Hausaufgabe** f
homework; **~n** pl homework
sg; **Hausbesitzer(in)** m(f)
‹-s, -› house owner; (renting
out) landlord / -lady; **Haus-
besuch** m home visit; **Haus-
flur** m hall; **Hausfrau** f
housewife; **hausgemacht**
adj homemade; **Haushalt**
m household; POL budget

häuslich adj domestic

Hausmann m house-hus-
band; **Hausmannskost** f
good plain cooking; **Haus-
meister(in)** m(f) caretaker
(Brit), janitor (US); **Haus-
nummer** f house number;
Hausschlüssel m front-
-door key; **Hausschuh** m
slipper; **Haustier** nt pet;
Haustür f front door

Haut f ‹-, Häute› skin; **Haut-
arzt** m, **Hautärztin** f derma-
tologist; **Hautausschlag** m
skin rash; **Hautcreme** f skin
cream; **Hautfarbe** f skin colour

Hawaii nt ‹-s› Hawaii

Hebamme f ‹-, -n› midwife

Hebel m ‹-s, -› lever

heben ‹hob, gehoben› vt raise,
lift

Hebräisch nt ‹-› Hebrew

Hecht m ‹-(e)s, -e› pike

Heck nt ‹-› (of boat)
stern; (of car) rear; **Heckan-
trieb** m rear-wheel drive

Hecke f ‹-, -n› hedge

Heckklappe f tailgate; **Heck-**

scheibe f rear window

Hefe f ‹-, -n› yeast

Heft nt ‹-(e)s, -e› notebook, exercise book; (of magazine)
issue

heftig adj violent; (criticism,
argument) fierce

Heftklammer f paper clip;
Heftpflaster nt plaster
(Brit), Band-Aid® (US)

Heide f ‹-, -n› heath, moor;
Heidekraut nt heather

Heidelbeere f bilberry, blueberry

heidnisch adj (custom) pa-
gan

heikel adj (matter) awkward;
(person) fussy

heil adj (thing) in one piece,
intact; **heilbar** adj curable

Heilbutt m ‹-(e)s, -e› halibut

heilen 1. vt cure **2.** vi heal

heilig adj holy; **Heiligabend**
m Christmas Eve; **Heilige(r)**
mf saint

Heilpraktiker(in) m(f) ‹-s, -›
non-medical practitioner

heim adv home; **Heim** nt ‹-(e),
-e› home

Heimat f ‹-, -en› home (town /
country)

heimfahren irr vi drive
home; **Heimfahrt** f journey
home; **heimisch** adj (population, customs) local; (animal, plant) native; **heimkommen** irr vi come (or return) home

heimlich adj secret

Heimreise f journey home;

Heimspiel nt SPORT home game; **Heimweg** m way home; **Heimweh** nt ⟨-s⟩ homesickness; ~ **haben** be homesick

Heirat f ⟨-, -en⟩ marriage; **heiraten 1.** vi get married **2.** vt marry; **Heiratsantrag** m proposal; **er hat ihr einen ~ gemacht** he proposed to her

heiser adj hoarse

heiß adj hot; (discussion) heated; **mir ist ~** I'm hot

heißen ⟨hieß, geheißen⟩ **1.** vi be called; (have sense, consequence) mean; **ich heiße Tom** my name is Tom; **wie ~ Sie?** what's your name?; **wie heißt sie mit Nachnamen?** what's her surname?; **wie heißt das auf Englisch?** what's that in English? **3.** vi impers es heißt (people say) it is said; **es heißt in dem Brief ...** it says in the letter ...; **das heißt** that is

Heißluftherd m fan-assisted oven

heiter adj cheerful; (weather) bright

heizen vt heat; **Heizkissen** m MED heated pad; **Heizkörper** m radiator; **Heizöl** nt fuel oil; **Heizung** f heating

Hektar nt ⟨-s, -⟩ hectare

Hektik f ⟨-, -en⟩ **nur keine ~!** take it easy; **hektisch** adj hectic

Held m ⟨-en, -en⟩ hero; **Heldin** f heroine

helfen ⟨half, geholfen⟩ **1.** vi help (jdm bei etw sb with sth); (thing) be of use **2.** vi impers **es hilft nichts, du musst ...** it's no use, you have to ...; **Helfer(in)** m(f) helper; (at work) assistant

hell adj bright; (colour) light; (complexion) fair; **hellblau** adj light blue; **hellblond** adj ash-blond; **hellgelb** adj pale yellow; **hellgrün** adj light green; **Hellseher(in)** m(f) clairvoyant

Helm m ⟨-(e)s, -e⟩ helmet; **Helmpflicht** f compulsory wearing of helmets

Hemd nt ⟨-(e)s, -en⟩ shirt

hemmen vt check; (hinder) hamper; **gehemmt sein** be inhibited; **Hemmung** f inhibition; (moral) scruple

Henkel m ⟨-s, -⟩ handle

Henna nt ⟨-s⟩ henna

Henne f ⟨-, -n⟩ hen

Hepatitis f ⟨-, Hepatitiden⟩ hepatitis

her adv here; **wo ist sie ~?** where is she from?; **das ist zehn Jahre ~** that was ten years ago

herab adv down; **herablassend** adj (remark) condescending; **herabsehen** irr vi **auf jdn ~** look down on sb; **herabsetzen** vt reduce; fig disparage

heran adv **näher ~!** come

closer; **herankommen** *irr vi* approach; ~ **an** + *acc* be able to get at; *fig* be able to get hold of; **heranwachsen** *irr vi* grow up

herauf *adv* up; **heraufbeschwören** *irr vt* evoke; (*crisis, dispute etc*) cause; **heraufziehen** *irr* 1. *vt* pull up 2. *vi* approach; (*storm*) gather

heraus *adv* out; **herauskommen** *irr vt* (*secret*) find out; (*puzzle*) solve; **herausbringen** *irr vt* bring out; **herausfinden** *irr vt* find out; **herausfordern** *vt* challenge; **Herausforderung** *f* challenge; **herausgeben** *irr vt* (*book*) edit; (*issue*) publish; **jdm zwei Euro** ~ give sb two euros change; **herausholen** *vt* get out (*aus of*); **herauskommen** *irr vi* come out; **dabei kommt nichts heraus** nothing will come of it; **herausstellen** *vr* turn out (*als* to be); **herausziehen** *irr vt* pull out

Herbst *m* ⟨-(e)s, -e⟩ autumn, fall (*US*)

Herd *m* ⟨-(e)s, -e⟩ cooker, stove

Herde *f* ⟨-, -n⟩ herd; (*of sheep*) flock

herein *adv* in; ~**!** come in; **hereinfallen** *irr vi* **wir sind auf einen Betrüger hereingefallen** we were taken in by a swindler; **hereinlegen** *vt* **jdn** ~ *fig* take sb for a ride

Herfahrt *f* journey here; **auf der** ~ on the way here

Hergang *m* course (of events); **schildern Sie mir den** ~ tell me what happened

Hering *m* ⟨-s, -e⟩ herring

herkommen *irr vi* come; **wo kommt sie her?** where does she come from?

Heroin *nt* ⟨-s⟩ heroin

Herpes *m* ⟨-⟩ MED herpes

Herr *m* ⟨-(e)n, -en⟩ (*before name*) Mr; (*person*) gentleman; (*nobleman, God*) Lord; **mein ~!** sir; **meine ~en!** gentlemen; **Sehr geehrte Damen und ~en** Dear Sir or Madam; **Herrentoilette** *f* men's toilet, gents

herrichten *vt* prepare

herrlich *adj* marvellous, splendid

Herrschaft *f* rule; power

herrschen *vi* rule; (*exist*) be

herstellen *vt* make; (*industrially*) manufacture; **Hersteller(in)** *m(f)* manufacturer; **Herstellung** *f* production

herüber *adv* over

herum *adv* around; (*in a circle*) round; **um etw** ~ around sth; **du hast den Pulli falsch** ~ **an** you're wearing your sweater inside out; **anders** ~ the other way round; **herumfahren** *irr vi* drive around; **herumkommen** *irr vi* **sie ist viel in der Welt herumgekommen** she's been around the world; **um etw ~** (*avoid*) get out of sth; **herumkriegen** *vt* talk round; **herumtreiben** *irr vr* hang around

herunter *adv* down; **heruntergekommen** *adj* (*building, area*) run-down; (*person*) down-at-heel; **herunterhandeln** *vt* bring down; **herunterholen** *vt* bring down; **herunterkommen** *irr vi* come down; **herunterladen** *irr vt* IT download

hervor *adv* out; **hervorbringen** *irr vt* produce; (*word*) utter; **hervorheben** *irr vt* emphasize, stress; **hervorragend** *adj* excellent; **hervorrufen** *irr vt* cause, give rise to

Herz *nt* ⟨-ens, -en⟩ heart; (*card suit*) hearts *pl*; **von ganzem ~en** wholeheartedly; **sich dat etw zu~en nehmen** take sth to heart; **Herzanfall** *m* heart attack; **Herzbeschwerden** *pl* heart trouble *sg*; **herzhaft** *adj* (*meal*) substantial; **~ lachen** have a good laugh; **Herzinfarkt** *m* heart attack; **Herzklopfen** *nt* ⟨-s⟩ MED palpitations *pl*; **ich hatte ~** (**vor Aufregung**) my heart was pounding (with excitement); **herzkrank** *adj* **sie ist ~** she's got a heart condition; **herzlich** *adj* (*reception, person*) warm; **~en Glückwunsch**

congratulations

Herzog(in) *m(f)* ⟨-s, Herzöge⟩ duke / duchess

Herzschlag *m* heartbeat; (*stopping*) heart failure; **Herzschrittmacher** *m* pacemaker

Hessen *nt* ⟨-s⟩ Hessen

heterosexuell *adj* heterosexual

Hetze *f* ⟨-, -n⟩ rush; **hetzen** *vt*, *vr* rush

Heu *nt* ⟨-(e)s⟩ hay

heuer *adv* this year

heulen *vi* howl; (*weep*) cry

Heuschnupfen *m* hay fever

Heuschrecke *f* ⟨-, -n⟩ grasshopper; (*larger*) locust

heute *adv* today; **~ Abend** / **früh** this evening / morning; **~ Nacht** tonight; (*just gone*) last night; **~ in acht Tagen** a week (from) today; **sie hat bis ~ nicht bezahlt** she hasn't paid to this day; **heutig** *adj* **die ~e Zeitung** / **Generation** today's paper / generation; **heutzutage** *adv* nowadays

Hexe *f* ⟨-, -n⟩ witch; **Hexenschuss** *m* lumbago

hielt *imperf* → **halten**

hier *adv* here; **~ entlang** this way; **ich bin auch nicht von ~** I'm a stranger here myself; **hierbleiben** *irr vi* stay here; **hierher** *adv* here; **das gehört nicht ~** that doesn't belong here; **hierlassen** *irr vt* leave here;

hiermit adv with this

hiesig adj local

hieß imperf → **heißen**

Hi-Fi-Anlage f hi-fi (system)

high adj fam high; **Highlife** nt ⟨-s⟩ high life; ~ **machen** live it up; **Hightech** nt ⟨-s⟩ high tech

Hilfe f ⟨-, -n⟩ help; (financial, for those in need) aid; ~**!** help!; **Erste ~ leisten** give first aid; **um ~ bitten** ask for help; **hilflos** adj helpless; **hilfsbereit** adj helpful; **Hilfsmittel** nt aid

Himbeere f raspberry

Himmel m ⟨-s, -⟩ sky; REL heaven; **Himmelfahrt** f Ascension; **Himmelsrichtung** f direction; **himmlisch** adj heavenly

hin adv there; ~ **und her** to and fro; ~ **und zurück** there and back; **bis zur Mauer** ~ up to the wall; **das ist noch lange** ~ (in the future) that's a long way off

hinab adv down; **hinabgehen** irr vi go down

hinauf adv up; **hinaufgehen** irr vi, vt go up; **hinaufsteigen** irr vi climb (up)

hinaus adv out; **hinausgehen** irr vi go out; ~ **über** + acc exceed; **hinauslaufen** irr vi run out; ~ **auf** + acc come to, amount to; **hinausschieben** irr vt put off, postpone; **hinauswerfen** irr vt throw out; (employee) fire,

sack (Brit); **hinauszögern** vr take longer than expected

hinbringen irr vt prevent; **jdn daran ~, etw zu tun** stop (or prevent) sb from doing sth; **Hindernis** nt obstacle

Hinduismus m Hinduism

hindurch adv through; **das ganze Jahr** ~ throughout the year, all year round; **die ganze Nacht** ~ all night (long)

hinein adv in; **hineingehen** irr vi go in; ~ **in** + acc go into, enter; **hineinpassen** vi fit in; ~ **in** + acc fit into

hinfahren irr **1.** vi go there **2.** vt take there; **Hinfahrt** f outward journey

hinfallen irr vi fall (down)

Hinflug m outward flight

hing imperf → **hängen**

hingehen irr vi go there; (time) pass; **hinhalten** irr vt hold out; (keep waiting) put off

hinken vi limp; **der Vergleich hinkt** the comparison doesn't work

hinlegen 1. vt put down **2.** vr lie down; **hinnehmen** irr vt fig put up with, take; **Hinreise** f outward journey; **hinsetzen** vr sit down; **hinsichtlich** prep + gen with regard to; **hinstellen 1.** vt put (down) **2.** vr stand

hinten adv at the back; (in car)

in the back; (*sth / sb* else) behind

hinter *prep* + *dat or acc* behind; (*beyond, in order of importance*) after; **~ jdm her sein** be after sb; **etw ~ sich** *acc* **bringen** get sth over (and done) with; **Hinterachse** *f* rear axle; **Hinterbein** *nt* rear leg; **Hinterbliebene(r)** *mf* dependant; **hintere(r, s)** *adj* rear, back; **hintereinander** *adv* (*in a row*) one behind the other; (*in continuous sequence*) one after the other; **drei Tage ~** three days running (or in a row); **Hintergedanke** *m* ulterior motive; **hintergehen** *irr vt* deceive; **Hintergrund** *m* background; **hinterher** *adv* afterwards; **los, ~!** come on, after him / her / them; **Hinterkopf** *m* back of the head; **hinterlassen** *vt* leave; **jdm eine Nachricht ~** leave a message for sb; **hinterlegen** *vt* leave (*bei* with)

Hintern *m* ⟨-s, -⟩ *fam* backside, bum

Hinterradantrieb *m* AUTO rear-wheel drive; **Hinterteil** *nt* back (part); (*of person*) behind; **Hintertür** *f* back door

hinüber *adv* over; **~ sein fam** (*broken*) be ruined; (*food*) have gone bad; **hinübergehen** *irr vi* go over

hinunter *adv* down; **hinun-**

tergehen *irr vi*, *vt* go down; **hinunterschlucken** *vt a. fig* swallow

Hinweg *m* outward journey

hinwegsetzen *vr* **sich über etw** *acc* **~** ignore sth

Hinweis *m* ⟨-es, -e⟩ (*suggestion*) hint; (*for user etc*) instruction; **hinweisen** *irr vi* **jdn auf etw** *acc* **~** point sth out to sb

hinzu *adv* in addition; **hinzufügen** *vt* add

Hirn *nt* ⟨-(e)s, -e⟩ brain; (*intellect*) brains *pl*; **Hirnhautentzündung** *f* meningitis

Hirsch *m* ⟨-(e)s, -e⟩ deer; (*meat*) venison

Hirse *f* ⟨-, -n⟩ millet

Hirte *m* ⟨-n, -n⟩ shepherd

historisch *adj* historical

Hit *m* ⟨-s, -s⟩ MUS, IT hit; **Hitliste** *f*, **Hitparade** *f* charts *pl*

Hitze *f* ⟨-⟩ heat; **hitzebeständig** *adj* heat-resistant; **Hitzewelle** *f* heatwave; **hitzig** *adj* hot-tempered; (*debate*) heated; **Hitzschlag** *m* heatstroke

HIV *nt* ⟨-(s), -(s)⟩ *abbr* = **Human Immunodeficiency Virus** HIV; **HIV-negativ** *adj* HIV-negative; **HIV-positiv** *adj* HIV-positive

H-Milch *f* long-life milk

hob *imperf* → **heben**

Hobby *nt* ⟨-s, -s⟩ hobby

Hobel *m* ⟨-s, -⟩ plane

hoch *adj* high; (*tree, house*) tall; (*snow*) deep; **der Zaun**

ist drei Meter ~ the fence is three metres high; *~ begabt* extremely gifted; *das ist mir zu ~* that's above my head; *~ soll sie leben!, sie lebe ~!* three cheers for her; *4 ~ 2 ist 16* 4 squared is 16; *4 ~ 5* 4 to the power of 5

Hoch nt ⟨-s, -s⟩ METEO high; **hochachtungsvoll** adv Yours faithfully; **Hochbetrieb** m *es herrscht ~* they / we are extremely busy; **Hochdeutsch** nt High German; **Hochgebirge** nt high mountains pl; **Hochhaus** nt high rise; **hochheben** irr vt lift (up); **Hochschule** f college; university; **Hochsommer** m midsummer; **Hochsprung** m high jump

höchst adv highly, extremely; **höchste(r, s)** adj highest; *(very great)* extreme; **höchstens** adv at the most; **Höchstgeschwindigkeit** f maximum speed

Hochstuhl m high chair

höchstwahrscheinlich adv very probably

Hochwasser nt high water; floods pl

Hochzeit f ⟨-, -en⟩ wedding; **Hochzeitsnacht** f wedding night; **Hochzeitsreise** f honeymoon; **Hochzeitstag** m wedding day; *(yearly)* wedding anniversary

hocken vi, vr squat, crouch

Hocker m ⟨-s, -⟩ stool

Hockey nt ⟨-s⟩ hockey

Hoden m ⟨-s, -⟩ testicle

Hof m ⟨-(e)s, Höfe⟩ yard; *(surrounded by building)* courtyard; *(agricultural)* farm; *(royal)* court

hoffen vi hope *(auf + acc* for); *ich hoffe es* I hope so; **hoffentlich** adv hopefully; *~ nicht!* I hope not; **Hoffnung** f hope; **hoffnungslos** adj hopeless

höflich adj polite; **Höflichkeit** f politeness

hohe(r, s) adj → **hoch**

Höhe f ⟨-, -n⟩ height; *(high land)* hill; *(of sum of money)* amount; *(flying height)* altitude; **Höhenangst** f vertigo

Höhepunkt m *(of trip)* high point; *(of show etc)* highlight; *(sexual, of film)* climax

höher adj, adv higher

hohl adj hollow

Höhle f ⟨-, -n⟩ cave

holen vt get, fetch; *(collect)* pick up; *(breath)* catch; *die Polizei ~* call the police; *jdn / etw ~ lassen* send for sb/sth

Holland nt Holland; **Holländer(in)** m(f) ⟨-s, -⟩ Dutchman / -woman; **holländisch** adj Dutch

Hölle f ⟨-, -n⟩ hell

Hologramm nt hologram

holperig adj bumpy

Holunder m ⟨-s, -⟩ elder

Holz nt ⟨-es, Hölzer⟩ wood; **Holzboden** m wooden

floor; **hölzern** adj wooden; **holzig** adj (stem) woody; **Holzkohle** f charcoal

Homebanking nt ⟨-s⟩ home banking, online banking; **Homepage** f ⟨-, -s⟩ home page; **Hometrainer** m exercise machine

Homoehe f fam gay marriage

homöopathisch adj homeopathic

homosexuell adj homosexual

Honig m ⟨-s, -e⟩ honey; **Honigmelone** f honeydew melon

Honorar nt ⟨-s, -e⟩ fee

Hopfen m ⟨-s, -⟩ BOT hop; (in brewing) hops pl

hoppla interj whoops, oops

horchen vi listen (auf + acc to); (at door) eavesdrop

hören vt, vi hear; (by chance) overhear; (attentively; radio, music) listen to; **ich habe schon viel von Ihnen gehört** I've heard a lot about you; **Hörer** m TEL receiver; **Hörer(in)** m(f) listener; **Hörgerät** nt hearing aid

Horizont m ⟨-(e)s, -e⟩ horizon; **das geht über meinen ~** that's beyond me

Hormon nt ⟨-s, -e⟩ hormone

Hornhaut f hard skin; (of eye) cornea

Horoskop nt ⟨-s, -e⟩ horoscope

Hörsaal m lecture hall; **Hörsturz** m acute hearing loss

Hose f ⟨-, -n⟩ trousers pl (Brit), pants pl (US); (undergarment) (under)pants pl; **eine ~** a pair of trousers / pants; **kurze ~** (pair of) shorts pl; **Hosenanzug** m trouser suit (Brit), pantsuit (US); **Hosenschlitz** m fly, flies (Brit); **Hosentasche** f trouser pocket (Brit), pant pocket (US); **Hosenträger** m braces pl (Brit), suspenders pl (US)

Hospital nt ⟨-s, Hospitäler⟩ hospital

Hotdog nt or m ⟨-s, -s⟩ hot dog

Hotel nt ⟨-s, -s⟩ hotel; **in welchem ~ seid ihr?** which hotel are you staying at?; **Hoteldirektor(in)** m(f) hotel manager; **Hotelkette** f hotel chain; **Hotelzimmer** nt hotel room

Hotline f ⟨-, -s⟩ hot line

Hubraum m cubic capacity

hübsch adj (girl, child, dress) pretty; (man, woman) good-looking, cute

Hubschrauber m ⟨-s, -⟩ helicopter

Huf m ⟨-(e)s, -e⟩ hoof; **Hufeisen** nt horseshoe

Hüfte f ⟨-, -n⟩ hip

Hügel m ⟨-s, -⟩ hill; **hügelig** adj hilly

Huhn nt ⟨-(e)s, Hühner⟩ hen; GASTR chicken; **Hühnchen** nt chicken; **Hühnerauge** nt corn; **Hühnerbrühe** f chicken broth

Hülle f ⟨-, -n⟩ cover; (for ID) case; (cellophane) wrapping

Hummel f ⟨-, -n⟩ bumblebee

Hummer m ⟨-s, -⟩ lobster; **Hummerkrabbe** f king prawn

Humor m ⟨-s⟩ humour; **~ haben** have a sense of humour; **humorvoll** adj humorous

humpeln vi hobble

Hund m ⟨-(e)s, -e⟩ dog; **Hundeleine** f dog lead (Brit), dog leash (US)

hundert num hundred; **hundertprozentig** adj one hundred per cent; **hundertste(r, s)** adj hundredth

Hündin f bitch

Hunger m ⟨-s⟩ hunger; **~ haben/bekommen** be/get hungry; **hungern** vi go hungry; (seriously, constantly) starve

Hupe f ⟨-, -n⟩ horn; **hupen** vi sound one's horn

Hüpfburg f bouncy castle®;

hüpfen vi hop; jump

Hürde f ⟨-, -n⟩ hurdle

Hure f ⟨-, -n⟩ whore

hurra interj hooray

husten vi cough; **Husten** m ⟨-s⟩ cough; **Hustenbonbon** nt cough sweet; **Hustensaft** m cough mixture

Hut m ⟨-(e)s, Hüte⟩ hat

hüten **1.** vt look after **2.** vr watch out; **sich ~, etw zu tun** take care not to do sth; **sich ~ vor** + dat beware of

Hütte f ⟨-, -n⟩ hut, cottage

Hyäne f ⟨-, -n⟩ hyena

Hydrant m hydrant

hygienisch adj hygienic

Hyperlink m ⟨-s, -s⟩ hyperlink

Hypnose f ⟨-, -n⟩ hypnosis; **Hypnotiseur(in)** m(f) hypnotist; **hypnotisieren** vt hypnotize

Hypothek f ⟨-, -en⟩ mortgage

hysterisch adj hysterical

I

IC m ⟨-, -s⟩ abbr = **Intercity (-zug)** Intercity (train)

ICE m ⟨-, -s⟩ abbr = **Intercityexpress(zug)** German high-speed train

ich pron I; **~ bin's** it's me; **~ nicht** not me; **du und ~** you and me; **hier bin ~!** here I am; **~ Idiot!** stupid me

Icon nt ⟨-s, -s⟩ IT icon

ideal adj ideal; **Ideal** nt ⟨-s, -e⟩ ideal

Idee f ⟨-, -n⟩ idea

identifizieren vt, vr identify

identisch adj identical

Idiot(in) m(f) ⟨-en, -en⟩ idiot; **idiotisch** adj idiotic

Idol nt ⟨-s, -e⟩ idol

Idylle f idyll; **idyllisch** adj idyllic

Immigrant(in)

Igel *m* ⟨-s, -⟩ hedgehog

ignorieren *vt* ignore

ihm *pron dat sg* → **er**, → **es**; (to) him; (*thing*) (to) it; **wie geht es ~?** how is he?; **ein Freund von ~** a friend of his

ihn *pron acc sg* → **er**; him; (*thing*) it

ihnen *pron dat pl* → **sie**; (to) them; **wie geht es ~?** how are they?; **ein Freund von ~** a friend of theirs

Ihnen *pron dat sg and pl* → **Sie**; (to) you; **wie geht es ~?** how are you?; **ein Freund von ~** a friend of yours

ihr 1. *pron (2nd person pl)* you; **~ seid's** it's you **2.** *pron (dat sg)* → **sie**; (to) her; (*thing*) (to) it; **er schickte es ~** he sent it to her; **er hat~ die Haare geschnitten** he cut her hair; **wie geht es ~?** how is she?; **ein Freund von~** a friend of hers **3.** *pron (as adj)* her; (*thing*) its; (*pl*) their; **~ Vater** her father; **~ Auto** (*several owners*) their car

Ihr 1. *pron (as adj)* your; **~(e) XY** (*at end of letter*) Yours, XY

ihre(r, s) *pron (as noun, sg)* hers; (*pl*) theirs; **das ist ~/~r/ihre(e)s** that's hers; (*pl*) that's theirs

Ihre(r, s) *pron (as noun)* yours; **das ist ~/~r/Ihr(e)s** that's yours

ihretwegen 1. *adv (sg)* because of her; (*to please her*) for her sake **2.** *adv (pl)* because of them; (*to please them*) for their sake; **ihretwegen** *adv* because of you; (*to please you*) for your sake

Ikone *f* ⟨-, -n⟩ icon

illegal *adj* illegal

Illusion *f* illusion; **sich** *dat* **~en machen** delude oneself; **illusorisch** *adj* illusory

Illustration *f* illustration

Illustrierte *f* ⟨-n, -n⟩ (glossy) magazine

im *contr* = **in dem**; **~ Bett** in bed; **~ Fernsehen** on TV; **~ Radio** on the radio; **~ Bus / Zug** on the bus / train; **~ Januar** in January; **~ Stehen** (*while*) standing up

Imbiss *m* ⟨-es, -e⟩ snack; **Imbissbude** *f* snack bar

Imbusschlüssel *m* hex key

immer *adv* always; **~ mehr** more and more; **~ wieder** again and again; **~ noch** still; **~ noch nicht** still not; **für ~** forever; **~ wenn ich ...** every time I ...; **~ schöner / trauriger** more and more beautiful / sadder and sadder; **was / wer / wo / wann (auch)** whatever / whoever / wherever / whenever; **immerhin** *adv* after all; **immerzu** *adv* all the time

Immigrant(in) *m(f)* immigrant

Immobilien pl property sg, real estate sg; **Immobilienmakler(in)** m(f) estate agent (Brit), realtor (US)

immun adj immune (gegen to); **Immunschwäche** f immunodeficiency; **Immunschwächekrankheit** f immune deficiency syndrome; **Immunsystem** nt immune system

impfen vt vaccinate; **Impfpass** m vaccination card; **Impfstoff** m vaccine; **Impfung** f vaccination

imponieren vi impress (jdm sb)

Import m ⟨-(e)s, -e⟩ import; **importieren** vt import

impotent adj impotent

imstande adj ~ **sein** be in a position; (capable) be able

in 1. prep + acc in(to); to; ~ **die Stadt** into town; ~ **die Schule gehen** go to school **2.** prep + dat in; (with time) in; (in the course of) during; (before the end of) within; ~ **der Stadt** in town; ~ **der Schule** at school; **noch** ~ **dieser Woche** by the end of this week; **heute** ~ **acht Tagen** a week (from) today; **Dienstag** ~ **einer Woche** a week on Tuesday **3.** adv ~ **sein** (fashionable) be in

inbegriffen adj included

indem conj **sie gewann,** ~ **sie mogelte** she won by cheating

Inder(in) m(f) ⟨-s, -⟩ Indian

Indianer(in) m(f) ⟨-s, -⟩ American Indian, Native American; **indianisch** adj American Indian, Native American

Indien nt ⟨-s⟩ India

indirekt adj indirect

indisch adj Indian

individuell adj individual

Indonesien nt ⟨-s⟩ Indonesia

Industrie f industry; **Industrie-** in cpds industrial

ineinander adv in(to) one another (or each other)

Infarkt m ⟨-(e)s, -e⟩ heart attack

Infektion f infection; **Infektionskrankheit** f infectious disease; **infizieren 1.** vt infect **2.** vr be infected

Info f ⟨-, -s⟩ fam info

infolge prep + gen as a result of, owing to; **infolgedessen** adv consequently

Infomaterial nt fam bumf, info

Informatik f computer science; **Informatiker(in)** m(f) ⟨-s, -⟩ computer scientist

Information f information; **Informationsschalter** m information desk; **informieren 1.** vt inform; **falsch** ~ misinform **2.** vr find out (über + acc about)

infrage adv **das kommt nicht** ~ that's out of the question; **etw** ~ **stellen** question sth

Infrastruktur f infrastructure
Infusion f infusion
Ingenieur(in) m(f) engineer
Ingwer m ⟨-s⟩ ginger
Inhaber(in) m(f) ⟨-s, -⟩ owner; (of licence) holder
Inhalt m ⟨-(e)s, -e⟩ contents pl; (of book etc) content; MATH volume; (two-dimensional) area; **Inhaltsangabe** f summary; **Inhaltsverzeichnis** nt table of contents
Initiative f initiative; **die ~ ergreifen** take the initiative
Injektion f injection
inklusive adv, prep inclusive (gen of)
inkonsequent adj inconsistent
Inland nt POL, COMM home; **im ~** at home; GEO inland; **Inlandsflug** m domestic flight; **Inlandsgespräch** nt national call
Inliner pl, **Inlineskates** pl SPORT in-line skates pl
innen adv inside; **Innenarchitekt(in)** m(f) interior designer; **Innenhof** m (inner) courtyard; **Innenminister(in)** m(f) minister of the interior, Home Secretary (Brit); **Innenseite** f inside; **Innenspiegel** m rearview mirror; **Innenstadt** f town centre; city centre
innere(r, s) adj inner; (in body, own country) internal; **Innere(s)** nt inside; (middle) centre; fig heart

innerhalb adv, prep + gen within; (with space) inside
innerlich adj internal; (calm etc) inner
innerste(r, s) adj innermost
Innovation f innovation
inoffiziell adj unofficial; (party etc) informal
ins contr = **in das**
Insasse m ⟨-n, -n⟩, **Insassin** f AUTO passenger; (of mental hospital, prison) inmate
insbesondere adv particularly, in particular
Inschrift f inscription
Insekt nt ⟨-(e)s, -en⟩ insect, bug (US); **Insektenschutzmittel** nt insect repellent; **Insektenstich** m insect bite
Insel f ⟨-, -n⟩ island
Inserat nt advertisement
insgesamt adv altogether, all in all
Insider(in) m(f) ⟨-s, -⟩ insider
insofern 1. adv in that respect; (therefore) (and) so **2.** conj if; **~ als** in so far as
Installateur(in) m(f) plumber; electrician; **installieren** vt IT install
Instinkt m ⟨-(e)s, -e⟩ instinct
Institut nt ⟨-(e)s, -e⟩ institute
Institution f institution
Instrument nt instrument
Insulin nt ⟨-s⟩ insulin
Inszenierung f production
intakt adj intact
intellektuell adj intellectual
intelligent adj intelligent; **Intelligenz** f intelligence

intensiv *adj* intensive; *(feeling, pain)* intense; **Intensivkurs** *m* crash course; **Intensivstation** *f* intensive care unit

interaktiv *adj* interactive

interessant *adj* interesting; **Interesse** *nt* ⟨-s, -n⟩ interest; **~ haben an**+ *dat* be interested in; **interessieren 1.** *vt* interest **2.** *vr* be interested *(für in)*

Interface *nt* ⟨-, -s⟩ ɪᴛ interface

Internat *nt* boarding school

international *adj* international

Internet *nt* ⟨-s⟩ Internet, Net; **im ~** on the Internet; **im ~ surfen** surf the Net; **Internetanschluss** *m* Internet connection; **Internetauktion** *f* Internet auction; **Internetcafé** *nt* Internet café, cybercafé; **Internetfirma** *f* dotcom company; **Internethandel** *m* e-commerce; **Internetseite** *f* web page; **Internetzugang** *m* Internet access

interpretieren *vt* interpret *(als* als)

Interpunktion *f* punctuation

Interview *nt* ⟨-s, -s⟩ interview; **interviewen** *vt* interview

intim *adj* intimate

intolerant *adj* intolerant

investieren *vt* invest

inwiefern *adv* in what way; *(how far)* to what extent; **inwieweit** *adv* to what extent

inzwischen *adv* meanwhile

Irak *m* ⟨-(s)⟩ **(der) ~** Iraq

Iran *m* ⟨-(s)⟩ **(der) ~** Iran

Ire *m* ⟨-n, -n⟩ Irishman

irgend *adv* **~ so ein Idiot** some idiot; **wenn ~ möglich** if at all possible; **irgendein** *pron*, **irgendeine(r, s)** *adj* some; *(with question, conditional clause: whichever)* any; **irgendetwas** *pron* something; *(with question, conditional clause)* anything; **irgendjemand** *pron* somebody; *(with question, conditional clause)* anybody; **irgendwann** *adv* sometime; *(whenever you like)* any time; **irgendwie** *adv* somehow; **irgendwo** *adv* somewhere; *(with question, conditional clause)* anywhere

Irin *f* Irishwoman; **irisch** *adj* Irish; **Irland** *nt* Ireland

ironisch *adj* ironic

irre *adj* crazy, mad; *(wonderful)* terrific; **Irre(r)** *mf* lunatic; **irreführen** *irr vt* mislead; **irren** *vi*, *vr* be mistaken; **wenn ich mich nicht irre** if I'm not mistaken; **irrsinnig** *adj* mad, crazy; **Irrtum** *m* ⟨-s, -tümer⟩ mistake, error; **irrtümlich 1.** *adj* mistaken **2.** *adv* by mistake

Ischias *m* ⟨-⟩ sciatica

Islam *m* ⟨-s⟩ Islam; **islamisch** *adj* Islamic

Island *nt* Iceland; **Islän-**

der(in) m(f) ⟨-s, -⟩ Iceland-
er; **isländisch** adj Icelandic;
Isländisch nt Icelandic
Isolierband nt insulating
tape; **isolieren** vt isolate;
ELEC insulate
Isomatte f thermomat, karry-
mat®
Israel nt ⟨-s⟩ Israel; **Israeli** m

⟨-(s), -(s)⟩ f ⟨-, -(s)⟩ Israeli; **israelisch** adj Israeli

IT f ⟨-⟩ abbr = **Informationstechnologie** IT

Italien nt ⟨-s⟩ Italy; **Italie-
ner(in)** m(f) ⟨-s, -⟩ Italian;
italienisch adj Italian; **Italienisch** nt Italian

J

ja adv yes; **aber ~!** yes, of
course; **~, wissen Sie ...**
well, you know ...; **ich glaube ~** I think so; **~?** (on
phone) hello?; **sag's ihr ~
nicht!** don't you dare tell
her; **das sag ich ~** that's
what I'm trying to say
Jacht f ⟨-, -en⟩ yacht; **Jacht-
hafen** m marina
Jacke f ⟨-, -n⟩ jacket; (knitted)
cardigan
Jackett nt ⟨-s, -s or -e⟩ jacket
Jagd f ⟨-, -en⟩ hunt; (activity)
hunting; **jagen 1.** vi hunt **2.**
vt hunt; (pursue) chase; **Jä-
ger(in)** m(f) hunter
Jaguar m ⟨-s, -e⟩ jaguar
Jahr nt ⟨-(e)s, -e⟩ year; **ein hal-
bes ~** six months pl; **Anfang
der neunziger ~e** in the early nineties; **mit sechzehn
~en** at (the age of) sixteen;
Jahrestag m anniversary;
Jahreszahl f date; year;
Jahreszeit f season; **Jahrgang** m (of wine) year, vin-

tage; **der ~ 1989** (people)
those born in 1989; **Jahrhundert** nt ⟨-s, -e⟩ century;
jährlich adj yearly, annual;
Jahrmarkt m fair; **Jahrtausend** nt millennium; **Jahrzehnt** nt decade
jähzornig adj hot-tempered
Jakobsmuschel f scallop
Jalousie f (venetian) blind
Jamaika nt ⟨-s⟩ Jamaica
jämmerlich adj pathetic
jammern vi moan
Januar m ⟨-(s), -e⟩ January; →
Juni
Japan nt ⟨-s⟩ Japan; **Japa-
ner(in)** m(f) ⟨-s, -⟩ Japanese;
japanisch adj Japanese; **Japanisch** nt Japanese
jaulen vi howl
jawohl adv yes (of course)
Jazz m ⟨-⟩ jazz
je adv ever; (for every one)
each; **~ nach** depending
on; **~ nachdem** it depends;
~ schneller desto besser
the faster the better

Jeans f ⟨-, -⟩ jeans pl

jede(r, s) 1. indef num every; (considered singly) each; (whichever you like) any; **~s Mal** every time, each time; **~n zweiten Tag** every other day; **bei ~m Wetter** in any weather **2.** pron everybody; (every single one) each; **~r von euch / uns** each of you / us; **jedenfalls** adv in any case; **jederzeit** adv at any time; **jedesmal** adv every time

jedoch adv however

jemals adv ever

jemand pron somebody; (with question or negative) anybody

Jemen m ⟨-(s)⟩ Yemen

jene(r, s) pron that (one), those pl

jenseits 1. adv on the other side **2.** prep + gen on the other side of; fig beyond

Jetlag m ⟨-s⟩ jet lag

jetzig adj present

jetzt adv now; **erst ~** only now; **~ gleich** right now; **bis ~** so far, up to now; **von ~ an** from now on

jeweils adv every time; **~ zwei zusammen** two at a time; **zu ~ 5 Euro** at 5 euros each

Job m ⟨-s, -s⟩ job; **jobben** vi fam work, have a job

Jod nt ⟨-(e)s⟩ iodine

joggen vi jog; **Jogging** nt ⟨-s⟩ jogging; **Jogginghose** f jogging pants pl

Jog(h)urt m or nt ⟨-s, -s⟩ yoghurt

Johannisbeere f **Schwarze ~** blackcurrant; **Rote ~** redcurrant

Joint m ⟨-s, -s⟩ fam joint

jonglieren vi juggle

Jordanien nt ⟨-s⟩ Jordan

Journalist(in) m(f) journalist

Joystick m ⟨-s, -s⟩ IT joystick

jubeln vi cheer

Jubiläum nt ⟨-s, Jubiläen⟩ jubilee; (date) anniversary

jucken 1. vi itch **2.** vt **es juckt mich am Arm** my arm is itching; **das juckt mich nicht** fam I couldn't care less; **Juckreiz** m itch

Jude m ⟨-n, -n⟩, **Jüdin** f Jew; **sie ist Jüdin** she's Jewish; **jüdisch** adj Jewish

Judo nt ⟨-(s)⟩ judo

Jugend f ⟨-⟩ youth; **Jugendgruppe** f youth group; **Jugendherberge** f ⟨-, -n⟩ youth hostel; **Jugendherbergsausweis** m youth hostel card; **jugendlich** adj youthful; **Jugendliche(r)** mf young person; **Jugendstil** m art nouveau; **Jugendzentrum** nt youth centre

Jugoslawien nt ⟨-s⟩ HIST Yugoslavia

Juli m ⟨-(s), -s⟩ July; → **Juni**

jung adj young

Junge m ⟨-n, -n⟩ boy

Junge(s) nt ⟨-n, -n⟩ young animal; **die ~n** pl the young pl

Jungfrau f virgin; ASTR Virgo

Junggeselle *m* ⟨-n, -n⟩ bachelor

Juni *m* ⟨-(s), -s⟩ June; **im ~** in June; **am 4. ~** on 4(th) June, on June 4(th); **Anfang / Mitte / Ende ~** at the beginning / in the middle / at the end of June; **letzten / nächsten ~** last / next June

Jupiter *m* ⟨-s⟩ Jupiter

Jura *no article (subject)* law; **~ studieren** study law; **Jurist(in)** *m(f)* lawyer; **juristisch** *adj* legal

Justiz *f* ⟨-⟩ justice; **Justizminister(in)** *m(f)* minister of justice

Juwel *nt* ⟨-s, -en⟩ jewel; **Juwelier(in)** *m(f)* ⟨-s, -e⟩ jeweller

K

Kabel *nt* ⟨-s, -⟩ ELEC wire; (*thick*) cable; **Kabelfernsehen** *nt* cable television

Kabeljau *m* ⟨-s, -e *or* -s⟩ cod

Kabine *f* cabin; (*at swimming pool*) cubicle

Kabrio *nt* ⟨-s, -s⟩ convertible

Kachel *f* ⟨-, -n⟩ tile; **Kachelofen** *m* tiled stove

Käfer *m* ⟨-s, -⟩ beetle, bug (*US*)

Kaff *nt* ⟨-s, -s⟩ dump, hole

Kaffee *m* ⟨-s, -s⟩ coffee; **~ kochen** make some coffee; **Kaffeekanne** *f* coffeepot; **Kaffeelöffel** *m* coffee spoon; **Kaffeemaschine** *f* coffee maker (*or* machine); **Kaffeetasse** *f* coffee cup

Käfig *m* ⟨-s, -e⟩ cage

kahl *adj* (*person, head*) bald; (*tree, wall*) bare

Kahn *m* ⟨-(e)s, Kähne⟩ boat; (*for goods*) barge

Kai *m* ⟨-s, -e *or* -s⟩ quay

Kaiser *m* ⟨-s, -⟩ emperor; Kai-

serin *f* empress; **Kaiserschnitt** *m* MED caesarean (section)

Kajak *nt* ⟨-s, -s⟩ kayak; **Kajakfahren** *nt* kayaking

Kajüte *f* ⟨-, -n⟩ cabin

Kakao *m* ⟨-s, -s⟩ cocoa; (*drink*) (hot) chocolate

Kakerlake *f* ⟨-, -n⟩ cockroach

Kaki *f* ⟨-, -s⟩ kaki

Kaktee *f* ⟨-, -n⟩, **Kaktus** *m* ⟨-, -se⟩ cactus

Kalb *nt* ⟨-(e)s, Kälber⟩ calf; **Kalbfleisch** *nt* veal; **Kalbsbraten** *m* roast veal; **Kalbsschnitzel** *nt* veal cutlet; (*in breadcrumbs*) escalope of veal

Kalender *m* ⟨-s, -⟩ calendar; (*book*) diary

Kalk *m* ⟨-(e)s, -e⟩ lime; (*in bones*) calcium

Kalorie *f* calorie; **kalorienarm** *adj* low-calorie

kalt *adj* cold; **mir ist (es) ~** I'm cold; **kaltblütig** *adj* cold-blooded; **Kälte** f ⟨-⟩ cold; fig coldness

kam imperf → **kommen**

Kambodscha nt ⟨-s⟩ Cambodia

Kamel nt ⟨-(e)s, -e⟩ camel

Kamera f ⟨-, -s⟩ camera

Kamerad(in) m(f) ⟨-en, -en⟩ friend; (accompanying sb) companion

Kamerafrau f, **Kameramann** m camerawoman / -man

Kamille f ⟨-, -n⟩ camomile; **Kamillentee** m camomile tea

Kamin m ⟨-s, -e⟩ (outside) chimney; (inside) fireplace

Kamm m ⟨-(e)s, Kämme⟩ comb; (of mountain) ridge; (of cock) crest; **kämmen** vr **sich ~, sich** dat **die Haare** ~ comb one's hair

Kampf m ⟨-(e)s, Kämpfe⟩ fight; (in war) battle; (in sport etc) contest; fig struggle; **kämpfen** vi fight (für, um for); **Kampfsport** m martial art

Kanada nt ⟨-s⟩ Canada; **Kanadier(in)** m(f) ⟨-s, -⟩ Canadian; **kanadisch** adj Canadian

Kanal m ⟨-s, Kanäle⟩ canal; (ditch, on TV) channel; **der ~** the (English) Channel; **Kanalinseln** pl Channel Islands pl; **Kanaltunnel** m Channel Tunnel

Kanarienvogel m canary

Kandidat(in) m(f) ⟨-en, -en⟩ candidate

Kandis(zucker) m ⟨-⟩ rock candy

Känguru nt ⟨-s, -s⟩ kangaroo

Kaninchen nt rabbit

Kanister m ⟨-s, -⟩ can

Kännchen nt pot; **ein ~ Kaffee / Tee** a pot of coffee / tea; **Kanne** f ⟨-, -n⟩ jug; (for coffee) pot; (for milk) churn; (for watering plants) can

kannte imperf → **kennen**

Kante f ⟨-, -n⟩ edge

Kantine f canteen

Kanton m ⟨-s, -e⟩ canton

Kanu nt ⟨-s, -s⟩ canoe

Kanzler(in) m(f) ⟨-s, -⟩ chancellor

Kap nt ⟨-s, -s⟩ cape

Kapelle f chapel; MUS band

Kaper f ⟨-, -n⟩ caper

kapieren vi, vt fam understand; **kapiert?** got it?

Kapital nt ⟨-s, -e or -ien⟩ capital

Kapitän m ⟨-s, -e⟩ captain

Kapitel nt ⟨-s, -⟩ chapter

Kappe f ⟨-, -n⟩ cap

Kapsel f ⟨-, -n⟩ capsule

kaputt adj fam broken; (person) exhausted; **kaputtgehen** irr vi break; (shoes) fall apart; **kaputtmachen** vt break; (person) wear out

Kapuze f ⟨-, -n⟩ hood

Karaffe f ⟨-, -n⟩ carafe; (with stopper) decanter

Karamell m ⟨-s⟩ caramel, toffee

Karaoke nt ⟨-(s)⟩ karaoke

Karat nt ⟨-s, -e⟩ carat

Karate nt ⟨-s⟩ karate

Kardinal m ⟨-s, Kardinäle⟩ cardinal

Karfreitag m Good Friday

kariert adj checked; (paper) squared

Karies f ⟨-⟩ (tooth) decay

Karikatur f caricature

Karneval m ⟨-s, -e or -s⟩ carnival

Kärnten nt ⟨-s⟩ Carinthia

Karo nt ⟨-s, -s⟩ square; (card suit) diamonds pl

Karosserie f ⟨-, -n⟩ AUTO body (-work)

Karotte f ⟨-, -n⟩ carrot

Karpfen m ⟨-s, -⟩ carp

Karriere f ⟨-, -n⟩ career

Karte f ⟨-, -n⟩ card; (of country etc) map; (in restaurant) menu; (for theatre, train etc) ticket; **mit ~ bezahlen** pay by credit card; **~n spielen** play cards; **die ~n mischen / geben** shuffle / deal the cards

Kartei f card index; **Karteikarte** f index card

Kartenspiel nt card game; **Kartentelefon** nt cardphone; **Kartenvorverkauf** m advance booking

Kartoffel f ⟨-, -n⟩ potato; **Kartoffelbrei** m mashed potatoes pl; **Kartoffelchips** pl crisps (Brit), chips pl (US); **Kartoffelsalat** m potato salad

Karton m ⟨-s, -s⟩ cardboard;

(container) (cardboard) box

Karussell nt ⟨-s, -s⟩ roundabout (Brit), merry-go-round

Kaschmir m ⟨-s, e⟩ cashmere

Käse m ⟨-s, -⟩ cheese; **Käsekuchen** m cheesecake; **Käseplatte** f cheeseboard

Kasino nt ⟨-s, -s⟩ casino

Kasper(l) m ⟨-s, -⟩ Punch; fig clown; **Kasperl(e)theater** nt Punch and Judy show

Kasse f ⟨-, -n⟩ (in shop) till, cash register; (in supermarket) checkout; (container) cashbox; (at theatre) box office; (at cinema) ticket office; (insurance scheme) health insurance; **Kassenbon** m ⟨-s, -s⟩, **Kassenzettel** m receipt

Kassette f (small) box; (tape) cassette; **Kassettenrekorder** m cassette recorder

kassieren 1. vt take **2.** vi **darf ich ~?** would you like to pay now?; **Kassierer(in)** m(f) cashier

Kastanie f chestnut

Kasten m ⟨-s, Kästen⟩ box; (for bottles) crate

Kat m abbr → **Katalysator**

Katalog m ⟨-(e)s, -e⟩ catalogue

Katalysator m AUTO catalytic converter

Katar nt ⟨-s⟩ Qatar

Katarr(h) m ⟨-s, -e⟩ catarrh

Katastrophe f ⟨-, -n⟩ catastrophe, disaster

Kategorie f ⟨-, -n⟩ category

Kater m ⟨-s, -⟩ tomcat; fam

hangover

Kathedrale f ⟨-, -n⟩ cathedral

Katholik(in) m(f) Catholic; **katholisch** adj Catholic

Katze f ⟨-, -n⟩ cat

Kauderwelsch nt ⟨-(s)⟩ gibberish

kauen vt, vi chew

Kauf m ⟨-(e)s, Käufe⟩ purchase; (action) buying; **ein guter ~** a bargain; **etw in ~ nehmen** put up with sth; **kaufen** vt buy; **Käufer(in)** m(f) buyer; **Kauffrau** f businesswoman; **Kaufhaus** nt department store; **Kaufmann** m businessman; (retailer) shopkeeper (Brit), storekeeper (US)

Kaugummi m chewing gum

Kaulquappe f ⟨-, -n⟩ tadpole

kaum adv hardly, scarcely

Kaution f deposit; LAW bail

Kaviar m caviar

KB nt ⟨-, -⟩, **Kbyte** nt ⟨-, -⟩ abbr → **Kilobyte** KB

Kebab m ⟨-(s), -s⟩ kebab

Kegel m ⟨-s, -⟩ skittle; (in tenpin bowling) pin; MATH cone; **Kegelbahn** f bowling alley; **kegeln** vi play skittles; (in tenpin bowling) bowl

Kehle f ⟨-, -n⟩ throat; **Kehlkopf** m larynx

kehren vt (with brush) sweep

Keilriemen m AUTO fan belt

kein pron no, not ... any; **ich habe ~ Geld** I have no money, I don't have money; **keine(r, s)** pron no one, no-

body; (thing) not ... any, none; **~r von ihnen** none of them; (two people / things) neither of them; **ich will keins von beiden** I don't want either of them; **keinesfalls** adv on no account, under no circumstances

Keks m ⟨-es, -e⟩ biscuit (Brit), cookie (US); **jdm auf den ~ gehen** fam get on sb's nerves

Keller m ⟨-s, -⟩ cellar; (storey) basement

Kellner m ⟨-s, -⟩ waiter; **Kellnerin** f waitress

Kenia nt ⟨-s⟩ Kenya

kennen ⟨kannte, gekannt⟩ vt know; **wir ~ uns seit 1990** we've known each other since 1990; **kennenlernen** vt get to know; **sich ~** get to know each other; (for the first time) meet

Kenntnis f knowledge; **seine ~se** his knowledge

Kennwort nt a. IT password; **Kennzeichen** nt mark, sign; AUTO number plate (Brit), license plate (US)

Kerl m ⟨-s, -e⟩ guy, bloke (Brit)

Kern m ⟨-(e)s, -e⟩ (of fruit) pip; (of peach, cherry etc) stone; (of nut) kernel; (of atom) nucleus; fig heart, core

Kernenergie f nuclear energy; **Kernkraft** f nuclear power; **Kernkraftwerk** nt nuclear power station

Kerze f ⟨-, -n⟩ candle; (in engine) plug

Ket(s)chup m or nt ⟨-(s), -s⟩ ketchup

Kette f ⟨-, -n⟩ chain; (jewellery) necklace

keuchen vi pant; **Keuchhusten** m whooping cough

Keule f ⟨-, -n⟩ club; GASTR leg; (of chicken also) drumstick

Keyboard nt ⟨-s, -s⟩ MUS keyboard

Kfz nt abbr → **Kraftfahrzeug**

Kfz-Brief m ⟨-(e)s, -e⟩ logbook

Kfz-Steuer f ≈ road tax (Brit), vehicle tax (US)

Kichererbse f chick pea

kichern vi giggle

Kickboard® nt ⟨-s, -s⟩ micro scooter

Kicker m ⟨-s, -⟩ table football (Brit), foosball (US)

kidnappen vt kidnap

Kidney-Bohne f kidney bean

Kiefer 1. m ⟨-s, -⟩ jaw **2.** f ⟨-, -n⟩ pine; **Kieferchirurg(in)** m(f) oral surgeon

Kieme f ⟨-, -n⟩ gill

Kies m ⟨-es, -e⟩ gravel; **Kiesel** m ⟨-s, -⟩, **Kieselstein** m pebble

kiffen vi fam smoke pot

Kilo nt ⟨-s, -(s)⟩ kilo; **Kilobyte** nt kilobyte; **Kilogramm** nt kilogram; **Kilometer** m kilometre; **Kilometerstand** m ≈ mileage; **Kilowatt** nt kilowatt

Kind nt ⟨-(e)s, -er⟩ child; **sie**

bekommt ein ~ she's having a baby; **Kinderarzt** m, **Kinderärztin** f paediatrician; **Kinderbetreuung** f childcare; **Kinderbett** nt cot (Brit), crib (US); **Kinderfahrkarte** f child's ticket; **Kindergarten** m nursery school, kindergarten; **Kindergärtner(in)** m(f) nursery-school teacher; **Kindergeld** nt child benefit; **Kinderkrankheit** f children's illness; **Kinderkrippe** f crèche (Brit), daycare center (US); **Kinderlähmung** f polio; **Kindermädchen** nt nanny (Brit), nurse(maid); **kindersicher** adj childproof; **Kindersicherung** f childproof safety catch; (on bottle) childproof cap; **Kindersitz** m child seat; **Kinderteller** m (in restaurant) children's portion; **Kinderwagen** m pram (Brit), baby carriage (US); **Kinderzimmer** nt children's (bed)room; **Kindheit** f childhood; **kindisch** adj childish; **kindlich** adj child-like

Kinn nt ⟨-(e)s, -e⟩ chin

Kino nt ⟨-s, -s⟩ cinema (Brit), movie theater (US); **ins ~ gehen** go to the cinema (Brit) (or to the movies (US))

Kiosk m ⟨-(e)s, -e⟩ kiosk

Kippe f fam cigarette end, fag end (Brit)

Kirche f ⟨-, -n⟩ church; **Kirchturm** m church tower; (pointed) steeple

Kirmes f ⟨-, -sen⟩ fair

Kirsche f ⟨-, -n⟩ cherry; **Kirschtomate** f cherry tomato

Kissen nt ⟨-s, -⟩ cushion; (on bed) pillow

Kiste f ⟨-, -n⟩ box; (trunk) chest

KITA f abbr = **Kindertagesstätte** day-care centre (Brit), daycare center (US)

kitschig adj kitschy, cheesy

kitzelig adj a. fig ticklish; **kitzeln** vt, vi tickle

Kiwi f ⟨-, -s⟩ kiwi (fruit)

Klage f ⟨-, -n⟩ complaint; LAW lawsuit; **klagen** vi complain (über + acc about, bei to); **kläglich** adj wretched

Klammer f ⟨-, -n⟩ (in text) bracket; (on documents) clip; (for washing) peg (Brit), clothespin (US); (on teeth) brace; **Klammeraffe** m fam at-sign, @; **klammern** vr cling (an + acc to)

klang imperf → **klingen**

Klang m ⟨-(e)s, Klänge⟩ sound

Klappbett nt folding bed

klappen vi impers (succeed) work; **es hat gut geklappt** it went well

klappern vi rattle; (pots and pans) clatter; **Klapperschlange** f rattlesnake

Klappstuhl m folding chair

klar adj clear; **sich** dat **im Klaren sein** be clear (über + acc about); **alles ~?** everything okay?

klären 1. vt (liquid) purify; (problem, issue) clarify **2.** vr clear itself up

Klarinette f ⟨-, -n⟩ clarinet

klarkommen irr vi **mit etw ~** cope with something; **kommst du klar?** are you managing all right?; **mit jdm ~** get along with sb; **klarmachen** vt **jdm etw ~** make sth clear to sb; **klarstellen** vt clarify

Klärung f (of problem, issue) clarification

klasse adj inv fam great, brilliant

Klasse f ⟨-, -n⟩ class; (year in school) form (Brit), grade (US); **erster ~ reisen** travel first class; **in welche ~ gehst du?** which form (Brit) (or grade (US)) are you in?; **Klassenarbeit** f test; **Klassenlehrer(in)** m(f) class teacher; **Klassenzimmer** nt classroom

Klassik f classical period; classical music

Klatsch m ⟨-(e)s, -e⟩ (talk) gossip; **klatschen** vi (hit) smack; (after concert etc) applaud, clap; (talk) gossip; **klatschnass** adj soaking (wet)

Klaue f ⟨-, -n⟩ claw; fam (handwriting) scrawl

klauen vt fam pinch

Klavier nt ⟨-s, -e⟩ piano

Klebeband nt adhesive tape; **kleben 1.** vt stick (an + acc to) **2.** vi (unpleasantly) be sticky; **klebrig** adj sticky; **Klebstoff** m glue; **Klebstreifen** m adhesive tape

Klecks m ⟨-es, -e⟩ blob; (of ink) blot

Klee m ⟨-s⟩ clover

Kleid nt ⟨-(e)s, -er⟩ dress; **~e** pl clothes pl; **Kleiderbügel** m coat hanger; **Kleiderschrank** m wardrobe (Brit), closet (US); **Kleidung** f clothing

klein adj small, little; (finger) little; **mein ~er Bruder** my little (or younger) brother; **als ich noch ~ war** when I was a little boy / girl; **etw ~ schneiden** chop sth up; **Kleinanzeige** f classified ad; **Kleinbuchstabe** m small letter; **Kleinbus** m minibus; **Kleingeld** nt change; **Kleinigkeit** f trifle; (meal) snack; **Kleinkind** nt toddler; **kleinschreiben** vt write with a small letter; **Kleinstadt** f small town

Klempner(in) m(f) plumber

klettern vi climb

Klettverschluss m Velcro® fastening

klicken vi a. IT click

Klient(in) m(f) ⟨-en, -en⟩ client

Klima nt ⟨-s, -s⟩ climate; **Klimaanlage** f air condition-

ing; **klimatisiert** adj air-conditioned

Klinge f ⟨-, -n⟩ blade

Klingel f ⟨-, -n⟩ bell; **klingeln** vi ring

klingen ⟨klang, geklungen⟩ vi sound

Klinik f clinic; (non-specialist) hospital

Klinke f ⟨-, -n⟩ handle

Klippe f ⟨-, -n⟩ cliff; (in sea) reef; fig hurdle

Klischee nt ⟨-s, -s⟩ fig cliché

Klo nt ⟨-s, -s⟩ fam loo (Brit), john (US); **Klobrille** f toilet seat; **Klopapier** nt toilet paper

klopfen vt, vi knock; (heart) thump

Kloß m ⟨-es, Klöße⟩ (in throat) lump; GASTR dumpling

Kloster nt ⟨-s, Klöster⟩ monastery; (for women) convent

Klub m ⟨-s, -s⟩ club

klug adj clever

knabbern vt, vi nibble

Knäckebrot nt crispbread

knacken vt, vi crack

Knall m ⟨-(e)s, -e⟩ bang; **knallen** vi bang

knapp adj (in short supply) scarce; (victory) narrow; **~ bei Kasse sein** be short of money; **~ zwei Stunden** just under two hours

kneifen ⟨kniff, gekniffen⟩ vt, vi pinch; (shirk) back out (vor + dat of)

Kneipe f ⟨-, -n⟩ fam pub (Brit), bar

Knete f ⟨-⟩ fam (money) dough; **kneten** vt knead; (shape) mould

knicken vt, vi break; (paper) fold

Knie nt ⟨-s, -⟩ knee; **in die ~ gehen** bend one's knees; **Kniebeuge** f knee bend; **Kniegelenk** nt knee joint; **Kniekehle** f back of the knee; **knien** vi kneel; **Kniescheibe** f kneecap; **Knieschoner** m ⟨-s, -⟩, **Knieschützer** m ⟨-s, -⟩ knee pad

kniff imperf → **kneifen**

knipsen 1. vt punch; PHOT snap 2. vi PHOT take snaps

knirschen vi crunch; **mit den Zähnen ~** grind one's teeth

knitterfrei adj non-crease; **knittern** vi crease

Knoblauch m garlic; **Knoblauchbrot** nt garlic bread; **Knoblauchzehe** f clove of garlic

Knöchel m ⟨-s, -⟩ knuckle; (of foot) ankle

Knochen m ⟨-s, -⟩ bone; **Knochenbruch** m fracture; **Knochenmark** nt marrow

Knödel m ⟨-s, -⟩ dumpling

Knopf m ⟨-(e)s, Knöpfe⟩ button; **Knopfdruck** m **auf ~** at the touch of a button; **Knopfloch** nt buttonhole

Knospe f ⟨-, -n⟩ bud

knoten vt knot; **Knoten** m ⟨-s, -⟩ knot; MED lump

Know-how nt ⟨-(s)⟩ know-how, expertise

knurren vi (dog) growl; (stomach) rumble; (person) grumble

knusprig adj crisp; (biscuit) crunchy

knutschen vi fam smooch

k. o. adj inv SPORT knocked out; fig knackered

Koalition f coalition

Koch m ⟨-(e)s, Köche⟩ cook; **Kochbuch** nt cookery book, cookbook; **kochen** vt, vi cook; (water) boil; (coffee, tea) make; **Köchin** f cook; **Kochlöffel** m wooden spoon; **Kochnische** f kitchenette; **Kochplatte** f hotplate; **Kochrezept** nt recipe; **Kochtopf** m saucepan

Kode m ⟨-s, -s⟩ code

Köder m ⟨-s, -⟩ bait

Koffein nt ⟨-s⟩ caffeine; **koffeinfrei** adj decaffeinated

Koffer m ⟨-s, -⟩ (suit)case; **Kofferraum** m AUTO boot (Brit), trunk (US)

Kognak m ⟨-s, -s⟩ brandy

Kohl m ⟨-(e)s, -e⟩ cabbage

Kohle f ⟨-, -n⟩ coal; (made from wood) charcoal; fam (money) cash, dough; **Kohlehydrat** nt carbohydrate; **Kohlendioxid** nt carbon dioxide; **Kohlensäure** f (in drinks) fizz; **ohne ~** still, non-carbonated (US); **mit ~** sparkling, carbonated (US)

Kohlrabi m ⟨-(s), -(s)⟩ kohlrabi

Koje f ⟨-, -n⟩ cabin; (bed)

bunk
Kokain nt ⟨-s⟩ cocaine
Kokosnuss f coconut
Kolben m ⟨-s, -⟩ TECH piston
Kolik f ⟨-, -en⟩ colic
Kollaps m ⟨-es, -e⟩ collapse
Kollege m ⟨-n, -n⟩, **Kollegin** f
  colleague
Köln nt ⟨-s⟩ Cologne
Kolonne f ⟨-, -n⟩ convoy
Kolumbien nt ⟨-s⟩ Columbia
Koma nt ⟨-s, -s⟩ coma
Kombi m ⟨-s, -s⟩ estate (car)
  (*Brit*), station wagon (*US*)
Kombination f combina-
  tion; (*reasoning*) deduction;
kombinieren 1. vt combine
  2. vi reason; (*suspect*) guess
Komfort m ⟨-s⟩ conveniences
  pl; (*of guest, room etc*) comfort
Komiker(in) m(f) comedian,
  comic; **komisch** adj funny
Komma nt ⟨-s, -s⟩ comma
kommen ⟨kam, gekommen⟩ vi
  come; (*come closer*) approach; (*occur*) happen;
  (*reach, begin*) get; (*become
  visible*) appear; (*to school,
  prison etc*) go; **zu sich ~**
  come round (*or* to); **zu etw
  ~** (*get*) acquire sth; (*find time
  for*) get round to sth; **wer
  kommt zuerst?** who's first?;
  kommend adj coming; **~e
  Woche** next week; **in den
  ~en Jahren** in the years to
  come
Kommentar m commentary;
  kein ~ no comment

Kommilitone m ⟨-n, -n⟩,
  Kommilitonin f fellow student
Kommissar(in) m(f) inspector
Kommode f ⟨-, -n⟩ chest of
  drawers
Kommunikation f communication
Kommunion f REL communion
Kommunismus m commu-
  nism
Komödie f comedy
kompakt adj compact
Kompass m ⟨-es, -e⟩ compass
kompatibel adj compatible
kompetent adj competent
komplett adj complete
Kompliment nt compliment;
  jdm ein ~ machen pay sb
  a compliment; **~!** congratulations
kompliziert adj complicated
Komponist(in) m(f) compos-
  er
Kompost m ⟨-(e)s, -e⟩ compost; **Komposthaufen** m
  compost heap
Kompott nt ⟨-(e)s, -e⟩ stewed
  fruit
Kompresse f ⟨-, -n⟩ compress
Kompromiss m ⟨-es, -e⟩ compromise
Kondition f condition; **sie
  hat eine gute ~** she's in good
  shape
Konditorei f cake shop; (*serving coffee etc*) café
Kondom nt ⟨-s, -e⟩ condom

Konfektionsgröße f size

Konferenz f conference

Konfession f religion; (within Christianity) denomination

Konfetti nt ⟨-(s)⟩ confetti

Konfirmation f REL confirmation

Konflikt m ⟨-(e)s, -e⟩ conflict

konfrontieren vt confront

Kongo m ⟨-s⟩ Congo

Kongress m ⟨-es, -e⟩ conference; **der ~** (US parliament) Congress

König m ⟨-(e)s, -e⟩ king; **Königin** f queen; **königlich** adj royal; **Königreich** nt kingdom

Konkurrenz f competition

können ⟨konnte, gekonnt⟩ vt, vi be able to, can; (poem, song) know; **~ Sie Deutsch?** can (or do) you speak German?; **ich kann nicht kommen** I can't come; **das kann sein** that's possible; **ich kann nichts dafür** it's not my fault

konsequent adj consistent

konservativ adj conservative

Konserven pl tinned food sg (Brit), canned food sg; **Konservendose** f tin (Brit), can

konservieren vt preserve; **Konservierungsmittel** nt preservative

Konsonant m consonant

Konsul(in) m(f) ⟨-s, -n⟩ consul; **Konsulat** nt consulate

Kontakt m ⟨-(e)s, -e⟩ contact;

kontaktarm adj **er ist ~** he lacks contact with other people; **kontaktfreudig** adj sociable; **Kontaktlinsen** pl contact lenses pl

Kontinent m continent

Konto nt ⟨-s, Konten⟩ account; **Kontoauszug** m (bank) statement; **Kontoinhaber(in)** m(f) account holder; **Kontonummer** f account number; **Kontostand** m balance

Kontrabass m double bass

Kontrast m ⟨-(e)s, -e⟩ contrast

Kontrolle f ⟨-, -n⟩ control; (checking) supervision; (at airport etc) passport control; **kontrollieren** vt control; (verify) check

Konzentration f concentration; **Konzentrationslager** nt HIST concentration camp; **konzentrieren** vt, vr concentrate

Konzept nt ⟨-(e)s, -e⟩ rough draft

Konzern m ⟨-(e)s, -e⟩ firm

Konzert nt ⟨-(e)s, -e⟩ concert; (piece of music) concerto; **Konzertsaal** m concert hall

koordinieren vt coordinate

Kopf m ⟨-(e)s, Köpfe⟩ head; **Kopfhörer** m headphones pl; **Kopfkissen** nt pillow; **Kopfsalat** m lettuce; **Kopfschmerzen** pl headache sg; **Kopfstütze** f headrest; **Kopftuch** nt headscarf

Kopie f copy; **kopieren** vt a. IT

copy; **Kopierer** m ⟨-s, -⟩, **Kopiergerät** nt copier

Kopilot(in) m(f) co-pilot

Koralle f ⟨-, -n⟩ coral

Koran m ⟨-s⟩ REL Koran

Korb m ⟨-(e)s, Körbe⟩ basket; **jdm einen ~ geben** fig turn sb down

Kord m ⟨-(e)s, -e⟩ corduroy

Kordel f ⟨-, -n⟩ cord

Kork m ⟨-(e)s, -e⟩ cork; **Korken** m ⟨-s, -⟩ cork; **Korkenzieher** m ⟨-s, -⟩ corkscrew

Korn nt ⟨-(e)s, Körner⟩ grain; **Kornblume** f cornflower

Körper m ⟨-s, -⟩ body; **Körperbau** m build; **Körpergeruch** m body odour; **körperlich** adj physical; **Körperverletzung** f physical injury

korrekt adj correct

Korrespondent(in) m(f) correspondent; **Korrespondenz** f correspondence

korrigieren vt correct

Kosmetik f cosmetics pl; **Kosmetikkoffer** m vanity case; **Kosmetiksalon** m beauty parlour

Kost f ⟨-⟩ food; (meals) board

kostbar adj precious; (dear) costly, expensive

kosten 1. vt cost **2.** vt, vi (sample) taste; **Kosten** pl costs pl, cost; (money spent) expenses pl; **auf ~ von** at the expense of; **kostenlos** adj free (of charge); **Kostenvoranschlag** m estimate

köstlich adj (food) delicious;

sich ~ amüsieren have a marvellous time

Kostprobe f taster; fig sample; **kostspielig** adj expensive

Kostüm nt ⟨-s, -e⟩ costume; (jacket and skirt) suit

Kot m ⟨-(e)s⟩ excrement

Kotelett nt ⟨-(e)s, -e or -s⟩ chop, cutlet

Koteletten pl sideboards pl (Brit), sideburns pl (US)

Kotflügel m AUTO wing

kotzen vi vulg puke, throw up

Krabbe f ⟨-, -n⟩ shrimp; (larger) prawn; (with pincers) crab

krabbeln vi crawl

Krach m ⟨-(e)s, -s or -e⟩ crash; (continuous) noise; fam (argument) row

Kraft f ⟨-, Kräfte⟩ strength; POL, PHYS force; (ability) power; **in ~ treten** come into effect; **Kraftausdruck** m swearword; **Kraftfahrzeug** nt motor vehicle; **Kraftfahrzeugbrief** m ≈ logbook; **Kraftfahrzeugschein** m vehicle registration document; **Kraftfahrzeugsteuer** f ≈ road tax (Brit), vehicle tax (US); **Kraftfahrzeugversicherung** f car insurance; **kräftig** adj strong; healthy; (colour) intense, strong; **Kraftstoff** m fuel; **Kraftwerk** nt power station

Kragen m ⟨-s, -⟩ collar

Krähe f ⟨-, -n⟩ crow

Kralle f ⟨-, -n⟩ claw; (on car) wheel clamp

Kram m ⟨-(e)s⟩ stuff

Krampf m ⟨-(e)s, Krämpfe⟩ cramp; (twitching) spasm; **Krampfader** f varicose vein

Kran m ⟨-(e)s, Kräne⟩ crane

Kranich m ⟨-s, -e⟩ zool crane

krank adj ill, sick

kränken vt hurt

Krankengymnastik f physiotherapy; **Krankenhaus** nt hospital; **Krankenkasse** f health insurance; **Krankenpfleger** m ⟨-s, -⟩ (male) nurse; **Krankenschein** m health insurance certificate; **Krankenschwester** f nurse; **Krankenversicherung** f health insurance; **Krankenwagen** m ambulance; **Krankheit** f illness; (infectious) disease

Kränkung f insult

Kranz m ⟨-es, Kränze⟩ wreath

krass adj crass; fam (wonderful) wicked

kratzen vt, vi scratch; **Kratzer** m ⟨-s, -⟩ scratch

kraulen 1. vi (swim) do the crawl **2.** vt (stroke) pet

Kraut nt ⟨-(e)s, Kräuter⟩ cabbage; **Kräuter** pl herbs pl; **Kräuterbutter** f herb butter; **Kräutertee** m herbal tea; **Krautsalat** m coleslaw

Krawatte f tie

kreativ adj creative

Krebs m ⟨-es, -e⟩ zool crab; MED cancer; ASTR Cancer

Kredit m ⟨-(e)s, -e⟩ credit; **auf ~** on credit; **einen ~ aufnehmen** take out a loan; **Kreditkarte** f credit card

Kreide f ⟨-, -n⟩ chalk

Kreis m ⟨-es, -e⟩ circle; (administrative area) district

Kreisel m ⟨-s, -⟩ (toy) top; (on road) roundabout (Brit), traffic circle (US)

Kreislauf m MED circulation; fig (of nature etc) cycle; **Kreislaufstörungen** pl MED **ich habe ~** I've got problems with my circulation; **Kreisverkehr** m roundabout (Brit), traffic circle (US)

Kren m ⟨-s⟩ horseradish

Kresse f ⟨-, -n⟩ cress

Kreuz nt ⟨-es, -e⟩ cross; ANAT small of the back; (card suit) clubs pl; **mir tut das ~ weh** I've got backache; **Kreuzband** nt cruciate ligament; **Kreuzfahrt** f cruise; **Kreuzgang** m cloisters pl; **Kreuzotter** f ⟨-, -n⟩ adder; **Kreuzschlüssel** m AUTO wheel brace; **Kreuzschmerzen** pl backache sg; **Kreuzung** f crossroads sg, intersection; (animal, plant) cross; **Kreuzworträtsel** nt crossword (puzzle)

kriechen ⟨kroch, gekrochen⟩ vi crawl; (unobtrusively) creep; fig pej (vor jdm) ~ crawl (to sb)

Krieg m ⟨-(e)s, -e⟩ war

kriegen vt fam get; (rascal,

bus etc) catch; **sie kriegt ein Kind** she's having a baby; **ich kriege noch Geld von dir** you still owe me some money

Krimi *m* ⟨-s, -s⟩ *fam* thriller; **Kriminalität** *f* criminality; **Kriminalpolizei** *f* detective force, ≈ CID (*Brit*), ≈ FBI (*US*); **Kriminalroman** *m* detective novel; **kriminell** *adj* criminal

Krippe *f* ⟨-, -n⟩ manger; (*Nativity scene*) crib (*Brit*), crèche (*US*); (*nursery*) crèche (*Brit*), daycare center (*US*)

Krise *f* ⟨-, -n⟩ crisis

Kristall 1. *m* ⟨-s, -e⟩ crystal **2.** *nt* ⟨-s⟩ (*glass*) crystal

Kritik *f* ⟨-, -en⟩ criticism; (*of film, book etc*) review; **Kritiker(in)** *m(f)* critic; **kritisch** *adj* critical

kritzeln *vt, vi* scribble, scrawl

Kroate *m* ⟨-n, -n⟩ Croat; **Kroatien** *nt* ⟨-s⟩ Croatia; **Kroatin** *f* Croat; **kroatisch** *adj* Croatian; **Kroatisch** *nt* Croatian

kroch *imperf →* **kriechen**

Krokodil *nt* ⟨-s, -e⟩ crocodile

Krokus *m* ⟨-, *- or* -se⟩ crocus

Krone *f* ⟨-, -n⟩ crown

Kröte *f* ⟨-, -n⟩ toad

Krücke *f* ⟨-, -n⟩ crutch

Krug *m* ⟨-(e)s, Krüge⟩ jug; (*for beer*) mug

Krümel *m* ⟨-s, -⟩ crumb

krumm *adj* crooked

Kruste *f* ⟨-, -n⟩ crust

Kruzifix *nt* ⟨-es, -e⟩ crucifix

Kuba *nt* ⟨-s⟩ Cuba

Kübel *m* ⟨-s, -⟩ tub; (*with handle*) bucket

Kubikmeter *m* cubic metre

Küche *f* ⟨-, -n⟩ kitchen; (*activity*) cooking

Kuchen *m* ⟨-s, -⟩ cake; **Kuchengabel** *f* cake fork

Küchenmaschine *f* food processor; **Küchenpapier** *nt* kitchen roll; **Küchenschrank** *m* (kitchen) cupboard

Kuckuck *m* ⟨-s, -e⟩ cuckoo

Kugel *f* ⟨-, -n⟩ ball; MATH sphere; MIL bullet; (*on Christmas tree*) bauble; **Kugellager** *nt* ball bearing; **Kugelschreiber** *m* (ball-point) pen, biro® (*Brit*); **Kugelstoßen** *nt* ⟨-s⟩ shot put

Kuh *f* ⟨-, Kühe⟩ cow

kühl *adj* cool; **Kühlbox** *f* cool box; **kühlen** *vt* cool; **Kühler** *m* ⟨-s, -⟩ AUTO radiator; **Kühlerhaube** *f* AUTO bonnet (*Brit*), hood (*US*); **Kühlschrank** *m* fridge, refrigerator; **Kühltasche** *f* cool bag; **Kühltruhe** *f* freezer

Kuhstall *m* cowshed

Küken *nt* ⟨-s, -⟩ chick

Kuli *m* ⟨-s, -s⟩ *fam* pen, biro® (*Brit*)

Kulisse *f* ⟨-, -n⟩ scenery

Kult *m* ⟨-s, -e⟩ cult; **Kultfigur** *f* cult figure

Kultur *f* culture; (*way of life*) civilization; **Kulturbeutel** *m*

toilet bag (*Brit*), washbag;
kulturell *adj* cultural
Kümmel *m* ⟨-s, -⟩ caraway
seeds *pl*
Kummer *m* ⟨-s⟩ grief, sorrow
kümmern 1. *vr* **sich um jdn ~**
look after sb; **sich um etw ~**
see to sth **2.** *vt* cancel; **das
kümmert mich nicht** that
doesn't worry me
Kumpel *m* ⟨-s, -⟩ *fam* mate,
pal
Kunde *m* ⟨-n, -n⟩ customer;
Kundendienst *m* after-sales
(*or* customer) service;
Kunden(kredit)karte *f*
storecard, chargecard; **Kun-
dennummer** *f* customer
number
kündigen 1. *vi* hand in one's
notice; (*tenant*) give notice
that one is moving out;
jdm ~ give sb his / her notice; (*landlord*) give sb notice to quit **2.** *vt* cancel; (*contract*) terminate; **jdm die
Stellung ~** give sb his / her
notice; **Kündigung** *f* (*from
job*) dismissal; (*of contract*)
termination; (*of subscription*) cancellation; (*period
of notification*) notice
Kundin *f* customer; **Kund-
schaft** *f* customers *pl*
künftig *adj* future
Kunst *f* skill ⟨-, Künste⟩ art; (*ability*) skill; **Kunstausstellung** *f*
art exhibition; **Kunstgewer-
be** *nt* arts and crafts *pl*;
Künstler(in) *m(f)* ⟨-s, -⟩ art-

ist; **künstlerisch** *adj* artistic
künstlich *adj* artificial
Kunststoff *m* synthetic mate-
rial; **Kunststück** *nt* trick;
Kunstwerk *nt* work of art
Kupfer *nt* ⟨-s, -⟩ copper
Kuppel *f* ⟨-, -n⟩ dome
kuppeln *vi* AUTO operate the
clutch; **Kupplung** *f* cou-
pling; AUTO clutch
Kur *f* ⟨-, -en⟩ course of treatment; (*at health resort*) cure
Kür *f* ⟨-, -en⟩ SPORT free programme
Kurbel *f* ⟨-, -n⟩ winder
Kürbis *m* ⟨-ses, -se⟩ pumpkin
Kurierdienst *m* courier service
Kurort *m* health resort
Kurs *m* ⟨-es, -e⟩ course; FIN
rate; (*for foreign currency*)
exchange rate
kursiv 1. *adj* italic **2.** *adv* in
italics
Kursleiter(in) *m(f)* course tutor; **Kursteilnehmer(in)**
m(f) (*course*) participant
Kurve *f* ⟨-, -n⟩ curve; (*in road*)
bend; **kurvenreich** *adj*
(*road*) winding
kurz *adj* short; (*with time also*) brief; **~ vorher / darauf**
shortly before / after;
kannst du ~ kommen?
could you come here for a
minute?; **~ gesagt** in short;
kurzärmelig *adj* short-
sleeved; **kürzen** *vt* cut short;
(*in length*) shorten; (*salary*)
reduce; **kurzerhand** *adv* on

the spot; **kurzfristig** adj short-term; **das Konzert wurde ~ abgesagt** the concert was called off at short notice; **Kurzgeschichte** f short story; **kürzlich** adv recently; **Kurzparkzone** f short-stay (*Brit*) or short-term (*US*) parking zone; **Kurzschluss** m ELEC short circuit; **kurzsichtig** adj short-sighted; **Kurztrip** m trip, break; **Kurzurlaub** m short holiday (*Brit*), short vacation (*US*)

Kusine f cousin
Kuss m ⟨-es, Küsse⟩ kiss; **küssen** vt, vr kiss
Küste f ⟨-, -n⟩ coast; (*strip of land*) shore; **Küstenwache** f coastguard
Kutsche f ⟨-, -n⟩ carriage; (*enclosed*) coach
Kuvert nt ⟨-s, -s⟩ envelope
Kuvertüre f ⟨-, -n⟩ coating
Kuwait nt ⟨-s⟩ Kuwait
KZ nt ⟨-s, -s⟩ abbr → **Konzentrationslager** HIST concentration camp

L

Labor nt ⟨-s, -e or -s⟩ lab
Labyrinth nt ⟨-s, -e⟩ maze
lächeln vi smile; **Lächeln** nt ⟨-s⟩ smile; **lachen** vi laugh; **lächerlich** adj ridiculous
Lachs m ⟨-es, -e⟩ salmon
Lack m ⟨-(e)s, -e⟩ varnish; (*coloured*) lacquer; (*for car*) paint; **lackieren** vt varnish; (*car*) spray; **Lackschaden** m scratch (on the paintwork)
Ladegerät nt (battery) charger; **laden** ⟨lud, geladen⟩ vt a. IT load; (*guest*) invite; (*mobile phone etc*) charge
Laden m ⟨-s, Läden⟩ shop; (*on window*) shutter; **Ladendieb(in)** m(f) shoplifter; **Ladendiebstahl** m shoplifting
Ladung f load; NAUT, AVIAT

cargo
lag imperf → **liegen**
Lage f ⟨-, -n⟩ position, situation
Lager nt ⟨-s, -⟩ camp; COMM warehouse; TECH bearing; **Lagerfeuer** nt campfire; **lagern** vt store
Lagune f lagoon
lahm adj lame; (*dreary*) dull; **lähmen** vt paralyse; **Lähmung** f paralysis
Laib m ⟨-s, -e⟩ loaf
Laie m ⟨-n, -n⟩ layman
Laken nt ⟨-s, -⟩ sheet
Lakritze f ⟨-, -⟩ liquorice
Lamm nt ⟨-(e)s, Lämmer⟩ (*also meat*) lamb
Lampe f ⟨-, -n⟩ lamp; (*in lamp*) bulb; **Lampenfieber** nt stage fright; **Lampen-**

schirm *m* lampshade

Lampion *m* ⟨-s, -s⟩ Chinese lantern

Land *nt* ⟨-(e)s, Länder⟩ land; *(nation)* country; *(German federal division)* state, Land; *auf dem ⁓(e)* in the country

Landebahn *f* runway; **landen** *vt, vi* land

Länderspiel *nt* international (match)

Landesgrenze *f* national border, frontier; **Landeswährung** *f* national currency; **landesweit** *adj* nationwide

Landhaus *nt* country house; **Landkarte** *f* map; **Landkreis** *m* *administrative region*, ≈ district

ländlich *adj* rural

Landschaft *f* countryside; *(beautiful)* scenery; ART landscape; **Landstraße** *f* country road, B road *(Brit)*

Landung *f* landing; **Landungsbrücke** *f*, **Landungssteg** *m* gangway

Landwirt(in) *m(f)* farmer; **Landwirtschaft** *f* agriculture, farming; **landwirtschaftlich** *adj* agricultural

lang *adj* long; *(person)* tall; *ein zwei Meter ⁓er Tisch* a table two metres long; *den ganzen Tag ⁓* all day long; **langärmelig** *adj* long-sleeved; **lange** *adv* (for) a long time; *ich musste ⁓ warten* I had to wait (for)

a long time; *ich bleibe nicht ⁓* I won't stay long; *es ist ⁓ her, dass wir uns gesehen haben* it's a long time since we saw each other; **Länge** *f* ⟨-, -n⟩ length; GEO longitude

langen *vi fam* be enough; *fam (with hand)* reach *(nach* for); *mir langt's* I've had enough

Langeweile *f* boredom

langfristig 1. *adj* long-term 2. *adv* in the long term

Langlauf *m* cross-country skiing

langsam 1. *adj* slow 2. *adv* slowly

Langschläfer(in) *m(f)* ⟨-s, -⟩ late riser

längst *adv das ist ⁓ fertig* that was finished a long time ago; *sie sollte ⁓ da sein* should have been here long ago; *als sie kam, waren wir ⁓ weg* when she arrived we had long since left

Langstreckenflug *m* long-haul flight

Languste *f* ⟨-, -n⟩ crayfish, crawfish *(US)*

langweilen *vt* bore; *ich langweile mich* I'm bored; **langweilig** *adj* boring

Laos *nt* ⟨-⟩ Laos

Lappen *m* ⟨-s, -⟩ cloth, rag; *(for dusting)* duster

läppisch *adj* silly; *(amount of money)* ridiculous

Laptop *m* ⟨-s, -s⟩ laptop

Lärche *f* ⟨-, -n⟩ larch

Lärm m ⟨-(e)s⟩ noise

las *imperf* → **lesen**

Lasche f ⟨-, -n⟩ flap

Laser m ⟨-s, -⟩ laser; **Laserdrucker** m laser printer

lassen ⟨ließ, gelassen⟩ *vi*, *vt* (allow) let; (*in a place, a condition*) leave; (*cease*) stop; **etw machen** ~ have sth done; **sich dat die Haare schneiden** ~ have one's hair cut; **jdn etw machen** ~ make sb do sth; **lass das!** stop it!

lässig *adj* casual

Last f ⟨-, -en⟩ load; (*duty, obligation etc*) burden

Laster nt ⟨-s, -⟩ vice; *fam* truck, lorry (*Brit*)

lästern *vi* **über jdn** / **etw** ~ make nasty remarks about sb/sth

lästig *adj* annoying; (*person*) tiresome

Last-Minute-Angebot nt last-minute offer; **Last-Minute-Flug** m last-minute flight; **Last-Minute-Ticket** nt last-minute ticket

Lastwagen m truck, lorry (*Brit*)

Latein nt ⟨-s⟩ Latin

Laterne f ⟨-, -n⟩ lantern; (*in street*) streetlight

Latte f ⟨-, -n⟩ slat; SPORT bar

Latz m ⟨-es, Lätze⟩ bib; **Lätzchen** nt bib; **Latzhose** f dungarees pl

lau *adj* (*wind, air*) mild

Laub nt ⟨-(e)s⟩ foliage; **Laubfrosch** m tree frog

Lauch m ⟨-(e)s, -e⟩ leeks pl; **eine Stange** ~ a leek; **Lauchzwiebel** f spring onions pl (*Brit*), scallions pl (*US*)

Lauf m ⟨-(e)s, Läufe⟩ run; (*contest*) race; (*development*) course; **Laufbahn** f career; **laufen** ⟨lief, gelaufen⟩ *vi*, *vt* run; walk; (*function*) work; **mir läuft die Nase** my nose is running; **was läuft im Kino?** what's on at the cinema?; **wie läuft's so?** how are things?; **laufend** *adj* running; (*month, expenses*) current; **auf dem Laufenden sein** / **halten** be / keep up-to-date; **Läufer** m ⟨-s, -⟩ (*carpet*) rug; (*in chess*) bishop; **Läufer(in)** m(f) SPORT runner; **Laufmasche** f ladder (*Brit*), run (*US*); **Laufwerk** nt IT drive

Laune f ⟨-, -n⟩ mood; **gute** / **schlechte** ~ **haben** be in a good / bad mood; **launisch** *adj* moody

Laus f ⟨-, Läuse⟩ louse

lauschen *vi* listen; (*secretly*) eavesdrop

laut 1. *adj* loud **2.** *adv* loudly; (*read*) aloud **3.** *prep* + *gen* or *dat* according to

läuten *vt*, *vi* ring

lauter *adv* *fam* nothing but

Lautsprecher m loudspeaker; **Lautstärke** f loudness; RADIO, TV volume

lauwarm *adj* lukewarm

Lava f ⟨-, Laven⟩ lava

Lavendel m ⟨-s, -⟩ lavender

Lawine f avalanche

leasen vt lease; **Leasing** nt ⟨-s⟩ leasing

leben vt, vi live; (not be dead) be alive; **wie lange ~ Sie schon hier?** how long have you been living here?; **von ... ~** (food etc) live on ...; (occupation, activity) make one's living from ...; **Leben** nt ⟨-s, -⟩ life; **lebend** adj living; **lebendig** adj alive; (full of live) lively; **lebensgefährlich** adj very dangerous; (injury) critical; **Lebensgefährte** m, **Lebensgefährtin** f partner; **Lebenshaltungskosten** pl cost sg of living; **lebenslänglich** adj for life; **~ bekommen** get life; **Lebenslauf** m curriculum vitae (Brit), CV (Brit), resumé (US); **Lebensmittel** pl food sg; **Lebensmittelgeschäft** nt grocer's (shop); **Lebensmittelvergiftung** f food poisoning; **lebensnotwendig** adj vital; **Lebensretter(in)** m(f) rescuer; **Lebensstandard** m standard of living; **Lebenszeichen** nt sign of life

Leber f ⟨-, -n⟩ liver; **Leberfleck** m mole; **Leberpastete** f liver pâté

Lebewesen nt living being

lebhaft adj lively; (memory, impression) vivid

Lebkuchen m gingerbread

leblos adj lifeless

Leck nt leak

lecken 1. vi (container, ship) leak 2. vt, vi lick

lecker adj delicious, tasty

Leder nt ⟨-s, -⟩ leather

ledig adj single

leer adj empty; (page) blank; (battery) dead; **leeren** vt, vr empty; **Leerlauf** m (gear) neutral; **Leerung** f emptying; (from postbox) collection

legal adj legal, lawful

legen 1. vt put, place; (eggs) lay 2. vr lie down; (storm, excitement) die down; (pain, feeling) wear off

leger adj casual

Lehm m ⟨-(e)s, -e⟩ loam; (for bricks etc) clay

Lehne f ⟨-, -n⟩ arm(rest); back (-rest); **lehnen** vt, vr lean

Lehrbuch nt textbook; **Lehre** f ⟨-, -n⟩ teaching; (vocational) apprenticeship; (moral) lesson; **lehren** vt teach; **Lehrer(in)** m(f) ⟨-s, -⟩ teacher; **Lehrgang** m course; **Lehrling** m apprentice; **lehrreich** adj instructive

Leibwächter(in) m(f) bodyguard

Leiche f ⟨-, -n⟩ corpse; **Leichenwagen** m hearse

leicht 1. adj light; (task etc) easy, simple; (illness) slight; **es sich** dat **~ machen** take the easy way out 2. adv easily; (a bit) slightly; **Leicht-**

athletik f athletics sg; **leicht-fallen** irr vi be easy for sb; **leichtsinnig** adj careless; (stronger) reckless

leid adj jdn / etw ~ **sein** be tired of sb/sth; **Leid** nt ⟨-(e)s⟩ grief, sorrow; **leiden** ⟨litt, gelitten⟩ vi, vt suffer (an, unter + dat from); **ich kann ihn / es nicht ~** I can't stand him / it; **Leiden** nt ⟨-s, -⟩ suffering; (medical) illness

Leidenschaft f passion; **leidenschaftlich** adj passionate

leider adv unfortunately; **wir müssen jetzt ~ gehen** I'm afraid we have to go now; **~ ja / nein** I'm afraid so / not

leidtun irr vi **es tut mir / ihm leid** I'm/he's sorry; **er tut mir leid** I'm sorry for him

leihen ⟨lieh, geliehen⟩ vt jdm **etw ~** lend sb sth; **sich** dat **etw von jdm ~** borrow sth from sb; **Leihwagen** m hire car (Brit), rental car (US)

Leim m ⟨-(e)s, -e⟩ glue

Leine f ⟨-, -n⟩ cord; (for washing) line; (for dog) lead (Brit), leash (US)

Leinen nt ⟨-s, -⟩ linen; **Leinwand** f ART canvas; FILM screen

leise 1. adj quiet; (music, steps etc) soft **2.** adv quietly

Leiste f ⟨-, -n⟩ ledge; (decorative) strip; ANAT groin

leisten vt (work) do; (accomplish) achieve; **jdm Gesellschaft ~** keep sb company; **sich** dat **etw ~** (as reward etc) treat oneself to sth; **ich kann es mir nicht ~** I can't afford it

Leistenbruch m hernia

Leistung f performance; (remarkable) achievement

leiten vt lead; (firm) run; (guide) direct; ELEC conduct

Leiter f ⟨-, -n⟩ ladder

Leiter(in) m(f) ⟨-s, -⟩ (of business) manager

Leitplanke f ⟨-, -n⟩ crash barrier

Leitung f (guidance) direction; TEL line; (of firm) management; (for water) pipe; (for electricity) cable; **eine lange ~ haben** be slow on the uptake; **Leitungswasser** nt tap water

Lektion f lesson

Lektüre f ⟨-, -n⟩ reading; (books etc) reading matter

Lende f ⟨-, -n⟩ (meat) loin; (of beef) sirloin

lenken vt steer; (gaze) direct (auf + acc towards); **jds Aufmerksamkeit auf etw** acc ~ draw sb's attention to sth; **Lenker** m handlebars pl; **Lenkrad** nt steering wheel; **Lenkradschloss** nt steering lock; **Lenkstange** f handlebars pl

Leopard m ⟨-en, -en⟩ leopard

Lepra f ⟨-⟩ leprosy

164

Lerche f ⟨-, -n⟩ lark
lernen vt, vi learn; (for exam) study, revise
lesbisch adj lesbian
Lesebuch nt reader; lesen ⟨las, gelesen⟩ vi, vt read; (fruit) pick; **Leser(in)** m(f) reader; **leserlich** adj legible; **Lesezeichen** nt bookmark
Lettland nt Latvia
letzte(r, s) adj last; (most recent) latest; (definitive) final; **zum ∾n Mal** for the last time; **am ∾n Montag** last Monday; **in ∾r Zeit** lately, recently; **letztens** adv recently
Leuchte f ⟨-, -n⟩ lamp, light; **leuchten** vi shine; (fire, dial) glow; **Leuchter** m ⟨-s, -⟩ candlestick; **Leuchtreklame** f neon sign; **Leuchtturm** m lighthouse
leugnen 1. vt deny **2.** vi deny everything
Leukämie f leukaemia (Brit), leukemia (US)
Leukoplast® nt ⟨-(e)s, -e⟩ Elastoplast® (Brit), Band-Aid® (US)
Leute pl people pl
Lexikon nt ⟨-s, Lexika⟩ encyclopaedia (Brit), encyclopedia (US)
Libanon m ⟨-s⟩ **der ∾** Lebanon
Libelle f dragonfly
liberal adj liberal
Libyen nt ⟨-s⟩ Libya
Licht nt ⟨-(e)s, -er⟩ light; **Lichtblick** m ray of hope; **licht-**

empfindlich adj sensitive to light; **Lichtempfindlichkeit** f PHOT speed; **Lichthupe** f **die ∾ betätigen** flash one's lights; **Lichtjahr** nt light year; **Lichtmaschine** f dynamo; **Lichtschalter** m light switch; **Lichtschranke** f light barrier; **Lichtschutzfaktor** m sun protection factor, SPF
Lichtung f clearing
Lid nt ⟨-(e)s, -er⟩ eyelid; **Lidschatten** m eyeshadow
lieb adj (kind) nice; (loved) dear; (lovely) sweet; **das ist ∾ von dir** that's nice of you; **Lieber Herr X** Dear Mr X; **Liebe** f ⟨-, -n⟩ love; **lieben** vt love; (sexually) make love to; **liebenswürdig** adj kind; **lieber** adv rather; **ich möchte ∾ nicht** I'd rather not; **welches ist dir ∾?** which one do you prefer?; → **gern**; → **lieb**; **Liebesbrief** m love letter; **Liebeskummer** m ∾ **haben** be lovesick; **Liebespaar** nt lovers pl; **liebevoll** adj loving; **Liebhaber(in)** m(f) ⟨-s, -⟩ lover; **lieblich** adj lovely; (wine) sweet; **Liebling** m darling; **Lieblings-** in cpds favourite; **liebste(r, s)** adj favourite; **liebsten** adv **am ∾ esse ich ...** my favourite food is ...; **am ∾ würde ich bleiben** I'd really like to stay
Liechtenstein nt ⟨-s⟩ Liech-

tenstein

Lied nt ‹-(e)s, -er› song; REL hymn

lief imperf → **laufen**

liefern vt deliver; (provide) supply; **Lieferung** f delivery

Liege f ‹-, -n› (at doctor's) couch; (for overnight stay) campbed; (in garden) lounger; **liegen** (lag, gelegen) vi lie; (be situated) be; **mir liegt nichts / viel daran** it doesn't matter to me/it matters a lot to me; **woran liegt es nur, dass …?** why is it that …?; ~ **bleiben** (person) stay lying down; stay in bed; (thing) be left (behind); ~ **lassen** (forget) leave behind; **Liegestuhl** m deck chair; **Liegestütz** m press-up (Brit), push-up (US); **Liegewagen** m RAIL couchette car

lieh imperf → **leihen**

ließ imperf → **lassen**

Lift m ‹-(e)s, -e or -s› lift, elevator (US)

Liga f ‹-, Ligen› league, division

light adj (cola) diet; (food) low-fat; low-calorie; (cigarettes) mild

Likör m ‹-s, -e› liqueur

lila adj inv purple

Lilie f lily

Limette f ‹-, -n› lime

Limo f ‹-, -s› fam fizzy drink (Brit), soda (US); **Limonade** f fizzy drink (Brit), soda

(US);   (lemon-flavoured) lemonade

Limone f ‹-, -n› lime

Limousine f ‹-, -n› saloon (car) (Brit), sedan (US); fam limo

Linde f ‹-, -n› lime tree

lindern vt relieve, soothe

Lineal nt ‹-s, -e› ruler

Linie f line; **Linienflug** m scheduled flight; **liniert** adj ruled, lined

Link m ‹-s, -s› IT link

Linke f ‹-n, -n› left-hand side; (hand) left hand; POL left (wing); **linke(r, s)** adj left; **auf der ~n Seite** on the left, on the left-hand side; **links** adv on the left; ~ **abbiegen** turn left; ~ **von** to the left of; ~ **oben** at the top left; **Linkshänder(in)** m(f) ‹-s, -› left-hander; **linksherum** adv to the left, anticlockwise; **Linksverkehr** m driving on the left

Linse f ‹-, -n› lentil; (optical) lens

Lipgloss nt ‹-, -› lip gloss; **Lippe** f ‹-, -n› lip; **Lippenstift** m lipstick

lispeln vi lisp

List f ‹-, -en› cunning; (ruse) trick

Liste f ‹-, -n› list

Litauen nt ‹-s› Lithuania

Liter m or nt ‹-s, -› litre

literarisch adj literary; **Literatur** f literature

Litschi f ‹-, -s› lychee, litchi

litt imperf → **leiden**

live adv RADIO, TV live

Lizenz f licence

Lkw m ⟨-(s), -(s)⟩ abbr = **Lastkraftwagen** truck, lorry (Brit); **Lkw-Maut** f heavy goods vehicle toll

Lob nt ⟨-(e)s⟩ praise; **loben** vt praise

Loch nt ⟨-(e)s, Löcher⟩ hole; **lochen** vt punch; **Locher** m ⟨-s, -⟩ (hole) punch

Locke f ⟨-, -n⟩ curl; **locken** vt lure; (hair) curl; **Lockenstab** m curling tongs pl (Brit), curling irons pl (US); **Lockenwickler** m ⟨-s, -⟩ curler

locker adj (screw, tooth) loose; (posture) relaxed; (person) easy-going; **lockern** vt, vr loosen

lockig adj curly

Löffel m ⟨-s, -⟩ spoon; **einen ~ Mehl zugeben** add a spoonful of flour

log imperf → **lügen**

Loge f ⟨-, -n⟩ THEAT box

logisch adj logical

Lohn m ⟨-(e)s, Löhne⟩ reward; (for work) pay, wages pl

lohnen vr be worth it; **es lohnt sich nicht zu warten** it's no use waiting

Lohnerhöhung f pay rise (Brit), pay raise (US); **Lohnsteuer** f income tax

Lokal nt ⟨-(e)s, -e⟩ restaurant; pub (Brit), bar

Lokomotive f locomotive

London nt ⟨-s⟩ London

Lorbeer m ⟨-s, -en⟩ laurel; **Lorbeerblatt** nt GASTR bay leaf

los adj (fire, light) burst out, extinguish; **~!** go on!; **jdn / etw ~ sein** be rid of sb/sth; **was ist ~?** what's the matter?, what's up?; **dort ist nichts / viel ~** there's nothing/a lot going on there

Los nt ⟨-es, -e⟩ lot, fate; (in lottery etc) ticket

löschen vt (fire, light) put out, extinguish; (thirst) quench; (tape) erase; (data, line) delete

lose adj loose

Lösegeld nt ransom

losen vi draw lots

lösen 1. vt (knot, screw etc) loosen; (puzzle) solve; CHEM dissolve; (ticket for train etc) buy **2.** vr (wallpaper, paint etc) come off; (sugar etc) dissolve; (problem, difficulty) (re)solve itself

losfahren irr vi leave; **losgehen** irr vi set out; (begin) start; **loslassen** irr vt let go

löslich adj soluble

Lösung f (liquid, of puzzle, problem) solution

loswerden irr vt get rid of

Lotterie f lottery; **Lotto** nt ⟨-s⟩ National Lottery; **~ spielen** play the lottery

Löwe m ⟨-n, -n⟩ ZOOL lion; ASTR Leo; **Löwenzahn** m dandelion

Luchs m ⟨-es, -e⟩ lynx

machen

Lücke f ⟨-, -n⟩ gap
lud imperf → **laden**
Luft f ⟨-, Lüfte⟩ air; (of person) breath; **Luftballon** m balloon; **luftdicht** adj airtight; **Luftdruck** m METEO atmospheric pressure; (in tyre) air pressure
lüften vt air; (secret) reveal
Luftfahrt f aviation; **Luftfeuchtigkeit** f humidity; **Luftfilter** m air filter; **Luftfracht** f air freight; **Luftmatratze** f airbed; **Luftpirat(in)** m(f) hijacker; **Luftpost** f airmail; **Luftpumpe** f (bicycle) pump; **Luftröhre** f windpipe
Lüftung f ventilation
Luftverschmutzung f air pollution; **Luftwaffe** f air force; **Luftzug** m draught (Brit), draft (US)
Lüge f ⟨-, -n⟩ lie; **lügen** ⟨log, gelogen⟩ vi lie; **Lügner(in)** m(f) ⟨-s, -⟩ liar
Luke f ⟨-, -n⟩ hatch

Lumpen m ⟨-s, -⟩ rag
Lunchpaket nt packed lunch
Lunge f ⟨-, -n⟩ lungs pl; **Lungenentzündung** f pneumonia
Lupe f ⟨-, -n⟩ magnifying glass; **etw unter die ~ nehmen** fig have a close look at sth
Lust f ⟨-, Lüste⟩ joy, delight; (inclination) desire; **~ auf etw** acc **haben** feel like sth; **~ haben, etw zu tun** feel like doing sth
lustig adj amusing, funny; (jovial) cheerful
lutschen 1. vt suck **2.** vi **~ an** + dat suck; **Lutscher** m ⟨-s, -⟩ lollipop
Luxemburg nt ⟨-s⟩ Luxembourg
luxuriös adj luxurious
Luxus m ⟨-⟩ luxury
Lymphdrüse f lymph gland; **Lymphknoten** m lymph node
Lyrik f ⟨-⟩ poetry

M

machbar adj feasible
machen 1. vt (produce, cause) make; (carry out, accomplish) do; (cost) be; **das Essen / einen Fehler ~** make dinner / a mistake; **ein Foto ~** take a photo; **was machst du?** what are you doing?; (as job) what do you do (for a

living)?; **das kann man doch nicht ~!** you can't do that; **das Bett ~** make the bed; **was macht das?** how much is that?; **das macht zwanzig Euro** that's twenty euros; **einen Spaziergang ~** go for a walk; **Urlaub ~** go on holiday; **eine Pause ~** take a break; **einen Kurs** ~ take a course; **das macht nichts** it doesn't matter **2. vr sich an die Arbeit** ~ get down to work

Macht f ⟨-s, Mächte⟩ power; **mächtig** adj powerful; fam enormous; **machtlos** adj powerless; **da ist man** ~ there's nothing you can do (about it)

Mädchen nt girl; **Mädchenname** m maiden name

Made f ⟨-, -n⟩ maggot

Magazin nt ⟨-s, -e⟩ magazine

Magen m ⟨-s, - or Mägen⟩ stomach; **Magenbeschwerden** pl stomach trouble sg; **Magen-Darm-Infektion** f gastroenteritis; **Magengeschwür** nt stomach ulcer; **Magenschmerzen** pl stomachache sg

mager adj (meat) lean; (person) thin; (cheese, yoghurt) low-fat; **Magermilch** f skimmed milk; **Magersucht** f anorexia; **magersüchtig** adj anorexic

magisch adj magical

Magnet m ⟨-s or -en, -en⟩ magnet

mähen vt, vi mow

mahlen ⟨mahlte, gemahlen⟩ vt grind

Mahlzeit 1. f meal; (for baby) feed **2.** interj enjoy your meal

mahnen vt urge; **jdn schriftlich** ~ send sb a reminder;

Mahngebühr f fine; **Mahnung** f warning; (written) reminder

Mai m ⟨-(s), -e⟩ May; → **Juni**; **Maifeiertag** m May Day; **Maiglöckchen** nt lily of the valley; **Maikäfer** m cockchafer

Mail f ⟨-, -s⟩ e-mail; **jdm eine** ~ **schicken** e-mail sb; **Mailbox** f IT mailbox; **mailen** vi, vt e-mail

Mais m ⟨-es, -e⟩ maize, corn (US); **Maiskolben** m corn cob; GASTR corn on the cob

Majestät f ⟨-, -en⟩ Majesty

Majonäse f ⟨-, -n⟩ mayonnaise

Majoran m ⟨-s, -e⟩ marjoram

Make-up nt ⟨-s, -s⟩ make-up

Makler(in) m(f) ⟨-s, -⟩ broker; (for houses etc) estate agent (Brit), realtor (US)

Makrele f ⟨-, -n⟩ mackerel

Makrone f ⟨-, -n⟩ macaroon

mal adv (in calculation) times, multiplied by; (in measurement) by; fam (in past) once; (in future) some day; **4** ~ **3 ist 12** 4 times 3 is (or equals) twelve; **da habe ich** ~ **gewohnt** I used to live there; **irgendwann** ~ **werde ich dort hinfahren** I'll go there one day

Mal nt ⟨-(e)s, -e⟩ time; (on skin) mark; **jedes** ~ every time; **ein paar** ~ a few times

Malaria f ⟨-⟩ malaria

Malaysia nt ⟨-s⟩ Malaysia

Malbuch nt colouring book

Malediven pl Maldives pl

malen vt, vi paint; **Maler(in)** m(f) ⟨-s, -⟩ painter; **Malerei** f painting; **malerisch** adj picturesque

Mallorca nt ⟨-s⟩ Majorca, Mallorca

malnehmen irr vt multiply (mit by)

Malta nt ⟨-s⟩ Malta

Malz nt ⟨-es⟩ malt; **Malzbier** nt malt beer

Mama f ⟨-, -s⟩ mum(my) (Brit), mom(my) (US)

man pron vt (formal) one; (unspecified person) someone, somebody; (unspecified persons) they, people pl; **wie schreibt ~ das?** how do you spell that?; **~ sagt, dass ...** they (or people) say that ...

managen vt fam manage; **Manager(in)** m(f) ⟨-s, -⟩ manager

manche(r, s) pron some; (large number) many; **~ Politiker** many politicians pl, many a politician; **manchmal** adv sometimes

Mandant(in) m(f) client

Mandarine f mandarin, tangerine

Mandel f ⟨-, -n⟩ almond; **~n** ANAT tonsils pl; **Mandelentzündung** f tonsillitis

Manege f ⟨-, -n⟩ ring

Mangel m ⟨-s, Mängel⟩ lack; (scarcity) shortage (an

+ dat of); (imperfection) defect, fault; **mangelhaft** adj (goods) faulty; (mark in school) ≈ E

Mango f ⟨-, -s⟩ mango

Manieren pl manners pl

Maniküre f ⟨-, -n⟩ manicure

manipulieren vt manipulate

Manko nt ⟨-s, -s⟩ deficiency

Mann m ⟨-(e)s, Männer⟩ man; (spouse) husband; **Männchen** nt **es ist ein ~** (animal) it's a he; **männlich** adj masculine; BIO male

Mannschaft f SPORT, fig team; NAUT, AVIAT crew

Mansarde f ⟨-, -n⟩ attic

Manschettenknopf m cufflink

Mantel m ⟨-s, Mäntel⟩ coat

Mappe f ⟨-, -n⟩ briefcase; (cardboard, plastic) folder

Maracuja f ⟨-, -s⟩ passion fruit

Marathon m ⟨-s, -s⟩ marathon

Märchen nt fairy tale

Marder m ⟨-s, -⟩ marten

Margarine f margarine

Marienkäfer m ladybird (Brit), ladybug (US)

Marihuana nt ⟨-s⟩ marijuana

Marille f ⟨-, -n⟩ apricot

Marine f navy

marinieren vt marinate

Marionette f puppet

Mark nt ⟨-(e)s⟩ (in bone) marrow; (from fruit) pulp

Marke f ⟨-, -n⟩ (of food, cigarettes etc) brand; (of car, cooker etc) make; (for letter) stamp; (for meal) voucher, ticket; (*made of metal etc*) disc; (*of water level etc*) mark

markieren *vt* mark; **Markierung** *f* marking; (*sign*) mark

Markise *f* ⟨-, -n⟩ awning

Markt *m* ⟨-(e)s, Märkte⟩ market; *auf den ~ bringen* launch; **Markthalle** *f* covered market; **Marktlücke** *f* gap in the market; **Marktplatz** *m* market place; **Marktwirtschaft** *f* market economy

Marmelade *f* jam; (*orange*) marmalade

Marmor *m* ⟨-s, -e⟩ marble; **Marmorkuchen** *m* marble cake

Marokko *nt* ⟨-s⟩ Morocco

Marone *f* ⟨-, -n⟩ chestnut

Mars *m* ⟨-⟩ Mars

Marsch *m* ⟨-(e)s, Märsche⟩ march

Märtyrer(in) *m(f)* ⟨-s, -⟩ martyr

März *m* ⟨-(es), -e⟩ March; → *Juni*

Marzipan *nt* ⟨-s, -e⟩ marzipan

Maschine *f* machine; (*of car*) engine; **Maschinenbau** *m* mechanical engineering

Masern *pl* MED measles *sg*

Maske *f* ⟨-, -n⟩ mask; **Maskenball** *m* fancy-dress ball

Maskottchen *nt* mascot

maß *imperf* → *messen*

Maß *nt* ⟨-es, -e⟩ measure; (*restraint*) moderation; (*scale*) degree, extent; *~e* (*of person*) measurements; (*of room*) dimensions; *in gewissem / hohem ~e* to a certain / high degree

Mass *f* ⟨-, -(en)⟩ litre of beer

Massage *f* ⟨-, -n⟩ massage

Masse *f* ⟨-, -n⟩ mass; (*of people*) crowd; (*most*) majority; **massenhaft** *adv* masses (or loads) of; **Massenkarambolage** *f* pile-up; **Massenmedien** *pl* mass media *pl*

Masseur(in) *m(f)* masseur / masseuse

maßgeschneidert *adj* (*clothes*) made-to-measure

massieren *vt* massage

mäßig *adj* moderate

massiv *adj* solid; *fig* massive

maßlos *adj* extreme

Maßnahme *f* ⟨-, -n⟩ measure, step

Maßstab *m* rule, measure; *fig* standard; *im ~ von 1:5* on a scale of 1:5

Mast *m* ⟨-(e)s, -e(n)⟩ mast; ELEC pylon

Material *nt* ⟨-s, -ien⟩ material; (*for one's work*) materials *pl*; **materialistisch** *adj* materialistic

Materie *f* matter

Mathematik *f* mathematics *sg*; **Mathematiker(in)** *m(f)* mathematician

Matinee *f* ⟨-, -n⟩ ≈ matinee

Matratze *f* ⟨-, -n⟩ mattress

Matrose *m* ⟨-n, -n⟩ sailor

Matsch *m* ⟨-(e)s⟩ mud; (*snow*) slush; **matschig** *adj*

(*ground*) muddy; (*snow*) slushy; (*fruit*) mushy

matt *adj* weak; (*not shiny*) dull; PHOT matt; (*in chess*) mate

Matte *f* ⟨-, -n⟩ mat

Matura *f* ⟨-⟩ *Austrian school- -leaving examination,* ≈ A-levels (*Brit*), ≈ High School Diploma (*US*)

Mauer *f* ⟨-, -n⟩ wall

Maul *nt* ⟨-(e)s, Mäuler⟩ mouth; *fam* gob; *halt's* ~*!* shut your face (*or* gob); **Maulesel** *m* mule; **Maulkorb** *m* muzzle; **Maulwurf** *m* mole

Maurer(in) *m(f)* ⟨-s, -⟩ brick-layer

Mauritius *nt* ⟨-⟩ Mauritius

Maus *f* ⟨-, Mäuse⟩ mouse; **Mausefalle** *f* mousetrap; **Mausklick** *m* ⟨-s, -s⟩ mouse click; **Mauspad** *nt* ⟨-s, -s⟩ mouse mat (*or* pad); **Maus-taste** *f* mouse key (*or* button)

Maut *f* ⟨-, -en⟩ toll; **Mautge-bühr** *f* toll; **mautpflichtig** *adj* ~*e Straße* toll road, turn-pike (*US*); **Mautstelle** *f* toll-booth, tollgate; **Mautstraße** *f* toll road, turnpike (*US*)

maximal *adv* *ihr habt* ~ *zwei Stunden Zeit* you've got two hours at (the) most; ~ *vier Leute* a maximum of four people

Mayonnaise *f* → **Majonäse**

Mazedonien *nt* ⟨-s⟩ Macedonia

MB *nt* ⟨-, -⟩, **Mbyte** *nt* ⟨-, -⟩ *abbr* → **Megabyte** MB

Mechanik *f* mechanics *sg*; (*mechanism*) mechanics *pl*; **Mechaniker(in)** *m(f)* ⟨-s, -⟩ mechanic; **mechanisch** *adj* mechanical; **Mechanismus** *m* mechanism

meckern *vi* (*goat*) bleat; *fam* (*person*) moan

Mecklenburg-Vorpommern *nt* ⟨-s⟩ Mecklenburg-West-ern Pomerania

Medaille *f* ⟨-, -n⟩ medal

Medien *pl* media *pl*

Medikament *nt* medicine

Meditation *f* meditation; **me-ditieren** *vi* meditate

medium *adj* (*steak*) medium

Medizin *f* ⟨-, -en⟩ medicine (*gegen* for); **medizinisch** *adj* medical

Meer *nt* ⟨-(e)s, -e⟩ sea; *am* ~ by the sea; **Meerenge** *f* straits *pl*; **Meeresfrüchte** *pl* sea-food *sg*; **Meeresspiegel** *m* sea level; **Meerrettich** *m* horseradish; **Meerschwein-chen** *nt* guinea pig

Megabyte *nt* megabyte

Mehl *nt* ⟨-(e)s, -e⟩ flour; **Mehl-speise** *f* *sweet dish made from flour, eggs and milk*

mehr 1. *pron* more; ~ *will ich nicht ausgeben* I don't want to spend any more, that's as much as I want to spend; *was willst du* ~*?* what more do you want? **2.** *adv* *immer* ~ (*Leute*) more and more (people); **~ als fünf Minuten** more than five minutes; **es ist kein Brot ~ da** there's no bread left; **nie~** never again; **mehrdeutig** *adj* ambiguous; **mehrere** *pron* several; **mehreres** *pron* several things; **mehrfach** *adj* multiple; *(done again)* repeated; **Mehrfachstecker** *m* multiple plug; **Mehrheit** *f* majority; **mehrmals** *adv* repeatedly; **mehrsprachig** *adj* multilingual; **Mehrwertsteuer** *f* value added tax, VAT; **Mehrzahl** *f* majority; *(in grammar)* plural

meiden ⟨mied, gemieden⟩ *vt* avoid

Meile *f* ⟨-, -n⟩ mile

mein *pron* my; **meine(r, s)** *pron* mine

meinen *vt, vi* think; say; *(want to say, intend)* mean; **das war nicht so gemeint** I didn't mean it like that

meinetwegen *adv* because of me; *(to please me)* for my sake; *(for my part)* as far as I'm concerned

Meinung *f* opinion; **meiner ~ nach** in my opinion; **Meinungsumfrage** *f* opinion poll; **Meinungsverschiedenheit** *f* disagreement *(über + acc* about)

Meise *f* ⟨-, -n⟩ tit; **eine ~ haben** *fam* be crazy

Meißel *m* ⟨-s, -⟩ chisel

meist *adv* mostly; **meiste(r, s)** *pron* most; **die ~n (Leute)** most people; **die ~ Zeit** most of the time; **das ~ (davon)** most of it; **die ~n von ihnen** most of them; **meistens** *adv* mostly; *(largely)* for the most part

Meister(in) *m(f)* ⟨-s, -⟩ master; SPORT champion; **Meisterschaft** *f* championship; **Meisterwerk** *nt* masterpiece

melden **1.** *vt* report **2.** *vr* report *(bei* to); *(in class)* put one's hand up; *(offer one's services)* volunteer; *(on phone, in response to advert etc)* answer; **Meldung** *f* announcement; *(account)* report; IT message

Melodie *f* tune, melody

Melone *f* ⟨-, -n⟩ melon

Memoiren *pl* memoirs *pl*

Menge *f* ⟨-, -n⟩ quantity; *(of people)* crowd; **eine ~ a** lot *(gen* of)

Meniskus *m* ⟨-, Menisken⟩ meniscus

Mensa *f* ⟨-, Mensen⟩ canteen, cafeteria *(US)*

Mensch *m* ⟨-en, -en⟩ human being, man; *(individual)* person; **kein ~** nobody; **~!** wow!; *(annoyed)* bloody hell!; **Menschenmenge** *f* crowd; **Menschenrechte** *pl* human rights *pl*; **Menschenverstand** *m* **gesunder ~** common sense; **Menschheit** *f* humanity,

mankind; **menschlich** adj
human; (kind) humane

Menstruation f menstruation

Mentalität f mentality, mind-
set

Menthol nt ⟨-s⟩ menthol

Menü nt ⟨-s, -s⟩ set meal; IT
menu; **Menüleiste** f IT menu
bar

Merkblatt nt leaflet; **merken**
vt notice; **sich** dat **etw** ~ remember sth; **Merkmal** nt
feature

Merkur m ⟨-s⟩ Mercury

merkwürdig adj odd

Messbecher m measuring
jug

Messe f ⟨-, -n⟩ fair; REL mass

messen ⟨maß, gemessen⟩ **1.** vt
measure;   (temperature,
pulse) take **2.** vr compete

Messer nt ⟨-s, -⟩ knife

Messing nt ⟨-s, -e⟩ brass

Metall nt ⟨-s, -e⟩ metal

Meteorologe m, **Meteorolo-
gin** f meteorologist

Meter m or nt ⟨-s, -⟩ metre;
Metermaß nt tape measure

Methode f ⟨-, -n⟩ method

Metzger(in) m(f) ⟨-s, -⟩
butcher; **Metzgerei** f butcher's (shop)

Mexiko nt ⟨-s⟩ Mexico

MEZ f abbr = **mitteleuropä-
ische Zeit** CET

miau interj miaow

mich pron acc → **ich**; me; ~
(**selbst**) myself; **stell dich
hinter** ~ stand behind me;
ich fühle ~ **wohl** I feel fine

mied imperf → **meiden**

Miene f ⟨-, -n⟩ look, expression

mies adj fam lousy

Miesmuschel f mussel

Mietauto nt → **Mietwagen**

Miete f ⟨-, -n⟩ rent; **mieten**
vt rent; (car) hire (Brit), rent
(US); **Mieter(in)** m(f) ⟨-s, -⟩
tenant; **Mietshaus** nt block
of flats (Brit), apartment
house (US); **Mietvertrag** m
rental agreement; **Mietwagen** m hire car (Brit), rental
car (US); **sich** dat **einen** ~
nehmen hire (Brit) (or rent
(US)) a car

Migräne f ⟨-, -n⟩ migraine

Migrant(in) m(f) ⟨-en, -en⟩
migrant (worker)

Mikrofon nt ⟨-s, -e⟩ microphone

Mikrowelle f ⟨-, -n⟩, **Mikro-
wellenherd** m microwave
(oven)

Milch f ⟨-⟩ milk; **Milcheis** nt
ice-cream (made with milk);
Milchkaffee m milky coffee;
Milchpulver nt powdered
milk; **Milchreis** m rice pudding; **Milchshake** m milk
shake; **Milchstraße** f Milky
Way

mild adj mild; (judge) lenient;
(friendly) kind

Militär nt ⟨-s⟩ military, army

Milliarde f ⟨-, -n⟩ billion; **Milligramm** nt milligram; **Milliliter** m millilitre; **Millimeter**
m millimetre; **Million** f mil-

lion; **Millionär(in)** m(f) millionaire

Milz f ⟨-, -en⟩ spleen

Minderheit f minority

minderjährig adj underage

minderwertig adj inferior

Mindest- in cpds minimum; **mindeste(r, s)** adj least; **mindestens** adv at least

Mine f ⟨-, -n⟩ mine; (in pencil) lead; (in ballpoint pen) refill

Mineralwasser nt mineral water

Minibar f minibar; **Minigolf** nt miniature golf, crazy golf (Brit)

minimal adj minimal

Minimum nt ⟨-s, Minima⟩ minimum

Minirock m miniskirt

Minister(in) m(f) ⟨-s, -⟩ minister; **Ministerium** nt ministry; **Ministerpräsident(in)** m(f) Minister President (Prime Minister of a Bundesland)

minus adv minus; **Minus** nt ⟨-, -⟩ deficit; **im ~ sein** be in the red; (account) be overdrawn

Minute f ⟨-, -n⟩ minute

Minze f ⟨-, -n⟩ mint

mir pron dat → **ich**; (to) me; **kannst du ~ helfen?** can you help me?; **kannst du es ~ erklären?** can you explain it to me?; **ich habe ~ einen neuen Rechner gekauft** I bought (myself) a new computer; **ein Freund**

von ~ a friend of mine

mischen vt mix; (cards) shuffle; **Mischung** f mixture (aus of)

missachten vt ignore; **Missbrauch** m abuse; (wrong use) misuse; **missbrauchen** vt misuse (zu for); (sexually) abuse; **Misserfolg** m failure; **Missgeschick** nt mishap; **misshandeln** vt ill-treat

Mission f mission

misslingen ⟨misslang, misslungen⟩ vi fail; **misstrauen** vt + dat distrust; **Misstrauen** nt ⟨-s⟩ mistrust, suspicion (gegenüber of); **misstrauisch** adj distrustful; (suspecting sth) suspicious; **Missverständnis** nt misunderstanding; **missverstehen** irr vt misunderstand

Mist m ⟨-(e)s⟩ fam rubbish; (from cows) dung; (as fertilizer) manure

Mistel f ⟨-, -n⟩ mistletoe

mit 1. prep + dat with; (by means of) by; ~ **der Bahn** by train; ~ **der Kreditkarte bezahlen** pay by credit card; ~ **10 Jahren** at the age of 10; **wie wär's ~ …?** how about …? **2.** adv along, too; **wollen Sie ~?** do you want to come along?

Mitarbeiter(in) m(f) employee

mitbekommen irr vt fam catch; (learn about) hear; (understand) get

mitbenutzen vt share

Mitbewohner(in) m(f) flatmate (Brit), roommate (US)

mitbringen irr vt bring along; **Mitbringsel** nt ⟨-s, -⟩ small present

miteinander adv with one another; (jointly) together

miterleben vt see (with one's own eyes)

Mitesser m ⟨-s, -⟩ blackhead

Mitfahrgelegenheit f ≈ lift, ride (US); **Mitfahrzentrale** f agency for arranging lifts

mitgeben irr vt **jdm etw ~** give sb sth (to take along)

Mitgefühl nt sympathy

mitgehen irr vi go / come along

mitgenommen adj worn out, exhausted

Mitglied nt member

mithilfe prep + gen or **~ von** with the help of

mitkommen irr vi come along; (understand) follow

Mitleid nt pity; **~ haben mit** feel sorry for

mitmachen 1. vt take part in **2.** vi take part

mitnehmen irr vt take along; (tire) wear out, exhaust

mitschreiben irr **1.** vi take notes **2.** vt take down

Mitschüler(in) m(f) schoolmate

mitspielen vi (in team) play; (in game) join in; **in einem Film / Stück ~** act in a film / play

Mittag m midday; **gestern ~** at midday yesterday, yesterday lunchtime; **zu ~ essen** have lunch; **Mittagessen** nt lunch; **mittags** adv at lunchtime, at midday; **Mittagspause** f lunch break

Mitte f ⟨-, -n⟩ middle; **~ Juni** in the middle of June; **sie ist ~ zwanzig** she's in her mid-twenties

mitteilen vt **jdm etw ~** inform sb of sth; **Mitteilung** f notification

Mittel nt ⟨-s, -⟩ means sg; (practical measure, way) method; MED remedy (gegen for)

Mittelalter nt Middle Ages pl; **mittelalterlich** adj medieval; **Mittelamerika** nt Central America; **Mitteleuropa** nt Central Europe; **Mittelfeld** nt midfield; **Mittelfinger** m middle finger; **mittelmäßig** adj mediocre; **Mittelmeer** nt Mediterranean (Sea); **Mittelohrentzündung** f inflammation of the middle ear; **Mittelpunkt** m centre; **im ~ stehen** be the centre of attention

mittels prep + gen by means of

Mittelstürmer(in) m(f) striker, centre-forward

mitten adv in the middle; **~ auf der Straße / in der Nacht** in the middle of the street / night

Mitternacht f midnight

mittlere(r, s) adj middle; (*ordinary*) average

mittlerweile adv meanwhile

Mittwoch m ⟨-s, -e⟩ Wednesday; (*am*) ~ on Wednesday; (*am*) ~ **Morgen / Nachmittag / Abend** (on) Wednesday morning / afternoon / evening; **diesen / letzten / nächsten** ~ this / last / next Wednesday; **jeden** ~ every Wednesday; ~ **in einer Woche** a week on Wednesday, Wednesday week; **mittwochs** adv on Wednesdays; ~ **abends** on Wednesday evenings

mixen vt mix; **Mixer** m ⟨-s, -⟩ (*kitchen appliance*) blender

mobben vt harass (*or* bully) (at work)

Möbel nt ⟨-s, -⟩ piece of furniture; **die** ~ pl the furniture sg; **Möbelwagen** m removal van

mobil adj mobile; **Mobiltelefon** nt mobile phone

möblieren vt furnish

mochte imperf → **mögen**

Mode f ⟨-, -n⟩ fashion

Model nt ⟨-s, -s⟩ model

Modell nt ⟨-s, -e⟩ model

Modem m ⟨-, -en⟩ IT modem

Mode(n)schau f fashion show

Moderator(in) m(f) presenter

modern adj modern; (*stylish*) fashionable; **modisch** adj

fashionable

Modus m ⟨-, Modi⟩ IT mode; fig way

Mofa nt ⟨-s, -s⟩ moped

mogeln vi cheat

mögen ⟨mochte, gemocht⟩ vt, vi like; **ich möchte ...** I would like ...; **ich möchte lieber bleiben** I'd rather stay; **möchtest du lieber Tee oder Kaffee?** would you prefer tea or coffee?

möglich adj possible; **so bald wie** ~ as soon as possible; **möglicherweise** adv possibly; **Möglichkeit** f possibility; **möglichst** adv as ... as possible

Mohn m ⟨-(e)s, -e⟩ poppy; (*for cake etc*) poppy seed

Möhre f ⟨-, -n⟩, **Mohrrübe** f carrot

Mokka m ⟨-s, -s⟩ mocha

Moldawien nt ⟨-s⟩ Moldova

Molkerei f ⟨-, -en⟩ dairy

Moll nt ⟨-⟩ minor (key); **a-~** A minor

mollig adj cosy; (*person*) plump

Moment m ⟨-(e)s, -e⟩ moment; **im** ~ at the moment; **einen** ~ **bitte!** just a moment; **momentan 1.** adj momentary **2.** adv at the moment

Monaco nt ⟨-s⟩ Monaco

Monarchie f monarchy

Monat m ⟨-(e)s, -e⟩ month; **sie ist im dritten** ~ she's three months pregnant; **monatlich** adj, adv monthly; ~

100 Euro zahlen pay 100 euros a month (*or* every month); **Monatskarte** *f* monthly season ticket

Mönch *m* ⟨-s, -e⟩ monk

Mond *m* ⟨-(e)s, -e⟩ moon; **Mondfinsternis** *f* lunar eclipse

Mongolei *f* ⟨-⟩ **die ~** Mongolia

Monitor *m* IT monitor

monoton *adj* monotonous

Monsun *m* ⟨-s, -e⟩ monsoon

Montag *m* Monday; → **Mittwoch**; **montags** *adv* on Mondays; → **mittwochs**

Montenegro *nt* ⟨-s⟩ Montenegro

Monteur(in) *m(f)* ⟨-s, -e⟩ fitter; **montieren** *vt* assemble, set up

Monument *nt* ⟨-s, -e⟩ monument

Moor *nt* ⟨-(e)s, -e⟩ moor

Moos *nt* ⟨-es, -e⟩ moss

Moped *nt* ⟨-s, -s⟩ moped

Moral *f* ⟨-⟩ morals *pl*; **moralisch** *adj* moral

Mord *m* ⟨-(e)s, -e⟩ murder; **Mörder(in)** *m(f)* ⟨-s, -⟩ murderer / murderess

morgen *adv* tomorrow; **~ früh** tomorrow morning

Morgen *m* ⟨-s, -⟩ morning; **am ~** in the morning; **Morgenmantel** *m* dressing gown; **Morgenmuffel** *m* **er ist ein ~** he's not a morning person; **morgens** *adv* in the morning; **um 3 Uhr ~** at 3 (o'clock) in the morning,

at 3 am

Morphium *nt* ⟨-s⟩ morphine

morsch *adj* rotten

Mosaik *nt* ⟨-s, -e(n)⟩ mosaic

Mosambik *nt* ⟨-s⟩ Mozambique

Moschee *f* ⟨-, -n⟩ mosque

Moskau *nt* ⟨-s⟩ Moscow

Moskito *m* ⟨-s, -s⟩ mosquito; **Moskitonetz** *nt* mosquito net

Moslem *m* ⟨-s, -s⟩, **Moslime** *f* ⟨-, -n⟩ Muslim

Most *m* ⟨-(e)s, -e⟩ (unfermented) fruit juice; (*fermented, from apples*) cider

Motel *nt* ⟨-s, -s⟩ motel

motivieren *vt* motivate

Motor *m* engine; ELEC motor; **Motorboot** *nt* motorboat; **Motorenöl** *nt* engine oil; **Motorhaube** *f* bonnet (*Brit*), hood (*US*); **Motorrad** *nt* motorbike, motorcycle; **Motorradfahrer(in)** *m(f)* motorcyclist; **Motorroller** *m* (motor) scooter; **Motorschaden** *m* engine trouble

Motte *f* ⟨-, -n⟩ moth

Motto *nt* ⟨-s, -s⟩ motto

Mountainbike *nt* ⟨-s, -s⟩ mountain bike

Möwe *f* ⟨-, -n⟩ (sea)gull

MP3-Player *m* ⟨-s, -⟩ MP3 player

Mücke *f* ⟨-, -n⟩ midge; (*in the tropics*) mosquito; **Mückenstich** *m* mosquito bite

müde *adj* tired

muffig *adj* (*smell*) musty;

(face, person) grumpy

Mühe f ⟨-, -n⟩ trouble, pains pl; **sich dat große ~ geben** go to a lot of trouble

Mühle f ⟨-, -n⟩ mill; *(for coffee)* grinder

Müll m ⟨-(e)s⟩ rubbish *(Brit)*, garbage *(US)*; **Müllabfuhr** f rubbish *(Brit)* (or garbage (US)) disposal

Mullbinde f gauze bandage

Müllcontainer m waste container; **Mülleimer** m rubbish bin *(Brit)*, garbage can *(US)*; **Mülltonne** f dustbin *(Brit)*, garbage can *(US)*; **Müllwagen** m dustcart *(Brit)*, garbage truck *(US)*

multikulturell adj multicultural

Multimedia- in cpds multimedia

Multiple-Choice-Verfahren nt multiple choice

multiple Sklerose f ⟨-n, -n⟩ multiple sclerosis

Multiplexkino nt multiplex (cinema)

multiplizieren vt multiply *(mit* by)

Mumie f mummy

Mumps m ⟨-⟩ mumps sg

München nt ⟨-s⟩ Munich

Mund m ⟨-(e)s, Münder⟩ mouth; **halt den ~!** shut up; **Mundart** f dialect; **Munddusche** f dental water jet

münden vi flow *(in + acc* into)

Mundgeruch m bad breath; **Mundharmonika** f ⟨-, -s⟩ mouth organ

mündlich adj oral

Mundschutz m mask; **Mundwasser** nt mouthwash

Munition f ammunition

Münster nt ⟨-s, -⟩ minster, cathedral

munter adj lively

Münzautomat m vending machine; **Münze** f ⟨-, -n⟩ coin; **Münzeinwurf** m slot; **Münzrückgabe** f coin return; **Münztelefon** nt pay phone; **Münzwechsler** m change machine

murmeln vt, vi murmur, mutter

Murmeltier nt marmot

mürrisch adj sullen, grumpy

Muschel f ⟨-, -n⟩ mussel; *(empty)* shell

Museum nt ⟨-s, Museen⟩ museum

Musical nt ⟨-s, -s⟩ musical

Musik f music; **musikalisch** adj musical; **Musiker(in)** m(f) ⟨-s, -⟩ musician; **Musikinstrument** nt musical instrument; **musizieren** vi play music

Muskat m ⟨-(e)s⟩ nutmeg

Muskel m ⟨-s, -n⟩ muscle; **Muskelkater** m ~ **haben** be stiff; **Muskelriss** m torn muscle; **Muskelzerrung** f pulled muscle; **muskulös** adj muscular

Müsli nt ⟨-s, -⟩ muesli

Muslim(in) m(f) ⟨-s, -s⟩ Muslim

Muss nt ⟨-⟩ must

müssen ⟨musste, gemusst⟩ vi must, have to; **er hat gehen ~** he (has) had to go; **sie müsste schon längst hier sein** she should have arrived a long time ago; **du musst es nicht tun** you don't have to do it, you needn't do it; **ich muss mal** I have got to go to the loo (Brit), I have to go to the bathroom (US)

Muster nt ⟨-s, -⟩ pattern, design; (small quantity) sample

Mut m ⟨-(e)s⟩ courage; **jdm ~ machen** encourage sb; **mutig** adj brave, courageous

Mutter 1. f ⟨-, Mütter⟩ mother **2.** f ⟨-, -n⟩ (for bolt) nut; **Muttersprache** f mother tongue; **Muttertag** m Mother's Day; **Mutti** f mother (Brit), mom(my) (US)

mutwillig adj deliberate

Mütze f ⟨-, -n⟩ cap

Myanmar nt ⟨-s⟩ Myanmar

N

na interj **~ also!, ~ bitte!** see?, what did I tell you?; **~ ja** well; **~ und?** so what?

Nabel m ⟨-s, -⟩ navel

nach prep + dat after; (direction) to; (consistent with) according to; **~ zwei Stunden** after two hours, two hours later; **es ist fünf ~ sechs** it's five past (Brit) (or after (US)) six; **der Zug ~ London** the train for (or to) London; **~ rechts / links** to the right / left; **~ Hause** home; **~ oben / hinten / unten** up / back / down; **~ und ~** gradually

nachahmen vt imitate

Nachbar(in) m(f) ⟨-n, -n⟩ neighbour; **Nachbarschaft** f neighbourhood

nachdem conj after; (because) since; **je ~ (ob / wie)** depending on (whether / how)

nachdenken irr vi think (über + acc about); **nachdenklich** adj thoughtful

nacheinander adv one after another (or the other)

Nachfolger(in) m(f) ⟨-s, -⟩ successor

nachforschen vt investigate

nachgeben irr vi give in (jdm to sb)

nachgehen irr vi follow (jdm sb); (investigate) inquire (einer Sache dat into sth); **die Uhr geht (zehn Minuten) nach** this watch is (ten minutes) slow

nachher adv afterwards; **bis ~!** see you later

Nachhilfe f extra tuition

nachholen vt catch up with; (*what one has missed*) make up for

nachkommen irr vi follow; **einer Verpflichtung** dat ~ fulfil an obligation

nachlassen irr 1. vt (*sum of money*) take off 2. vi decrease, ease off; (*get worse*) deteriorate; **nachlässig** adj negligent, careless

nachlaufen irr vi run after, chase (jdm sb)

nachmachen vt imitate, copy (jdm etw sth from sb); (*fake*) counterfeit

Nachmittag m afternoon; **heute** ~ this afternoon; **am** ~ in the afternoon; **nachmittags** adv in the afternoon; **um 3 Uhr** ~ at 3 (o'clock) in the afternoon, at 3 pm

Nachnahme f (-, -n) cash on delivery; **per** ~ COD

Nachname m surname

nachprüfen vt check

nachrechnen vt check

Nachricht f (-, -en) (piece of) news sg; (*notification*) message; **Nachrichten** pl news sg

Nachsaison f off-season

nachschauen 1. vi jdm ~ gaze after sb 2. vt check

nachschicken vt forward

nachschlagen irr vt look up

nachsehen irr vt check

Nachspeise f dessert

nächste(r, s) adj next; (*in space*) nearest

Nacht f (-, Nächte) night; **in der** ~ during the night; (*when dark*) at night; **Nachtclub** m nightclub; **Nachtdienst** m night duty; ~ **haben** (*chemist's*) be open all night

Nachteil m disadvantage

Nachtflug m night flight; **Nachthemd** nt nightdress; (*for men*) nightshirt

Nachtigall f (-, -en) nightingale

Nachtisch m dessert, sweet (*Brit*), pudding (*Brit*)

Nachtleben nt nightlife

nachträglich adv ~ **alles Gute zum Geburtstag!** Happy belated birthday

nachts adv at night; **um 11 Uhr** ~ at 11 (o'clock) at night, at 11 pm; **um 2 Uhr** ~ at 2 (o'clock) in the morning, at 2 am; **Nachtschicht** f night shift; **Nachttisch** m bedside table; **Nachtzug** m night train

Nachweis m (-es, -e) proof

Nachwirkung f after-effect

nachzahlen 1. vi pay extra 2. vt **20 Euro** ~ pay 20 euros extra

nachzählen vt check

Nacken m (-s, -) (nape of the) neck

nackt adj naked; (*facts*) plain, bare; **Nacktbadestrand** m nudist beach

Nadel f (-, -n) needle; (*with head*) pin

Nagel m ⟨-s, Nägel⟩ nail; **Nagelbürste** f nail brush; **Nagelfeile** f nail-file; **Nagellack** m nail varnish (or polish); **Nagellackentferner** m ⟨-s, -⟩ nail-varnish (or nail-polish) remover; **Nagelschere** f nail scissors pl

nah(e) 1. adj, adv near(by); (in time) near; (relative, friend) close **2.** prep + dat near (to), close to; **Nähe** f ⟨-⟩ vicinity; **in der ~** nearby; **in der ~ von** near to; **nahegehen** irr vi **jdm ~** upset sb; **naheliegen** irr vi be obvious

nähen vt, vi sew

nähere(r, s) adj (explanation, investigation) more detailed; **die ~ Umgebung** the immediate area; **Nähere(s)** nt details pl; **nähern** vr approach

nahezu adv virtually, almost

nahm imperf → **nehmen**

Nähmaschine f sewing machine

nahrhaft adj nourishing, nutritious; **Nahrung** f food; **Nahrungsmittel** nt food

Naht f ⟨-, Nähte⟩ seam; MED stitches pl, suture; TECH join

Nahverkehr m local traffic

Nähzeug nt sewing kit

naiv adj naive

Name m ⟨-ns, -n⟩ name

nämlich adv that is to say, namely; (because) since

nannte imperf → **nennen**

Napf m ⟨-(e)s, Näpfe⟩ bowl, dish

Narbe f ⟨-, -n⟩ scar

Narkose f ⟨-, -n⟩ anaesthetic

Narzisse f ⟨-, -n⟩ narcissus

naschen vt, vi nibble

Nase f ⟨-, -n⟩ nose; **Nasenbluten** nt ⟨-s⟩ nosebleed; **~ haben** have a nosebleed; **Nasenloch** nt nostril; **Nasentropfen** pl nose drops pl

Nashorn nt rhinoceros

nass adj wet; **Nässe** f ⟨-⟩ wetness; **nässen** vi (wound) weep

Nation f ⟨-, -en⟩ nation; **national** adj national; **Nationalfeiertag** m national holiday; **Nationalhymne** f ⟨-, -n⟩ national anthem; **Nationalität** f nationality; **Nationalmannschaft** f national team; **Nationalpark** m National Park; **Nationalspieler(in)** m(f) international (player)

NATO f ⟨-⟩ abbr = **North Atlantic Treaty Organization** NATO, Nato

Natur f nature; **Naturkost** f health food; **natürlich 1.** adj natural **2.** adv naturally; (certainly, obviously) of course; **Naturpark** m nature reserve; **Naturschutz** m conservation; **Naturschutzgebiet** nt nature reserve; **Naturwissenschaft** f (natural) science; **Naturwissenschaftler(in)** m(f) scientist

Navigationssystem nt AUTO navigation system

n. Chr. abbr = *nach Christus* AD

Nebel m ⟨-s, -⟩ fog, mist; **nebelig** adj foggy, misty; **Nebelscheinwerfer** m foglamp; **Nebelschlussleuchte** f AUTO rear foglight

neben prep + acc or dat next to; (*in addition to*) apart from, besides; **nebenan** adv next door; **nebenbei** adv at the same time; (*as an extra*) additionally; (*by the way*) incidentally; (*by the side*) alongside; **nebeneinander** adv side by side; **Nebenfach** nt subsidiary subject

nebenher adv (*in addition*) besides; (*simultaneously*) at the same time; (*at the side*) alongside

Nebenkosten pl extra charges pl, extras pl; **nebensächlich** adj minor; **Nebensaison** f low season; **Nebenstraße** f side street; **Nebenwirkung** f side effect

neblig adj foggy, misty

necken vt tease

Neffe m ⟨-n, -n⟩ nephew

negativ adj negative; **Negativ** nt PHOT negative

nehmen ⟨nahm, genommen⟩ vt take; **den Bus / Zug ~** take the bus / train; **jdn / etw ernst ~** take sb/sth seriously

neidisch adj envious

neigen vi **zu etw ~** tend towards sth; **Neigung** f slope; (*tendency*) inclination; (*in-*

terest) liking

nein adv no

Nektarine f nectarine

Nelke f ⟨-, -n⟩ carnation; (*spice*) clove

nennen ⟨nannte, genannt⟩ vt name; (*by a name*) call

Nepal nt ⟨-s⟩ Nepal

Neptun m ⟨-s⟩ Neptune

Nerv m ⟨-s, -en⟩ nerve; **jdm auf die ~en gehen** get on sb's nerves; **nerven** vt **jdn ~** fam get on sb's nerves; **Nervenzusammenbruch** m nervous breakdown; **nervös** adj nervous

Nest nt ⟨-(e)s, -er⟩ nest; pej (*place*) dump

nett adj nice; (*friendly*) kind; **sei so ~ und ...** do me a favour and ...

netto adv net

Netz nt ⟨-es, -e⟩ net; (*system*) network; (*electricity supply*) mains, power (US); **Netzanschluss** m mains connection; **Netzwerk** nt IT network

neu adj new; (*languages, history*) modern; **die ~esten Nachrichten** the latest news; **Neubau** m new building; **neuerdings** adv recently; **Neuerung** f innovation; (*change*) reform

Neugier f curiosity; **neugierig** adj curious (*auf* + acc about); **ich bin ~, ob ...** I wonder whether (or if) ...

Neuheit f novelty; **Neuigkeit** f news sg; **Neujahr** nt New

Year; *prosit ~!* Happy New
Year; **neulich** *adv* recently,
the other day

neun *num* nine; **neunhun-
dert** *num* nine hundred;
neunmal *adv* nine times;
neunte(r, s) *adj* ninth; →
dritte; **Neuntel** *nt* ⟨-s, -⟩
(*fraction*) ninth; **neunzehn**
num nineteen; **neunzehn-
te(r, s)** *adj* nineteenth; →
dritte; **neunzig** *num* ninety;
in den ~er Jahren in the
nineties; **Neunzigerjahre** *pl*
nineties *pl*; **neunzigste(r,
s)** *adj* ninetieth

neureich *adj* nouveau riche

Neurologe *m*, **Neurologin** *f*
neurologist; **Neurose** *f* ⟨-,
-n⟩ neurosis; **neurotisch**
adj neurotic

Neuseeland *nt* New Zealand

Neustart *m* IT restart, reboot

neutral *adj* neutral

neuwertig *adj* nearly new

Nicaragua *nt* ⟨-s⟩ Nicaragua

nicht 1. *adv* not; **er kommt ~**
he doesn't come; (*on this occasion*) he isn't coming; **sie
wohnt ~ mehr hier** she
doesn't live here any more;
gar ~ not at all; **ich kenne
ihn auch ~** I don't know
him either; **noch ~** not yet;
~ berühren! do not touch
2. *pron*

Nichte *f* ⟨-, -n⟩ niece

Nichtraucher(in) *m(f)* non-
-smoker; **Nichtraucherzone**
f non-smoking area

nichts *pron* nothing; **ich habe ~ gesagt** I didn't say anything; **macht ~** never mind

Nichtschwimmer(in) *m(f)*
non-swimmer

nichtssagend *adj* meaningless

nicken *vi* nod

Nickerchen *nt* nap

nie *adv* never; **~ wieder** (*or
mehr*) never again; **fast ~**
hardly ever

nieder 1. *adj* low; (*in status*)
inferior **2.** *adv* down; **niedergeschlagen** *adj* de-
pressed; **Niederlage** *f* defeat

Niederlande *pl* Netherlands
pl; **Niederländer(in)** *m(f)*
Dutchman / Dutchwoman;
niederländisch *adj* Dutch;
Niederländisch *nt* Dutch

Niederlassung *f* branch

Niederösterreich *nt* Lower
Austria; **Niedersachsen** *nt*
Lower Saxony

Niederschlag *m* METEO preci-
pitation; rainfall

niedlich *adj* sweet, cute

niedrig *adj* low

niemals *adv* never

niemand *pron* nobody, no
one; **ich habe ~ gesehen**
I haven't seen anyone; **~ von
ihnen** none of them

Niere *f* ⟨-, -n⟩ kidney; **Nieren-
steine** *pl* kidney stones *pl*

nieseln *vi impers* drizzle;
Nieselregen *m* drizzle

niesen *vi* sneeze

Niete *f* ⟨-, -n⟩ (*losing ticket*)

blank; *pej* (*person*) failure; TECH rivet

Nigeria *nt* ⟨-s⟩ Nigeria

Nikotin *nt* ⟨-s⟩ nicotine

Nilpferd *nt* hippopotamus

nippen *vi* sip; **an etw** *dat* ⁓ sip sth

nirgends *adv* nowhere

Nische *f* ⟨-, -n⟩ niche

Niveau *nt* ⟨-s, -s⟩ level; **sie hat** ⁓ she's got class

nobel *adj* generous; *fam* classy, posh

Nobelpreis *m* Nobel Prize

noch 1. *adv* still; (*in addition*) else; **wer kommt** ⁓**?** who else is coming?; ⁓ **nie** never; ⁓ **nicht** not yet; **immer** ⁓ still; ⁓ **einmal** (once) again; ⁓ **am selben Tag** that (very) same day; ⁓ **besser / mehr / jetzt** even better / more / now; **wie heißt sie** ⁓**?** what's her name again?; ⁓ **ein Bier, bitte** another beer, please **2.** *conj* nor; **nochmal(s)** *adv* again, once more

Nominativ *m* nominative (case)

Nonne *f* ⟨-, -n⟩ nun

Nonstop-Flug *m* nonstop flight

Nord north; **Nordamerika** *nt* North America; **Norddeutschland** *nt* Northern Germany; **Norden** *m* ⟨-s⟩ north; **Nordeuropa** *nt* Northern Europe

Nordic Walking *nt* SPORT Nordic Walking

Nordirland *nt* Northern Ireland; **nordisch** *adj* Nordic; **Nordkorea** *nt* ⟨-s⟩ North Korea; **nördlich** *adj* northern; (*course, direction*) northerly; **Nordost(en)** *m* northeast; **Nordpol** *m* North Pole; **Nordrhein-Westfalen** *nt* ⟨-s⟩ North Rhine-Westphalia; **Nordsee** *f* North Sea; **nordwärts** *adv* north, northwards; **Nordwest(en)** *m* northwest; **Nordwind** *m* north wind

nörgeln *vi* grumble

Norm *f* ⟨-, -en⟩ norm; (*technical, industrial*) standard

normal *adj* normal; **normalerweise** *adv* normally

Norwegen *nt* ⟨-s⟩ Norway; **Norweger(in)** *m(f)* Norwegian; **norwegisch** *adj* Norwegian; **Norwegisch** *nt* Norwegian

Not *f* ⟨-, Nöte⟩ need; poverty; (*distress*) hardship; (*emergency situation*) trouble; **zur** ⁓ if necessary; (*with little to spare*) just about

Notar(in) *m(f)* public notary

Notarzt *m*, **Notärztin** *f* emergency doctor; **Notarztwagen** *m* emergency ambulance; **Notaufnahme** *f* A&E, casualty (*Brit*), emergency room (*US*); **Notausgang** *m* emergency exit; **Notbremse** *f* emergency brake; **Notdienst** *m* emergency service, after-hours

service; **notdürftig** *adj*
scanty; *(rough and ready)*
makeshift
Note *f* ⟨-, -n⟩ *(in school)* mark,
grade *(US)*; MUS note
Notebook *nt* ⟨-(s), -s⟩ IT notebook
Notfall *m* emergency; **notfalls** *adv* if necessary
notieren *vt* note down
nötig *adj* necessary; **etw ~ haben** need sth
Notiz *f* ⟨-, -n⟩ note; **Notizblock** *m* notepad; **Notizbuch** *nt* notebook
notlanden *vi* make a forced
(or emergency*)* landing;
Notlandung *f* emergency
landing; **Notruf** *m* emergency call; **Notrufnummer** *f*
emergency number; **Notrufsäule** *f* emergency telephone
notwendig *adj* necessary
Nougat *m or nt* ⟨-s, -s⟩ nougat
November *m* ⟨-(s), -⟩ November; → **Juni**
Nr. *abbr* → **Nummer** No., no.
Nu *m* **im ~** in no time
nüchtern *adj* sober; *(stomach)* empty
Nudel *f* ⟨-, -n⟩ noodle; **~n** *pl*
(Italian) pasta *sg*

null *num* zero; TEL O *(Brit)*,
zero *(US)*; **~ Fehler** no mistakes; **~ Uhr** midnight; **Null** *f*
⟨-, -en⟩ nought; zero; *pej
(person)* dead loss; **Nulltarif**
m **zum ~** free of charge
Nummer *f* ⟨-, -n⟩ number;
nummerieren *vt* number;
Nummernschild *nt* AUTO
number plate *(Brit)*, license
plate *(US)*
nun 1. *adv* now; **von ~ an**
from now on **2.** *interj* well;
~ gut! all right, then; **es ist
~ mal so** that's the way it is
nur *adv* only; **nicht ~ ..., sondern auch ...** not only ...,
but also ...
Nürnberg *nt* ⟨-s⟩ Nuremberg
Nuss *f* ⟨-, Nüsse⟩ nut; **Nussknacker** *m* ⟨-s, -⟩ nutcracker
Nutte *f* ⟨-, -n⟩ *fam* tart
nutz, nütze *adj* **zu nichts ~
sein** be useless; **nutzen,
nützen 1.** *vt* use *(zu etw*
for sth*)*; **was nützt es?** what
use is it? **2.** *vi* be of use; **das
nützt nicht viel** that doesn't
help much; **Nutzen** *m* ⟨-s, -⟩
usefulness; *(financial)* profit; **nützlich** *adj* useful
Nylon *nt* ⟨-s⟩ nylon

O

o *interj* oh

Oase *f* ⟨-, -n⟩ oasis

ob *conj* if, whether; **so als ~** as if; **und ~!** you bet

obdachlos *adj* homeless

oben *adv* at the top; (*in pile, on cupboard etc*) on (the) top; (*in house*) upstairs; (*in text*) above; **da ~** up there; **von ~ bis unten** from top to bottom; **siehe ~** see above

Ober *m* ⟨-s, -⟩ waiter

obere(r, s) *adj* upper, top

Oberfläche *f* surface; **oberflächlich** *adj* superficial; **Obergeschoss** *nt* upper floor

oberhalb *adv, prep + gen* above

Oberkörper *m* upper body; **Oberlippe** *f* upper lip; **Oberösterreich** *nt* Upper Austria; **Oberschenkel** *m* thigh

oberste(r, s) *adj* very top, topmost

Oberteil *nt* top; **Oberweite** *f* bust / chest measurement

Objekt *nt* ⟨-(e)s, -e⟩ object

objektiv *adj* objective

Objektiv *nt* lens

obligatorisch *adj* compulsory, obligatory

Oboe *f* ⟨-, -n⟩ oboe

Observatorium *nt* observatory

Obst *nt* ⟨-(e)s⟩ fruit; **Obstkuchen** *m* fruit tart; **Obstsalat** *m* fruit salad

obwohl *conj* although

Ochse *m* ⟨-n, -n⟩ ox

ocker *adj* ochre

öd(e) *adj* waste; *fig* dull

oder *conj* or; **~ aber** or else; **er kommt doch, ~?** he's coming, isn't he?

Ofen *m* ⟨-s, Öfen⟩ oven; (*for heating*) heater; (*using coal etc*) stove; (*kitchen appliance*) cooker, stove; **Ofenkartoffel** *f* baked (*or* jacket) potato

offen 1. *adj* open; (*honest*) frank; (*job*) vacant **2.** *adv* frankly; **~ gesagt** to be honest

offenbar *adj* obvious; **offensichtlich** *adj* evident, obvious

öffentlich *adj* public; **Öffentlichkeit** *f* public

offiziell *adj* official

offline *adv* IT offline

öffnen *vt, vr* open; **Öffner** *m* ⟨-s, -⟩ opener; **Öffnung** *f* opening; **Öffnungszeiten** *pl* opening times *pl*

oft *adv* often; **schon ~** many times; **öfter** *adv* more often (*or* frequently); **öfters** *adv* often, frequently

ohne *conj, prep + acc* without; ~ *Weiteres* without a second thought; (*without delay*) immediately; ~ *mich* count me out

Ohnmacht f ‹-machten pl› unconsciousness; *in ~ fallen* faint; **ohnmächtig** adj unconscious; *sie ist ~* she has fainted

Ohr nt ‹-(e)s, -en› ear; (*faculty*) hearing

Öhr nt ‹-(e)s, -e› eye

Ohrenarzt m, **Ohrenärztin** f ear specialist; **Ohrenschmerzen** pl earache; **Ohrentropfen** pl ear drops pl; **Ohrfeige** f slap (in the face); **Ohrläppchen** nt earlobe; **Ohrringe** pl earrings pl

oje interj oh dear

okay interj OK, okay

Ökoladen m health food store; **ökologisch** adj ecological; *~e Landwirtschaft* organic farming

ökonomisch adj economic; (*money-saving*) economical

Ökosystem nt ecosystem

Oktober m ‹-(s), -› October; → **Juni**

Öl nt ‹-(e)s, -e› oil; **Ölbaum** m olive tree; **ölen** vt oil; TECH lubricate; **Ölfarbe** f oil paint; **Ölfilter** m oil filter; **Ölgemälde** nt oil painting; **Ölheizung** f oil-fired central heating; **ölig** adj oily

oliv adj inv olive-green; **Olive** f ‹-, -n› olive; **Olivenöl** nt olive oil

Ölsardine f sardine in oil; **Ölteppich** m oil slick; **Ölwechsel** m oil change

Olympiade f Olympic Games pl; **olympisch** adj Olympic

Oma, **Omi** f ‹-s, -s› grandma, gran(ny)

Omelett nt ‹-(e)s, -s›, **Omelette** f omelette

Omnibus m bus

onanieren vi masturbate

Onkel m ‹-s, -› uncle

online adv IT online

OP m ‹-s, -s› abbr = **Operationssaal** operating theatre (*Brit*) (*or* room (*US*))

Opa, **Opi** m ‹-s, -s› grandpa, grandad

Open-Air-Konzert nt open-air concert

Oper f ‹-, -n› opera; (*building*) opera house

Operation f operation

Operette f operetta

operieren 1. vi operate **2.** vt operate on

Opernhaus nt opera house, opera; **Opernsänger(in)** m(f) opera singer

Opfer nt ‹-s, -› sacrifice; (*person*) victim; *ein ~ bringen* make a sacrifice

Opium nt ‹-s› opium

Opposition f opposition

Optiker(in) m(f) ‹-s, -› optician

optimal adj optimal, optimum

optimistisch adj optimistic

oral adj oral; **Oralverkehr** m

oral sex

orange adj inv orange; **Orange** f ⟨-, -n⟩ orange; **Orangenmarmelade** f marmalade; **Orangensaft** m orange juice

Orchester nt ⟨-s, -⟩ orchestra

Orchidee f ⟨-, -n⟩ orchid

Orden m ⟨-s, -⟩ REL order; MIL decoration

ordentlich 1. adj respectable; (orderly) tidy, neat **2.** adv properly

ordinär adj common, vulgar; (joke) dirty

ordnen vt sort out; **Ordner** m ⟨-s, -⟩ (at events) steward; (for documents) file; **Ordnung** f order; (orderliness) tidiness; **(geht) in ~!** (that's all right

Oregano m ⟨-s⟩ oregano

Organ nt ⟨-s, -e⟩ organ; voice

Organisation f organization; **organisieren 1.** vt organize; fam (obtain) get hold of **2.** vr organize

Organismus m organism

Orgasmus m orgasm

Orgel f ⟨-, -n⟩ organ

Orgie f orgy

orientalisch adj oriental

orientieren vr get one's bearings; **Orientierung** f orientation; **Orientierungssinn** m sense of direction

original adj original; (real) genuine; **Original** nt ⟨-s, -e⟩ original

originell adj original; (humorous) witty

Orkan m ⟨-(e)s, -e⟩ hurricane

Ort m ⟨-(e)s, -e⟩ place; (small town) village

Orthopäde m ⟨-n, -n⟩, **Orthopädin** f orthopaedist

örtlich adj local; **Ortschaft** f village, small town; **Ortsgespräch** nt local call; **Ortstarif** m local rate; **Ortszeit** f local time

Ost east; **Ostdeutschland** nt Eastern Germany; HIST East Germany; **Osten** m ⟨-s⟩ east

Osterei nt Easter egg; **Osterglocke** f daffodil; **Osterhase** m Easter bunny; **Ostermontag** m Easter Monday; **Ostern** nt ⟨-, -⟩ Easter; **an** (or **zu**) **~** at Easter; **frohe ~** Happy Easter

Österreich nt ⟨-s⟩ Austria; **Österreicher(in)** m(f) ⟨-s, -⟩ Austrian; **österreichisch** adj Austrian

Ostersonntag m Easter Sunday

Osteuropa nt Eastern Europe; **Ostküste** f east coast; **östlich** adj eastern; (course, direction) easterly; **Ostsee** f **die ~** the Baltic (Sea); **Ostwind** m east(erly) wind

Otter m ⟨-s, -⟩ otter

out adj fam out; **outen** vt out

oval adj oval

Overheadprojektor m overhead projector

Ozean m ⟨-s, -e⟩ ocean; **der Stille ~** the Pacific (Ocean)

Ozon nt ⟨-s⟩ ozone; **Ozon-**

Papierkorb

loch nt hole in the ozone layer; **Ozonschicht** f ozone

layer; **Ozonwerte** pl ozone levels pl

P

paar adj inv **ein ~** a few; **ein ~ Mal** a few times; **ein ~ Äpfel** some apples

Paar nt ⟨-(e)s, -e⟩ pair; (married) couple

pachten vt lease

Päckchen nt package; (of cigarettes) packet; (sent by post) small parcel; **packen** vt pack; (get hold of) grasp, seize; fam (succeed with) manage; fig (film, story etc) grip; **Packpapier** nt brown paper; **Packung** f packet, pack (US); **Packungsbeilage** f package insert

Pädagoge ⟨-n, -n⟩, **Pädagogin** f teacher; **pädagogisch** adj educational

Paddel nt ⟨-s, -⟩ paddle; **Paddelboot** nt canoe; **paddeln** vi paddle

Paket nt ⟨-(e)s, -e⟩ packet; (sent by post) parcel; IT package; **Paketbombe** f parcel bomb

Pakistan nt ⟨-s⟩ Pakistan

Palast m ⟨-es, Paläste⟩ palace

Palästina nt ⟨-s⟩ Palestine; **Palästinenser(in)** m(f) ⟨-s, -⟩ Palestinian

Palatschinken pl filled pancakes pl

Palette f (of painter) palette; (for moving goods) pallet; (variety) range

Palme f ⟨-, -n⟩ palm (tree); **Palmsonntag** m Palm Sunday

Pampelmuse f ⟨-, -n⟩ grapefruit

pampig adj fam cheeky; (food etc) gooey

Panda(bär) m ⟨-s, -s⟩ panda

Pandemie f ⟨-, -n⟩ pandemic

panieren vt GASTR coat with breadcrumbs; **paniert** adj breaded

Panik f panic

Panne f ⟨-, -n⟩ AUTO breakdown; (mishap) slip; **Pannendienst** m, **Pannenhilfe** f breakdown (or rescue) service

Pant(h)er m ⟨-s, -⟩ panther

Pantomime f ⟨-, -n⟩ mime

Panzer m ⟨-s, -⟩ MIL (vehicle) tank

Papa m ⟨-s, -s⟩ dad(dy), pa (US)

Papagei m ⟨-s, -en⟩ parrot

Papaya f ⟨-, -s⟩ papaya

Papier nt ⟨-s, -e⟩ paper; **~e** pl (ID) papers pl; (official texts) papers pl, documents pl; **Papierkorb** m wastepaper basket; IT recycle bin;

Papiertaschentuch *nt* (paper) tissue; **Papiertonne** *f* paper bank

Pappbecher *m* paper cup; **Pappe** *f* ‹-, -n› cardboard; **Pappkarton** *m* cardboard box; **Pappteller** *m* paper plate

Paprika *m* ‹-s, -s› (*spice*) paprika; (*vegetable*) pepper

Papst *m* ‹-(e)s, Päpste› pope

Paradeiser *m* ‹-s, -› tomato

Paradies *nt* ‹-es, -e› paradise

Paragliding *nt* ‹-s› paragliding

Paragraph *m* ‹-en, -en› paragraph; LAW section

parallel *adj* parallel

Paranuss *f* Brazil nut

Parasit *m* ‹-en, -en› parasite

parat *adj* ready; **etw ~ haben** have sth ready

Pärchen *nt* ‹-s, -› couple

Parfüm *nt* ‹-s, -s *or* -e› perfume

Park *m* ‹-s, -s› park; **Parkbank** *f* park bench

Parkdeck *nt* parking level; **parken** *vt, vi* park

Parkett *nt* ‹-s, -e› parquet flooring; THEAT stalls *pl* (*Brit*), parquet (*US*)

Parkhaus *nt* multi-storey car park (*Brit*), parking garage (*US*)

parkinsonsche Krankheit *f* Parkinson's disease

Parkkralle *f* AUTO wheel clamp; **Parklicht** *nt* parking light; **Parklücke** *f* parking

space; **Parkplatz** *m* parking space; (*for many cars*) car park (*Brit*), parking lot (*US*); **Parkscheibe** *f* parking disc; **Parkscheinautomat** *m* pay point; (*issuing ticket*) ticket machine; **Parkuhr** *f* parking meter; **Parkverbot** *nt* no-parking zone; **hier ist ~** you can't park here

Parlament *nt* parliament

Parmesan *m* ‹-s› Parmesan (cheese)

Partei *f* party

Parterre *nt* ‹-s, -s› ground floor (*Brit*), first floor (*US*)

Partitur *f* MUS score

Partizip *nt* ‹-s, -ien› participle

Partner(in) *m(f)* ‹-s, -› partner; **Partnerschaft** *f* partnership; **eingetragene ~** civil partnership; **Partnerstadt** *f* twin town

Party *f* ‹-, -s› party; **Partymuffel** *m* ‹-s, -› party pooper; **Partyservice** *m* catering service

Pass *m* ‹-es, Pässe› pass; (*ID*) passport

passabel *adj* reasonable

Passagier *m* ‹-s, -e› passenger

Passamt *nt* passport office; **Passbild** *nt* passport photo

passen *vi* (*size*) fit; (*colour, style*) go (*zu* with); (*not answer*) pass; **passt (es) dir morgen?** does tomorrow suit you?; **das passt mir gut** that suits me fine; **pas-**

send adj suitable; (in colour, style) matching; (appropriate) fitting; (time) convenient

passieren vi happen

passiv adj passive

Passkontrolle f passport control

Passwort nt password

Paste f ⟨-, -n⟩ paste

Pastete f ⟨-, -n⟩ pie; (small) vol-au-vent; (for spreading) pâté

Pastor, in m(f) ⟨-s, -en⟩ minister, vicar

Pate m ⟨-n, -n⟩ godfather; **Patenkind** nt godchild

Patient(in) m(f) patient

Patin f godmother

Patrone f ⟨-, -n⟩ cartridge

patschnass adj soaking wet

pauschal adj (cost) inclusive; (judgment) sweeping; **Pauschale** f ⟨-, -n⟩, **Pauschalgebühr** f flat rate (charge); **Pauschalpreis** m flat rate; (for hotel, trip) all-inclusive price; **Pauschalreise** f package tour

Pause f ⟨-, -n⟩ break; THEAT interval; (in cinema) intermission; (when speaking) pause

Pavian m ⟨-s, -e⟩ baboon

Pavillon m ⟨-s, -s⟩ pavilion

Pay-TV nt ⟨-s⟩ pay-per-view television, pay TV

Pazifik m ⟨-s⟩ Pacific (Ocean)

PC m ⟨-s, -s⟩ abbr = **Personal Computer** PC

Pech nt ⟨-s, -e⟩ fig bad luck; ~ **haben** be unlucky; ~ **gehabt!** tough! (luck)

Pedal nt ⟨-s, -e⟩ pedal

Pediküre f ⟨-, -n⟩ pedicure

Peeling nt ⟨-s, -s⟩ (facial / body) scrub

peinlich adj embarrassing, awkward; (conscientious) painstaking; **es war mir sehr ~ I** was totally embarrassed

Peitsche f ⟨-, -n⟩ whip

Pelikan m ⟨-s, -e⟩ pelican

Pellkartoffeln pl potatoes pl boiled in their skins

Pelz m ⟨-es, -e⟩ fur; **pelzig** adj (tongue) furred

pendeln vi (train, bus) shuttle; (person) commute; **Pendelverkehr** m shuttle traffic; (for commuters) commuter traffic; **Pendler(in)** m(f) ⟨-s, -⟩ commuter

Penis m ⟨-, -se⟩ penis

Pension f (money) pension; (period) retirement; (building) guesthouse, B&B; **pensioniert** adj retired

Peperoni f ⟨-, -⟩ chilli

per prep + acc by, per; (each) per; (not later than) by

perfekt adj perfect

Periode f ⟨-, -n⟩ period

Perle f ⟨-, -n⟩ a. fig pearl

perplex adj dumbfounded

Person f ⟨-, -en⟩ person; **ein Tisch für drei ~en** a table for three; **Personal** nt ⟨-s⟩ staff, personnel; **Personal-**

ausweis *m* identity card;
Personalien *pl* particulars
pl; **Personenschaden** *m* injury to persons; **persönlich**
1. *adj* personal; (*on letter*)
private **2.** *adv* personally;
(*oneself*) in person; **Persönlichkeit** *f* personality

Peru *nt* ⟨-s⟩ Peru

Perücke *f* ⟨-, -n⟩ wig

pervers *adj* perverted

pessimistisch *adj* pessimistic

Pest *f* ⟨-⟩ plague

Petersilie *f* parsley

Petroleum *nt* ⟨-s⟩ paraffin
(*Brit*), kerosene (*US*)

Pfad *m* ⟨-(e)s, -e⟩ path; **Pfadfinder** *m* ⟨-s, -⟩ boy scout;
Pfadfinderin *f* girl guide

Pfahl *m* ⟨-(e)s, Pfähle⟩ post,
stake

Pfand *nt* ⟨-(e)s, Pfänder⟩ security; (*on bottle*) deposit; (*in
game*) forfeit; **Pfandflasche**
f returnable bottle

Pfanne *f* ⟨-, -n⟩ (frying) pan

Pfannkuchen *m* pancake

Pfarrei *f* parish; **Pfarrer** *m*
m(f) ⟨-s, -⟩ priest

Pfau *m* ⟨-(e)s, -en⟩ peacock

Pfeffer *m* ⟨-s, -⟩ pepper; **Pfefferkuchen** *m* gingerbread;
Pfefferminze *f* ⟨-, -⟩ peppermint; **Pfefferminztee** *m*
peppermint tea; **Pfeffermühle** *f* pepper mill; **Pfefferstreuer** *m* ⟨-s, -⟩ pepper
pot

Pfeife *f* ⟨-, -n⟩ whistle; (*for to-*

bacco, of organ) pipe; **pfeifen** ⟨pfiff, gepfiffen⟩ *vt, vi*
whistle

Pfeil *m* ⟨-(e)s, -e⟩ arrow

Pferd *nt* ⟨-(e)s, -e⟩ horse; **Pferdeschwanz** *m* ponytail;
Pferdestall *m* stable

pfiff *imperf* → **pfeifen**

Pfifferling *m* chanterelle

Pfingsten *nt* ⟨-s, -⟩ Whitsun,
Pentecost (*US*); **Pfingstmontag** *m* Whit Monday;
Pfingstsonntag *m* Whit
Sunday, Pentecost (*US*)

Pfirsich *m* ⟨-s, -e⟩ peach

Pflanze *f* ⟨-, -n⟩ plant; **pflanzen** *vt* plant; **Pflanzenfett**
nt vegetable fat

Pflaster *nt* ⟨-s, -⟩ (*for wound*)
plaster, Band Aid® (*US*);
(*on road*) road surface,
pavement (*US*)

Pflaume *f* ⟨-, -n⟩ plum

Pflege *f* ⟨-, -n⟩ care; (*of patient*) nursing; (*of car, machine*) maintenance; **pflegebedürftig** *adj* in need of
care; **pflegeleicht** *adj* easy-care; *fig* easy to handle;
pflegen *vt* look after; (*patient*) nurse; (*relations*) foster; (*fingernails, face*) take
care of; (*data*) maintain;
Pflegepersonal *nt* nursing
staff; **Pflegeversicherung** *f*
long-term care insurance

Pflicht *f* ⟨-, -en⟩ duty; SPORT
compulsory section; **pflichtbewusst** *adj* conscientious;
Pflichtfach *nt* compulsory

subject

pflücken vt pick

Pforte f ⟨-, -n⟩ gate; **Pförtner(in)** m(f) ⟨-s, -⟩ porter

Pfosten m ⟨-s, -⟩ post

Pfote f ⟨-, -n⟩ paw

pfui interj ugh

Pfund nt ⟨-(e)s, -e⟩ pound

pfuschen vi fam be sloppy

Pfütze f ⟨-, -n⟩ puddle

Phantasie f → **Fantasie**; **phantastisch** adj → **fantastisch**

Phase f ⟨-, -n⟩ phase

Philippinen pl Philippines pl

Philosophie f philosophy

pH-neutral adj pH-balanced

Photo nt → **Foto**

pH-Wert m pH-value

Physalis f ⟨-, Physalen⟩ physalis

Physik f physics sg

physisch adj physical

Pianist(in) m(f) ⟨-en, -en⟩ pianist

Pickel m ⟨-s, -⟩ pimple; (tool) pickaxe

Picknick nt ⟨-s, -e or -s⟩ picnic; **ein ~ machen** have a picnic

piepsen vi chirp

piercen vt **sich die Nase ~ lassen** have one's nose pierced; **Piercing** nt ⟨-s⟩ (body) piercing

pieseln vi fam pee

Pik nt ⟨-, -⟩ (card suit) spades pl

pikant adj spicy

Pilates nt SPORT Pilates

Pilger(in) m(f) ⟨-s, -⟩ pilgrim; Pil-

gerfahrt f pilgrimage

Pille f ⟨-, -n⟩ pill; **sie nimmt die ~** she's on the pill

Pilot(in) m(f) ⟨-en, -en⟩ pilot

Pilz m ⟨-es, -e⟩ mushroom; (poisonous) toadstool; MED fungus

PIN f ⟨-, -s⟩ PIN (number)

pingelig adj fam fussy

Pinguin m ⟨-s, -e⟩ penguin

Pinie f pine; **Pinienkern** m pine nut

pink adj shocking pink

pinkeln vi fam pee

Pinsel m ⟨-s, -⟩ (paint)brush

Pinzette f tweezers pl

Pistazie f pistachio

Piste f ⟨-, -n⟩ piste; AVIAT runway

Pistole f ⟨-, -n⟩ pistol

Pixel nt ⟨-s⟩ IT pixel

Pizza f ⟨-, -s⟩ pizza; **Pizzaservice** m pizza delivery service; **Pizzeria** f ⟨-, Pizzerien⟩ pizzeria

Pkw m ⟨-(s), -(s)⟩ abbr = **Personenkraftwagen** car

Plakat nt poster

Plan m ⟨-(e)s, Pläne⟩ plan; (of town) map; **planen** vt plan

Planet m ⟨-en, -en⟩ planet; **Planetarium** nt planetarium

planmäßig adj scheduled

Plan(t)schbecken nt paddling pool; **plan(t)schen** vi splash around

Planung f planning

Plastik 1. f sculpture **2.** nt ⟨-s⟩ plastic; **Plastikfolie** f plastic film; **Plastiktüte** f plastic

bag
Platin nt ⟨-s⟩ platinum
platsch interj splash
platt adj flat; fam (surprised) flabbergasted; fig (remarks etc) flat, boring
Platte f ⟨-, -n⟩ PHOT, TECH, GASTR plate; (stone slab) flag; (LP) record; **Plattenspieler** m record player
Plattform f platform; **Plattfuß** m flat foot; (on vehicle) flat (tyre)
Platz m ⟨-es, Plätze⟩ place; (in train, theatre etc) seat; (vacant area) space, room; (in town) square; (for sports) playing field; **nehmen Sie ~** please sit down, take a seat; **ist dieser ~ frei?** is this seat taken?
Plätzchen nt spot; (sweet food) biscuit
platzen vi burst; (bomb) explode
Platzkarte f seat reservation; **Platzreservierung** f seat reservation; **Platzverweis** m **er erhielt einen ~** he was sent off; **Platzwunde** f laceration, cut
plaudern vi chat, talk
pleite adj fam broke; **Pleite** f ⟨-, -n⟩ bankruptcy; fam (party, play etc) flop
Plombe f ⟨-, -n⟩ lead seal; (in tooth) filling; **plombieren** vt (tooth) fill
plötzlich 1. adj sudden **2.** adv suddenly, all at once

plumps interj thud; (in liquid) plop
Plural m ⟨-s, -e⟩ plural
plus adv plus; **fünf ~ sieben ist zwölf** five plus seven is (or are) twelve; **zehn Grad ~** ten degrees above zero; **Plus** nt ⟨-, -⟩ plus; FIN profit; (benefit) advantage
Plüsch m ⟨-(e)s, -e⟩ plush
Pluto m ⟨-⟩ Pluto
Po m ⟨-s, -s⟩ fam bottom, bum
Pocken pl smallpox sg
poetisch adj poetic
Pointe f ⟨-, -n⟩ punch line
Pokal m ⟨-s, -e⟩ goblet; SPORT cup
pökeln vt pickle
Pol m ⟨-s, -e⟩ pole
Pole m ⟨-n, -n⟩ Pole; **Polen** nt ⟨-s⟩ Poland
Police f ⟨-, -n⟩ (insurance) policy
polieren vt polish
Polin f Pole, Polish woman
Politik f politics sg; (course of action) policy; **Politiker(in)** m(f) politician; **politisch** adj political
Politur f polish
Polizei f police pl; **Polizeibeamte(r)** m, **Polizeibeamtin** f police officer; **Polizeirevier** nt, **Polizeiwache** f police station; **Polizist(in)** m(f) policeman / -woman
Pollen m ⟨-s, -⟩ pollen; **Pollenflug** m ⟨-s⟩ pollen count
polnisch adj Polish; **Polnisch** nt Polish

Polo *nt* ⟨-s⟩ polo; **Polohemd** *nt* polo shirt

Polterabend *m* party prior to a wedding, at which old crockery is smashed to bring good luck

Polyester *m* ⟨-s, -⟩ polyester

Polypen *pl* MED adenoids *pl*

Pommes frites *pl* chips *pl* (*Brit*), French fries *pl* (*US*)

Pony 1. *m* ⟨-s, -s⟩ (*hairstyle*) fringe (*Brit*), bangs *pl* (*US*) **2.** *nt* ⟨-s, -s⟩ (*horse*) pony

Popcorn *nt* ⟨-s⟩ popcorn

Popmusik *f* pop (music)

populär *adj* popular

Pore *f* ⟨-, -n⟩ pore

Pornografie *f* pornography

Porree *m* ⟨-s, -s⟩ leeks *pl*; *eine Stange ~* a leek

Portemonnaie, Portmonee *nt* ⟨-s, -s⟩ purse

Portion *f* portion, helping

Porto *nt* ⟨-s⟩ postage

Portrait, Porträt *nt* ⟨-s, -s⟩ portrait

Portugal *nt* ⟨-s⟩ Portugal; **Portugiese** *m* ⟨-n, -n⟩ Portuguese; **Portugiesin** *f* ⟨-, -nen⟩ Portuguese; **portugiesisch** *adj* Portuguese; **Portugiesisch** *nt* Portuguese

Portwein *m* ⟨-s, -e⟩ port

Porzellan *nt* ⟨-s, -e⟩ china

Posaune *f* ⟨-, -n⟩ trombone

Position *f* position

positiv *adj* positive

Post® *f* ⟨-, -en⟩ post office; (*letters*) post (*Brit*), mail; **Postamt** *nt* post office;

Postanweisung *f* postal order (*Brit*), money order (*US*); **Postbank** *f* German post office bank; **Postbote** *m*, **-botin** *f* postman / -woman

Posten *m* ⟨-s, -⟩ post, position

Poster *nt* ⟨-s, -⟩ poster

Postfach *nt* post-office box, PO box; **Postkarte** *f* postcard; **Postleitzahl** *f* postcode (*Brit*), zip code (*US*)

Poststempel *m* postmark

Potenz *f* MATH power; (*of man*) potency

PR *f* ⟨-, -s⟩ *abbr* = *Public Relations* PR

prächtig *adj* splendid

prahlen *vi* boast, brag

Praktikant(in) *m(f)* trainee; **Praktikum** *nt* ⟨-s, Praktika⟩ work experience; **praktisch** *adj* practical; *~er Arzt* general practitioner

Praline *f* chocolate

Prämie *f* (*for insurance*) premium; (*as recompense*) reward; (*from employer*) bonus

Präservativ *nt* condom

Präsident(in) *m(f)* president

Praxis *f* ⟨-, Praxen⟩ practice; (*treatment room*) surgery; (*of lawyer*) office; **Praxisgebühr** *f* surgery surcharge

präzise *adj* precise, exact

predigen *vt, vi* preach; **Predigt** *f* ⟨-, -en⟩ sermon

Preis *m* ⟨-es, -e⟩ price; (*for winner*) prize; **Preisaus-**

schreiben nt competition

Preiselbeere f cranberry

preisgünstig adj inexpensive; **Preisliste** f price list; **Preisschild** nt price tag; **Preisträger(in)** m(f) prizewinner; **preiswert** adj inexpensive

Prellung f bruise

Premiere f ⟨-, -n⟩ premiere, first night

Premierminister(in) m(f) prime minister, premier

Prepaidhandy nt prepaid mobile (Brit), prepaid cell phone (US); **Prepaidkarte** f prepaid card

Presse f ⟨-, -n⟩ press

pressen vt press

prickeln vi tingle

Priester(in) m(f) ⟨-s, -⟩ priest / (woman) priest

Primel f ⟨-, -n⟩ primrose

primitiv adj primitive

Prinz m ⟨-en, -en⟩ prince; **Prinzessin** f princess

Prinzip nt ⟨-s, -ien⟩ principle; **im ~** basically; **aus ~** on principle

privat adj private; **Privatfernsehen** nt commercial television; **Privatgrundstück** nt private property; **privatisieren** vt privatize

pro prep + acc per; **5 Euro ~ Stück / Person** 5 euros each / per person; **Pro** nt ⟨-s⟩ pro

Probe f ⟨-, -n⟩ test; (small quantity) sample; THEAT rehearsal; **Probefahrt** f test drive; **eine ~ machen** go for a test drive; **Probezeit** f trial period; **probieren** vt, vi try; (wine, food) taste, sample

Problem nt ⟨-s, -e⟩ problem

Produkt nt ⟨-(e)s, -e⟩ product; **Produktion** f production; (amount produced) output; **produzieren** vt produce

Professor(in) m(f) ⟨-s, -en⟩ professor

Profi m ⟨-s, -s⟩ pro

Profil nt ⟨-s, -e⟩ profile; (of tyre, sole of shoe) tread

Profit m ⟨-(e)s, -e⟩ profit; **profitieren** vi profit (von from)

Prognose f ⟨-, -n⟩ prediction; (of weather) forecast

Programm nt ⟨-s, -e⟩ programme; IT program; TV channel; **Programmheft** nt programme; **programmieren** vt program; **Programmierer(in)** m(f) ⟨-s, -⟩ programmer

Projekt nt ⟨-(e)s, -e⟩ project

Projektor m projector

Promenade f ⟨-, -n⟩ promenade

Promille nt ⟨-(s), -⟩ (blood) alcohol level; **0,8 ~** 0,08 per cent; **Promillegrenze** f legal alcohol limit

prominent adj prominent; **Prominenz** f VIPs pl, prominent figures pl; fam (celebrities) the glitterati pl

Propeller m ⟨-s, -⟩ propeller

prosit *interj* cheers

Prospekt *m* ⟨-(e)s, -e⟩ leaflet, brochure

prost *interj* cheers

Prostituierte(r) *mf* prostitute

Protest *m* ⟨-(e)s, -e⟩ protest

Protestant(in) *m(f)* Protestant; **protestantisch** *adj* Protestant

protestieren *vi* protest (*gegen* against)

Prothese *f* ⟨-, -n⟩ artificial arm / leg; (*false teeth*) dentures *pl*

Protokoll *nt* ⟨-s, -e⟩ (*of meeting*) minutes *pl*; IT protocol; (*given to police*) statement

protzen *vi* show off; **protzig** *adj* flashy

Proviant *m* ⟨-s, -e⟩ provisions *pl*

Provider *m* ⟨-s, -⟩ IT (service) provider

Provinz *f* ⟨-, -en⟩ province

Provision *f* COMM commission

provisorisch *adj* provisional; **Provisorium** *nt* ⟨-s, Provisorien⟩ stopgap; (*tooth*) provisional filling

provozieren *vt* provoke

Prozent *nt* ⟨-(e)s, -e⟩ per cent

Prozess *m* ⟨-es, -e⟩ process; LAW trial; (*lawsuit*) (court) case; **prozessieren** *vi* go to law (*mit* against)

Prozession *f* procession

Prozessor *m* ⟨-s, -en⟩ IT processor

prüde *adj* prudish

prüfen *vt* test; (*verify*) check; **Prüfung** *f* exam; (*verification*) check; **eine ~ machen** take an exam

Prügelei *f* fight; **prügeln 1.** *vt* beat **2.** *vr* fight

PS 1. *abbr* = **Pferdestärke** hp **2.** *abbr* = **Postskript(um)** PS

pseudo- *pref* pseudo; **Pseudonym** *nt* ⟨-s, -e⟩ pseudonym

pst *interj* ssh

Psychiater(in) *m(f)* ⟨-s, -⟩ psychiatrist; **psychisch** *adj* psychological; (*illness*) mental; **Psychoanalyse** *f* psychoanalysis; **Psychologe** *m* ⟨-n, -n⟩, **Psychologin** *f* psychologist; **Psychologie** *f* psychology; **psychosomatisch** *adj* psychosomatic; **Psychoterror** *m* psychological intimidation; **Psychotherapie** *f* psychotherapy

Pubertät *f* puberty

Publikum *nt* ⟨-s⟩ audience; SPORT crowd

Pudding *m* ⟨-s, -e or -s⟩ blancmange

Pudel *m* ⟨-s, -⟩ poodle

Puder *m* ⟨-s, -⟩ powder; **Puderzucker** *m* icing sugar

Puerto Rico *nt* ⟨-s⟩ Puerto Rico

Pulli *m* ⟨-s, -s⟩, **Pullover** *m* ⟨-s, -⟩ sweater, pullover, jumper (*Brit*)

Puls *m* ⟨-es, -e⟩ pulse

Pulver *nt* ⟨-s, -⟩ powder; **Pulverkaffee** *m* instant coffee; **Pulverschnee** *m* powder snow

Pumpe f ⟨-, -n⟩ pump; **pumpen** vt pump; fam (to sb) lend; fam (from sb) borrow

Pumps pl court shoes pl (Brit), pumps pl (US)

Punk m ⟨-s, -s⟩ (music, person) punk

Punkt m ⟨-(e)s, -e⟩ point; (in pattern) dot; (punctuation mark) full stop (Brit), period (US); **~ zwei Uhr** at two o'clock sharp

pünktlich adj punctual, on time; **Pünktlichkeit** f punctuality

Punsch m ⟨-(e)s, -e⟩ punch

Pupille f ⟨-, -n⟩ pupil

Puppe f ⟨-, -n⟩ doll

pur adj pure; (absolute) sheer;

(whisky) neat

Püree nt ⟨-s, -s⟩ puree; mashed potatoes pl

Puste f ⟨-⟩ fam puff; **außer ~ sein** be puffed; **pusten** vi blow; (pant) puff

Pute f ⟨-, -n⟩ turkey

Putz m ⟨-es⟩ (on wall) plaster

putzen vt clean; **sich** dat **die Nase ~** blow one's nose; **sich** dat **die Zähne ~** brush one's teeth; **Putzfrau** f cleaner; **Putzlappen** m cloth; **Putzmittel** nt cleaning agent, cleaner

Puzzle nt ⟨-s, -s⟩ jigsaw (puzzle)

Pyjama m ⟨-s, -s⟩ pyjamas pl

Pyramide f ⟨-, -n⟩ pyramid

Python m ⟨-s, -s⟩ python

Q

Quadrat nt square; **quadratisch** adj square; **Quadratmeter** m square metre

quaken vi (frog) croak; (duck) quack

Qual f ⟨-, -en⟩ pain, agony; (mental) anguish; **quälen 1.** vt torment **2.** vr struggle; (mentally) torment oneself; **Quälerei** f torture, torment

qualifizieren vt, vr qualify; (classify) label

Qualität f quality

Qualle f ⟨-, -n⟩ jellyfish

Qualm m ⟨-(e)s⟩ thick smoke; **qualmen** vt, vi smoke

Quantität f quantity

Quarantäne f ⟨-, -n⟩ quarantine

Quark m ⟨-s⟩ quark; fam (nonsense) rubbish

Quartett nt ⟨-s, -e⟩ quartet; (card game) happy families sg

Quartier nt ⟨-s, -e⟩ accommodation

quasi adv more or less

Quatsch m ⟨-es⟩ fam rubbish; **quatschen** vi fam chat

Quecksilber nt mercury

Quelle f ⟨-, -n⟩ spring; (of river) source

quer adv crossways, diagonally; at right angles; **Querflöte** f flute; **Querschnitt** m cross section; **querschnittsgelähmt** adj paraplegic; **Querstraße** f side street

quetschen vt squash, crush; MED bruise; **Quetschung** f bruise

Queue m ⟨-s, -s⟩ (billiard) cue

quietschen vi squeal; (door, bed) squeak; (brakes) screech

quitt adj quits, even

Quitte f ⟨-, -n⟩ quince

Quittung f receipt

Quiz nt ⟨-, -⟩ quiz

Quote f ⟨-, -n⟩ rate; COMM quota

R

Rabatt m ⟨-(e)s, -e⟩ discount

Rabbi m ⟨-(s), -s⟩ rabbi; **Rabbiner** m ⟨-s, -⟩ rabbi

Rabe m ⟨-n, -n⟩ raven

Rache f ⟨-⟩ revenge, vengeance

Rachen m ⟨-s, -⟩ throat

rächen 1. vt avenge 2. vr take (one's) revenge (an + dat on)

Rad nt ⟨-(e)s, Räder⟩ wheel; (vehicle) bike; **~ fahren** cycle; **mit dem ~ fahren** go by bike

Radar m or nt ⟨-s⟩ radar; **Radarfalle** f speed trap; **Radarkontrolle** f radar speed check

radeln vi fam cycle; **Radfahrer(in)** m(f) cyclist; **Radfahrweg** m cycle track (or path)

Radicchio m ⟨-s⟩ radicchio

radieren vt rub out, erase; **Radiergummi** m rubber (Brit), eraser; **Radierung** f ART etching

Radieschen nt radish

radikal adj radical

Radio nt ⟨-s, -s⟩ radio; **im ~** on the radio

radioaktiv adj radioactive

Radiologe m ⟨-n, -n⟩, **Radiologin** f radiologist

Radiowecker m radio alarm (clock)

Radkappe f AUTO hub cap

Radler(in) m(f) ⟨-s, -⟩ cyclist

Radler nt ⟨-s, -⟩ ≈ shandy

Radlerhose f cycling shorts pl; **Radrennen** nt cycle racing; (single event) cycle race; **Radtour** f cycling tour; **Radweg** m cycle track (or path)

raffiniert adj crafty, cunning; (sugar) refined

Rafting nt ⟨-s⟩ white water rafting

Ragout nt ⟨-s, -s⟩ ragout

Rahm m ⟨-s⟩ cream

rahmen vt frame; **Rahmen** m ⟨-s, -⟩ frame

Rakete f ⟨-, -n⟩ rocket

rammen *vt* ram

Rampe *f* ⟨-, -n⟩ ramp

ramponieren *vt fam* damage, batter

Ramsch *m* ⟨-(e)s, -e⟩ junk

ran *fam contr* → **heran**

Rand *m* ⟨-(e)s, Ränder⟩ edge; *(of spectacles, cup etc)* rim; *(on paper)* margin; *(of dirt, under eyes)* ring; *fig* verge, brink

randalieren *vi* (go on the) rampage

rang *imperf* → **ringen**

Rang *m* ⟨-(e)s, Ränge⟩ rank; *(in competition)* place; THEAT circle

rannte *imperf* → **rennen**

ranzig *adj* rancid

Rap *m* ⟨-(s), -s⟩ MUS rap; **rappen** *vi* MUS rap; **Rapper(in)** *m(f)* ⟨-, -⟩ MUS rapper

rar *adj* rare, scarce

rasant *adj* quick, rapid

rasch *adj* quick

rascheln *vi* rustle

rasen *vi* (rush) race; *(behave wildly)* rave; **gegen einen Baum ~** crash into a tree

Rasen *m* ⟨-s, -⟩ lawn

rasend *adj* furious

Rasenmäher *m* ⟨-s, -⟩ lawn-mower

Rasierapparat *m* razor; *(electric)* shaver; **Rasiercreme** *f* shaving cream; **rasieren** *vt, vr* shave; **Rasierer** *m* shaver; **Rasiergel** *nt* shaving gel; **Rasierklinge** *f* razor blade; **Rasiermesser** *nt*

(cutthroat) razor; **Rasierpinsel** *m* shaving brush; **Rasierschaum** *m* shaving foam; **Rasierzeug** *nt* shaving tackle, shaving equipment

Rasse *f* ⟨-, -n⟩ race; *(animals)* breed

Rassismus *m* racism; **Rassist(in)** *m(f)* racist; **rassistisch** *adj* racist

Rast *f* ⟨-, -en⟩ rest, break; **~ machen** have a rest *(or* break*)*; **Raststätte** *f* AUTO service area; *(café)* motorway *(Brit)* *(or* highway *(US))* restaurant

Rasur *f* shave

Rat *m* ⟨-(e)s, Ratschläge⟩ (piece of) advice; **um ~ fragen** ask for advice

Rate *f* ⟨-, -n⟩ instalment; **etw auf ~n kaufen** buy sth in instalments *(Brit)*, buy sth on the instalment plan *(US)*

raten ⟨riet, geraten⟩ *vt, vi* guess; *(recommend)* advise *(jdm sb)*

Rathaus *nt* town hall

Ration *f* ration

ratlos *adj* at a loss, helpless; **ratsam** *adj* advisable

Rätsel *nt* ⟨-s, -⟩ puzzle; *(word puzzle)* riddle; **das ist mir ein ~** it's a mystery to me; **rätselhaft** *adj* mysterious

Ratte *f* ⟨-, -n⟩ rat

rau *adj* rough, coarse; *(weather)* harsh

Raub *m* ⟨-(e)s⟩ robbery; *(sto-*

len things) loot, booty; **rauben** vt steal; **jdm etw ~** rob sb of sth; **Räuber(in)** m(f) ⟨-s, -⟩ robber; **Raubkopie** f pirate copy; **Raubmord** m robbery with murder; **Raubtier** nt predator; **Raubüberfall** m mugging; **Raubvogel** m bird of prey

Rauch m ⟨-(e)s⟩ smoke; (from exhaust) fumes pl; **rauchen** vt, vi smoke; **Raucher(in)** m(f) ⟨-s, -⟩ smoker

Räucherlachs m smoked salmon; **räuchern** vt smoke; **rauchig** adj smoky; **Rauchmelder** m smoke detector; **Rauchverbot** nt smoking ban; **hier ist ~** there's no smoking here

rauf fam contr → **herauf**

rauh adj → **rau**; **Rauhreif** m → **Raureif**

Raum m ⟨-(e)s, Räume⟩ space; (part of building, space for a purpose) room; (district) area

räumen vt clear; (house, seat) vacate; (take away) shift, move; (into cupboard etc) put away

Raumfähre f space shuttle; **Raumfahrt** f space travel; **Raumschiff** nt spacecraft, spaceship; **Raumsonde** f space probe; **Raumstation** f space station

Raupe f ⟨-, -n⟩ caterpillar

Raureif m hoarfrost

raus fam contr → **heraus**; →

hinaus; **~!** (get) out!

Rausch m ⟨-(e)s, Räusche⟩ intoxication; **einen ~ haben /** **kriegen** be / get drunk; **Rauschgift** nt drug; **Rauschgiftsüchtige(r)** mf drug addict

rausfliegen irr vi fam be kicked out

raushalten irr vr fam **halt du dich da raus!** you (just) keep out of it

räuspern vr clear one's throat

rausschmeißen irr vt fam throw out

Razzia f ⟨-, Razzien⟩ raid

reagieren vi react (auf + acc to); **Reaktion** f reaction

real adj real; **realisieren** vt (danger, problem) realize; (plan, idea) implement; **realistisch** adj realistic; **Realität** f ⟨-, -en⟩ reality; **Reality-TV** nt ⟨-s⟩ reality TV

Realschule f ≈ secondary school, junior high (school) (US)

rebellieren vi rebel

Rebhuhn nt partridge

rechnen 1. vt, vi calculate; **~ mit** expect; (rely on) count on 2. vr pay off, turn out to be profitable; **Rechner** m ⟨-s, -⟩ calculator; (larger) computer; **Rechnung** f calculation(s); **COMM** bill (Brit), check (US); **die ~, bitte!** can I have the bill, please?; **das geht auf meine ~** this is on

recht 202

me

recht 1. adj right; **mir soll's ~ sein** it's alright by me; **mir ist es ~** I don't mind; **~ haben** be right; **jdm ~ geben** agree with sb **2.** adv really, quite; (correctly) right(ly); **ich weiß nicht ~** I don't really know; **es geschieht ihm ~** it serves him right

Recht nt ⟨-(e)s, -e⟩ right; LAW law

Rechte f ⟨-n, -n⟩ right-hand side; (hand) right hand; POL right (wing); **rechte(r, s)** adj right; **auf der ~n Seite** on the right, on the right-hand side

Rechteck nt ⟨-s, -e⟩ rectangle; **rechteckig** adj rectangular

rechtfertigen 1. vt justify; **2.** vr justify oneself

rechtlich adj legal; **rechtmäßig** adj legal, lawful

rechts adv on the right; **~ abbiegen** turn right; **~ von** to the right of; **~ oben** at the top right

Rechtsanwalt m, **-anwältin** f lawyer

Rechtschreibung f spelling

Rechtshänder(in) m(f) ⟨-s, -⟩ right-hander; **rechtsherum** adv to the right, clockwise; **rechtsradikal** adj POL extreme right-wing

Rechtsschutzversicherung f legal costs insurance

Rechtsverkehr m driving on the right

rechtswidrig adj illegal

rechtwinklig adj right-angled; **rechtzeitig 1.** adj timely **2.** adv in time

recyceln vt recycle; **Recycling** nt ⟨-s⟩ recycling

Redakteur(in) m(f) editor; **Redaktion** f editing; (people) editorial staff; (place) editorial office(s)

Rede f ⟨-, -n⟩ speech; (conversation) talk; **eine ~ halten** make a speech; **reden 1.** vi talk, speak **2.** vt say; (nonsense etc) talk; **Redewendung** f idiom; **Redner(in)** m(f) speaker

reduzieren vt reduce

Referat nt ⟨-s, -e⟩ paper; **ein ~ halten** give a paper (über + acc on)

reflektieren vt reflect

Reform f ⟨-, -en⟩ reform; **Reformhaus** nt health food shop; **reformieren** vt reform

Regal nt ⟨-s, -e⟩ shelf; (piece of furniture) shelves pl

Regel f ⟨-, -n⟩ rule; MED period; **regelmäßig** adj regular; **regeln** vt regulate, control; (matter) settle; **Regelung** f regulation

Regen m ⟨-s, -⟩ rain; **Regenbogen** m rainbow; **Regenmantel** m raincoat; **Regenschauer** m shower; **Regenschirm** m umbrella; **Regenwald** m rainforest; **Regenwurm** m earthworm

Regie f direction

regieren vt, vi govern, rule; **Regierung** f government; (of monarch) reign

Region f region; **regional** adj regional

Regisseur(in) m(f) director

regnen vi impers rain; **regnerisch** adj rainy

regulär adj regular; **regulieren** vt regulate, adjust

Reh nt ⟨-(e)s, -e⟩ deer; (meat) venison

Reibe f ⟨-, -n⟩, **Reibeisen** nt grater; **reiben** ⟨rieb, gerieben⟩ vt rub; GASTR grate; **reibungslos** adj smooth

reich adj rich

Reich nt ⟨-(e)s, -e⟩ empire; (of king) kingdom

reichen vi reach; (money, food etc) be enough, be sufficient (jdm for sb) **2.** vt hold out; (give) pass, hand; (serve) offer

reichhaltig adj ample, rich; **reichlich** adj (tip) generous; (meal) ample; ~ **Zeit** plenty of time; **Reichtum** m ⟨-s, -tümer⟩ wealth

reif adj ripe; (person, judgment) mature

Reif 1. m ⟨-(e)s⟩ hoarfrost **2.** m ⟨-(e)s, -e⟩ ring, hoop

reifen vi mature; (fruit) ripen

Reifen m ⟨-s, -⟩ ring, hoop; (of car) tyre; **Reifendruck** m tyre pressure; **Reifenpanne** f puncture; **Reifenwechsel** m tyre change

Reihe f ⟨-, -n⟩ row; (of days etc) fam (number) series sg; **der ~ nach** one after the other; **er ist an der ~** it's his turn; **Reihenfolge** f order, sequence; **Reihenhaus** nt terraced house (Brit), row house (US)

Reiher m ⟨-s, -⟩ heron

rein 1. fam contr → **herein**; → **hinein 2.** adj pure; (shirt, air) clean

Reinfall m fam letdown; **reinfallen** irr vi fam **auf etw** acc ~ fall for sth

reinigen vt clean; **Reinigung** f cleaning; (shop) (dry) cleaner's; **Reinigungsmittel** nt cleaning agent, cleaner

reinlegen vt jdn ~ take sb for a ride

Reis m ⟨-es, -e⟩ rice

Reise f ⟨-, -n⟩ journey; (on ship) voyage; **Reiseapotheke** f first-aid kit; **Reisebüro** nt travel agent's; **Reisebus** m coach; **Reiseführer(in)** m(f) courier; (book) guide (-book); **Reisegepäck** nt luggage (Brit), baggage; **Reisegesellschaft** f tour operator; **Reisegruppe** f tourist party; (travelling by coach) coach party; **Reiseleiter(in)** m(f) courier; **reisen** vi travel; ~ **nach** go to; **Reisende(r)** mf traveller; **Reisepass** m passport; **Reisescheck** m traveller's cheque; **Reisetasche** f holdall (Brit), carryall (US); **Rei-**

severanstalter *m* tour operator; **Reiseverkehr** *m* holiday traffic; **Reiseversicherung** *f* travel insurance; **Reiseziel** *nt* destination

Reiskocher *m* ⟨-s, -⟩ rice steamer

reißen ⟨riss, gerissen⟩ *vt, vi* tear; *(move)* pull, drag

Reißnagel *m* drawing pin (*Brit*), thumbtack (*US*); **Reißverschluss** *m* zip (*Brit*), zipper (*US*); **Reißzwecke** *f* drawing pin (*Brit*), thumbtack (*US*)

reiten ⟨ritt, geritten⟩ *vt, vi* ride; **Reiter(in)** *m(f)* rider

Reiz *m* ⟨-es, -e⟩ stimulus; *(delightfulness)* charm; *(appeal)* attraction; **reizen** *vt* stimulate; *(make angry)* annoy; *(interest)* appeal to, attract; **reizend** *adj* charming; **Reizung** *f* irritation

Reklamation *f* complaint

Reklame *f* ⟨-, -n⟩ advertising; *(on TV)* commercial

reklamieren *vi* complain *(wegen* about)

Rekord *m* ⟨-(e)s, -e⟩ record

relativ 1. *adj* relative **2.** *adv* relatively

relaxen *vi* relax, chill out

Religion *f* religion; **religiös** *adj* religious

Remoulade *f* ⟨-, -n⟩ tartar sauce

Renaissance *f* renaissance, revival; HIST Renaissance

rennen ⟨rannte, gerannt⟩ *vt, vi*

run; **Rennen** *nt* ⟨-s, -⟩ running; *(competition)* race; **Rennrad** *nt* racing bike

renommiert *adj* famous, noted *(wegen, für* for)

renovieren *vt* renovate; **Renovierung** *f* renovation

rentabel *adj* profitable

Rente *f* ⟨-, -n⟩ pension; **Rentenversicherung** *f* pension scheme

Rentier *nt* reindeer

rentieren *vr* pay, be profitable

Rentner(in) *m(f)* ⟨-s, -⟩ pensioner, senior citizen

Reparatur *f* repair; **Reparaturwerkstatt** *f* repair shop; AUTO garage; **reparieren** *vt* repair

Reportage *f* report; **Reporter(in)** *m(f)* ⟨-s, -⟩ reporter

Republik *f* republic

Reservat *nt* ⟨-s, -e⟩ nature reserve; **Reserve** *f* ⟨-, -n⟩ reserve; **Reservekanister** *m* spare can; **Reserverad** *nt* AUTO spare wheel; **reservieren** *vt* reserve; **Reservierung** *f* reservation

resignieren *vi* give up; **resigniert** *adj* resigned

Respekt *m* ⟨-(e)s⟩ respect; **respektieren** *vt* respect

Rest *m* ⟨-(e)s, -e⟩ rest, remainder; *(left over)* remains *pl*

Restaurant *nt* ⟨-s, -s⟩ restaurant

restaurieren *vt* restore

restlich *adj* remaining

Resultat *nt* result

retten *vt* save, rescue

Rettich *m* ⟨-s, -e⟩ radish (*large white or red variety*)

Rettung *f* rescue; (*assistance*) help; (*medical team*) ambulance service; **Rettungsboot** *nt* lifeboat; **Rettungshubschrauber** *m* rescue helicopter; **Rettungsring** *m* lifebelt, life preserver (*US*); **Rettungswagen** *m* ambulance

Reue *f* ⟨-⟩ remorse; regret

revanchieren *vr* (*for help etc*) return the favour

Revolution *f* revolution

Rezept *nt* ⟨-(e)s, -e⟩ GASTR recipe; MED prescription; **rezeptfrei** *adj* over-the-counter, non-prescription

Rezeption *f* (*at hotel*) reception

rezeptpflichtig *adj* available only on prescription

Rhabarber *m* ⟨-s⟩ rhubarb

Rhein *m* ⟨-s⟩ Rhine; **Rheinland-Pfalz** *nt* ⟨-⟩ Rhineland-Palatinate

Rheuma *nt* ⟨-s⟩ rheumatism

Rhythmus *m* rhythm

richten 1. *vt* direct (*auf + acc* to); (*weapon, camera*) point (*auf + acc* at); (*letter, inquiry*) address (*an + acc* to) **2.** *vr* **sich ~ nach** (*fashion, example*) follow; (*vary according to*) depend on

Richter(in) *m(f)* ⟨-s, -⟩ judge

Richtgeschwindigkeit *f* recommended speed

richtig 1. *adj* right, correct; (*genuine*) proper **2.** *adv* fam (*very*) really; **richtigstellen** *vt* **etw ~** correct sth

Richtlinie *f* guideline

Richtung *f* direction; (*trend*) tendency

rieb *imperf* → **reiben**

riechen ⟨roch, gerochen⟩ *vt, vi* smell; **nach etw ~** smell of sth

rief *imperf* → **rufen**

Riegel *m* ⟨-s, -⟩ bolt; GASTR (*of chocolate*) bar

Riese *m* ⟨-n, -n⟩ giant; **Riesengarnele** *f* king prawn; **riesengroß** *adj* gigantic, huge; **Riesenrad** *nt* big wheel; **riesig** *adj* enormous, huge

riet *imperf* → **raten**

Riff *nt* ⟨-(e)s, -e⟩ reef

Rind *nt* ⟨-(e)s, -er⟩ cow; (*male*) bull; GASTR beef; **~er** *pl* cattle *pl*

Rinde *f* ⟨-, -n⟩ (*of tree*) bark; (*of cheese*) rind; (*of bread*) crust

Rinderbraten *m* roast beef; **Rindfleisch** *nt* beef

Ring *m* ⟨-(e)s, -e⟩ ring; (*round town*) ring road; **Ringfinger** *m* ring finger; **ringsherum** *adv* round about

Rippe *f* ⟨-, -n⟩ rib

Risiko *nt* ⟨-s, -s *or* Risiken⟩ risk; **auf eigenes ~** at one's own risk; **riskant** *adj* risky;

riskieren *vt* risk

riss *imperf* → **reißen**

Riss *m* ⟨-es, -e⟩ tear; (*in wall, cup etc*) crack; rissig *adj* cracked; (*skin*) chapped

ritt *imperf* → **reiten**

Ritter *m* ⟨-s, -⟩ knight

Rivale *m* ⟨-n, -n⟩, Rivalin *f* rival

Robbe *f* ⟨-, -n⟩ seal

Roboter *m* ⟨-s, -⟩ robot

robust *adj* robust

roch *imperf* → **riechen**

Rock *m* ⟨-(e)s, Röcke⟩ skirt

Rockmusik *f* rock (music)

Rodelbahn *f* toboggan run; rodeln *vi* toboggan

Roggen *m* ⟨-s, -⟩ rye; Roggenbrot *nt* rye bread

roh *adj* raw; (*person*) coarse, crude; Rohkost *f* raw vegetables and fruit *pl*

Rohr *nt* ⟨-(e)s, -e⟩ pipe; Röhre *f* ⟨-, -n⟩ tube; (*in cooker*) oven; Rohrzucker *m* cane sugar

Rohstoff *m* raw material

Rokoko *nt* ⟨-s⟩ rococo

Rolle *f* ⟨-, -n⟩ roll; THEAT role

rollen *vt, vi* roll

Roller *m* ⟨-s, -⟩ scooter

Rollerskates *pl* roller skates *pl*

Rollkragenpullover *m* polo-neck (*Brit*) (*or* turtleneck (*US*)) sweater; Rollladen *m*, Rollo *m* ⟨-s, -s⟩ (roller) shutters *pl*; Rollschuh *m* roller skate; Rollstuhl *m* wheelchair; rollstuhlge-recht *adj* suitable for wheelchairs; Rolltreppe *f* escalator

Roman *m* ⟨-s, -e⟩ novel

Romantik *f* romance; romantisch *adj* romantic

römisch-katholisch *adj* Roman Catholic

röntgen *vt* X-ray; Röntgenaufnahme *f*, Röntgenbild *nt* X-ray; Röntgenstrahlen *pl* X-rays *pl*

rosa *adj inv* pink

Rose *f* ⟨-, -n⟩ rose

Rosenkohl *m* (Brussels) sprouts *pl*

Rosé(wein) *m* rosé (wine)

rosig *adj* rosy

Rosine *f* raisin

Rosmarin *m* ⟨-s⟩ rosemary

Rost *m* ⟨-(e)s, -e⟩ rust; (*for roasting*) grill, gridiron; Rostbratwurst *f* grilled sausage; rosten *vi* rust; rösten *vt* roast, grill; (*bread*) toast; rostfrei *adj* rustproof; (*steel*) stainless; rostig *adj* rusty

rot *adj* red; **~ werden** blush; *Rote Karte* red card; *Rote Bete* beetroot; *bei Rot über die Ampel fahren* jump the lights; *das Rote Kreuz* the Red Cross

Röteln *pl* German measles *sg*

rothaarig *adj* red-haired

rotieren *vi* rotate

Rotkehlchen *nt* robin; Rotkohl *m*, Rotkraut *nt* red cabbage; Rotlichtviertel *nt* red-light district; Rotwein *m* red wine

Rouge nt ⟨-s, -s⟩ rouge

Route f ⟨-, -n⟩ route

Routine f experience; (drudgery) routine

Rubbellos nt scratchcard; **rubbeln** vt rub

Rübe f ⟨-, -n⟩ turnip; **Gelbe ~** carrot; **Rote ~** beetroot

rüber fam contr → **herüber**; → **hinüber**

rückbestätigen vt (flight etc) reconfirm

rücken vt, vi move; **könntest du ein bisschen ~?** could you move over a bit?

Rücken m ⟨-s, -⟩ back; **Rückenlehne** f back(rest); **Rückenmark** nt spinal cord; **Rückenschmerzen** pl backache sg; **Rückenschwimmen** nt ⟨-s⟩ backstroke; **Rückenwind** m tailwind

Rückerstattung f refund; **Rückfahrkarte** f return ticket (Brit), round-trip ticket (US); **Rückfahrt** f return journey; **Rückfall** m relapse; **Rückflug** m return flight; **Rückgabe** f return; **rückgängig** machen etw ~ cancel sth; **Rückgrat** nt ⟨-(e)s, -e⟩ spine, backbone; **Rückkehr** f ⟨-, -en⟩ return; **Rücklicht** nt rear light; **Rückreise** f return journey; **auf der ~** on the way back

Rucksack m rucksack, backpack; **Rucksacktourist(in)** m(f) backpacker

Rückschritt m step back; **Rückseite** f back; **siehe ~** see overleaf

Rücksicht f consideration; **~ nehmen auf** + acc show consideration for; **rücksichtslos** adj inconsiderate; (driving) reckless; **rücksichtsvoll** adj considerate

Rücksitz m back seat; **Rückspiegel** m AUTO rear-view mirror; **Rückvergütung** f refund; **rückwärts** adv backwards, back; **Rückwärtsgang** m AUTO reverse (gear); **Rückweg** m return journey, way back; **Rückzahlung** f repayment

Ruder nt ⟨-s, -⟩ oar; (at back of boat) rudder; **Ruderboot** nt rowing boat (Brit), rowboat (US); **rudern** vt, vi row

Ruf m ⟨-(e)s, -e⟩ call, cry; (of artist, company etc) reputation; **rufen** ⟨rief, gerufen⟩ vt, vi call; (shout) cry; **Rufnummer** f telephone number

Ruhe f ⟨-⟩ rest; (untroubled state) peace, quiet; (stillness) calm; (no talking) silence; **lass mich in ~!** leave me alone; **ruhen** vi rest; **Ruhestand** m retirement; **im ~ sein** be retired; **Ruhetag** m closing day; **montags ~ haben** be closed on Mondays

ruhig adj quiet; (motionless) still; (hand) steady; (com-

posed, peaceful) calm
Ruhm m ⟨-(e)s⟩ fame, glory
Rührei nt scrambled egg(s);
rühren 1. vt move; *(with
spoon etc)* stir **2.** vr move;
(speak) say something; **rührend** *adj* touching, moving
Ruine f ⟨-, -n⟩ ruin; **ruinieren**
vt ruin
rülpsen vi burp, belch
rum *fam contr* → **herum**
Rum m ⟨-s, -s⟩ rum
Rumänien nt ⟨-s⟩ Romania
Rummel m ⟨-s⟩ hustle and
bustle; *(event)* fair; *(in the
media)* hype; **Rummelplatz**
m fairground
rumoren vi **es rumort in meinem Bauch / Kopf** my
stomach is rumbling / my
head is spinning
Rumpf m ⟨-(e)s, Rümpfe⟩ ANAT
trunk; AVIAT fuselage; NAUT
hull
Rumpsteak nt rump steak
rund 1. *adj* round **2.** *adv (approximately)* around; **~ um
etw** (a)round sth; **Runde** f
⟨-, -n⟩ round; *(in race)* lap;
Rundfahrt f tour *(durch*

of); **Rundfunk** m *(organization)* broadcasting service;
im ~ on the radio; **Rundgang** m tour *(durch* of);
(of guard etc) round; **Rundreise** f tour *(durch* of)
runter *fam contr* → **herunter**;
→ **hinunter**; **runterscrollen**
vt IT scroll down
runzelig *adj* wrinkled; **runzeln** vt **die Stirn ~** frown
ruppig *adj* gruff
Ruß m ⟨-es⟩ soot
Russe m ⟨-n, -n⟩ Russian
Rüssel m ⟨-s, -⟩ *(of elephant)*
trunk; *(of pig)* snout
Russin f Russian; **russisch**
adj Russian; **Russisch** nt
Russian; **Russland** nt Russia
Rüstung f *(of knight)* ar-
mour; *(weapons etc)* arma-
ments pl
Rutsch m ⟨-(e)s, -e⟩ **guten ~
(ins neue Jahr)!** Happy
New Year; **Rutschbahn** f,
Rutsche f slide; **rutschen**
vi slide; *(accidentally)* slip;
rutschig *adj* slippery
rütteln vt, vi shake

S

s. *abbr* = **siehe** see; **S.** *abbr* →
Seite p.
Saal m ⟨-(e)s, Säle⟩ hall; *(for
meetings)* room
Saarland nt Saarland
sabotieren vt sabotage

Sache f ⟨-, -n⟩ thing; *(situation, event)* affair, business;
(issue) matter; **bei der ~ bleiben** keep to the point; **sach-
kundig** *adj* competent;
Sachlage f situation; **sach-**

lich *adj* objective; (*unemotional*) matter-of-fact; (*error, account*) factual; **sächlich** *adj* LING neuter; **Sachschaden** *m* material damage

Sachsen *nt* ⟨-s⟩ Saxony; **Sachsen-Anhalt** *nt* ⟨-s⟩ Saxony-Anhalt

sacht(e) *adv* softly, gently

Sachverständige(r) *mf* expert

Sack *m* ⟨-(e)s, Säcke⟩ sack; *pej* bastard, bugger; **Sackgasse** *f* dead end, cul-de-sac

Safe *m* ⟨-s, -s⟩ safe

Safer Sex *m* safe sex

Safran *m* ⟨-s, -e⟩ saffron

Saft *m* ⟨-(e)s, Säfte⟩ juice; **saftig** *adj* juicy

Sage *f* ⟨-, -n⟩ legend

Säge *f* ⟨-, -n⟩ saw

sagen *vt, vi* say (*jdm* to sb), tell (*jdm* sb); **wie sagt man ... auf Englisch?** what's ... in English?

sägen *vt, vi* saw

sah *imperf* → **sehen**

Sahne *f* ⟨-⟩ cream

Saison *f* ⟨-, -s⟩ season; **außerhalb der ~** out of season

Saite *f* ⟨-, -n⟩ string

Sakko *nt* ⟨-s, -s⟩ jacket

Salami *f* ⟨-, -s⟩ salami

Salat *m* ⟨-(e)s, -e⟩ salad; (*vegetable*) lettuce; **Salatbar** *f* salad bar; **Salatschüssel** *f* salad bowl; **Salatsoße** *f* salad dressing

Salbe *f* ⟨-, -n⟩ ointment

Salbei *m* ⟨-s⟩ sage

Salmonellenvergiftung *f* salmonella (poisoning)

Salsamusik *f* salsa (music)

Salto *m* ⟨-s, -s⟩ somersault

Salz *nt* ⟨-es, -e⟩ salt; **salzarm** *adj* low-salt; **salzen** ⟨salzte, gesalzen⟩ *vt* salt; **salzig** *adj* salty; **Salzkartoffeln** *pl* boiled potatoes *pl*; **Salzstange** *f* pretzel stick; **Salzstreuer** *m* salt cellar (*Brit*) (or shaker (*US*)); **Salzwasser** *nt* salt water

Samba *m* ⟨-s, -s⟩ samba

Samen *m* ⟨-s, -⟩ seed; (*of male*) sperm

sammeln *vt* collect; **Sammlung** *f* collection

Samstag *m* Saturday; → **Mittwoch**; **samstags** *adv* on Saturdays; → **mittwochs**

samt *prep* + *dat* (along) with, together with

Samt *m* ⟨-(e)s, -e⟩ velvet

sämtliche(r, s) *adj* all (the)

Sanatorium *nt* ⟨-s, Sanatorien⟩ sanatorium (*Brit*), sanitarium (*US*)

Sand *m* ⟨-(e)s, -e⟩ sand

Sandale *f* ⟨-, -n⟩ sandal

sandig *adj* sandy; **Sandkasten** *m* sandpit (*Brit*), sandbox (*US*); **Sandstrand** *m* sandy beach

sandte *imperf* → **senden**

sanft *adj* soft, gentle

sang *imperf* → **singen**

Sänger(in) *m(f)* ⟨-s, -⟩ singer

Sangria *f* ⟨-, -s⟩ sangria

sanieren vt redevelop; (building) renovate; (business) restore to profitability

sanitär adj sanitary; **~e Anlagen** pl sanitation

Sanitäter m(f) ⟨-s, -⟩ ambulance man / woman, paramedic

sank imperf → **sinken**

Sardelle f anchovy

Sarg m ⟨-(e)s, Särge⟩ coffin

saß imperf → **sitzen**

Satellit m ⟨-en, -en⟩ satellite; **Satellitenfernsehen** nt satellite TV; **Satellitenschüssel** f fam satellite dish

satt adj full; (colour) rich, deep; **~ sein** (after meal) be full; **~ machen** be filling; **jdn / etw ~ sein** be fed up with sb/sth

Sattel m ⟨-s, Sättel⟩ saddle

satthaben irr vt **jdn / etw ~** be fed up with sb/sth

Saturn m ⟨-s⟩ Saturn

Satz m ⟨-es, Sätze⟩ LING sentence; MUS movement; (in tennis) set; (of coffee) grounds pl; (leap) jump; COMM rate

Sau f ⟨-, Säue⟩ sow; pej dirty bugger

sauber adj clean; (ironic) fine; **~ machen** clean; **Sauberkeit** f cleanness; (hygiene) cleanliness; **säubern** vt clean

saublöd adj fam really stupid, dumb

Sauce f ⟨-, -n⟩ sauce; (with meat) gravy

Saudi-Arabien nt ⟨-s⟩ Saudi Arabia

sauer adj sour; CHEM acid; fam (annoyed) cross; **saurer Regen** acid rain; **Sauerkirsche** f sour cherry; **Sauerkraut** nt sauerkraut; **säuerlich** adj slightly sour; **Sauerrahm** m sour cream; **Sauerstoff** m oxygen

saufen ⟨soff, gesoffen⟩ **1.** vt drink; fam (person) knock back **2.** vi drink; fam (person) booze

saugen ⟨sog or saugte, gesogen or gesaugt⟩ vt, vi suck; (with cleaner) vacuum, hoover (Brit); **Säugetier** nt mammal; **Säugling** m infant, baby

Säule f ⟨-, -n⟩ column, pillar

Saum m ⟨-, Säume⟩ hem; (join) seam

Sauna f ⟨-, -s⟩ sauna

Säure f ⟨-, -n⟩ acid

Saustall m pigsty; **Sauwetter** nt **was für ein ~** fam what lousy weather

Saxophon nt ⟨-s, -e⟩ saxophone

S-Bahn f suburban railway; **S-Bahn-Haltestelle** f, **S-Bahnhof** m suburban (train) station

scannen vt scan; **Scanner** m ⟨-s, -⟩ scanner

schäbig adj shabby

Schach nt ⟨-s, -s⟩ chess; (position) check; **Schachbrett** nt

chessboard; **Schachfigur** f
chess piece; **schachmatt**
adj checkmate

Schacht m ⟨-(e)s, Schächte⟩
shaft

Schachtel f ⟨-, -n⟩ box

schade interj what a pity

Schädel m ⟨-s, -⟩ skull; **Schädelbruch** m fractured skull

schaden v/i damage, harm
(jdm sb); **das schadet
nichts** it won't do any harm;
Schaden m ⟨-s, Schäden⟩
damage; (to body) injury;
(bad thing) disadvantage;
einen ~ verursachen cause
damage; **Schadenersatz** m
compensation, damages pl;
schadhaft adj faulty; damaged; **schädigen** v/t damage;
(person) do harm to, harm;
schädlich adj harmful (für
to); **Schadstoff** m harmful
substance; **schadstoffarm**
adj low-emission

Schaf nt ⟨-(e)s, -e⟩ sheep;
Schäfer m ⟨-s, -⟩ shepherd;
Schäferhund m Alsatian
(Brit), German shepherd;
Schäferin f shepherdess

schaffen 1. ⟨schuf, geschaffen⟩
v/t create; (room) make **2.** v/t
manage, do; (complete) finish; (exam) pass; **jdm zu ~
machen** cause sb trouble

Schaffner(in) m(f) ⟨-s, -⟩ (in
bus) conductor / conductress; RAIL guard

Schafskäse m sheep's (milk)
cheese

schal adj (drink) flat

Schal m ⟨-s, -e or -s⟩ scarf

Schale f ⟨-, -n⟩ skin; (removed) peel; (of nut, mussel,
egg) shell; (container) bowl,
dish

schälen 1. v/t peel; (tomato,
almonds) skin; (peas, eggs,
nuts) shell; (grain) husk **2.**
v/r peel

Schall m ⟨-(e)s, -e⟩ sound;
Schalldämpfer m ⟨-s, -⟩ AUTO
silencer (Brit), muffler (US);
Schallplatte f record

Schalotte f ⟨-, -n⟩ shallot

schalten 1. v/t switch **2.** v/i AUTO
change gear; **Schalter** m ⟨-s,
-⟩ (at post office, bank)
counter; (electrical) switch;
Schalterhalle f main hall;
Schalthebel m gear lever
(Brit) (or shift (US)); **Schaltjahr** nt leap year; **Schaltknüppel** m gear lever (Brit)
(or shift (US)); **Schaltung** f
gear change (Brit), gearshift
(US)

Scham f ⟨-⟩ shame; modesty;
schämen v/r be ashamed

Schande f ⟨-⟩ disgrace

Schanze f ⟨-, -n⟩ ski jump

Schar f ⟨-, -en⟩ (of birds)
flock; (of people) crowd; **in
~en** in droves

scharf adj (knife; criticism)
sharp; (spicy) hot; **auf etw
acc ~ sein** fam be keen on
sth

Schärfe f ⟨-, -n⟩ sharpness;
(severity) rigour; PHOT focus

Scharlach m ⟨-s⟩ MED scarlet fever

Scharnier nt ⟨-s, -e⟩ hinge

Schaschlik m or nt ⟨-s, -s⟩ (shish) kebab

Schatten m ⟨-s, -⟩ shadow; **30 Grad im ~** 30 degrees in the shade; **schattig** adj shady

Schatz m ⟨-es, Schätze⟩ treasure; (person) love

schätzen vt estimate; (object) value; (appreciate) value, esteem; (think) reckon; **Schätzung** f estimate; (action) estimation; (of object) valuation; **schätzungsweise** adv roughly, approximately

schauen vi look; **ich schau mal, ob ...** I'll go and have a look whether ...; **schau, dass ...** see (to it) that ...

Schauer m ⟨-s, -⟩ (rain) shower; (shiver) shudder

Schaufel f ⟨-, -n⟩ shovel; **~ und Besen** dustpan and brush; **schaufeln** vt shovel

Schaufenster nt shop window

Schaukel f ⟨-, -n⟩ swing; **schaukeln** vi rock; (on a swing) swing

Schaum m ⟨-(e)s, Schäume⟩ foam; (from soap) lather; (on beer) froth; **Schaumbad** nt bubble bath; **schäumen** vi foam; **Schaumfestiger** m ⟨-s, -⟩ styling mousse; **Schaumgummi** m foam (rubber); **Schaumwein** m

sparkling wine

Schauplatz m scene

Schauspiel nt spectacle; THEAT play; **Schauspieler(in)** m(f) actor / actress

Scheck m ⟨-s, -s⟩ cheque; **Scheckheft** nt chequebook; **Scheckkarte** f cheque card

Scheibe f ⟨-, -n⟩ disc; (of bread, cheese etc) slice; (of glass) pane; **Scheibenwischer** m ⟨-s, -⟩ AUTO windscreen (Brit) (or windshield (US)) wiper

Scheich m ⟨-s, -s⟩ sheik(h)

Scheide f ⟨-, -n⟩ ANAT vagina

scheiden ⟨schied, geschieden⟩ vt separate; **sich ~ lassen** get a divorce; **sie hat sich von ihm ~ lassen** she divorced him; **Scheidung** f divorce

Schein m ⟨-(e)s, -e⟩ light; (external impression) appearance; (money) (bank)note; **scheinbar** adj apparent; **scheinen** ⟨schien, geschienen⟩ vi (sun) shine; (appear) seem; **Scheinwerfer** m ⟨-s, -⟩ floodlight; THEAT spotlight; AUTO headlight

Scheiß- in cpds vulg damned, bloody (Brit); **Scheiße** f ⟨-⟩ vulg shit, crap; **scheißegal** adj vulg **das ist mir ~** I don't give a damn (or toss); **scheißen** ⟨schiss, geschissen⟩ vi vulg shit

Scheitel m ⟨-s, -⟩ parting (Brit), part (US)

scheitern *vi* fail (*an* + *dat* because of)

Schellfisch *m* haddock

Schema *nt* ⟨-s, -s *or* Schemata⟩ scheme, plan; (*drawing*) diagram

Schenkel *m* ⟨-s, -⟩ thigh

schenken *vt* give; **er hat es mir geschenkt** he gave it to me (as a present); **sich** *dat* **etw** ~ *fam* skip sth

Scherbe *f* ⟨-, -n⟩ broken piece, fragment

Schere *f* ⟨-, -n⟩ scissors *pl*; (*large*) shears *pl*; **eine** ~ a pair of scissors / shears

Scherz *m* ⟨-es, -e⟩ joke

scheu *adj* shy

scheuen 1. *vr* **sich** ~ **vor** + *dat* be afraid of, shrink from 2. *vt* shun 3. *vi* (*horse*) shy

scheuern *vt* scrub; **jdm eine** ~ *fam* slap sb in the face

Scheune *f* ⟨-, -n⟩ barn

scheußlich *adj* dreadful

Schi *m* ⟨-s, -er⟩ → **Ski**

Schicht *f* ⟨-, -en⟩ layer; (*in society*) class; (*in factory etc*) shift

schick *adj* stylish, chic

schicken 1. *vt* send 2. *vr* hurry up

Schickimicki *m* ⟨-(s), -s⟩ *fam* trendy

Schicksal *nt* ⟨-s, -e⟩ fate

Schiebedach *nt* AUTO sunroof; **schieben** ⟨schob, geschoben⟩ *vt*, *vi* push; **die Schuld auf jdn** ~ put the blame on sb; **Schiebetür** *f* sliding door

schied *imperf* → **scheiden**

Schiedsrichter(in) *m(f)* referee, umpire

schief 1. *adj* crooked 2. *adv* crooked(ly); **schiefgehen** *irr vi fam* go wrong

schielen *vi* squint

schien *imperf* → **scheinen**

Schienbein *nt* shin

Schiene *f* ⟨-, -n⟩ rail; MED splint

schießen ⟨schoss, geschossen⟩ 1. *vt* shoot; (*ball*) kick; (*goal*) score; (*photo*) take 2. *vi* shoot (*auf* + *acc* at)

Schiff *nt* ⟨-(e)s, -e⟩ ship; (*in church*) nave; **Schifffahrt** *f* shipping; **Schiffsreise** *f* voyage

schikanieren *vt* harass; (*at school*) bully

Schild 1. *m* ⟨-(e)s, -e⟩ (*of warrior*) shield 2. *nt* ⟨-(e)s, -er⟩ sign; **was steht auf dem** ~? what does the sign say?

Schilddrüse *f* thyroid gland

schildern *vt* describe

Schildkröte *f* tortoise; (*living in water*) turtle

Schimmel *m* ⟨-s, -⟩ mould; (*animal*) white horse; **schimmeln** *vi* go mouldy

schimpfen 1. *vt* tell off 2. *vi* complain; **mit jdm** ~ tell sb off; **Schimpfwort** *nt* swearword

Schinken *m* ⟨-s, -⟩ ham

Schirm *m* ⟨-(e)s, -e⟩ umbrella; (*for sun*) parasol, sunshade schiss *imperf* → **scheißen**

Schlacht f ‹-, -en› battle; **schlachten** vt slaughter; **Schlachter(in)** m(f) ‹-s, -› butcher

Schlaf m ‹-(e)s› sleep; **Schlafanzug** m pyjamas pl; **Schlafcouch** f bed settee

Schläfe f ‹-, -n› temple

schlafen ‹schlief, geschlafen› vi sleep; **schlaf gut!** sleep well; **hast du gut geschlafen?** did you sleep all right?; **er schläft noch** he's still asleep; **~ gehen** go to bed

schlaff adj slack; (weak) limp; (tired) exhausted

Schlafgelegenheit f place to sleep; **Schlaflosigkeit** f sleeplessness; **schläfrig** adj sleepy; **Schlafsack** m sleeping bag; **Schlaftablette** f sleeping pill; **Schlafwagen** m sleeping car, sleeper; **Schlafzimmer** nt bedroom

Schlag m ‹-(e)s, Schläge› blow; ELEC shock; **Schlagader** f artery; **Schlaganfall** m MED stroke; **schlagartig** adj sudden

schlagen ‹schlug, geschlagen› **1.** vt hit; (hit repeatedly, defeat) beat; (cream) whip **2.** vi (heart) beat; (clock) strike; **mit dem Kopf gegen etw ~** bang one's head against sth **3.** vr fight

Schläger m ‹-s, -› SPORT bat; racket; (golf) club; hockey stick; (person) brawler;

Schlägerei f fight, brawl

schlagfertig adj quick-witted; **Schlagloch** nt pothole; **Schlagsahne** f whipping cream; (beaten) whipped cream; **Schlagzeile** f headline; **Schlagzeug** nt drums pl; (in orchestra) percussion

Schlamm m ‹-(e)s, -e› mud

schlampig adj fam sloppy

schlang *imperf* → **schlingen**

Schlange f ‹-, -n› snake; (of people) queue (Brit), line (US); **~ stehen** queue (Brit), stand in line (US)

schlank adj slim

schlapp adj limp

Schlappe f ‹-, -n› fam setback

schlau adj clever, smart; (wily) crafty, cunning

Schlauch m ‹-(e)s, Schläuche› hose; (in tyre) inner tube; **Schlauchboot** nt rubber dinghy

schlecht 1. adj bad; **mir ist ~** I feel sick; **die Milch ist ~** the milk has gone off **2.** adv badly; **es geht ihm ~** he's having a hard time; (health-wise) he's not feeling well; (financially) he's pretty hard up; **schlechtmachen** vt **jdn ~** run sb down

schleichen ‹schlich, geschlichen› vi creep

Schleier m ‹-s, -› veil

Schleife f ‹-, -n› IT, AVIAT, ELEC loop; (ribbon) bow

Schleim m ‹-(e)s, -e› slime; MED mucus; **Schleimer** m

schmeichelhaft

⟨-s, -⟩ *fam* creep; **Schleim-haut** *f* mucous membrane

schlendern *vi* stroll

schleppen *vt* drag; (*car, ship*) tow; (*carry*) lug; **Schlepplift** *m* ski tow

Schleswig-Holstein *nt* ⟨-s⟩ Schleswig-Holstein

Schleuder *f* ⟨-, -n⟩ catapult; (*for washing*) spin-dryer; **schleudern 1.** *vt* hurl; (*washing*) spin-dry **2.** *vi* AUTO skid; **Schleudersitz** *m* ejector seat

schlich *imperf* → **schleichen**

schlicht *adj* simple, plain

schlichten *vt* (*dispute*) settle

schlief *imperf* → **schlafen**

schließen ⟨schloss, geschlossen⟩ *vt, vi, vr* close, shut; (*bring to an end*) close; (*friendship, alliance, marriage*) enter into; (*deduce*) infer (*aus* from); **Schließfach** *nt* locker

schließlich *adv* finally; (*when all is said and done*) after all

schliff *imperf* → **schleifen**

schlimm *adj* bad; **schlimmer** *adj* worse; **schlimmste(r, s)** *adj* worst; **schlimmstenfalls** *adv* at (the) worst

Schlips *m* ⟨-es, -e⟩ tie

Schlitten *m* ⟨-s, -⟩ sledge, toboggan; (*with horses*) sleigh; **Schlittenfahren** *nt* ⟨-s⟩ tobogganing

Schlittschuh *m* ice skate; ~ **laufen** ice-skate

Schlitz *m* ⟨-es, -e⟩ slit; (*for coin*) slot; (*on trousers*) flies *pl*

schloss *imperf* → **schließen**

Schloss *nt* ⟨-es, Schlösser⟩ lock; (*building*) castle

Schlosser(in) *m(f)* mechanic

Schlucht *f* ⟨-, -en⟩ gorge, ravine

schluchzen *vi* sob

Schluckauf *m* ⟨-s⟩ hiccups *pl*; **schlucken** *vt, vi* swallow

schlug *imperf* → **schlagen**

schlürfen *vt, vi* slurp

Schluss *m* ⟨-es, Schlüsse⟩ end; (*deduction*) conclusion; **am** ~ at the end; **mit jdm ~ machen** finish (*or* split up) with sb

Schlüssel *m* ⟨-s, -⟩ *a. fig* key; **Schlüsselbein** *nt* collarbone; **Schlüsselbund** *m* bunch of keys; **Schlüsselloch** *nt* keyhole

Schlussfolgerung *f* conclusion; **Schlusslicht** *nt* taillight; *fig* tail-ender; **Schlussverkauf** *m* clearance sale

schmal *adj* narrow; (*person, book etc*) slim

Schmalz *nt* ⟨-es, -e⟩ dripping, lard

schmatzen *vi* eat noisily

schmecken *vt, vi* taste (*nach* of); **es schmeckt ihm** he likes it; **lass es dir ~!** bon appétit

Schmeichelei *f* flattery; **schmeichelhaft** *adj* flattering; **schmeicheln** vi jdm ~ flatter sb

schmeißen ⟨schmiss, geschmissen⟩ vt fam chuck, throw

schmelzen ⟨schmolz, geschmolzen⟩ vt, vi melt

Schmerz m ⟨-es, -en⟩ pain; (sorrow) grief; **~en haben** be in pain; **~en im Rücken haben** have a pain in one's back; **schmerzen** vt, vi hurt; **Schmerzensgeld** nt compensation; **schmerzhaft**, **schmerzlich** adj painful; **Schmerzmittel** nt painkiller; **schmerzstillend** adj painkilling; **Schmerztablette** f painkiller

Schmetterling m butterfly

schmieden vt forge; (plans) make

schmieren 1. vt smear; (machine, bicycle etc) lubricate, grease; (person) bribe **2.** vt, vi (write) scrawl; **Schmiergeld** nt fam bribe; **schmierig** adj greasy

Schminke f ⟨-, -n⟩ make-up; **schminken** vr put one's make-up on

schmiss imperf → **schmeißen**

schmollen vi sulk

schmolz imperf → **schmelzen**

Schmuck m ⟨-(e)s, -e⟩ jewellery (Brit), jewelry (US); (ornament) decoration; **schmücken** vt decorate

schmuggeln vt, vi smuggle

schmunzeln vi smile

schmusen vi (kiss and) cuddle

Schmutz m ⟨-es⟩ dirt, filth; **schmutzig** adj dirty

Schnabel m ⟨-s, Schnäbel⟩ beak, bill; (for pouring) spout

Schnake f ⟨-, -n⟩ mosquito

Schnäppchen nt fam bargain; **schnappen 1.** vt catch **2.** vi **nach Luft ~** gasp for breath; **Schnappschuss** m PHOT snap(shot)

Schnaps m ⟨-es, Schnäpse⟩ schnapps

schnarchen vi snore

schnaufen vi puff, pant

Schnauzbart m moustache; **Schnauze** f ⟨-, -n⟩ snout, muzzle; (for pouring) spout; fam (mouth) trap; **die ~ voll haben** have had enough

schnäuzen vr blow one's nose

Schnecke f ⟨-, -n⟩ snail; **Schneckenhaus** nt snail's shell

Schnee m ⟨-s⟩ snow; **Schneeball** m snowball; **Schneebrille** f snow goggles pl; **Schneeflocke** f snowflake; **Schneeglöckchen** nt snowdrop; **Schneegrenze** f snowline; **Schneekanone** f snow thrower; **Schneekette** f AUTO snow chain; **Schneemann** m snowman; **Schneepflug** m snowplough;

Schneeregen m sleet; **Schneesturm** m snowstorm, blizzard; **Schneetreiben** nt light blizzards pl; **Schneewehe** f snowdrift

Schneide f ⟨-, -n⟩ edge; (part of knife) blade; **schneiden** ⟨schnitt, geschnitten⟩ **1.** vt cut; **sich** dat **die Haare ~ lassen** have one's hair cut **2.** vr cut oneself; **Schneider(in)** m(f) ⟨-s, -⟩ tailor; dressmaker; **Schneidezahn** m incisor

schneien vi impers snow

schnell 1. adj quick, fast **2.** adv quickly, fast; **mach ~!** hurry up; **Schnelldienst** m express service; **Schnellhefter** m loose-leaf binder; **Schnellimbiss** m snack bar; **Schnellstraße** f expressway

schneuzen vr → **schnäuzen**

schnitt imperf → **schneiden**

Schnitt m ⟨-(e)s, -e⟩ cut; (where lines cross) intersection; (diagram) (cross) section; (of quantities) average; **Schnitte** f ⟨-, -n⟩ slice; (with filling) sandwich; **Schnittkäse** m cheese slices pl; **Schnittlauch** m chives pl; **Schnittstelle** f IT, fig interface; **Schnittwunde** f cut, gash

Schnitzel nt ⟨-s, -⟩ (of paper) scrap; GASTR escalope

schnitzen vt carve

Schnorchel m ⟨-s, -⟩ snorkel;

schnorcheln vi go snorkelling, snorkel

schnüffeln vi sniff

Schnuller m ⟨-s, -⟩ dummy (Brit), pacifier (US)

Schnulze f ⟨-, -n⟩ (film, novel) weepie

Schnupfen m ⟨-s, -⟩ cold

schnuppern vi sniff

Schnur f ⟨-, Schnüre⟩ string, cord; ELEC lead; **schnurlos** adj cordless

Schnurrbart m moustache

schnurren vi purr

Schnürsenkel m ⟨-s, -⟩ shoelace

schob imperf → **schieben**

Schock m ⟨-(e)s, -e⟩ shock; **unter ~ stehen** be in a state of shock; **schockieren** vt shock

Schokolade f chocolate; **Schokoriegel** m chocolate bar

Scholle f ⟨-, -n⟩ plaice; (on sea) ice floe

schon adv already; **ist er ~ da?** is he here yet?; **warst du ~ einmal da?** have you ever been there?; **ich war ~ einmal da** I've been there before; **~ damals** even then; **~ 1999** as early (or as long ago) as 1999

schön adj beautiful; (kind) nice; (woman) beautiful, pretty; (man) beautiful, handsome; (weather) fine; **~e Grüße** best wishes; **~es Wochenende** have a nice

weekend
schonen 1. vt look after **2.** vr take it easy
Schönheit f beauty
Schonkost f light diet
Schöpfung f creation
Schoppen m ⟨-s, -⟩ glass (of wine)
Schorf m ⟨-(e)s, -e⟩ scab
Schorle f ⟨-, -n⟩ spritzer
Schornstein m chimney; **Schornsteinfeger(in)** m(f) ⟨-s, -⟩ chimney sweep
schoss imperf → **schießen**
Schoß m ⟨-es, Schöße⟩ lap
Schotte m ⟨-n, -n⟩ Scot, Scotsman; **Schottin** f Scot, Scotswoman; **schottisch** adj Scottish, Scots; **Schottland** nt Scotland
schräg adj slanting; (roof) sloping; (line) diagonal; fam (unconventional) wacky
Schrank m ⟨-(e)s, Schränke⟩ cupboard; (for clothes) wardrobe (Brit), closet (US)
Schranke f ⟨-, -n⟩ barrier
Schrankwand f wall unit
Schraube f ⟨-, -n⟩ screw; **schrauben** vt screw; **Schraubenschlüssel** m spanner; **Schraubenzieher** m ⟨-s, -⟩ screwdriver; **Schraubverschluss** m screw top, screw cap
Schreck m ⟨-(e)s, -e⟩, **Schrecken** m ⟨-s, -⟩ terror; (momentary) fright; **jdm einen ~ einjagen** give sb a fright;

schreckhaft adj jumpy; **schrecklich** adj terrible, dreadful
Schrei m ⟨-(e)s, -e⟩ scream; (call) shout
Schreibblock m writing pad; **schreiben** ⟨schrieb, geschrieben⟩ vt, vi write; spell; **wie schreibt man …?** how do you spell …?; **Schreiben** nt ⟨-s, -⟩ writing; (sent to sb) letter; **Schreibfehler** m spelling mistake; **schreibgeschützt** adj write-protected; **Schreibtisch** m desk; **Schreibwaren** pl stationery sg; **Schreibwarenladen** m stationer's
schreien ⟨schrie, geschrie(e)n⟩ vt, vi scream; (call) shout
Schreiner(in) m(f) joiner; **Schreinerei** f joiner's workshop
schrie imperf → **schreien**
schrieb imperf → **schreiben**
Schrift f ⟨-, -en⟩ (by hand) handwriting; (printing style) typeface; (type) font; **schriftlich 1.** adj written **2.** adv in writing; **würden Sie uns das bitte ~ geben?** could we have that in writing, please?; **Schriftsteller(in)** m(f) ⟨-s, -⟩ writer
Schritt m ⟨-(e)s, -e⟩ step; **~ für ~** step by step; **Schrittgeschwindigkeit** f walking speed; **Schrittmacher** m MED pacemaker
Schrott m ⟨-(e)s, -e⟩ scrap

metal; *fig* rubbish
schrubben *vi*, *vt* scrub;
Schrubber *m* ⟨-s, -⟩ scrubbing brush
schrumpfen *vi* shrink
Schubkarren *m* ⟨-s, -⟩ wheelbarrow; **Schublade** *f* drawer
schubsen *vt* shove, push
schüchtern *adj* shy
schuf *imperf* → **schaffen**
Schuh *m* ⟨-(e)s, -e⟩ shoe;
Schuhcreme *f* shoe polish;
Schuhgeschäft *nt* shoe shop; **Schuhgröße** *f* shoe size; **Schuhlöffel** *m* shoehorn;
Schulabschluss *m* school-leaving qualification
schuld *adj* **wer ist ~ daran?** whose fault is it?; **er ist ~** it's his fault, he's to blame;
Schuld *f* ⟨-⟩ guilt; *(blame)* fault; **~ haben** be to blame *(an + dat* for); **er hat ~** it's his fault; **schulden** *vt* owe *(jdm etw* sb sth); **Schulden** *pl* debts *pl*; **~ haben** be in debt; **~ machen** run up debts; **~ seine ~ bezahlen** pay off one's debts; **schuldig** *adj* guilty *(an + dat* of); *(proper)* due; **jdm etw ~ sein** owe sb sth
Schule *f* ⟨-, -n⟩ school; **in der ~ sein** at school; **in die ~ gehen** go to school; **Schüler(in)** *m(f)* ⟨-s, -⟩ pupil; *(older)* student; **Schüleraustausch** *m* school exchange; **Schulfach** *nt* subject; **Schulferien** *pl*

school holidays *pl* (*Brit*) (*or* vacation (*US*)); **schulfrei** *adj* **morgen ist ~** there's no school tomorrow; **Schulfreund(in)** *m(f)* schoolmate; **Schuljahr** *nt* school year; **Schulkenntnisse** *pl* **~ in Französisch** school(-level) French; **Schulklasse** *f* class; **Schulleiter(in)** *m(f)* headmaster / headmistress (*Brit*), principal (*US*)
Schulter *f* ⟨-, -n⟩ shoulder
Schulung *f* training; *(event)* training course
Schuppe *f* ⟨-, -n⟩ *(of fish)* scale; **Schuppen** *pl* dandruff *sg*
Schürfwunde *f* graze
Schürze *f* ⟨-, -n⟩ apron
Schuss *m* ⟨-es, Schüsse⟩ shot; **mit einem ~ Wodka** with a dash of vodka
Schüssel *f* ⟨-, -n⟩ bowl
Schuster(in) *m(f)* ⟨-s, -⟩ shoemaker
Schutt *m* ⟨-(e)s⟩ rubble
Schüttelfrost *m* shivering fit; **schütteln** *vt*, *vr* shake
schütten **1.** *vt* pour; *(sugar, gravel etc)* tip **2.** *vi impers* pour (down)
Schutz *m* ⟨-es⟩ protection *(gegen, vor* against, from); *(place)* shelter; **jdn in ~ nehmen** stand up for sb; **Schutzblech** *nt* mudguard
Schütze *m* ⟨-n, -n⟩ *(in football)* scorer; ASTR Sagittarius
schützen *vt* **jdn gegen / vor**

***etw* ~** protect sb against / from sth; **Schutzimpfung** *f* inoculation, vaccination

schwach *adj* weak; **~e Augen** poor eyesight *sg*; **Schwäche** *f* ⟨-, -n⟩ weakness; **Schwachstelle** *f* weak point

Schwager *m* ⟨-s, Schwäger⟩ brother-in-law; **Schwägerin** *f* sister-in-law

Schwalbe *f* ⟨-, -n⟩ swallow; (*in football*) dive

schwamm *imperf* → **schwimmen**

Schwamm *m* ⟨-(e)s, Schwämme⟩ sponge

Schwan *m* ⟨-(e)s, Schwäne⟩ swan

schwanger *adj* pregnant; **im vierten Monat ~ sein** be four months pregnant; **Schwangerschaft** *f* pregnancy; **Schwangerschaftsabbruch** *m* abortion; **Schwangerschaftstest** *m* pregnancy test

schwanken *vi* sway; (*prices, figures*) fluctuate; (*be uncertain*) hesitate; (*drunkard etc*) stagger

Schwanz *m* ⟨-es, Schwänze⟩ tail; *vulg* (*penis*) cock

Schwarm *m* ⟨-(e)s, Schwärme⟩ swarm; *fam* (*pop star etc*) heartthrob; **schwärmen** *vi* swarm; **~ für** be mad about

schwarz *adj* black; **mir wurde ~ vor Augen** everything went black; **Schwarzarbeit** *f* illicit work; **Schwarzbrot**

nt black bread; **schwarzfahren** *irr vi* travel without a ticket; **Schwarzfahrer(in)** *m(f)* fare-dodger; **Schwarzmarkt** *m* black market; **schwarzsehen** *irr vi fam* be pessimistic (*für* about); **Schwarzwald** *m* Black Forest; **schwarzweiß** *adj* black and white

schwatzen *vi* chatter; **Schwätzer(in)** *m(f)* ⟨-s, -⟩ chatterbox; (*long-winded*) gasbag; (*about other people*) gossip

schweben *vi* float; (*upwards*) soar

Schwede *m* ⟨-n, -n⟩ Swede; **Schweden** *nt* ⟨-s⟩ Sweden; **Schwedin** *f* Swede; **schwedisch** *adj* Swedish; **Schwedisch** *nt* Swedish

Schwefel *m* ⟨-s⟩ sulphur

schweigen ⟨schwieg, geschwiegen⟩ *vi* be silent; stop talking; **Schweigen** *nt* ⟨-s⟩ silence

Schwein *nt* ⟨-(e)s, -e⟩ pig; *fam* luck; *fam* (*vile person*) swine; **Schweinebraten** *m* roast pork; **Schweinefleisch** *nt* pork; **Schweinerei** *f* mess; (*act*) dirty trick

Schweiß *m* ⟨-es⟩ sweat

schweißen *vi*, *vt* weld

Schweiz *f* ⟨-⟩ **die ~** Switzerland; **Schweizer(in)** *m(f)* ⟨-s, -⟩ Swiss; **Schweizerdeutsch** *nt* Swiss German; **schweizerisch** *adj* Swiss

Schwelle f ⟨-, -n⟩ doorstep; *a. fig* threshold

schwellen ⟨schwoll, geschwollen⟩ *vi* swell (up); **Schwellung** f swelling

schwer **1.** *adj* heavy; (*task, life, question*) difficult, hard; (*illness, mistake*) serious, bad **2.** *adv* (*very*) really; (*injured etc*) seriously, badly; **Schwerbehinderte(r)** *mf* severely disabled person; **schwerfallen** *irr vi jdm* ~ be difficult for sb; **schwerhörig** *adj* hard of hearing

Schwert *nt* ⟨-(e)s, -er⟩ sword

Schwester f ⟨-, -n⟩ sister; *MED* nurse

schwieg *imperf* → **schweigen**

Schwiegereltern *pl* parents-in-law*pl*; **Schwiegermutter** f mother-in-law; **Schwiegersohn** *m* son-in-law; **Schwiegertochter** f daughter-in-law; **Schwiegervater** *m* father-in-law

schwierig *adj* difficult, hard; **Schwierigkeit** f difficulty; *in* ~*en kommen* get into trouble; *jdm* ~*en machen* make things difficult for sb

Schwimmbad *nt* swimming pool; **Schwimmbecken** *nt* swimming pool; **schwimmen** ⟨schwamm, geschwommen⟩ *vi* swim; (*drift, not sink*) float; *fig* be all at sea; **Schwimmer(in)** *m(f)* swimmer; **Schwimmflosse**

f flipper; **Schwimmflügel** *m* water wing; **Schwimmreifen** *m* rubber ring; **Schwimmweste** f life jacket

Schwindel *m* ⟨-s⟩ dizziness; (*fit*) dizzy spell; (*deception*) swindle; **schwindelfrei** *adj* **nicht~ sein** suffer from vertigo; ~ **sein** have a head for heights; **schwindlig** *adj* dizzy; *mir ist* ~ I feel dizzy

Schwips *m* **einen** ~ **haben** be tipsy

schwitzen *vi* sweat

schwoll *imperf* → **schwellen**

schwor *imperf* → **schwören**

schwören ⟨schwor, geschworen⟩ *vt, vi* swear; **einen Eid** ~ take an oath

schwul *adj* gay

schwül *adj* close

Schwung *m* ⟨-(e)s, Schwünge⟩ swing; (*force when moving*) momentum; *fig* energy; *fam* (*quantity*) batch; *in* ~ **kommen** get going

Schwur *m* ⟨-(e)s, Schwüre⟩ oath

scrollen *vi* *IT* scroll

sechs *num* Sechs f ⟨-, -en⟩ six; (*mark in school*) ≈ F; **sechshundert** *num* six hundred; **sechsmal** *adv* six times; **sechste(r, s)** *adj* sixth; → **dritte**; **Sechstel** *nt* ⟨-s, -⟩ (*fraction*) sixth; **sechzehn** *num* sixteen; **sechzehnte(r, s)** *adj* sixteenth; → **dritte**; **sechzig** *num* sixty; *in den* ~*er Jahren* in the sixties; **sechzigste(r, s)** *adj* sixtieth

Secondhandladen m secondhand shop

See 1. f ⟨-, -n⟩ sea; **an der ~** by the sea **2.** m ⟨-s, -n⟩ lake; **am ~** by the lake; **Seehund** m seal; **Seeigel** m sea urchin; **seekrank** adj seasick

Seele f ⟨-, -n⟩ soul

Seeleute pl seamen pl, sailors pl

seelisch adj mental, psychological

Seelöwe m sea lion; **Seemann** m sailor, seaman; **Seemeile** f nautical mile; **Seemöwe** f seagull; **Seepferdchen** nt sea horse; **Seerose** f water lily; **Seestern** m starfish; **Seezunge** f sole

Segel nt ⟨-s, -⟩ sail; **Segelboot** nt yacht; **Segelfliegen** nt ⟨-s⟩ gliding; **Segelflugzeug** nt gliding; **segeln** vt, vi sail; **Segelschiff** nt sailing ship

sehbehindert adj partially sighted

sehen ⟨sah, gesehen⟩ vt, vi see; (in specific direction) look; **gut / schlecht ~** have good / bad eyesight; **kann ich das mal ~?** can I have a look at it?; **wir ~ uns morgen!** see you tomorrow; **Sehenswürdigkeiten** pl sights pl

Sehne f ⟨-, -n⟩ tendon; (on bow) string

sehnen vr long (nach for)

Sehnenzerrung f MED pulled tendon

Sehnsucht f longing; **sehnsüchtig** adj longing

sehr adv very; (with verbs) a lot, very much; **zu ~** too much

seicht adj shallow

Seide f ⟨-, -n⟩ silk

Seife f ⟨-, -n⟩ soap; **Seifenoper** f soap (opera); **Seifenschale** f soap dish

Seil nt ⟨-(e)s, -e⟩ rope; (metal) cable; **Seilbahn** f cable railway

sein ⟨war, gewesen⟩ vi, vaux be; **lass das ~!** leave that!; (sth annoying) stop that!; **das kann ~** that's possible

sein pron his; her; its; **das ist ~e Tasche** that's his bag; **jeder hat ~e Sorgen** everyone has their problems; **seine(r, s)** pron his; hers; **das ist ~r/~s** that's his / hers; **seinetwegen** adv because of him; (to please him) for his sake

seit conj since; (period) for; **er ist ~ Montag hier** he's been here since Monday; **er ist ~ einer Woche hier** he's been here for a week; **~ Langem** for a long time; **seitdem** adv, conj since

Seite f ⟨-, -n⟩ side; (in book) page; **zur ~ gehen** step aside; **Seitensprung** m affair; **Seitenstechen** nt ⟨-s⟩ ~ **haben / bekommen**

have / get a stitch; **Seitenstraße** f side street; **Seitenstreifen** m hard shoulder (*Brit*), shoulder (*US*); **Seitenwind** m crosswind

seither *adv* since (then)

seitlich *adj* side

Sekretär(in) m(f) ⟨-s, -e⟩ secretary; **Sekretariat** nt ⟨-(e)s, -e⟩ secretary's office

Sekt m ⟨-(e)s, -e⟩ sparkling wine

Sekte f ⟨-, -n⟩ sect

Sekunde f ⟨-, -n⟩ second; **Sekundenkleber** m ⟨-s, -⟩ superglue

selbst 1. *pron* **ich ~** I ... myself; **du / Sie ~** you ... yourself; **er ~** he ... himself; **sie ~** she ... herself; **they ... themselves; wir haben es ~ gemacht** we did it ourselves; **mach es** do it yourself; **von ~** by itself; **das versteht sich ja von ~** that goes without saying **2.** *adv* even; **~ mir gefiel's** even I liked it

selbständig *adj* → **selbstständig**

Selbstauslöser m ⟨-s, -⟩ PHOT self-timer; **Selbstbedienung** f self-service; **Selbstbefriedigung** f masturbation; **Selbstbeherrschung** f self-control; **Selbstbeteiligung** f (*on insurance*) excess; **selbstbewusst** *adj* (self-)confident; **selbstgemacht** *adj* self-made; **selbstklebend** *adj* self-ad

hesive; **Selbstlaut** m vowel; **Selbstmord** m suicide; **Selbstmordattentat** nt suicide bombing; **Selbstmordattentäter(in)** m(f) suicide bomber; **selbstsicher** *adj* self-assured; **selbstständig** *adj* independent; (*working*) self-employed; **selbstverständlich 1.** *adj* obvious; **ich halte das für ~** I take that for granted **2.** *adv* naturally; **Selbstvertrauen** nt self-confidence

Sellerie m ⟨-s, -(s)⟩ f ⟨-, -n⟩ celeriac; (*in sticks*) celery

selten 1. *adj* rare **2.** *adv* seldom, rarely

seltsam *adj* strange; **~ schmecken / riechen** taste / smell strange

Semester nt ⟨-s, -⟩ semester; **Semesterferien** pl vacation sg

Seminar nt ⟨-s, -e⟩ seminar

Semmel f ⟨-, -n⟩ roll; **Semmelbrösel** pl breadcrumbs pl

Senat m ⟨-(e)s, -e⟩ senate

senden 1. ⟨sandte, gesandt⟩ vt send **2.** vt, vi RADIO, TV broadcast; **Sender** m ⟨-s, -⟩ (*TV*) channel; (*radio*) station; (*apparatus*) transmitter; **Sendung** f RADIO, TV broadcasting; (*single broadcast*) programme

Senf m ⟨-(e)s, -e⟩ mustard

Senior(in) m(f) senior citizen; **Seniorenpass** m senior citizen's travel pass

senken 1. *vt* lower **2.** *vr* sink
senkrecht *adj* vertical
Sensation *f* ⟨-, -en⟩ sensation
sensibel *adj* sensitive
sentimental *adj* sentimental
separat *adj* separate
September *m* ⟨-(s), -⟩ September; → **Juni**
Serbien *nt* ⟨-s⟩ Serbia
Serie *f* series *sg*
seriös *adj* serious; (*firm, people*) respectable
Serpentine *f* hairpin (bend)
Serum *nt* ⟨-s, Seren⟩ serum
Server *m* ⟨-s, -⟩ IT server
Service 1. *nt* ⟨-(s), -⟩ (*crockery*) service **2.** *m* ⟨-, -⟩ service
servieren *vt, vi* serve
Serviette *f* napkin, serviette
Servolenkung *f* AUTO power steering
Sesam *m* ⟨-s, -s⟩ sesame seeds *pl*
Sessel *m* ⟨-s, -⟩ armchair; **Sessellift** *m* chairlift
Set *m or nt* ⟨-s, -s⟩ set; (*under plate etc*) tablemat
setzen 1. *vt* put; (*sail*) set **2.** *vr* settle; (*person*) sit down; ~ **Sie sich doch** please sit down
Seuche *f* ⟨-, -n⟩ epidemic
seufzen *vt, vi* sigh
Sex *m* ⟨-(es)⟩ sex; **sexistisch** *adj* sexist; **Sexualität** *f* sexuality; **sexuell** *adj* sexual
Seychellen *pl* Seychelles *pl*
sfr *abbr* = **Schweizer Fran-**

ken Swiss franc(s)
Shampoo *nt* ⟨-s, -s⟩ shampoo
Shorts *pl* shorts *pl*
Shuttlebus *m* shuttle bus
sich *pron* himself; herself; itself; (*plural*) themselves; (*after 'Sie'*) yourself; yourselves; (*indefinite, after 'man'*) oneself; **er hat ~ verletzt** he hurt himself; **sie kennen ~** they know each other; **sie hat ~ sehr gefreut** she was very pleased; **er hat ~ das Bein gebrochen** he's broken his leg
sicher *adj* safe (*vor + dat* from); (*sure*) certain (*gen* of); (*method, source*) reliable; (*self-assured*) confident; **aber ~!** of course, sure; **Sicherheit** *f* safety; (*protective measures*) FIN security; (*sureness*) certainty; (*self-assurance*) confidence; **mit ~** definitely; **Sicherheitsabstand** *m* safe distance; **Sicherheitsgurt** *m* seat belt; **sicherheitshalber** *adv* just to be on the safe side; **Sicherheitsnadel** *f* safety pin; **Sicherheitsvorkehrung** *f* safety precaution; **sicherlich** *adv* certainly; (*in all likelihood*) probably
sichern *vt* secure (*gegen* against); (*guard*) IT protect; (*data*) back up; **Sicherung** *f* securing; (*on machine etc*) safety device; (*on gun*) safety catch; ELEC fuse; IT back-

Situation

up; **die ~ ist durchgebrannt** the fuse has blown

Sicht f ⟨-⟩ sight; (scene) view; **sichtbar** adj visible; **sichtlich** adj evident, obvious; **Sichtverhältnisse** pl visibility sg; **Sichtweite** f **in / außer ~** within / out of sight

sie pron she; (plural) they; (accusative) her; (thing) it; **da ist ~ ja** there she is; **da sind ~ ja** there they are; **ich kenne ~** I know her; I know them

Sie pron you

Sieb nt ⟨-(e)s, -e⟩ sieve; (for tea) strainer

sieben num seven; **siebenhundert** num seven hundred; **siebenmal** adv seven times; **siebte(r, s)** adj seventh; → **dritte**; **Siebtel** nt ⟨-s, -⟩ (fraction) seventh; **siebzehn** num seventeen; **siebzehnte(r, s)** adj seventeenth; → **dritte**; **siebzig** num seventy; **in den ~er Jahren** in the seventies; **siebzigste(r, s)** adj seventieth

Siedlung f ⟨-, -en⟩ housing estate (Brit) (or development (US))

Sieg m ⟨-(e)s, -e⟩ victory; **siegen** vi win; **Sieger(in)** m(f) ⟨-s, -⟩ winner; **Siegerehrung** f presentation ceremony

siezen vt address as 'Sie'

Signal nt ⟨-s, -e⟩ signal

Silbe f ⟨-, -n⟩ syllable

Silber nt ⟨-s⟩ silver; **Silberhochzeit** f silver wedding; **Silbermedaille** f silver medal

Silikon nt ⟨-s, -e⟩ silicone

Silvester nt ⟨-s, -⟩, **Silvesterabend** m New Year's Eve, Hogmanay (Scot)

Simbabwe nt ⟨-s⟩ Zimbabwe

simpel adj simple

simsen vt, vi fam text

simultan adj simultaneous

Sinfonie f ⟨-, -n⟩ symphony; **Sinfonieorchester** nt symphony orchestra

Singapur nt ⟨-s⟩ Singapore

singen ⟨sang, gesungen⟩ vt, vi sing; **richtig / falsch ~** sing in tune / out of tune

Single 1. f ⟨-, -s⟩ (CD) single **2.** m ⟨-s, -s⟩ (person) single

Singular m singular

sinken ⟨sank, gesunken⟩ vi sink; (prices etc) fall, go down

Sinn m ⟨-(e)s, -e⟩ (of word, speech etc) sense, meaning; **~ machen** make sense; **das hat keinen ~** it's no use; **sinnlich** adj sensuous; (erotic) sensual; (perception) sensory; **sinnlos** adj stupid; (behaviour) senseless; (futile) pointless; (talk etc) meaningless; **sinnvoll** adj meaningful; (reasonable) sensible

Sirup m ⟨-s, -e⟩ syrup

Sitte f ⟨-, -n⟩ custom

Situation f situation

Sitz m ⟨-es, -e⟩ seat; **sitzen** ⟨saß, gesessen⟩ vi sit; (remark, blow) strike home; (what one has learnt) have sunk in; **der Rock sitzt gut** the skirt is a good fit; **Sitzgelegenheit** f place to sit down; **Sitzplatz** m seat; **Sitzung** f meeting

Sizilien nt ⟨-s⟩ Sicily

Skandal m ⟨-s, -e⟩ scandal

Skandinavien nt ⟨-s⟩ Scandinavia

Skateboard nt ⟨-s, -s⟩ skateboard

Skelett nt ⟨-s, -e⟩ skeleton

skeptisch adj sceptical

Ski m ⟨-s, -er⟩ ski; **~ laufen** (or **fahren**) ski; **Skianzug** m ski suit; **Skibrille** f ski goggles pl; **Skifahren** nt ⟨-s⟩ skiing; **Skigebiet** nt ⟨-s, -e⟩ skiing area; **Skihose** f skiing trousers pl; **Skikurs** m skiing course; **Skiläufer(in)** m(f) skier; **Skilehrer(in)** m(f) ski instructor; **Skilift** m ski-lift

Skinhead m ⟨-s, -s⟩ skinhead

Skischuh m ski boot; **Skispringen** nt ⟨-s, -n⟩ ski jumping; **Skistiefel** m ⟨-s, -⟩ ski boot; **Skistock** m ski pole; **Skiurlaub** m skiing holiday (Brit) (or vacation (US))

Skizze f ⟨-, -n⟩ sketch

Skonto m or nt ⟨-s, -s⟩ discount

Skorpion m ⟨-s, -e⟩ ZOOL scorpion; ASTR Scorpio

Skulptur f ⟨-, -en⟩ sculpture

S-Kurve f double bend

Slalom m ⟨-s, -s⟩ slalom

Slip m ⟨-s, -s⟩ (pair of) briefs pl; **Slipeinlage** f panty liner

Slowakei f ⟨-⟩ Slovakia; **slowakisch** adj Slovakian; **Slowakisch** nt Slovakian

Slowenien nt ⟨-s⟩ Slovenia; **slowenisch** adj Slovenian; **Slowenisch** nt Slovenian

Smiley m ⟨-s, -s⟩ smiley

Smog m ⟨-s⟩ smog; **Smogalarm** m smog alert

Smoking m ⟨-s, -s⟩ dinner jacket (Brit), tuxedo (US)

SMS 1. nt abbr = **Short Message Service** 2. f text message; **ich schicke dir eine ~** I'll text you, I'll send you a text (message)

Snowboard nt ⟨-s, -s⟩ snowboard; **Snowboardfahren** nt ⟨-s⟩ snowboarding; **Snowboardfahrer(in)** m(f) snowboarder

so 1. adv so; (in this way) like this; (approximately) about; **fünf Euro oder ~** five euros or so; **~ ein** such a; **~ ... wie** ... as ... as ...; **und ~ weiter** and so on; **~ viel** as much (wie as); **~ weit sein** be ready; **~ weit wie** (or **als**) **möglich** as far as possible 2. conj so; (before adjective) as

sobald conj as soon as

Socke f ⟨-, -n⟩ sock

Sodbrennen nt ⟨-s⟩ heartburn

Sofa *nt* ⟨-s, -s⟩ sofa

sofern *conj* if, provided (that)

soff *imperf* → **saufen**

sofort *adv* immediately, at once

Softeis *nt* soft ice-cream

Software *f* ⟨-, -s⟩ software

sog *imperf* → **saugen**

sogar *adv* even; **kalt, ~ sehr kalt** cold, in fact very cold

sogenannt *adj* so-called

Sohle *f* ⟨-, -n⟩ sole

Sohn *m* ⟨-(e)s, Söhne⟩ son

Soja *f* ⟨-, Sojen⟩ soya; **Sojasprossen** *pl* bean sprouts *pl*

solang(e) *conj* as long as

Solarium *nt* solarium

Solarzelle *f* solar cell

solche(r, s) *pron* such; **eine ~ Frau, solch eine Frau** such a woman, a woman like that; **~ Sachen** things like that, such things; **ich habe ~ Kopfschmerzen** I've got such a headache; **ich habe ~n Hunger** I'm so hungry

Soldat(in) *m(f)* ⟨-en, -en⟩ soldier

solid(e) *adj* solid; (*life, person*) respectable

solidarisch *adj* showing solidarity

Soll *nt* ⟨-(s), -(s)⟩ FIN debit; (*amount of work*) quota, target

sollen *vi* be supposed to; (*obligation*) shall, ought to; **soll ich?** shall I?; **du solltest besser nach Hause gehen** you'd better go home; **sie soll sehr reich sein** she's said to be very rich; **was soll das?** what's all that about?

Solo *nt* ⟨-s, -⟩ solo

Sommer *m* ⟨-s, -⟩ summer; **Sommerfahrplan** *m* summer timetable; **Sommerferien** *pl* summer holidays *pl* (*Brit*) (or vacation *sg* (*US*)); **sommerlich** *adj* summery; (*clothes*) summer; **Sommerreifen** *m* normal tyre; **Sommersprossen** *pl* freckles *pl*; **Sommerzeit** *f* summertime; (*by the clock*) daylight saving time

Sonderangebot *nt* special offer; **sonderbar** *adj* strange, odd; **Sondermüll** *m* hazardous waste

sondern *conj* but; **nicht nur ..., ~ auch** not only ..., but also

Sonderpreis *m* special price; **Sonderschule** *f* special school; **Sonderzeichen** *nt* IT special character

Song *m* ⟨-s, -s⟩ song

Sonnabend *m* Saturday; → **Mittwoch**; **sonnabends** *adv* on Saturdays; → **mittwochs**

Sonne *f* ⟨-, -n⟩ sun; **sonnen** *vr* sunbathe; **Sonnenaufgang** *m* sunrise; **Sonnenblume** *f* sunflower; **Sonnenbrand** *m* sunburn; **Sonnenbrille** *f* sunglasses *pl*, shades *pl*; **Sonnencreme** *f* sun cream;

Sonnendach nt (of car) sunroof; **Sonnendeck** nt sun deck; **Sonnenmilch** f suntan lotion; **Sonnenöl** nt suntan oil; **Sonnenschein** m sunshine; **Sonnenschirm** m parasol, sunshade; **Sonnenstich** m sunstroke; **Sonnenstudio** nt solarium; **Sonnenuhr** f sundial; **Sonnenuntergang** m sunset; **sonnig** adj sunny

Sonntag m ⟨-s, -e⟩ Sunday; → **Mittwoch**; **sonntags** adv on Sundays; → **mittwochs**

sonst adv else; (if not) otherwise, (or) else; (at other times) normally, usually; ~ **noch etwas?** anything else?; ~ **nichts** nothing else

sooft conj whenever

Sopran m ⟨-s, -e⟩ soprano

Sorge f ⟨-, -n⟩ worry (looking after); **sich dat um jdn ~n machen** be worried about sb; **sorgen 1.** vi **für jdn** ~ look after sb; **für etw** ~ take care of sth, see to sth **2.** vr worry (um about); **sorgfältig** adj careful

sortieren vt sort (out)

sosehr conj however much

Soße f ⟨-, -n⟩ sauce; (with meat) gravy

Soundkarte f IT sound card

Souvenir nt ⟨-s, -s⟩ souvenir

soviel conj as far as

soweit conj as far as

sowie conj as well as; (with time) as soon as

sowohl conj ~ ... **als** (or **wie**) **auch** both ... and

sozial adj social; **Sozialhilfe** f income support (Brit), welfare (aid) (US); **Sozialismus** m socialism; **Sozialversicherung** f social security; **Sozialwohnung** f council flat (Brit), state-subsidized apartment (US)

Soziologie f sociology

sozusagen adv so to speak

Spachtel m ⟨-s, -⟩ spatula

Spag(h)etti pl spaghetti sg

Spalte f ⟨-, -n⟩ crack; (in glacier) crevasse; (in text) column

spalten vt, vr split

Spange f ⟨-, -n⟩ clasp; (for hair) hair slide (Brit), barrette (US)

Spanien nt ⟨-s⟩ Spain; **Spanier(in)** m(f) ⟨-s, -⟩ Spaniard; **spanisch** adj Spanish; **Spanisch** nt Spanish

spann imperf → **spinnen**

spannen 1. vt (make taut) tighten **2.** vi be tight

spannend adj exciting, gripping; **Spannung** f tension; ELEC voltage; fig suspense

Sparbuch nt savings book; (account) savings account; **sparen** vt, vi save

Spargel m ⟨-s, -⟩ asparagus; **Spargelsuppe** f asparagus soup

Sparkasse f savings bank; **Sparkonto** f savings account

spärlich adj meagre; (cloth-

ing) scanty

sparsam *adj* economical; **Sparschwein** *nt* piggy bank

Spaß *m* ⟨-es, Späße⟩ joke; (*pleasure etc*) fun; **es macht mir ~** I enjoy it, it's (great) fun; **viel ~!** have fun

spät *adj, adv* late; **zu ~ kommen** be late

Spaten *m* ⟨-s, -⟩ spade

später *adj, adv* later; **spätestens** *adv* at the latest; **Spätvorstellung** *f* late-night performance

Spatz *m* ⟨-en, -en⟩ sparrow

spazieren *vi* stroll, walk; **~ gehen** go for a walk; **Spaziergang** *m* walk

Specht *m* ⟨-(e)s, -e⟩ woodpecker

Speck *m* ⟨-(e)s, -e⟩ bacon fat; (*streaky*) bacon

Spedition *f* removal firm

Speiche *f* ⟨-, -n⟩ spoke

Speichel *m* ⟨-s⟩ saliva

Speicher *m* ⟨-s, -⟩ (*in building*) attic; IT memory; **speichern** *vt* IT store; (*send to disk etc*) save

Speise *f* ⟨-, -n⟩ food; (*prepared*) dish; **Speisekarte** *f* menu; **Speiseröhre** *f* gullet, oesophagus; **Speisesaal** *m* dining hall; **Speisewagen** *m* dining car

Spende *f* ⟨-, -n⟩ donation; **spenden** *vt* donate, give

spendieren *vt* **jdm etw ~** treat sb to sth

Sperre *f* ⟨-, -n⟩ barrier; (*on sb*

or sth) ban; **sperren** *vt* block; SPORT suspend; (*exports etc*) ban; **Sperrstunde** *f* closing time; **Sperrung** *f* closing

Spesen *pl* expenses *pl*

spezialisieren *vr* specialize (*auf + acc* in); **Spezialist(in)** *m(f)* specialist; **Spezialität** *f* speciality (*Brit*), specialty (*US*); **speziell 1.** *adj* special **2.** *adv* especially

Spiegel *m* ⟨-s, -⟩ mirror; **Spiegelei** *nt* fried egg (sunny-side up (*US*)); **spiegelglatt** *adj* very slippery; **Spiegelreflexkamera** *f* reflex camera

Spiel *nt* ⟨-(e)s, -e⟩ game; (*activity*) playing(ing); (*of playing cards*) pack, deck; **Spielautomat** *m* gaming machine; (*with cash payout*) slot machine; **spielen** *vt, vi* play; (*for money*) gamble; THEAT perform, act; **Klavier ~** play the piano; **spielend** *adv* easily; **Spieler(in)** *m(f)* ⟨-s, -⟩ player; (*for money*) gambler; **Spielfeld** *nt* (*for football, hockey*) field; (*for basketball*) court; **Spielfilm** *m* feature film; **Spielkasino** *nt* casino; **Spielplatz** *m* playground; **Spielraum** *m* room to manoeuvre; **Spielregel** *f* rule; **sich an die ~n halten** stick to the rules; **Spielsachen** *pl* toys *pl*; **Spielzeug** *nt* toys *pl*; (*single item*) toy

Spieß m ⟨-es, -e⟩ spear; (for roasting) spit; **Spießer(in)** m(f) ⟨-s, -⟩ square, stuffy type; **spießig** adj square, uncool

Spikes pl SPORT spikes pl; AUTO studs pl

Spinat m ⟨-(e)s, -e⟩ spinach

Spinne f ⟨-, -n⟩ spider; **spinnen** ⟨spann, gesponnen⟩ vt, vi spin; fam talk rubbish; be crazy; **du spinnst!** you must be mad; **Spinnwebe** f ⟨-, -n⟩ cobweb

Spion(in) m(f) ⟨-s, -e⟩ spy; **spionieren** vi spy; fig snoop around

Spirale f ⟨-, -n⟩ spiral; MED coil

Spirituosen pl spirits pl, liquor sg (US)

Spiritus m ⟨-, -se⟩ spirit

spitz adj (nose, chin) pointed; (pencil, knife) sharp; (angle) acute; **Spitze** f ⟨-, -n⟩ point; (of finger, nose) tip; (remark) lead; (fabric) lace; **Spitzer** m ⟨-s, -⟩ pencil sharpener; **Spitzname** m nickname

Spliss m ⟨-⟩ split ends pl

sponsern vt sponsor; **Sponsor(in)** m(f) ⟨-s, -en⟩ sponsor

spontan adj spontaneous

Sport m ⟨-(e)s, -e⟩ sport; ~ **treiben** do sport; **Sportanlage** f sports grounds pl; **Sportart** f sport; **Sportbekleidung** f sportswear; **Sportgeschäft** nt sports shop; **Sporthalle** f gymnasium, gym; **Sportlehrer(in)** m(f) ⟨-s, -⟩ sports instructor, PE teacher; **Sportler(in)** m(f) ⟨-s, -⟩ sportsman -woman; **sportlich** adj sporting; (person) sporty; **Sportplatz** m playing field; **Sportverein** m sports club; **Sportwagen** m sports car

sprach imperf → **sprechen**

Sprache f ⟨-, -n⟩ language; (faculty) speech; **Sprachenschule** f language school; **Sprachkurs** m language course; **Sprachunterricht** m language teaching

sprang imperf → **springen**

Spray m or nt ⟨-s, -s⟩ spray

Sprechanlage f intercom; **sprechen** ⟨sprach, gesprochen⟩ vt, vi speak (jdn, mit jdm to sb); (converse) talk (mit to, über, von about); ~ **Sie Deutsch?** do you speak German?; **kann ich bitte mit David ~?** (on phone) can I speak to David, please?; **Sprecher(in)** m(f) speaker; (on TV, radio) announcer; **Sprechstunde** f consultation; (of doctor) surgery hours pl; (of solicitor etc) office hours pl; **Sprechzimmer** nt consulting room

Sprichwort nt proverb

Springbrunnen m fountain

springen ⟨sprang, gesprungen⟩ vi jump; (glass) crack; (head-first) dive

Sprit m ⟨-(e)s, -e⟩ fam petrol (Brit), gas (US)

Spritze f ⟨-, -n⟩ syringe; (jab) injection; (on hose) nozzle; **spritzen 1.** vt spray; MED inject **2.** vi splash; MED give injections

Spruch m ⟨-(e)s, Sprüche⟩ saying

Sprudel m ⟨-s, -⟩ sparkling mineral water; (sweet) fizzy drink (Brit), soda (US); **sprudeln** vi bubble

Sprühdose f aerosol (can); **sprühen** vt, vi spray; fig sparkle; **Sprühregen** m drizzle

Sprung m ⟨-(e)s, Sprünge⟩ jump; (in glass etc) crack; **Sprungbrett** nt springboard; **Sprungschanze** f ski jump; **Sprungturm** m diving platforms pl

Spucke f ⟨-⟩ spit; **spucken** vt, vi spit

spuken vi (ghost) walk; **hier spukt es** this place is haunted

Spülbecken nt sink

Spule f ⟨-, -n⟩ spool; ELEC coil

Spüle f ⟨-, -n⟩ sink; **spülen** vt, vi rinse; (after meal) wash up; (toilet) flush; **Spülmaschine** f dishwasher; **Spülmittel** nt washing-up liquid (Brit), dishwashing liquid (US); **Spültuch** nt dishcloth; **Spülung** f (of toilet) flush

Spur f ⟨-, -en⟩ trace; (of feet, wheels) track; (followed by

police etc) trail; (on road) lane; **die ~ wechseln** change lanes pl

spüren vt feel; (observe) notice; **Spürhund** m sniffer dog

Squash nt ⟨-⟩ squash; **Squashschläger** m squash racket

Sri Lanka nt ⟨-s⟩ Sri Lanka

Staat m ⟨-(e)s, -en⟩ state; **staatlich** adj state(-); (industry, museum etc) state-run; **Staatsangehörigkeit** f nationality; **Staatsanwalt** m, **-anwältin** f prosecuting counsel (Brit), district attorney (US); **Staatsbürger(in)** m(f) citizen; **Staatsbürgerschaft** f nationality

Stab m ⟨-(e)s, Stäbe⟩ rod; (of cage, window) bar; **Stäbchen** nt chopstick; **Stabhochsprung** m pole vault

stabil adj stable; (furniture) sturdy

stach imperf → **stechen**

Stachel m ⟨-s, -n⟩ spike; (of animal) spine; (of insect) sting; **Stachelbeere** f gooseberry; **Stacheldraht** m barbed wire; **stachelig** adj prickly

Stadion nt ⟨-s, Stadien⟩ stadium

Stadt f ⟨-, Städte⟩ town; (large) city; **in der ~** in town; **Stadtautobahn** f urban motorway (Brit) or expressway (US); **Stadtführer** m (booklet) city guide; **Stadtführung** f city sightseeing tour; **Stadthalle** f municipal hall; **städtisch** adj municipal; **Stadtmauer** f city wall(s); **Stadtmitte** f town / city centre, downtown (US); **Stadtplan** m (street) map; **Stadtrand** m outskirts pl; **Stadtrundfahrt** f city tour

stahl imperf → **stehlen**

Stahl m ⟨-(e)s, Stähle⟩ steel

Stall m ⟨-(e)s, Ställe⟩ stable; (for rabbit) hutch; (for pigs) pigsty; (for poultry) henhouse

Stamm m ⟨-(e)s, Stämme⟩ (of tree) trunk; (people) tribe; **stammen** vi ~ **aus** come from; **Stammgast** m regular (guest); **Stammkunde** m, **Stammkundin** f regular (customer); **Stammtisch** m table reserved for regulars

stand imperf → **stehen**

Stand m ⟨-(e)s, Stände⟩ (of water, petrol) level; (posture) standing position; (situation) state; (in game) score; (at fair etc) stand

Stand-by-Betrieb m stand-by; **Stand-by-Ticket** nt stand-by ticket

Ständer m ⟨-s, -⟩ stand; fam (erection) hard-on

Standesamt nt registry office

ständig adj permanent; (uninterrupted) constant, continual

Standlicht nt sidelights pl

(Brit), parking lights pl (US); **Standort** m position; **Standpunkt** m standpoint; **Standspur** f AUTO hard shoulder (Brit), shoulder (US)

Stange f ⟨-, -n⟩ stick; (long, round) pole; (metal) bar; (of cigarettes) carton

stank imperf → **stinken**

Stapel m ⟨-s, -⟩ pile

Star 1. m ⟨-(e)s, -e⟩ (bird) starling; MED cataract **2.** m ⟨-s, -s⟩ (in film etc) star

starb imperf → **sterben**

stark adj strong; (intense, big) heavy; (in measurements) thick; **Stärke** f ⟨-, -n⟩ strength; (dimension) thickness; (in washing, food) starch; **stärken** vt strengthen; (washing) starch; **Stärkung** f strengthening; (food) refreshment

starr adj stiff; (unyielding) rigid; (look) staring

starren vi stare

Start m ⟨-(e)s, -e⟩ start; AVIAT takeoff; **Startbahn** f runway; **starten** vt, vi start; AVIAT take off; **Startmenü** nt IT start menu

Station f stop; (on railway) station; (in hospital) ward; **stationär** adj stationary; ~**e Behandlung** in-patient treatment; **jdn ~ behandeln** treat sb as an in-patient

Statistik f statistics pl

Stativ nt tripod

statt *conj, prep + gen or dat* instead of; **~ zu arbeiten** instead of working

stattfinden *irr vi* take place

Statue *f* ⟨-, -n⟩ statue

Statusleiste *f*, **Statuszeile** *f* IT status bar

Stau *m* ⟨-(e)s, -e⟩ (traffic) jam; **im ~ stehen** be stuck in a traffic jam

Staub *m* ⟨-(e)s⟩ dust; **~ wischen** dust; **staubig** *adj* dusty; **staubsaugen** *vt, vi* vacuum, hoover (*Brit*); **Staubsauger** *m* vacuum cleaner, hoover® (*Brit*); **Staubtuch** *nt* duster

Staudamm *m* dam

staunen *vi* be astonished (*über* + *acc* at)

Stausee *m* reservoir; **Stauung** *f* (*of water*) damming-up; (*of blood, traffic*) congestion

Stauwarnung *f* traffic report

Steak *nt* ⟨-s, -s⟩ steak

stechen ⟨stach, gestochen⟩ *vt, vi* (*with needle etc*) prick; (*with knife*) stab; (*with finger*) poke; (*bee*) sting; (*mosquito*) bite; (*sun*) burn; (*in card game*) trump; **Stechen** *nt* ⟨-s, -⟩ sharp pain, stabbing pain; **Stechmücke** *f* mosquito

Steckdose *f* socket; **stecken 1.** *vt* put; (*pin*) stick; (*in sewing*) pin **2.** *vi* (*not move*) be stuck; (*pin*) be (sticking); **der Schlüssel steckt** the key is in the door; **Stecker** *m* ⟨-s, -⟩ plug

Steg *m* ⟨-s, -e⟩ bridge

stehen ⟨stand, gestanden⟩ **1.** *vi* stand (*zu* by); (*with location, circumstance*) be; (*watch, machine, traffic*) have stopped; **was steht im Brief?** what does it say in the letter?; **jdm (gut) ~** suit sb; **~ bleiben** (*clock*) stop; **~ lassen** leave **2.** *vi impers* **wie steht's?** SPORT what's the score?;

stehlen ⟨stahl, gestohlen⟩ *vt* steal

Stehplatz *m* (*in concert etc*) standing ticket

Steiermark *f* ⟨-⟩ Styria

steif *adj* stiff

steigen ⟨stieg, gestiegen⟩ *vi* (*prices, temperature*) rise; (*person*) climb

steigern *vt, vr* increase

Steigung *f* incline, gradient

steil *adj* steep; **Steilhang** *m* steep slope; **Steilküste** *f* steep coast

Stein *m* ⟨-(e)s, -e⟩ stone; **Steinbock** *m* ZOOL ibex; ASTR Capricorn; **steinig** *adj* stony; **Steinschlag** *m* falling rocks *pl*

Stelle *f* ⟨-, -n⟩ place, spot; (*work*) post, job; (*department*) office; **ich an deiner ~** if I were you; **stellen 1.** *vt* put; (*clock etc*) set (*auf* + *acc* to); (*make available*) provide **2.** *vr* (*to the police*)

give oneself up; **sich schlafend ~** pretend to be asleep; **Stellenangebot** *nt* job offer, vacancy; **stellenweise** *adv* in places; **Stellplatz** *m* parking space; **Stellung** *f* position; **zu etw ~ nehmen** comment on sth; **Stellvertreter(in)** *m(f)* representative; *(as official post)* deputy

Stempel *m* ⟨-s, -⟩ stamp; **stempeln** *vt* stamp; *(postage stamp)* cancel

sterben ⟨starb, gestorben⟩ *vi* die

Stereoanlage *f* stereo (system)

steril *adj* sterile; **sterilisieren** *vt* sterilize

Stern *m* ⟨-(e)s, -e⟩ star; **Sternbild** *nt* constellation; *(in astrology)* star sign, sign of the zodiac; **Sternfrucht** *f* star fruit; **Sternschnuppe** *f* ⟨-, -n⟩ shooting star; **Sternwarte** *f* ⟨-e, -n⟩ observatory; **Sternzeichen** *nt* star sign, sign of the zodiac; **welches ~ bist du?** what's your star sign?

stets *adv* always

Steuer 1. *nt* ⟨-s, -⟩ AUTO steering wheel **2.** *f* ⟨-, -n⟩ tax; **Steuerberater(in)** *m(f)* tax adviser; **Steuerbord** *nt* starboard; **Steuererklärung** *f* tax declaration; **steuerfrei** *adj* tax-free; *(goods)* duty-free; **Steuerknüppel** *m* control column, AVIAT, IT joy-

stick; **steuern** *vt, vi* steer; *(plane)* pilot; *(development, volume)* IT control; **steuerpflichtig** *adj* taxable; **Steuerung** *f* AUTO steering; *(instruments)* controls *pl*; AVIAT piloting; *fig* control

Stich *m* ⟨-(e)s, -e⟩ *(of insect)* sting; *(of mosquito)* bite; *(with knife)* stab; *(in sewing)* stitch; *(of colour)* tinge; *(in card game)* trick; ART engraving

sticken *vt, vi* embroider

Sticker *m* ⟨-s, -⟩ sticker

Stickerei *f* embroidery

stickig *adj* stuffy, close

Stiefbruder *m* stepbrother

Stiefel *m* ⟨-s, -⟩ boot

Stiefmutter *f* stepmother

Stiefmütterchen *nt* pansy

Stiefschwester *f* stepsister; **Stiefsohn** *m* stepson; **Stieftochter** *f* stepdaughter; **Stiefvater** *m* stepfather

stieg *imperf* → **steigen**

Stiege *f* ⟨-, -n⟩ steps *pl*

Stiel *m* ⟨-(e)s, -e⟩ handle; BOT stalk; *(ice lolly* (*Brit*), a Popsicle® (*US*)

Stier *m* ⟨-(e)s, -e⟩ ZOOL bull; ASTR Taurus; **Stierkampf** *m* bullfight

stieß *imperf* → **stoßen**

Stift *m* ⟨-(e)s, -e⟩ *(wooden)* peg; *(nail)* tack; *(for writing, drawing)* pen; crayon; pencil

Stil *m* ⟨-s, -e⟩ style

still *adj* quiet; *(motionless)* still

stillen vt breast-feed
stillhalten irr vi keep still;
stillstehen irr vi stand still
Stimme f ⟨-, -n⟩ voice; (in election) vote
stimmen vi be right; **stimmt!** that's right; **hier stimmt was nicht** there's something wrong here; **stimmt so!** keep the change
Stimmung f mood; (in group etc) atmosphere
stinken ⟨stank, gestunken⟩ vi stink (nach of)
Stipendium nt scholarship; (as means of support) grant
Stirn f ⟨-, -en⟩ forehead; **Stirnhöhle** f sinus
Stock 1. m ⟨-(e)s, Stöcke⟩ stick; BOT stock 2. m ⟨Stockwerke pl⟩ floor, storey; **im ersten ~** on the first floor (Brit), on the second floor (US);
Stockbett nt bunk bed; **Stöckelschuhe** pl high-heels;
Stockwerk nt floor
Stoff m ⟨-(e)s, -e⟩ (fabric) material; (substance) matter; (of book etc) subject (matter); fam (drugs) stuff
stöhnen vi groan (vor with)
stolpern vi stumble, trip
stolz adj proud
stopp interj hold it; (introducing new thought) hang on a minute; **stoppen** vt, vi stop; (with watch) time; **Stoppschild** nt stop sign; **Stoppuhr** f stopwatch
Stöpsel m ⟨-s, -⟩ plug; (for

bottle) stopper
Storch m ⟨-(e)s, Störche⟩ stork
stören vt disturb; (hindern) interfere with; **darf ich dich kurz ~?** can I trouble you for a minute?; **stört es dich, wenn...?** do you mind if ...?
stornieren vt cancel
Störung f disturbance; (on phone line) fault
Stoß m ⟨-es, Stöße⟩ push; (with fist, elbow) blow; (with foot) kick; (of books, washing) pile; **Stoßdämpfer** m ⟨-s, -⟩ shock absorber
stoßen ⟨stieß, gestoßen⟩ 1. vt shove, push; (with a blow) knock; (with foot) kick; (head etc) bump 2. vr bang oneself
Stoßstange f AUTO bumper
stottern vt, vi stutter
Strafe f ⟨-, -n⟩ punishment; SPORT penalty; (in prison) sentence; (money) fine; **strafen** vt punish; **Straftat** f (criminal) offence; **Strafzettel** m ticket
Strahl m ⟨-(e)s, -en⟩ ray, beam; (of water) jet; **strahlen** vi radiate; fig beam
Strähne f ⟨-, -n⟩ strand; (white, coloured) streak
Strand m ⟨-(e)s, Strände⟩ beach; **am ~** on the beach; **Strandcafé** nt beach café
strapazieren vt be hard on; (person, nerves) be a strain on
Straße f ⟨-, -n⟩ road; (in town)

street; **Straßenarbeiten** pl roadworks pl (Brit), road repairs pl (US); **Straßenbahn** f tram (Brit), streetcar (US); **Straßencafé** nt pavement café (Brit), sidewalk café (US); **Straßenfest** nt street party; **Straßenglätte** f slippery roads pl; **Straßenrand** m **am ~** at the roadside; **Straßenschild** nt street sign; **Straßensperre** f roadblock; **Straßenverhältnisse** pl road conditions pl

Strategie f ⟨-, -n⟩ strategy
Strauch m ⟨-(e)s, Sträucher⟩ bush, shrub
Strauß 1. m ⟨-es, Sträuße⟩ bunch; (as gift) bouquet **2.** m ⟨Strauße do⟩ ostrich
Strecke f ⟨-, -n⟩ route; distance; RAIL line
strecken vt, vr stretch
streckenweise adv in parts; (occasionally) at times
Streich m ⟨-(e)s, -e⟩ trick, prank
streicheln vt stroke
streichen ⟨strich, gestrichen⟩ vt paint; (word etc) delete; (flight, race etc) cancel
Streichholz nt match; **Streichholzschachtel** f matchbox; **Streichkäse** m cheese spread
Streifen m ⟨-s, -⟩ stripe; (piece) strip; (movie) film
Streifenwagen m patrol car
Streik m ⟨-(e)s, -s⟩ strike; **streiken** vi be on strike

Streit m ⟨-(e)s, -e⟩ argument (um, wegen about, over); **streiten** ⟨stritt, gestritten⟩ vi, vr argue (um, wegen about, over)
streng adj (look, appearance) severe; (teacher, measure) strict; (smell etc) sharp
Stress m ⟨-es⟩ stress; **stressen** vt stress (out); **stressig** adj fam stressful
Stretching nt ⟨-s⟩ SPORT stretching exercises pl
streuen vt scatter
strich imperf → **streichen**
Strich m ⟨-(e)s, -e⟩ line; **Stricher** m fam rent boy (Brit), boy prostitute; **Stricherin** f fam hooker; **Strichkode** m ⟨-s, -s⟩ bar code; **Strichpunkt** m semicolon
Strick m ⟨-(e)s, -e⟩ rope
stricken vt, vi knit; **Strickjacke** f cardigan; **Stricknadel** f knitting needle
String m ⟨-s, -s⟩, **Stringtanga** m G-string
Stripper(in) m(f) stripper; **Striptease** m ⟨-⟩ striptease
stritt imperf → **streiten**
Stroh nt ⟨-(e)s⟩ straw; **Strohdach** nt thatched roof; **Strohhalm** m (drinking) straw
Strom m ⟨-(e)s, Ströme⟩ river; fig stream; ELEC current; **Stromanschluss** m connection; **Stromausfall** m power failure
strömen vi stream; pour;

Strömung f current

Stromzähler m electricity meter

Strophe f ⟨-, -n⟩ verse

Strudel m ⟨-s, -⟩ (in river) whirlpool; (dessert) strudel

Struktur f structure; (of material) texture

Strumpf m ⟨-(e)s, Strümpfe⟩ stocking; sock; **Strumpfhose** f (pair of) tights pl (Brit), pantyhose (US)

Stück nt ⟨-(e)s, -e⟩ piece; (some) bit; (of sugar) lump; THEAT play

Student(in) m(f) student; **Studentenausweis** m student card; **Studentenwohnheim** nt hall of residence (Brit), dormitory (US); **Studienabschluss** m qualification (at the end of a course of higher education); **Studienfahrt** f study trip; **Studienplatz** m university / college place; **studieren** vt, vi study; **Studium** nt studies pl; **während seines ~s** while he is / was studying

Stufe f ⟨-, -n⟩ step; (in development) stage

Stuhl m ⟨-(e)s, Stühle⟩ chair

stumm adj silent; MED dumb

stumpf adj blunt; (apathetic, not shiny) dull; **stumpfsinnig** adj dull

Stunde f ⟨-, -n⟩ hour; (in school etc) lesson; **eine halbe ~** half an hour; **Stundenkilometer** m **80 ~** 80 kilo-

metres an hour; **stundenlang** adv for hours; **Stundenplan** m timetable; **stündlich** adj hourly

Stuntman m ⟨-s, Stuntmen⟩ stuntman; **Stuntwoman** f ⟨-, Stuntwomen⟩ stuntwoman

stur adj stubborn; (stronger) pigheaded

Sturm m ⟨-(e)s, Stürme⟩ storm; **stürmen** vi (wind) blow hard; (rush) storm; **Stürmer(in)** m(f) striker, forward; **Sturmflut** f storm tide; **stürmisch** adj stormy; fig tempestuous; (time) turbulent; (lover) passionate; (applause, welcome) tumultuous; **Sturmwarnung** f gale warning

Sturz m ⟨-es, Stürze⟩ fall; POL overthrow; **stürzen 1.** vt hurl; POL overthrow; (container) overturn **2.** vi fall; (rush) dash; **Sturzhelm** m crash helmet

Stute f ⟨-, -n⟩ mare

Stütze f ⟨-, -n⟩ support; (person who helps) help; (for unemployed person) fam dole (Brit), welfare (US)

stutzig adj perplexed, puzzled; (distrustful) suspicious

Styropor® nt ⟨-s⟩ polystyrene (Brit), styrofoam (US)

subjektiv adj subjective

Substanz f ⟨-, -en⟩ substance

subtrahieren vt subtract

Subvention f subsidy; **sub-**

ventionieren vt subsidize

Suche f search (nach for); **auf der ~ nach etw sein** be looking for sth; **suchen 1.** vt look for; IT search **2.** vi look, search (nach for); **Suchmaschine** f IT search engine

Sucht f ‹-, Süchte› MED addiction; **süchtig** adj addicted; **Süchtige(r)** mf addict

Süd south; **Südafrika** nt South Africa; **Südamerika** nt South America; **Süddeutschland** nt Southern Germany; **Süden** m ‹-s› south; **im ~ Deutschlands** in the south of Germany; **Südeuropa** nt Southern Europe; **Südkorea** nt ‹-s› South Korea; **südlich** adj southern; (course, direction) southerly; **Südost(en)** m southeast; **Südpol** m South Pole; **Südstaaten** pl (in USA) the Southern States pl, the South sg; **südwärts** adv south, southwards; **Südwest(en)** m southwest; **Südwind** m south wind

Sülze f ‹-, -n› jellied meat

Summe f ‹-, -n› sum; (altogether) total

summen vi, vt hum; (insect) buzz

Sumpf m ‹-(e)s, Sümpfe› marsh; (in the tropics) swamp; **sumpfig** adj marshy

Sünde f ‹-, -n› sin

super adj fam super, great;

Super nt ‹-s› four star (petrol) (Brit), premium (US); **Supermarkt** m supermarket

Suppe f ‹-, -n› soup; **Suppengrün** nt bunch of herbs and vegetables for flavouring soup; **Suppenwürfel** m stock cube

Surfbrett nt surfboard; **surfen** vi surf; **im Internet ~** surf the Internet; **Surfer(in)** m(f) ‹-s, -› surfer

Surrealismus m surrealism

Sushi nt ‹-s, -s› sushi

süß adj sweet; **süßen** vt sweeten; **Süßigkeit** f sweet (Brit), candy (US); **Süßkartoffel** f sweet potato (Brit), yam (US); **süßsauer** adj sweet-and-sour; **Süßspeise** f dessert; **Süßstoff** m sweetener; **Süßwasser** nt fresh water

Sweatshirt nt ‹-s, -s› sweatshirt

Swimmingpool m ‹-s, -s› (swimming) pool

Sylvester nt → **Silvester**

Symbol nt ‹-s, -e› symbol; **Symbolleiste** f IT toolbar

Symmetrie f ‹-, -n› symmetry; **symmetrisch** adj symmetrical

sympathisch adj nice; **jdn ~ finden** like sb

Symphonie f ‹-, -n› symphony

Symptom nt ‹-s, -e› symptom (für of)

Synagoge f ‹-, -n› synagogue

synchronisiert *adj* (*film*) dubbed; **Synchronstimme** *f* dubbing voice
Synthetik *f* ⟨-, -en⟩ synthetic (fibre); **synthetisch** *adj* synthetic

Syrien *nt* ⟨-s⟩ Syria
System *nt* ⟨-s, -e⟩ system; **systematisch** *adj* systematic; **Systemsteuerung** *f* IT control panel
Szene *f* ⟨-, -n⟩ scene

T

Tabak *m* ⟨-s, -e⟩ tobacco; **Tabakladen** *m* tobacconist's
Tabelle *f* table
Tablett *nt* ⟨-s, -s⟩ tray
Tablette *f* tablet, pill
Tabulator *m* tabulator, tab
Tacho(meter) *m* ⟨-s, -⟩ AUTO speedometer
Tafel *f* ⟨-, -n⟩ *a.* MATH table; (*for notices*) board; (*in classroom*) blackboard; (*commemorative*) plaque; **eine ~ Schokolade** a bar of chocolate
Tag *m* ⟨-(e)s, -e⟩ day; daylight; **guten ~!** good morning / afternoon; **am ~** during the day; **sie hat ihre ~e** she's got her period; **eines ~es** one day; **Tagebuch** *nt* diary; **tagelang** *adj* for days (on end); **Tagesanbruch** *m* daybreak; **Tagesausflug** *m* day trip; **Tagescreme** *f* day cream; **Tagesgericht** *nt* dish of the day; **Tageskarte** *f* day ticket; **die ~** (*at restaurant*) today's menu; **Tageslicht** *nt* daylight; **Tagesordnung** *f* agenda; **Tagestour** *f* day

trip; **Tageszeitung** *f* daily newspaper; **täglich** *adj*, *adv* daily; **tags(über)** *adv* during the day; **Tagung** *f* conference
Tai Chi *nt* ⟨-⟩ tai chi
Taille *f* ⟨-, -n⟩ waist
Taiwan *nt* ⟨-s⟩ Taiwan
Takt *m* ⟨-(e)s, -e⟩ tact; MUS time
Taktik *f* ⟨-, -en⟩ tactics *pl*
Tal *nt* ⟨-(e)s, Täler⟩ valley
Talent *nt* ⟨-(e)s, -e⟩ talent; **talentiert** *adj* talented
Talkmaster(in) *m(f)* ⟨-s, -⟩ talk-show host; **Talkshow** *f* ⟨-, -s⟩ talkshow
Tampon *m* ⟨-s, -s⟩ tampon
Tandem *nt* ⟨-s, -s⟩ tandem
Tang *m* ⟨-s, -e⟩ seaweed
Tanga *m* ⟨-s, -s⟩ thong
Tank *m* ⟨-s, -s⟩ tank; **Tankanzeige** *f* fuel gauge; **Tankdeckel** *m* fuel cap; **tanken** *vi* get some petrol (*Brit*) (or gas (*US*)); AVIAT refuel; **Tanker** *m* ⟨-s, -⟩ (oil) tanker; **Tankstelle** *f* petrol station (*Brit*), gas station (*US*)
Tanne *f* ⟨-, -n⟩ fir; **Tannenzapfen** *m* fir cone

Tansania nt ⟨-s⟩ Tanzania
Tante f ⟨-, -n⟩ aunt; **Tante-Emma-Laden** m corner shop (Brit), grocery store (US)
Tanz m ⟨-es, Tänze⟩ dance; **tanzen** vt, vi dance; **Tänzer(in)** m(f) dancer; **Tanzfläche** f dance floor; **Tanzkurs** m dancing course; **Tanzlehrer(in)** m(f) dancing instructor; **Tanzstunde** f dancing lesson
Tapete f ⟨-, -n⟩ wallpaper; **tapezieren** vt, vi wallpaper
Tarif m ⟨-s, -e⟩ tariff, (scale of) fares / charges pl
Tasche f ⟨-, -n⟩ bag; (in trousers etc) pocket; (handbag) bag (Brit), purse (US); **Taschen-** in cpds pocket; **Taschenbuch** nt paperback; **Taschendieb(in)** m(f) pickpocket; **Taschengeld** nt pocket money; **Taschenlampe** f torch (Brit), flashlight (US); **Taschenmesser** nt penknife; **Taschenrechner** m pocket calculator; **Taschentuch** nt handkerchief
Tasse f ⟨-, -n⟩ cup; *eine ~ Kaffee* a cup of coffee
Tastatur f keyboard; **Taste** f ⟨-, -n⟩ button; (of piano, computer) key; **Tastenkombination** f IT shortcut
tat imperf → **tun**
Tat f ⟨-, -en⟩ action
Tatar nt ⟨-s, -s⟩ raw minced beef
Täter(in) m(f) ⟨-s, -⟩ culprit

Tätigkeit f activity; (job) occupation
tätowieren vt tattoo; **Tätowierung** f tattoo (an + dat on)
Tatsache f fact; **tatsächlich 1.** adj actual **2.** adv really
Tau 1. nt ⟨-(e)s, -e⟩ rope **2.** m ⟨-(e)s⟩ dew
taub adj deaf
Taube f ⟨-, -n⟩ pigeon, dove
taubstumm adj deaf-and--dumb; **Taubstumme(r)** mf deaf-mute
tauchen 1. vt dip **2.** vi dive; NAUT submerge; **Tauchen** nt ⟨-s⟩ diving; **Taucher(in)** m(f) ⟨-s, -⟩ diver; **Taucheranzug** m diving (or wet) suit; **Taucherbrille** f diving goggles pl; **Tauchermaske** f diving mask; **Tauchkurs** m diving course
tauen vi impers thaw
Taufe f ⟨-, -n⟩ baptism; **taufen** vt baptize; (name) christen
taugen vi be suitable (für for); **nichts ~** be no good
Tausch m ⟨-(e)s, -e⟩ exchange; **tauschen** vt exchange, swap
täuschen 1. vt deceive **2.** vi be deceptive **3.** vr be wrong; **täuschend** adj deceptive; **Täuschung** f deception; (optical) illusion
tausend num a thousand; **vier~** four thousand; **~ Dank!** thanks a lot; **tausendmal** adv a thousand times; **tausendste(r, s)** adj

thousandth; **Tausendstel** nt ⟨-s, -⟩ (fraction) thousandth

Taxi nt taxi; **Taxifahrer(in)** m(f) taxi driver; **Taxistand** m taxi rank (Brit), taxi stand (US)

Team nt ⟨-s, -s⟩ team; **Teamarbeit** f team work; **teamfähig** adj able to work in a team

Technik f technology; (applied) engineering; (method, skill) technique; **Techniker(in)** m(f) ⟨-s, -⟩ engineer; SPORT, MUS technician; **technisch** adj technical

Techno m ⟨-s⟩ MUS techno

Teddybär m teddy bear

Tee m ⟨-s, -s⟩ tea; **Teebeutel** m teabag; **Teekanne** f teapot; **Teelöffel** m teaspoon

Teer m ⟨-(e)s, -e⟩ tar

Teesieb nt tea strainer; **Teetasse** f teacup

Teich m ⟨-(e)s, -e⟩ pond

Teig m ⟨-(e)s, -e⟩ dough; **Teigwaren** pl pasta sg

Teil 1. m ⟨-(e)s, -e⟩ part; (due to sb) share; **zum ~** partly **2.** nt ⟨-(e)s, -e⟩ part; (part of whole) component; **teilen** vt, vr divide; (with sb) share (mit with); **20 durch 4 ~** divide 20 by 4

Teilnahme f ⟨-, -n⟩ participation (an + dat at); **teilnehmen** irr vi take part (an + dat in); **Teilnehmer(in)** m(f) ⟨-s, -⟩ participant

teils adv partly; **teilweise** adv partially, in part; **Teilzeit** f ~

arbeiten work part-time

Teint m ⟨-s, -s⟩ complexion

Telefon nt ⟨-s, -e⟩ telephone; **Telefonanruf** m, **Telefonat** nt (tele)phone call; **Telefonanschluss** m telephone connection; **Telefonauskunft** f directory enquiries pl (Brit), directory assistance (US); **Telefonbuch** nt telephone directory; **Telefongebühren** pl telephone charges pl; **Telefongespräch** nt telephone conversation; **telefonieren** vi **ich telefoniere gerade (mit ...)** I'm on the phone (to ...); **telefonisch** adj telephone; (notification) by telephone; **Telefonkarte** f phonecard; **Telefonnummer** f (tele)phone number; **Telefonrechnung** f phone bill; **Telefonverbindung** f telephone connection; **Telefonzelle** f phone box (Brit), phone booth

Telegramm nt telegram; **Teleobjektiv** nt telephoto lens; **Teleshopping** nt ⟨-s⟩ teleshopping; **Teleskop** nt ⟨-s, -e⟩ telescope

Teller m ⟨-s, -⟩ plate

Tempel m ⟨-s, -⟩ temple

Temperament nt temperament; liveliness; **temperamentvoll** adj lively

Temperatur f temperature; **bei ~en von 30 Grad** at temperatures of 30 degrees

Tempo nt ⟨-s, -s⟩ speed; **Tempolimit** nt ⟨-s, -s⟩ speed limit

Tempotaschentuch® nt (paper) tissue, ≈ Kleenex®

Tendenz f tendency; intention

Tennis nt ⟨-⟩ tennis; **Tennisball** m tennis ball; **Tennisplatz** m tennis court; **Tennisschläger** m tennis racket; **Tennisspieler(in)** m(f) tennis player

Tenor m ⟨-s, Tenöre⟩ tenor

Teppich m ⟨-s, -e⟩ carpet; **Teppichboden** m (wall-to-wall) carpet

Termin m ⟨-s, -e⟩ date; (for finishing sth) deadline; (with doctor etc) appointment

Terminal nt ⟨-s, -s⟩ IT, AVIAT terminal

Terminkalender m diary; **Terminplaner** m personal organizer, Filofax®; (pocket computer) personal digital assistant, PDA

Terrasse f ⟨-, -n⟩ terrace; (adjoining house) patio

Terror m ⟨-s⟩ terror; **Terroranschlag** m terrorist attack; **terrorisieren** vt terrorize; **Terrorismus** m terrorism; **Terrorist(in)** m(f) terrorist

Tesafilm® m ≈ sellotape® (Brit), ≈ Scotch tape® (US)

Test m ⟨-s, -s⟩ test

Testament nt will; **das Alte / Neue ~** the Old / New Testament

testen vt test; **Testergebnis** nt test results pl

Tetanus m ⟨-⟩ tetanus; **Tetanusimpfung** f (anti-)tetanus injection

teuer adj expensive, dear (Brit)

Teufel m ⟨-s, -⟩ devil; **Teufelskreis** m vicious circle

Text m ⟨-(e)s, -e⟩ text; (of song) words pl, lyrics pl; **Textmarker** m ⟨-s, -⟩ highlighter; **Textverarbeitung** f word processing

Thailand nt Thailand

Theater nt ⟨-s, -⟩ theatre; fam fuss; **ins ~ gehen** go to the theatre; **Theaterkasse** f box office; **Theaterstück** nt (stage) play

Theke f ⟨-, -n⟩ bar; (in shop) counter

Thema nt ⟨-s, Themen⟩ subject, topic; **kein ~!** no problem

Themse f ⟨-⟩ Thames

Theologie f theology

theoretisch adj theoretical; **~ stimmt das** that's right in theory; **Theorie** f theory

Therapeut(in) m(f) therapist; **Therapie** f therapy; **eine ~ machen** undergo therapy

Thermalbad nt thermal bath; (resort) thermal spa; **Thermometer** nt ⟨-s, -⟩ thermometer; **Thermoskanne®** f Thermos® (flask); **Thermostat** m ⟨-(e)s, -e⟩ thermostat

These f ⟨-, -n⟩ theory

Thron m ⟨-(e)s, -e⟩ throne

Thunfisch m tuna

Thüringen nt ⟨-s⟩ Thuringia

Thymian m ⟨-s, -e⟩ thyme

Tick m ⟨-(e)s, -s⟩ tic; (idiosyncrasy) quirk; (mania) craze; **ticken** vi (clock, watch) tick; **er tickt nicht ganz richtig** he's off his rocker

Ticket nt ⟨-s, -s⟩ (plane) ticket

tief adj deep; (neckline, note, sun) low; **2 Meter ~** 2 metres deep; **Tief** nt ⟨-s, -s⟩ METEO low; (mood) depression; **Tiefdruck** m METEO low pressure; **Tiefe** f ⟨-, -n⟩ depth; **Tiefgarage** f underground car park (Brit) or garage (US)); **tiefgekühlt** adj frozen; **Tiefkühlfach** nt freezer compartment; **Tiefkühlkost** f frozen food; **Tiefkühltruhe** f freezer; **Tiefpunkt** m low

Tier nt ⟨-(e)s, -e⟩ animal; **Tierarzt** m, **Tierärztin** f vet; **Tiergarten** m zoo; **Tierhandlung** f pet shop; **Tierheim** nt animal shelter; **tierisch 1.** adj animal **2.** adv fam really; **~ ernst** deadly serious; **ich hatte ~ Angst** I was dead scared; **Tierkreiszeichen** nt sign of the zodiac; **Tierpark** m zoo; **Tierquälerei** f cruelty to animals; **Tierschützer(in)** m(f) ⟨-s, -⟩ animal rights campaigner; **Tierversuch** m animal experiment

Tiger m ⟨-s, -⟩ tiger

timen vt time; **Timing** nt ⟨-s⟩ timing

Tinte f ⟨-, -n⟩ ink; **Tintenfisch** m cuttlefish; (small) squid; (with eight arms) octopus; **Tintenfischringe** pl calamari pl

Tipp m ⟨-s, -s⟩ tip; **tippen** vt, vi tap; fam type; fam guess

Tirol nt ⟨-s⟩ Tyrol

Tisch m ⟨-(e)s, -e⟩ table; **Tischdecke** f tablecloth; **Tischtennis** nt table tennis; **Tischtennisschläger** m table-tennis bat

Titel m ⟨-s, -⟩ title; **Titelbild** nt cover picture

Toast m ⟨-(e)s, -e⟩ toast; **toasten** vt toast; **Toaster** m ⟨-s, -⟩ toaster

Tochter f ⟨-, Töchter⟩ daughter

Tod m ⟨-(e)s, -e⟩ death; **Todesopfer** nt casualty; **Todesstrafe** f death penalty; **todkrank** adj terminally ill; (not life-threatening) seriously ill; **tödlich** adj deadly, fatal; **er ist ~ verunglückt** he was killed in an accident; **todmüde** adj fam dead tired; **todsicher** adj fam dead certain

Tofu m ⟨-(s)⟩ tofu, bean curd

Toilette f toilet, restroom (US); **Toilettenpapier** nt toilet paper

toi, toi, toi interj good luck

tolerant adj tolerant (gegen of)

toll adj mad; (activity) wild; fam (wonderful) great; **Toll-**

wut f rabies sg

Tomate f ⟨-, -n⟩ tomato; **Tomatenmark** nt tomato purée (*Brit*) (or paste (*US*)); **Tomatensaft** m tomato juice

Ton 1. m ⟨-(e)s, -e⟩ clay **2.** m ⟨Töne pl⟩ sound; MUS note; (*in voice*) tone; (*hue, nuance*) shade

tönen 1. vi sound **2.** vt shade; (*hair*) tint

Toner m ⟨-s, -⟩ toner; **Tonerkassette** f toner cartridge

Tonne f ⟨-, -n⟩ barrel; (*weight*) tonne, metric ton

Tontechniker(in) m(f) sound engineer

Tönung f hue; (*for hair*) rinse

Top nt ⟨-s, -s⟩ top

Topf m ⟨-(e)s, Töpfe⟩ pot

Töpfer(in) m(f) ⟨-s, -⟩ potter; **Töpferei** f pottery; (*item*) piece of pottery

Tor nt ⟨-(e)s, -e⟩ gate; SPORT goal; **ein ~ schießen** score a goal; **Torhüter(in)** m(f) goalkeeper

torkeln vi stagger

Tornado m ⟨-s, -s⟩ tornado

Torschütze m, **Torschützin** f (goal)scorer

Torte f ⟨-, -n⟩ cake; (*fruit tart*) flan; (*with layers of cream*) gateau

Torwart(in) m(f) ⟨-s, -e⟩ goalkeeper

tot adj dead; **~er Winkel** blind spot

total adj total, complete; **Totalschaden** m complete write-off

Tote(r) mf dead man / woman; (*body*) corpse; **töten** vt, vi kill; **Totenkopf** m skull

totlachen vr kill oneself laughing

Toto m or nt ⟨-s, -s⟩ pools pl

totschlagen irr vt beat to death; **die Zeit ~** kill time

Touchscreen m ⟨-s, -s⟩ touch screen

Tour f ⟨-, -en⟩ trip; (*circular*) tour

Tourismus m tourism; **Tourist(in)** m(f) tourist; **touristisch** adj tourist; pej touristy

Tournee f ⟨-, -n⟩ tour

traben vi trot

Tracht f ⟨-, -en⟩ traditional costume

Tradition f tradition; **traditionell** adj traditional

traf imperf → **treffen**

Trafik f ⟨-, -en⟩ tobacconist's

tragbar adj portable

träge adj sluggish, slow

tragen ⟨trug, getragen⟩ vt carry; (*clothes, glasses, hair*) wear; (*name, fruit*) bear; **Träger** m ⟨-s, -⟩ (*on dress etc*) strap; **Tragflügelboot** nt hydrofoil

tragisch adj tragic; **Tragödie** f tragedy

Trainer(in) m(f) ⟨-s, -⟩ trainer, coach; **trainieren** vt, vi train; (*person also*) coach; (*exercise*) practise; **Training** nt

⟨-s, -s⟩ training; **Trainings-anzug** m tracksuit

Traktor m tractor

Trambahn f tram (Brit), streetcar (US)

trampen vi hitchhike; **Tramper(in)** m(f) hitchhiker

Träne f ⟨-, -n⟩ tear; **tränen** vi water; **Tränengas** nt teargas

trank imperf → **trinken**

Transfusion f transfusion

Transitverkehr m transit traffic; **Transitvisum** nt transit visa

Transplantation f transplant; (of skin) graft

Transport m ⟨-(e)s, -e⟩ transport; **transportieren** vt transport

Transvestit m ⟨-en, -en⟩ transvestite

trat imperf → **treten**

Traube f ⟨-, -n⟩ grape; bunch of grapes; **Traubensaft** m grape juice; **Traubenzucker** m glucose

trauen 1. vi jdm / einer Sache ~ trust sb/sth 2. vr dare 3. vt marry; **sich ~ lassen** get married

Trauer f ⟨-⟩ sorrow; (for deceased person) mourning

Traum m ⟨-(e)s, Träume⟩ dream; **träumen** vt, vi dream (von of, about); **traumhaft** adj dreamlike; fig wonderful

traurig adj sad (über + acc about)

Trauschein m marriage cer-

tificate; **Trauung** f wedding ceremony; **Trauzeuge** m, **Trauzeugin** f witness (at wedding ceremony), ≈ best man / maid of honour

Travellerscheck m traveller's cheque

treffen ⟨traf, getroffen⟩ 1. vr meet 2. vt, vi hit; (remark) hurt; (friend etc) meet; (decision) make; (measures) take; **Treffen** nt ⟨-s, -⟩ meeting; **Treffer** nt ⟨-s, -⟩ goal; **Treffpunkt** m meeting place

treiben ⟨trieb, getrieben⟩ 1. vt drive; (sport) do 2. vi (on water) drift; (plant) sprout; (tea, coffee) be diuretic; **Treiber** m ⟨-s, -⟩ IT driver; **Treibhaus** nt greenhouse; **Treibstoff** m fuel

trennen 1. vt separate; (split into parts) divide 2. vr separate; **sich von jdm ~** leave sb; **sich von etw ~** part with sth; **Trennung** f separation

Treppe f ⟨-, -n⟩ stairs pl; (outside) steps pl

Tresen m ⟨-s, -⟩ bar; (in shop) counter

Tresor m ⟨-s, -e⟩ safe

Tretboot nt pedal boat; **treten** ⟨trat, getreten⟩ 1. vi step 2. vt kick

treu adj (to partner) faithful; (customer, fan) loyal; **Treue** f ⟨-⟩ (in marriage) faithfulness; (of customer, fan) loyalty

Triathlon m ⟨-s, -s⟩ triathlon

Tribüne f ⟨-, -n⟩ stand; (for speaker) platform

Trick m ⟨-s, -e or -s⟩ trick; **Trickfilm** m cartoon

trieb imperf → **treiben**

Trieb m ⟨-(e)s, -e⟩ urge; (instinct) drive; (on tree etc) shoot; **Triebwerk** nt engine

Trikot nt ⟨-s, -s⟩ shirt, jersey

trinkbar adj drinkable; **trinken** ⟨trank, getrunken⟩ vt, vi drink; **einen ~ gehen** go out for a drink; **Trinkgeld** nt tip; **Trinkhalm** m (drinking) straw; **Trinkwasser** nt drinking water

Trio nt ⟨-s, -s⟩ trio

Tritt m ⟨-(e)s, -e⟩ step; kick

Triumph m ⟨-(e)s, -e⟩ triumph; **triumphieren** vi triumph (über + acc over)

trivial adj trivial

trocken adj dry; **Trockenheit** f dryness; **trockenlegen** vt (baby) change; **trocknen** vt, vi dry; **Trockner** m ⟨-s, -⟩ dryer

Trödel m ⟨-s⟩ fam junk; **Trödelmarkt** m flea market

trödeln vi fam dawdle

Trommel f ⟨-, -n⟩ drum; **Trommelfell** nt eardrum; **trommeln** vt, vi drum

Trompete f ⟨-, -n⟩ trumpet

Tropen pl tropics pl

Tropf m ⟨-(e)s, -e⟩ MED drip; **am ~ hängen** be on a drip; **tröpfeln** vi drip; **es tröpfelt** it's drizzling; **tropfen** vt, vi drip; **Tropfen** m ⟨-s, -⟩ drop;

tropfenweise adv drop by drop; **tropfnass** adj dripping wet; **Tropfsteinhöhle** f stalactite cave

tropisch adj tropical

Trost m ⟨-es⟩ consolation, comfort; **trösten** vt console, comfort; **trostlos** adj bleak; (conditions) wretched; **Trostpreis** m consolation prize

trotz prep + gen or dat in spite of; **Trotz** m ⟨-es⟩ defiance; **trotzdem 1.** adv nevertheless **2.** conj although; **trotzig** adj defiant

trüb adj dull; (liquid, glass) cloudy; fig gloomy

Trüffel f ⟨-, -n⟩ truffle

trug imperf → **tragen**

trügerisch adj deceptive

Truhe f ⟨-, -n⟩ chest

Trumpf m ⟨-(e)s, Trümpfe⟩ trump

Trunkenheit f intoxication; **~ am Steuer** drink driving (Brit), drunk driving (US)

Truthahn m turkey

Tscheche m ⟨-n, -n⟩, **Tschechin** f Czech; **Tschechien** nt ⟨-s⟩ Czech Republic; **tschechisch** adj Czech; **Tschechisch** nt Czech

Tschetschenien nt ⟨-s⟩ Chechnya

tschüs(s) interj bye

T-Shirt nt ⟨-s, -s⟩ T-shirt

Tube f ⟨-, -n⟩ tube

Tuberkulose f ⟨-, -n⟩ tuberculosis, TB

typisch

Tuch nt ⟨-(e)s, Tücher⟩ cloth; (for neck) scarf; (for head) headscarf

tüchtig adj competent; (hard-working) efficient

Tugend f ⟨-, -en⟩ virtue; **tugendhaft** adj virtuous

Tulpe f ⟨-, -n⟩ tulip

Tumor m ⟨-s, -en⟩ tumour

tun ⟨tat, getan⟩ **1.** vt do; (sth somewhere) put; **was tust du da?** what are you doing?; **das tut man nicht** you shouldn't do that; **jdm etw ~** (harm) do sth to sb **2.** vi act; **so ~, als ob** act as if **3.** vr impers **es tut sich etwas / viel** something/a lot is happening

Tuner m ⟨-s, -⟩ tuner

Tunesien nt ⟨-s⟩ Tunisia

Tunfisch m tuna

Tunnel m ⟨-s, -s or -⟩ tunnel

Tunte f ⟨-, -n⟩ pej fam fairy

tupfen vt, vi dab; (with colour) dot; **Tupfen** m ⟨-s, -⟩ dot

Tür f ⟨-, -en⟩ door; **vor / an der ~** at the door; **an die ~ gehen** answer the door

Türke m ⟨-n, -n⟩ Turk; **Türkei** f ⟨-⟩ **die ~** Turkey; **Türkin** f ⟨-⟩ Turk

Türkis m ⟨-es, -e⟩ turquoise

türkisch adj Turkish; **Türkisch** nt Turkish

Turm m ⟨-(e)s, Türme⟩ tower; (pointed church tower) steeple; (in chess) rook, castle

turnen vi do gymnastics; **Turnen** nt ⟨-s⟩ gymnastics sg, physical education, PE; **Turner(in)** m(f) gymnast; **Turnhalle** f gym(nasium); **Turnhose** f gym shorts pl

Turnier nt ⟨-s, -e⟩ tournament

Turnschuh m gym shoe, sneaker (US)

Türschild nt doorplate; **Türschloss** nt lock

tuscheln vt, vi whisper

Tussi f ⟨-, -s⟩ pej fam chick

Tüte f ⟨-, -n⟩ bag

TÜV m ⟨-s, -s⟩ acr = **Technischer Überwachungsverein**; ≈ MOT (Brit), vehicle inspection (US)

Tweed m ⟨-s, -s⟩ tweed

Typ m ⟨-s, -en⟩ type; (car) model; (man) guy, bloke

Typhus m ⟨-⟩ typhoid

typisch adj typical (für of); **ein ~er Fehler** a common mistake; **~ Marcus!** that's just like Marcus; **~ amerikanisch!** that's so American

U

u. a. abbr = **und andere(s)** and others; = **unter anderem, unter anderen** among other things

u. A. w. g. abbr = **um Antwort wird gebeten** RSVP

U-Bahn f underground (Brit), subway (US)

übel adj bad; (morally) wicked; **mir ist ~** I feel sick; **diese Bemerkung hat er mir ~ genommen** he took offence at my remark; **Übelkeit** f nausea

üben vt, vi practise

über prep + dat or acc (throw, jump) over; (with position also) above; (from one side to the other) across; (farther up from) above; (route) via; (concerning) about; (quantity) over, more than; **~ das Wochenende** over the weekend

überall adv everywhere

überbacken adj (mit Käse) **~** au gratin; **überbelichten** vt PHOT overexpose; **überbieten** irr vt outbid; (be better than) surpass; (record) break

Überbleibsel nt ⟨-s, -⟩ remnant

Überblick m overview; fig survey; (understanding) grasp (über + acc of)

überbuchen vt overbook; **Überbuchung** f overbooking

übereinander adv on top of each other; (talk etc) about each other

übereinstimmen vi agree (mit with)

überfahren irr vt AUTO run over; **Überfahrt** f crossing

Überfall m robbery; MIL raid; (on sb) assault; **überfallen** irr vt attack; (bank) raid

überfällig adj overdue

überfliegen irr vt fly over; (book) skim through

überflüssig adj superfluous

überfordern vt demand too much of; (strength etc) overtax; **da bin ich überfordert** you've got me there

Überführung f flyover (Brit), overpass (US)

überfüllt adj overcrowded

Übergabe f handover

Übergang m crossing; (change, passing) transition; **Übergangslösung** f temporary solution, stopgap

übergeben irr vt **1.** vt hand over **2.** vr be sick, vomit

Übergepäck nt excess baggage

Übergewicht nt excess weight; (10 Kilo) **~ haben** be (10 kilos) overweight

überglücklich adj overjoyed; fam over the moon

überhaupt adv at all; in general

überheblich adj arrogant

überholen vt overtake; TECH overhaul; **Überholspur** f overtaking (Brit) (or passing (US)) lane; **überholt** adj outdated

überhören vt miss, not catch; (deliberately) ignore; **überladen 1.** irr vt overload **2.** adj fig cluttered; **überlassen** irr vt **jdm etw ~** leave sth to sb; **überlaufen** irr vi (liquid) overflow

überleben vt, vi survive; **Überlebende(r)** mf survivor

überlegen 1. vt consider; **sich** dat **etw ~** think about sth; **er hat es sich dat anders überlegt** he's changed his mind **2.** adj superior (dat to); **Überlegung** f consideration

übermäßig adj excessive

übermorgen adv the day after tomorrow

übernächste(r, s) adj ~ **Woche** the week after next

übernachten vt spend the night (bei jdm at sb's place); **Übernachtung** f overnight stay; **~ mit Frühstück** bed and breakfast

übernehmen irr **1.** vt take on; (post, business) take over **2.** vr take on too much

überprüfen vt check; **Über-**

prüfung f check; (action) checking

überqueren vt cross

überraschen vt surprise; **Überraschung** f surprise

überreden vt persuade; **er hat mich überredet** he talked me into it

überreichen vt hand over

überschätzen vt overestimate; **überschlagen** irr **1.** vt estimate **2.** vr somersault; (car) overturn; (voice) break **überschneiden** irr vr (lines etc) intersect; (dates) clash **Überschrift** f heading

Überschwemmung f flood

übersehen irr vt look (out) over; (ignore) overlook

übersetzen vt translate (aus from, in + acc into); **Übersetzer(in)** m(f) ⟨-s, -⟩ translator; **Übersetzung** f translation

Übersicht f overall view; (résumé) survey; **übersichtlich** adj clear

überstehen irr vt get over

Überstunden pl overtime sg

überstürzt adj hasty

übertragbar adj transferable; MED infectious; **übertragen** irr **1.** vt transfer (auf + acc to); RADIO broadcast; (disease) transmit **2.** vr spread (auf + acc to) **3.** adj figurative; **Übertragung** f RADIO broadcast; (of data) transmission

übertreffen irr vt surpass

übertreiben irr vt, vi exaggerate, overdo; **Übertreibung** f exaggeration; **übertrieben** adj exaggerated, overdone

überwachen vt supervise; (suspect) keep under surveillance

überwand imperf → **überwinden**

überweisen irr vt transfer; (patient) refer (an + acc to); **Überweisung** f transfer; (of patient) referral

überwiegend adv mainly

überwinden ⟨überwand, überwunden⟩ **1.** vt overcome **2.** vr make an effort, force oneself; **überwunden** pp → **überwinden**

überzeugen vt convince; **Überzeugung** f conviction

überziehen irr vt cover; (jacket etc) put on; (account) overdraw; **die Betten frisch ~** change the sheets

üblich adj usual

übrig adj remaining; **ist noch Saft ~?** is there any juice left?; **~ bleiben** be left (over); **die Übrigen** pl the rest pl; **im Übrigen** besides; **übrigens** adv besides; (incidentally) by the way; **übrighaben** irr vt **für jdn etwas ~** fam have a soft spot for sb

Übung f practice; (set of movements, task etc) exercise

Ufer nt ⟨-s, -⟩ (of river) bank; (of sea, lake) shore; **am ~** on the bank / shore

Uhr f ⟨-, -en⟩ clock; watch; **wie viel ~ ist es?** what time is it?; **1 ~** 1 o'clock; **20 ~** 8 o'clock, 8 pm; **Uhrzeit** f time (of day)

Ukraine f ⟨-⟩ **die ~** the Ukraine

UKW abbr → **Ultrakurzwelle** VHF

Ulme f ⟨-, -n⟩ elm

Ultrakurzwelle f very high frequency; **Ultraschallaufnahme** f MED scan

um 1. prep + acc (space) (a)round; (time) at; **~ etw kämpfen** fight for sth **2.** conj (in order) to; **zu klug, ~ zu ...** too clever to **~ ... zu ... 3.** adv (approximately) about; **die Ferien sind ~** the holidays are over; **die Zeit ist ~** time's up; → **umso**

umarmen vt embrace

Umbau m rebuilding; (into sth) conversion (zu into); **umbauen** vt rebuild; (into sth) convert (zu into)

umblättern vt, vi turn over

umbringen irr vt kill

umbuchen vi change one's reservation / flight

umdrehen vt, vr turn (round); (retrace steps) turn back; **Umdrehung** f turn; PHYS, AUTO revolution

umfahren irr vt knock down

umfallen irr vi fall over

Umfang m extent; (of book) size; (of voice, instrument) range; MATH circumference umfangreich *adj* extensive

Umfrage *f* survey

Umgang *m* company; (*with sb*) dealings *pl*; **umgänglich** *adj* sociable; **Umgangssprache** *f* colloquial language, slang

Umgebung *f* surroundings *pl*; (*social*) environment; (*friends, colleagues etc*) people around one

umgehen 1. *irr vi* go round; ~ (**können**) **mit** (know how to) handle 2. *irr vt* avoid; (*problems*) get round; **Umgehungsstraße** *f* bypass

umgekehrt 1. *adj* reverse; (*contrary*) opposite 2. *adv* the other way round; **und** ~ and vice versa

umhören *vr* ask around; umkehren 1. *vi* turn back 2. *vt* reverse; umkippen 1. *vt* tip over 2. *vi* overturn; *fig* change one's mind; *fam* (*faint*) pass out

Umkleidekabine *f* changing cubicle (*Brit*), dressing room (*US*); **Umkleideraum** *m* changing room

umleiten *vt* divert; **Umleitung** *f* diversion

umrechnen *vt* convert (*in* + *acc* into); **Umrechnung** *f* conversion; **Umrechnungskurs** *m* rate of exchange

Umriss *m* outline

umrühren *vi*, *vt* stir

ums *contr* = **um das**

Umsatz *m* turnover

umschalten *vi* turn over

Umschlag *m* cover; (*of book*) jacket; (*med*) compress; (*of letter*) envelope

Umschulung *f* retraining

umsehen *irr vr* look around; (*search*) look out (*nach* for)

umso *adv* all the; ~ **mehr** all the more; ~ **besser** so much the better

umsonst *adv* in vain; (*free*) for nothing

Umstand *m* circumstance; **Umstände** *pl fig* fuss; **in anderen Umständen sein** be pregnant; **jdm Umstände machen** cause sb a lot of trouble; **unter diesen / keinen Umständen** under these / no circumstances; **unter Umständen** possibly; **umständlich** *adj* (*method*) complicated; (*way of expressing oneself*) long-winded; (*person*) ponderous

umsteigen *irr vi* change (trains / buses)

umstellen 1. *vt* (*move*) change round 2. *vr* adapt (*auf* + *acc* to); **Umstellung** *f* change; (*adapting*) adjustment

Umtausch *m* exchange; **umtauschen** *vt* exchange; (*currency*) change

Umweg *m* detour

Umwelt *f* environment; **Umweltbelastung** *f* ecological damage; **Umweltschutz** *m* environmental protection;

Umweltschützer(in) *m(f)*
⟨-s, -⟩ environmentalist; **Umweltverschmutzung** *f* pollution; **umweltverträglich** *adj* environment-friendly

umwerfen *irr vt* knock over; *fig (change)* upset; *fig fam* flabbergast

umziehen *irr* **1.** *vt, vr* change **2.** *vi* move (house); **Umzug** *m* procession; *(to new house)* move

unabhängig *adj* independent; **Unabhängigkeitstag** *m* Independence Day, Fourth of July *(US)*

unabsichtlich *adv* unintentionally

unangenehm *adj* unpleasant; **Unannehmlichkeit** *f* inconvenience; **~en** *pl* trouble *sg*

unanständig *adj* indecent; **unappetitlich** *adj (food)* unappetizing; *(repulsive)* off-putting; **unbeabsichtigt** *adj* unintentional; **unbedeutend** *adj* insignificant, unimportant; *(error)* slight

unbedingt **1.** *adj* unconditional **2.** *adv* absolutely

unbefriedigend *adj* unsatisfactory; **unbegrenzt** *adj* unlimited; **unbekannt** *adj* unknown; **unbeliebt** *adj* unpopular; **unbemerkt** *adj* unnoticed; **unbequem** *adj (chair, person)* uncomfortable; **unbeständig** *adj (weather)* unsettled; *(situa-*

tion) unstable; *(person)* unreliable; **unbestimmt** *adj* indefinite; **unbewusst** *adj* unconscious; **unbezahlt** *adj* unpaid; **unbrauchbar** *adj* useless

und *conj* and; **~ so weiter** and so on; **na ~?** so what?

undankbar *adj (person)* ungrateful; *(task)* thankless; **undenkbar** *adj* inconceivable; **undeutlich** *adj* indistinct; **undicht** *adj* leaky; **uneben** *adj* uneven; **unecht** *adj (jewellery etc)* fake; **unehelich** *adj (child)* illegitimate; **unendlich** *adj* endless; MATH infinite; **unentbehrlich** *adj* indispensable; **unentgeltlich** *adj* free (of charge)

unentschieden *adj* undecided; **~ enden** SPORT end in a draw

unerfreulich *adj* unpleasant; **unerlässlich** *adj* indispensable; **unerträglich** *adj* unbearable; **unerwartet** *adj* unexpected; **unfähig** *adj* incompetent; **~ sein, etw zu tun** be incapable of doing sth; **unfair** *adj* unfair

Unfall *m* accident; **Unfallstation** *f* casualty ward; **Unfallstelle** *f* scene of the accident; **Unfallversicherung** *f* accident insurance

unfreundlich *adj* unfriendly

Ungarn *nt* ⟨-s⟩ Hungary

Ungeduld *f* impatience; **un-**

unpraktisch

geduldig adj impatient
ungeeignet adj unsuitable
ungefähr 1. adj approximate
2. adv approximately; ~ **10 Kilometre** about 10 kilometres; **wann ~?** about what time?; **wo ~?** whereabouts?
ungefährlich adj harmless; (involving no danger) safe
ungeheuer 1. adj huge **2.** adv fam enormously; **Ungeheuer** nt ⟨-s, -⟩ monster
ungehorsam adj disobedient (gegenüber to); **ungemütlich** adj unpleasant; (person) disagreeable; **ungenießbar** adj inedible; (drinkable); **ungenügend** adj unsatisfactory; (mark in school) ≈ F; **ungepflegt** adj (garden) untended; (appearance) unkempt; (hands) neglected; **ungerade** adj odd
ungerecht adj unjust; **ungerechtfertigt** adj unjustified; **Ungerechtigkeit** f injustice, unfairness
ungern adv reluctantly; **ungeschickt** adj clumsy; **ungeschminkt** adj without make-up; **ungesund** adj unhealthy; **ungewiss** adj uncertain; **ungewöhnlich** adj unusual
Ungeziefer nt ⟨-s⟩ vermin pl
ungezwungen adj relaxed
unglaublich adj incredible
Unglück nt ⟨-(e)s, -e⟩ misfortune; (in game, career etc)

bad luck; (train or plane crash) disaster; **das bringt ~** that's unlucky; **unglücklich** adj unhappy; (unsuccessful) unlucky; (unfavourable) unfortunate; **unglücklicherweise** adv unfortunately
ungültig adj invalid
ungünstig adj inconvenient
unheilbar adj incurable; ~ **krank sein** be terminally ill
unheimlich 1. adj eerie **2.** adv fam incredibly
unhöflich adj impolite
uni adj plain
Uni f ⟨-, -s⟩ uni
Uniform f ⟨-, -en⟩ uniform
Universität f university
Unkenntnis f ignorance
unklar adj unclear
Unkosten pl expenses pl
Unkraut nt weeds pl
unlogisch adj illogical
unmissverständlich adj unambiguous
unmittelbar adj immediate; ~ **darauf** immediately afterwards
unmöbliert adj unfurnished
unmöglich adj impossible
unnötig adj unnecessary
UNO f ⟨-⟩ acr = **United Nations Organization**; UN
unordentlich adj untidy; **Unordnung** f disorder
unpassend adj inappropriate; (time) inconvenient; **unpersönlich** adj impersonal; **unpraktisch** adj impractical

Unrecht nt wrong; **zu ~** wrongly; **im ~ sein** be wrong; **unrecht** adj wrong; **~ haben** be wrong

unregelmäßig adj irregular; **unreif** adj unripe; **unruhig** adj restless; **~ schlafen** have a bad night

uns pron acc, dat → **wir**; us, (to) us; **~ (selbst)** (reflexive) ourselves; **sehen Sie ~?** can you see us?; **er schickte es ~** he sent it to us; **lasst ~ in Ruhe** leave us alone; **ein Freund ~** a friend of ours; **wir haben ~ hingesetzt** we sat down; **wir haben ~ amüsiert** we enjoyed ourselves; **wir mögen ~** we like each other

unscharf adj PHOT blurred, out of focus

unschlüssig adj undecided

unschuldig adj innocent

unser pron our; **unsere(r, s)** pron ours; **unseretwegen** adv because of us; (to please us) for our sake

unseriös adj dubious; **unsicher** adj uncertain; (lacking confidence) insecure

Unsinn m nonsense

unsterblich adj immortal; **~ verliebt** madly in love

unsympathisch adj unpleasant; **er ist mir ~** I don't like him

unten adv below; (in house) downstairs; (at lower end) at the bottom; **nach ~** down;

unter prep + acc or dat under, below; (people) among; (time) during

Unterarm m forearm

Unterbewusstsein nt subconscious

unterbrechen irr vt interrupt; **Unterbrechung** f interruption; **ohne ~** nonstop

unterdrücken vt suppress; (people) oppress

untere(r, s) adj lower

untereinander adv (in space) one below the other; (reciprocally) each other; among themselves / yourselves / ourselves

Unterführung f underpass

untergehen irr vi go down; (sun also) set; (nation) perish; (world) come to an end; (by noise) be drowned out

Untergeschoss nt basement; **Untergewicht** nt (10 Kilo) **~ haben** be (10 kilos) underweight; **Untergrund** m foundation; POL underground; **Untergrundbahn** f underground (Brit), subway (US)

unterhalb adv, prep + gen below; **~ von** below

Unterhalt m maintenance; **unterhalten** irr 1. vt maintain; (audience, guest) entertain 2. vr talk; (have a good time) enjoy oneself; **Unterhaltung** f entertainment; talk, conversation

Unterhemd nt vest (Brit), undershirt (US); **Unterhose** f underpants pl; (for women) briefs pl

unterirdisch adj underground

Unterkiefer m lower jaw

Unterkunft f ⟨-, -künfte⟩ accommodation

Unterlage f document; (for resting on when writing) pad

unterlassen irr vt **es ~, etw zu tun** fail to do sth; (hold back) refrain from doing sth

unterlegen adj inferior (dat to); (beaten) defeated

Unterleib m abdomen

Unterlippe f lower lip

Untermiete f **zur ~ wohnen** be a subtenant; **Untermieter(in)** m(f) subtenant

unternehmen irr vt (trip) go on; (attempt) make; **etwas ~** do something (gegen about); **Unternehmen** nt ⟨-s, -⟩ undertaking; COMM company; **Unternehmensberater(in)** m(f) ⟨-s, -⟩ management consultant; **Unternehmer(in)** m(f) ⟨-s, -⟩ entrepreneur

Unterricht m ⟨-(e)s, -e⟩ lessons pl; **unterrichten** vt teach

unterschätzen vt underestimate

unterscheiden irr 1. vt distinguish (von from, zwischen + dat between) 2. vr differ (von from)

Unterschenkel m lower leg

Unterschied m ⟨-(e)s, -e⟩ difference; **im ~ zu dir** unlike you; **unterschiedlich** adj different

unterschreiben irr vt sign; **Unterschrift** f signature

Untersetzer m ⟨-s, -⟩ tablemat; (for glass) coaster

unterste(r, s) adj lowest, bottom

unterstellen vr take shelter

unterstreichen irr vt a. fig underline

unterstützen vt support; **Unterstützung** f support

untersuchen vt MED examine; (police) investigate; **Untersuchung** f examination; (by police) investigation

Untertasse f saucer; **Unterteil** nt lower part, bottom; **Untertitel** m subtitle

untervermieten vt sublet

Unterwäsche f underwear

unterwegs adv on the way

unterzeichnen vt sign

untreu adj unfaithful; **unüberlegt 1.** adj ill-considered **2.** adv without thinking; **unüblich** adj unusual; **unverantwortlich** adj irresponsible

unverbindlich 1. adj not binding; (reply) noncommittal **2.** adv COMM without obligation

unverbleit adj unleaded; **unverheiratet** adj unmarried, single; **unvermeidlich** adj unavoidable; **unvernünftig**

adj silly; **unverschämt** *adj* impudent; **unverständlich** *adj* incomprehensible; **unverträglich** *adj* (*food*) indigestible; **unverzüglich** *adj* immediate; **unvollständig** *adj* incomplete; **unvorsichtig** *adj* careless

unwahrscheinlich 1. *adj* improbable, unlikely **2.** *adv fam* incredibly

Unwetter *nt* thunderstorm

unwichtig *adj* unimportant

unwiderstehlich *adj* irresistible

unwillkürlich 1. *adj* involuntary **2.** *adv* instinctively

unwohl *adj* unwell, ill

unzählig *adj* innumerable, countless

unzerbrechlich *adj* unbreakable; **unzertrennlich** *adj* inseparable; **unzufrieden** *adj* dissatisfied; **unzugänglich** *adj* inaccessible; **unzumutbar** *adj* unacceptable; **unzutreffend** *adj* inapplicable; (*wrong*) incorrect; **unzuverlässig** *adj* unreliable

Update *nt* ⟨-s, -s⟩ IT update

üppig *adj* (*meal*) lavish; (*vegetation*) lush

uralt *adj* ancient, very old

Uran *nt* ⟨-s⟩ uranium

Uranus *m* ⟨-⟩ Uranus

Uraufführung *f* premiere

Urenkel *m* great-grandson; **Urenkelin** *f* great-granddaughter; **Urgroßeltern** *pl*

great-grandparents *pl*; **Urgroßmutter** *f* great-grandmother; **Urgroßvater** *m* great-grandfather

Urheber(in) *m(f)* ⟨-s, -⟩ originator; (*writer*) author

Urin *m* ⟨-s, -e⟩ urine; **Urinprobe** *f* urine specimen

Urkunde *f* ⟨-, -n⟩ document

Urlaub *m* ⟨-(e)s, -e⟩ holiday (*Brit*), vacation (*US*); **im ~** on holiday (*Brit*), on vacation (*US*); **in ~ fahren** go on holiday (*Brit*) (*or* vacation (*US*)); **Urlauber(in)** *m(f)* ⟨-s, -⟩ holiday-maker (*Brit*), vacationer (*US*); **Urlaubsort** *m* holiday resort; **urlaubsreif** *adj* ready for a holiday (*Brit*) (*or* vacation (*US*)); **Urlaubszeit** *f* holiday season (*Brit*), vacation period (*US*)

Urologe *m*, **Urologin** *f* urologist

Ursache *f* cause (*für* of); **keine ~!** not at all; (*in reply to apology*) that's all right

Ursprung *m* origin; **ursprünglich 1.** *adj* original **2.** *adv* originally

Urteil *nt* ⟨-s, -e⟩ opinion; LAW verdict; (*penalty*) sentence; **urteilen** *vi* judge

Uruguay *nt* ⟨-s⟩ Uruguay

Urwald *m* jungle

USA *pl* USA *sg*

User(in) *m(f)* ⟨-s, -⟩ IT user

usw. *abbr* = **und so weiter** etc

V

vage *adj* vague

Vagina *f* ⟨-, Vaginen⟩ vagina

Valentinstag *m* St Valentine's Day

Vandalismus *m* vandalism

Vanille *f* ⟨-⟩ vanilla

variieren *vt, vi* vary

Vase *f* ⟨-, -n⟩ vase

Vater *m* ⟨-s, Väter⟩ father; **väterlich** *adj* paternal; **Vaterschaft** *f* fatherhood; LAW paternity; **Vatertag** *m* Father's Day; **Vaterunser** *nt* **das ~ (beten)** (to say) the Lord's Prayer

V-Ausschnitt *m* V-neck

v. Chr. *abbr* = **vor Christus** BC

Veganer(in) *m(f)* ⟨-s, -⟩ vegan; **Vegetarier(in)** *m(f)* ⟨-s, -⟩ vegetarian; **vegetarisch** *adj* vegetarian

Veilchen *nt* violet

Velo *nt* ⟨-s, -s⟩ (*Swiss*) bicycle

Vene *f* ⟨-, -n⟩ vein

Venedig *nt* ⟨-s⟩ Venice

Venezuela *nt* ⟨-s⟩ Venezuela

Ventil *nt* ⟨-s, -e⟩ valve

Ventilator *m* ventilator

Venus *f* ⟨-⟩ Venus

Venusmuschel *f* clam

verabreden 1. *vt* arrange **2.** *vr* arrange to meet (*mit jdm* sb); **ich bin schon verabredet** I'm already meeting someone; **Verabredung** *f* ar-

rangement; (*meeting*) appointment; (*with friend*) date

verabschieden 1. *vt* say goodbye to; (*law*) pass **2.** *vr* say goodbye

verachten *vt* despise; **verächtlich** *adj* contemptuous; (*deserving contempt*) contemptible; **Verachtung** *f* contempt

verallgemeinern *vt* generalize

Veranda *f* ⟨-, Veranden⟩ veranda, porch (*US*)

veränderlich *adj* changeable; **verändern** *vt, vr* change; **Veränderung** *f* change

veranlassen *vt* cause

veranstalten *vt* organize; **Veranstalter(in)** *m(f)* ⟨-s, -⟩ organizer; **Veranstaltung** *f* event; **Veranstaltungsort** *m* venue

verantworten 1. *vt* take responsibility for **2.** *vr* **sich für etw ~** answer for sth; **verantwortlich** *adj* responsible (*für* for); **Verantwortung** *f* responsibility (*für* for)

verärgern *vt* annoy

verarschen *vt* *fam* take the piss out of (*Brit*), make a sucker out of (*US*)

Verb *nt* ⟨-s, -en⟩ verb

Verband *m* MED bandage; (*or-*

ganization) association;
Verband(s)kasten *m* first-aid box; **Verband(s)zeug** *nt* dressing material

verbergen *irr vt, vr* hide (*vor* + *dat* from)

verbessern 1. *vt* improve; (*error, person speaking*) correct **2.** *vr* improve; (*when speaking*) correct oneself; **Verbesserung** *f* improvement; (*of error*) correction

verbiegen *irr vi, vr* bend

verbieten *irr vt* forbid; **jdm ~, etw zu tun** forbid sb to do sth

verbinden *irr* **1.** *vt* connect; (*do or have at the same time*) combine; MED bandage; **können Sie mich mit ... ~?** TEL can you put me through to ...?; **ich verbinde** TEL I'm putting you through **2.** *vr* CHEM combine; **Verbindung** *f* connection

verbleit *adj* leaded

Verbot *nt* ⟨-(e)s, -e⟩ ban (*für, von* on); **verboten** *adj* forbidden; **es ist ~** it's not allowed; **es ist ~, hier zu parken** you're not allowed to park here; **Rauchen ~** no smoking

verbrannt *adj* burnt

Verbrauch *m* ⟨-(e)s⟩ consumption; **verbrauchen** *vt* use up; **Verbraucher(in)** *m(f)* ⟨-s, -⟩ consumer

Verbrechen *nt* ⟨-s, -⟩ crime; **Verbrecher(in)** *m(f)* ⟨-s, -⟩

criminal

verbreiten *vt, vr* spread

verbrennen *irr vt* burn; **Verbrennung** *f* burning; (*in engine*) combustion

verbringen *irr vt* spend

verbunden *adj* **falsch ~** sorry, wrong number

Verdacht *m* ⟨-(e)s⟩ suspicion; **verdächtig** *adj* suspicious; **verdächtigen** *vt* suspect

verdammt *interj fam* damn

verdanken *vt* **jdm etw ~** owe sth to sb

verdarb *imperf* → **verderben**

verdauen *vt a. fig* digest; **Verdauung** *f* digestion

Verdeck *nt* ⟨-(e)s, -e⟩ top

verderben ⟨verdarb, verdorben⟩ **1.** *vt* spoil; (*damage*) ruin; (*morally*) corrupt; **ich habe mir den Magen verdorben** I've got an upset stomach **2.** *vi* (*food*) go off

verdienen *vt* earn; (*morally*) deserve; **Verdienst 1.** *m* ⟨-(e)s, -e⟩ earnings *pl* **2.** *nt* ⟨-(e)s, -e⟩ merit; (*contribution*) service (*um* to)

verdoppeln *vt* double

verdorben 1. *pp* → **verderben 2.** *adj* spoilt; (*damaged*) ruined; (*morally*) corrupt

verdrehen *vt* twist; (*eyes*) roll; **jdm den Kopf ~** *fig* turn sb's head

verdünnen *vt* dilute

verdunsten *vi* evaporate

verdursten *vi* die of thirst

verehren *vt* admire; REL worship; **Verehrer(in)** *m(f)* ⟨-s, -⟩ admirer

Verein *m* ⟨-(e)s, -e⟩ association; (*for sport, hobby*) club

vereinbaren *vt* arrange; **Vereinbarung** *f* agreement, arrangement

vereinigen *vt*, *vr* unite; **Vereinigtes Königreich** *nt* United Kingdom; **Vereinigte Staaten (von Amerika)** *pl* United States sg (of America); **Vereinigung** *f* union; (*organization*) association; **Vereinte Nationen** *pl* United Nations *pl*

vereisen 1. *vi* (*road*) freeze over; (*window*) ice up **2.** *vt* MED freeze

verfahren *irr* **1.** *vi* proceed **2.** *vr* get lost; **Verfahren** *nt* ⟨-s, -⟩ procedure; TECH method; LAW proceedings *pl*

verfallen *irr* *vi* decline; (*ticket etc*) expire; ~ **in** + *acc* lapse into; **Verfallsdatum** *nt* expiry (*Brit*) (*or* expiration (*US*)) date; (*of food*) best-before date

verfärben *vr* change colour; (*washing*) discolour

Verfasser(in) *m(f)* ⟨-s, -⟩ author, writer; **Verfassung** *f* condition; POL constitution

verfaulen *vi* rot

verfehlen *vt* miss

Verfilmung *f* film (*or* screen) version

verfluchen *vt* curse

verfolgen *vt* pursue; POL persecute

verfügbar *adj* available; **verfügen** *vi* **über etw** *acc* ~ have sth at one's disposal; **Verfügung** *f* order; **jdm zur** ~ **stehen** be at sb's disposal

verführen *vt* tempt; (*sexually*) seduce; **verführerisch** *adj* seductive

vergangen *adj* past; ~**e Woche** last week; **Vergangenheit** *f* past

Vergaser *m* ⟨-s, -⟩ AUTO carburettor

vergaß *imperf* → **vergessen**

vergeben *irr* *vt* forgive (*jdm etw* sb for sth); **vergebens** *adv* in vain; **vergeblich 1.** *adv* in vain **2.** *adj* vain, futile

vergehen *irr* **1.** *vi* pass **2.** *vr* **sich an jdm** ~ indecently assault sb; **Vergehen** *nt* ⟨-s, -⟩ offence

vergessen ⟨vergaß, vergessen⟩ *vt* forget; **vergesslich** *adj* forgetful

vergeuden *vt* squander, waste

vergewaltigen *vt* rape; **Vergewaltigung** *f* rape

vergewissern *vr* make sure

vergiften *vt* poison; **Vergiftung** *f* poisoning

Vergissmeinnicht *nt* ⟨-(e)s, -e⟩ forget-me-not

Vergleich *m* ⟨-(e)s, -e⟩ comparison; LAW settlement; **im** ~ **zu** compared to (*or* with); **vergleichen** *irr* *vt* compare (*mit* to, with)

Vergnügen nt ⟨-s, -⟩ pleasure; **viel ~!** enjoy yourself; **vergnügt** adj cheerful; **Vergnügungspark** m amusement park

vergriffen adj (book) out of print; (product) out of stock

vergrößern vt enlarge; (in quantity) increase; (with lens) magnify; **Vergrößerung** f enlargement; (in quantity) increase; (with lens) magnification; **Vergrößerungsglas** nt magnifying glass

verhaften vt arrest

verhalten irr vr behave; **Verhalten** nt ⟨-s⟩ behaviour

Verhältnis nt relationship (zu with); MATH ratio; **~se** pl circumstances pl, conditions pl; **im ~ von 1 zu 2** in a ratio of 1 to 2; **verhältnismäßig 1.** adj relative **2.** adv relatively

verhandeln vi negotiate (über etw acc sth); **Verhandlung** f negotiation

verheimlichen vt keep secret (jdm from sb)

verheiratet adj married

verhindern vt prevent; **sie ist verhindert** she can't make it

Verhör nt ⟨-(e)s, -e⟩ interrogation; (in court) examination; **verhören 1.** vt interrogate; (in court) examine **2.** vr mishear

verhungern vi starve to death

verhüten vt prevent; **Verhü-** **tung** f prevention; (with pill, condom etc) contraception; **Verhütungsmittel** nt contraceptive

verirren vr get lost

Verkauf m sale; **verkaufen** vt sell; **zu ~** for sale; **Verkäufer(in)** m(f) adj; (professional) salesperson; (in shop) shop assistant (Brit), salesperson (US); **verkäuflich** adj for sale

Verkehr m ⟨-s, -e⟩ traffic; (sexual) intercourse; (general use) circulation; **verkehren** vi (bus etc) run; **~ mit** associate (or mix) with; **Verkehrsampel** f traffic lights pl; **Verkehrsamt** nt tourist information office; **Verkehrsfunk** m travel news sg; **Verkehrsinsel** f traffic island; **Verkehrsmeldung** f traffic report; **Verkehrsmittel** nt means of transport; **öffentliche ~** pl public transport sg; **Verkehrsschild** nt traffic sign; **Verkehrsunfall** m road accident; **Verkehrszeichen** nt traffic sign

verkehrt adj wrong; the wrong way round, inside out; **du machst es ~** you're doing it wrong

verklagen vt take to court

verkleiden 1. vt, vr dress up (als as) **2.** vr dress up (als as); (to avoid being recognized) disguise oneself; **Verkleidung** f fancy dress

verkleinern vt reduce; (room, area etc) make smaller; **verkommen 1.** irr vi deteriorate; (person) go downhill **2.** adj (house etc) dilapidated; (morally) depraved; **verkraften** vt cope with

verkratzt adj scratched

verkühlen vr get a chill

verkürzen vt shorten

Verlag m ⟨-(e)s, -e⟩ publishing company

verlangen 1. vt demand; want; (price) ask; (expect) ask (von of); (person) ask for; (passport etc) ask to see; **~ Sie Herrn X** ask for Mr X **2.** vi **~ nach** ask for

verlängern vt extend; (passport, permit) renew; **Verlängerung** f extension; SPORT extra time; (of passport, permit) renewal; **Verlängerungsschnur** f extension cable; **Verlängerungswoche** f extra week

verlassen 1. vt leave **2.** irr vr rely (auf + acc on) **3.** adj desolate; (person) abandoned; **verlässlich** adj reliable

Verlauf m course; **verlaufen** irr **1.** vi (path, border) run (entlang along); (in time) pass; (colours) run **2.** vr get lost; (crowd) disperse

verlegen 1. vt move; (lose) mislay; (book) publish **2.** adj embarrassed; **Verlegenheit** f embarrassment; (situation) difficulty

Verleih m ⟨-(e)s, -e⟩ hire company (Brit), rental company (US); **verleihen** irr vt lend; (commercially) hire (out) (Brit), rent (out) (US); (prize, medal) award

verleiten vt **jdn dazu ~, etw zu tun** induce sb to do sth

verlernen vt forget

verletzen vt injure; fig hurt; **Verletzte(r)** mf injured person; **Verletzung** f injury; (of law etc) violation

verlieben vr fall in love (in jdn with sb); **verliebt** adj in love

verlieren ⟨verlor, verloren⟩ vt, vi lose

verloben vr get engaged (mit to); **Verlobte(r)** mf fiancé / fiancée; **Verlobung** f engagement

verlor imperf → **verlieren**

verloren pp → **verlieren**

verlosen vt raffle; **Verlosung** f raffle

Verlust m ⟨-(e)s, -e⟩ loss

vermehren vt, vr multiply; (amount) increase

vermeiden irr vt avoid

vermeintlich adj supposed

vermieten vt rent (out), let (out) (Brit); (car) hire (out) (Brit), rent (out) (US); **Vermieter(in)** m(f) landlord/landlady

vermischen vt, vr mix

vermissen vt miss; **vermisst** adj missing; **jdn als ~ mel-**

den report sb missing

Vermögen nt ⟨-s, -⟩ fortune

vermuten vt suppose; (sth bad) suspect; **vermutlich 1.** adj probable **2.** adv probably; **Vermutung** f supposition; (of sth bad) suspicion

vernachlässigen vt neglect

vernichten vt destroy; **vernichtend** adj fig crushing; (look) withering; (criticism) scathing

Vernunft f ⟨-⟩ reason; **vernünftig** adj sensible; (price) reasonable

veröffentlichen vt publish

verordnen vt MED prescribe; **Verordnung** f order; MED prescription

verpachten vt lease (out) (an + acc to)

verpacken vt pack; (in paper) wrap up

Verpackung f packaging

verpassen vt miss

verpflegen vt feed; **Verpflegung** f feeding; food; (in hotel) board

verpflichten 1. vt oblige; (employ) engage **2.** vr commit oneself (etw zu tun to doing sth)

verprügeln vt beat up

verraten irr **1.** vt betray; (secret) divulge; **aber nicht ~!** but don't tell anyone **2.** vr give oneself away

verrechnen 1. vt ~ **mit** set off against **2.** vr miscalculate; **Verrechnungsscheck** m

crossed cheque (Brit), check for deposit only (US)

verregnet adj rainy

verreisen vi go away (nach to); **sie ist** (geschäftlich) **verreist** she's away (on business); **verrenken** vt contort; MED dislocate; **sich dat den Knöchel ~** sprain (or twist) one's ankle; **verringern** vt reduce

verrostet adj rusty

verrückt adj mad, crazy; **es macht mich ~** it's driving me mad

versagen vi fail; **Versagen** nt ⟨-s⟩ failure; **Versager(in)** m(f) ⟨-s, -⟩ failure

versalzen irr vt put too much salt in/on

versammeln vt, vr assemble, gather; **Versammlung** f meeting

Versand m ⟨-(e)s⟩ dispatch; (in company) dispatch department; **Versandhaus** nt mail-order company

versäumen vt miss; (not do) neglect; **~, etw zu tun** fail to do sth

verschätzen vr miscalculate

verschenken vt give away; (chance) waste

verschicken vt send off

verschieben vt irr postpone, put off; (push) move

verschieden adj different; (several) various; **sie sind ~ groß** they are of different sizes; **Verschiedene** pl various people / things *pl*; **Ver-schiedenes** various things *pl*

verschimmelt *adj* mouldy

verschlafen *irr* **1.** *vt* sleep through; *fig* miss **2.** *vi*, *vr* oversleep

verschlechtern *vr* deteriorate, get worse; **Verschlechterung** *f* deterioration

verschließbar *adj* lockable; **verschließen** *irr vt* close; (*with key*) lock

verschlimmern 1. *vt* make worse **2.** *vr* get worse

verschlossen *adj* locked; *fig* reserved

verschlucken 1. *vt* swallow **2.** *vr* choke (*an* + *dat* on)

Verschluss *m* lock; (*on dress*) fastener; PHOT shutter; (*bung*) stopper

verschmutzen *vt* get dirty; (*environment*) pollute

verschnaufen *vi* **ich muss mal ~** I need to get my breath back

verschneit *adj* snow-covered

verschnupft *adj* **~ sein** have a cold; *fam* be peeved

verschonen *vt* spare (*jdn mit etw* sb sth)

verschreiben *irr vt* MED prescribe; **verschreibungspflichtig** *adj* available only on prescription

verschwand *imperf* → **verschwinden**

verschweigen *irr vt* keep secret; *jdm etw* ~ keep sth

from sb

verschwenden *vt* waste; **Verschwendung** *f* waste

verschwiegen *adj* discreet; (*place*) secluded

verschwinden ⟨verschwand, verschwunden⟩ *vi* disappear, vanish; **verschwinde!** get lost!; **verschwunden** *pp* → **verschwinden**

Versehen *nt* ⟨-s, -⟩ *aus* ~ by mistake; **versehentlich** *adv* by mistake

versenden *irr vt* send off

versetzen 1. *vt* transfer; (*jewellery etc*) pawn; *fam* (*on a date*) stand up **2.** *vr* **sich in jdn** (*or jds Lage*) ~ put oneself in sb's place

verseuchen *vt* contaminate

versichern *vt* insure; (*confirm*) assure; **versichert sein** be insured; **Versichertenkarte** *f* health-insurance card; **Versicherung** *f* insurance; **Versicherungskarte** *f* **grüne** ~ green card (*Brit*), insurance document for driving abroad; **Versicherungspolice** *f* insurance policy

versilbert *adj* silver-plated

versinken *irr vi* sink

versöhnen 1. *vt* reconcile **2.** *vr* become reconciled

versorgen 1. *vt* provide, supply (*mit* with); (*family*) look after **2.** *vr* look after oneself; **Versorgung** *f* provision; (*care*) maintenance; (*mon-*

ey) benefit

verspäten vr be late; **verspätet** adj late; **Verspätung** f delay; **(eine Stunde)** ~ **haben** be (an hour) late

versprechen irr **1.** vt promise **2.** vr **ich habe mich versprochen** I didn't mean to say that

Verstand m mind; (common) sense; **den** ~ **verlieren** lose one's mind; **verständigen 1.** vt inform **2.** vr communicate; (agree) come to an understanding;   **Verständigung** f communication; **verständlich** adj understandable; **Verständnis** nt understanding (für of); (compassion) sympathy; **verständnisvoll** adj understanding

verstauchen vt sprain; **verstaucht** pp → **verstauchen** sprained

Versteck nt ⟨-(e)s, -e⟩ hiding place; ~ **spielen** play hide-and-seek; **verstecken** vt, vr hide (vor + dat from)

verstehen irr **1.** vt understand; **falsch** ~ misunderstand **2.** vr get on (mit with)

verstellbar adj adjustable; **verstellen 1.** vt move; (clock) adjust; (obstruct) block; (voice, handwriting) disguise **2.** vr pretend, put on an act

verstopfen vt block up; MED constipate; **Verstopfung** f obstruction; MED constipa-

tion

Verstoß m infringement, violation (gegen of)

Versuch m ⟨-(e)s, -e⟩ attempt; (scientific) experiment; **versuchen** vt try

vertauschen vt exchange; (by mistake) mix up

verteidigen vt defend

verteilen vt distribute

Vertrag m ⟨-(e)s, Verträge⟩ contract; POL treaty

vertragen irr **1.** vt stand, bear **2.** vr get along (with each other); (be reconciled) make it up

vertrauen vi **jdm / einer Sache** ~ trust sb/sth; **Vertrauen** nt ⟨-s⟩ trust (in + acc in, zu in); **ich habe kein** ~ **zu ihm** I don't trust him; **ich hab's ihm im** ~ **gesagt** I told him in confidence; **vertraulich** adj confidential; **vertraut** adj **sich mit etw** ~ **machen** familiarise oneself with sth

vertreten irr vt represent; (opinion) hold; **Vertreter(in)** m(f) ⟨-s, -⟩ representative

Vertrieb m ⟨-(e)s, -e⟩ sales department

verunglücken vi have an accident; **tödlich** ~ be killed in an accident

verursachen vt cause

verurteilen vt condemn

verwählen vr dial the wrong number

verwalten vt manage; (officials) administer; **Verwalter(in)** *m(f)* ⟨-s, -⟩ manager; **Verwaltung** *f* management; *(by officials)* administration

verwandt *adj* related *(mit* to); **Verwandte(r)** *mf* relative, relation; **Verwandtschaft** *f* relationship; *(people)* relations *pl*

verwarnen *vt* warn; SPORT caution

verwechseln *vt* confuse *(mit* with); *(for sb or sth else)* mistake *(mit* for)

verweigern *vt* refuse

verwenden *vt* use; **Verwendung** *f* use

verwirklichen *vt* realize; **sich selbst ~** fulfil oneself

verwirren *vt* confuse; **Verwirrung** *f* confusion

verwöhnen *vt* spoil

verwunderlich *adj* surprising; **Verwunderung** *f* astonishment

verwüsten *vt* devastate

verzählen *vr* miscount

verzehren *vt* consume

Verzeichnis *nt* list; *(of books, products)* catalogue; *(in book)* index; IT directory

verzeihen ⟨verzieh, verziehen⟩ *vt, vi* forgive *(jdm etw* sb for sth); *... Sie bitte, ... excuse me, ...; ~ Sie die Störung* sorry to disturb you; *Verzeihung f ~!* sorry; *~, ... excuse me, ...; (jdn) um ~ bitten* apologize (to sb)

verzichten *vi* do without sth; *(abandon)* give sth up

verzieh *imperf → verzeihen*

verziehen *pp → verzeihen*

verzieren *vt* **1.** *vt (child)* spoil; **das Gesicht ~** pull a face *2. vr* go out of shape; *(go away)* disappear

verzieren *vt* decorate

verzögern 1. *vt* delay **2.** *vr* be delayed; **Verzögerung** *f* delay

verzweifeln *vi* despair *(an + dat* of); **verzweifelt** *adj* desperate; **Verzweiflung** *f* despair

Vetter *m* ⟨-s, -n⟩ cousin

vgl. *abbr* = **vergleiche** cf

Viagra® *nt* ⟨-s⟩ Viagra®

Vibrator *m* ⟨-s, -en⟩ vibrator; **vibrieren** *vi* vibrate

Video *nt* ⟨-s, -s⟩ video; **auf ~ aufnehmen** video; **Videoclip** *m* ⟨-s, -s⟩ video clip; **Videofilm** *m* video; **Videogerät** *nt* video (recorder); **Videokamera** *f* video camera; **Videokassette** *f* video (cassette); **Videorekorder** *m* video recorder; **Videospiel** *nt* video game; **Videothek** *f* ⟨-, -en⟩ video library

Vieh *nt* ⟨-(e)s⟩ cattle

viel 1. *pron* a lot (of), lots of; **~ Arbeit** a lot of work, lots of work; **~e Leute** a lot of people, lots of people, many people; **zu ~** too much; **zu ~e** too many; **sehr ~** a great deal of; **sehr ~e** a great many; **ziemlich** ~/~e quite a lot of; **nicht** ~ not much, not a lot of; **nicht** ~e not very much, not a lot of; **sie sagt nicht** ~ she doesn't say a lot; **gibt es** ~? is there much?, is there a lot?; **gibt es** ~e? are there many?, are there a lot? **2.** adv a lot; **er geht** ~ ins Kino he goes a lot to the cinema; **sehr** ~ a great deal; **ziemlich** ~ quite a lot; ~ **besser** much better; ~ **teurer** much more expensive; ~ **zu** ~ far too much

vielleicht adv perhaps; ~ **ist sie krank** perhaps she's ill, she might be ill; **weißt du** ~, **wo er ist?** do you know where he is (by any chance)?

vielmal(s) adv many times; **danke vielmals** many thanks; **vielmehr** adv rather; **vielseitig** adj very varied; (person, device) versatile

vier num four; **auf allen** ~**en** on all fours; **unter** ~ **Augen** in private, privately; **Vier** f ⟨-, -en⟩ four; (mark in school) ≈ D; **Vierbettzimmer** nt four-bed room; **Viereck** nt ⟨-(e)s, -e⟩ four-sided figure; square; **viereckig** adj four-sided; square; **vierfach** adj **die** ~**e Menge** four times the amount; **vierhundert** num four hundred; **viermal** adv four times; **vierspurig** adj four-lane

viert adv **wir sind zu** ~ there

are four of us; **vierte(r, s)** adj fourth; → **dritte**

Viertel nt ⟨-s, -⟩ (of town) quarter, district; (fraction) quarter; (of wine etc) quarter-litre; (of a clock) **vor** / **nach drei** a quarter to / past three; **viertel drei** a quarter past two; **drei viertel drei** a quarter to three; **Viertelfinale** nt quarter-final; **vierteljährlich** adj quarterly; **Viertelstunde** f quarter of an hour

vierzehn num fourteen; **in** ~ **Tagen** in two weeks, in a fortnight (Brit); **vierzehntägig** adj two-week, fortnightly (Brit); **vierzehnte(r, s)** adj fourteenth; → **dritte; vierzig** num forty; **vierzigste(r, s)** adj fortieth

Vietnam nt ⟨-s⟩ Vietnam

Vignette f motorway (Brit) (or freeway (US)) permit

Villa f ⟨-, Villen⟩ villa

violett adj purple

Violine f violin

Virus m or nt ⟨-, Viren⟩ virus

Visitenkarte f card

Visum nt ⟨-s, Visa or Visen⟩ visa

Vitamin nt ⟨-s, -e⟩ vitamin

Vitrine f ⟨-, -n⟩ (glass) cabinet; (in museum etc) display case

Vogel m ⟨-s, Vögel⟩ bird; **Vogelgrippe** f bird flu, avian flu; **vögeln** vi, vt vulg screw

Voicemail f ⟨-, -s⟩ voice mail

Vokal m ⟨-s, -e⟩ vowel

Volk nt ⟨-(e)s, Völker⟩ people

pl; *(community)* nation;
Volksfest *nt* festival; *(with
rides etc)* funfair; **Volks-
hochschule** *f* adult education centre; **Volkslied** *nt*
folksong; **Volksmusik** *f* folk
music; **volkstümlich** *adj*
popular; traditional; *(art)*
folk

voll *adj* full *(von of)*; **Vollbremsung** *f* **eine ~ machen**
slam on the brakes; **voll-
ends** *adv* completely

Volleyball *m* volleyball

Vollgas *nt* **mit ~** at full throt-
tle; **~ geben** step on it

völlig 1. *adj* complete **2.** *adv*
completely

volljährig *adj* of age; **Vollkas-
koversicherung** *f* fully comprehensive insurance; **voll-
klimatisiert** *adj* fully air-
conditioned; **vollkommen
1.** *adj* perfect; **~er Unsinn**
complete rubbish **2.** *adv*
completely

Vollkornbrot *nt* wholemeal
(Brit) *(or* whole wheat
(US)) bread

vollmachen *vt* fill (up)

Vollmacht *f* ⟨-, -en⟩ authority;
(document) power of attorney

Vollmilch *f* full-fat milk
(Brit), whole milk *(US)*;
Vollmilchschokolade *f* milk
chocolate; **Vollmond** *m* full
moon; **Vollnarkose** *f* general anaesthetic; **Vollpension**
f full board

vollständig *adj* complete
volltanken *vi* fill up
Vollwertkost *f* wholefood;
vollzählig *adj* complete

Volt *nt* ⟨-, -⟩ volt

Volumen *nt* ⟨-s, -⟩ volume

vom *contr* = **von dem** *(with
space, time, cause)* from;
ich kenne sie nur ~ Sehen
I only know her by sight

von *prep* + *dat (with space,
time)* from; *(replacing genitive, consisting of)* of; *(passive)* by; **ein Freund ~ mir**
a friend of mine; **~ mir aus**
fam if you like; **~ wegen!**
no way; **voneinander** *adv*
from each other

vor *prep* + *dat or acc* before;
(in space) in front of; **fünf
~ drei** five to three; **~ 2 Tagen** 2 days ago; **~ Wut /
Liebe** with rage / love; **~ allem** above all

vorangehen *irr vi* go ahead;
einer Sache *dat* **~** precede
sth; **vorankommen** *irr vi*
make progress

voraus *adv* ahead; **im Voraus**
in advance; **jdm ~ sein** be
ahead of sb; **vorausfahren**
irr vi drive on ahead; **vorausgesetzt** *conj* provided
(that); **Voraussage** *f* prediction; *(for weather)* forecast;
voraussagen *vt* predict; **vo-
raussehen** *irr vt* foresee;
voraussetzen *vt* assume;
Voraussetzung *f* requirement, prerequisite; **voraus-**

sichtlich 1. *adj* expected 2. *adv* probably; **vorauszahlen** *vt* pay in advance

vorbei *adv* past, over, finished; **vorbeibringen** *irr vt* drop by (*or* in); **vorbeifahren** *irr vi* drive past; **vorbeigehen** *irr vi* drop by, go past; (*elapse, end*) pass; **vorbeikommen** *irr vi* drop by; **vorbeilassen** *irr vt* **kannst du die Leute ~?** would you let these people pass?; **lässt du mich bitte mal vorbei?** can I get past, please?

vorbereiten 1. *vt* prepare 2. *vr* get ready (*auf + acc, für* for); **Vorbereitung** *f* preparation

vorbestellen *vt* book in advance; (*meal*) order in advance; **Vorbestellung** *f* booking, reservation

vorbeugen *vi* prevent (*dat* sth); **vorbeugend** *adj* preventive; **Vorbeugung** *f* prevention

Vorbild *nt* (role) model; **vorbildlich** *adj* model, ideal

Vorderachse *f* front axle; **vordere(r, s)** *adj* front; **Vordergrund** *m* foreground; **Vorderradantrieb** *m* AUTO front-wheel drive; **Vorderseite** *f* front; **Vordersitz** *m* front seat; **Vorderteil** *m or nt* front (part)

voreilig *adj* hasty, rash; **~e Schlüsse ziehen** jump to conclusions; **voreingenom-**

men *adj* biased

vorenthalten *irr vt* **jdm etw ~** withhold sth from sb

vorerst *adv* for the moment

vorfahren *irr vi* drive on ahead; **vor das Haus ~** drive up to the house; **fahren Sie bis zur Ampel vor** drive as far as the traffic lights

Vorfahrt *f* AUTO right of way; **~ achten** give way (*Brit*), yield (*US*); **Vorfahrtsschild** *nt* give way (*Brit*) (*or* yield (*US*)) sign; **Vorfahrtsstraße** *f* major road

Vorfall *m* incident

vorführen *vt* demonstrate; (*film*) show; THEAT perform

Vorgänger(in) *m(f)* predecessor

vorgehen *irr vi* go on ahead; (*to the front*) go forward; (*take action*) act, proceed; (*clock, watch*) be fast; (*be more important*) take precedence; (*happen*) go on; **Vorgehen** *nt* ⟨-s⟩ procedure

Vorgesetzte(r) *mf* superior

vorgestern *adv* the day before yesterday

vorhaben *irr vt* plan; **hast du schon was vor?** have you got anything on?; **ich habe vor, nach Rom zu fahren** I'm planning to go to Rome

vorhalten *irr vt* **jdm etw ~** accuse sb of sth

Vorhand *f* forehand

vorhanden *adj* existing; available

Vorhang m curtain

Vorhaut f foreskin

vorher adv before; **zwei Tage ~** two days before; **~ essen wir** we'll eat first; **Vorhersage** f forecast; **vorhersehen** irr vt foresee

vorhin adv just now, a moment ago

vorkommen irr vi come forward; (take place) happen; (appear) seem (to be); **sich dat dumm ~** feel stupid

Vorlage f model

vorlassen irr vt **jdn ~** let sb go first

vorläufig adj temporary

vorlesen irr vt read out

vorletzte(r, s) adj last but one; **am ~n Samstag** (on) the Saturday before last

Vorliebe f preference

vormachen vt **kannst du es mir ~?** can you show me how to do it?; **jdm etwas ~** fig fool sb

Vormittag m morning; **am ~** in the morning; **heute ~** this morning; **vormittags** adv in the morning; **um 9 Uhr ~** at 9 (o'clock) in the morning, at 9 am

vorn(e) adv in front; **von ~ anfangen** start at the beginning; **nach ~** to the front; **weiter ~** further up; **von ~ bis hinten** from beginning to end

Vorname m first name; **wie heißt du mit ~n?** what's

your first name?

vornehm adj distinguished; (behaviour) refined; (clothes, hotel etc) elegant

vornehmen irr vt **sich dat etw ~** start on sth; **sich dat ~, etw zu tun** decide to do sth

vornherein adv **von ~** from the start

Vorort m suburb

vorrangig adj priority

Vorrat m stock, supply; **vorrätig** adj in stock

Vorrecht nt privilege; **Vorruhestand** m early retirement; **Vorsaison** f early season

Vorsatz m intention; LAW intent; **vorsätzlich** adj intentional; LAW premeditated

Vorschau f preview; (for film) trailer

Vorschlag m suggestion, proposal; **vorschlagen** irr vt suggest, propose; **ich schlage vor, dass wir gehen** I suggest we go

vorschreiben irr vt stipulate; **jdm etw ~** dictate sth to sb

Vorschrift f regulation, rule; instruction; **vorschriftsmäßig** adj correct

Vorsicht f care; **~!** look out; (on sign) caution; **~ Stufe!** mind the step; **vorsichtig** adj careful; **vorsichtshalber** adv just in case

Vorsorge f precaution; (stopping) prevention; **Vorsorgeuntersuchung** f checkup;

vorsorglich adv as a precaution

Vorspeise f starter

vorstellen vt (person) introduce, put forward; (in front of sth else) put in front; **sich** dat etw ~ imagine sth; **Vorstellung** f (to sb) introduction; THEAT performance; (concept) idea; **Vorstellungsgespräch** nt interview

vortäuschen vt feign

Vorteil m advantage (gegenüber over); **die Vor- und Nachteile** the pros and cons; **vorteilhaft** adj advantageous

Vortrag m ⟨-(e)s, Vorträge⟩ talk (über + acc on); (academic) lecture; **einen ~ halten** give a talk

vorüber adv over; **vorübergehen** irr vi pass; **vorübergehend 1.** adj temporary **2.** adv temporarily, for the time being

Vorurteil nt prejudice

Vorverkauf m advance booking

vorverlegen vt bring forward

Vorwahl f TEL dialling code (Brit), area code (US)

Vorwand m ⟨-(e)s, Vorwände⟩ pretext, excuse; **unter dem ~, dass** with the excuse that

vorwärts adv forward; **vorwärtsgehen** irr vi fig progress

vorweg adv in advance; **vorwegnehmen** irr vt anticipate

vorwerfen irr vt **jdm etw** ~ accuse sb of sth

vorwiegend adv mainly

Vorwort nt preface

Vorwurf m reproach; **sich** dat **Vorwürfe machen** reproach oneself; **jdm Vorwürfe machen** accuse sb; **vorwurfsvoll** adj reproachful

vorzeigen vt show

vorzeitig adj premature, early

vorziehen irr vt prefer

vorzüglich adj excellent

vulgär adj vulgar

Vulkan m ⟨-s, -e⟩ volcano; **Vulkanausbruch** m volcanic eruption

W

Waage f ⟨-, -n⟩ scales pl; ASTR Libra; **waagerecht** adj horizontal

wach adj awake; ~ **werden** wake up; **Wache** f ⟨-, -n⟩ guard

Wachs nt ⟨-es, -e⟩ wax

wachsen ⟨wuchs, gewachsen⟩ vi grow

wachsen vt (skis) wax

Wachstum nt growth

Wächter(in) m(f) ⟨-s, -⟩

guard; (of car park) attendant

wackelig adj wobbly; fig shaky; **Wackelkontakt** m loose connection; **wackeln** vi (chair) be wobbly; (tooth, screw) be loose; **mit dem Kopf ~** waggle one's head

Wade f ⟨-, -n⟩ ANAT calf

Waffe f ⟨-, -n⟩ weapon

Waffel f ⟨-, -n⟩ waffle; (biscuit, for ice cream) wafer

wagen vt risk; **es ~, etw zu tun** dare to do sth

Wagen m ⟨-s, -⟩ AUTO car; RAIL carriage; **Wagenheber** m ⟨-s, -⟩ jack; **Wagentyp** m model, make

Wahl f ⟨-, -en⟩ choice; POL election

wählen 1. vt choose; TEL dial; POL vote for; (as president, to board etc) elect 2. vi choose; TEL dial; POL vote; **Wähler(in)** m(f) ⟨-s, -⟩ voter; **wählerisch** adj choosy

Wahlkampf m election campaign; **wahllos** adv at random; **Wahlwiederholung** f redial

Wahnsinn m madness; **~!** amazing!; **wahnsinnig** 1. adj insane, mad 2. adv fam incredibly

wahr adj true; **das darf doch nicht ~ sein!** I don't believe it; **nicht ~?** that's right, isn't it?

während 1. prep + gen during 2. conj while; **währenddessen** adv meanwhile, in the meantime

Wahrheit f truth

wahrnehmbar adj noticeable, perceptible; **wahrnehmen** irr vt perceive

Wahrsager(in) m(f) ⟨-s, -⟩ fortune-teller

wahrscheinlich 1. adj probable, likely 2. adv probably; **ich komme ~ zu spät** I'll probably be late; **Wahrscheinlichkeit** f probability

Währung f currency

Wahrzeichen nt symbol

Waise f ⟨-, -n⟩ orphan

Wal m ⟨-(e)s, -e⟩ whale

Wald m ⟨-(e)s, Wälder⟩ wood, (extensive) forest; **Waldbrand** m forest fire; **Waldsterben** nt ⟨-s⟩ forest dieback

Wales nt ⟨-⟩ Wales; **Waliser(in)** m(f) Welshman / Welshwoman; **walisisch** adj Welsh; **Walisisch** nt Welsh

Walkman® m ⟨-s, -s⟩ walkman®, personal stereo

Wallfahrt f pilgrimage; **Wallfahrtsort** m place of pilgrimage

Walnuss f walnut

Walross nt ⟨-es, -e⟩ walrus

wälzen 1. vt roll; (books) pore over; (problems) deliberate on 2. vr wallow; (in pain) roll about; (in bed) toss and turn

Walzer m ⟨-s, -⟩ waltz

Wand f ⟨-, Wände⟩ wall

Wandel m ⟨-s⟩ change; **wan-**

deln *vt, vr* change
Wanderer *m* ⟨-s, -⟩, **Wanderin**
f hiker; **Wanderkarte** *f* hiking map; **wandern** *vi* hike;
(*gaze*) wander; (*thoughts*)
stray; **Wanderschuh** *m*
walking shoe; **Wanderstiefel** *m* hiking boot; **Wanderung** *f* hike; *eine ~ machen*
go on a hike; **Wanderweg** *m*
walking (*or* hiking) trail;
Wandschrank *m* built-in
cupboard (*Brit*), closet (*US*)
wandte *imperf* → **wenden**
Wange *f* ⟨-, -n⟩ cheek
wann *adv* when; *seit ~ ist sie
da?* how long has she been
here?; *bis ~ bleibt ihr?*
how long are you staying?
Wanne *f* ⟨-, -n⟩ (bath) tub
Wappen *nt* ⟨-s, -⟩ coat of arms
war *imperf* → **sein**
warb *imperf* → **werben**
Ware *f* ⟨-, -n⟩ product; *~n*
goods *pl*; **Warenhaus** *nt* department store; **Warenprobe** *f* sample; **Warenzeichen**
nt trademark
warf *imperf* → **werfen**
warm *adj* warm; (*meal*) hot; *~
laufen* warm up; *mir ist es
zu ~* I'm too warm; **Wärme**
f ⟨-, -n⟩ warmth; **wärmen 1.**
vt warm; (*food*) warm (*or*
heat) up **2.** *vi* (*clothes, sun*)
be warm **3.** *vr* warm up;
(*by holding each other*) keep
each other warm; **Wärmflasche** *f* hot-water bottle
Warnblinkanlage *f* AUTO

warning flasher; **Warndreieck** *nt* AUTO warning triangle; **warnen** *vt* warn (*vor
+ dat* about, of); **Warnung**
f warning
Warteliste *f* waiting list; **warten 1.** *vi* wait (*auf + acc* for);
warte mal! wait (*or* hang on)
a minute **2.** *vt* TECH service
Wärter(in) *m(f)* attendant
Wartesaal *m*, **Wartezimmer**
nt waiting room
Wartung *f* service; (*action*)
servicing
warum *adv* why
Warze *f* ⟨-, -n⟩ wart
was 1. *pron* what; *~ kostet
das?* what does it cost?,
how much is it?; *~ für ein
Auto ist das?* what kind of
car is that?; *~ für eine Farbe / Größe?* what colour /
size?; *fam ~?* what?; *~ ist /
gibt's?* what is it?, what's
up? **2.** *pron du weißt, ~
ich meine* you know what
I mean; *~ (auch) immer*
whatever **3.** *fam* something;
soll ich dir ~ mitbringen?
do you want me to bring
you anything?
Waschanlage *f* AUTO car
wash; **waschbar** *adj* washable; **Waschbecken** *nt* washbasin
Wäsche *f* ⟨-, -n⟩ washing;
(*dirty*) laundry; *in der ~* in
the wash; **Wäscheklammer**
f clothes peg (*Brit*) (*or* pin
(*US*)); **Wäscheleine** *f*

clothesline

waschen ⟨wusch, gewaschen⟩ **1.** *vt, vi* wash; *Waschen und Legen* shampoo and set **2.** *vr* (have a) wash; *sich dat die Haare ~* wash one's hair

Wäscherei *f* laundry; **Wäscheständer** *m* clothes horse; **Wäschetrockner** *m* tumble-drier

Waschgelegenheit *f* washing facilities *pl*; **Waschlappen** *m* flannel (*Brit*), washcloth (*US*); *fam* (*person*) wet blanket; **Waschmaschine** *f* washing machine; **Waschmittel** *nt*, **Waschpulver** *nt* washing powder; **Waschraum** *m* washroom; **Waschsalon** *m* ⟨-s, -s⟩ launderette (*Brit*), laundromat (*US*); **Waschstraße** *f* car wash

Wasser *nt* ⟨-s, -⟩ water; *fließendes ~* running water; **Wasserball** *m* SPORT water polo; **wasserdicht** *adj* watertight; (*fabric, watch*) waterproof; **Wasserfall** *m* waterfall; **Wasserfarbe** *f* watercolour; **wasserfest** *adj* watertight, waterproof; **Wasserhahn** *m* tap (*Brit*), faucet (*US*); **wässerig** *adj* watery; **Wasserkessel** *m* ⟨-s, -⟩ kettle; **Wasserkocher** *m* ⟨-s, -⟩ electric kettle; **Wasserleitung** *f* water pipe; **wasserlöslich** *adj* water-soluble; **Wassermann** *m* ASTR Aquarius; **Wassermelone** *f* water melon; **Wasserrutschbahn** *f* water chute; **Wasserschaden** *m* water damage; **wasserscheu** *adj* scared of water; **Wasserski** *nt* water-skiing; **Wassersport** *m* water sports *pl*; **wasserundurchlässig** *adj* watertight, waterproof; **Wasserverbrauch** *m* water consumption; **Wasserversorgung** *f* water supply; **Wasserwerk** *nt* waterworks *pl*

waten *vi* wade

Watt 1. *nt* ⟨-(e)s, -en⟩ GEO mud flats *pl* **2.** *nt* ⟨-s, -⟩ ELEC watt

Watte *f* ⟨-, -⟩ cotton wool; **Wattestäbchen** *nt* cotton bud, Q-tip® (*US*)

WC *nt* ⟨-s, -s⟩ toilet, restroom (*US*); **WC-Reiniger** *m* toilet cleaner

Web *nt* ⟨-s⟩ IT Web; **Webseite** *f* IT web page

Wechsel *m* ⟨-s, -⟩ change; SPORT substitution; **Wechselgeld** *nt* change; **wechselhaft** *adj* (*weather*) changeable; **Wechseljahre** *pl* menopause *sg*; **Wechselkurs** *m* exchange rate; **wechseln 1.** *vt* change; (*looks*) exchange; *Geld ~* change some money; (*into smaller coins or notes*) get some change; *Euro in Pfund ~* change euros into pounds **2.** *vi* change; *kannst*

du ~? can you change this?;
Wechselstrom m alternating current, AC; **Wechselstube** f bureau de change

Weckdienst m wake-up call service; **wecken** vt wake (up); **Wecker** m ⟨-s, -⟩ alarm clock; **Weckruf** m wake-up call

wedeln vi SKI wedel; **der Hund wedelte mit dem Schwanz** the dog wagged its tail

weder conj **~ ... noch ...** neither ... nor ...

weg adv away; (leaving, removed) off; **er war schon ~** he had already left (or gone); **Hände ~!** hands off; **weit ~** a long way away (or off)

Weg m ⟨-(e)s, -e⟩ way; (for walking) path; (way travelled) route; **jdn nach dem ~ fragen** ask sb the way; **auf dem ~ sein** be on the way

wegbleiben irr vi stay away; **wegbringen** irr vt take away

wegen prep + gen or dat because of

wegfahren irr vi drive away; (depart) leave; (on holiday) go away; **Wegfahrsperre** f AUTO (engine) immobilizer; **weggehen** irr vi go away; **wegkommen** irr vi get away; fig **gut / schlecht ~** come off well / badly; **weglassen** irr vt leave out; **weglaufen** irr vi run away; **weg-**

legen vt put aside; **wegmüssen** irr vi **ich muss weg** I've got to go; **wegnehmen** irr vt take away; **wegräumen** vt clear away; **wegrennen** irr vi run away; **wegschicken** vt send away; **wegschmeißen** irr vt throw away; **wegsehen** irr vi look away; **wegtun** irr vt put away

Wegweiser m ⟨-s, -⟩ signpost; **wegwerfen** irr vt throw away; **wegwischen** vt wipe off; **wegziehen** irr vi move (away)

weh adj sore; **→ wehtun**

wehen vt, vi blow; (flag) flutter

Wehen pl labour pains pl

Wehrdienst m military service

wehren vr defend oneself

wehtun irr vi hurt; **jdm / sich ~** hurt sb / oneself

Weibchen nt **es ist ein ~** (animal) it's a she; **weiblich** adj feminine; BIO female

weich adj soft; **~ gekocht** (egg) soft-boiled

Weichspüler m ⟨-s, -⟩ (fabric) softener

Weide f ⟨-, -n⟩ (tree) willow; (field) meadow

weigern vr refuse; **Weigerung** f refusal

Weiher m ⟨-s, -⟩ pond

Weihnachten nt ⟨-, -⟩ Christmas; **Weihnachtsabend** m Christmas Eve; **Weih-**

nachtsbaum m Christmas tree; **Weihnachtsfeier** f Christmas party; **Weihnachtsferien** pl Christmas holidays pl (Brit), Christmas vacation sg (US); **Weihnachtsgeld** nt Christmas bonus; **Weihnachtsgeschenk** nt Christmas present; **Weihnachtskarte** f Christmas card; **Weihnachtslied** nt Christmas carol; **Weihnachtsmann** m Father Christmas, Santa (Claus); **Weihnachtstag** m **erster ~** Christmas Day; **zweiter ~** Boxing Day; **Weihnachtszeit** f Christmas season

weil conj because

Weile f ⟨-⟩ while, short time; **es kann noch eine ~ dauern** it could take some time

Wein m ⟨-(e)s, -e⟩ wine; (plant) vine; **Weinbrand** m brandy

weinen vt, vi cry

Weinglas nt wine glass; **Weinkarte** f wine list; **Weinkeller** m wine cellar; **Weinprobe** f wine tasting; **Weintraube** f grape

weise adj wise

Weise f ⟨-, -n⟩ manner, way; **auf diese (Art und) ~** this way

weisen ⟨wies, gewiesen⟩ vt show

Weisheit f wisdom; **Weisheitszahn** m wisdom tooth

weiß adj white; **Weißbier** nt ≈

wheat beer; **Weißbrot** nt white bread; **Weißkohl** m, **Weißkraut** nt (white) cabbage; **Weißwein** m white wine

weit 1. adj wide; (concept) broad; (journey, throw) long; (dress) loose; **wie ~ ist es ...?** how far is it ...?; **so ~ sein** to be ready **2.** adv far; **~ verbreitet** widespread; **~ gereist** widely travelled; **~ offen** wide open; **das geht zu ~** that's going too far, that's pushing it

weiter 1. adj (more distant) farther (away); (additional) further; **~e Informationen** further information sg **2.** adv further; **~!** go on; (to people walking) keep moving; **~ nichts / niemand** nothing / nobody else; **und so ~** and so on; **Weiterbildung** f further training (or education); **weiterempfehlen** irr vt recommend; **weitererzählen** vt **nicht ~!** don't tell anyone; **weiterfahren** irr vi go on (nach to, bis as far as); **weitergeben** irr vt pass on; **weitergehen** irr vi go on; **weiterhelfen** irr vi **jdm ~** help sb

weiterhin adv **etw ~ tun** go on doing sth

weitermachen vt, vi continue; **weiterreisen** vi continue one's journey

weitgehend 1. adj considerable **2.** adv largely; **weitsichtig** adj long-sighted; fig far-sighted; **Weitsprung** m long jump; **Weitwinkelobjektiv** nt PHOT wide-angle lens

Weizen m ⟨-s, -⟩ wheat; **Weizenbier** nt ≈ wheat beer

welche(r, s) 1. pron what; (when choosing) which (one); ~ **Geschmacksrichtung willst du?** which flavour do you want?; ~**r ist es?** which (one) is it? **2.** pron (relative, person) who; (relative, thing) which, that; **zeig mir,** ~**r es war** show me which one of them it was **3.** pron fam some; **hast du Kleingeld? - ja, ich hab'** ~**s** have you got any change? - yes, I've got some

welk adj withered; **welken** vi wither

Welle f ⟨-, -n⟩ wave; **Wellengang** m waves pl; **starker** ~ heavy seas pl; **Wellenlänge** f wavelength; **Wellenreiten** nt surfing; **Wellensittich** m ⟨-s, -e⟩ budgerigar, budgie

Wellness f health and beauty (Brit), wellness (US)

Welpe m ⟨-n, -n⟩ puppy

Welt f ⟨-, -en⟩ world; **auf der** ~ in the world; **auf die** ~ **kommen** be born; **Weltall** nt universe; **weltbekannt** adj, **weltberühmt** adj world-famous; **Weltkrieg** m world war; **Weltmacht** f world

power; **Weltmeister(in)** m(f) world champion; **Weltmeisterschaft** f world championship; (in football) World Cup; **Weltraum** m space; **Weltreise** f trip round the world; **Weltrekord** m world record; **Weltstadt** f metropolis; **weltweit** adj worldwide, adv worldwide

wem pron dat → **wer**; who ... to, (to) whom; ~ **hast du's gegeben?** who did you give it to?; ~ **gehört es?** who does it belong to?, whose is it?; ~ **auch immer es gehört** whoever it belongs to

wen pron acc → **wer**; who, whom; ~ **hast du besucht?** who did you visit?; ~ **möchten Sie sprechen?** who would you like to speak to?

Wende f ⟨-, -n⟩ turning point; (transformation) change; **die** ~ HIST the fall of the Berlin Wall; **Wendekreis** m AUTO turning circle

wenden (wendete or wandte, gewendet or gewandt) vt, vi turn (round); (by 180°) make a U-turn; **sich an jdn** ~ turn to sb; **bitte** ~**!** please turn over, PTO

wenig pron little; ~**(e)** pl few; (nur) **ein (klein)** ~ (just) a little (bit); **ein** ~ **Zucker** a little bit of sugar, a little sugar; **wir haben** ~ **Zeit** we haven't got much time; **zu** ~ too little; pl too few; **nur**

~ **wissen** only a few know **2.**
adv **er spricht** ~ he doesn't
talk much; ~ **bekannt** little
known; **wenigstens** *adv* at
least

wenn *conj* if; (*with time*)
when; **wennschon** *adv* **na**
~ **so** what?

wer 1. *pron* who; ~ **war das?**
who was that?; ~ **von euch?**
which (one) of you? **2.** *pron*
anybody who, anyone who;
~ **das glaubt, ist dumm** anyone who believes that is
stupid; ~ **auch immer** whoever **3.** *pron* somebody,
someone; anybody, anyone;
ist da ~**?** is (there) anybody
there?

Werbefernsehen *nt* TV com-
mercials *pl*; **werben** ⟨warb,
geworben⟩ **1.** *vt* win; (*member*) recruit **2.** *vi* advertise;
Werbespot *m* ⟨-s, -s⟩ commercial; **Werbung** *f* advertising

werden ⟨wurde, geworden⟩ **1.**
vi get, become; **alt / müde / reich** ~ get old / tired /
rich; **was willst du** ~**?** what
do you want to be? **2.** *vaux*
(*future*) will; (*definitely*) be
going to; (*passive*) be; **er
wird uns (schon) fahren**
he'll drive us; **ich werde
kommen** I'll come; **er wird
uns abholen** he's going to
pick us up; **wir** ~ **dafür bezahlt** we're paid for it; **er
wird gerade diskutiert**

he's being discussed

werfen ⟨warf, geworfen⟩ *vt*
throw

Werft *f* ⟨-, -en⟩ shipyard, dockyard

Werk *nt* ⟨-(e)s, -e⟩ (*of art, literature etc*) work; (*industrial*)
factory; (*mechanism*) works
pl; **Werkstatt** *f* ⟨-, -stätten⟩
workshop, AUTO garage;
Werktag *m* working day;
werktags *adv* on weekdays,
during the week; **Werkzeug**
nt tool; **Werkzeugkasten** *m*
toolbox

wert *adj* worth; **es ist etwa 50
Euro** ~ it's worth about 50
euros; **das ist nichts** ~ it's
worthless; **Wert** *m* ⟨-(e)s, -e⟩
worth; FIN value; ~ **legen
auf** + *acc* attach importance
to; **es hat doch keinen** ~
(*sense*) it's pointless; **Wert-
angabe** *f* declaration of value; **Wertbrief** *m* insured letter; **Wertgegenstand** *m* valuable object; **wertlos** *adj*
worthless; **Wertmarke** *f* token; **Wertpapiere** *pl* securi-
ties *pl*; **Wertsachen** *pl* valuables *pl*; **Wertstoff** *m* recyclable waste; **wertvoll** *adj*
valuable

Wesen *nt* ⟨-s, -⟩ being; (*character*) nature

wesentlich 1. *adj* significant;
(*substantial*) considerable **2.**
adv considerably

weshalb *adv* why

Wespe *f* ⟨-, -n⟩ wasp; **Wes-**

penstich *m* wasp sting

wessen *pron gen* → **wer**; whose

West west; **Westdeutschland** *nt* Western Germany; HIST West Germany

Weste *f* ‹-, -n› waistcoat (*Brit*), vest (*US*); (*woollen*) cardigan

Westen ‹s› West; **im ~ Englands** in the west of England; **Westeuropa** *nt* Western Europe; **Westküste** *f* west coast; **westlich** *adj* western; (*course, direction*) westerly; **Westwind** *m* west(erly) wind

weswegen *adv* why

Wettbewerb *m* competition; **Wettbüro** *nt* betting office; **Wette** *f* ‹-, -n› bet; **eine ~ abschließen** make a bet; **die ~ gilt!** you're on; **wetten** *vt, vi* bet (*auf + acc* on); **ich habe mit ihm gewettet, dass ...** I bet him that ...; **ich wette mit dir um 50 Euro** I'll bet you 50 euros; **~, dass?** wanna bet?

Wetter *nt* ‹-s, -› weather; **Wetterbericht** *m*, **Wettervorhersage** *f* weather forecast

Wettkampf *m* contest; **Wettlauf** *m*, **Wettrennen** *nt* race

WG *f* ‹-, -s› *abbr* → **Wohngemeinschaft**

Whirlpool® *m* ‹-s, -s› jacuzzi®

Whisky *m* ‹-s, -s› (*Scottish*) whisky; (*Irish, American*) whiskey

wichtig *adj* important

wickeln *vt* (*string*) wind (*um* round); (*paper, scarf, blanket*) wrap (*um* round); **ein Baby ~** change a baby's nappy (*Brit*) (or diaper (*US*)); **Wickelraum** *m* baby-changing room; **Wickeltisch** *m* baby-changing table

Widder *m* ‹-s, -› ZOOL ram; ASTR Aries *sg*

wider *prep + acc* against

widerlich *adj* disgusting

widerrufen *irr vt* withdraw; (*contract, order*) cancel

widersprechen *irr vi* contradict (*jdm* sb); **Widerspruch** *m* contradiction

Widerstand *m* resistance; **widerstandsfähig** *adj* resistant (*gegen* to)

widerwärtig *adj* disgusting

widerwillig *adj* unwilling, reluctant

widmen 1. *vt* dedicate **2.** *vr* **sich jdm / etw ~** devote oneself to sb/sth; **Widmung** *f* dedication

wie 1. *adv* how; **~ viel** how much; **~ viele Menschen?** how many people?; **~ geht's?** how are you?; **~ das?** how come?; **~ bitte?** pardon?, sorry? (*Brit*) **2.** (*so*) **schön ~ ...** as beautiful as ...; **~ du weißt** as you know; **~ ich das hörte** when I heard that; **ich sah, ~ er rauskam** I saw him coming out

wieder *adv* again; **~ ein(e)** ... another ...; **~ erkennen** recognize; **etw ~ gutmachen** make up for sth; **~ verwerten** recycle

wiederbekommen *irr vt* get back

wiederholen *vt* repeat; **Wiederholung** *f* repetition

Wiederhören *nt* TEL **auf ~!** goodbye

wiederkommen *irr vi* come back

wiedersehen *irr vt* see again; (*person*) meet again; **Wiedersehen** *nt* ⟨-s⟩ reunion; **auf ~!** goodbye

Wiedervereinigung *f* reunification

Wiege *f* ⟨-, -n⟩ cradle; **wiegen** ⟨wog, gewogen⟩ *vt, vi* weigh

Wien *nt* ⟨-s⟩ Vienna

wies *imperf* → **weisen**

Wiese *f* ⟨-, -n⟩ meadow

Wiesel *nt* ⟨-s, -⟩ weasel

wieso *adv* why

wieviel *adv* how often; **wievielte(r, s)** *adj* **zum ~n Mal?** how many times?; **den Wievielten haben wir heute?** what's the date today?; **am Wievielten hast du Geburtstag?** which day is your birthday?

wieweit *conj* to what extent

wild *adj* wild

Wild *nt* ⟨-(e)s⟩ game

wildfremd *adj fam* **ein ~er Mensch** a complete (or total) stranger; **Wildleder** *nt*

suede; **Wildpark** *m* game park; **Wildschwein** *nt* (wild) boar; **Wildwasserfahren** *nt* ⟨-s⟩ whitewater canoeing (or rafting)

Wille *m* ⟨-ns, -n⟩ will

willen *prep* + *gen* **um ... ~** for the sake of ...; **um Himmels ~!** for heaven's sake; (*shocked*) goodness me

willkommen *adj* welcome

Wimper *f* ⟨-, -n⟩ eyelash; **Wimperntusche** *f* mascara

Wind *m* ⟨-(e)s, -e⟩ wind

Windel *f* ⟨-, -n⟩ nappy (*Brit*), diaper (*US*)

windgeschützt *adj* sheltered from the wind; **windig** *adj* windy; *fig* dubious; **Windjacke** *f* windcheater; **Windmühle** *f* windmill; **Windpocken** *pl* chickenpox *pl*; **Windschutzscheibe** *f* AUTO windscreen (*Brit*), windshield (*US*); **Windstärke** *f* wind force; **Windsurfen** *nt* ⟨-s⟩ windsurfing; **Windsurfer(in)** *m(f)* windsurfer

Winkel *m* ⟨-s, -⟩ MATH angle; (*in room*) corner

winken *vi, vt* wave

Winter *m* ⟨-s, -⟩ winter; **Winterausrüstung** *f* AUTO winter equipment; **Winterfahrplan** *m* winter timetable; **winterlich** *adj* wintry; **Wintermantel** *m* winter coat; **Winterreifen** *m* winter tyre; **Winterschlussverkauf** *m* winter sales *pl*; **Wintersport** *m* winter sports pl

Winterzeit f (by the clock) winter time (Brit), standard time (US)

winzig adj tiny

wir pron we; ~ **alle** all of us; ~ **drei** the three of us; ~ **sind's** it's us; ~ **nicht** not us

Wirbel m ⟨-s, -⟩ whirl; (activity) hurly-burly; (about sb or sth) fuss; ANAT vertebra; **Wirbelsäule** f spine

wirken vi be effective; (be successful) work; (appear to be) seem

wirklich adj real; **Wirklichkeit** f reality

wirksam adj effective; **Wirkung** f effect

wirr adj confused; **Wirrwarr** m ⟨-s⟩ confusion

Wirsing m ⟨-s⟩ savoy cabbage

Wirt m ⟨-(e)s, -e⟩ landlord; **Wirtin** f landlady

Wirtschaft f economy; (place) pub; **wirtschaftlich** adj economic; (not wasteful) economical

Wirtshaus nt pub

wischen vt, vi wipe; **Wischer** m ⟨-s, -⟩ wiper

wissen ⟨wusste, gewusst⟩ vt know; **weißt du schon, …?** did you know …?; **woher weißt du das?** how do you know?; **das musst du selbst** ~ that's up to you; **Wissen** nt ⟨-s⟩ knowledge

Wissenschaft f science; **Wissenschaftler(in)** m(f) ⟨-s, -⟩

scientist; (in the arts) academic; **wissenschaftlich** adj scientific; (in the arts) academic

Witwe f ⟨-, -n⟩ widow; **Witwer** m ⟨-s, -⟩ widower

Witz m ⟨-es, -e⟩ joke; **mach keine ~e!** you're kidding!; **das soll wohl ein ~ sein** you've got to be joking; **witzig** adj funny

wo 1. adv where; **überall, ~ ich hingehe** wherever I go **2.** conj jetzt, ~ **du da bist** now that you're here; ~ **ich dich gerade spreche** while I'm talking to you; **woanders** adv somewhere else

wobei adv ~ **mir einfällt …** which reminds me …

Woche f ⟨-, -n⟩ week; **während** (or unter) der ~ during the week; **einmal die ~** once a week; **Wochenende** nt weekend; **am** ~ at (Brit) (or on (US)) the weekend; **wir fahren übers ~ weg** we're going away for the weekend; **Wochenendhaus** nt weekend cottage; **Wochenendtrip** m weekend trip; **Wochenendurlaub** m weekend break; **Wochenkarte** f weekly (season) ticket; **wochenlang** adv for weeks (on end); **Wochenmarkt** m weekly market; **Wochentag** m weekday; **wöchentlich** adj, adv weekly

Wodka *m* ⟨-s, -s⟩ vodka

wodurch *adv* ~ **unterscheiden sie sich?** what's the difference between them?; ~ **hast du es gemerkt?** how did you notice?; **wofür** *adv* (*relative*) for which; (*question*) what ... for; ~ **brauchst du das?** what do you need that for?

wog *imperf* → **wiegen**

woher *adv* where ... from; **wohin** *adv* where ... to

wohl *adv* well; at ease, comfortable; probably; certainly; **Wohl** *nt* ⟨-(e)s⟩ **zum ~!** cheers; **wohlbehalten** *adv* safe and sound; **Wohlstand** *m* prosperity, affluence

Wohnblock *m* block of flats (*Brit*), apartment house (*US*); **wohnen** *vi* live; **Wohngemeinschaft** *f* shared flat (*Brit*) (*or* apartment (*US*)); **ich wohne in einer ~** I share a flat (*or* an apartment); **wohnhaft** *adj* resident; **Wohnküche** *f* kitchen-cum-living-room; **Wohnmobil** *nt* ⟨-s, -e⟩ camper, RV (*US*); **Wohnort** *m* place of residence; **Wohnsitz** *m* place of residence; **Wohnung** *f* flat (*Brit*), apartment (*US*), **Wohnungstür** *f* front door; **Wohnwagen** *m* caravan; **Wohnzimmer** *nt* living room

Wolf *m* ⟨-(e)s, Wölfe⟩ wolf

Wolke *f* ⟨-, -n⟩ cloud; **Wolken-**

kratzer *m* skyscraper; **wolkenlos** *adj* cloudless; **wolkig** *adj* cloudy

Wolldecke *f* (woollen) blanket; **Wolle** *f* ⟨-, -n⟩ wool

wollen 1. *vaux* want; **sie wollte ihn nicht sehen** she didn't want to see him; ~ **wir gehen?** shall we go?; ~ **Sie bitte ...** will (*or* would) you please ... **2.** *vt* want; **ich will lieber bleiben** I'd prefer to stay; **er will, dass ich aufhöre** he wants me to stop; **ich wollte, ich wäre / hätte ...** I wish I were / had ... **3.** *vi* want to; **ich will nicht** I don't want to; **was du willst** whatever you like; **ich will nach Hause** I want to go home; **wo willst du hin?** where do you want to go?; (*to person heading somewhere*) where are you going?

Wolljacke *f* cardigan

womit *adv* what ... with; ~ **habe ich das verdient?** what have I done to deserve that?

womöglich *adv* possibly

woran *adv* ~ **denkst du?** what are you thinking of?; ~ **ist er gestorben?** what did he die of?; ~ **sieht man das?** how can you tell?

worauf *adv* ~ **wartest du?** what are you waiting for?

woraus *adv* ~ **ist das gemacht?** what is it made of?

Wort 1. *nt* ⟨-(e)s, Wörter⟩ word
2. *nt* ⟨-(e)s, -e⟩ word; *mit anderen ~en* in other words; *jdn beim ~ nehmen* take sb at his / her word; *Wörterbuch* *nt* dictionary; *wörtlich* *adj* literal

worüber *adv* ~ *redet sie?* what is she talking about?

worum *adv* ~ *geht's?* what is it about?

worunter *adv* ~ *leidet er?* what is he suffering from?

wovon *adv* (relative) from which; ~ *redest du?* what are you talking about?; **wozu** *adv* (relative) to / for which; (question) what ... for / to; (for what reason) why; ~*?* what for?; ~ *brauchst du das?* what do you need it for?; ~ *soll das gut sein?* what's it for?

Wrack *nt* ⟨-(e)s, -s⟩ wreck

wuchs *imperf* → **wachsen**

wühlen *vi* rummage; (animal) root; (mole) burrow

wund *adj* sore; **Wunde** *f* ⟨-, -n⟩ wound

Wunder *nt* ⟨-s, -⟩ miracle; *es ist kein ~* it's no wonder; **wunderbar** *adj* wonderful, marvellous; **Wunderkerze** *f* sparkler; **wundern 1.** *vr* be surprised (über + acc at) **2.** *vt* surprise; **wunderschön** *adj* beautiful; **wundervoll** *adj* wonderful

Wundsalbe *f* antiseptic ointment; **Wundstarrkrampf** *m* tetanus

Wunsch *m* ⟨-(e)s, Wünsche⟩ wish (nach for); **wünschen** *vt* wish; *sich dat etw ~* want sth; *ich wünsche dir alles Gute* I wish you all the best; **wünschenswert** *adj* desirable

wurde *imperf* → **werden**

Wurf *m* ⟨-s, Würfe⟩ throw; ZOOL litter

Würfel *m* ⟨-s, -⟩ dice; MATH cube; **würfeln 1.** *vi* throw (the dice); (as game) play dice **2.** *vt* (number) throw; GASTR dice; **Würfelzucker** *m* lump sugar

Wurm *m* ⟨-(e)s, Würmer⟩ worm

Wurst *f* ⟨-, Würste⟩ sausage; *das ist mir ~* fam I couldn't care less

Würstchen *nt* frankfurter

Würze *f* ⟨-, -n⟩ seasoning, spice

Wurzel *f* ⟨-, -n⟩ root; **Wurzelbehandlung** *f* root canal treatment

würzen *vt* season; spice; **würzig** *adj* spicy

wusch *imperf* → **waschen**

wusste *imperf* → **wissen**

wüst *adj* (untidy) chaotic; (party, life, person) wild; (place) desolate; fam (intense) terrible

Wüste *f* ⟨-, -n⟩ desert

Wut *f* ⟨-⟩ rage, fury; *ich habe eine ~ auf ihn* I'm really mad at him; **wütend** *adj* furious

WWW *nt* ⟨-⟩ *abbr* = **World Wide Web** WWW

X, Y

X-Beine *pl* knock-knees *pl*;
x-beinig *adj* knock-kneed
x-beliebig *adj* **ein ~es Buch** any book (you like)
x-mal *adv* umpteen times

Xylophon *nt* ⟨-s, -e⟩ xylophone
Yoga *m or nt* ⟨-(s)⟩ yoga
Yuppie *m* ⟨-s, -s⟩ *f* ⟨-, -s⟩ yuppie

Z

zackig *adj* (*line etc*) jagged; *fam* (*speed*) brisk
zaghaft *adj* timid
zäh *adj* tough
Zahl *f* ⟨-, -en⟩ number; **zahlbar** *adj* payable; **zahlen** *vt, vi* pay; **~ bitte!** could I have the bill (*Brit*) (*or* check (*US*)) please?; **bar ~** pay cash; **zählen** *vt, vi* count (*auf* + *acc* on); **~ zu** be one of; **Zahlenschloss** *nt* combination lock; **Zähler** *m* ⟨-s, -⟩ counter; (*for electricity, water*) meter; **zahlreich** *adj* numerous; **Zahlung** *f* payment
zahm *adj* tame; **zähmen** *vt* tame
Zahn *m* ⟨-(e)s, Zähne⟩ tooth; **Zahnarzt** *m*, **Zahnärztin** *f* dentist; **Zahnbürste** *f* toothbrush; **Zahncreme** *f* toothpaste; **Zahnersatz** *m* dentures *pl*; **Zahnfleisch** *nt*

gums *pl*; **Zahnfleischbluten** *nt* bleeding gums *pl*; **Zahnfüllung** *f* filling; **Zahnklammer** *f* brace; **Zahnpasta** *f*, **Zahnpaste** *f* toothpaste; **Zahnschmerzen** *pl* toothache *sg*; **Zahnseide** *f* dental floss; **Zahnspange** *f* brace; **Zahnstocher** *m* ⟨-s, -⟩ toothpick
Zange *f* ⟨-, -n⟩ pliers *pl*; (*for sugar*) tongs *pl*; ZOOL pincers *pl*
zanken *vi, vr* quarrel
Zäpfchen *nt* ANAT uvula; MED suppository
zapfen *vt* (*beer*) pull; **Zapfsäule** *f* petrol (*Brit*) (*or* gas (*US*)) pump
zappeln *vi* wriggle; (*be restless*) fidget
zappen *vi* zap, channel-hop
zart *adj* soft; (*meat etc*) tender; (*fine, weakly*) delicate; **zartbitter** *adj* (*chocolate*)

plain, dark

zärtlich adj tender, affectionate; **Zärtlichkeit** f tenderness; **~en** pl hugs and kisses pl

Zauber m ⟨-s, -⟩ magic; (magic power) spell; **Zauberei** f magic; **Zauberer** m ⟨-s, -⟩ magician; (entertainer) conjuror; **Zauberformel** f (magic) spell; **zauberhaft** adj enchanting; **Zauberin** f sorceress; **Zauberkünstler(in)** m(f) magician, conjuror; **Zaubermittel** nt magic cure; **zaubern** vi do magic; (entertainer) do conjuring tricks; **Zauberspruch** m (magic) spell

Zaun m ⟨-(e)s, Zäune⟩ fence

z. B. abbr = **zum Beispiel** e.g., eg

Zebra nt ⟨-s, -s⟩ zebra; **Zebrastreifen** m zebra crossing (Brit), crosswalk (US)

Zecke f ⟨-, -n⟩ tick

Zehe f ⟨-, -n⟩ toe; (of garlic) clove; **Zehennagel** m toenail; **Zehenspitze** f tip of the toes

zehn num ten; **Zehnerkarte** f ticket valid for ten trips; **Zehnkampf** m decathlon; **Zehnkämpfer(in)** m(f) decathlete; **zehnmal** adv ten times; **zehntausend** num ten thousand; **zehnte(r, s)** adj tenth; → **dritte**; **Zehntel** nt ⟨-s, -⟩ tenth

Zeichen nt ⟨-s, -⟩ sign; (letter,

numeral) character; **Zeichenblock** m sketch pad; **Zeichensetzung** f punctuation; **Zeichensprache** f sign language; **Zeichentrickfilm** m cartoon

zeichnen vt, vi draw; **Zeichnung** f drawing

Zeigefinger m index finger; **zeigen 1.** vt show; **sie zeigte uns die Stadt** she showed us around the town; **zeig mal!** let me see **2.** vi point (auf + acc to, at) **3.** vr show oneself; **es wird sich ~** time will tell; **Zeiger** m ⟨-s, -⟩ pointer; (of clock, watch) hand

Zeile f ⟨-, -n⟩ line

Zeit f ⟨-, -en⟩ time; **ich habe keine ~** I haven't got time; **lass dir ~** take your time; **von ~ zu ~** from time to time; **Zeitansage** f TEL speaking clock (Brit), correct time (US); **Zeitarbeit** f temporary work; **zeitgenössisch** adj contemporary, modern; **zeitgleich 1.** adj simultaneous **2.** adv at exactly the same time; **zeitig** adj early; **Zeitkarte** f season ticket; **zeitlich** adj (order) chronological; **es passt ~ nicht** it isn't a convenient time; **Zeitlupe** f slow motion; **Zeitplan** m schedule; **Zeitpunkt** m point in time; **Zeitraum** m period (of time) **Zeitschrift** f magazine; (academic, scientific) periodical

Zeitung f newspaper; **es steht in der ~** it's in the paper(s); **Zeitungsartikel** m newspaper article; **Zeitungskiosk** m, **Zeitungsstand** m newsstand

Zeitunterschied m time difference; **Zeitverschiebung** f time lag; **Zeitvertreib** m ⟨-(e)s, -e⟩ **zum ~** to pass the time; **Zeitzone** f time zone

Zelle f ⟨-, -n⟩ cell

Zellophan® nt ⟨-s⟩ cellophane®

Zelt nt ⟨-(e)s, -e⟩ tent; **zelten** vi camp, go camping; **Zeltplatz** m campsite, camping site

Zement m ⟨-(e)s, -e⟩ cement

Zentimeter m or nt centimetre

Zentner m ⟨-s, -⟩ (metric) hundredweight; (in Germany) fifty kilos; (in Austria and Switzerland) one hundred kilos

zentral adj central; **Zentrale** f ⟨-, -n⟩ central office; TEL exchange; **Zentralheizung** f central heating; **Zentralverriegelung** f AUTO central locking; **Zentrum** nt ⟨-s, Zentren⟩ centre

zerbrechen irr vt, vi break; **zerbrechlich** adj fragile

Zeremonie f ⟨-, -n⟩ ceremony

zerkleinern vt cut up; (roughly) chop (up); **zerkratzen** vt scratch; **zerlegen** vt take to pieces; (meat) carve; (machine, engine) dismantle;

zerquetschen vt squash; **zerreißen** irr **1.** vt tear to pieces **2.** vi tear

zerren 1. vt drag; **sich dat einen Muskel ~** pull a muscle **2.** vi tug (an + dat at); **Zerrung** f MED pulled muscle

zerschlagen irr **1.** vt smash **2.** vr come to nothing

zerschneiden irr vt cut up

zerstören vt destroy; **Zerstörung** f destruction

zerstreuen 1. vt scatter; (crowd) disperse; (doubts, fears) dispel **2.** vr (crowd) disperse; **zerstreut** adj scattered; (person) absent-minded; (temporarily) distracted

zerteilen vt split up

Zertifikat nt ⟨-(e)s, -e⟩ certificate

Zettel m ⟨-s, -⟩ piece of paper; (message, reminder) note

Zeug nt ⟨-(e)s, -e⟩ fam stuff; (equipment) gear; **dummes ~** nonsense

Zeuge m ⟨-n, -n⟩, **Zeugin** f witness

Zeugnis nt certificate; (from school) report; (from former employer) reference

zickig adj fam touchy, bitchy

Zickzack m ⟨-(e)s, -e⟩ **im ~ fahren** zigzag (across the road)

Ziege f ⟨-, -n⟩ goat

Ziegel m ⟨-s, -⟩ brick; (on roof) tile

Ziegenkäse m goat's cheese

ziehen ⟨zog, gezogen⟩ **1.** vt draw; ⟨tug, drag⟩ pull; ⟨piece in game⟩ move **2.** vi pull; ⟨go⟩ move; ⟨smoke, cloud etc⟩ drift; **den Tee ~ lassen** let the tea stand **3.** vi impers **es zieht** there's a draught **4.** vr ⟨meeting, speech⟩ drag on

Ziel nt ⟨-(e)s, -e⟩ ⟨of journey⟩ destination; SPORT finish; ⟨intention⟩ goal, aim; **zielen** vi aim ⟨auf + acc at⟩; **Zielgruppe** f target group; **ziellos** adj aimless; **Zielscheibe** f target

ziemlich 1. adj considerable; **ein ~es Durcheinander** quite a mess; **mit ~er Sicherheit** with some certainty **2.** adv rather, quite; **~ viel** quite a lot

zierlich adj dainty; ⟨woman⟩ petite

Ziffer f ⟨-, -n⟩ figure; **arabische / römische ~n** pl Arabic / Roman numerals pl; **Zifferblatt** nt dial, face

zig adj umpteen

Zigarette f cigarette; **Zigarettenautomat** m cigarette machine; **Zigarettenschachtel** f cigarette packet; **Zigarettenstummel** m cigarette end; **Zigarillo** m ⟨-s, -s⟩ cigarillo; **Zigarre** f ⟨-, -n⟩ cigar

Zimmer nt ⟨-s, -⟩ room; **haben Sie ein ~ für zwei Personen?** do you have a room for two?; **Zimmerlautstärke**

f reasonable volume; **Zimmermädchen** nt chambermaid; **Zimmermann** m carpenter; **Zimmerpflanze** f house plant; **Zimmerschlüssel** m room key; **Zimmerservice** m room service; **Zimmervermittlung** f accommodation agency

Zimt m ⟨-(e)s, -e⟩ cinnamon

Zink nt ⟨-(e)s⟩ zinc

Zinn nt ⟨-(e)s⟩ tin; ⟨alloy⟩ pewter

Zinsen pl interest sg

Zipfel m ⟨-s, -⟩ corner; ⟨pointed⟩ tip; ⟨of shirt⟩ tail; ⟨of sausage⟩ end

Zirkel m ⟨-s, -⟩ MATH (pair of) compasses pl

Zirkus m ⟨-, -se⟩ circus

zischen vi hiss

Zitat nt ⟨-(e)s, -e⟩ quotation ⟨aus from⟩; **zitieren** vt quote

Zitronat nt candied lemon peel; **Zitrone** f ⟨-, -n⟩ lemon; **Zitronenlimonade** f lemonade; **Zitronensaft** m lemon juice

zittern vi tremble ⟨vor + dat with⟩

zivil adj civilian; ⟨price⟩ reasonable; **Zivil** nt ⟨-s⟩ plain clothes pl; MIL civilian clothes pl; **Zivildienst** m community service ⟨for conscientious objectors⟩

zocken vi fam gamble

Zoff m ⟨-s⟩ fam trouble

zog imperf → **ziehen**

zögerlich adj hesitant; **zö-**

gern *vi* hesitate

Zoll *m* ⟨-(e)s, Zölle⟩ customs *pl*; (*tax*) duty; **Zollabfertigung** *f* customs clearance; **Zollamt** *nt* customs office; **Zollbeamte(r)** *m*, **Zollbeamtin** *f* customs official; **Zollerklärung** *f* customs declaration; **zollfrei** *adj* duty-free; **Zollgebühren** *pl* customs duties *pl*; **Zollkontrolle** *f* customs check; **Zöllner(in)** *m(f)* customs officer; **zollpflichtig** *adj* liable to duty

Zone *f* ⟨-, -n⟩ zone

Zoo *m* ⟨-s, -s⟩ zoo

Zoom *nt* ⟨-s, -s⟩ zoom (shot); zoom (lens)

Zopf *m* ⟨-(e)s, Zöpfe⟩ plait (*Brit*), braid (*US*)

Zorn *m* ⟨-(e)s⟩ anger; **zornig** *adj* angry (*über etw acc* about sth, *auf jdn* with sb)

zu 1. *conj* (*with infinitive*) to **2.** *prep* + *dat* (*direction, action*) to; (*place, time, price*) at; (*purpose*) for; **~r Post®** *gehen* go to the post office; **~ Hause** at home; **~ Weihnachten** at Christmas; **fünf Bücher ~ 20 Euro** five books at 20 euros each; **zum Fenster herein** through the window; **~ meiner Zeit** in my time **3.** *adv* too; **~ viel** too much; **~ wenig** not enough **4.** *adj* fam shut; **Tür ~!** shut the door

zuallererst *adv* first of all; **zu-**

allerletzt *adv* last of all

Zubehör *nt* ⟨-(e)s, -e⟩ accessories *pl*

zubereiten *vt* prepare; **Zubereitung** *f* preparation

zubinden *irr vt* do (*or* tie) up

Zucchini *pl* courgettes *pl* (*Brit*), zucchini *pl* (*US*)

züchten *vt* (*animals*) breed; (*plants*) grow

zucken *vi* jerk; (*convulsively*) twitch; **mit den Schultern ~** shrug (one's shoulders)

Zucker *m* ⟨-s, -⟩ sugar; MED diabetes *sg*; **Zuckerdose** *f* sugar bowl; **zuckerkrank** *adj* diabetic; **Zuckerrohr** *nt* sugar cane; **Zuckerwatte** *f* candy-floss (*Brit*), cotton candy (*US*)

zudecken *vt* cover up

zudrehen *vt* turn off

zueinander *adv* to one another; (*as part of verb*) together; **zueinanderhalten** *irr vi* stick together

zuerst *adv* first; (*at the start*) at first; **~ einmal** first of all

Zufahrt *f* access; (*of house*) drive(way); **Zufahrtsstraße** *f* access road; (*onto motorway*) slip road (*Brit*), ramp (*US*)

Zufall *m* chance; (*event*) coincidence; **durch ~** by accident; **so ein ~!** what a coincidence; **zufällig 1.** *adj* chance **2.** *adv* by chance; **weißt du ~, ob ...?** do you happen to know whether

...?

zufrieden *adj* satisfied; (*with sth*) content(ed); *lass sie ~* leave her alone (*or* in peace); **zufriedengeben** *vr sich mit etw ~* settle for sth; **Zufriedenheit** *f* contentment; (*with sth*) satisfaction; **zufriedenstellen** *vt sie ist schwer zufriedenzustellen* she is hard to please

zufügen *vt* add (*dat* to); *jdm Schaden / Schmerzen ~* cause sb harm / pain

Zug *m* ‹-(e)s, Züge› RAIL train; (*air*) draught; (*tug*) pull; (*in chess*) move; (*of character*) trait; (*on cigarette*) puff, drag; (*swallow*) gulp

Zugabe *f* extra; (*at concert etc*) encore

Zugabteil *nt* train compartment

Zugang *m* access; *„kein ~!"* 'no entry'

Zugauskunft *f* train information office / desk; **Zugbegleiter(in)** *m(f)* guard (*Brit*), conductor (*US*)

zugeben *irr vt* admit; **zugegeben** *adv* admittedly

zugehen *irr vi* **1.** *vi* (*door, cupboard etc*) shut; *auf jdn / etw ~* walk towards sb/sth; *dem Ende ~* be coming to a close **2.** *vi impers* happen; *es ging lustig zu* we / they had a lot of fun

Zügel *m* ‹-s, -› rein

Zugführer(in) *m(f)* guard

(*Brit*), conductor (*US*)

zugig *adj* draughty

zügig *adj* speedy

Zugluft *f* draught

Zugpersonal *nt* train staff

zugreifen *irr vi fig* seize the opportunity; (*when eating*) help oneself; *~ auf + acc* IT access

Zugrestauraunt *nt* dining car, diner (*US*)

Zugriffsberechtigung *f* IT access right

zugrunde *adv ~ gehen* perish; *~ gehen an +* dat *die* of

Zugschaffner(in) *m(f)* ticket inspector; **Zugunglück** *nt* train crash

zugunsten *prep +* gen *or* dat in favour of

Zugverbindung *f* train connection

zuhaben *irr vi* be closed

zuhalten *irr vt sich dat die Nase ~* hold one's nose; *sich dat die Ohren ~* hold one's hands over one's ears; *die Tür ~* hold the door shut

Zuhause *nt* ‹-s› home

zuhören *vi* ‹-s› listen (*dat* to); **Zuhörer(in)** *m(f)* listener

zukleben *vt* seal

zukommen *irr vi* come up (*auf +* acc *to*); *jdm etw ~ lassen* give / send sb sth; *etw auf sich acc ~ lassen* take sth as it comes

Zukunft *f* ‹-, Zukünfte› future; **zukünftig** **1.** *adj* future **2.** *adv* in future

zulassen *irr vt* (*let in*) admit;
(*allow*) permit; (*car*) license;
fam (*not open*) keep shut;
zulässig *adj* permissible,
permitted
zuletzt *adv* finally, at last
zuliebe *adv* **jdm ~** for sb's
sake
zum *contr* = **zu dem**; **~ dritten
Mal** for the third time; **~ Trinken** for drinking
zumachen 1. *vt* shut;
(*clothes*) do up **2.** *vi* shut
zumindest *adv* at least
zumuten *vt* **jdm etw ~** expect sth of sb **2.** *vr* **sich
dat zu viel ~** overdo things
zunächst *adv* first of all; **~
einmal** to start with
Zunahme *f* ⟨-, -n⟩ increase
Zuname *m* surname, last
name
zünden *vt, vi* AUTO ignite; fire;
Zündkabel *f* AUTO ignition
cable; **Zündkerze** *f* AUTO
spark plug; **Zündschloss**
nt ignition lock; **Zündschlüssel** *m* ignition key;
Zündung *f* ignition
zunehmen *irr* **1.** *vi* increase;
(*person*) put on weight **2.**
vt **5 Kilo ~** put on 5 kilos
Zunge *f* ⟨-, -n⟩ tongue
Zungenkuss *m* French kiss
zunichtemachen *vt* ruin
zunutze *adv* **sich dat etw ~
machen** make use of sth
zuparken *vt* block
zur *contr* = **zu der**
zurechtfinden *irr vr* find

one's way around; **zurechtkommen** *irr vi* cope (*mit
etw* with sth); **zurechtma-
chen 1.** *vt* prepare **2.** *vr* get
ready
Zürich *nt* ⟨-s⟩ Zurich
zurück *adv* back
zurückbekommen *irr vt* get
back; **zurückblicken** *vi* look
back (*auf + acc* at); **zurückbringen** *irr vt* bring back;
(*somewhere else*) take back;
zurückerstatten *vt* refund;
zurückfahren *irr vi* go back;
zurückgeben *irr vt* give
back; **zurückgehen** *irr vi*
go back; (*in time*) date back
(*auf + acc* to)
zurückhalten *irr* **1.** *vt* hold
back; (*hinder*) prevent **2.** *vr*
hold back; **zurückhaltend**
adj reserved
zurückholen *vt* fetch back;
zurückkommen *irr vi* come
back; **auf etw** *acc* **~** return
(*or get back*) to sth; **zurücklassen** *irr vt* leave behind;
zurücklegen *vt* put back;
(*money*) put by; (*keep in reserve*) keep back; (*distance*)
cover; **zurücknehmen** *irr
vt* take back; **zurückrufen**
irr vt call back; **zurückschicken** *vt* send back; **zurückstellen** *vt* put back; **zurücktreten** *irr vi* step back; (*from
office*) retire; **zurückverlangen** *vt* **etw ~** ask for sth back;
zurückzahlen *vt* pay back
zurzeit *adv* at present

Zusage f promise; (of invitation) acceptance; **zusagen 1.** vt promise **2.** vi accept; **jdm ~ (please)** appeal to sb

zusammen adv together

Zusammenarbeit f collaboration; **zusammenarbeiten** vi work together

zusammenbrechen irr vi collapse; (mentally) break down; **Zusammenbruch** m collapse; (mental) breakdown

zusammenfassen vt summarize; (bring together) unite; **Zusammenfassung** f summary

zusammengehören vi belong together; **zusammenhalten** irr vi stick together

Zusammenhang m connection; **im / aus dem ~** in / out of context; **zusammenhängen** irr vi be connected; **zusammenhängend** adj coherent; **zusammenhang(s)los** adj incoherent

zusammenklappen vi, vt fold up; **zusammenlegen 1.** vt fold up **2.** vi club together; **zusammennehmen** irr **1.** vt summon up; **alles zusammengenommen** all in all **2.** vr pull oneself together; (fam) get a grip, get one's act together; **zusammenpassen** vi go together; (people) be suited; **zusammenrechnen** vt add up

Zusammensein nt ⟨-s⟩ get-together

zusammensetzen 1. vt put together **2.** vr **sich ~ aus** be composed of; **Zusammensetzung** f composition

Zusammenstoß m crash, collision; **zusammenstoßen** irr vi crash (mit) into)

zusammenzählen vt add up

zusammenziehen irr vi (into flat etc) move in together

Zusatz m addition; IT add-on; **zusätzlich 1.** adj additional **2.** adv in addition

zuschauen vi watch; **Zuschauer(in)** m(f) ⟨-s, -⟩ spectator; **die ~** pl THEAT the audience sg; **Zuschauertribüne** f stand

zuschicken vt send

Zuschlag m extra charge; (on ticket) supplement

zuschlagpflichtig adj subject to an extra charge; RAIL subject to a supplement

zuschließen irr vt lock up

zusehen irr vi watch (jdm sb); **~, dass** make sure that

zusichern vt jdm etw ~ assure sb of sth

Zustand m state, condition

zustande adv **~ bringen** bring about; **~ kommen** come about

zuständig adj (authority) relevant; **~ für** responsible for

Zustellung f delivery

zustimmen vi agree (einer Sache dat to sth, jdm with sb); **Zustimmung** f approval

zustoßen *irr vi fig* happen (*jdm* to sb)

Zutaten *pl* ingredients *pl*

zutrauen *vt jdm etw* ~ think sb is capable of sth; *das hätte ich ihm nie zugetraut* I'd never have thought he was capable of it; *ich würde es ihr* ~ (*sth negative*) I wouldn't put it past her; **Zutrauen** *nt* ⟨-s⟩ confidence (*zu* in); **zutraulich** *adj* trusting; (*animal*) friendly

zutreffen *irr vi* be correct; ~ *auf* + *acc* apply to; *Zutreffendes bitte streichen* please delete as applicable

Zutritt *m* entry; (*permission to enter*) access; *„~ verboten!"* 'no entry'

zuverlässig *adj* reliable; **Zuverlässigkeit** *f* reliability

Zuversicht *f* confidence; **zuversichtlich** *adj* confident

zuvor *adv* before; (*before anything else*) first; **zuvorkommen** *irr vi jdm* ~ beat sb to it

Zuwachs *m* ⟨-es, Zuwächse⟩ increase, growth; *fam* (*baby*) addition to the family

zuwider *adv es ist mir* ~ I hate (*or* detest) it

zuzüglich *prep* + *gen* plus

zwang *imperf* → *zwingen*

Zwang *m* ⟨-(e)s, Zwänge⟩ (*inner urge*) compulsion; (*against will*) force; **zwängen** *vt, vr* squeeze (*in* + *acc* into); **zwanglos** *adj* informal

zwanzig *num* twenty; **zwanzigste(r, s)** *adj* twentieth; → *dritte*

zwar *adv und* ~ ..., to be precise; *das ist* ~ *schön, aber* ... it is nice, but ...

Zweck *m* ⟨-(e)s, -e⟩ purpose; **zwecklos** *adj* pointless

zwei *num* two; **Zwei** *f* ⟨-, -en⟩ two; (*mark in school*) ≈ B; **Zweibettzimmer** *nt* twin room; **zweideutig** *adj* ambiguous; (*indecent*) suggestive; **zweifach** *adj, adv* double

Zweifel *m* ⟨-s, -⟩ doubt; **zweifellos** *adv* undoubtedly; **zweifeln** *vi* doubt (*an etw dat* sth); **Zweifelsfall** *m im* ~ in case of doubt

Zweig *m* ⟨-(e)s, -e⟩ branch; **Zweigstelle** *f* branch

zweihundert *num* two hundred; **zweimal** *adv* twice; **zweisprachig** *adj* bilingual; **zweispurig** *adj* AUTO two-lane; **zweit** *adv wir sind zu* ~ there are two of us; **zweite(r, s)** *adj* second; → *dritte*; **zweitens** *adv* secondly; (*when listing*) second; **zweitgrößte(r, s)** *adj* second largest; **Zweitschlüssel** *m* spare key

Zwerg(in) *m(f)* ⟨-(e)s, -e⟩ dwarf

Zwetschge *f* ⟨-, -n⟩ plum

zwicken *vt* pinch

Zwieback *m* ⟨-(e)s, -e⟩ rusk

Zwiebel *f* ⟨-, -n⟩ onion; (*of

flower) bulb; **Zwiebelsuppe** *f* onion soup

Zwilling *m* ⟨-s, -e⟩ twin; **~e** *pl* ASTR Gemini *sg*

zwingen ⟨zwang, gezwungen⟩ *vt* force

zwinkern *vi* blink; (*deliberately*) wink

zwischen *prep* + *acc or dat* between; **Zwischenablage** *f* IT clipboard; **zwischendurch** *adv* in between; **Zwischenlandung** *f* stopover;

Zwischenraum *m* space; **Zwischenstopp** *m* ⟨-s, -s⟩ stopover; **Zwischenzeit** *f* **in der ~** in the meantime

zwitschern *vt, vi* twitter, chirp

zwölf *num* twelve; **zwölfte(r, s)** *adj* twelfth; → *dritte*

Zylinder *m* ⟨-s, -⟩ cylinder; top hat

zynisch *adj* cynical

Zypern *nt* ⟨-s⟩ Cyprus

English – German

A

a, an *art* ein / eine / ein; ~ **man** ein Mann; ~ **woman** eine Frau; ~ **n apple** ein Apfel; **he's** ~ **student** er ist Student; **three times** ~ **week** dreimal pro Woche / in der Woche

AA *abbr* = **Automobile Association** britischer Automobilklub; ≈ ADAC *m*

aback *adv* **taken** ~ erstaunt

abandon *vt* (*desert*) verlassen; (*give up*) aufgeben

abbey *n* Abtei *f*

abbreviation *n* Abkürzung *f*

abdication *n* Abdankung *f*

abdomen *n* Unterleib *m*

ability *n* Fähigkeit *f*; **able** *adj* fähig; **be** ~ **to do sth** etw tun können

aboard *adv, prep* an Bord + *gen*

abolish *vt* abschaffen

aborigine *n* Ureinwohner(in) *m(f)* (Australiens)

abortion *n* Abtreibung *f*

about 1. *adv* (*around*) herum, umher; (*approximately*) ungefähr; (*with time*) gegen; **be** ~ **to** im Begriff sein zu; **there are a lot of people** ~ es sind eine Menge Leute da **2.** *prep* (*concerning*) über + *acc*; **there is nothing you can do** ~ **it** da kann man nichts machen

above 1. *adv* oben; **children aged 8 and** ~ Kinder ab 8 Jahren; **on the floor** ~ ein Stockwerk höher **2.** *prep* über; ~ **40 degrees** über 40 Grad; ~ **all** vor allem **3.** *adj* obig

abroad *adv* im Ausland; **go** ~ ins Ausland gehen

absent *adj* abwesend; **be** ~ fehlen; **absent-minded** *adj* zerstreut

absolute *adj* absolut; (*rubbish*) vollkommen, total; **absolutely** *adv* absolut; (*true, stupid*) vollkommen; ~**!** genau!; **you're** ~ **right** du hast / Sie haben völlig recht

absorb *vt* absorbieren; *fig* (*information*) in sich aufnehmen; **absorbed** *adj* ~ **in sth** in etw vertieft; **absorbent** *adj* absorbierend; ~ **cotton** (US) Watte *f*; **absorbing** *adj fig* faszinierend, fesselnd

abstract *adj* abstrakt

abundance *n* Reichtum *m* (*of* an + *dat*)

abuse 1. n (rude language) Beschimpfungen pl; (mistreatment) Missbrauch m **2.** vt (misuse) missbrauchen; **abusive** adj beleidigend

AC 1. abbr → **alternating current** Wechselstrom m **2.** abbr → **air conditioning** Klimaanlage f

a/c abbr → **account** Kto.

academic 1. n Wissenschaftler(in) m(f) **2.** adj wissenschaftlich

accelerate vi (car etc) beschleunigen; (driver) Gas geben; **acceleration** n Beschleunigung f; **accelerator** n Gas(pedal) nt

accent n Akzent m

accept vt annehmen; (agree to) akzeptieren; (responsibility) übernehmen; **acceptable** adj annehmbar

access n Zugang m; IT Zugriff m; **accessible** adj (leicht) zugänglich / erreichbar; **accessory** n Zubehörteil nt; **access road** n Zufahrtsstraße f

accident n Unfall m; **by ~** zufällig; **accidental** adj unbeabsichtigt; (meeting) zufällig; (death) durch Unfall; **accident-prone** adj vom Pech verfolgt

acclimatize vt **~ oneself** sich gewöhnen (to an + acc)

accommodate vt unterbringen; **accommodation, s** n Unterkunft f

accompany vt begleiten

accomplish vt erreichen

accord n **of one's own ~** freiwillig; **according to** prep nach, laut + dat

account n (in bank etc) Konto nt; (narrative) Bericht m; **on ~** wegen; **on no ~** auf keinen Fall; **take into ~** berücksichtigen, in Betracht ziehen; **accountant** n Buchhalter(in) m(f); **account for** vt (explain) erklären; (expenditure) Rechenschaft ablegen für; **account number** n Kontonummer f

accurate adj genau

accusation n Anklage f, Beschuldigung f; **accuse** vt beschuldigen; LAW anklagen (of wegen gen); **accused** n LAW Angeklagte(r) mf

accustom vt gewöhnen (to an + acc); **accustomed** adj gewohnt; **get ~ to sth** sich an etw acc gewöhnen

ace 1. n Ass nt **2.** adj Star-

ache 1. n Schmerz m **2.** vi wehtun

achieve vt erreichen; **achievement** n Leistung f

acid 1. n Säure f **2.** adj sauer

acknowledge vt (recognize) anerkennen; (admit) zugeben; (receipt of letter etc) bestätigen; **acknowledgement** n Anerkennung f; (of letter) Empfangsbestätigung f

acne n Akne f

acorn n Eichel f

acoustic *adj* akustisch;
acoustics *npl* Akustik *f*
acquaintance *n* (*person*) Bekannte(r) *mf*
acquire *vt* erwerben, sich aneignen; **acquisition** *n* (*of skills etc*) Erwerb *m*; (*object*) Anschaffung *f*
across 1. *prep* über + *acc*; **he lives ~ the street** er wohnt auf der anderen Seite der Straße **2.** *adv* hinüber, herüber; **100m ~** 100m breit
act 1. *n* (*deed*) Tat *f*; LAW Gesetz *nt*; THEAT Akt *m*; **be in the ~ of doing sth** gerade dabei sein, etw zu tun **2.** *vi* (*take action*) handeln; (*behave*) sich verhalten; THEAT spielen; **~ as** (*person*) fungieren als; (*thing*) dienen als **3.** *vt* (*a part*) spielen
action *n* (*of play, novel etc*) Handlung *f*; (*in film etc*) Action *f*; MIL Kampf *m*; **take ~** etwas unternehmen; **put a plan into ~** einen Plan in die Tat umsetzen; **action replay** *n* SPORT TV Wiederholung *f*
activate *vt* aktivieren; **active** *adj* aktiv; (*child*) lebhaft; **activity** *n* Aktivität *f*; (*occupation*) Beschäftigung *f*; (*organized event*) Veranstaltung *f*
actor *n* Schauspieler(in) *m(f)*; **actress** *n* Schauspielerin *f*
actual *adj* wirklich; **actually** *adv* eigentlich; (*said in sur-*

prise) tatsächlich
acupuncture *n* Akupunktur *f*
acute *adj* (*pain*) akut; MATH (*angle*) spitz
ad *abbr* → **advertisement**
AD *abbr* = *Anno Domini* nach Christi. n. Chr.
adapt 1. *vi* sich anpassen (*to* + *dat*) **2.** *vt* anpassen (*to* + *dat*); (*rewrite*) bearbeiten (*for* für); **adaptation** *n* (*of book etc*) Bearbeitung *f*; **adapter** *n* ELEC Zwischenstecker *m*, Adapter *m*
add *vt* (*ingredient*) hinzufügen; (*numbers*) addieren; **add up 1.** *vi* (*make sense*) stimmen **2.** *vt* (*numbers*) addieren
addicted *adj* **~ to alcohol / drugs** alkohol- / drogensüchtig
addition *n* Zusatz *m*; (*to bill*) Aufschlag *m*; MATH Addition *f*; **in ~** außerdem, zusätzlich (*to* zu); **additional** *adj* zusätzlich, weiter; **additive** *n* Zusatz *m*; **add-on** *n* Zusatzgerät *nt*
address 1. *n* Adresse *f* **2.** *vt* (*letter*) adressieren; (*person*) anreden
adequate *adj* (*appropriate*) angemessen; (*sufficient*) ausreichend
adhesive *n* Klebstoff *m*; **adhesive tape** *n* Klebstreifen *m*
adjacent *adj* benachbart
adjoining *adj* benachbart,

Neben-

adjust 1. vt einstellen; (put right also) richtig stellen; (speed, flow) regulieren; (in position) verstellen **2.** vi sich anpassen (to + dat); **adjustable** adj verstellbar

admin n fam Verwaltung f; **administration** n Verwaltung f; POL Regierung f

admirable adj bewundernswert; **admiration** n Bewunderung f; **admire** vt bewundern

admission n (entrance) Zutritt m; (to university etc) Zulassung f; (fee) Eintritt m; **admission charge, admission fee** n Eintrittspreis m; **admit** vt (let in) hereinlassen (to in + acc); (to university etc) zulassen; (confess) zugeben, gestehen; **be ~ted to hospital** ins Krankenhaus eingeliefert werden

adolescent n Jugendliche(r) mf

adopt vt (child) adoptieren; (idea) übernehmen; **adoption** n (of child) Adoption f; (of idea) Übernahme f

adorable adj entzückend; **adore** vt anbeten; (person) über alles lieben, vergöttern

adult 1. adj (person) erwachsen; (film etc) für Erwachsene **2.** n Erwachsene(r) mf

adultery n Ehebruch m

advance 1. n (money) Vorschuss m; (progress) Fortschritt m; **in ~** im Voraus; **book in ~** vorbestellen **2.** vi (move forward) vorrücken **3.** vt (money) vorschießen; **advance booking** n Reservierung f; THEAT Vorverkauf m; **advanced** adj (modern) fortschrittlich; (course, study) für Fortgeschrittene; **advance payment** n Vorauszahlung f

advantage n Vorteil m; **take of** (exploit) ausnutzen; (profit from) Nutzen ziehen aus; **it's to your ~** es ist in deinem / Ihrem Interesse

adventure n Abenteuer nt; **adventure holiday** n Abenteuerurlaub m; **adventure playground** n Abenteuerspielplatz m

adverse adj (conditions etc) ungünstig; (effect, comment etc) negativ

advert n Anzeige f; **advertise 1.** vt werben für; (in newspaper) inserieren; (job) ausschreiben **2.** vi Reklame machen; **advertisement** n Werbung f; (announcement) Anzeige f; **advertising** n Werbung f

advice n Rat(schlag) m; **take my ~** hör auf mich; **advisable** adj ratsam; **advise** vt raten (sb jdm); **~ sb to do sth / not to do sth** jdm zuraten / abraten, etw zu tun

aerial 1. n Antenne f **2.** adj Luft-

aerobics *nsing* Aerobic *nt*

aeroplane *n* Flugzeug *nt*

afaik *abbr* = *as far as I know* (*SMS etc*) ≈ soweit ich weiß

affair *n* (*matter, business*) Sache *f*, Angelegenheit *f*; (*scandal*) Affäre *f*; (*love affair*) Verhältnis *nt*

affect *vt* (*influence*) (ein)wirken auf + *acc*; (*health, organ*) angreifen; (*move deeply*) berühren; (*concern*) betreffen; **affection** *n* Zuneigung *f*; **affectionate** *adj* liebevoll

affluent *adj* wohlhabend

afford *vt* sich leisten; *I can't ~ it* ich kann es mir nicht leisten; **affordable** *adj* erschwinglich

Afghanistan *n* Afghanistan *nt*

aforementioned *adj* oben genannt

afraid *adj* **be** ~ Angst haben (*of vor* + *dat*); **be** ~ **that** ... fürchten, dass ...; **I'm** ~ **I don't know** das weiß ich leider nicht

Africa *n* Afrika *nt*; **African 1.** *adj* afrikanisch **2.** *n* Afrikaner(in) *m(f)*; **African American**, **Afro-American** *n* Afroamerikaner(in) *m(f)*

after 1. *prep* **ten** ~ **five** (*US*) zehn nach fünf; **be** ~ **sb** *inf* (*following, seeking*) hinter jdm / etw her sein; ~ **all** schließlich **2.** *conj* nachdem **3.** *adv* **soon** ~ bald danach; **aftercare** *n* Nachbe-

handlung *f*

afternoon *n* Nachmittag *m*; *in the* ~ nachmittags

afters *npl* Nachtisch *m*; **after-sales service** *n* Kundendienst *m*; **after-shave** (**lotion**) *n* Rasierwasser *nt*; **afterwards** *adv* nachher; (*after that*) danach

again *adv* wieder; (*one more time*) noch einmal; ~ **and** ~ immer wieder; *the same* ~ *please* das Gleiche noch mal bitte

against *prep* gegen; ~ *my will* wider Willen; ~ *the law* unrechtmäßig, illegal

age 1. *n* Alter *nt*; (*period of history*) Zeitalter *nt*; **at the** ~ **of four** im Alter von vier (Jahren); *what* ~ *is she?*, *what is her* ~*?* wie alt ist sie?; *under* ~ minderjährig **2.** *vi* altern, alt werden; **aged 1.** *adj* ~ **thirty** dreißig Jahre alt; *a son* ~ *twenty* ein zwanzigjähriger Sohn **2.** *adj* (*elderly*) betagt; **age group** *n* Altersgruppe *f*; **age limit** *n* Altersgrenze *f*

agency *n* Agentur *f*

agenda *n* Tagesordnung *f*

agent *n* COMM Vertreter(in) *m(f)*; (*for writer, actor etc*) Agent(in) *m(f)*

aggression *n* Aggression *f*; **aggressive** *adj* aggressiv

AGM *abbr* = *Annual General Meeting* JHV *f*

ago *adv* **two days** ~ heute vor

zwei Tagen; **not long** ~ (erst) vor Kurzem

agonize *vi* sich den Kopf zerbrechen (*over* über + *acc*); **agonizing** *adj* qualvoll; **agony** *n* Qual *f*

agree 1. *vt* (*date, price etc*) vereinbaren; ~ **to do sth** sich bereit erklären, etw zu tun; ~ **that ...** sich *dat* einig sein, dass ...; (*decide*) beschließen, dass ...; (*admit*) zugeben, dass ... **2.** *vi* (*have same opinion, correspond*) übereinstimmen (*with* mit); (*consent*) zustimmen; (*come to an agreement*) sich einigen (*about, on* auf + *acc*); (*food*) **not ~ with sb** jdm nicht bekommen; **agreement** *n* (*agreeing*) Übereinstimmung *f*; (*contract*) Abkommen *nt*, Vereinbarung *f*

agricultural *adj* landwirtschaftlich, Landwirtschafts-; **agriculture** *n* Landwirtschaft *f*

ahead *adv* **be** ~ führen, vorne liegen; ~ **of** vor + *dat*; **be 3 metres** ~ 3 Meter Vorsprung haben

aid 1. *n* Hilfe *f*; **in** ~ **of** zugunsten + *gen*; **with the** ~ **of** mithilfe + *gen* **2.** *vt* helfen + *dat*; (*support*) unterstützen

Aids *n* *acr* = **acquired immune deficiency syndrome**; Aids *nt*

aim 1. *vt* (*gun, camera*) richten (*at* auf + *acc*) **2.** *vi* ~ **at** (*with*

gun etc) zielen auf + *acc*; *fig* abzielen auf + *acc*; ~ **to do sth** beabsichtigen, etw zu tun **3.** *n* Ziel *nt*

air 1. *n* Luft *f*; **in the open** ~ im Freien **2.** *vt* lüften; **airbag** *n* AUTO Airbag *m*; **air-conditioned** *adj* mit Klimaanlage; **air conditioning** *n* Klimaanlage *f*; **aircraft** *n* Flugzeug *nt*; **airfield** *n* Flugplatz *m*; **air force** *n* Luftwaffe *f*; **airline** *n* Fluggesellschaft *f*; **airmail** *n* Luftpost *f*; **by** ~ mit Luftpost; **airplane** *n* (*US*) Flugzeug *nt*; **air pollution** *n* Luftverschmutzung *f*; **airport** *n* Flughafen *m*; **airsick** *adj* luftkrank; **airtight** *adj* luftdicht; **air-traffic controller** *n* Fluglotse *m*, Fluglotsin *f*

aisle *n* Gang *m*; (*in church*) Seitenschiff *nt*; ~ **seat** Sitz *m* am Gang

ajar *adj* (*door*) angelehnt

alarm 1. *n* (*warning*) Alarm *m*; (*bell etc*) Alarmanlage *f* **2.** *vt* beunruhigen; **alarm clock** *n* Wecker *m*; **alarmed** *adj* (*protected*) alarmgesichert; **alarming** *adj* beunruhigend

Albania *n* Albanien *nt*; **Albanian 1.** *adj* albanisch **2.** *n* (*person*) Albaner(in) *m(f)*; (*language*) Albanisch *nt*

album *n* Album *nt*

alcohol *n* Alkohol *m*; **alcohol-free** *adj* alkoholfrei; **alcoholic 1.** *adj* (*drink*) alkoholisch **2.** n Alkoholiker(in) m(f)

ale n Ale nt (helles englisches Bier)

alert 1. adj wachsam **2.** n Alarm m **3.** vt warnen (to vor + dat)

algebra n Algebra f

Algeria n Algerien nt

alibi n Alibi nt

alien n (foreigner) Ausländer(in) m(f); (from space) Außerirdische(r) mf

alike adj, adv gleich; (similar) ähnlich

alive adj lebendig; **keep sth ~** etw am Leben erhalten; **he's still ~** er lebt noch

all 1. adj (plural, every one of) alle; (singular, the whole of) ganz; **~ the children** alle Kinder; **~ the time** die ganze Zeit; **~ his life** sein ganzes Leben; **why me ~ peo-ple?** warum ausgerechnet ich? **2.** pron (everything) alles; (everybody) alle; **~ of** ganz; **~ of them came** sie kamen alle **3.** n alles **4.** adv (completely) ganz; **it's ~ over** es ist ganz aus; **~ along** von Anfang an; **~ at once** auf einmal

allegation n Behauptung f; **alleged** adj angeblich

allergic adj allergisch (to ge-gen); **allergy** n Allergie f

alleviate vt (pain) lindern

alley n (enge) Gasse; (pas-sage) Durchgang m; (bowl-ing) Bahn f

alliance n Bündnis nt

alligator n Alligator m

all-night adj (café, cinema) die ganze Nacht geöffnet

allocate vt zuweisen, zuteilen (to dat)

allotment n (plot) Schreber-garten m

allow vt (permit) erlauben (sb jdm); (grant) bewilligen; (time) einplanen; **allow for** vt berücksichtigen; (cost etc) einkalkulieren; **allow-ance** n (from state) Beihilfe f; (from parent) Unterhalts-geld nt

all right 1. adj okay, in Ord-nung; **I'm ~** mir geht's gut **2.** adv (satisfactorily) ganz gut **3.** interj okay

allusion n Anspielung f (to auf + acc)

ally n Verbündete(r) mf; HIST Alliierte(r) mf

almond n Mandel f

almost adv fast

alone adj, adv allein

along 1. prep entlang + acc; **~ the river** den Fluss entlang; (position) am Fluss entlang **2.** adv (onward) weiter; **~ with** zusammen mit; **all ~** die ganze Zeit, von Anfang an; **alongside 1.** prep neben + dat **2.** adv (walk) nebenher

aloud adv laut

alphabet n Alphabet nt

Alps npl **the ~** die Alpen

already adv schon, bereits

Alsace n Elsass nt; **Alsatian 1.**
  adj elsässisch **2.** n Elsäs-
  ser(in) m(f); (Brit, dog)
  Schäferhund m

also adv auch

altar n Altar m

alter vt ändern; **alteration** n
  Änderung f; **~s** (to building)
  Umbau m

alternate 1. adj abwechselnd
  2. vi abwechseln (with mit);
  alternating current n Wechselstrom m; **alternative 1.**
  adj Alternativ- **2.** n Alternative f

although conj obwohl

altitude n Höhe f

altogether adv (in total) insgesamt; (entirely) ganz und
  gar

aluminium, aluminum (US)
  n Aluminium nt

always adv immer

am present → **be**; bin

a.m., a.m. abbr = **ante meridiem** vormittags, vorm.

amateur 1. n Amateur(in)
  m(f) **2.** adj Amateur-; (theatre, choir) Laien-

amazed adj erstaunt (at über
  + acc); **amazing** adj erstaunlich

Amazon n ~ (river) Amazo-
  nas m

ambassador n Botschafter m

ambiguity n Zweideutigkeit
  f; **ambiguous** adj zweideutig

ambition n Ambition f; (ambitious nature) Ehrgeiz m;

ambitious adj ehrgeizig

ambulance n Krankenwagen
  m

America n Amerika nt;
  American 1. adj amerikanisch **2.** n Amerikaner(in)
  m(f); **native ~** Indianer(in)
  m(f)

amiable adj liebenswürdig

amicable adj freundlich; (relations) freundschaftlich

amnesia n Gedächtnisverlust
  m

among(st) prep unter + dat

amount 1. n (quantity) Menge
  f; (of money) Betrag m; **a
  large / small ~ of ...** ziemlich viel / wenig ... **2.** vi **~
  to** (total) sich belaufen auf
  + acc

amp, ampere n Ampere nt

amplifier n Verstärker m

Amtrak® n amerikanische Ei-
  senbahngesellschaft

amuse vt amüsieren; (entertain) unterhalten; **amused**
  adj **I'm not ~** das finde ich
  gar nicht lustig; **amusement**
  n (enjoyment) Vergnügen nt;
  (recreation) Unterhaltung f;
  amusement park n Vergnügungspark m; **amusing** adj
  amüsant

an art ein(e)

anaemic adj blutarm

anaesthetic n Narkose f;
  (substance) Narkosemittel nt

analyse, analyze vt analysieren; **analysis** n Analyse f

anatomy n Anatomie f;

(structure) Körperbau *m*

ancestor *n* Vorfahr *m*

anchor 1. *n* Anker *m* **2.** *vt* verankern

anchovy *n* Sardelle *f*

ancient *adj* alt; *fam (person, clothes etc)* uralt

and *conj* und

Andorra *n* Andorra *nt*

anemic *adj* (US) → **anaemic**

anesthetic *n* (US) → **anaesthetic**

angel *n* Engel *m*

anger 1. *n* Zorn *m* **2.** *vt* ärgern

angina, angina pectoris *n* Angina Pectoris *f*

angle *n* Winkel *m*; *fig* Standpunkt *m*

angling *n* Angeln *nt*

angry *adj* verärgert; *(stronger)* zornig; **be ~ with sb** *auf* jdn böse sein

angular *adj* eckig; *(face)* kantig

animal *n* Tier *nt*; **animal rights** *npl* Tierrechte *pl*

animated *adj* lebhaft; **~ film** Zeichentrickfilm *m*

aniseed *n* Anis *m*

ankle *n* (Fuß)knöchel *m*

annex *n* Anbau *m*

anniversary *n* Jahrestag *m*

announce *vt* bekannt geben; RADIO, TV ansagen; **announcement** *n* Bekanntgabe *f*; *(official)* Bekanntmachung *f*; RADIO, TV Ansage *f*; **announcer** *n* RADIO, TV Ansager(in) *m(f)*

annoy *vt* ärgern; **annoyance**

n Ärger *m*; **annoyed** *adj* ärgerlich; **be ~ with sb (about sth)** sich über jdn (über etw) ärgern; **annoying** *adj* ärgerlich; *(person)* lästig, nervig

annual 1. *adj* jährlich **2.** *n* Jahrbuch *nt*

anonymous *adj* anonym

anorak *n* Anorak *m*; *(Brit)* *fam pej* Freak *m*

anorexia *n* Magersucht *f*; **anorexic** *adj* magersüchtig

another *adj, pron (different)* ein(e) andere(r, s); *(additional)* noch eine(r, s); **let me put it ~ way** lass es mich anders sagen

answer 1. *n* Antwort *f* (*to* auf + *acc*) **2.** *vi* antworten; *(on phone)* sich melden **3.** *vt* *(person)* antworten + *dat*; *(letter, question)* beantworten; *(telephone)* gehen an + *acc*, abnehmen; *(door)* öffnen; **answering machine, answerphone** *n* Anrufbeantworter *m*

ant *n* Ameise *f*

Antarctic *n* Antarktis *f*; **Antarctic Circle** *n* südlicher Polarkreis

antelope *n* Antilope *f*

antenna *n* ZOOL Fühler *m*; RADIO Antenne *f*

anti- *pref* Anti-, anti-; **antibiotic** *n* Antibiotikum *nt*

anticipate *vt* *(expect: trouble, question)* erwarten, rechnen mit; **anticipation** *n* Erwartung *f*

anticlimax n Enttäuschung f; **anticlockwise** adv entgegen dem Uhrzeigersinn; **antifreeze** n Frostschutzmittel nt

antiquarian adj ~ **bookshop** Antiquariat nt

antique 1. n Antiquität f **2.** adj antik; **antique shop** n Antiquitätengeschäft nt

antiseptic 1. n Antiseptikum nt **2.** adj antiseptisch

antlers npl Geweih nt

anxiety n Sorge f (about um); **anxious** adj besorgt (about um); (apprehensive) ängstlich

any 1. adj (in question: untranslated) **do you have ~ money?** hast du / haben Sie Geld?; (with negative) **I don't have ~ money** ich habe kein Geld; (whichever one likes) **take ~ card** nimm / nehmen Sie irgendeine Karte **2.** pron (in question) **do you want ~?** (singular) willst du / wollen Sie etwas (davon)?; (plural) willst du / wollen Sie welche?; (with negative) **I don't have ~** ich habe keine / keinen / keins; (whichever one likes) **you can take ~ of them** du kannst / Sie können jede(n, s) beliebige(n) nehmen **3.** adv (in question) **are there ~ more strawberries?** gibt es noch Erdbeeren?; **can't you work ~ faster?** kannst

du / können Sie nicht schneller arbeiten?; (with negative) **not ~ longer** nicht mehr; **this isn't ~ better** das ist auch nicht besser; **anybody** pron (whoever one likes) irgendjemand; (everyone) jeder; (in question) jemand; **anyhow** adv **I don't want to talk about it, not now ~** ich möchte nicht darüber sprechen, jedenfalls nicht jetzt; **they asked me not to go, but I went ~** sie baten mich, nicht hinzugehen, aber ich bin trotzdem hingegangen; **anyone** pron (whoever one likes) irgendjemand; (everyone) jeder; (in question) jemand; **isn't there ~ you can ask?** gibt es denn niemanden, den du fragen kannst / den Sie fragen können?; **anyplace** adv (US) irgendwo; (direction) irgendwohin; (everywhere) überall; **anything** pron (whatever one likes, in question) (irgend)etwas; (everything) alles; **~ else?** sonst noch etwas?; **~ but that** alles, nur das nicht; **she didn't tell me ~** sie hat mir nichts gesagt; **anytime** adv jederzeit; **anyway** adv **I didn't want to go there ~** ich wollte da sowieso nicht hingehen; **thanks ~** trotzdem danke; **~, as I was saying, ...** jedenfalls, wie ich schon sagte, ...;

appreciation

anywhere *adv* irgendwo; (*direction*) irgendwohin; (*everywhere*) überall

apart *adv* auseinander; **~ from** außer; **live ~** getrennt leben

apartment *n* Wohnung *f*; **apartment block** *n* Wohnblock *m*

ape *n* (Menschen)affe *m*

aperitif *n* Aperitif *m*

aperture *n* Öffnung *f*; PHOT Blende *f*

apologize *vi* sich entschuldigen; **apology** *n* Entschuldigung *f*

apostrophe *n* Apostroph *m*

appalled *adj* entsetzt (*at* über + *acc*); **appalling** *adj* entsetzlich

apparatus *n* Apparat *m*; (*piece of apparatus*) Gerät *nt*

apparent *adj* (*obvious*) ersichtlich (*to* für); (*seeming*) scheinbar; **apparently** *adv* anscheinend

appeal 1. *vi* (dringend) bitten (*for* um, *to* + *acc*); LAW Berufung einlegen; **~ to sb** (*be attractive*) jdm zusagen 2. *n* Aufruf *m* (*to* an + *acc*); LAW Berufung *f*; (*attraction*) Reiz *m*; **appealing** *adj* ansprechend, attraktiv

appear *vi* erscheinen; THEAT auftreten; (*seem*) scheinen; **appearance** *n* Erscheinen *nt*; THEAT Auftritt *m*; (*look*) Aussehen *nt*

appendicitis *n* Blinddarmentzündung *f*; **appendix** *n*

Blinddarm *m*; (*to book*) Anhang *m*

appetite *n* Appetit *m*; *fig* (*desire*) Verlangen *nt*; **appetizing** *adj* appetitlich

applause *n* Beifall *m*, Applaus *m*

apple *n* Apfel *m*; **apple juice** *n* Apfelsaft *m*; **apple pie** *n* gedeckter Apfelkuchen *m*; **apple puree**, **apple sauce** *n* Apfelmus *nt*; **apple tart** *n* Apfelkuchen *m*; **apple tree** *n* Apfelbaum *m*

appliance *n* Gerät *nt*; **applicable** *adj* anwendbar; (*on forms*) zutreffend; **applicant** *n* Bewerber(in) *m(f)*; **application** *n* (*request*) Antrag *m* (*for* auf + *acc*); (*for job*) Bewerbung *f* (*for* um); **application form** *n* Anmeldeformular *nt*; **apply** 1. *vi* (*be relevant*) zutreffen (*to* auf + *acc*); (*for job etc*) sich bewerben (*for* um) 2. *vt* (*cream, paint etc*) auftragen; (*put into practice*) anwenden; (*brakes*) betätigen

appoint *vt* (*to post*) ernennen; **appointment** *n* Verabredung *f*; (*at doctor, hairdresser etc, in business*) Termin *m*; **by~** nach Vereinbarung

appreciate 1. *vt* (*value*) zu schätzen wissen; (*understand*) einsehen 2. *vi* (*increase in value*) im Wert steigen; **appreciation** *n* (*esteem*) Anerkennung *f*, Würdigung *f*

apprehensive *adj* ängstlich

approach 1. *vi* sich nähern **2.**
vt (*place*) sich nähern + *dat*;
(*person*) herantreten an
+ *acc*

appropriate *adj* passend; (*to
occasion*) angemessen; (*to remark*) treffend; **appropri-
ately** *adv* passend; (*ex-
pressed*) treffend

approval *n* (*show of satisfaction*) Anerkennung *f*; (*permission*) Zustimmung *f* (*of*
zu); **approve 1.** *vt* billigen
2. *vi* **~ of sth / sb** etw billigen / von jdm etwas halten;
I don't ~ ich missbillige das

approx → **approximately;**
ca.; **approximate** *adj* ungefähr; **approximately** *adv* ungefähr, circa

apricot *n* Aprikose *f*

April *n* April *m*; → **September**

apron *n* Schürze *f*

aptitude *n* Begabung *f*

aquaplaning *n* AUTO Aquaplaning *nt*

aquarium *n* Aquarium *nt*

Aquarius *n* ASTR Wassermann
m

Arab *n* Araber(in) *m*(*f*); **Arabian** *adj* arabisch; **Arabic 1.**
n (*language*) Arabisch *nt* **2.**
adj arabisch

arbitrary *adj* willkürlich

arcade *n* Arkade *f*; (*shopping
arcade*) Einkaufspassage *f*

arch *n* Bogen *m*

archaeologist, archeologist
(*US*) *n* Archäologe *m*, Archäologin *f*; **archaeology,
archeology** (*US*) *n* Archäo-
logie *f*

archaic *adj* veraltet

archbishop *n* Erzbischof *m*

architect *n* Architekt(in)
m(*f*); **architecture** *n* Architektur *f*

archive(s) *n*(*pl*) Archiv *nt*

archway *n* Torbogen *m*

Arctic *n* Arktis *f*; **Arctic Circle** *n* nördlicher Polarkreis

are *present* → **be**

area *n* (*region, district*) Gebiet
nt, Gegend *f*; (*amount of
space*) Fläche *f*; (*part of
building etc*) Bereich *m*, Zone *f*; *fig* (*field*) Bereich *m*;
the London ~ der Londoner
Raum; **area code** *n* (*US*)
Vorwahl *f*

aren't *contr* → **are not**

Argentina *n* Argentinien *nt*

argue *vi* streiten (*about, over*
über + *acc*); **~ that** ... behaupten, dass ...; **~ for / a-
gainst** ... sprechen für / gegen ...; **argument** *n* (*reasons*)
Argument *nt*; (*quarrel*)
Streit *m*; **have an ~** sich streiten

Aries *nsing* ASTR Widder *m*

arise *vi* sich ergeben, entstehen; (*problem, question,
wind*) aufkommen

aristocracy *n* (*class*) Adel *m*;
aristocrat *n* Adlige(r) *m*(*f*);
aristocratic *adj* aristokra-

tisch, adlig
arm 1. n Arm m; (sleeve) Ärmel m; (of armchair) Armlehne f **2.** vt bewaffnen; **armchair** n Lehnstuhl m
armed adj bewaffnet
armpit n Achselhöhle f
arms npl Waffen pl
army n Armee f
A road n (Brit) ≈ Bundesstraße f
aroma n Duft m, Aroma nt; **aromatherapy** n Aromatherapie f
arose pt → **arise**
around 1. adv herum, umher; (present) hier (irgendwo); (approximately) ungefähr; (with time) gegen; **he's ~ somewhere** er ist hier irgendwo in der Nähe **2.** prep (surrounding) um … (herum); (about in) in … herum
arr. abbr → **arrival, arrives** Ank.
arrange vt (put in order) (an)ordnen; (artistically) arrangieren; (agree to: meeting etc) vereinbaren, festsetzen; (organize) planen; **~ that …** es so einrichten, dass …; **we ~d to meet at eight o'clock** wir haben uns für acht Uhr verabredet; **~rangement** n (layout) Anordnung f; (agreement) Vereinbarung f, Plan m; **make ~s** Vorbereitungen treffen
arrest 1. vt (person) verhaften **2.** n Verhaftung f

arrival n Ankunft f; **new ~** (person) Neuankömmling m; (Familienzuwachs m; **arrivals** n (airport) Ankunftshalle f; **arrive** vi ankommen (at bei, in + dat); **~ at a solution** eine Lösung finden
arrogant adj arrogant
arrow n Pfeil m
arse n vulg Arsch m
art n Kunst f, **the ~s** pl Geisteswissenschaften pl
artery n Schlagader f, Arterie f
art gallery n Kunstgalerie f, Kunstmuseum nt
arthritis n Arthritis f
artichoke n Artischocke f
article n Artikel m; (object) Gegenstand m
artificial adj künstlich, Kunst-
artist n Künstler(in) m(f); **artistic** adj künstlerisch
as 1. adv (like) wie; (in role of) als; **such ~** (for example) … wie etwa …; **~ … ~** so … wie; **~ soon ~ he comes** sobald er kommt; **twice ~ much** zweimal so viel; **~ for …** was … betrifft; **~ of …** (time) ab … + dat **2.** conj (since) da, weil; (while) als, während; **~ if, ~ though** als ob; **leave it ~ it is** lass es so (wie es ist); **~ it were** sozusagen
asap acr = **as soon as possible**; möglichst bald
ash n (dust) Asche f; (tree) Esche f
ashamed adj beschämt; **be ~**

(of sb / sth) sich (für jdn / etw) schämen

ashore adv an Land

ashtray n Aschenbecher m

Asia n Asien nt; **Asian 1.** adj asiatisch **2.** n Asiat(in) m(f)

aside adv beiseite, zur Seite; **~ from** (esp, US) außer

ask vt, vi fragen; (question) stellen; (request) bitten; **~ sb the way** jdn nach dem Weg fragen; **~ sb to do sth** jdn darum bitten, etw zu tun; **ask for** vt bitten um

asleep adj, adv **be ~** schlafen; **fall ~** einschlafen

asparagus n Spargel m

aspirin n Aspirin® nt

ass n a. fig Esel m; (US) vulg Arsch m

assassinate vt ermorden; **assassination** n Ermordung f

assault 1. n Angriff m; LAW Körperverletzung f **2.** vt überfallen, herfallen über + acc

assemble 1. n (parts) zusammensetzen **2.** vi sich versammeln; **assembly** n (of people) Versammlung f; **assembly hall** n Aula f; **assertion** n Behauptung f

assess vt einschätzen; **assessment** n Einschätzung f

asset n Vermögenswert m; fig Vorteil m; **~s** pl Vermögen nt

assign vt zuweisen; **assignment** n Aufgabe f; (mission) Auftrag m

assist vt helfen + dat; **assist-**

ance n Hilfe f; **assistant** n Assistent(in) m(f), Mitarbeiter(in) m(f); (in shop) Verkäufer(in) m(f); **assistant referee** n SPORT Schiedsrichterassistent(in) m(f)

associate vt verbinden (with mit); **association** n (organization) Verband m, Vereinigung f; **in ~ with ...** in Zusammenarbeit mit ...

assorted adj gemischt; **assortment** n Auswahl f (of an + dat); (of sweets) Mischung f

assume vt annehmen (that ... dass ...); (role, responsibility) übernehmen; **assumption** n Annahme f

assurance n Versicherung f; (confidence) Zuversicht f; **assure** vt (say confidently) versichern + dat; **be ~d of sth** einer Sache sicher sein

asterisk n Sternchen nt

asthma n Asthma nt

astonished adj erstaunt (at über); **astonishing** adj erstaunlich; **astonishment** n Erstaunen nt

astound vt sehr erstaunen; **astounding** adj erstaunlich

astray adv **go ~** (letter etc) verloren gehen; (person) vom Weg abkommen

astrology n Astrologie f

astronaut n Astronaut(in) m(f)

astronomy n Astronomie f

asylum n (home) Anstalt f;

attract

(*political asylum*) Asyl *nt*;
asylum seeker *n* Asylbewerber(in) *m(f)*

at *prep* (*place*) **~ the door** an der Tür; **~ home** zu Hause; **~ John's** bei John; **~ school** in der Schule; **~ the theatre / cinema** im Theater / Kino; **~ lunch / work** beim Essen / bei der Arbeit; (*direction*) **point ~ sb** auf jdn zeigen; **he looked ~ me** er sah mich an; (*time*) **~ 2 o'clock** um 2 Uhr; **~ Easter / Christmas** zu Ostern / Weihnachten; **~ the moment** im Moment; (*the age of*) **16** im Alter von 16 Jahren, mit 16; (*price*) **~ £5 each** zu je 5 Pfund; (*speed*) **~ 20 mph** mit 20 Meilen pro Stunde

ate *pret* → eat

athlete *n* Athlet(in) *m(f)*; (*track and field*) Leichtathlet(in) *m(f)*; **~'s foot** Fußpilz *m*; **athletic** *adj* sportlich; (*build*) athletisch; **athletics** *npl* Leichtathletik *f*

Atlantic *n* **the ~ (Ocean)** der Atlantik

atlas *n* Atlas *m*

ATM *abbr* = **automated teller machine** Geldautomat *m*

atmosphere *n* Atmosphäre *f*, Stimmung *f*

atom *n* Atom *nt*; **atom(ic) bomb** *n* Atombombe *f*; **atomic** *adj* Atom-; **~ energy** Atomenergie *f*; **~ power** Atomkraft *f*

A to Z® *n* Stadtplan *m* (in Buchform)

atrocious *adj* grauenhaft; **atrocity** *n* Grausamkeit *f*; (*deed*) Gräueltat *f*

attach *vt* befestigen, anheften (*to* an + *dat*); **be ~ed to sb / sth** an jdm / etw hängen; **attachment** *n* (*affection*) Zuneigung *f*; IT Attachment *nt*, Anhang *m*

attack 1. *vt*, *vi* angreifen 2. *n* Angriff *m* + *acc* (*on* auf *m*); MED Anfall *m*

attempt 1. *n* Versuch *m* 2. *vt* versuchen

attend 1. *vt* (*go to*) teilnehmen an + *dat*; (*lectures, school*) besuchen 2. *vi* (*be present*) anwesend sein; **attend to** *vi* sich kümmern um; (*customer*) bedienen; **attendance** *n* (*presence*) Anwesenheit *f*; **attendant** *n* (*in car park etc*) Wächter(in) *m(f)*; (*in museum*) Aufseher(in) *m(f)*

attention *n* Aufmerksamkeit *f*; (*your*) **~ please** Achtung!; **pay ~ to** etw beachten; **pay ~ to sb** jdm aufmerksam zuhören

attic *n* Dachboden *m*; (*lived in*) Mansarde *f*

attitude *n* (*mental*) Einstellung *f* (*to, towards* zu); (*more general, physical*) Haltung *f*

attorney *n* (*US, lawyer*) Rechtsanwalt *m*, Rechtsanwältin *f*

attract *vt* anziehen; (*attention*)

erregen; **be ~ed to** or **by sb** sich zu jdm hingezogen fühlen; **attraction** n Anziehungskraft f; (thing) Attraktion f; **attractive** adj attraktiv; (thing, idea) reizvoll

aubergine n Aubergine f

auction 1. n Versteigerung f, Auktion f **2.** vt versteigern

audience n Publikum nt; RADIO Zuhörer pl; TV Zuschauer pl

audio adj Ton-

audition 1. n Probe f **2.** vi THEAT vorspielen, vorsingen

auditorium n Zuschauerraum m

August n August m; → **September**

aunt n Tante f

au pair n Aupairmädchen nt, Aupairjunge m

Australia n Australien nt; **Australian 1.** adj australisch **2.** n Australier(in) m(f)

Austria n Österreich nt; **Austrian 1.** adj österreichisch **2.** n Österreicher(in) m(f)

authentic adj echt; (signature) authentisch; **authenticity** n Echtheit f

author n Autor(in) m(f); (of report etc) Verfasser(in) m(f)

authority n (power, expert) Autorität f; **the authorities** pl die Behörden pl; **authorize** vt (permit) genehmigen

auto n (US) Auto nt

autograph n Autogramm nt

automatic 1. adj automatisch;

~ gear change (Brit), **~ gear shift** (US) Automatikschaltung f **2.** n (car) Automatikwagen m

automobile n (US) Auto (-mobil) nt; **autotrain** n (US) Autoreisezug m

autumn n (Brit) Herbst m

auxiliary 1. adj Hilfs- **2.** n Hilfskraft f

availability n (of product) Lieferbarkeit f; (of resources) Verfügbarkeit f; **available** adj erhältlich; (existing) vorhanden; (product) lieferbar; (person) erreichbar; **be / make ~ to sb** jdm zur Verfügung stehen / stellen

avalanche n Lawine f

Ave abbr → **avenue**

avenue n Allee f

average 1. n Durchschnitt m; **on ~** im Durchschnitt **2.** adj durchschnittlich

aviation n Luftfahrt f

avocado n Avocado f

avoid vt vermeiden; **~ sb** jdm aus dem Weg gehen; **avoidable** adj vermeidbar

awake 1. vi aufwachen **2.** adj wach

award 1. n (prize) Preis m; (for bravery etc) Auszeichnung f **2.** vt zuerkennen (to sb jdm); (present) verleihen (to sb jdm)

aware adj bewusst; **be ~ of sth** sich dat einer Sache gen bewusst sein; **I was not ~ that** ... es war mir nicht klar, dass

...

away adv weg; **look ~** wegsehen; **he's ~** er ist nicht da; (on a trip) er ist verreist; (from school, work) er fehlt; SPORT **they are (playing) ~** sie spielen auswärts; (with distance) **three miles ~** drei Meilen (von hier) entfernt

awful adj schrecklich, furchtbar; **awfully** adv furchtbar

awkward adj (clumsy) ungeschickt; (embarrassing) peinlich; (difficult) schwierig

awning n Markise f

awoke pt → **awake**

awoken pp → **awake**

ax (US), **axe** n Axt f

axle n TECH Achse f

B

B & B abbr → **bed and breakfast**

BA abbr = **Bachelor of Arts**

babe n fam Baby nt; (affectionate) Schatz m, Kleine(r) mf

baby n Baby nt; (of animal) Junge(s) nt; fam (affectionate) Schatz m, Kleine(r) mf; **have a ~** ein Kind bekommen; **baby carriage** n (US) Kinderwagen m; **baby food** n Babynahrung f; **baby shower** n (US) Party für die werdende Mutter; **baby-sit** irr vi babysitten; **baby-sitter** n Babysitter(in) m(f)

bachelor n Junggeselle m; **Bachelor of Arts / Science** erster akademischer Grad, ≈ Magister / Diplom; **bachelorette** n Junggesellin f; **bachelorette party** n (US) Junggesellinnenabschied; **bachelor party** n (US) Junggesellenabschied

back 1. n (of person, animal) Rücken m; (of house, coin etc) Rückseite f; (of chair) Rückenlehne f; (of car) Rücksitz m; (of train) Ende nt; SPORT (defender) Verteidiger(in) m(f); **at the ~ of** ..., **in ~ of** (inside) hinten in ...; (outside) hinter ...; **~ to front** verkehrt herum **2.** vt (support) unterstützen; (car) rückwärtsfahren **3.** vi (go backwards) rückwärtsgehen or rückwärtsfahren **4.** adj Hinter-; **~ wheel** Hinterrad nt **5.** adv zurück; **they're ~** sie sind wieder da; **back down** vi nachgeben; **back up 1.** vi (car etc) zurücksetzen **2.** vt (support) unterstützen; IT sichern; (car) rückwärtsfahren

backache n Rückenschmerzen pl; **backbone** n Rückgrat nt; **backdoor** n Hintertür f; **backfire** vi (plan) fehl-

schlagen; AUTO fehlzünden;
background n Hintergrund
m; **backhand** n SPORT Rückhand f; **backlog** n (of work)
Rückstand m; **backpack** n
(US) Rucksack m; **backpacker** n Rucksacktourist(in) m(f); **backpacking**
n Rucksacktourismus m;
back seat n Rücksitz m;
backside n fam Po m; **back
street** n Seitensträßchen nt;
backstroke n Rückenschwimmen nt; **back-up** n
(support) Unterstützung f;
~ (copy) IT Sicherungskopie
f; **backward** adj (region)
rückständig; ~ movement
Rückwärtsbewegung f;
backwards adv rückwärts;
backyard n Hinterhof m

bacon n Frühstücksspeck m

bacteria npl Bakterien pl

bad adj schlecht, schlimm;
(smell) übel; I have a ~ back
mir tut der Rücken weh; I'm
~ at maths / sport ich bin
schlecht in Mathe / Sport;
go ~ schlecht werden, verderben

badge n Abzeichen nt

badger n Dachs m

badly adv schlecht; ~ wounded schwer verwundet; need
sth ~ etw dringend brauchen; **bad-tempered** adj
schlecht gelaunt

bag n (small) Tüte f; (larger)
Beutel m; (handbag) Tasche
f

baggage n Gepäck nt; **baggage (re)claim** n Gepäckrückgabe f

baggy adj (zu) weit; (trousers,
suit) ausgebeult

bagpipes npl Dudelsack m

Bahamas npl the~ die Bahamas pl

bail n (money) Kaution f

bait n Köder m

bake vt, vi backen; **baked
beans** npl weiße Bohnen in
Tomatensoße; **baked potato**
n in der Schale gebackene
Kartoffel, Ofenkartoffel f;
baker n Bäcker(in) m(f);
bakery n Bäckerei f; **baking
powder** n Backpulver nt

balance 1. n (equilibrium)
Gleichgewicht nt **2.** vt (make
up for) ausgleichen; **balance sheet** n Bilanz f

balcony n Balkon m

bald adj kahl; **be~** eine Glatze
haben

Balkans npl the~ der Balkan,
die Balkanländer pl

ball n Ball m; **have a ~** fam
sich prima amüsieren

ballet n Ballett nt; **ballet
dancer** n Balletttänzer(in)
m(f)

balloon n (Luft)ballon m

ballot n (geheime) Abstimmung

ballpoint (pen) n Kugelschreiber m

ballroom n Tanzsaal m

Baltic adj ~ Sea Ostsee f; the~
States die baltischen Staa

ten; **Baltics** *n* **the ~** das Baltikum *nt*

bamboo *n* Bambus *m*; **bamboo shoots** *npl* Bambussprossen *pl*

ban 1. *n* Verbot *nt* **2.** *vt* verbieten

banana *n* Banane *f*; **he's ~s** er ist völlig durchgeknallt; **banana split** *n* Bananensplit *nt*

band *n* (*group*) Gruppe *f*; (*of criminals*) Bande *f*; (*pop, rock etc*) Band *f*; (*strip*) Band *nt*

bandage 1. *n* Verband *m*; (*elastic*) Bandage *f* **2.** *vt* verbinden

bang 1. *n* (*noise*) Knall *m*; (*blow*) Schlag *m* **2.** *vt, vi* knallen; (*door*) zuschlagen, zuknallen; **banger** *n* (*Brit*) *fam* (*firework*) Knallkörper *m*; (*sausage*) Würstchen *nt*; (*old car*) Klapperkiste *f*

bangs *npl* (*US, von Frisur*) Pony *m*

banish *vt* verbannen

banister(s) *n* (*Treppen*)geländer *nt*

bank *n* FIN Bank *f*; (*of river etc*) Ufer *nt*; **bank account** *n* Bankkonto *nt*; **bank balance** *n* Kontostand *m*; **bank card** *n* Bankkarte *f*; **bank code** *n* Bankleitzahl *f*; **bank holiday** *n* gesetzlicher Feiertag

bankrupt *vt* ruinieren; **go ~** Pleite gehen

bank statement *n* Kontoauszug *m*

baptism *n* Taufe *f*; **baptize** *vt* taufen

bar 1. *n* (*for drinks*) Bar *f*; (*less smart*) Lokal *nt*; (*of soap*) Stange *f*; (*of chocolate etc*) Riegel *m*, Tafel *f*; (*rod*) Stange *f*; (*counter*) Theke *f* **2.** *prep* außer; **~ none** ohne Ausnahme

barbecue *n* (*device*) Grill *m*; (*party*) Barbecue *nt*, Grillfete *f*; **have a ~** grillen

bar code *n* Strichkode *m*

bare *adj* nackt; **~ patch** kahle Stelle; **barefoot** *adj, adv* barfuß; **bareheaded** *adj, adv* ohne Kopfbedeckung; **barely** *adv* kaum; (*with age*) knapp

bargain 1. *n* (*cheap offer*) günstiges Angebot, Schnäppchen *nt*; (*transaction*) Geschäft *nt*; **what a ~** das ist aber günstig! **2.** *vi* (ver)handeln

barge *n* (*for freight*) Lastkahn *m*; (*unpowered*) Schleppkahn *m*

bark 1. *n* (*of tree*) Rinde *f*; (*of dog*) Bellen *nt* **2.** *vi* (*dog*) bellen

barley *n* Gerste *f*

barmaid *n* Barkeeperin *f*; **barman** *n* Barkeeper *m*

barn *n* Scheune *f*

barometer *n* Barometer *nt*

baroque *adj* barock, Barock-

barracks *npl* Kaserne *f*

barrel *n* Fass *nt*; **barrel organ** *n* Drehorgel *f*

barrier n (obstruction) Absperrung f; (across road etc) Schranke f

bartender n (US) Barkeeper (in) m(f)

base 1. n Basis f; (of lamp, pillar etc) Fuß m; MIL Stützpunkt m **2.** vt gründen (on auf + acc); **be ~d on sth** auf etw dat basieren

baseball n Baseball m; **baseball cap** n Baseballmütze f

basement n Kellergeschoss nt

bash fam **1.** n Schlag m, Party f **2.** vt hauen

basic adj einfach; (fundamental) Grund-; (importance, difference) grundlegend; (in principle) grundsätzlich; **basically** adv im Grunde; **basics** npl **the ~** das Wesentliche

basil n Basilikum nt

basin n (for washing, valley) (Wasch)becken nt

basis n Basis f; **on the ~ of** aufgrund + gen; **on a monthly ~** monatlich

basket n Korb m; **basketball** n Basketball m

Basque 1. n (person) Baske m, Baskin f; (language) Baskisch nt **2.** adj baskisch

bass 1. n MUS Bass m; ZOOL Barsch m **2.** adj MUS Bass-

bastard n vulg (awful person) Arschloch nt

bat n ZOOL Fledermaus f; SPORT (cricket, baseball)

Schlagholz nt; (table tennis) Schläger m

bath 1. n Bad nt; (tub) Badewanne f; **have a ~** baden **2.** vt (child etc) baden

bathe vt, vi (wound etc) baden; **bath foam** n Badeschaum m; **bathing cap** n Badekappe f; **bathing costume, bathing suit** (US) n Badeanzug m

bathmat n ELEC Badevorleger m; **bathrobe** n Bademantel m; **bathroom** n Bad(ezimmer) nt; **bath towel** n Badetuch nt; **bathtub** n Badewanne f

baton n MUS Taktstock m; (police) Schlagstock m

batter 1. n Teig m **2.** vt heftig schlagen; **battered** adj übel zugerichtet; (hat, car) verbeult; (wife, baby) misshandelt

battery n ELEC Batterie f; **battery charger** n Ladegerät nt

battle n Schlacht f; fig Kampf m (for um); **battlefield** n Schlachtfeld nt

Bavaria n Bayern nt

bay n (of sea) Bucht f; (on house) Erker m; (tree) Lorbeerbaum m; **bay leaf** n Lorbeerblatt nt; **bay window** n Erkerfenster nt

BBC abbr = **British Broadcasting Corporation** BBC f

BC abbr = **before Christ** vor Christi Geburt, v. Chr.

be 1. vi sein; (become) werden; (be situated) liegen,

sein; *she's French* sie ist Französin; *he wants to ~ a doctor* er will Arzt werden; *I'm too hot* mir ist zu warm; *she's not well* (*health*) ihr geht's nicht gut; *the book is 5 dollars* (*cost*) das Buch kostet 5 Dollar; *how much is that altogether?* was macht das zusammen?; *how long have you been here?* wie lange bist du / sind Sie schon da?; *have you ever been to Rome?* warst du / waren Sie schon einmal in Rom?; *there is / are* es gibt, es ist / sind; *there are two left* es sind noch zwei übrig **2.** *vaux* (*passive*) werden; *he was run over* er ist überfahren worden, er wurde überfahren; (*continous tenses*) *I was walking on the beach* ich ging am Strand spazieren; *they're coming tomorrow* sie kommen morgen; (*infinitive: intention, obligation*) *the car is to ~ sold* das Auto soll verkauft werden; *you are not to mention it* du darfst / Sie dürfen es nicht erwähnen

beach n Strand m; **beachwear** n Strandkleidung f

bead n (*of glass, wood*) Perle f; (*drop*) Tropfen m

beak n Schnabel m

beam 1. (*of wood etc*) Balken m; (*of light*) Strahl m **2.** vi

(*smile etc*) strahlen

bean n Bohne f; **bean curd** n Tofu m

bear 1. vt (*carry*) tragen; (*tolerate*) ertragen **2.** n Bär m; **bearable** adj erträglich

beard n Bart m

beat 1. vt schlagen; (*as punishment*) prügeln; *~ sb at tennis* jdn im Tennis schlagen **2.** n (*of heart, drum etc*) Schlag m; MUS Takt m; **beat up** vt zusammenschlagen; **beaten** pp → **beat**; **off the ~ track** abgelegen

beautiful adj schön; (*splendid*) herrlich; **beauty** n Schönheit f; **beauty spot** n (*place*) lohnendes Ausflugsziel

beaver n Biber m

became pt → **become**

because 1. adv, conj weil **2.** prep ~ of wegen + gen or dat

become vt werden; *what's ~ of him?* was ist aus ihm geworden?

bed n Bett nt; (*in garden*) Beet nt; **bed and breakfast** n Übernachtung f mit Frühstück; Pension f; **bedding** n Bettzeug nt; **bed linen** n Bettwäsche f; **bedroom** n Schlafzimmer nt; **bed-sit(ter)** n fam möblierte Einzimmerwohnung; **bedspread** n Tagesdecke f; **bedtime** n Schlafenszeit f

bee n Biene f

beech n Buche f

beef n Rindfleisch nt; **beef-burger** n Hamburger m; **beef tomato** n Fleischtomate f

beehive n Bienenstock m

been pp → **be**

beer n Bier nt

beetle n Käfer m

beetroot n Rote Bete

before 1. prep vor; **the year ~ last** vorletztes Jahr; **the day ~ yesterday** vorgestern **2.** conj bevor **3.** adv (of time) vorher; **have you been there ~?** waren Sie schon einmal dort?; **beforehand** adv vorher

beg 1. vt ~ **sb to do sth** jdn inständig bitten, etw zu tun **2.** vi (beggar) betteln (for um)

began pt → **begin**

beggar n Bettler(in) m(f)

begin vt, vi anfangen, beginnen; (beginner) n Anfänger(in) m(f); **beginning** n Anfang m; **begun** pp → **begin**

behalf n **on ~ of, in ~ of** (US) im Namen / Auftrag von; **on my ~** für mich

behave vi sich benehmen; **behavior** (US), **behaviour** n Benehmen nt

behind 1. prep hinter **2.** adv hinten; **be~ with one's work** mit seiner Arbeit im Rückstand sein **3.** n fam Hinterteil nt

beige adj beige

being n (existence) Dasein nt;

(person) Wesen nt

Belarus n Weißrussland nt

belch 1. n Rülpser m **2.** vi rülpsen

Belgian 1. adj belgisch **2.** n Belgier(in) m(f); **Belgium** n Belgien nt

belief n Glaube m (in an + acc); (conviction) Überzeugung f; **it's my ~ that ...** ich bin der Überzeugung, dass ...; **believe** vi glauben an + acc

bell n (church) Glocke f; (bicycle, door) Klingel f; **bellboy** n (esp, US) Page m

bellows npl (for fire) Blasebalg m

belly n Bauch m; **bellyache 1.** n Bauchweh nt; **belly button** n fam Bauchnabel m; **bellyflop** n fam Bauchklatscher m

belong vi gehören (to sb jdm); (to club) angehören + dat; **belongings** npl Habe f

below 1. prep unter **2.** adv unten

belt 1. n (round waist) Gürtel m; (safety belt) Gurt m; **below the ~** unter die Gürtellinie **2.** vi fam (go fast) rasen, düsen; **beltway** n (US) Umgehungsstraße f

bench n Bank f

bend 1. n Biegung f; (in road) Kurve f **2.** vt (curve) biegen; (head, arm) beugen **3.** vi sich biegen; (person) sich beugen; **bend down** vi sich bücken

beneath 1. prep unter **2.** adv darunter

beneficial adj gut, nützlich (to für); **benefit 1.** n (advantage) Vorteil m; (profit) Nutzen m; **for your / his ~** deinetwegen / seinetwegen; **unemployment ~** Arbeitslosengeld nt **2.** vt guttun + dat **3.** vi Nutzen ziehen (from aus)

bent 1. pt, pp → **bend 2.** adj krumm; fam korrupt

Bermuda 1. n the **~s** pl die Bermudas pl **2.** adj **~ shorts** pl Bermudashorts pl

berry n Beere f

beside prep neben; **~ the sea / lake** am Meer / See; **besides 1.** prep außer **2.** adv außerdem

best 1. adj beste(r, s); **my ~ friend** mein bester or engster Freund; **2.** adj (to do) **would be to …** das Beste wäre zu …; (on food packaging) **~ before …** mindestens haltbar bis … **2.** n der / die / das Beste; **all the ~** alles Gute; **make the ~ of it** das Beste daraus machen **3.** adv am besten; **I like this ~** das mag ich am liebsten; **best-before date** n Mindesthaltbarkeitsdatum nt; **best man** n Trauzeuge m

bet 1. vt, vi wetten (on auf + acc); **you ~** fam und ob!; **I** **~ he'll be late** er kommt mit Sicherheit zu spät **2.** n Wette f

betray vt verraten

better adj, adv besser; **get ~** (healthwise) sich erholen, wieder gesund werden; (improve) sich verbessern; **I'm much ~ today** es geht mir heute viel besser; **you'd go** du solltest / Sie sollten lieber gehen; **a change for the ~** eine Wendung zum Guten

between 1. prep zwischen; (among) ~ **you and me**, unter uns gesagt; **~ 2. adv** (in) ~ dazwischen

beverage n (formal) Getränk nt

beware vt ~ **of sth** sich vor etw + dat hüten; **~ of the dog** „Vorsicht, bissiger Hund!"

beyond 1. prep (place) jenseits + gen; (time) über … hinaus; (out of reach) außerhalb + gen; **it's ~ me** da habe ich keine Ahnung, da bin ich überfragt **2.** adv darüber hinaus

bias n (prejudice) Vorurteil nt, Voreingenommenheit f; **biased** adj voreingenommen

bib n Latz m

Bible n Bibel f

bicycle n Fahrrad nt

bid 1. vt (offer) bieten **2.** n (attempt) Versuch m; (offer) Gebot nt

big adj groß; **it's no ~ deal** fam

es ist nichts Besonderes; **big dipper** n (Brit) Achterbahn f; **big-headed** adj eingebildet

bike n fam Rad nt

bikini n Bikini m

bilberry n Heidelbeere f

bilingual adj zweisprachig

bill n (account) Rechnung f; (US, banknote) Banknote f; POL Gesetzentwurf m; ZOOL Schnabel m; **billfold** n (US) Brieftasche f

billiards nsing Billard nt

billion n Milliarde f

bin n Behälter m; (rubbish bin) (Müll)eimer m; (for paper) Papierkorb m

bind vt binden; (bind together) zusammenbinden; (wound) verbinden; **binding** n (ski) Bindung f; (book) Einband m

binge n fam (drinking) Sauferei f; **go on a ~** auf Sauftour gehen

bingo n Bingo nt

binoculars npl Fernglas nt

biological adj biologisch; **biology** n Biologie f

birch n Birke f

bird n Vogel m; (Brit) fam (girl, girlfriend) Tussi f; **bird flu** n Vogelgrippe f; **bird watcher** n Vogelbeobachter(in) m(f)

birth n Geburt f; **birth certificate** n Geburtsurkunde f; **birthday** n Geburtstag m; **happy ~** herzlichen Glückwunsch zum Geburtstag; **birthday card** n Geburtstagskarte f; **birthday party** n Geburtstagsfeier f; **birthplace** n Geburtsort m

biscuit n (Brit) Keks m

bisexual adj bisexuell

bishop n Bischof m; (in chess) Läufer m

bit 1. pt → **bite** 2. n (piece) Stück(chen) nt; IT Bit nt; **a ~ (of …)** (small amount) ein bisschen …; **a ~ tired** etwas müde; **~ by ~** allmählich; (time) **for a ~** ein Weilchen; **quite a ~** (a lot) ganz schön viel

bitch n (dog) Hündin f; pej (woman) Miststück nt, Schlampe f; **son of a ~** (US) vulg Hurensohn m, Scheißkerl m; **bitchy** adj gemein, zickig

bite 1. vt, vi beißen 2. n Biss m; (mouthful) Bissen m; (insect) Stich m; **have a ~** eine Kleinigkeit essen; **bitten** pp → **bite**

bitter 1. adj bitter; (memory etc) schmerzlich 2. n (Brit, beer) halbdunkles Bier; **bitter lemon** n Bitter Lemon nt

black adj schwarz; **blackberry** n Brombeere f; **blackbird** n Amsel f; **blackboard** n (Wand)tafel f; **black box** n AVIAT Flugschreiber m; **blackcurrant** n Schwarze Johannisbeere f; **black eye** n blaues Auge; **Black Forest**

n Schwarzwald *m*; **black-mail 1.** *n* Erpressung *f* **2.** *vt* erpressen; **black market** *n* Schwarzmarkt *m*; **blackout** *n* MED Ohnmacht *f*; **have a ~** ohnmächtig werden; **black pudding** *n* ≈ Blutwurst *f*; **Black Sea** *n* **the ~** das Schwarze Meer; **blacksmith** *n* Schmied(in) *m(f)*; **black tie** *n* Abendanzug *m*, Smoking *m*; **is it ~?** ist / besteht da Smokingzwang?

bladder *n* Blase *f*

blade *n* (*of knife*) Klinge *f*; (*of propeller*) Blatt *nt*; (*of grass*) Halm *m*

blame 1. *n* Schuld *f* **2.** *vt* **~ sth on sb** jdm die Schuld an etw *dat* geben; **he is to ~** er ist daran schuld

bland *adj* (*taste*) fade; (*comment*) nichtssagend

blank *adj* (*page, space*) leer, unbeschrieben; (*look*) ausdruckslos; **~ cheque** Blankoscheck *m*

blanket *n* (Woll)decke *f*

blast 1. *n* (*of wind*) Windstoß *m*; (*of explosion*) Druckwelle *f* **2.** *vt* (*blow up*) sprengen

blatant *adj* (*undisguised*) offen; (*obvious*) offensichtlich

blaze 1. *vi* lodern; (*sun*) brennen **2.** *n* (*building*) Brand *m*; (*other fire*) Feuer *nt*

bleach 1. *n* Bleichmittel *nt* **2.** *vt* bleichen

bleary *adj* (*eyes*) trübe, verschlafen

bleed *vi* bluten

bleeper *n fam* Piepser *m*

blend 1. *n* Mischung *f* **2.** *vt* mischen **3.** *vi* sich mischen; **blender** *n* Mixer *m*

bless *vt* segnen; **~ you!** Gesundheit!; **blessing** *n* Segen *m*

blew *pt* → **blow**

blind 1. *adj* blind; (*corner*) unübersichtlich; **turn a ~ eye to sth** bei etw ein Auge zudrücken **2.** *n* (*for window*) Rollo *nt* **3.** *vt* blenden; **blind alley** *n* Sackgasse *f*; **blind spot** *n* AUTO toter Winkel; *fig* schwacher Punkt

blink *vi* blinzeln; (*light*) blinken

bliss *n* (Glück)seligkeit *f*

blister *n* Blase *f*

blizzard *n* Schneesturm *m*

block 1. *n* (*wood, stone, ice*) Block *m*, Klotz *m*; (*of buildings*) Häuserblock *m*; **~ of flats** (*Brit*) Wohnblock *m* **2.** *vt* (*road*) blockieren; (*nose, pipe*) verstopfen; **blockage** *n* Verstopfung *f*; **blockbuster** *n* Knüller *m*; **block letters** *npl* Blockschrift *f*

blog *n* IT Blog *m*

bloke *n* (*Brit*) *fam* Kerl *m*, Typ *m*

blond(e) 1. *adj* blond **2.** *n* (*person*) Blondine *f*, blonder Typ

blood *n* Blut *nt*; **blood count** *n* Blutbild *nt*; **blood donor** *n* Blutspender(in) *m(f)*; **blood group** *n* Blutgruppe *f*; **blood**

orange *n* Blutorange *f*; **blood poisoning** *n* Blutvergiftung *f*; **blood pressure** *n* Blutdruck *m*; **blood sample** *n* Blutprobe *f*; **bloodsports** *npl* Sportarten, bei denen Tiere getötet werden; **bloody** *adj* (*Brit*) *fam* verdammt, Scheiß-; (*literal sense*) blutig
bloom 1. *n* Blüte *f* **2.** *vi* blühen
blossom 1. *n* Blüte *f* **2.** *vi* blühen
blouse *n* Bluse *f*; **big girl's ~** *fam* Schwächling *m*, femininer Typ
blow 1. *n* Schlag *m* **2.** *vi, vt* (*wind*) wehen, blasen; (*person: trumpet etc*) blasen; **~ one's nose** sich *dat* die Nase putzen; **blow out** *vt* (*candle etc*) ausblasen; **blow up 1.** *vi* explodieren **2.** *vt* sprengen; (*balloon, tyre*) aufblasen; PHOT (*enlarge*) vergrößern; **blow-dry** *vt* föhnen; **blowjob** *n fam* **give sb a ~** jdm einen blasen; **blown** *pp* → **blow**
BLT *n abbr* = **bacon, lettuce and tomato sandwich** mit Frühstücksspeck, Kopfsalat und Tomaten belegtes Sandwich
blue *adj* blau; *fam* (*unhappy*) trübsinnig, niedergeschlagen; (*film*) pornografisch; (*joke*) anzüglich; (*language*) derb; **bluebell** *n* Glockenblume *f*; **blueberry** *n* Blaubeere *f*; **blue cheese** *n* Blau-

schimmelkäse *m*; **blues** *npl* **the ~** MUS der Blues; **have the ~** *fam* niedergeschlagen sein
blunder *n* Schnitzer *m*
blunt *adj* (*knife*) stumpf; *fig* unverblümt; **bluntly** *adv* geradeheraus
blurred *adj* verschwommen, unklar
blush *vi* erröten
board 1. *n* (*of wood*) Brett *nt*; (*committee*) Ausschuss *m*; (*of firm*) Vorstand *m*; **~ and lodging** Unterkunft und Verpflegung; **on ~** an Bord **2.** *vt* (*train, bus*) einsteigen in + *acc*; (*ship*) an Bord + *gen* gehen; **boarder** *n* Pensionsgast *m*, Internatsschüler(in) *m(f)*; **board game** *n* Brettspiel *nt*; **boarding card, boarding pass** *n* Bordkarte *f*, Einsteigekarte *f*; **boarding school** *n* Internat *nt*; **board meeting** *n* Vorstandssitzung *f*; **boardroom** *n* Sitzungssaal *m* (des Vorstands)
boast 1. *vi* prahlen (*about* mit) **2.** *n* Prahlerei *f*
boat *n* Boot *nt*; (*ship*) Schiff *nt*; **boatman** *n* (*hirer*) Bootsverleiher *m*; **boat race** *n* Regatta *f*
bob(sleigh) *n* Bob *m*
bodily 1. *adj* körperlich **2.** *adv* (*forcibly*) gewaltsam; **body** *n* Körper *m*; (*dead*) Leiche *f*; (*of car*) Karosserie *f*; **bod-**

ybuilding n Bodybuilding nt; **bodyguard** n Leibwächter m; (group) Leibwache f; **body jewellery** n Intimschmuck m; **body odour** n Körpergeruch m; **body piercing** n Piercing nt; **bodywork** n Karosserie f

boil 1. vt, vi kochen **2.** n MED Geschwür nt; **boiler** n Boiler m; **boiling** adj (water etc) kochend (heiß); **I was ~** (hot) mir war fürchterlich heiß; (with rage) ich kochte vor Wut; **boiling point** n Siedepunkt m

bold adj kühn, mutig; (colours) kräftig; (type) fett

Bolivia n Bolivien nt

bomb 1. n (link) Bindung f **bone** n Knochen m; (of fish) Gräte f

boner n (US) fam Schnitzer m; (vulg: erection) Ständer m

bonfire n Feuer nt (im Freien)

bonnet n (Brit) AUTO Haube f; (for baby) Häubchen n

bonny adj (esp Scot) hübsch

bonus n Bonus m, Prämie f

boo 1. n v auspfeifen **2.** vi buhen **3.** n Buhruf m

book 1. n Buch nt; (of tickets, stamps) Heft nt **2.** vt (ticket etc) bestellen; (hotel, flight etc) buchen; **fully ~ed (up)** ausgebucht; (performance) ausverkauft; **book in** vt eintragen; **be booked in at a**

hotel ein Zimmer in einem Hotel bestellt haben; **bookcase** n Bücherregal nt; **booking** n Buchung f; **booking office** n RAIL Fahrkartenschalter m; THEAT Vorverkaufsstelle f; **booklet** n Broschüre f; **bookmark** n a. IT Lesezeichen nt; **bookshelf** n Bücherbord nt; **bookshelves** n Bücherregal nt; **bookshop**, **bookstore** n (esp US) Buchhandlung f

boom. 1. n (of business) Boom m; (noise) Dröhnen nt **2.** vi (business) boomen; fam florieren

boomerang n Bumerang m

boost 1. n Auftrieb m **2.** vt (production, sales) ankurbeln; (power, profits etc) steigern; **booster** (injection) n Wiederholungsimpfung f

boot 1. n Stiefel m; (Brit) AUTO Kofferraum m **2.** vt IT laden, booten

booth n (at fair etc) Bude f; (at trade fair etc) Stand m

booze 1. n fam Alkohol m **2.** vi fam saufen

border n Grenze f; (edge) Rand m; **north / south of the Border** (Brit) in Schottland / England; **borderline** n Grenze f

bore 1. pt → **bear 2.** vt (hole etc) bohren; (person) langweilen **3.** n (person) Langweiler(in) m(f); (thing) langweilige Sache; **bored** adj be

boredom   320

~ sich langweilen; **boredom** *n* Langeweile *f*; **boring** *adj* langweilig

born *adj* he was ~ **in London** er ist in London geboren

borne *pp* → **bear**

borough *n* Stadtbezirk *m*

borrow *vt* borgen

Bosnia-Herzegovina *n* Bosnien-Herzegowina *nt*; **Bosnian 1.** *adj* bosnisch **2.** *n* Bosnier(in) *m(f)*

boss *n* Chef(in) *m(f)*, Boss *m*

botanical *adj* botanisch; ~ **garden(s)** botanischer Garten

both 1. *adj* beide; ~ **the books** beide Bücher **2.** *pron* (*people*) beide; (*things*) beides; ~ (**of**) **the boys** die beiden Jungs; *I like* ~ **of them** ich mag sie (alle) beide **3.** *adv* ~ **X and Y** sowohl X als auch Y

bother 1. *vt* ärgern, belästigen; *it doesn't* ~ *me* das stört mich nicht; *he can't be* ~*ed with details* mit Details gibt er sich nicht ab; *I'm not* ~*ed* das ist mir egal **2.** *vi* sich kümmern (*about* um); *don't* ~ (das ist) nicht nötig, lass es! **3.** *n* (*trouble*) Mühe *f*; (*annoyance*) Ärger *m*

bottle 1. *n* Flasche *f* **2.** *vt* (*in Flaschen*) abfüllen; **bottle bank** *n* Altglascontainer *m*; **bottled** *adj* in Flaschen; ~ **beer** Flaschenbier *nt*; **bottleneck** *n* *fig* Engpass *m*;

bottle opener *n* Flaschenöffner *m*

bottom 1. *n* (*of container*) Boden *m*; (*underside*) Unterseite *f*; *fam* (*of person*) Po *m*; **at the** ~ **of the sea** / **table** / **page** auf dem Meeresgrund / am Tabellenende / unten auf der Seite **2.** *adj* unterste(r, s); **be** ~ **of the class** / **league** Klassenletzte(r)/Tabellenletzte(r) sein; ~ **gear** AUTO erster Gang

bought *pt, pp* → **buy**

bounce *vi* (*ball*) springen, aufprallen; ~ **up and down** (*person*) herumhüpfen; **bouncy** *adj* (*ball*) gut springend; (*person*) munter; **bouncy castle**® *n* Hüpfburg *f*

bound 1. *pt, pp* → **bind 2.** *adj* (*tied up*) gebunden; (*obliged*) verpflichtet; **be** ~ **to do sth** (*sure to*) etw bestimmt tun (werden); (*have to*) etw tun müssen; *it's* ~ *to happen* es muss so kommen; **be** ~ **for** ... auf dem Weg nach ... sein; **boundary** *n* Grenze *f*

bouquet *n* (*flowers*) Strauß *m*; (*of wine*) Blume *f*

bow 1. *n* (*ribbon*) Schleife *f*; (*instrument, weapon*) Bogen *m* **2.** *vi* sich verbeugen **3.** *n* (*with head*) Verbeugung *f*; (*of ship*) Bug *m*

bowels *npl* Darm *m*

bowl 1. n (basin) Schüssel f; (shallow) Schale f; (for animal) Napf m **2.** vt, vi (in cricket) werfen

bowling n Kegeln nt; **bowling alley** n Kegelbahn f; **bowling green** n Rasen m zum Bowling-Spiel; **bowls** nsing (game) Bowling-Spiel n

bow tie n Fliege f

box 1. n Schachtel f; (cardboard) Karton m; (bigger) Kasten m, (space on form) Kästchen nt; THEAT Loge f **2.** vt, vi (in cricket) werfen

boxer n Boxer(in) m(f); **boxers, boxer shorts** npl Boxershorts pl; **boxing** n SPORT Boxen nt; **Boxing Day** n zweiter Weihnachtsfeiertag; **boxing gloves** npl Boxhandschuhe pl; **box office** n (cinema, theatre) Kasse f

boy n Junge m

boycott 1. n Boykott m **2.** vt boykottieren

boyfriend n (fester) Freund m; **boy scout** n Pfadfinder m

bra n BH m

brace n (on teeth) Spange f

bracelet n Armband nt

braces npl (Brit) Hosenträger pl

bracket 1. n (in text) Klammer f; TECH Träger m **2.** vt einklammern

brag vi angeben

brain n ANAT Gehirn nt; (mind) Verstand m; ~s pl (intelligence) Grips m; **brainy** adj schlau, clever

brake 1. n Bremse f **2.** vi bremsen; **brake fluid** n Bremsflüssigkeit f; **brake light** n Bremslicht nt; **brake pedal** n Bremspedal nt

branch n (of tree) Ast m; (of family, subject) Zweig m; (of firm) Filiale f, Zweigstelle f; **branch off** vi (road) abzweigen

brand n COMM Marke f

brand-new adj (funkel)nagelneu

brandy n Weinbrand m

brass n Messing nt; (Brit) fam (money) Knete f; **brass band** n Blaskapelle f

brave adj tapfer, mutig

brawn n (strength) Muskelkraft f; GASTR Sülze f; **brawny** adj muskulös

Brazil n Brasilien (nt); **Brazilian 1.** adj brasilianisch **2.** n Brasilianer(in) m(f); **brazil nut** n Paranuss f

bread n Brot nt; **breadbin** n (Brit), **breadbox** n (US) Brotkasten m; **breadcrumbs** npl Brotkrumen pl; GASTR Paniermehl nt; **breaded** adj paniert; **breadknife** n Brotmesser nt

breadth n Breite f

break 1. n (fracture) Bruch m; (rest) Pause f; (short holiday) Kurzurlaub m; **give me a ~** hör / hören Sie auf damit! **2.** vt (fracture) brechen; (in pieces) zerbrechen; (toy, de-

vice) kaputt machen; (*promise*) nicht halten; (*silence*) brechen; (*law*) verletzen; (*news*) mitteilen (*to sb* jdm); **I broke my leg** ich habe mir das Bein gebrochen; **he broke it to her gently** er hat es ihr schonend beigebracht **3.** *vi* (*come apart*) (auseinander)brechen; (*in pieces*) zerbrechen; (*toy, device*) kaputtgehen; (*day, dawn*) anbrechen; (*news*) bekannt werden; **break down** *vi* (*car*) eine Panne haben; (*machine*) versagen; (*person*) zusammenbrechen; **break in** *vi* (*burglar*) einbrechen; **break into** *vt* einbrechen in + *acc*; **break off** *vi*, *vt* abbrechen; **break out** *vi* ausbrechen; **~ in a rash** einen Ausschlag bekommen; **break up 1.** *vi* aufbrechen; (*meeting, organisation*) sich auflösen; (*marriage*) in die Brüche gehen; (*couple*) sich trennen; **school breaks up on Friday** am Freitag beginnen die Ferien **2.** *vt* aufbrechen; (*marriage*) zerstören; (*meeting*) auflösen; **breakable** *adj* zerbrechlich; **breakdown** *n* (*of car*) Panne *f*; (*of machine*) Störung *f*; (*of person, relations, system*) Zusammenbruch *m*; **breakdown service** *n* Pannendienst *m*; **breakdown truck** *n* Abschleppwagen *m*

breakfast *n* Frühstück *nt*; **have ~** frühstücken

break-in *n* Einbruch *m*; **breakup** *n* (*of meeting, organisation*) Auflösung *f*; (*of marriage*) Zerrüttung *f*

breast *n* Brust *f*; **breastfeed** *vt* stillen; **breaststroke** *n* Brustschwimmen *nt*

breath *n* Atem *m*; **out of ~** außer Atem; **breathalyse**, **breathalyze** *vt* (ins Röhrchen) blasen lassen; **breathalyser**, **breathalyzer** *n* Promillemesser *m*; **breathe** *vt*, *vi* atmen; **breathe in** *vt*, *vi* einatmen; **breathe out** *vt*, *vi* ausatmen; **breathless** *adj* atemlos; **breathtaking** *adj* atemberaubend

bred *pt*, *pp* → **breed**

breed 1. *n* (*race*) Rasse *f* **2.** *vi* sich vermehren **3.** *vt* züchten; **breeder** *n* Züchter(in) *m(f)*; **breeding** *n* (*of animals*) Züchtung *f*

breeze *n* Brise *f*

brevity *n* Kürze *f*

brew *vt* (*beer*) brauen; (*tea*) kochen; **brewery** *n* Brauerei *f*

bribe 1. *n* Bestechungsgeld *nt* **2.** *vt* bestechen; **bribery** *n* Bestechung *f*

brick *n* Backstein *m*; **bricklayer** *n* Maurer(in) *m(f)*

bride *n* Braut *f*; **bridegroom** *n* Bräutigam *m*; **bridesmaid** *n* Brautjungfer *f*

browse

bridge *n* Brücke *f*, Bridge *nt*

brief 1. *adj* kurz **2.** *vt* instruieren (*on* über + *acc*)

briefcase *n* Aktentasche *f*

briefs *npl* Slip *m*

bright *adj* hell; (*colour*) leuchtend; (*cheerful*) heiter; (*intelligent*) intelligent; (*idea*) glänzend; **brighten up 1.** *vt* aufhellen; (*person*) aufheitern **2.** *vi* sich aufheitern; (*person*) fröhlicher werden

brilliant *adj* (*sunshine, colour*) strahlend; (*person*) brillant; (*idea*) glänzend; (*Brit fam* **it was ~** es war fantastisch

brim *n* Rand *m*

bring *vt* bringen; (*with one*) mitbringen; **bring about** *vt* herbeiführen, bewirken; **bring back** *vt* zurückbringen; (*memories*) wecken; **bring down** *vt* (*reduce*) senken; (*government etc*) zu Fall bringen; **bring in** *vt* hereinbringen; (*introduce*) einführen; **bring out** *vt* herausbringen; **bring up** *vt* (*child*) aufziehen; (*question*) zur Sprache bringen

bristle *n* Borste *f*

Brit *n fam* Brite *m*, Britin *f*; **Britain** *n* Großbritannien *nt*; **British 1.** *adj* britisch; **the ~ Isles** *pl* die Britischen Inseln *pl* **2.** **n the ~** *pl* die Briten *pl*

brittle *adj* spröde

broad *adj* breit; (*accent*) stark; **in ~ daylight** am helllichten Tag

B road *n* (*Brit*) ≈ Landstraße *f*

broadcast 1. *n* Sendung *f* **2.** *irr vt, vi* senden; (*event*) übertragen

broaden *vt* **~ the mind** den Horizont erweitern; **broad-minded** *adj* tolerant

broccoli *n* Brokkoli *pl*

brochure *n* Prospekt *m*, Broschüre *f*

broke 1. *pt* → **break 2.** *adj* (*Brit*) *fam* pleite; **broken** *pp* → **break**; **broken-hearted** *adj* untröstlich

broker *n* Makler(in) *m(f)*

bronchitis *n* Bronchitis *f*

brooch *n* Brosche *f*

broom *n* Besen *m*

Bros *abbr* = **brothers** Gebr.

broth *n* Fleischbrühe *f*

brothel *n* Bordell *nt*

brother *n* Bruder *m*; **~s** *pl* COMM Gebrüder *pl*; **brother-in-law** *n* Schwager *m*

brought *pt, pp* → **bring**

brow *n* (*eyebrow*) (Augen)braue *f*; (*forehead*) Stirn *f*

brown *adj* braun; **brown bread** *n* Mischbrot *nt*; (*wholemeal*) Vollkornbrot *nt*; **brownie** *n* GASTR Brownie *m*; (*Brit*) junge Pfadfinderin; **brown paper** *n* Packpapier *nt*; **brown rice** *n* Naturreis *m*; **brown sugar** *n* brauner Zucker

browse *vi* (*in book*) blättern;

(in shop) herumschauen;
browser n IT Browser m
bruise 1. n blauer Fleck **2.** vt ~
one's arm sich dat einen
blauen Fleck (am Arm) ho-
len
brush 1. n Bürste f; (for
sweeping) Handbesen m;
(for painting) Pinsel m **2.** vt
bürsten; (sweep) fegen; ~
one's teeth sich dat die
Zähne putzen; **brush up** vt
(French etc) auffrischen
Brussels sprouts npl Rosenkohl m, Kohlsprossen pl
brutality n Brutalität f
BSc abbr = **Bachelor of Science** erster akademischer
Grad in technisch-naturwis-
senschaftlichen Fächern, ≈
Diplom
BSE abbr = **bovine spongi-
form encephalopathy** BSE
f
bubble n Blase f; **bubble bath**
n Schaumbad nt, Bade-
schaum m; **bubbly 1.** adj
sprudelnd; (person) temperamentvoll **2.** n fam Scham-
pus m
buck n (animal) Bock m; (US)
fam Dollar m
bucket n Eimer m
buckle 1. n Schnalle f **2.** vi
TECH sich verbiegen **3.** vt zu-
schnallen
bud n Knospe f
Buddhism n Buddhismus m;
Buddhist 1. adj buddhistisch
2. n Buddhist(in) m(f)

buddy n fam Kumpel m
budget 1. n Budget nt **2.** adj
preisgünstig; **budget airline**
n Billigflieger m
budgie n fam Wellensittich m
buffalo n Büffel m
buffet n (food) (kaltes) Büfett
nt
bug 1. n IT Bug m, Programm-
fehler m; (listening device)
Wanze f; (US, insect) Insekt
nt; fam (illness) Infektion f
2. vt fam nerven
bugger 1. n vulg Scheißkerl m
2. interj vulg Scheiße f; **bugger off** vi (Brit) vulg abhau-
en, Leine ziehen
buggy n (for baby) Buggy®
m; (US, pram) Kinderwagen
m
build vt bauen; **build up** vt
aufbauen; **building** n Gebäude nt; **building site** n
Baustelle f
built pt, pp → **build**; **built-in**
adj (cupboard) Einbau-, ein-
gebaut
bulb n BOT (Blumen)zwiebel f;
ELEC Glühbirne f
Bulgaria n Bulgarien nt; **Bulgarian 1.** adj bulgarisch **2.** n
(person) Bulgare m, Bulgarin f; (language) Bulgarisch
nt
bulimia n Bulimie f
bulk n (size) Größe f; (greater
part) Großteil m (of + gen);
in ~ en gros; **bulky** adj
(goods) sperrig; (person)
stämmig

bull n Stier m; **bulldog** n Bulldogge f; **bulldoze** vt planieren; **bulldozer** n Planierraupe f

bullet n Kugel f

bulletin n Bulletin nt; (announcement) Bekanntmachung f; MED Krankenbericht m; **bulletin board** n (US) IT schwarzes Brett

bullshit n fam Scheiß m

bully n Tyrann m

bum n fam (Brit, backside) Po m; (US, vagrant) Penner m

bumblebee n Hummel f

bumf n fam Infomaterial nt, Papierkram m

bump 1. n fam (swelling) Beule f; (road) Unebenheit f; (blow) Stoß m **2.** vt stoßen; ~ **one's head** sich dat den Kopf anschlagen (on an + dat); **bump into** vt stoßen gegen; fam (meet) (zufällig) begegnen + dat; **bumper 1.** n AUTO Stoßstange f **2.** adj (edition etc) Riesen-; (crop etc) Rekord-; **bumpy** adj holp(e)rig

bun n süßes Brötchen

bunch n (of flowers) Strauß m; fam (of people) Haufen m; ~ **of keys** Schlüsselbund m

bundle n Bündel nt

bungee jumping n Bungeejumping nt

bunk n Koje f; **bunk bed(s)** n(pl) Etagenbett nt

bunker n Bunker m

bunny n Häschen nt

buoy n Boje f; **buoyant** adj (floating) schwimmend

burden n Last f

bureau n Büro nt; (government department) Amt nt; **bureaucracy** n Bürokratie f; **bureau de change** n Wechselstube f

burger n Hamburger m

burglar n Einbrecher(in) m(f); **burglar alarm** n Alarmanlage f; **burglarize** vt (US) einbrechen in + acc; **burglary** n Einbruch m; **burgle** vt einbrechen in + acc

burial n Beerdigung f

burn 1. vt verbrennen; (food, slightly) anbrennen; ~ **one's hand** sich dat die Hand verbrennen **2.** vi brennen **3.** n (injury) Brandwunde f; (on material) verbrannte Stelle

burp 1. vi rülpsen **2.** vt (baby) aufstoßen lassen

bursary n Stipendium nt

burst 1. vt platzen lassen **2.** vi platzen; ~ **into tears** in Tränen ausbrechen

bury vt begraben; (in grave) beerdigen; (hide) vergraben

bus n Bus m; **bus driver** n Busfahrer(in) m(f)

bush n Busch m

business n Geschäft nt; (enterprise) Unternehmen nt; (concern, affair) Sache f;

I'm here on ~ ich bin geschäftlich hier; *it's none of your* ~ das geht dich / Sie nichts an; **business card** *n* Visitenkarte *f*; **business class** *n* AVIAT Businessclass *f*; **business hours** *npl* Geschäftsstunden *pl*; **businessman** *n* Geschäftsmann *m*; **business studies** *npl* Betriebswirtschaftslehre *f*; **businesswoman** *n* Geschäftsfrau *f*

bus service *n* Busverbindung *f*; **bus shelter** *n* Wartehäuschen *nt*; **bus station** *n* Busbahnhof *m*; **bus stop** *n* Bushaltestelle *f*

bust 1. *n* Büste *f* **2.** *adj* (*broken*) kaputt; *go* ~ Pleite gehen

busy *adj* beschäftigt; (*street, place*) belebt; (*esp US, telephone*) besetzt; ~ *signal* (*US*) Besetztzeichen *nt*

but 1. *conj* aber; (*only*) nur; *not this* ~ *that* nicht dies, sondern das **2.** *prep* (*except*) außer; *any colour* ~ *blue* jede Farbe, nur nicht blau; *nothing* ~ … nichts als …; *the last / next house* ~ *one* das vorletzte / übernächste Haus

butcher *n* Metzger(in) *m(f)*

butt *n fam* Hintern *m*

butter *n* Butter *f*; **buttercup** *n* Butterblume *f*; **butterfly** *n* Schmetterling *m*

buttocks *npl* Gesäß *nt*

button 1. *n* Knopf *m* **2.** *vt* zuknöpfen; **buttonhole** *n* Knopfloch *nt*

buy 1. *n* Kauf *m* **2.** *vt* kaufen (*from* von); **buyer** *n* Käufer(in) *m(f)*

buzz 1. *n* Summen *nt*; *give sb a* ~ *fam* jdn anrufen **2.** *vi* summen; **buzzer** *n* Summer *m*

by 1. *prep* (*cause, author*) von; (*means*) mit; (*beside, near*) bei, an; (*via*) durch; (*before*) bis; (*according to*) nach; *go* ~ *train / bus / car* mit dem Zug / Bus / Auto fahren; *send* ~ *post* mit der Post® schicken; *a house* ~ *the river* ein Haus am *or* beim Fluss; ~ *her side* neben ihr, an ihrer Seite; *leave* ~ *the back door* durch die Hintertür rausgehen; ~ *day / night* tags / nachts; *they'll be here* ~ *five* bis fünf Uhr müssten sie hier sein; *judge* ~ *appearances* nach dem Äußeren urteilen; *rise* ~ *10 %* um 10 % steigen; *it missed me* ~ *inches* es hat mich um Zentimeter verfehlt; *divided / multiplied* ~ *7* dividiert durch / multipliziert mit 7; ~ *oneself* allein **2.** *adv* (*past*) vorbei; *rush* ~ vorbeirasen

bye-bye *interj fam* Wiedersehen, tschüss

by-election *n* Nachwahl *f*; **bypass** *n* Umgehungsstraße *f*;

MED Bypass m; **byroad** n Nebenstraße f; **bystander** n

Zuschauer(in) m(f)
byte n Byte nt

C

C abbr = **Celsius** C

c abbr → **circa** ca.

cab n Taxi nt

cabbage n Kohl m

cabin n NAUT Kajüte f; AVIAT Passagierraum m; (wooden house) Hütte f; **cabin crew** n Flugbegleitpersonal nt

cabinet n Schrank m; (for display) Vitrine f; POL Kabinett nt

cable n ELEC Kabel nt; **cable-car** n Seilbahn f; **cable television**, **cablevision** (US) n Kabelfernsehen nt

cactus n Kaktus m

CAD abbr = **computer-aided design** CAD nt

Caesarean adj ~ (**section**) Kaiserschnitt m

café n Café nt; **cafeteria** n Cafeteria f; **cafetiere** n Kaffeebereiter m

caffein(e) n Koffein nt

cage n Käfig m

Cairo n Kairo nt

cake n Kuchen m; **cake shop** n Konditorei f

calculate vt berechnen; (estimate) kalkulieren; **calculating** adj berechnend; **calculation** n Berechnung f; (estimate) Kalkulation f; **calculator** n Taschenrechner m

calendar n Kalender m

calf n Kalb nt; ANAT Wade f

California n Kalifornien f

call 1. vt rufen; (name, describe as) nennen; TEL anrufen; IT, AVIAT aufrufen; **what's this ~ed?** wie heißt das? **2.** vi (shout) rufen (for help um Hilfe); (visit) vorbeikommen; ~ **at the doctor's** beim Arzt vorbeigehen; (of train) ~ **at** ... in ... halten **3.** n (shout) Ruf m; TEL Anruf m; IT, AVIAT Aufruf m; **make a ~** telefonieren; **give sb a ~** jdn anrufen; **be on ~** Bereitschaftsdienst haben; **call back** vt, vi zurückrufen; **call for** vt (come to pick up) abholen; (demand, require) verlangen; **call off** vt absagen

call centre n Callcenter nt; **caller** n Besucher(in) m(f); TEL Anrufer(in) m(f)

calm 1. n Stille f; (also of person) Ruhe f; (of sea) Flaute f **2.** vt beruhigen **3.** adj ruhig; **calm down** vi sich beruhigen

calorie n Kalorie f

calves pl → **calf**

Cambodia n Kambodscha nt

camcorder n Camcorder m

came pt → **come**

camel

camel n Kamel nt

camera n Fotoapparat m, Kamera f; **camera phone** n Fotohandy nt

camomile n Kamille f

camouflage n Tarnung f

camp 1. n Lager nt; (camping place) Zeltplatz m **2.** vi zelten, campen **3.** adj fam theatralisch, tuntig

campaign 1. n Kampagne f; POL Wahlkampf m **2.** vi sich einsetzen (for / against für / gegen)

campbed n Campingliege f; **camper** n (person) Camper(in) m(f); (van) Wohnmobil nt; **camping** n Zelten nt, Camping nt; **campsite** n Zeltplatz m, Campingplatz m

campus n (of university) Universitätsgelände nt, Campus m

can 1. vaux (be able) können; (permission) dürfen; **I ~not** or **~'t see** ich kann nichts sehen; **~ I go now?** darf ich jetzt gehen? **2.** n (for food, beer) Dose f; (for water, milk) Kanne f

Canada n Kanada nt; **Canadian 1.** adj kanadisch **2.** n Kanadier(in) m(f)

canal n Kanal m

canary n Kanarienvogel m

cancel vt (plans) aufgeben; (meeting, event) absagen; COMM (order etc) stornieren; IT löschen; AVIAT streichen;

be **~led** (event, train, bus) ausfallen; **cancellation** n Absage f; COMM Stornierung f; AVIAT gestrichener Flug

cancer n MED Krebs m; **Cancer** n ASTR Krebs m

candid adj (person, conversation) offen

candidate n (for post) Bewerber(in) m(f); POL Kandidat(in) m(f)

candle n Kerze f; **candlelight** n Kerzenlicht nt; **candlestick** n Kerzenhalter m

candy n (US) Bonbon nt; (quantity) Süßigkeiten pl; **candy-floss** n (Brit) Zuckerwatte f

canned adj Dosen-

cannot negative → **can**

canoe n Kanu nt; **canoeing** n Kanufahren nt

can opener n Dosenöffner m

canopy n Baldachin m; (awning) Markise f; (over entrance) Vordach nt

can't contr → **cannot**

canteen n (in factory) Kantine f; (in university) Mensa f

canvas n (for sails, shoes) Segeltuch nt; (for tent) Zeltstoff m; (for painting) Leinwand f

canvass vi um Stimmen werben (for für)

canyon n Felsenschlucht f; **canyoning** n Canyoning nt

cap n Mütze f; (lid) Verschluss m, Deckel m

capability n Fähigkeit f; **ca-**

pable adj fähig; **be ~ of sth** zu etw fähig (or imstande) sein

capacity n (of building, container) Fassungsvermögen nt; (ability) Fähigkeit f; (function) **in his ~ as ...** in seiner Eigenschaft als ...

cape n (garment) Cape nt, Umhang m; (piece of land) Kap nt

caper n (for cooking) Kaper f

capital n FIN Kapital nt; (letter) Großbuchstabe m; ~ (city) Hauptstadt f; **capitalism** n Kapitalismus m; **capital punishment** n die Todesstrafe

Capricorn n ASTR Steinbock m

capsule n Kapsel f

captain n Kapitän m; (army) Hauptmann m

captive n Gefangene(r) mf; **capture 1.** vt (person) fassen, gefangen nehmen; (town etc) einnehmen; IT (data) erfassen **2.** n Gefangennahme f; IT Erfassung f

car n Auto nt; (US) RAIL Wagen m

caravan n Wohnwagen m; **caravan site** n Campingplatz m für Wohnwagen

caraway (seed) n Kümmel m

carbohydrate n Kohle(n)hydrat nt

car bomb n Autobombe f

carbon n Kohlenstoff m

carburettor, carburetor (US)

n Vergaser m

card n Karte f; (material) Pappe f; **cardboard** n Pappe f; ~ (box) Karton m; (smaller) Pappschachtel f; **card game** n Kartenspiel nt

cardigan n Strickjacke f

cardphone n Kartentelefon nt

care 1. n (worry) Sorge f; (carefulness) Sorgfalt f; (looking after things, people) Pflege f; **with ~** sorgfältig; (cautiously) vorsichtig; **take ~** (watch out) vorsichtig sein; (in address) **~of** bei; **take~of** sorgen für, sich kümmern um **2.** vi **I don't ~** es ist mir egal; **~ about sth** Wert auf etw acc legen; **he ~s about her** sie liegt ihm am Herzen; **care for** vt (look after) sorgen für, sich kümmern um; (like) mögen

career n Karriere f, Laufbahn f; **careers adviser** n Berufsberater(in) m(f)

carefree adj sorgenfrei; **careful, carefully** adj, adv sorgfältig; (cautious, cautiously) vorsichtig; **careless, carelessly** adj, adv nachlässig; (driving etc) leichtsinnig; (remark) unvorsichtig; **carer** n Betreuer(in) m(f), Pfleger(in) m(f); **caretaker** n Hausmeister(in) m(f); **careworker** n Pfleger(in) m(f)

car-ferry n Autofähre f

cargo n Ladung f

car hire, car hire company n
Autovermietung f

Caribbean 1. n Karibik f **2.** adj
karibisch

caring adj mitfühlend; (parent, partner) liebevoll; (looking after sb) fürsorglich

car insurance n Kraftfahrzeugversicherung f

carnation n Nelke f

carnival n Volksfest nt; (before Lent) Karneval m

carol n Weihnachtslied nt

carp n (fish) Karpfen m

car park n (Brit) Parkplatz m;
(multi-storey car park) Parkhaus nt

carpenter n Zimmermann m

carpet n Teppich m

car phone n Autotelefon nt;
carpool 1. n Fahrgemeinschaft f; (vehicles) Fuhrpark
m **2.** vi eine Fahrgemeinschaft bilden; **car rental** n
Autovermietung f

carriage n (Brit) RAIL (coach)
Wagen m; (compartment)
Abteil nt; (horse-drawn)
Kutsche f; (transport) Beför-
derung f; **carriageway** n
(Brit, on road) Fahrbahn f

carrier n COMM Spediteur(in)
m(f); **carrier bag** n Trageta-
sche f

carrot n Karotte f

carry vt tragen; (in vehicle) befördern; (have on one) bei
sich haben; **carry on 1.** vi
(continue) weitermachen **2.**
vt (continue) fortführen; ~

on working weiter arbeiten;
carry out vt (orders, plan)
ausführen, durchführen

carrycot n Babytragetasche f

carsick adj he gets ~ ihm wird
beim Autofahren übel

cart n Wagen m, Karren m;
(US, shopping trolley) Einkaufswagen m

carton n (Papp)karton m; (of
cigarettes) Stange f

cartoon n Cartoon m or nt;
(one drawing) Karikatur f;
(film) (Zeichen)trickfilm m

cartridge n (for film) Kassette f; (for gun, pen, printer)
Patrone f; (for copier) Kar-
tusche f

carve vt, vi (wood) schnitzen;
(stone) meißeln; (meat)
schneiden, tranchieren;
carving n (in wood) Schnit-
zerei f; (in stone) Skulptur f,
Carving nt

car wash n Autowaschanlage
f

case n (crate) Kiste f; (box)
Schachtel f; (for spectacles)
Etui nt; (matter) LAW Fall
m; in ~ falls; in that ~ in
dem Fall; in ~ of fire bei
Brand; it's a ~ of ... es handelt sich hier um ...

cash 1. n Bargeld nt; in ~ bar;
~ on delivery per Nachnah-
me **2.** vt (check / cheque) einlösen; **cash desk** n Kasse f;
cash dispenser n Geldautomat m; **cashier** n Kassie-
rer(in) m(f); **cash machine**

n (*Brit*) Geldautomat *m*

cashmere *n* Kaschmirwolle *f*

cash payment *n* Barzahlung
f; **cashpoint** *n* (*Brit*) Geldautomat *m*

casing *n* Gehäuse *nt*

casino *n* Kasino *nt*

cask *n* Fass *nt*

casserole *n* Kasserole *f*;
(*food*) Schmortopf *m*

cassette *n* Kassette *f*; **cassette recorder** *n* Kassetten-
recorder *m*

cast 1. *vt* (*throw*) werfen;
THEAT, FILM besetzen; (*roles*)
verteilen **2.** *n* THEAT, FILM Besetzung *f*; MED Gipsverband
m

caster *n* ~ **sugar** Streuzucker
m

castle *n* Burg *f*

casual *adj* (*arrangement*, *remark*) beiläufig; (*attitude*,
manner)   (nach)lässig,
zwanglos; (*dress*) leger;
(*work*, *earnings*) Gelegen-
heits-; (*look*, *glance*) flüchtig; ~ **wear** Freizeitkleidung
f; ~ **sex** Gelegenheitssex
m; **casually** *adv* (*remark*,
say) beiläufig; (*meet*) zwanglos; (*dressed*) leger

casualty *n* Verletzte(r) *mf*;
(*dead*) Tote(r) *mf*; (*department in hospital*) Notaufnahme *f*

cat *n* Katze *f*; (*male*) Kater *m*

catalog (*US*), **catalogue** *n*
Katalog *m*

cataract *n* Wasserfall *m*; MED
grauer Star

catarrh *n* Katarr(h) *m*

catastrophe *n* Katastrophe *f*

catch 1. *n* (*fish etc*) Fang *m* **2.**
vt fangen; (*thief*) fassen;
(*train*, *bus etc*) nehmen;
(*not miss*) erreichen; ~ **a
cold** sich erkälten; ~ **fire**
Feuer fangen; **I didn't ~ that**
das habe ich nicht verstan-
den; **catch up** *vi*, *vt* ~ **with
sb** jdn einholen; ~ **on sth**
etw nachholen; **catching**
adj ansteckend

category *n* Kategorie *f*

cater *vi* die Speisen und Ge-
tränke liefern (*for* für); **cater
for** *vt* (*have facilities for*) ein-
gestellt sein auf + *acc*; **catering** *n* Versorgung *f* mit Speisen und Getränken, Gastronomie *f*; **catering service** *n*
Partyservice *m*

caterpillar *n* Raupe *f*

cathedral *n* Kathedrale *f*,
Dom *m*

Catholic 1. *adj* katholisch **2.**
Katholik(in) *m(f)*

cat nap *n* (*Brit*) kurzer Schlaf;
cat's eyes *npl* (*in road*) Kat-
zenaugen *pl*, Reflektoren *pl*

catsup (*US*) Ketschup *nt* or
m

cattle *npl* Vieh *nt*

caught *pt*, *pp* → **catch**

cauliflower *n* Blumenkohl *m*;
cauliflower cheese *n* Blumenkohl *m* in Käsesoße

cause 1. *n* (*origin*) Ursache *f*
(*of* für); (*reason*) Grund *m*

(for zu); (purpose) Sache f;
for a good ~ für wohltätige
Zwecke; **no ~ for alarm /
complaint** kein Grund zur
Aufregung / Klage **2.** vt verursachen

causeway n Damm m

caution 1. n Vorsicht f; LAW,
SPORT Verwarnung f **2.** vt
(ver)warnen; **cautious** adj
vorsichtig

cave n Höhle f

cavity n Hohlraum m; (in
tooth) Loch nt

cayenne (pepper) n Cayennepfeffer m

CCTV abbr → **closed circuit
television** Videoüberwachungsanlage f

CD abbr → **compact disc** CD
f; **CD player** n CD-Spieler
m; **CD-ROM** abbr → **Compact Disc Read Only Memory** CD-ROM f

cease 1. vi aufhören **2.** vt beenden; **~ doing sth** aufhören, etw zu tun; **cease fire**
n Waffenstillstand m

ceiling n Decke f

celebrate vt, vi feiern; **celebrated** adj gefeiert; **celebration** n Feier f; **celebrity** n
Berühmtheit f, Star m

celeriac n (Knollen)sellerie
m or f; **celery** n (Stangen)sellerie m or f

cell n Zelle f; (US) → **cellphone**

cellar n Keller m

cello n Cello nt

cellphone, cellular phone n
Mobiltelefon nt, Handy nt

Celt n Kelte m, Keltin f; **Celtic
1.** adj keltisch **2.** n (language)
Keltisch nt

cement n Zement m

cemetery n Friedhof m

cent n (of dollar, euro etc)
Cent m

center n (US) → **centre**

centiliter (US), **centilitre** n
Zentiliter m; **centimeter**
(US), **centimetre** n Zentimeter m

central adj zentral; **Central
America** n Mittelamerika
nt; **Central Europe** n Mitteleuropa nt; **central heating** n
Zentralheizung f; **centralize**
vt zentralisieren; **central
locking** n AUTO Zentralverriegelung f; **central reservation** n (Brit) Mittelstreifen
m; **central station** n Hauptbahnhof m

centre 1. n Mitte f; (building,
of city) Zentrum nt **2.** vt zentrieren; **centre forward** n
SPORT Mittelstürmer m

century n Jahrhundert nt

ceramic adj keramisch

cereal n (any grain) Getreide
nt; (breakfast cereal) Frühstücksflocken pl

ceremony n Feier f, Zeremonie f

certain adj sicher (of + gen);
(particular) bestimmt; **for ~**
mit Sicherheit; **certainly**
adv sicher; (without doubt)

bestimmt; ~! aber sicher!; ~ **not** ganz bestimmt nicht!

certificate n Bescheinigung f; (*in school, of qualification*) Zeugnis nt; **certify** f, vi bescheinigen

cervical smear n Abstrich m

CFC abbr = **chlorofluorocarbon** FCKW nt

chain 1. n Kette f **2.** vt ~ (**up**) anketten

chair 1. n Stuhl m; (*university*) Lehrstuhl m; (*armchair*) Sessel m; (*chairperson*) Vorsitzende(r) mf; **chairlift** n Sessellift m; **chairman** n Vorsitzende(r) m; (*of firm*) Präsident m; **chairperson** n Vorsitzende(r) mf; (*of firm*) Präsident(in) m(f); **chairwoman** n Vorsitzende f; (*of firm*) Präsidentin f

chalet n (*in mountains*) Berghütte f; (*holiday dwelling*) Ferienhäuschen nt

chalk n Kreide f

challenge 1. n Herausforderung f **2.** vt (*person*) herausfordern; (*statement*) bestreiten

chambermaid n Zimmermädchen nt

champagne n Champagner m

champion n SPORT Meister(in) m(f); **championship** n Meisterschaft f

chance n (*fate*) Zufall m; (*possibility*) Möglichkeit f; (*opportunity*) Gelegenheit f; (*risk*) Risiko nt; **by** ~ zufällig; **he doesn't stand a** ~ (*of winning*) er hat keinerlei Chance(, zu gewinnen)

chancellor n Kanzler(in) m(f)

chandelier n Kronleuchter m

change 1. vt verändern; (*alter*) ändern; (*money, wheel, nappy*) wechseln; (*exchange*) (um)tauschen; ~ **one's clothes** sich umziehen; ~ **trains** umsteigen; ~ **gear** AUTO schalten **2.** vi sich ändern; (*esp outwardly*) sich verändern; (*get changed*) sich umziehen **3.** n Veränderung f; (*alteration*) Änderung f; (*money*) Wechselgeld nt; (*coins*) Kleingeld nt; **for a** ~ zur Abwechslung; **can you give me** ~ **for £10?** können Sie mir auf 10 Pfund herausgeben?; **change down** vi (*Brit*) AUTO herunterschalten; **change over** vi sich umstellen (*to* auf + acc); **change up** vi (*Brit*) AUTO hochschalten

changeable adj (*weather*) veränderlich, wechselhaft; **change machine** n Geldwechsler m; **changing room** n Umkleideraum m

channel n Kanal m; RADIO, TV Kanal m, Sender m; **the** (**English**) **Channel** der Ärmelkanal; **the Channel Islands** die Kanalinseln; **channel-hopping** n Zappen nt

chaos n Chaos nt; **chaotic** adj chaotisch

chap n (Brit) fam Bursche m, Kerl m

chapel n Kapelle f

chapped adj (lips) aufgesprungen

chapter n Kapitel nt

character n Charakter m, Wesen nt; (in a play, novel etc) Figur f; TYPO Zeichen nt; **he's a real~** er ist ein echtes Original; **characteristic** n typisches Merkmal

charcoal n Holzkohle f

charge 1. n (cost) Gebühr f; LAW Anklage f; **free of ~** gratis, kostenlos; **be in ~ of** verantwortlich sein für **2.** vt (money) verlangen; LAW anklagen; (battery) laden

charity n (institution) wohltätige Organisation f; **a collection for ~** eine Sammlung für wohltätige Zwecke; **charity shop** n Geschäft einer 'charity', in dem freiwillige Helfer gebrauchte Kleidung, Bücher etc verkaufen

charm 1. n Charme m **2.** vt bezaubern; **charming** adj reizend, charmant

chart n Diagramm nt; (map) Karte f; **the ~s** pl die Charts, die Hitliste

charter 1. n Urkunde f **2.** n NAUT, AVIAT chartern; **charter flight** n Charterflug m

chase 1. vt jagen, verfolgen **2.**

n Verfolgungsjagd f; (hunt) Jagd f

chassis n AUTO Fahrgestell nt

chat 1. vi plaudern; IT chatten **2.** n Plauderei f; **chat up** vt anmachen, anbaggern; **chatroom** n IT Chatroom m; **chat show** n Talkshow f

chauffeur n Chauffeur(in) m(f), Fahrer(in) m(f)

cheap adj billig; (of poor quality) minderwertig

cheat vt, vi betrügen; (in school, game) mogeln

Chechnya n Tschetschenien nt

check 1. vt (examine) überprüfen (for auf + acc); TECH (adjustment etc) kontrollieren; (US, tick) abhaken; AVIAT (luggage) einchecken; (US, coat) abgeben **2.** n (examination, restraint) Kontrolle f; (US, restaurant bill) Rechnung f; (pattern) Karo (-muster) nt; (US) → **cheque**; **check in** vi, vt AVIAT einchecken; (into hotel) sich anmelden; **check out** vi sich abmelden, auschecken; **check up** vi nachprüfen; **~ on sb** Nachforschungen über jdn anstellen

checkers nsing (US) Damespiel nt

check-in n (airport) Check-in m; (hotel) Anmeldung f; **check-in desk** n Abfertigungsschalter m; **checking account** n (US) Scheckkon-

child seat

to nt; **check list** n Kontrollliste f; **checkout** n (supermarket) Kasse f; **checkout time** n (hotel) Abreise(zeit) f; **checkpoint** n Kontrollpunkt m; **checkroom** n (US) Gepäckaufbewahrung f; **checkup** n MED (ärztliche) Untersuchung

cheddar n Cheddarkäse m

cheek n Backe f, Wange f; (insolence) Frechheit f; **what a ~** so eine Frechheit!; **cheekbone** n Backenknochen m; **cheeky** adj frech

cheer 1. n Beifallsruf m; **~s** (when drinking) prost!; (Brit fam (thanks) danke; (Brit, goodbye) tschüs **2.** vt zujubeln + dat **3.** vi jubeln; **cheer up 1.** vt aufmuntern **2.** vi fröhlicher werden; **cheerful** adj fröhlich

cheese n Käse m; **cheeseboard** n Käsebrett nt; (as course) (gemischte) Käseplatte; **cheesecake** n Käsekuchen m

chef n Koch m; (in charge of kitchen) Küchenchef(in) m(f)

chemical 1. adj chemisch **2.** Chemikalie f; **chemist** n (pharmacist) Apotheker(in) m(f); (industrial chemist) Chemiker(in) m(f); **~'s (shop)** Apotheke f; **chemistry** n Chemie f

cheque n (Brit) Scheck m; **cheque account** n (Brit) Gi-

rokonto nt; **cheque book** n (Brit) Scheckheft nt; **cheque card** n (Brit) Scheckkarte f

chequered adj kariert

cherish vt (look after) liebevoll sorgen für; (hope) hegen; (memory) bewahren

cherry n Kirsche f; **cherry tomato** n Kirschtomate f

chess n Schach nt; **chessboard** n Schachbrett nt

chest n Brust f; (box) Kiste f; **~ of drawers** n Kommode f

chestnut n Kastanie f

chew vt, vi kauen; **chewing gum** n Kaugummi m

chick n Küken nt; **chicken** n Huhn nt; (food: roast) Hähnchen nt; (coward) Feigling m; **chicken breast** n Hühnerbrust f; **chicken Kiev** n paniertes Hähnchen, mit Knoblauchbutter gefüllt; **chickenpox** n Windpocken pl; **chickpea** n Kichererbse f

chicory n Chicorée f

chief 1. n (of department etc) Leiter(in) m(f); (boss) Chef(in) m(f); (of tribe) Häuptling m **2.** adj Haupt-; **chiefly** adv hauptsächlich

child n Kind nt; **child allowance, child benefit** (Brit) n Kindergeld nt; **childhood** n Kindheit f; **childish** adj kindisch; **child lock** n Kindersicherung f; **childproof** adj kindersicher; **children** pl → **child**; **child seat** n Kindersitz *m*

Chile *n* Chile *nt*

chill 1. *n* Kühle *f*; MED Erkältung *f* **2.** *vt* (*wine*) kühlen; **chill out** *vi fam* chillen, relaxen; **chilled** *adj* gekühlt

chilli *n* Pepperoni *pl*; (*spice*) Chili *m*; **chilli con carne** *n* Chili con carne *nt*

chilly *adj* kühl, frostig

chimney *n* Schornstein *m*; **chimneysweep** *n* Schornsteinfeger(in) *m(f)*

chimpanzee *n* Schimpanse *m*

chin *n* Kinn *nt*

china *n* Porzellan *nt*

China *n* China *nt*; **Chinese 1.** *adj* chinesisch **2.** *n* (*person*) Chinese *m*, Chinesin *f*; (*language*) Chinesisch *nt*; **Chinese leaves** *npl* Chinakohl *m*

chip 1. *n* (*of wood etc*) Splitter *m*; (*damage*) angeschlagene Stelle; IT Chip *m*; **~s** (*Brit*, *potatoes*) Pommes (frites) *pl*; (*US*, *crisps*) Kartoffelchips *pl* **2.** *vt* anschlagen, beschädigen; **chippie** *fam*, **chip shop** *n* Frittenbude *f*

chiropodist *n* Fußpfleger(in) *m(f)*

chirp *vi* zwitschern

chisel *n* Meißel *m*

chives *npl* Schnittlauch *m*

chlorine *n* Chlor *nt*

chocaholic, chocoholic *n* Schokoladenfreak *m*; **choc-ice** *n* Eis *nt* mit Schokoladenüberzug; **chocolate** *n*

Schokolade *f*; (*chocolate--coated sweet*) Praline *f*; **a bar of ~** eine Tafel Schokolade; **a box of ~s** eine Schachtel Pralinen; **chocolate cake** *n* Schokoladenkuchen *m*

choice 1. *n* Wahl *f*; (*selection*) Auswahl *f* **2.** *adj* auserlesen; (*product*) Qualitäts-

choir *n* Chor *m*

choke 1. *vi* sich verschlucken; SPORT die Nerven verlieren **2.** *vt* erdrosseln **3.** *n* AUTO Choke *m*

cholera *n* Cholera *f*

cholesterol *n* Cholesterin *nt*

choose *vt* wählen; (*pick out*) sich aussuchen; **there are three to ~ from** es stehen drei zur Auswahl

chop 1. *vt* (zer)hacken; (*meat etc*) klein schneiden **2.** *n* (*meat*) Kotelett *nt*; **get the ~** gefeuert werden; **chopsticks** *npl* Essstäbchen *pl*

chorus *n* Chor *m*; (*in song*) Refrain *m*

chose, chosen *pt*, *pp* → **choose**

chowder *n* (*US*) dicke Suppe mit Meeresfrüchten

christen *vt* taufen; **christening** *n* Taufe *f*; **Christian 1.** *adj* christlich **2.** *n* Christ(in) *m(f)*; **Christian name** *n* (*Brit*) Vorname *m*

Christmas *n* Weihnachten *pl*; **Christmas bonus** *n* Weihnachtsgeld *nt*; **Christmas card** *n* Weihnachtskarte *f*;

Christmas carol n Weihnachtslied nt; **Christmas Day** n der erste Weihnachtstag; **Christmas Eve** n Heiligabend m; **Christmas pudding** n Plumpudding m; **Christmas tree** n Weihnachtsbaum m

chronic adj MED chronisch

chubby adj (child) pummelig; (adult) rundlich

chuck n fam schmeißen; **chuck in** vt fam (job) hinschmeißen; **chuck out** vt fam rausschmeißen; **chuck up** vi fam kotzen

chunk n Klumpen m; (of bread) Brocken m; (of meat) Batzen m; **chunky** adj (person) stämmig

Chunnel n fam Kanaltunnel m

church n Kirche f; **churchyard** n Kirchhof m

chute n Rutsche f

chutney n Chutney nt

CIA abbr = **Central Intelligence Agency** (US) CIA f

CID abbr = **Criminal Investigation Department** (Brit) ≈ Kripo f

cider n ≈ Apfelmost m

cigar n Zigarre f; **cigarette** n Zigarette f

cinema n Kino nt

cinnamon n Zimt m

circle 1. n Kreis m **2.** vi kreisen; **circuit** n Rundfahrt f; (on foot) Rundgang m; (for racing) Rennstrecke f; ELEC

Stromkreis m; **circular 1.** adj (kreis)rund, kreisförmig f **2.** n Rundschreiben nt; **circulation** n (of blood) Kreislauf m; (of newspaper) Auflage f

circumstances npl (facts) Umstände pl; (financial condition) Verhältnisse pl; **in / under the ~** unter den Umständen; **under no ~** auf keinen Fall

circus n Zirkus m

cissy n fam Weichling m

cistern n Zisterne f; (of WC) Spülkasten m

citizen n Bürger(in) m(f); (of nation) Staatsangehörige(r) mf; **citizenship** n Staatsangehörigkeit f

city n Stadt f; (large) Großstadt f; **the ~** (London's financial centre) die (Londoner) City; **city centre** n Innenstadt f, Zentrum nt

civil adj (of town) Bürger-; (of state) staatsbürgerlich; (not military) zivil; **civil ceremony** n standesamtliche Hochzeit; **civil engineering** n Hoch- und Tiefbau m, Bauingenieurwesen nt; **civilian** n Zivilist(in) m(f); **civilization** n Zivilisation f, Kultur f; **civilized** adj zivilisiert, kultiviert; **civil partnership** n eingetragene Partnerschaft; **civil rights** npl Bürgerrechte pl; **civil servant** n (Staats)beamte(r) m,

(Staats)beamtin f; **civil service** n Staatsdienst m; **civil war** n Bürgerkrieg m

CJD abbr = **Creutzfeld-Jakob disease** Creutzfeld-Jakob-Krankheit f

cl abbr = **centilitre(s)** cl

claim 1. vt beanspruchen; (apply for) beantragen; (demand) fordern; (assert) behaupten (that dass) **2.** n (demand) Forderung f (for für); (right) Anspruch m (to auf + acc); **~ for damages** Schadensersatzforderung f; **make** or **put in a ~** (insurance) Ansprüche geltend machen; **claimant** n Antragsteller(in) m(f)

clam n Venusmuschel f; **clam chowder** n (US) dicke Muschelsuppe (mit Sellerie, Zwiebeln etc)

clap vi (Beifall) klatschen

claret n roter Bordeaux(wein)

clarify vt klären

clash 1. vi (physically) zusammenstoßen (with mit); (argue) sich auseinandersetzen (with mit); fig (colours) sich beißen **2.** n Zusammenstoß m; (argument) Auseinandersetzung f

class 1. n Klasse f **2.** vt einordnen, einstufen

classic 1. adj (mistake, example etc) klassisch **2.** n Klassiker m; **classical** adj (music, ballet etc) klassisch

classification n Klassifizie-

rung f; **classify** vt klassifizieren; **classified advertisement** Kleinanzeige f

classroom n Klassenzimmer nt

classy adj fam nobel, exklusiv

clause n LING Satz m; LAW Klausel f

claw n Kralle f

clay n Lehm m; (for pottery) Ton m

clean 1. adj sauber; **~ driving licence** Führerschein ohne Strafpunkte **2.** vt sauber machen; (carpet etc) reinigen; (window, shoes, vegetables) putzen; (wound) säubern; **clean up 1.** vt sauber machen **2.** vi aufräumen; **cleaner** n (person) Putzmann m, Putzfrau f; (substance) Putzmittel nt; **~'s** (firm) Reinigung f

cleanse vt reinigen; (wound) säubern; **cleanser** n Reinigungsmittel nt

clear 1. adj klar; (distinct) deutlich; (conscience) rein; (free, road etc) frei; **be ~ about sth** sich über etw im Klaren sein **2.** adv **stand ~** zurücktreten **3.** vt (road, room etc) räumen; (table) abräumen; LAW (find innocent) freisprechen (of von) **4.** vi (fog, mist) sich verziehen; (weather) aufklaren; **clear away** vt wegräumen; (dishes) abräumen; **clear off** vi fam abhauen; **clear**

up 1. vi (tidy up) aufräumen; (weather) sich aufklären **2.** vt (room) aufräumen; (litter) wegräumen; (matter) klären

clearance sale n Räumungsverkauf m; **clearing** n Lichtung f; **clearly** adv klar; (speak, remember) deutlich; (obviously) eindeutig; **clearway** n (Brit) Straße f mit Halteverbot m

clench vt (fist) ballen; (teeth) zusammenbeißen

clergyman n Geistliche(r) m; **clergywoman** n Geistliche f

clerk (US) n (in office) Büroangestellte(r) m/f; (US, salesperson) Verkäufer(in) m(f)

clever adj schlau, klug

cliché n Klischee nt

click 1. n Klicken nt; IT Mausklick m **2.** vi klicken; ~ **on sth** IT etw anklicken; **it ~ed** fam ich hab's / er hat's etc geschnallt; **they ~ed** sie haben sich gleich verstanden; **click on** vt IT anklicken

client n Kunde m, Kundin f; LAW Mandant(in) m(f)

cliff n Klippe f

climate n Klima nt

climax n Höhepunkt m

climb 1. vi (person) klettern; (aircraft, sun) steigen; (road) ansteigen **2.** vt (mountain) besteigen; (tree etc) klettern auf + acc **3.** n Aufstieg m; **climbing** n Klettern nt, Bergsteigen nt; **climbing frame** n Klettergerüst nt

cling vi sich klammern (to an + acc); **cling film®** n Frischhaltefolie f

clinic n Klinik f

clip 1. n Klammer f **2.** vt (fix) anklemmen (to an + acc); (fingernails) schneiden; **clippers** npl Schere f; (for nails) Zwicker m

cloak n Umhang m; **cloakroom** n (for coats) Garderobe f

clock n Uhr f; AUTO fam Tacho m; **round the ~** rund um die Uhr; **clockwise** adv im Uhrzeigersinn

cloister n Kreuzgang m

clone 1. n Klon m **2.** vt klonen

close 1. adj nahe (to + dat); (friend, contact) eng; (resemblance) groß; ~ **to the beach** in der Nähe des Strandes; ~ **win** knapper Sieg; **on sth ~ er examination** bei näherer or genauerer Untersuchung **2.** adv dicht; **he lives ~ by** er wohnt ganz in der Nähe **3.** vt schließen; (road) sperren; (discussion, matter) abschließen **4.** vi schließen **5.** n Ende nt; **close down 1.** vi schließen; (factory) stillgelegt werden **2.** vt (shop) schließen; (factory) stilllegen; **closed** adj (road) gesperrt; (shop etc) geschlossen; **closed circuit television** n Videoüberwachungsanlage f; **closely** adv (related) eng, nah; (packed, follow) dicht; (*attentively*) genau

closet n (*esp US*) Schrank m

close-up n Nahaufnahme f

closing *adj* ~ **date** letzter Termin; (*for competition*) Einsendeschluss m; ~ **time** (*of shop*) Ladenschluss m; (*Brit, of pub*) Polizeistunde f

closure n Schließung f; Abschluss m; **look for** ~ mit etw abschließen wollen

clot 1. (*blood*) ~ Blutgerinnsel nt; *fam* (*idiot*) Trottel m **2.** vi (*blood*) gerinnen

cloth n (*material*) Tuch nt; (*for cleaning*) Lappen m

clothe vt kleiden; **clothes** npl Kleider pl, Kleidung f; **clothes peg, clothespin** (*US*) n Wäscheklammer f; **clothing** n Kleidung f

clotted *adj* ~ **cream** dicke Sahne (aus erhitzter Milch)

cloud n Wolke f; **cloudy** *adj* (*sky*) bewölkt; (*liquid*) trüb

clove n Gewürznelke f; ~ **of garlic** Knoblauchzehe f

clover n Klee m; **cloverleaf** n Kleeblatt nt

clown n Clown m

club n (*weapon*) Knüppel m; (*society*) Klub m, Verein m; (*nightclub*) Disko f; (*golf club*) Golfschläger m; ~**s**, Kreuz nt; **clubbing** n **go** ~ in die Disko gehen; **club class** n AVIAT Businessclass f

clue n Anhaltspunkt m, Hinweis m; **he hasn't a** ~ er hat

keine Ahnung

clumsy *adj* unbeholfen, ungeschickt

clung pt, pp → **cling**

clutch n AUTO Kupplung f

cm *abbr* = **centimetre(s)** cm

c/o *abbr* → **care of** bei

Co *abbr* → **company**

coach 1. n (*Brit, bus*) Reisebus m; RAIL (*Personen*)wagen m; SPORT (*trainer*) Trainer(in) m(f) **2.** vt Nachhilfeunterricht geben + *dat*; SPORT trainieren; **coach** (*class*) n AVIAT Economyclass f; **coach driver** n Busfahrer(in) m(f); **coach party** n Reisegruppe f (*im Bus*); **coach station** n Busbahnhof m; **coach trip** n Busfahrt f; (*tour*) Busreise f

coal n Kohle f

coalition n POL Koalition f

coast n Küste f; **coastguard** n Küstenwache f; **coastline** n Küste f

coat n Mantel m; (*jacket*) Jacke f; (*on animals*) Fell nt, Pelz m; (*of paint*) Schicht f; ~ **of arms** Wappen nt; **coathanger** n Kleiderbügel m; **coating** n Überzug m; (*layer*) Schicht f

cobble(stone)s npl Kopfsteine pl; (*surface*) Kopfsteinpflaster nt

cobweb n Spinnennetz nt

cocaine n Kokain nt

cock n Hahn m; *vulg* (*penis*) Schwanz m

color

cockle n Herzmuschel f
cockpit n (in plane, racing car) Cockpit nt; **cockroach** n Kakerlake f; **cocktail** n Cocktail m; **cock-up** n (Brit) fam **make a ~ of sth** bei etw Mist bauen; **cock up** vt (Brit) fam vermasseln, versauen; **cocky** adj großspurig, von sich selbst überzeugt
cocoa n Kakao m
coconut n Kokosnuss f
cod n Kabeljau m
COD abbr = **cash on delivery** per Nachnahme
code n Kode m
coffee n Kaffee m; **coffee bar** n Café nt; **coffee break** n Kaffeepause f; **coffee maker** n Kaffeemaschine f; **coffee pot** n Kaffeekanne f; **coffee shop** n Café nt; **coffee table** n Couchtisch m
coffin n Sarg m
coil n Rolle f, ELEC Spule f; MED Spirale f
coin n Münze f
coincide vi (happen together) zusammenfallen (with mit); **coincidence** n Zufall m
coke n Koks m; **Coke®** Cola f
cola n Cola f
cold 1. adj kalt; **I'm ~** mir ist kalt, ich friere **2.** n Kälte f; (illness) Erkältung f, Schnupfen m; **catch a ~** sich erkälten; **cold box** n Kühlbox f; **cold sore** n Herpes m
coleslaw n Krautsalat m
collaborate vi zusammenar-

beiten (with mit); **collaboration** n Zusammenarbeit f; (of one party) Mitarbeit f
collapse 1. vi zusammenbrechen; (building etc) einstürzen **2.** n Zusammenbruch m; (of building) Einsturz m
collar n Kragen m; (for dog, cat) Halsband nt; **collarbone** n Schlüsselbein nt
colleague n Kollege m, Kollegin f
collect 1. vt sammeln; (fetch) abholen **2.** vi sich sammeln; **collect call** n (US) R-Gespräch nt; **collected** adj (works) gesammelt; (person) gefasst; **collection** n Sammlung f, REL Kollekte f; (from postbox) Leerung f; **collector** n Sammler(in) m(f)
college n (residential) College nt; (specialist) Fachhochschule f, (vocational) Berufsschule f; (US, university) Universität f; **go to ~** (US) studieren
collide vi zusammenstoßen; **collision** n Zusammenstoß m
colloquial adj umgangssprachlich
Cologne n Köln nt
colon n (punctuation mark) Doppelpunkt m
colonial adj Kolonial-; **colony** n Kolonie f
color n (US), **colour 1.** n Farbe f; (of skin) Hautfarbe f **2.**

vt anmalen; (*bias*) färben; **colour-blind** *adj* farbenblind; **coloured** *adj* farbig; (*biased*) gefärbt; **colour film** *n* Farbfilm *m*; **colourful** *adj* lit, *fig* bunt; (*life, past*) bewegt; **colouring** *n* (*in food etc*) Farbstoff *m*; (*complexion*) Gesichtsfarbe *f*; **colourless** *adj* farblos; **colour photo(graph)** *n* Farbfoto *nt*; **colour television** *n* Farbfernsehen *nt*

column *n* Säule *f*; (*of print*) Spalte *f*

comb 1. *n* Kamm *m* **2.** *vt* kämmen; **~ one's hair** sich kämmen

combination *n* Kombination *f*; (*mixture*) Mischung *f* (*of* aus); **combine** *vi* verbinden (*with* mit); (*two things*) kombinieren

come *vi* kommen; (*arrive*) ankommen; (*on list, in order*) stehen; (*with adjective: become*) werden; **~ and see us** besuchen Sie uns mal; **coming** ich komm ja schon!; **~ first / second** erster / zweiter werden; **~ true** wahr werden; **~ loose** sich lockern; **the years to ~** die kommenden Jahre; **there's one more to ~** es kommt noch eins / noch einer; **how ...?** *fam* wie kommst es, dass ...?; **~ to think of it** *fam* wo es mir gerade einfällt; **come across** *vt* (*find*)

stoßen auf + *acc*; **come back** *vi* zurückkommen; **I'll ~ to that** ich komme darauf zurück; **come down** *vi* herunterkommen; (*rain, snow, price*) fallen; **come from** *vt* (*result*) kommen von; **where do you ~?** wo kommst du / kommen Sie her?; **I ~ London** ich komme aus London; **come in** *vi* hereinkommen; (*arrive*) ankommen; **come off** *vi* (*button, handle etc*) abgehen; (*succeed*) gelingen; **~ well / badly** gut / schlecht wegkommen; **come on** *vi* (*progress*) vorankommen; **~!** komm!; (*hurry*) beeil dich!; (*encouraging*) los!; **come out** *vi* herauskommen; (*photo*) was werden; (*homosexual*) sich outen; **come round** *vi* (*visit*) vorbeikommen; (*regain consciousness*) wieder zu sich kommen; **come to 1.** *vi* (*regain consciousness*) wieder zu sich kommen **2.** *vt* (*sum*) sich belaufen auf + *acc*; **when it comes to ...** wenn es um ... geht; **come up** *vi* hochkommen; (*sun, moon*) aufgehen; **~ (for discussion)** zur Sprache kommen; **come up to** *vt* (*approach*) zukommen auf + *acc*; (*water*) reichen bis zu; (*expectations*) entsprechen + *dat*; **come up with** *vt* (*idea*) haben; (*solution, answer*) kommen auf

+ *acc*; **~ a suggestion** einen
Vorschlag machen
comedian *n* Komiker(in)
m(f); **comedy** *n* Komödie
f, Comedy *f*
comfort 1. *n* Komfort *m*; (*consolation*) Trost *m* **2.** *vt* trösten; **comfortable** *adj* bequem; (*income*) ausreichend; (*temperature, life*) angenehm; **comforting** *adj* tröstlich
comic 1. *n* (*magazine*) Comic (-heft) *nt*; (*comedian*) Komiker(in) *m(f)* **2.** *adj* komisch
coming *adj* kommend; (*event*) bevorstehend
comma *n* Komma *nt*
command 1. *n* Befehl *m*; (*control*) Führung *f*; MIL Kommando *nt* **2.** *vt* befehlen + *dat*
commemorate *vt* gedenken + *gen*; **commemoration** *n* **in ~ of** in Gedenken an + *acc*
comment 1. *n* (*remark*) Bemerkung *f*; (*note*) Anmerkung *f*; (*official*) Kommentar *m* (*on* zu); **no ~** kein Kommentar (*on* zu); **commentary** *n* Kommentar *m* (*on* zu); TV, SPORT Livereportage *f*; **commentator** *n* Kommentator(in) *m(f)*; TV, SPORT Reporter(in) *m(f)*
commerce *n* Handel *m*; **commercial 1.** *adj* kommerziell; (*training*) kaufmännisch; **~ break** Werbepause *f*. **2.** *n* TV

Werbespot *m*
commission 1. *n* Auftrag *m*; (*fee*) Provision *f*; (*reporting body*) Kommission *f* **2.** *vt* beauftragen
commit 1. *vt* (*crime*) begehen **2.** *vr* **~ oneself** (*undertake*) sich verpflichten (*to* zu); **commitment** *n* Verpflichtung *f*; POL Engagement *nt*
committee *n* Ausschuss *m*, Komitee *nt*
common 1. *adj* (*experience*) allgemein, alltäglich; (*shared*) gemeinsam; (*widespread, frequent*) häufig; *pej* gewöhnlich, ordinär; **have sth in ~** etw gemein haben **2.** *n* (*Brit, land*) Gemeindewiese *f*; **commonly** *adv* häufig, allgemein; **commonplace** *adj* alltäglich; *pej* banal; **commonroom** *n* Gemeinschaftsraum *m*; **Commons** *n* (*Brit*) POL **the (House of) ~** das Unterhaus; **common sense** *n* gesunder Menschenverstand
communal *adj* gemeinsam; (*of a community*) Gemeinschafts-, Gemeinde-
communicate *vi* kommunizieren (*with* mit); **communication** *n* Kommunikation *f*, Verständigung *f*; **communicative** *adj* gesprächig
communion *n* (*Holy*) **Communion** Heiliges Abendmahl; (*Catholic*) Kommunion *f*

communism n Kommunismus m; **communist 1.** adj kommunistisch **2.** n Kommunist(in) m(f)

community n Gemeinschaft f; **community centre** n Gemeindezentrum nt; **community service** n LAW Sozialdienst m

commutation ticket n (US) Zeitkarte f; **commute** vi pendeln; **commuter** n Pendler(in) m(f)

compact 1. adj kompakt **2.** n (for make-up) Puderdose f; (US, car) ≈ Mittelklassewagen m; **compact camera** n Kompaktkamera f; **compact disc** n Compact Disc f, CD f

companion n Begleiter(in) m(f)

company n Gesellschaft f; COMM Firma f; **keep sb ~** jdm Gesellschaft leisten; **company car** n Firmenauto nt

comparable adj vergleichbar (with, to mit); **comparatively** adv verhältnismäßig; **compare** vt vergleichen (with, to mit); **~d with** or **to** im Vergleich zu; **beyond ~** unvergleichlich; **comparison** n Vergleich m; **in ~ with** im Vergleich mit (or zu)

compartment n RAIL Abteil nt; (in desk etc) Fach nt

compass n Kompass m; **~es** pl Zirkel m

compassion n Mitgefühl nt

compatible adj vereinbar (with mit); IT kompatibel; **we're not ~** wir passen nicht zueinander

compensate 1. vt (person) entschädigen (for für) **2.** vi **~ for sth** Ersatz für etw leisten; (make up for) etw ausgleichen; **compensation** n Entschädigung f; (money) Schadenersatz m; LAW Abfindung f

compete vi konkurrieren (for um); SPORT kämpfen (for um); (take part) teilnehmen (in an + dat)

competence n Fähigkeit f; LAW Zuständigkeit f; **competent** adj fähig; LAW zuständig

competition n (contest) Wettbewerb m; COMM Konkurrenz f (for um); **competitive** adj (firm, price, product) konkurrenzfähig; **competitor** n COMM Konkurrent(in) m(f); SPORT Teilnehmer(in) m(f)

complain vi klagen; (formally) sich beschweren (about über + acc); **complaint** n Klage f, Beanstandung f, (formal) Beschwerde f; MED Leiden nt

complement vt ergänzen

complete 1. adj vollständig; (finished) fertig; (failure, disaster) total; (happiness) vollkommen; **are we ~?** sind wir vollzählig? **2.** *vt* vervollständigen; (*form*) ausfüllen; **completely** *adv* völlig; **not ~ ...** nicht ganz ...

complex 1. *adj* (*task, theory etc*) kompliziert **2.** *n* Komplex *m*

complexion *n* Gesichtsfarbe *f*, Teint *m*

complicated *adj* kompliziert; **complication** *n* Komplikation *f*

compliment *n* Kompliment *nt*; **complimentary** *adj* lobend; (*free of charge*) Gratis-; **~ ticket** Freikarte *f*

component *n* Bestandteil *m*

compose *vt* (*music*) komponieren; **~ oneself** sich zusammennehmen; **composed** *adj* gefasst; **be ~ of** bestehen aus; **composition** *n* (*of a group*) Zusammensetzung *f*; MUS Komposition *f*

comprehend *vt* verstehen; **comprehension** *n* Verständnis *nt*

comprehensive *adj* umfassend; **~ school** Gesamtschule *f*

comprise *vt* umfassen, bestehen aus

compromise 1. *n* Kompromiss *m* **2.** *vi* einen Kompromiss schließen

compulsory *adj* obligatorisch

computer *n* Computer *m*; **computer-aided** *adj* computergestützt; **computer-con**trolled *adj* rechnergesteuert; **computer game** *n* Computerspiel *nt*; **computer-literate** *adj* **be ~** mit dem Computer umgehen können; **computer scientist** *n* Informatiker(in) *m(f)*; **computing** *n* (*subject*) Informatik *f*

con *fam* **1.** *n* Schwindel *m* **2.** *vt* betrügen (*out of* um)

conceal *vt* verbergen (*from* vor + *dat*)

conceive *vt* (*imagine*) sich vorstellen; (*child*) empfangen

concentrate *vi* sich konzentrieren (*on* auf + *acc*); **concentration** *n* Konzentration *f*

concept *n* Begriff *m*

concern 1. *n* (*affair*) Angelegenheit *f*; (*worry*) Sorge *f*; **it's not my ~** das geht mich nichts an; **there's no cause for ~** kein Grund zur Beunruhigung **2.** *vt* (*affect*) angehen; (*have connection with*) betreffen; (*be about*) handeln von; **those ~ed** die Betroffenen; **as far as I'm ~ed** was mich betrifft; **concerned** *adj* (*anxious*) besorgt; **concerning** *prep* bezüglich, hinsichtlich + *gen*

concert *n* Konzert *nt*; **~ hall** Konzertsaal *m*

concession *n* Zugeständnis *nt*; (*reduction*) Ermäßigung *f*

conclude *vt* (*end*) beenden, (ab)schließen; (*infer*) folgern (*from* aus); ~ *that* ... zu dem Schluss kommen, dass ...; **conclusion** n Schluss m, Schlussfolgerung f

concrete 1. n Beton m **2.** adj konkret

concussion n Gehirnerschütterung f

condition n (*state*) Zustand m; (*requirement*) Bedingung f; on ~ *that* ... unter der Bedingung, dass ...; ~**s** pl (*circumstances, weather*) Verhältnisse pl

conditioner n Weichspüler m; (*for hair*) Pflegespülung f

condo n → **condominium**

condolences npl Beileid nt

condom n Kondom nt

condominium n (*US, apartment*) Eigentumswohnung f

conduct 1. n (*behaviour*) Verhalten nt **2.** vt führen, leiten; (*orchestra*) dirigieren

conductor n MUS Dirigent(in) m(f); (*Brit*) Schaffner(in) m(f); (*US*) Zugführer(in) m(f)

cone n Kegel m; (*for ice cream*) Waffeltüte f; (*fir cone*) (Tannen)zapfen m

conference n Konferenz f

confess vt, vi ~ *that* ... gestehen, dass ...; **confession** n Geständnis nt; REL Beichte f

confidence n Vertrauen nt (*in* zu); (*assurance*) Selbstvertrauen nt; **confident** adj (*sure*) zuversichtlich (*that* ... dass ...), überzeugt (*of*

von); (*self-assured*) selbstsicher; **confidential** adj vertraulich

confine vt beschränken (*to* auf + acc)

confirm vt bestätigen; **confirmation** n Bestätigung f; REL Konfirmation f; **confirmed** adj überzeugt; (*bachelor*) eingefleischt

confuse vt verwirren; (*mix* with sth) verwechseln (*with* mit); (*several things*) durcheinanderbringen; **confused** adj (*person*) konfus, verwirrt; (*account*) verworren; **confusing** adj verwirrend; **confusion** n Verwirrung f; (*of two things*) Verwechslung f; (*muddle*) Chaos nt

congestion n Stau m

congratulate vt gratulieren (*on* zu); **congratulations** npl Glückwünsche pl; ~! gratuliere!, herzlichen Glückwunsch!

congregation n REL Gemeinde f

congress n Kongress m; (*US*) **Congress** der Kongress; **congressman, congresswoman** n (*US*) Mitglied nt des Repräsentantenhauses

conjunction n LING Konjunktion f; *in* ~ *with* in Verbindung mit

connect 1. vt verbinden (*with*, *to* mit); ELEC, TECH (*appliance etc*) anschließen (*to* an + acc) **2.** vi (*train, plane*) Anschluss haben (*with* an + *acc*); ~*ing flight* Anschlussflug *m*; ~*ing train* Anschlusszug *m*; **connection** *n* Verbindung *f*; (*link*) Zusammenhang *m*; (*for train, plane, electrical appliance*) Anschluss *m* (*with, to* an + *acc*); (*business etc*) Beziehung *f*; *in* ~ *with* in Zusammenhang mit; *bad* ~ TEL schlechte Verbindung; ELEC Wackelkontakt *m*; **connector** *n* IT (*computer*) Stecker *m*

conscience *n* Gewissen *nt*; **conscientious** *adj* gewissenhaft

conscious *adj* (*act*) bewusst; MED bei Bewusstsein

consecutive *adj* aufeinanderfolgend

consent 1. *n* Zustimmung *f* **2.** *vi* zustimmen (*to dat*)

consequence *n* Folge *f*, Konsequenz *f*; **consequently** *adv* folglich, deshalb

conservation *n* Erhaltung *f*; (*nature conservation*) Naturschutz *m*; **conservation area** *n* Naturschutzgebiet *nt*

conservative, (POL) **Conservative** *adj* konservativ

conservatory *n* (*greenhouse*) Gewächshaus *nt*; (*room*) Wintergarten *m*

consider *vt* (*reflect on*) nachdenken über, sich überlegen; (*take into account*) in Betracht ziehen; (*regard*) hal-

ten für; *he is* ~*ed* (*to be*) ... er gilt als ...; **considerable** *adj* beträchtlich; **considerate** *adj* aufmerksam, rücksichtsvoll; **consideration** *n* (*thoughtfulness*) Rücksicht *f*; (*thought*) Überlegung *f*; *take* ~ etw in Betracht ziehen; **considering 1.** *prep* in Anbetracht + *gen* **2.** *conj* da

consist *vi* ~ *of* ... bestehen aus

consistent *adj* (*behaviour, process etc*) konsequent; (*statements*) übereinstimmend; (*argument*) folgerichtig; (*performance, results*) beständig

consolation *n* Trost *m*; **console** *vt* trösten

consonant *n* Konsonant *m*

conspicuous *adj* auffällig, auffallend

conspiracy *n* Komplott *nt*

constable *n* (*Brit*) Polizist(in) *m(f)*

Constance *n* Konstanz *nt*; *Lake* ~ der Bodensee

constant *adj* (*continual*) ständig, dauernd; (*unchanging: temperature etc*) gleichbleibend; **constantly** *adv* dauernd

consternation *n* (*dismay*) Bestürzung *f*

constituency *n* Wahlkreis *m*

constitution *n* Verfassung *f*; (*of person*) Konstitution *f*

construct *vt* bauen; **con-**

struction n (process, result) Bau m; (method) Bauweise f; **under~** im Bau befindlich; **construction site** n Baustelle f

consulate n Konsulat m

consult vt um Rat fragen; (doctor) konsultieren; (book) nachschlagen in + dat; **consultant** n MED Facharzt m, Fachärztin f; **consultation** n Beratung f; MED Konsultation f; **~ room** Besprechungsraum m, Sprechzimmer nt

consume vt verbrauchen; (food) konsumieren; **consumer** n Verbraucher(in) m(f)

contact 1. n (touch) Berührung f, (communication) Kontakt m; (person) Kontaktperson f; **be / keep in ~ (with sb)** (mit jdm) in Kontakt sein / bleiben **2.** vt sich in Verbindung setzen mit; **contact lenses** npl Kontaktlinsen pl

contagious adj ansteckend

contain vt enthalten; **container** n Behälter m; (for transport) Container m

contaminate vt verunreinigen; (chemically) verseuchen; **~d by radiation** strahlenverseucht, verstrahlt; **contamination** n Verunreinigung f; (by radiation) Verseuchung f

contemporary adj zeitgenös-

sisch

contempt n Verachtung f; **contemptuous** adj verächtlich

content adj zufrieden

content(s) npl Inhalt m

contest 1. n (Wett)kampf m (for um); (competition) Wettbewerb m **2.** vt kämpfen um + acc; (dispute) bestreiten; **contestant** n Teilnehmer(in) m(f)

context n Zusammenhang m; **out of ~** aus dem Zusammenhang gerissen

continent n Kontinent m, Festland nt; **the Continent** (Brit) das europäische Festland, der Kontinent; **continental** adj kontinental; **~ breakfast** kleines Frühstück mit Brötchen und Marmelade, Kaffee oder Tee

continual adj (endless) ununterbrochen; (constant) dauernd, ständig; **continually** adv dauernd; (again and again) immer wieder; **continuation** n Fortsetzung f; **continue 1.** vi weitermachen (with mit); (esp talking) fortfahren (with mit); (travelling) weiterfahren; (state, conditions) fortdauern, anhalten **2.** vt fortsetzen; **to be ~d** Fortsetzung folgt; **continuous** adj (endless) ununterbrochen; (constant) ständig

contraceptive n Verhütungsmittel *nt*

contract *n* Vertrag *m*

contradict *vt* widersprechen + *dat*; **contradiction** *n* Widerspruch *m*

contrary 1. *n* Gegenteil *nt*; **on the~** im Gegenteil **2.** *adj* **~ to** entgegen + *dat*

contrast 1. *n* Kontrast *m*, Gegensatz *m*; **in ~ to** im Gegensatz zu **2.** *vt* entgegensetzen

contribute *vt, vi* beitragen (*to* zu); (*money*) spenden (*to* für); **contribution** *n* Beitrag *m*

control 1. *vt* (*master*) beherrschen; (*temper etc*) im Griff haben; (*esp*) TECH steuern; **~ oneself** sich beherrschen **2.** *n* Kontrolle *f*; (*mastery*) Beherrschung *f*; (*esp*) TECH Steuerung *f*; **~s** *pl* (*knobs, switches etc*) Bedienungselemente *pl*; (*collectively*) Steuerung *f*; **be out of ~** außer Kontrolle sein; **control knob** *n* Bedienungsknopf *m*; **control panel** *n* Schalttafel *f*

controversial *adj* umstritten

convalesce *vi* gesund werden; **convalescence** *n* Genesung *f*

convenience *n* (*quality, thing*) Annehmlichkeit *f*; **at your ~** wann es Ihnen passt; **with all modern ~s** mit allem Komfort; **convenience food** *n* Fertiggericht *nt*; **convenient** *adj* günstig, passend

convent *n* Kloster *nt*

convention *n* (*custom*) Konvention *f*; (*meeting*) Konferenz *f*; **conventional** *adj* herkömmlich, konventionell

conversation *n* Gespräch *nt*, Unterhaltung *f*

conversion *n* Umwandlung *f* (*into* in + *acc*); (*of building*) Umbau *m* (*into* zu); (*calculation*) Umrechnung *f*; **conversion table** *n* Umrechnungstabelle *f*; **convert** *vt* umwandeln; (*person*) bekehren; IT konvertieren; **~ into Euros** in Euro umrechnen; **convertible** *n* AUTO Kabrio *nt*

convey *vt* (*carry*) befördern; (*feelings*) vermitteln; **conveyor belt** *n* Förderband *nt*, Fließband *nt*

convict 1. *vt* verurteilen (*of* wegen) **2.** *n* Strafgefangene(r) *mf*; **conviction** *n* LAW Verurteilung *f*; (*strong belief*) Überzeugung *f*

convince *vt* überzeugen (*of* von); **convincing** *adj* überzeugend

cook 1. *vt, vi* kochen **2.** *n* Koch *m*, Köchin *f*; **cookbook** *n* Kochbuch *nt*; **cooker** *n* Herd *m*; **cookie** *n* (*US*) Keks *m*; **cooking** *n* Kochen *nt*; (*style of cooking*) Küche *f*

cool 1. *adj* kühl, gelassen; *fam* (*brilliant*) cool, stark **2.** *vt, vi* (ab)kühlen; **~ it** reg dich ab! **3.** *n* **keep / lose one's ~** *fam* ruhig bleiben / durchdrehen; **cool down** vi abkühlen; (calm down) sich beruhigen

cooperate vi zusammenarbeiten, kooperieren; **cooperation** n Zusammenarbeit f, Kooperation f; **cooperative 1.** adj hilfsbereit **2.** n Genossenschaft f

cop n fam (policeman) Bulle m

cope vi zurechtkommen, fertig werden (with mit)

Copenhagen n Kopenhagen nt

copier n Kopierer m

copper n Kupfer nt; (Brit) fam (policeman) Bulle m; fam (coin) Kupfermünze f; **~s** Kleingeld nt

copy 1. n Kopie f; (of book) Exemplar nt **2.** vt kopieren; (imitate) nachahmen; **copyright** n Urheberrecht nt

coral n Koralle f

cord n Schnur f; (material) Kordsamt m; **cordless** adj (phone) schnurlos

core n Kern m; (of apple, pear) Kerngehäuse nt; **core business** n Kerngeschäft nt

cork n (material) Kork m; (stopper) Korken m; **corkscrew** n Korkenzieher m

corn n Getreide nt, Korn nt; (US, maize) Mais m; (on foot) Hühnerauge nt; **~ on the cob** Maiskolben m; **corned beef** n Cornedbeef nt

corner 1. n Ecke f; (on road)

Kurve f; SPORT Eckstoß m **2.** vt in die Enge treiben; **corner shop** n Laden m an der Ecke

cornflakes npl Cornflakes pl

Cornish adj kornisch; **~ pasty** mit Fleisch und Kartoffeln gefüllte Pastete; **Cornwall** n Cornwall nt

corporation n (US) COMM Aktiengesellschaft f

corpse n Leiche f

correct 1. adj (accurate) richtig; (proper) korrekt **2.** vt korrigieren, verbessern; **correction** n (esp written) Korrektur f

correspond vi entsprechen (to dat); (two things) übereinstimmen; **corresponding** adj entsprechend

corridor n (in building) Flur m; (in train) Gang m

corrupt adj korrupt

cosmetic adj kosmetisch; **cosmetics** npl Kosmetika pl; **cosmetic surgery** n Schönheitschirurgie f

cosmopolitan adj international; (attitude) weltoffen

cost 1. vt kosten **2.** n Kosten pl; **at all ~s, at any ~** um jeden Preis; **~ of living** Lebenshaltungskosten pl; **costly** adj kostspielig

costume n THEAT Kostüm nt

cosy adj gemütlich

cot n (Brit) Kinderbett nt; (US) Campingliege f

cottage n kleines Haus;

(country cottage) Landhäuschen *nt*; **cottage cheese** *n* Hüttenkäse *m*; **cottage pie** *n* Hackfleisch mit Kartoffelbrei überbacken

cotton *n* Baumwolle *f*; **cotton candy** *n* (*US*) Zuckerwatte *f*; **cotton wool** *n* (*Brit*) Watte *f*

couch *n* Couch *f*; (*sofa*) Sofa *nt*; **couchette** *n* Liegewagen (-platz) *m*

cough 1. *vi* husten 2. *n* Husten *m*; **cough mixture** *n* Hustensaft *m*; **cough sweet** *n* Hustenbonbon *nt*

could *pt* → **can**; konnte *conditional* könnte; **~ you come earlier?** könntest du / könnten Sie früher kommen?; **couldn't** *contr* = **could not**

council *n* POL Rat *m*; (*local council*) Gemeinderat *m*; (*town council*) Stadtrat *m*; **council estate** *n* Siedlung *f* des sozialen Wohnungsbaus; **council house** *n* Sozialwohnung *f*; **council tax** *n* Gemeindesteuer *f*

count 1. *vt*, *vi* zählen 2. *n* Zählung *f*; (*noble*) Graf *m*; **count on** *vt* (*rely on*) sich verlassen auf + *acc*; (*expect*) rechnen mit

counter *n* (*in shop*) Ladentisch *m*; (*in café*) Theke *f*; (*in bank, post office*) Schalter *m*; **counter attack** 1. *n* Gegenangriff *m* 2. *vi* zurück-

schlagen; **counter-clockwise** *adv* (*US*) entgegen dem Uhrzeigersinn

counterpart *n* Gegenstück *nt* (*of zu*)

countess *n* Gräfin *f*

countless *adj* zahllos, unzählig

country *n* Land *nt*; **in the ~** auf dem Land(e); **in this ~** hierzulande; **country cousin** *n* *fam* Landei *nt*; **country dancing** *n* Volkstanz *m*; **countryman** *n* (*compatriot*) Landsmann *m*; **country music** *n* Countrymusic *f*; **country road** *n* Landstraße *f*; **countryside** *n* Landschaft *f*; (*rural area*) Land *nt*

county *n* (*Brit*) Grafschaft *f*; (*US*) Verwaltungsbezirk *m*; **county town** *n* (*Brit*) ≈ Kreisstadt *f*

couple *n* Paar *nt*; **a ~ of** ein paar

coupon *n* (*voucher*) Gutschein *m*

courage *n* Mut *m*

courgette *n* (*Brit*) Zucchini *f*

courier *n* (*for tourists*) Reiseleiter(in) *m(f)*; (*messenger*) Kurier *m*

course *n* (*of study*) Kurs *m*; (*for race*) Strecke *f*; NAUT, AVIAT Kurs *m*; (*at university*) Studiengang *m*; (*in meal*) Gang *m*; **of ~** natürlich; **in the ~ of** während

court *n* SPORT Platz *m*; LAW Gericht *nt*

courtesy n Höflichkeit f; **~ bus / coach** (gebührenfreier) Zubringerbus

courthouse n (US) Gerichtsgebäude nt; **court order** n Gerichtsbeschluss m; **courtroom** n Gerichtssaal m

courtyard n Hof m

cousin n (male) Cousin m; (female) Cousine f

cover 1. vt bedecken (in, with mit); (distance) zurücklegen; (loan, costs) decken 2. n (for bed etc) Decke f; (of cushion) Bezug m; (lid) Deckel m; (of book) Umschlag m; (insurance) ~ Versicherungsschutz m; **cover up** vt zudecken; (error etc) vertuschen; **coverage** n Berichterstattung f (of über + acc); **cover charge** n Kosten pl für ein Gedeck; **covering letter** n Begleitbrief m; **cover story** n (newspaper) Titelgeschichte f

cow n Kuh f

coward n Feigling m; **cowardly** adj feig(e)

cowboy n Cowboy m

cozy adj (US) gemütlich

CPU abbr = **central processing unit** Zentraleinheit f

crab n Krabbe f

crabby adj mürrisch, reizbar

crack 1. n Riss m; (in pottery, glass) Sprung m; (drug) Crack nt; **have a ~ at sth** etw ausprobieren 2. vi (pottery, glass) einen Sprung be-

kommen; (wood, ice etc) einen Riss bekommen; **get ~ing** fam loslegen 3. vt (bone) anbrechen; (nut, code) knacken

cracker n (biscuit) Kräcker m; (Christmas cracker) Knallbonbon nt; **crackers** adj fam verrückt, bekloppt

crackle vi knistern; (telephone, radio) knacken; **crackling** n GASTR Kruste f (des Schweinebratens)

cradle n Wiege f

craft n Handwerk nt; (art) Kunsthandwerk nt; **craftsman** n Handwerker m

cram 1. vt stopfen (into in + acc); **be ~med with ...** mit ... vollgestopft sein 2. vi (revise for exam) pauken (for für)

cramp n Krampf m

cranberry n Preiselbeere f

crane n (machine) Kran m; (bird) Kranich m

crap 1. n vulg Scheiße f; (rubbish) Mist m 2. adj beschissen, Scheiß-

crash 1. n einen Unfall haben; (two vehicles) zusammenstoßen; (plane, computer) abstürzen; (economy) zusammenbrechen; **~ into sth** gegen etw knallen 2. vt einen Unfall haben mit 3. vt (car) Unfall m; (train) Unglück nt; (collision) Zusammenstoß m; AVIAT, IT Absturz m; (noise) Krachen nt; **crash**

barrier n Leitplanke f; **crash course** n Intensivkurs m; **crash helmet** n Sturzhelm m

crate n Kiste f; (of beer) Kasten m

crater n Krater m

craving n starkes Verlangen, Bedürfnis n

crawl 1. vi kriechen; (baby) krabbeln **2.** n (swimming) Kraul m; **crawler lane** n Kriechspur f

crayfish n Languste f

crayon n Buntstift m

crazy adj verrückt (about nach)

cream 1. n (from milk) Sahne f, Rahm m; (polish, cosmetic) Creme f **2.** adj cremefarben; **cream cake** n (small) Sahnetörtchen nt; (big) Sahnetorte f; **cream cheese** n Frischkäse m; **creamer** n Kaffeeweißer m; **creamy** adj sahnig

crease 1. n Falte f **2.** vt falten; (untidy) zerknittern

create vt schaffen; (cause) verursachen; **creative** adj (person) kreativ; **creature** n Geschöpf nt

crèche n Kinderkrippe f

credibility n Glaubwürdigkeit f; **credible** adj (person) glaubwürdig

credit n FIN (amount allowed) Kredit m; (amount possessed) Guthaben nt; (recognition) Anerkennung f; **~s** (of film) Abspann m; **credit**

card n Kreditkarte f

creep vi kriechen; **creeps** n **he gives me the ~** er ist mir nicht ganz geheuer; **creepy** adj (frightening) gruselig, unheimlich

crept pt, pp → **creep**

cress n Kresse f

crest n Kamm m; (coat of arms) Wappen nt

crew n Besatzung f, Mannschaft f

crib n (US) Kinderbett nt

cricket n (insect) Grille f; (game) Kricket nt

crime n Verbrechen nt; **criminal 1.** n Verbrecher(in) m(f) **2.** adj kriminell, strafbar

crisis n Krise f

crisp adj knusprig; **crispbread** n Knäckebrot nt; **crisps** npl (Brit) Chips pl

criterion n Kriterium nt; **critic** n Kritiker(in) m(f); **critical** adj kritisch; **critically** adv kritisch; **~ ill / injured** schwer krank / verletzt; **criticism** n Kritik f; **criticize** vt kritisieren

Croat n Kroate m, Kroatin f; **Croatia** n Kroatien nt; **Croatian** adj kroatisch

crockery n Geschirr nt

crocodile n Krokodil nt

crocus n Krokus m

crop n (harvest) Ernte f; **crops** npl Getreide nt

croquette n Krokette f

cross 1. n Kreuz nt; **mark sth with a ~** etw ankreuzen **2.** vt (*road, river etc*) überqueren; (*legs*) übereinanderschlagen; **it ~ed my mind** es fiel mir ein; **~ one's fingers** die Daumen drücken **3.** *adj* ärgerlich, böse; **cross out** *vt* durchstreichen

crossbar *n* (*of bicycle*) Stange *f*; SPORT Querlatte *f*; **cross-country** *adj* **~ running** Geländelauf *m*; **~ skiing** Langlauf *m*; **cross-eyed** *adj* **be ~** schielen; **crossing** *n* (*crossroads*) (Straßen)kreuzung *f*; (*for pedestrians*) Fußgängerüberweg *m*; (*on ship*) Überfahrt *f*; **crossroads** *nsing or pl* Straßenkreuzung *f*; **cross section** *n* Querschnitt *m*; **crosswalk** *n* (*US*) Fußgängerüberweg *m*; **crossword (puzzle)** *n* Kreuzworträtsel *nt*

crouch *vi* hocken
crouton *n* Croûton *m*
crow *n* Krähe *f*
crowd 1. *n* Menge *f* **2.** *vi* sich drängen (*into* in + *acc*; *round* um); **crowded** *adj* überfüllt
crown 1. *n* Krone *f* **2.** *vt* krönen
crucial *adj* entscheidend
crude 1. *adj* primitiv; (*humour, behaviour*) derb, ordinär **2.** *n* **~ (oil)** Rohöl *nt*
cruel *adj* grausam (*to* zu, gegen); (*unfeeling*) gefühllos; **cruelty** *n* Grausamkeit *f*; **~ to animals** Tierquälerei *f*
cruise 1. *n* Kreuzfahrt *f* **2.** *vi*

(*ship*) kreuzen; (*car*) mit Reisegeschwindigkeit fahren; **cruise liner** *n* Kreuzfahrtschiff *nt*; **cruise missile** *n* Marschflugkörper *m*
crumb *n* Krume *f*
crumble 1. *vt, vi* zerbröckeln **2.** *n* mit Streuseln überbackenes Kompott
crumpet *n* weiches Hefegebäck zum Toasten (*attractive woman*) fam Schnecke *f*
crumple *vt* zerknittern
crunchy *adj* (*Brit*) knusprig
crusade *n* Kreuzzug *m*
crush 1. *vt* zerdrücken (*finger etc*) quetschen; (*spices, stone*) zerstoßen **2.** *n* **have a ~ on sb** in jdn verknallt sein; **crushing** *adj* (*defeat, remark*) vernichtend
crust *n* Kruste *f*; **crusty** *adj* knusprig
crutch *n* Krücke *f*
cry 1. *vi* (*call*) rufen; (*scream*) schreien; (*weep*) weinen **2.** *n* (*call*) Ruf *m*; (*louder*) Schrei *m*
crypt *n* Krypta *f*
cu *abbr* = **see you** (SMS, E-Mail) ≈ bis bald
Cuba *n* Kuba *nt*
cube *n* Würfel *m*
cubic *adj* Kubik-
cubicle *n* Kabine *f*
cuckoo *n* Kuckuck *m*
cucumber *n* Salatgurke *f*
cuddle 1. *vt* in den Arm nehmen; (*amorously*) schmusen mit **2.** *n* Liebkosung *f*, Umar-

mung f; **have a ~** schmusen; **cuddly** adj verschmust; **cuddly toy** n Plüschtier nt

cuff n Manschette f; (US, trouser cuff) Aufschlag m; **cufflink** n Manschettenknopf m

cuisine n Kochkunst f, Küche f

cul-de-sac n (Brit) Sackgasse f

culprit n Schuldige(r) mf, Übeltäter(in) m(f)

cult n Kult m

cultivate vt AGR (land) bebauen; (crop) anbauen; **cultivated** adj (person) kultiviert, gebildet

cultural adj kulturell, Kultur-; **culture** n Kultur f; **cultured** adj gebildet, kultiviert; **culture vulture** n fam (Brit) n Kulturfanatiker(in) m(f)

cumbersome adj (object) unhandlich

cumin n Kreuzkümmel m

cunning adj schlau; (person a.) gerissen

cup n Tasse f; (prize) Pokal m; **it's not his ~ of tea** das ist nicht sein Fall; **cupboard** n Schrank m; **cup final** n Pokalendspiel m

curable adj heilbar

curb n (US) → **kerb**

curd n ~ **cheese, ~s** ≈ Quark m

cure 1. n Heilmittel nt (for a. gegen); (process) Heilung f 2. vt heilen; GASTR (salt) pö-

keln; (smoke) räuchern

curious adj neugierig; (strange) seltsam

curl 1. n Locke f 2. vi sich kräuseln; **curly** adj lockig

currant n (dried) Korinthe f; (red, black) Johannisbeere f

currency n Währung f; **foreign ~** Devisen pl

current 1. n (in water) Strömung f; (electric current) Strom m 2. adj (issue, affairs) aktuell, gegenwärtig; (expression) gängig; **current account** n Girokonto nt; **currently** adv zur Zeit

curriculum n Lehrplan m; **curriculum vitae** n (Brit) Lebenslauf m

curry n Currygericht nt; **curry powder** n Curry(pulver) nt

curse 1. vi (swear) fluchen (at auf + acc) 2. n Fluch m

cursor n IT Cursor m

curtain n Vorhang m; **it was ~s for Benny** für Benny war alles vorbei

curve n Kurve f; **curved** adj gebogen

cushion n Kissen nt

custard n dicke Vanillesoße, die warm oder kalt zu vielen englischen Nachspeisen gegessen wird

custom n Brauch m; (habit) Gewohnheit f; **customary** adj üblich; **custom-built** adj nach Kundenangaben gefertigt; **customer** n Kunde m, Kundin f; **customer**

loyalty card n Kundenkarte f; **customer service** n Kundendienst m

customs npl (organization, location) Zoll m; **pass through** ~ durch den Zoll gehen; **customs officer** n Zollbeamte(r) m, Zollbeamtin f

cut 1. vt schneiden; (cake) anschneiden; (wages, benefits) kürzen; (prices) heruntersetzen; **I ~ my finger** ich habe mir in den Finger geschnitten **2.** n Schnitt m; (wound) Schnittwunde f; (reduction) Kürzung f (in gen); **price / tax** ~ Preissenkung / Steuersenkung f; **cut back** vt (workforce etc) reduzieren; **cut down** vt (tree) fällen; **~ on sth** etwas einschränken; **cut in** vi AUTO scharf einscheren; **cut off** vt abschneiden; (gas, electricity) abdrehen, abstellen; TEL **I was** ~ ich wurde unterbrochen

cute adj putzig, niedlich; (US, shrewd) clever

cutlery n Besteck nt

cutlet n (pork) Kotelett nt; (veal) Schnitzel nt

cut-price adj verbilligt

cutting 1. n (from paper) Ausschnitt m; (of plant) Ableger m **2.** adj (comment) verletzend

CV abbr → **curriculum vitae**

cwt abbr → **hundredweight** ≈ Zentner, Ztr.

cybercafé n Internetcafé nt; **cyberspace** n Cyberspace m

cycle 1. n Fahrrad nt **2.** vi Rad fahren; **cycle lane, cycle path** n Radweg m; **cycling** n Radfahren nt; **cyclist** n Radfahrer(in) m(f)

cylinder n Zylinder m

cynical adj zynisch

cypress n Zypresse f

Cypriot 1. adj zypriotisch **2.** n Zypriote m, Zypriotin f; **Cyprus** n Zypern nt

czar n Zar m; **czarina** n Zarin f

Czech 1. adj tschechisch **2.** n (person) Tscheche m, Tschechin f; (language) Tschechisch nt; **Czech Republic** n Tschechische Republik, Tschechien nt

D

dab vt (wound, nose etc) betupfen (with mit)

dad(dy) n Papa m, Vati m; **daddy-longlegs** nsing (Brit) Schnake f; (US) Weberknecht m

daffodil n Osterglocke f

daft adj fam blöd, doof

daily 1. adj, adv täglich **2.** n (paper) Tageszeitung f

dairy n (on farm) Molkerei f;
  dairy products npl Milch-
  produkte pl
daisy n Gänseblümchen nt
dam 1. n Staudamm m **2.** vt
  stauen
damage 1. n Schaden m; **~s** pl
  LAW Schadenersatz m **2.** vt
  beschädigen; (reputation,
  health) schädigen, schaden
  + dat
damn 1. adj fam verdammt **2.**
  vt (condemn) verurteilen; **~**
  (it)! verflucht! **3.** n **he**
  doesn't give a ~ es ist ihm
  völlig egal
damp 1. adj feucht **2.** n Feuchtigkeit f; **dampen** vt befeuchten
dance 1. n Tanz m; (event)
  Tanzveranstaltung f **2.** vi tanzen; **dance floor** n Tanzfläche f; **dancer** n Tänzer(in
  m(f)); **dancing** n Tanzen nt
dandelion n Löwenzahn m
dandruff n Schuppen pl
Dane n Däne m, Dänin f
danger n Gefahr f; **be in ~** in
  Gefahr sein; **dangerous** adj
  gefährlich
Danish 1. adj dänisch **2.** n
  (language) Dänisch nt; **the**
  ~ pl die Dänen; **Danish pas-**
  try n Plundergebäck nt
Danube n Donau f
dare vi **~ (to) do sth** es wagen,
  etw zu tun; **I didn't ~ ask** ich
  traute mich nicht, zu fragen;
  how ~ you was fällt dir ein!;
  daring adj (person) mutig;

(film, clothes etc) gewagt
dark 1. adj dunkel; (gloomy)
  düster, trübe; (sinister) finster; **~ chocolate** Bitterscho-
  kolade f; **~ green / blue**
  dunkelgrün / dunkelblau **2.**
  n Dunkelheit f; **dark glass-**
  es npl Sonnenbrille f; **dark-**
  ness n Dunkelheit nt
darling n Schatz m; (also favourite) Liebling m
darts nsing (game) Darts nt
dash 1. vi stürzen, rennen **2.** vt
  ~ hopes Hoffnungen zerstören **3.** n (in text) Gedankenstrich m; (of liquid) Schuss
  m; **dashboard** n Armaturenbrett nt
data npl Daten pl; **data bank**,
  data base n Datenbank f;
  data capture n Datenerfas-
  sung f; **data processing** n
  Datenverarbeitung f; **data**
  protection n Datenschutz m
date 1. n Datum nt; (for meeting, delivery etc) Termin m;
  (with person) Verabredung
  f; (with girlfriend / boyfriend etc) Date nt; (fruit)
  Dattel f; **what's the ~ (to-**
  day)? der Wievielte ist heute?; **out of ~** adj veraltet; **up**
  to ~ adj (news) aktuell; (fashion) zeitgemäß **2.** vt (letter
  etc) datieren; (person) gehen
  mit; **dated** adj altmodisch;
  date of birth n Geburtsdatum nt; **dating agency** n
  Partnervermittlung f
daughter n Tochter f; **daugh-**

ter-in-law *n* Schwiegertochter *f*

dawn 1. *n* Morgendämme-
rung *f* **2.** *vi* dämmern; *it
~ed on me* mir ging ein Licht
auf

day *n* Tag *m*; *one ~* eines Tages; *by~* bei Tage; *day:~ after~,~
by~* Tag für Tag; *the~ after /
before* am Tag danach / zuvor; *the ~ before yesterday*
vorgestern; *the ~ after tomorrow* übermorgen; *these
~s* heutzutage; *in those ~s*
damals; *let's call it a ~*
Schluss für heute!; **day-care
center** *n* (*US*), **day-care
centre** (*Brit*) Kita *f* (*Kindertagesstätte*); **daydream 1.** *n*
Tagtraum *m* **2.** *vi* (*mit offenen Augen*) träumen; **daylight** *n* Tageslicht *nt*; **day
nursery** *n* Kita *f* (*Kindertagesstätte*); **day return** *n* (*Brit*)
RAIL Tagesrückfahrkarte *f*;
daytrip *n* Tagesausflug *m*

dazzle *vt* blenden

dead 1. *adj* tot; (*limb*) abgestorben **2.** *adv* genau; *fam* total, völlig; *~ tired adj* todmüde; *~ slow* (*sign*) Schritt fahren; **dead end** *n* Sackgasse *f*;
deadline *n* Termin *m*; (*period*) Frist *f*; *~ for applications* Anmeldeschluss *m*;
deadly 1. *adj* tödlich **2.** *adv
~ dull* todlangweilig

deaf *adj* taub; **deafen** *vt* taub
machen; **deafening** *adj* oh-
renbetäubend

deal 1. *vt, vi* (*cards*) geben,
austeilen **2.** *n* (*business deal*)
Geschäft *nt*; (*agreement*)
Abmachung *f*; *it's a ~* abgemacht!; *a good / great ~ of*
ziemlich / sehr viel; **deal in**
vt handeln mit; **deal with**
vt (*matter*) sich beschäftigen
mit; (*book, film*) behandeln;
(*successfully: person, problem*) fertig werden mit; (*matter*) erledigen; **dealer** *n*
COMM Händler(in) *m(f)*;
(*drugs*) Dealer(in) *m(f)*

dealt *pt, pp* → **deal**

dear 1. *adj* lieb, teuer; *Dear
Sir or Madam* Sehr geehrte
Damen und Herren; *Dear
David* Lieber David **2.** *n*
Schatz *m*; (*as address*) mein
Schatz, Liebling; **dearly**
adv (*love*) (heiß und) innig;
(*pay*) teuer

death *n* Tod *m*; (*of project,
hopes*) Ende *nt*; (*in accident*)
Todesfall *m*, Todesopfer *nt*;
death certificate *n* Toten-
schein *m*; **death penalty** *n*
Todesstrafe *f*; **death toll** *n*
Zahl *f* der Todesopfer

debatable *adj* fraglich; (*question*) strittig; **debate 1.** *n* De-
batte *f* **2.** *vt* debattieren

debit 1. *n* Soll *nt* **2.** *vt* (*account*)
belasten; **debit card** *n* Geld-
karte *f*

debris *n* Trümmer *pl*

debt *n* Schuld *f*; *be in ~* ver-
schuldet sein

decade *n* Jahrzehnt *nt*

decaff n fam koffeinfreier Kaffee; **decaffeinated** adj koffeinfrei

decanter n Dekanter m, Karaffe f

decay 1. n Verfall m; (rotting) Verwesung f; (of tooth) Karies f **2.** vi verfallen; (rot) verwesen; (wood) vermodern; (teeth) faulen; (leaves) verrotten

deceased n **the ~** der / die Verstorbene

deceive vt täuschen

December n Dezember m; → **September**

decent adj anständig

decide 1. vt (question) entscheiden; (body of people) beschließen; **I can't ~ what to do** ich kann mich nicht entscheiden, was ich tun soll **2.** vi sich entscheiden; **~ on sth** (in favour of sth) sich für etw entscheiden, sich zu etw entschließen; **decided** adj entschieden; (clear) deutlich; **decidedly** adv entschieden

decimal adj Dezimal-; **decimal system** n Dezimalsystem nt

decipher vt entziffern

decision n Entscheidung f (on über + acc); (of committee, jury etc) Beschluss m; **make a ~** eine Entscheidung treffen; **decisive** adj entscheidend; (person) entscheidungsfreudig

deck n NAUT Deck nt; (of cards) Blatt nt; **deckchair** n Liegestuhl m

declaration n Erklärung f; **declare** vt erklären; (state) behaupten (that dass); (at customs) **have you anything to ~?** haben Sie etwas zu verzollen?

decline 1. n Rückgang m **2.** vt (invitation, offer) ablehnen **3.** vi (become less) sinken, abnehmen; (health) sich verschlechtern

decode vt entschlüsseln

decorate vt (aus)schmücken; (wallpaper) tapezieren; (paint) anstreichen; **decoration** n Schmuck m; (process) Schmücken nt; (wallpapering) Tapezieren nt; (painting) Anstreichen nt; **Christmas ~s** Weihnachtsschmuck m; **decorator** n Maler(in) m(f)

decrease 1. n Abnahme f **2.** vi abnehmen

dedicate vt widmen (to sb jdm); **dedicated** adj (person) engagiert; **dedication** n Widmung f; (commitment) Hingabe f, Engagement nt

deduce vt folgern, schließen (from aus, that dass)

deduct vt abziehen (from von); **deduction** n (of money) Abzug m; (conclusion) (Schluss)folgerung f

deed n Tat f

deep adj tief; **deepen** vt ver-

---

deepen

tiefen; **deep-freeze** n Tiefkühltruhe f; (upright) Gefrierschrank m; **deep-fry** vt
frittieren

deer n Reh nt; (with stag)
Hirsch m

defeat 1. n Niederlage f; **admit ~** sich geschlagen geben
2. vt besiegen

defect n Defekt m, Fehler m;
defective adj fehlerhaft

defence n Verteidigung f; **defend** vt verteidigen; **defendant** n LAW Angeklagte(r) mf;
defender n SPORT Verteidi-
ger(in) m(f); **defensive** adj
defensiv

deficiency n Mangel m; **deficit** n Defizit nt

define vt (word) definieren;
(duties, powers) bestimmen;
definite adj (clear) klar, eindeutig; (certain) sicher; **it's ~**
es steht fest; **definitely** adv
bestimmt; **definition** n Definition f; PHOT Schärfe f

defrost vt (fridge) abtauen;
(food) auftauen

degree n Grad m; (at university) akademischer Grad; **to
a certain ~** einigermaßen; **I
have a ~ in chemistry** ich
habe einen Abschluss
in Chemie

dehydrated adj (food) getrocknet, Trocken-; (person)
ausgetrocknet

de-ice vt enteisen

delay 1. vt (postpone) verschieben, aufschieben; **be**
~ed (event) sich verzögern;
the train / flight was ~ed
der Zug / die Maschine hatte
Verspätung **2.** vi warten; (hesitate) zögern **3.** n Verzögerung f; (of train etc) Verspätung f; **without ~** unverzüglich; **delayed** adj (train etc)
verspätet

delegation n Abordnung f;
(foreign) Delegation f

delete vt (aus)streichen; IT löschen; **deletion** n Streichung
f; IT Löschung f

deli n fam Feinkostgeschäft nt

deliberate adj (intentional)
absichtlich; **deliberately**
adv mit Absicht, extra

delicate adj (fine) fein; (fragile) zart; a. MED empfindlich;
(situation) heikel

delicatessen nsing Feinkostgeschäft nt

delicious adj köstlich, lecker

delight n Freude f; **delighted**
adj sehr erfreut (with über
+ acc); **delightful** adj entzückend; (weather, meal etc)
herrlich

deliver vt (goods) liefern (to
sb jdm); (letter, parcel) zu-
stellen; (speech) halten; (baby) entbinden; **delivery** n
Lieferung f; (of letter, parcel)
Zustellung f; (of baby) Entbindung f; **delivery van** n
Lieferwagen m

delude vt täuschen; **don't ~
yourself** mach dir nichts
vor; **delusion** n Irrglaube m

de luxe adj Luxus-

demand 1. vt verlangen (from von); (time, patience etc) erfordern **2.** n (request) Forderung f, Verlangen nt (for nach); COMM (for goods) Nachfrage f; **on ~** auf Wunsch; **very much in ~** sehr gefragt; **demanding** adj anspruchsvoll

demerara n ~ (**sugar**) brauner Zucker

demister n Defroster m

demo n fam Demo f

democracy n Demokratie f; **democrat, Democrat** (US) POL Demokrat(in) m(f); **democratic** adj demokratisch; **the Democratic Party** (US) POL die Demokratische Partei

demolish vt abreißen; fig zerstören

demonstrate vt, vi demonstrieren, beweisen; **demonstration** n Demonstration f

denial n Leugnung f; (official denial) Dementi nt

denim n Jeansstoff m; **denim jacket** n Jeansjacke f; **denims** npl Bluejeans pl

Denmark n Dänemark nt

denomination n REL Konfession f; COMM Nennwert m

dense adj dicht; fam (stupid) schwer von Begriff; **density** n Dichte f

dent 1. n Beule f, Delle f **2.** vt einbeulen

dental adj Zahn-; ~ **care**

Zahnpflege f; ~ **floss** Zahnseide f; **dentist** n Zahnarzt m, Zahnärztin f; **dentures** npl Zahnprothese f; (full) Gebiss nt

deny vt leugnen, bestreiten; (refuse) ablehnen

deodorant n Deo(dorant) nt

depart vi abreisen; (bus, train) abfahren (for nach, from von); (plane) abfliegen (for nach, from von)

department n Abteilung f; (at university) Institut nt; POL (ministry) Ministerium nt; **department store** n Kaufhaus nt

departure n (of person) Weggang m; (on journey) Abreise f (for nach); (of train etc) Abfahrt f (for nach); (of plane) Abflug m (for nach); **departure lounge** n AVIAT Abflughalle f; **departure time** n AVIAT Abfahrtzeit f; AVIAT Abflugzeit f

depend vi **it ~s** es kommt darauf an (whether, if ob); **depend on** vt (thing) abhängen von; (person: rely on) sich verlassen auf + acc; (person, area etc) angewiesen sein auf + acc; **it depends on the weather** es kommt auf das Wetter an; **dependable** adj zuverlässig; **dependent** adj abhängig (on von)

deport vt ausweisen, abschieben; **deportation** n Abschiebung f

deposit 1. n (down payment)
Anzahlung f; (security) Kaution f; (for bottle) Pfand nt;
(to bank account) Einzahlung f; (in river etc) Ablagerung f **2.** vt (put down) abstellen, absetzen; (to bank account) einzahlen; (sth valuable) deponieren; **deposit account** n Sparkonto nt

depot n Depot nt

depress vt (in mood) deprimieren; **depressed** adj (person) niedergeschlagen, deprimiert; ~ **area** Notstandsgebiet nt; **depressing** adj deprimierend; **depression** n (mood) Depression f; METEO Tief nt

deprive vt ~ **sb of sth** jdn einer Sache berauben; **deprived** adj (child) (sozial) benachteiligt

dept abbr → **department** Abt.

depth n Tiefe f

deputy 1. adj stellvertretend, Vize- **2.** n Stellvertreter(in) m(f); (US) POL Abgeordnete(r) mf

derail vt entgleisen lassen; **be ~ed** entgleisen

dermatitis n Hautentzündung f

derogatory adj abfällig

descend vt, vi hinabsteigen, hinuntergehen; (person) ~ **or be ~ed from** abstammen von; **descendant** n Nachkomme m; **descent** n (coming down) Abstieg m; (ori-

gin) Abstammung f

describe vt beschreiben; **description** n Beschreibung f

desert 1. n Wüste f **2.** vt verlassen; (abandon) im Stich lassen; **deserted** adj verlassen; (empty) menschenleer

deserve vt verdienen

design 1. n (plan) Entwurf m; (of vehicle, machine) Konstruktion f; (of object) Design nt; (planning) Gestaltung f **2.** vt entwerfen; (machine etc) konstruieren; ~**ed for sb / sth** (intended) für jdn / etw konzipiert; **designer** n Designer(in) m(f); TECH Konstrukteur(in) m(f); **designer drug** n Designerdroge f

desirable n wünschenswert; (person) begehrenswert; **desire 1.** n entwerfen; Wunsch m (for nach); (esp sexual) Begierde f (for nach) **2.** vt wünschen; (ask for) verlangen; **if ~d** auf Wunsch

desk n Schreibtisch m; (reception desk) Empfang m; (at airport etc) Schalter m; **desktop publishing** n Desktoppublishing nt

despair 1. n Verzweiflung f (at über + acc) **2.** vi verzweifeln (of an + dat)

despatch → **dispatch**

desperate adj verzweifelt; (situation) hoffnungslos; **be ~ for sth** etw dringend brauchen, unbedingt wollen;

dial code

desperation n Verzweiflung f

despicable adj verachtenswert; **despise** vt verachten

despite prep trotz + gen

dessert n Nachtisch m; **dessert spoon** n Dessertlöffel m

destination n (of person) (Reise)ziel nt; (of goods) Bestimmungsort m

destiny n Schicksal nt

destroy vt zerstören; (completely) vernichten; **destruction** n Zerstörung f; (complete) Vernichtung f; **destructive** adj zerstörerisch, destruktiv

detach vt abnehmen; (from form etc) abtrennen; (free) lösen (from von); **detachable** adj abnehmbar; (from form etc) abtrennbar; **detached** adj (attitude) distanziert, objektiv; **~ house** Einzelhaus nt

detail n (US) Einzelheit f, Detail nt; (further) **~s from ...** Näheres erfahren Sie bei ...; **go into ~** ins Detail gehen; **in ~** ausführlich; **detailed** adj detailliert, ausführlich

detain vt aufhalten; (police) in Haft nehmen

detect vt entdecken; (notice) wahrnehmen; **detective** n Detektiv(in) m(f); **detective story** n Krimi m

detergent n Reinigungsmittel nt; (soap powder) Waschmittel nt

deteriorate vi sich verschlechtern

determination n Entschlossenheit f; **determine** vt bestimmen; **determined** adj (fest) entschlossen

detest vt verabscheuen; **detestable** adj abscheulich

detour n Umweg m; (of traffic) Umleitung f

deuce n (tennis) Einstand m

devastate vt verwüsten; **devastating** adj verheerend

develop 1. vt entwickeln; (illness) bekommen **2.** vi sich entwickeln; **developing country** n Entwicklungsland nt; **development** n Entwicklung f; (of land) Erschließung f

device n Vorrichtung f, Gerät nt

devil n Teufel m

devoted adj liebend; (servant etc) treu ergeben; **devotion** n Hingabe f

devour vt verschlingen

dew n Tau m

diabetes n Diabetes m, Zuckerkrankheit f; **diabetic 1.** adj zuckerkrank, für Diabetiker **2.** n Diabetiker(in) m(f)

diagnosis n Diagnose f

diagonal adj diagonal

diagram n Diagramm nt

dial 1. n Skala f; (of clock) Zifferblatt nt **2.** vt TEL wählen; **dial code** n (US) Vorwahl f

dialect n Dialekt m

dialling code n (Brit) Vorwahl f; **dialling tone** n (Brit) Amtszeichen nt

dialogue, dialog (US) n Dialog m

dial tone n (US) Amtszeichen nt

dialysis n MED Dialyse f

diameter n Durchmesser m

diamond n Diamant m, Karo nt

diaper n (US) Windel f

diarrhoea n Durchfall m

diary n (Taschen)kalender m; (account) Tagebuch nt

dice npl Würfel pl

dictation n Diktat nt

dictator n Diktator(in) m(f); **dictatorship** n Diktatur f

dictionary n Wörterbuch nt

did pt = **do**

didn't contr = **did not**

die vi sterben (of an + dat); (plant, animal) eingehen; (engine) absterben; **be dying to do sth** darauf brennen, etw zu tun; **I'm dying for a drink** ich brauche unbedingt was zu trinken; **die away** vi schwächer werden; (wind) sich legen; **die down** vi nachlassen; **die out** vi aussterben

diesel n (fuel, car) Diesel m

diet n **1.** Kost f; (special food) Diät f **2.** vi eine Diät machen

differ vi (be different) sich unterscheiden; (disagree) anderer Meinung sein; **difference** n Unterschied m; **it**

makes no ~ (to me) es ist (mir) egal; **it makes a big ~** es macht viel aus; **different** adj andere(r, s); (with pl) verschieden; **be quite ~** ganz anders sein (from als); (two people, things) völlig verschieden sein; **differentiate** vt, vi unterscheiden; **differently** adv anders (from als); (from one another) unterschiedlich

difficult adj schwierig; **I find it ~** es fällt mir schwer; **difficulty** n Schwierigkeit f

dig vt, vi (hole) graben; **dig in** vi fam (to food) reinhauen; **~!** greif(t) zu!; **dig up** vt ausgraben

digest vt verdauen; **digestion** n Verdauung f; **digestive** adj **~ biscuit** (Brit) Vollkornkeks m

digit n Ziffer f; **digital** adj digital; **digital camera** n Digitalkamera f; **digital television** n, **digital TV** n Digitalfernsehen nt

dignified adj würdevoll; **dignity** n Würde f

dilapidated adj baufällig

dill n Dill m

dilute vt verdünnen

dim 1. adj (light) schwach; (outline) undeutlich; (stupid) schwer von Begriff **2.** vt verdunkeln; (US) AUTO abblenden; **~med headlights** (US) Abblendlicht nt

dime n (US) Zehncentstück

nt

dimension *n* Dimension *f*; **~s** *pl* Maße *pl*

diminish 1. *vt* verringern **2.** *vi* sich verringern

dimple *n* Grübchen *nt*

dine *vi* speisen; **dine out** *vi* außer Haus essen; **diner** *n* Gast *m*; RAIL Speisewagen *m*; (US) Speiselokal *nt*

dinghy *n* Ding(h)i *nt*; (inflatable) Schlauchboot *nt*

dining car *n* Speisewagen *m*; **dining room** *n* Esszimmer *nt*; (in hotel) Speisesaal *m*

dinner *n* Abendessen *nt*; (lunch) Mittagessen *nt*; (public) Diner *nt*; **be at ~** beim Essen sein; **have ~** zu Abend / Mittag essen; **dinner jacket** *n* Smoking *m*; **dinnertime** *n* Essenszeit *f*

dinosaur *n* Dinosaurier *m*

dip 1. *vt* tauchen (in in + acc); **~** (one's headlights) (Brit) AUTO abblenden; **~ped headlights** Abblendlicht *nt* **2.** *n* (in ground) Bodensenke *f*; (sauce) Dip *m*

diploma *n* Diplom *nt*

diplomatic *adj* diplomatisch

dipstick *n* Ölmessstab *m*

direct 1. *adj* direkt; (cause, consequence) unmittelbar; **~ debit** (mandate) Einzugsermächtigung *f*; **~ train** durchgehender Zug **2.** *vt* (aim, send) richten (at, to an + acc); (film) die Regie führen bei; (traffic) regeln;

direct current *n* ELEC Gleichstrom *m*

direction *n* (course) Richtung *f*; FILM Regie *f*; **in the ~ of ...** in Richtung ...; **~s** *pl* (to a place) Wegbeschreibung *f*

directly *adv* direkt; (at once) sofort

director *n* Direktor(in) *m(f)*, Leiter(in) *m(f)*; (of film) Regisseur(in) *m(f)*

directory *n* Adressbuch *nt*, Telefonbuch *nt*; **~ enquiries** or (US) **assistance** TEL Auskunft *f*

dirt *n* Schmutz *m*, Dreck *m*; **dirt cheap** *adj* spottbillig; **dirty** *adj* schmutzig

disability *n* Behinderung *f*; **disabled 1.** *adj* behindert, Behinderten- **2.** *npl* **the ~** die Behinderten

disadvantage *n* Nachteil *m*; **at a ~** benachteiligt; **disadvantageous** *adj* unvorteilhaft, ungünstig

disagree *vi* anderer Meinung sein; (two people) sich nicht einig sein; (two reports etc) nicht übereinstimmen; **disagreeable** *adj* unangenehm; (person) unsympathisch; **disagreement** *n* Meinungsverschiedenheit *f*

disappear *vi* verschwinden

disappoint *vt* enttäuschen; **disappointing** *adj* enttäuschend; **disappointment** *n* Enttäuschung *f*

disapprove *vi* missbilligen

(of acc)

disarm 1. *vt* entwaffnen **2.** *vi* POL abrüsten; **disarmament** *n* Abrüstung *f*; **disarming** *adj* (smile, look) gewinnend

disaster *n* Katastrophe *f*; **disastrous** *adj* katastrophal

disbelief *n* Ungläubigkeit *f*

disc *n* Scheibe *f*, CD *f*; → **disk**

ANAT Bandscheibe *f*

discharge 1. *n* MED Ausfluss *m* **2.** *vt* (person) entlassen; (emit) ausstoßen; MED ausscheiden

discipline *n* Disziplin *f*

disc jockey *n* Diskjockey *m*

disclose *vt* bekannt geben; (secret) enthüllen

disco *n* Disko *f*, Diskomusik *f*

discomfort *n* (slight pain) leichte Schmerzen *pl*; (unease) Unbehagen *nt*

disconnect *vt* (electricity, gas, phone) abstellen; (unplug) ~ **the TV** (from the mains) den Stecker des Fernsehers herausziehen; TEL **I've been** ~**ed** das Gespräch ist unterbrochen worden

discontinue *vt* einstellen; (product) auslaufen lassen

discount *n* Rabatt *m*

discover *vt* entdecken; **discovery** *n* Entdeckung *f*

discredit 1. *vt* in Verruf bringen **2.** *n* Misskredit *m*

discreet *adj* diskret

discrepancy *n* Unstimmigkeit *f*, Diskrepanz *f*

discriminate *vi* unterschei-

den; ~ **against sb** jdn diskriminieren; **discrimination** *n* (different treatment) Diskriminierung *f*

discus *n* Diskus *m*

discuss *vt* diskutieren, besprechen; **discussion** *n* Diskussion *f*

disease *n* Krankheit *f*

disembark *vi* von Bord gehen

disgrace 1. *n* Schande *f* **2.** *vt* Schande machen + *dat*; (family etc) Schande bringen über + *acc*; (less strong) blamieren; **disgraceful** *adj* skandalös

disguise 1. *vt* verkleiden; (voice) verstellen **2.** *n* Verkleidung *f*

disgust 1. *n* Abscheu *m*; (physical) Ekel *m* **2.** *vt* anekeln, anwidern; **disgusting** *adj* widerlich; (physically) ekelhaft

dish *n* Schüssel *f*; (food) Gericht *nt*; ~**es** *pl* (crockery) Geschirr *nt*; **do / wash the** ~**es** abwaschen; **dishcloth** *n* (for washing) Spültuch *nt*; (for drying) Geschirrtuch *nt*

dishearten *vt* entmutigen; **don't be** ~**ed** lass den Kopf nicht hängen!

dishonest *adj* unehrlich

dish towel *n* (US) Geschirrtuch *nt*; **dish washer** *n* Geschirrspülmaschine *f*

dishy *adj* (Brit) *fam* gut aussehend

disillusioned *adj* desillusioniert

disinfect *vt* desinfizieren; **disinfectant** *n* Desinfektionsmittel *nt*

disk *n* IT (*floppy*) Diskette *f*; **disk drive** *n* Diskettenlaufwerk *nt*; **diskette** *n* Diskette *f*

dislike 1. *n* Abneigung *f* **2.** *vt* nicht mögen; **~ doing sth** etw ungern tun

dislocate *vt* MED verrenken, ausrenken

dismal *adj* trostlos

dismantle *vt* auseinandernehmen; (*machine*) demontieren

dismay *n* Bestürzung *f*; **dismayed** *adj* bestürzt

dismiss *vt* (*employee*) entlassen; **dismissal** *n* Entlassung *f*

disobedience *n* Ungehorsam *m*; **disobedient** *adj* ungehorsam; **disobey** *vt* nicht gehorchen + *dat*

disorder *n* (*mess*) Unordnung *f*; (*riot*) Aufruhr *m*; MED Störung *f*, Leiden *nt*

disorganized *adj* chaotisch

disparaging *adj* geringschätzig

dispatch *vt* abschicken, abfertigen

dispensable *adj* entbehrlich; **dispense** *vt* verteilen; **dispense with** *vt* verzichten auf + *acc*; **dispenser** *n* Automat *m*

disperse *vi* sich zerstreuen

display 1. *n* (*exhibition*) Ausstellung *f*, Show *f*; (*of goods*) Auslage *f*; TECH Anzeige *f*, Display *nt* **2.** *vt* zeigen; (*goods*) ausstellen

disposable *adj* (*container, razor etc*) Wegwerf-; **~ nappy** Wegwerfwindel *f*; **disposal** *n* Loswerden *nt*; (*of waste*) Beseitigung *f*; **be at sb's ~** jdm zur Verfügung stehen; **have at one's ~** verfügen über; **dispose of** *vt* loswerden; (*waste etc*) beseitigen

dispute 1. *n* Streit *m*; (*industrial*) Auseinandersetzung *f* **2.** *vt* bestreiten

disqualification *n* Disqualifikation *f*; **disqualify** *vt* disqualifizieren

disregard *vt* nicht beachten

disreputable *adj* verrufen

disrespect *n* Respektlosigkeit *f*

disrupt *vt* stören; (*interrupt*) unterbrechen; **disruption** *n* Störung *f*; (*interruption*) Unterbrechung *f*

dissatisfied *adj* unzufrieden

dissent *n* Widerspruch *m*

dissolve 1. *vt* auflösen **2.** *vi* sich auflösen

dissuade *vt* (*davon abbringen*) **~ sb from doing sth** jdn davon abbringen, etw zu tun

distance *n* Entfernung *f*; **in the / from a ~** in / aus der Ferne; **distant** *adj* (*a. in time*) fern; (*relative etc*) entfernt; (*person*) distanziert

distaste n Abneigung f (*for gegen*)

distil vt destillieren; **distillery** n Brennerei f

distinct adj verschieden; (*clear*) klar, deutlich; **distinction** n (*difference*) Unterschied m; (*in exam etc*) Auszeichnung f; **distinctive** adj unverkennbar; **distinctly** adv deutlich

distinguish vt unterscheiden; (*sth from sth etw von etw*)

distort vt verzerren; (*truth*) verdrehen

distract vt ablenken; **distraction** n Ablenkung f; (*diversion*) Zerstreuung f

distress 1. n (*need, danger*) Not f; (*suffering*) Leiden nt; (*mental*) Qual f; (*worry*) Kummer m 2. vt mitnehmen, erschüttern; **distressed area** n Notstandsgebiet nt

distribute vt verteilen; COMM (*goods*) vertreiben; **distribution** n Verteilung f; COMM (*of goods*) Vertrieb m; **distributor** n AUTO Verteiler m; COMM Händler(in) m(f)

district n Gegend f; (*administrative*) Bezirk m; **district attorney** n (*US*) Staatsanwalt m, Staatsanwältin f

distrust 1. vt misstrauen + dat 2. n Misstrauen nt

disturb vt stören; (*worry*) beunruhigen; **disturbance** n

Störung f; **disturbing** adj beunruhigend

ditch 1. n Graben m 2. vt fam (*person*) den Laufpass geben + dat; (*plan etc*) verwerfen

ditto n dito, ebenfalls

dive 1. n (*into water*) Kopfsprung m; AVIAT Sturzflug m; fam zwielichtiges Lokal 2. vi (*under water*) tauchen; **diver** n Taucher(in) m(f)

diverse adj verschieden; **diversion** n (*of traffic*) Umleitung f; (*distraction*) Ablenkung f; **divert** vt ablenken; (*traffic*) umleiten

divide 1. vt teilen; (*in several parts, between people*) aufteilen 2. vi sich teilen; **dividend** n Dividende f

divine adj göttlich

diving n (Sport)tauchen nt; (*jumping in*) Springen nt; SPORT (*from board*) Kunstspringen nt; **diving board** n Sprungbrett nt; **diving goggles** npl Taucherbrille f; **diving mask** n Tauchmaske f

division n Teilung f, MATH Division f; (*department*) Abteilung f; SPORT Liga f

divorce 1. n Scheidung f 2. vt sich scheiden lassen von; **divorced** adj geschieden; **get** sich scheiden lassen; **divorcee** n Geschiedene(r) mf

DIY abbr → **do-it-yourself**; **DIY centre** n Baumarkt m

dizzy adj schwindlig

DJ 1. abbr → **disc jockey**

Diskjockey m, DJ m **2.** abbr → **dinner jacket** Smoking m

do **1.** vaux (in negatives) **I don't know** ich weiß es nicht; **he didn't come** er ist nicht gekommen; (in questions) **does she swim?** schwimmt sie?; (for emphasis) **he does like talking** er redet sehr gern; (replacing verb) **they drink more than we do** sie trinken mehr als wir; **please don't!** bitte tun Sie / tu das nicht!; (in question tags) **you know him, don't you?** du kennst / Sie kennen ihn doch, oder? **2.** vt tun, machen; (clean: room etc) sauber machen; (study) studieren; AUTO (speed) fahren; (distance) zurücklegen; **she has nothing to ~** sie hat nichts zu tun; **~ the dishes** abwaschen; **you can't ~ Cambridge in a day** Cambridge kann man nicht an einem Tag besichtigen **3.** vi (get on) vorankommen; (be enough) reichen; **~ well / badly** gut / schlecht vorankommen; (in exam etc) gut / schlecht abschneiden; **how are you doing?** wie geht's denn so?; **that (much) should ~** das dürfte reichen **4.** n (party) Party f; **do away with** vt abschaffen; **do up** vt (fasten) zumachen; (parcel) verschnüren; (renovate) wiederherrichten; **do with** vt

(need) brauchen; **I could ~ a drink** ich könnte einen Drink gebrauchen; **do without** vt auskommen ohne; **I can ~ your comments** auf deine / Ihre Kommentare kann ich verzichten

dock n Dock nt; LAW Anklagebank f; **dockyard** n Werft f

doctor n Arzt m, Ärztin f; (in title, also academic) Doktor m

document n Dokument nt; **documentary** n Dokumentarfilm m; **documentation** n Dokumentation f

docusoap n Reality-Serie f, Dokusoap f

dodgy adj nicht ganz in Ordnung; (dishonest, unreliable) zwielichtig; **he has a ~ stomach** er hat sich den Magen verdorben

dog n Hund m; **doggie bag** n Tüte oder Box, in der Essensreste aus dem Restaurant mit nach Hause genommen werden können

do-it-yourself 1. n Heimwerken nt, Do-it-yourself nt **2.** adj Heimwerker-; **do-it-yourselfer** n Bastler(in) m(f), Heimwerker(in) m(f)

doll n Puppe f

dollar n Dollar m

dolphin n Delphin m

domain n Domäne f; IT Domain f

dome n Kuppel f

domestic adj häuslich; (within country) Innen-, Binnen-; **domesticated** adj (person) häuslich; (animal) zahm; **domestic flight** n Inlandsflug m

domicile n (ständiger) Wohnsitz

dominant adj dominierend, vorherrschend

dominoes npl Domino(spiel) nt

donate vt spenden; **donation** n Spende f

done 1. pp → **do 2.** adj (cooked) gar; **well** ~ durchgebraten

doner (kebab) n Döner (Kebab) m

donkey n Esel m

donor n Spender(in) m(f)

don't contr = **do not**

door n Tür f; **doorbell** n Türklingel f; **door handle** n Türklinke f; **doorknob** n Türknauf m; **doormat** n Fußabtreter m; **doorstep** n Türstufe f; **right on our** ~ direkt vor unserer Haustür

dope SPORT **1.** n (for athlete) Aufputschmittel nt **2.** vt dopen

dormitory n Schlafsaal m; (US) Studentenwohnheim nt

dosage n Dosierung f; **dose 1.** n Dosis f **2.** vt dosieren

dot n Punkt m; **on the** ~ auf die Minute genau

double 1. adj, adv doppelt; ~

the quantity die zweifache Menge, doppelt so viel **2.** vt verdoppeln **3.** n (person) Doppelgänger(in) m(f); FILM Double nt; **double bass** n Kontrabass m; **double bed** n Doppelbett nt; **double-click** vt IT doppelklicken; **double cream** n Sahne mit hohem Fettgehalt; **doubledecker** n Doppeldecker m; **double glazing** n Doppelverglasung f; **double-park** vi in zweiter Reihe parken; **double room** n Doppelzimmer nt; **doubles** npl SPORT (also match) Doppel nt

doubt 1. n Zweifel m; **no** ~ ohne Zweifel, zweifellos, wahrscheinlich; **have one's** ~s Bedenken haben **2.** vt bezweifeln; (statement, word) anzweifeln; **I** ~ **it** das bezweifle ich; **doubtful** adj zweifelhaft, zweifelnd; **it is** ~ **whether** ... es ist fraglich, ob ...; **doubtless** adv ohne Zweifel, sicherlich

dough n Teig m; **doughnut** n Donut m (rundes Hefegebäck)

dove n Taube f

down 1. n Daunen pl; (fluff) Flaum m **2.** adv unten; (motion) nach unten; (towards speaker) herunter; (away from speaker) hinunter; ~ **here / there** hier / dort unten; (downstairs) **they came** ~ **for breakfast** sie kamen

draw up

zum Frühstück herunter **3.** *prep (towards speaker)* herunter; *(away from speaker)* hinunter; **drive ~ the hill / road** den Berg / die Straße hinunter fahren; *(along)* **walk ~ the street** die Straße entlang gehen; **he's ~ the pub** *fam* er ist in der Kneipe **4.** *vt fam (drink)* runterkippen **5.** *adj* niedergeschlagen, deprimiert

downcast *adj* niedergeschlagen; **downfall** *n* Sturz *m*; **down-hearted** *adj* entmutigt; **downhill** *adv* bergab

download *vt* downloaden, herunterladen; **down payment** *n* Anzahlung *f*; **downs** *npl* Hügelland *nt*; **downsize 1.** *vt (business)* verkleinern **2.** *vi* sich verkleinern

Down's syndrome *n* MED Downsyndrom *nt*

downstairs *adv* unten; *(motion)* nach unten; **downstream** *adv* flussabwärts; **downtown 1.** *adv (be, work etc)* in der Innenstadt; *(go)* in die Innenstadt **2.** *adj (US)* in der Innenstadt; **~ Chicago** die Innenstadt von Chicago; **down under** *adv fam (in / to Australia)* in / nach Australien; *(in / to New Zealand)* in / nach Neuseeland; **downwards** *adv, adj* nach unten; *(movement, trend)* Abwärts-

doze 1. *vi* dösen **2.** *n* Nicker-

chen *nt*

dozen *n* Dutzend *nt*

DP *abbr* → **data processing** **DV** *f*

draft *n (outline)* Entwurf *m*; *(US)* MIL Einberufung *f*

drag 1. *vt* schleppen **2.** *n fam* **be a ~** *(boring)* stinklangweilig sein; *(laborious)* ein ziemlicher Schlauch sein; **drag on** *vi* sich in die Länge ziehen

dragon *n* Drache *m*; **dragonfly** *n* Libelle *f*

drain 1. *n* Abfluss *m* **2.** *vt (water, oil)* ablassen; *(vegetables etc)* abgießen; *(land)* entwässern, trockenlegen **3.** *vi (of water)* abfließen; **drainpipe** *n* Abflussrohr *nt*

drama *n* Drama *nt*; **dramatic** *adj* dramatisch

drank *pt* → **drink**

drapes *npl (US)* Vorhänge *pl*

drastic *adj* drastisch

draught *n (US)* Luftzug *m*; **there's a ~** es zieht; **on ~** *(beer)* vom Fass; **draughts** *nsing (US)* Damespiel *nt*; **draughty** *adj* zugig

draw 1. *vt (pull)* ziehen; *(crowd)* anlocken, anziehen; *(picture)* zeichnen **2.** *vi* SPORT unentschieden spielen **3.** *n* SPORT Unentschieden *nt*; *(attraction)* Attraktion *f*; *(for lottery)* Ziehung *f*; **draw out** *vt* herausziehen; *(money)* abheben; **draw up 1.** *vt (formulate)* entwerfen; *(list)*

erstellen **2.** *vi (car)* anhalten;
drawback *n* Nachteil *m*

drawer *n* Schublade *f*

drawing *n* Zeichnung *f*;
drawing pin *n* Reißzwecke *f*

drawn *pp* → **draw**

dread 1. *n* Furcht *f (of vor*
+ *dat)* **2.** *vt* sich fürchten
vor + *dat*; **dreadful** *adj*
furchtbar; **dreadlocks** *npl*
Rastalocken *pl*

dream 1. *vt, vi* träumen *(about*
von) **2.** *n* Traum *m*; **dreamt**
pt, pp → **dream**

dreary *adj (weather, place)*
trostlos; *(book etc)* langweilig

drench *vt* durchnässen

dress 1. *n* Kleidung *f*; *(gar-*
ment) Kleid *nt* **2.** *vt* sich anziehen; MED *(wound)* verbin-
den; *get* **~ed** sich anziehen;
dress up *vi* sich fein machen; *(in costume)* sich verkleiden *(as* als); **dress circle**
n THEAT erster Rang; **dress-**
er *n* Anrichte *f*; *(US, dress-*
ing table) (Frisier)kommode
f; **dressing** *n* GASTR Dressing
nt, Soße *f*; MED Verband *m*;
dressing gown *n* Bademantel *m*; **dressing room** *n*
THEAT Künstlergarderobe *f*;
dressing table *n* Frisier-
kommode *f*; **dress rehears-**
al *n* THEAT Generalprobe *f*

drew *pt* → **draw**

dried *adj* getrocknet; *(milk,*
flowers) Trocken-; **~ fruit**
Dörrobst *nt*; **drier** *n* → **dryer**

drift 1. *vi* treiben **2.** *n (of snow)*
Verwehung *f*; *fig* Tendenz *f*;
if you get my **~** wenn du
mich richtig verstehst / Sie
mich richtig verstehen

drill 1. *n* Bohrer *m* **2.** *vt, vi* bohren

drink 1. *vt, vi* trinken **2.** *n* Getränk *nt*; *(alcoholic)* Drink
m; **drink-driving** *n (Brit)*
Trunkenheit *f* am Steuer;
drinking water *n* Trinkwasser *nt*

drip 1. *n* Tropfen *m* **2.** *vi* tropfen; **dripping** *n* Bratenfett
nt **2.** *adj* **~** *(wet)* tropfnass

drive 1. *vt (car, person in car)*
fahren; *(force: person, ani-*
mal) treiben; TECH antreiben; **~** *sb mad* jdn verrückt
machen **2.** *vi* fahren **3.** *n*
Fahrt *f*; *(entrance)* Einfahrt
f, Auffahrt *f*; IT Laufwerk
nt; **drive away**, **drive off 1.**
vi wegfahren **2.** *vt* vertreiben; **drive-in** *adj* Drive-in-;
~ cinema *(US)* Autokino
nt; **driven** *pp* → **drive**

driver *n* Fahrer(in) *m(f)*; IT
Treiber *m*; **~'s license** *(US)*
Führerschein *m*; **~'s seat**
Fahrersitz *m*; **driving** *n* (Auto)fahren *nt*; **driving lesson**
n Fahrstunde *f*; **driving li-**
cence *n (Brit)* Führerschein
m; **driving school** *n* Fahrschule *f*; **driving seat** *n*
(Brit) Fahrersitz *m*; **driving**
test *n* Fahrprüfung *f*

drizzle 1. *n* Nieselregen *m* **2.**

vi nieseln

drop 1. *n* (of liquid) Tropfen *m*; (fall in price etc) Rückgang *m* **2.** *vt a.* fig (give up) fallen lassen **3.** *vi* (fall) herunterfallen; (figures, temperature) sinken, zurückgehen; **drop by, drop in** *vi* vorbeikommen; **drop off** *vi* (to sleep) einnicken; **drop out** *vi* (withdraw) aussteigen; (university) das Studium abbrechen; **dropout** *n* Aussteiger(in) *m(f)*

drove *pt* → **drive**

drown 1. *vi* ertrinken **2.** *vt* ertränken

drowsy *adj* schläfrig

drug 1. *n* MED Medikament *nt*, Arznei *f*; (addictive) Droge *f*; (narcotic) Rauschgift *nt*; **be on** ~**s** drogensüchtig sein **2.** *vt* (mit Medikamenten) betäuben; **drug addict** *n* Rauschgiftsüchtige(r) *mf*; **drug dealer** *n* Drogenhändler(in) *m(f)*; **druggist** *n* (US) Drogist(in) *m(f)*; **drugstore** *n* (US) Drogerie *f*

drum *n* Trommel *f*, ~**s** *pl* Schlagzeug *nt*

drunk 1. *pp* → **drink 2.** *adj* betrunken; **get** ~ sich betrinken **3.** *n* Betrunkene(r) *mf*; (alcoholic) Trinker(in) *m(f)*; **drunk-driving** *n* (US) Trunkenheit *f* am Steuer; **drunken** *adj* betrunken, besoffen

dry 1. *adj* trocken **2.** *vt* trocknen; (dishes, oneself, one's

hands etc) abtrocknen **3.** *vi* trocknen, trocken werden; **dry out** *vi* trocknen; **dry-clean** *vt* chemisch reinigen; **dry-cleaning** *n* chemische Reinigung; **dryer** *n* Trockner *m*; (for hair) Föhn *m*; (over head) Trockenhaube *f*

DTP *abbr* → **desktop publishing** DTP *nt*

dual *adj* doppelt; ~ **carriageway** (Brit) zweispurige Schnellstraße *f*; ~ **nationality** doppelte Staatsangehörigkeit

dubbed *adj* (film) synchronisiert

dubious *adj* zweifelhaft

duchess *n* Herzogin *f*

duck *n* Ente *f*

dude *n* (US) fam Typ *m*; **a cool** ~ ein cooler Typ

due 1. *adj* (time) fällig; (fitting) angemessen; **in** ~ **course** zu gegebener Zeit; ~ **to** infolge + gen, wegen + gen **2.** *adv* ~ **south/ north etc** direkt nach Norden / Süden etc

dug *pt*, *pp* → **dig**

duke *n* Herzog *m*

dull *adj* (colour, light, weather) trübe; (boring) langweilig

duly *adv* ordnungsgemäß; (as expected) wie erwartet

dumb *adj* stumm; fam (stupid) doof, blöde

dumb-bell *n* Hantel *f*

dummy 1. *n* (sham) Attrappe

f; (in shop) Schaufenster-
puppe f; (Brit, teat) Schnuller m; fam (person) Dumm-
kopf m **2.** adj unecht,
Schein-; ~ **run** Testlauf m
dump 1. n Abfallhaufen m;
fam (place) Kaff nt **2.** vt lit,
fig abladen; fam **he** ~**ed
her**er hat mir ihr Schluss gemacht
dumpling n Kloß m, Knödel
m
dune n Düne f
dung n Dung m; (manure)
Mist m
dungeon n Kerker m
duplex n zweistöckige Wohnung; (US) Doppelhaus-
hälfte f
duplicate 1. n Duplikat nt **2.**
vt (make copies of) kopie-
ren; (repeat) wiederholen
durable adj haltbar; **duration**
n Dauer f
during prep (time) während
+ gen
dusk n Abenddämmerung f
dust 1. n Staub m **2.** vt abstauben; **dustbin** n (Brit) Mülleimer
m; **dustcart** n (Brit)

Müllwagen m; **duster** n
Staubtuch nt; **dustman** n
(Brit) Müllmann m; **dustpan** n Kehrschaufel f; **dusty**
adj staubig
Dutch 1. adj holländisch **2.** n
(language) Holländisch nt;
speak / talk double ~ fam
Quatsch reden; **the** ~ pl die
Holländer; **Dutchman** n
Holländer m; **Dutchwoman**
n Holländerin f
duty n Pflicht f; (task) Aufgabe f; (tax) Zoll m; **on / off** ~
im Dienst / nicht im Dienst;
be on ~ Dienst haben; **duty-free** adj zollfrei; ~ **shop**
Dutyfreeshop m
duvet n Federbett nt
DVD n abbr = **digital versatile
disk** DVD f; **DVD player** n
DVD-Player m; **DVD re-
corder** n DVD-Rekorder m
dwelling n Wohnung f
dye 1. n Farbstoff m **2.** vt färben
dynamo n Dynamo m
dyslexia n Legasthenie f;
dyslexic adj legasthenisch;
be ~ Legastheniker(in) sein

E

E abbr → **ecstasy** (drug) Ecstasy nt
E111 form n ≈ Auslandskrankenschein m
each 1. adj jeder / jede / jedes
2. pron jeder / jede / jedes;

I'll have one of ~ ich nehme
von jedem eins; **they** ~ **have
a car** jeder von ihnen hat ein
Auto; ~ **other** einander, sich;
for / against ~ **other** füreinander / gegeneinander **3.**

adv je; **they cost 10 dollars ~** sie kosten 10 Dollar das Stück

eager *adj* eifrig; **be ~ to do sth** darauf brennen, etw zu tun

eagle *n* Adler *m*

ear *n* Ohr *nt*; **earache** *n* Ohrenschmerzen *pl*; **eardrum** *n* Trommelfell *nt*

earl *n* Graf *m*

early *adj, adv* früh; **be 10 minutes ~** 10 Minuten zu früh kommen; **at the earliest** frühestens; **in ~ June / 2008** Anfang Juni / 2008; **~ retirement** vorzeitiger Ruhestand; **~ warning system** Frühwarnsystem *nt*

earn *vt* verdienen; **earnings** *npl* Verdienst *m*, Einkommen *nt*

earplug *n* Ohrenstöpsel *m*, Ohropax® *nt*; **earring** *n* Ohrring *m*

earth 1. *n* Erde *f*; **what on ~ ... ?** was in aller Welt ...? **2.** *vt* erden; **earthquake** *n* Erdbeben *nt*

ease 1. *vt (pain)* lindern *n (easiness)* Leichtigkeit *f*; **feel at ~** sich wohlfühlen; **feel ill at ~** sich nicht wohlfühlen; **easily** *adv* leicht; **he is ~ the best** er ist mit Abstand der Beste

east 1. *n* Osten *m*; **to the ~ of** östlich von **2.** *adv (go, face)* nach Osten **3.** *adj* Ost-; **~ wind** Ostwind *m*; **eastbound** *adj* (in) Richtung Os-

ten

Easter *n* Ostern *nt*; **at ~** zu Ostern; **Easter egg** *n* Osterei *nt*

eastern *adj* Ost-, östlich; **Eastern Europe** Osteuropa *nt*

Easter Sunday *n* Ostersonntag *m*

East Germany *n* Ostdeutschland *nt*; **eastwards** *adv* nach Osten

easy *adj* leicht; *(task, solution)* einfach; *(life)* bequem; *(manner)* ungezwungen; **easy-going** *adj* gelassen

eat *vt* essen; *(animal)* fressen; **eat out** *vi* zum Essen ausgehen; **eat up** *vt* aufessen

eaten *pp* → **eat**

eavesdrop *vi* (heimlich) lauschen; **~ on sb** jdn belauschen

eccentric *adj* exzentrisch

echo 1. *n* Echo *nt* **2.** *vi* widerhallen

ecological *adj* ökologisch; **~ disaster** Umweltkatastrophe *f*; **ecology** *n* Ökologie *f*

economic *adj* wirtschaftlich, Wirtschafts-; **economical** *adj* wirtschaftlich; *(person)* sparsam; **economics** *nsing or pl* Wirtschaftswissenschaft *f*; **economist** *n* Wirtschaftswissenschaftler(in) *m(f)*; **economize** *vi* sparen (**on** an + *dat*); **economy** *n (of state)* Wirtschaft *f*; *(thrift)* Sparsamkeit *f*; **economy class** *n* AVIAT Economyclass *f*

376

ecstasy n Ekstase f; (drug) Ecstasy f

eczema n Ekzem nt

edge n Rand m; (of knife) Schneide f; **on ~** nervös; **edgy** adj nervös

edible adj essbar

Edinburgh n Edinburg nt

edit vt (series, newspaper etc) herausgeben; (text) redigieren; (film) schneiden; IT editieren; **edition** n Ausgabe f; **editor** n Redakteur(in) m(f); (of series etc) Herausgeber(in) m(f)

educate vt (child) erziehen; (at school, university) ausbilden; (public) aufklären; **educated** adj gebildet; **education** n Erziehung f; (studies, training) Ausbildung f; (subject of study) Pädagogik f; (system) Schulwesen nt; (knowledge) Bildung f; **educational** adj pädagogisch; ~ **television** Schulfernsehen nt

eel n Aal m

eerie adj unheimlich

effect n Wirkung f (on auf + acc); **come into ~** in Kraft treten; **effective** adj wirksam, effektiv

efficiency n Leistungsfähigkeit f; (of method) Wirksamkeit f; **efficient** adj TECH leistungsfähig; (method) wirksam, effizient

effort n Anstrengung f; (attempt) Versuch m; **make an**

~ sich anstrengen; **effortless** adj mühelos

e.g. abbr = **exempli gratia (for example)** z. B.

egg n Ei nt; **eggcup** n Eierbecher m; **eggplant** n (US) Aubergine f; **eggshell** n Eierschale f

ego n Ich nt; (self-esteem) Selbstbewusstsein nt

Egypt n Ägypten nt; **Egyptian 1.** adj ägyptisch **2.** n Ägypter(in) m(f)

eiderdown n Daunendecke f

eight 1. num acht; **at the age of ~** im Alter von acht Jahren; **it's ~ (o'clock)** es ist acht Uhr 2. n (a. bus etc) Acht f; (boat) Achter m; **eighteen** 1. num achtzehn 2. n Achtzehn f; → **eight**; **eighteenth** adj achtzehnte(r, s); **eighth**; **eighth** 1. adj achte(r, s); **the ~ of June** der achte Juni 2. n (fraction) Achtel nt; **an ~ of a litre** ein Achtelliter; **eightieth** adj achtzigste(r, s); → **eighth**; **eighty** 1. num achtzig 2. n Achtzig f; → **eight**

Eire n die Republik Irland

either 1. conj ~ ... **oder** ... oder 2. pron ~ **of the two** eine(r, s) von beiden 3. adj **on ~ side** auf beiden Seiten 4. adv **I won't go ~** ich gehe auch nicht

elaborate 1. adj (complex) kompliziert; (plan) ausgeklügelt; (decoration) kunst-

voll 2. *vi* **could you ~ on
that?** könntest du / könnten
Sie mehr darüber sagen?

elastic *adj* elastisch; **~ band**
Gummiband *nt*

elbow *n* Ellbogen *m*; **give sb
the ~** *fam* jdm den Laufpass
geben

elder 1. *adj (of two)* älter 2. *n*
Ältere(r) *mf*; BOT Holunder
m; **elderly 1.** *adj* ältere(r, s)
2. *n* **the ~** die älteren Leute;
eldest *adj* älteste(r, s)

elect *vt* wählen; **he was ~ed
chairman** er wurde zum Vorsitzenden gewählt; **election**
n Wahl *f*; **election campaign** *n* Wahlkampf *m*

electric *adj* elektrisch; (*car,
motor, razor etc*) Elektro-;
~ blanket Heizdecke *f*; **~
cooker** Elektroherd *m*; **~
current** elektrischer Strom;
~ shock Stromschlag *m*;
electrical *adj* elektrisch; **~
goods / appliances** Elektrogeräte; **electrician** *n*
Elektriker(in) *m(f)*; **electricity** *n* Elektrizität *f*; **electronic** *adj* elektronisch

elegant *adj* elegant

element *n* Element *m*; **an ~ of
truth** ein Körnchen Wahr-
heit; **elementary** *adj* einfach; (*basic*) grundlegend;
~ stage Anfangsstadium
nt; **~ school** (*US*) Grundschule *f*; **~ maths / French**
Grundkenntnisse in Mathe-
matik / Französisch

elephant *n* Elefant *m*

elevator *n* (*US*) Fahrstuhl *m*

eleven 1. *num* elf 2. *n* (*team,
bus etc*) Elf *f → eight*; **eleventh 1.** *adj* elfte(r, s) 2. *n*
(*fraction*) Elftel *nt → eighth*

eligible *adj* infrage kommend; (*for grant etc*) berechtigt; **~ bachelor** begehrter
Junggeselle

eliminate *vt* ausschließen
(*from* aus), ausschalten;
(*problem etc*) beseitigen

elm *n* Ulme *f*

elope *vi* durchbrennen (*with
sb* mit jdm)

eloquent *adj* redegewandt

else *adv* **anybody / anything
~** (*in addition*) sonst (noch)
jemand / etwas; (*other*) ein
anderer / etwas anderes;
somebody / something ~
jemand anders; **everyone ~**
alle ande-
ren; **or ~** sonst; **elsewhere**
adv anderswo, woanders;
(*direction*) woandershin

ELT *abbr* = **English Language Teaching**

e-mail, E-mail 1. *vi, vt* mailen
(*sth to sb* jdm etw) 2. *n*
E-Mail *f*; **e-mail address** *n*
E-Mail-Adresse *f*

embankment *n* Böschung *f*;
(*for railway*) Bahndamm *m*

embargo *n* Embargo *nt*

embark *vi* an Bord gehen

embarrass *vt* in Verlegenheit
bringen; **embarrassed** *adj*
verlegen; **embarrassing**
adj peinlich

embassy n Botschaft f

embrace 1. vt umarmen **2.** n Umarmung f

embroider vt besticken; **embroidery** n Stickerei f

embryo n Embryo m

emerge vi auftauchen; **it ~d that ...** es stellte sich heraus, dass ...

emergency 1. n Notfall m **2.** adj Not-; **~ exit** Notausgang m; **~ landing** Notlandung f; **~ room** (US) Notaufnahme f; **~ service** Notdienst m; **~ stop** Vollbremsung f

emigrate vi auswandern

emotion n Emotion f, Gefühl nt; **emotional** adj (person) emotional; (experience, moment, scene) ergreifend

emperor n Kaiser m

emphasis n Betonung f; **emphasize** vt betonen; **emphatic, emphatically** adj, adv nachdrücklich

empire n Reich nt

employ vt beschäftigen; (hire) anstellen; (use) anwenden; **employee** n Angestellte(r) mf; **employer** n Arbeitgeber(in) m(f); **employment** n Beschäftigung f; (position) Stellung f

empress n Kaiserin f

empty 1. adj leer **2.** vt (contents) leeren; (container) ausleeren

enable vt **~ sb to do sth** es jdm ermöglichen, etw zu tun

enamel n Email nt; (of teeth) Zahnschmelz m

enchanting adj bezaubernd

enclose vt einschließen; (in letter) beilegen (in, with dat); **enclosure** n (for animals) Gehege nt; (in letter) Anlage f

encore n Zugabe f

encounter 1. n Begegnung f **2.** vt (person) begegnen + dat; (difficulties) stoßen auf + acc

encourage vt ermutigen; **encouragement** n Ermutigung f

encyclopaedia n Lexikon nt, Enzyklopädie f

end 1. n Ende nt; (of film, play etc) Schluss m; (purpose) Zweck m; **at the ~ of May** Ende Mai; **in the ~** schließlich; **come to an ~** zu Ende gehen **2.** vt beenden **3.** vi enden; **end up** vi enden

endanger vt gefährden; **~ed species** vom Aussterben bedrohte Art

ending n (of book) Ausgang m; (last part) Schluss m; (of word) Endung f; **endless** adj endlos; (possibilities) unendlich

endurance n Ausdauer f; **endure** vt ertragen

enemy 1. n Feind(in) m(f) **2.** adj feindlich

energetic adj energiegeladen; (active) aktiv; **energy** n Energie f

enforce vt durchsetzen; (obe-

dience) erzwingen

engage *vt (employ)* einstellen; *(singer, performer)* engagieren; **engaged** *adj* verlobt; *(toilet, telephone line)* besetzt; *get* ~ sich verloben *(to* mit); **engaged tone** *n (Brit)* TEL Belegzeichen *nt*; **engagement** *n (marry)* Verlobung *f*

engine *n* AUTO Motor *m*; RAIL Lokomotive *f*; ~ **failure** AUTO Motorschaden *m*; ~ **trouble** AUTO Defekt *m* am Motor; **engineer** *n* Ingenieur(in) *m(f)*; *(US)* RAIL Lokomotivführer(in) *m(f)*; **engineering** *n* Technik *f*; *(mechanical engineering)* Maschinenbau *m*; *(subject)* Ingenieurwesen *nt*; **engine immobilizer** *n* AUTO Wegfahrsperre *f*

England *n* England *nt*; **English 1.** *adj* englisch; **he's** ~ er ist Engländer; **the** ~ **Channel** der Ärmelkanal **2.** *n (language)* Englisch *nt*; **in** ~ auf Englisch; **translate into** ~ ins Englische übersetzen; *(people)* **the** ~ *pl* die Engländer; **Englishman** *n* Engländer *m*; **Englishwoman** *n* Engländerin *f*

engrave *vt* eingravieren; **engraving** *n* Stich *m*

engrossed *adj* vertieft *(in sth* in etw *acc)*

enjoy *vt* genießen; **I** ~ **reading** ich lese gern; **he** ~ **s teasing her** es macht ihm Spaß, sie

aufzuziehen; **did you** ~ **the film?** hat dir der Film gefallen?; **enjoyable** *adj* angenehm; *(entertaining)* unterhaltsam; **enjoyment** *n* Vergnügen *nt*; *(stronger)* Freude *f (of* an + *dat)*

enlarge *vt* vergrößern; *(expand)* erweitern; **enlargement** *n* Vergrößerung *f*

enormous, enormously *adj, adv* riesig, ungeheuer

enough 1. *adj* genug; **that's** ~ das reicht!; *(stop it)* Schluss damit!; **I've had** ~ das hat mir gereicht; *(eat)* ich bin satt **2.** *adv* genug, genügend

enquire *vi* sich erkundigen *(about* nach); **enquiry** *n (question)* Anfrage *f*; *(for information)* Erkundigung *f (about* über + *acc)*; *(investigation)* Untersuchung *f*; **'Enquiries'** „Auskunft"

enrol *vi* sich einschreiben; *(for course, school)* sich anmelden; **enrolment** *n* Einschreibung *f*, Anmeldung *f*

en suite *adj*, **n room with** ~ *(bathroom)* Zimmer *nt* mit eigenem Bad

ensure *vt* sicherstellen

enter 1. *vt* eintreten in + *acc*, betreten; *(drive into)* einfahren in + *acc*; *(country)* einreisen in + *acc*; *(in list)* eintragen; IT eingeben; *(race, contest)* teilnehmen an + *dat* **2.** *vi (towards speaker)* hereinkommen; *(away from speak-*

er) hineingehen

enterprise n COMM Unternehmen nt

entertain vt (guest) bewirten; (amuse) unterhalten; **entertaining** adj unterhaltsam; **entertainment** n (amusement) Unterhaltung f

enthusiasm n Begeisterung f; **enthusiastic** adj, adv ganz begeistert (about von)

entire, entirely adj, adv ganz

entitle vt (qualify) berechtigen (to zu); (name) betiteln

entrance n (way in) Eingang m; (entering) Eintritt m; (for vehicles) Einfahrt f; (entering) THEAT Auftritt m; **entrance exam** n Aufnahmeprüfung f; **entrance fee** n Eintrittsgeld nt

entrust vt ~ sb with sth jdm etw anvertrauen

entry n (way in) Eingang m; (entering) Eintritt m; (in vehicle) Einfahrt f; (into country) Einreise f; (admission) Zutritt m; (in diary, accounts) Eintrag m; 'no ~' „Eintritt verboten"; (for vehicles) „Einfahrt verboten"; **entry phone** n Türsprechanlage f

envelope n (Brief)umschlag m

enviable adj beneidenswert; **envious** adj neidisch

environment n Umgebung f; (ecology) Umwelt f; **environmental** adj Umwelt-; **environmentalist** n Umwelt-

schützer(in) m(f)

envy 1. n Neid m (of auf + acc) **2.** vt beneiden (sb sth jdn um etw)

epidemic n Epidemie f

epilepsy n Epilepsie f; **epileptic** adj epileptisch

episode n Episode f; TV Folge f

epoch n Zeitalter nt, Epoche f

equal 1. adj gleich (to + dat) **2.** n Gleichgestellte(r) mf **3.** vt gleichen; (match) gleichkommen + dat; **two times two ~s four** zwei mal zwei ist gleich vier; **equality** n Gleichheit f; (equal rights) Gleichberechtigung f; **equalize** vi SPORT ausgleichen; **equalizer** n SPORT Ausgleichstreffer m; **equally** adv gleich; (on the other hand) andererseits; **equation** n MATH Gleichung f

equator n Äquator m

equilibrium n Gleichgewicht nt

equip vt ausrüsten; (kitchen) ausstatten; **equipment** n Ausrüstung f; (for kitchen) Ausstattung f; **electrical ~** Elektrogeräte pl

equivalent 1. adj gleichwertig (to + dat); (corresponding) entsprechend (to + dat) **2.** n Äquivalent nt; (amount) gleiche Menge; (in money) Gegenwert m

era n Ära f, Zeitalter nt

erase vt ausradieren; (*tape, disk*) löschen; **eraser** n Radiergummi m

erect 1. adj aufrecht **2.** vt (*building, monument*) errichten; (*tent*) aufstellen; **erection** n Errichtung f; ANAT Erektion f

erotic adj erotisch

err vi sich irren

erratic adj (*behaviour*) unberechenbar; (*bus link etc*) unregelmäßig; (*performance*) unbeständig

error n Fehler m; **error message** n IT Fehlermeldung f

erupt vi ausbrechen

escalator n Rolltreppe f

escalope n Schnitzel nt

escape 1. n Flucht f; (*from prison etc*) Ausbruch m; **there's no ~** es gibt keinen Ausweg; **have a narrow ~** gerade noch davonkommen **2.** vt (*pursuers*) entkommen + dat; (*punishment etc*) entgehen + dat **3.** vi (*from pursuers*) entkommen (*from dat*); (*from prison etc*) ausbrechen (*from dat*); (*leak: gas*) ausströmen; (*water*) auslaufen

escort 1. n (*companion*) Begleiter(in) m(f); (*guard*) Eskorte f **2.** vt (*lady*) begleiten

especially adv besonders

espionage n Spionage f

essay n Aufsatz m; (*literary*) Essay m

essential 1. adj (*necessary*)

unentbehrlich, unverzichtbar; (*basic*) wesentlich **2.** n **the ~s** pl das Wesentliche; **essentially** adv im Wesentlichen

establish vt (*set up*) gründen; (*introduce*) einführen; (*relations*) aufnehmen; (*prove*) nachweisen; **~ that ...** feststellen, dass ...; **establishment** n Institution f; (*business*) Unternehmen nt

estate n Gut nt; (*housing ~*) Siedlung f; (*country house*) Landsitz m; **estate agent** n (*Brit*) Grundstücksmakler(in) m(f), Immobilienmakler(in) m(f); **estate car** n (*Brit*) Kombiwagen m

estimate 1. n Schätzung f; COMM (*of price*) Kostenvoranschlag m **2.** vt schätzen

Estonia n Estland nt; **Estonian 1** adj estnisch **2** n (*person*) Este m, Estin f; (*language*) Estnisch nt

estuary n Mündung f

etching n Radierung f

eternal, eternally adj, adv ewig; **eternity** n Ewigkeit f

ethical adj ethisch; **ethics** npl Ethik f

Ethiopia n Äthiopien nt

ethnic adj ethnisch; (*clothes etc*) landesüblich; **~ minority** ethnische Minderheit

EU abbr = **European Union** EU f

euro n FIN Euro m; **Europe** n

Europa nt; **European 1.** adj
europäisch; ~ **Parliament**
Europäisches Parlament; ~
Union Europäische Union
2. n Europäer(in) m(f); **Euro-**
sceptic n Euroskepti-
ker(in) m(f); **Eurotunnel** n
Eurotunnel m

evacuate vt (place) räumen;
(people) evakuieren

evaluate vt auswerten

evaporate vi verdampfen; fig
verschwinden; **~d milk** Kon-
densmilch f

even 1. adj (flat) eben; (regular) gleichmäßig; (equal)
gleich; (number) gerade;
the score is ~ es steht unentschieden **2.** adv sogar; **~ you**
selbst (or sogar) du / Sie; **~ if**
selbst wenn auch; **~**
though obwohl; **not ~** nicht
einmal; **~ better** noch besser; **even out** vi (prices) sich
einpendeln

evening n Abend m; **in the ~**
abends, am Abend; **this ~**
heute Abend; **evening**
class n Abendkurs m; **eve-**
ning dress n (generally)
Abendkleidung f; (wom-
an's) Abendkleid nt

evenly adv gleichmäßig

event n Ereignis nt; (organized) Veranstaltung f; SPORT
(discipline) Disziplin f; **in**
the ~ of im Falle + gen

eventual adj (final) letztend-
lich; **eventually** adv (at last)
am Ende; (given time)

schließlich

ever adv (at any time) je(mals);
don't ~ do that again tu /
tun Sie das ja nie wieder;
he's the best.~ er ist der Beste, den es je gegeben hat;
have you ~ been to the
States? bist du / sind Sie
schon einmal in den Staaten
gewesen?; **for ~** (für) immer;
for ~ and ~ auf immer und
ewig; **~ so ... fam** äußerst
...; **~ so drunk** ganz schön
betrunken

every adj jeder / jede / jedes;
~ day jeden Tag; **~ other**
day jeden zweiten Tag; **~ five**
days alle fünf Tage; **I have ~**
reason to believe that ... ich
habe allen Grund anzuneh-
men, dass ...; **everybody**
pron jeder, alle pl; **everyday**
adj (commonplace) alltäg-
lich; (clothes, language etc)
Alltags-; **everyone** pron jeder, alle pl; **everything** pron
alles; **everywhere** adv überall; (with direction) überall-
hin

evidence n Beweise pl; (single piece) Beweis m; (testi-
mony) Aussage f; **evident,**
evidently adj, adv offensichtlich

evil 1. adj böse **2.** n Böse(s) nt

evolution n Entwicklung f;
(of life) Evolution f; **evolve**
vi sich entwickeln

ex- pref Ex-, ehemalig; **~boy-**
friend Exfreund; **~wife** frü-

here Frau, Exfrau f; **ex** n fam
Verflossene(r) mf, Ex mf

exact adj genau; **exactly** adv
genau; **not ~ fast** nicht gerade schnell

exaggerate vt, vi übertreiben; **exaggerated** adj übertrieben; **exaggeration** n
Übertreibung f

exam n Prüfung f; **examination** n MED (etc) Untersuchung f, Prüfung f; (at university) Examen nt; (at customs etc) Kontrolle f; **examine** vt untersuchen (for auf
+ acc); (check) kontrollieren,
prüfen; **examiner** n Prüfer(in) m(f)

example n Beispiel nt (of für
+ acc); **for ~** zum Beispiel

excavation n Ausgrabung f

exceed vt überschreiten,
übertreffen; **exceedingly**
adv äußerst

excel 1. vt übertreffen 2. vi
sich auszeichnen (in in
+ dat, at bei); **excellent, excellently** adj, adv ausgezeichnet

except 1. prep ~ außer + dat;
for abgesehen von 2. vt ausnehmen; **exception** n Ausnahme f; **exceptional, exceptionally** adj, adv außergewöhnlich

excess n Übermaß nt (of an
+ dat); **excess baggage**,
excess luggage n
Übergepäck nt; **excessive,
excessively** adj, adv übermäßig; **excess weight** n

Übergewicht nt

exchange 1. n Austausch m
(for gegen); (of bought items)
Umtausch m (for gegen); FIN
Wechsel m; TEL Vermittlung
f, Zentrale f 2. vt austauschen; (goods) tauschen;
(bought items) umtauschen
(for gegen); (money, blows)
wechseln; **exchange rate** n
Wechselkurs m

excited adj aufgeregt; **exciting** adj aufregend; (book,
film) spannend

exclamation n Ausruf m; **exclamation mark, exclamation point** (US) n Ausrufezeichen nt

exclude vt ausschließen; **exclusion** n Ausschluss m; **exclusive** adj (select) exklusiv;
(sole) ausschließlich; **exclusively** adv ausschließlich

excruciating adj fürchterlich,
entsetzlich

excursion n Ausflug m

excuse 1. vt entschuldigen; ~
me Entschuldigung! 2. n
Entschuldigung f, Ausrede f

ex-directory adj **be ~** (Brit)
TEL nicht im Telefonbuch
stehen

execution n (killing) Hinrichtung f; **executive** n leitender Angestellter, leitende Angestellte

exemplary adj beispielhaft

exercise n (in school, sports)
Übung f; (movement) Bewegung f; **get more ~** mehr

Sport treiben

exert vt (influence) ausüben

exhaust n (fumes) Abgase pl; AUTO ~ (pipe) Auspuff m; **exhausted** adj erschöpft; **exhausting** adj anstrengend

exhibit n (in exhibition) Ausstellungsstück nt; **exhibition** n Ausstellung f; **exhibitionist** n Selbstdarsteller(in) m(f)

exhilarating adj belebend, erregend

exile 1. n Exil nt; (person) Verbannte(r) mf 2. vt verbannen

exist vi existieren; (live) leben (on von); **existence** n Existenz f; **come into** ~ entstehen; **existing** adj bestehend

exit n Ausgang m; (for vehicles) Ausfahrt f

exotic adj exotisch

expand 1. vt ausdehnen, erweitern 2. vi sich ausdehnen; **expansion** n Expansion f, Erweiterung f

expect vt erwarten; (suppose) annehmen; **he ~s me to do it** er erwartet, dass ich es mache; **I ~ it'll rain** es wird wohl regnen; **I ~ so** ich denke schon 2. vi **she's ~ing** sie erwartet ein Kind

expenditure n Ausgaben pl

expense n Kosten pl; (single cost) Ausgabe f; (business) ~s pl Spesen pl; **at sb's ~** auf jds Kosten; **expensive** adj teuer

experience 1. n Erfahrung f;

(particular incident) Erlebnis nt; **by / from** ~ aus Erfahrung 2. vt erfahren, erleben; (hardship) durchmachen; **experienced** adj erfahren

experiment 1. n Versuch m, Experiment nt 2. vi experimentieren

expert 1. n Experte m, Expertin f; (professional) Fachmann m, Fachfrau f; LAW Sachverständige(r) mf 2. adj fachmännisch, Fach-; **expertise** n Sachkenntnis f

expire vi (end) ablaufen; **expiry date** n Verfallsdatum nt

explain vt erklären (sth to sb jdm etw); **explanation** n Erklärung f

explicit adj ausdrücklich, eindeutig

explode vi explodieren

exploit vt ausbeuten

explore vt erforschen

explosion n Explosion f; **explosive** 1. adj explosiv 2. n Sprengstoff m

export 1. vt, vi exportieren 2. n Export m 3. adj (trade) Export-

expose vt (to danger etc) aussetzen (to dat); (uncover) freilegen; (imposter) entlarven; **exposed** adj (position) ungeschützt; **exposure** n MED Unterkühlung f; PHOT (time) Belichtung(szeit) f; **24 ~s** 24 Aufnahmen

express 1. adj (speedy) Express-, Schnell-; ~ **delivery**

Eilzustellung *f* **2.** *n* RAIL Schnellzug *m* **3.** *vt* ausdrücken **4.** *vr* **~ oneself** sich ausdrücken; **expression** *n* (*phrase*) Ausdruck *m*; (*look*) Gesichtsausdruck *m*; **expressway** *n* (*US*) Schnellstraße *f*

extend *vt* (*arms*) ausstrecken; (*lengthen*) verlängern; (*building*) vergrößern, ausbauen; (*business, limits*) erweitern; **extension** *n* (*lengthening*) Verlängerung *f*; (*of building*) Anbau *m*; TEL Anschluss *m*; **extensive** *adj* (*knowledge*) umfangreich; (*use*) häufig; **extent** *n* (*length*) Länge *f*; (*size*) Ausdehnung *f*; (*scope*) Umfang *m*, Ausmaß *nt*; **to a certain / large ~** in gewissem / hohem Maße

exterior *n* Äußere(s) *nt*

external *adj* äußere(r, s), Außen-; **externally** *adv* äußerlich

extinct *adj* (*species*) ausgestorben

extinguish *vt* löschen; **extinguisher** *n* Löschgerät *nt*

extra 1. *adj* zusätzlich; **~ charge** Zuschlag *m*; **~ time** SPORT Verlängerung *f* **2.** *adv* besonders; **~ large** (*clothing*)

übergroß **3.** *npl* **~s** zusätzliche Kosten *pl*; (*food*) Beilagen *pl*; (*accessories*) Zubehör *nt*; (*for car etc*) Extras *pl*

extract 1. *vt* herausziehen (*from aus*); (*tooth*) ziehen **2.** *n* (*from book etc*) Auszug *m*

extraordinary *adj* außerordentlich; (*unusual*) ungewöhnlich; (*amazing*) erstaunlich

extreme 1. *adj* äußerste(r, s); (*drastic*) extrem **2.** *n* Extrem *nt*; **extremely** *adv* äußerst, höchst; **extreme sports** *npl* Extremsportarten *pl*; **extremist 1.** *adj* extremistisch **2.** *n* Extremist *m*

extrovert *adj* extrovertiert

exultation *n* Jubel *m*

eye 1. *n* Auge *nt*; **keep an ~ on sb / sth** auf jdn / etw aufpassen **2.** *vt* mustern; **eyebrow** *n* Augenbraue *f*; **eyelash** *n* Wimper *f*; **eyelid** *n* Augenlid *nt*; **eyeliner** *n* Eyeliner *m*; **eyeopener** *n* **that was an ~** das hat mir die Augen geöffnet; **eyeshadow** *n* Lidschatten *m*; **eyesight** *n* Sehkraft *f*; **eyesore** *n* Schandfleck *m*; **eye witness** *n* Augenzeuge *m*, Augenzeugin *f*

F

fabric n Stoff m
fabulous adj sagenhaft
façade n Fassade f
face n Gesicht nt; (of clock) Zifferblatt nt; (of mountain) Wand f; **in the ~ of** trotz + gen; **be ~ to ~** (people) einander gegenüberstehen 2. vt, vi (person) gegenüberstehen + dat; (at table) gegenübersitzen + dat; **~ north** (room) nach Norden gehen; **~ (up to) the facts** den Tatsachen ins Auge sehen; **be ~d with sth** mit etw konfrontiert sein
facet n fig Aspekt m
face value n Nennwert m
facial 1. adj Gesichts- **2.** n fam (kosmetische) Gesichtsbehandlung
facilitate vt erleichtern
facility n (building etc to be used) Einrichtung f, Möglichkeit f
fact n Tatsache f; **as a matter of ~, in ~** eigentlich, tatsächlich
factor n Faktor m
factory n Fabrik f; **factory outlet** n Fabrikverkauf m
factual adj sachlich
faculty n Fähigkeit f; (at university) Fakultät f; (US, teaching staff) Lehrkörper m

fade vi verblassen
fag n (Brit) fam (cigarette) Kippe f; (US) fam pej Schwule(r) m
Fahrenheit n Fahrenheit
fail 1. vt (exam) nicht bestehen **2.** vi versagen; (plan, marriage) scheitern; (student) durchfallen; (eyesight) nachlassen; **words ~ me** ich bin sprachlos; **failure** n (person) Versager(in) m(f); (act) Versagen nt; (of engine etc) Ausfall m; (of plan, marriage) Scheitern nt
faint 1. adj schwach; (sound) leise; fam **I haven't the ~est** (idea) ich habe keinen blassen Schimmer **2.** vi ohnmächtig werden (with vor + dat); **faintness** n MED Schwächegefühl nt
fair 1. adj (hair) (dunkel)blond; (skin) hell; (just) gerecht, fair; (reasonable) ganz ordentlich; (in school) befriedigend; (weather) schön; (wind) günstig; **a ~ number / amount of** ziemlich viele / viel **2.** adv **play ~** fair spielen; fig **fair sein; ~ enough** in Ordnung! **3.** n (funfair) Jahrmarkt m; COMM Messe f; **fair-haired** adj (dunkel)blond; **fairly** adv (honestly) fair; (rather) ziemlich

fairy n Fee f; **fairy tale** n Märchen nt

faith n (trust) Vertrauen nt (in sb zu jdm); REL Glaube m; **faithful, faithfully** adj, adv treu; **Yours ~ly** Hochachtungsvoll

fake 1. n (thing) Fälschung f **2.** adj vorgetäuscht **3.** vt fälschen

fall 1. vi fallen; (from a height, badly) stürzen; **~ ill** krank werden; **~ asleep** einschlafen; **~ in love** sich verlieben **2.** n Fall m; (accident) Sturz m; (decrease) Sinken nt (in + gen); (US, autumn) Herbst m; **fall apart** vi auseinanderfallen; **fall behind** vi zurückbleiben; (with work, rent) in Rückstand geraten; **fall down** vi (person) hinfallen; **fall off** vi herunterfallen; (decrease) zurückgehen; **fall out** vi hinausfallen; (quarrel) sich streiten; **fall over** vi hinfallen; **fall through** vi (plan etc) ins Wasser fallen

fallen pp → **fall**

false adj falsch; (artificial) künstlich; **false alarm** n blinder Alarm; **false start** n SPORT Fehlstart m; **false teeth** npl (künstliches) Gebiss

fame n Ruhm m

familiar adj vertraut, bekannt; **be ~ with** vertraut sein mit, gut kennen; **familiarity** n Vertrautheit f

family n Familie f; (including relations) Verwandtschaft f; **family man** n Familienvater m; **family name** n Familienname m, Nachname m; **family practitioner** n (US) Allgemeinarzt m, Allgemeinärztin f

famine n Hungersnot f

famous adj berühmt

fan n (hand-held) Fächer m; ELEC Ventilator m; (admirer) Fan m

fanatic n Fanatiker(in) m(f)

fancy 1. adj (elaborate) kunstvoll; (unusual) ausgefallen **2.** vt (like) gernhaben; **he fancies her** er steht auf sie; **~ that** stell dir vor!, so was!; **fancy dress** n Kostüm nt, Verkleidung f

fan heater n Heizlüfter m

fantasise vi träumen (about von); **fantastic** adj fantastisch; that's ~ fam das ist ja toll!; **fantasy** n Fantasie f

far 1. adj weit; **the ~ end of the room** das andere Ende des Zimmers; **the Far East** der Ferne Osten **2.** adv weit; ~ **better** viel besser; **by ~ the best** bei weitem der / das Beste; **as ~ as ...** bis zum or zur ...; (with place name) bis nach ...; **as ~ as I'm concerned** was mich betrifft, von mir aus; **so ~** so weit, bisher; **faraway** adj weit entfernt; (look) verträumt

fare n Fahrpreis m

farm n Bauernhof m, Farm f; **farmer** n Bauer m, Bäuerin f, Landwirt(in) m(f); **farmhouse** n Bauernhaus nt; **farming** n Landwirtschaft f; **farmland** n Ackerland nt; **farmyard** n Hof m

far-reaching adj weit reichend; **far-sighted** adj weitsichtig

fart 1. n fam Furz m; old~ fam (person) alter Sack 2. vi fam furzen

farther adj, adv comparative → **far**; → **further**; **farthest** adj, adv superlative → **far**; → **furthest**

fascinating adj faszinierend; **fascination** n Faszination f

fashion n (clothes) Mode f; (manner) Art (und Weise) f; **be in ~** (in) Mode sein; **out of ~** unmodisch; **fashionable**, **fashionably** adj, adv (clothes, person) modisch

fast 1. adj schnell **be ~** (clock) vorgehen 2. adv schnell; (firmly) fest; **be ~ asleep** fest schlafen 3. n Fasten nt 4. vi fasten

fasten vt (attach) befestigen (to an + dat); (do up) zumachen; **~ your seatbelts** bitte anschnallen; **fastener**, **fastening** n Verschluss m

fast food n Fast Food nt; **fast forward** n (for tape) Schnellvorlauf m; **fast lane** n Über-

holspur f

fat 1. adj dick; (meat) fett 2. n Fett nt

fatal adj tödlich

fate n Schicksal nt

fat-free adj (food) fettfrei

father 1. n Vater m; (priest) Pfarrer m 2. vt (child) zeugen; **Father Christmas** n der Weihnachtsmann; **father-in-law** n Schwiegervater m

fatigue n Ermüdung f

fattening adj **be ~** dick machen; **fatty** adj (food) fettig

faucet n (US) Wasserhahn m

fault n Fehler m; TECH Defekt m; ELEC Störung f; (blame) Schuld f; **it's your ~** du bist daran schuld; **faulty** adj fehlerhaft; TECH defekt

favor (US), **favour** 1. n (approval) Gunst f; (kindness) Gefallen m; **in ~ of** für; **I'm in ~ (of going)** ich bin dafür(, dass wir gehen); **do sb a ~** jdm einen Gefallen tun 2. vt (prefer) vorziehen; **favourite** 1. n Liebling m, Favorit(in) m(f) 2. adj Lieblings-

fax 1. vt faxen 2. n Fax nt; fax number n Faxnummer f

FBI abbr = **Federal Bureau of Investigation** FBI nt

fear 1. n Angst f (of vor + dat) 2. vt befürchten; **fearful** adj (timid) ängstlich, furchtsam; (terrible) fürchterlich

feasible adj machbar

feast n Festessen nt

feather n Feder f

feature 1. n (facial) (Gesichts)zug m; (characteristic) Merkmal nt; (of car etc) Ausstattungsmerkmal nt; (in the press) Feature nt **2.** vt bringen, (als Besonderheit) zeigen; **feature film** n Spielfilm m

February n Februar m; → **September**

fed pt, pp → **feed**

federal adj Bundes-; **the Federal Republic of Germany** die Bundesrepublik Deutschland

fed-up adj **be ~ with sth** etw satthaben; **I'm ~** ich habe die Nase voll

fee n Gebühr f; (of doctor, lawyer) Honorar nt

feeble adj schwach

feed 1. vt (baby, animal) füttern; (support) ernähren **2.** n (for baby) Mahlzeit f; (for animals) Futter nt; TT (paper feed) Zufuhr f; **feed in** vt (information) eingeben; **feedback** n (information) Feed-back nt

feel 1. vt (sense) fühlen; (pain) empfinden; (think) meinen **2.** vi (person) sich fühlen; **I ~ cold** mir ist kalt; **do you ~ like a walk?** hast du Lust, spazieren zu gehen?; **feeling** n Gefühl nt

feet pl → **foot**

fell 1. pt → **fall 2.** vt (tree) fällen

fellow n Kerl m, Typ m; ~ **citizen** Mitbürger(in) m(f)

felt 1. pt, pp → **feel 2.** n Filz m; **felt tip, felt-tip pen** n Filzstift m

female 1. n (of animals) Weibchen nt **2.** adj weiblich; ~ **doctor** Ärztin f; **feminine** adj weiblich

fence n Zaun m

fencing n SPORT Fechten nt

fender n (US) AUTO Kotflügel m

fennel n Fenchel m

fern n Farn m

ferocious adj wild

ferry 1. n Fähre f **2.** vt übersetzen

festival n REL Fest nt; ART, MUS Festspiele pl; (pop music) Festival nt; **festive** adj festlich; **festivities** n Feierlichkeiten pl

fetch vt holen; (collect) abholen; (in sale, money) einbringen; **fetching** adj reizend

fetish n Fetisch m

fetus n (US) Fötus m

fever n Fieber nt; **feverish** adj MED fiebrig; fig fieberhaft

few adj, pron pl wenige pl; **a ~** pl ein paar; **fewer** adj weniger; **fewest** adj wenigste(r, s)

fiancé n Verlobte(r) m; **fiancée** n Verlobte f

fiber (US), **fibre** n Faser f; (material) Faserstoff m

fiction n (novels) Prosaliteratur f; **fictional, fictitious** adj erfunden

fiddle 1. n Geige f; (trick) Betrug m **2.** vt (accounts, results) frisieren; **fiddle with** vt herumfummeln an + dat
fidelity n Treue f
fidget n zappeln; **fidgety** adj zappelig
field n Feld nt; (grass-covered) Wiese f; fig (of work) (Arbeits)gebiet nt
fierce adj heftig; (animal, appearance) wild; (criticism, competition) scharf
fifteen 1. num fünfzehn **2.** n Fünfzehn f; → **eight**; **fifteenth** adj fünfzehnte(r, s); → **eight**; **fifth 1.** adj fünfte(r, s) **2.** n (fraction) Fünftel nt; → **eight**; **fiftieth** adj fünfzigste(r, s); → **eight**; **fifty 1.** num fünfzig **2.** n Fünfzig f; → **eight**
fig n Feige f
fight 1. vi kämpfen (with, against gegen, for, over um) **2.** vt (person) kämpfen mit; fig (disease, fire etc) bekämpfen **3.** n Kampf m; (brawl) Schlägerei f; (argument) Streit m; **fight back** vi zurückschlagen; **fight off** vt abwehren
figurative adj übertragen
figure 1. n (person) Gestalt f; (of person) Figur f; (number) Zahl f, Ziffer f; (amount) Betrag m; **a four-figure sum** eine vierstellige Summe **2.** vt (US, think) glauben **3.** vi (appear) erscheinen; **figure out**

vt (work out) herausbekommen; **I can't figure him out** ich werde aus ihm nicht schlau; **figure skating** n Eiskunstlauf m
file n (tool) Feile f; (dossier) Akte f; IT Datei f; (folder) Aktenordner m; **on ~** in den Akten **2.** vt (metal, nails) feilen; (papers) ablegen (under unter)
fill vt füllen; (tooth) plombieren; (post) besetzen; **fill in** vt (hole) auffüllen; (form) ausfüllen; (tell) informieren (on über); **fill out** vt (form) ausfüllen; **fill up** vi AUTO volltanken
fillet n Filet nt
filling n GASTR Füllung f; (for tooth) Plombe f; **filling station** n Tankstelle f
film 1. n Film m **2.** vt (scene) filmen; **film star** n Filmstar m; **film studio** n Filmstudio nt
filter 1. n Filter m; (traffic lane) Abbiegespur f **2.** vt filtern
filth n Dreck m; **filthy** adj dreckig
fin n Flosse f
final 1. adj letzte(r, s); (stage, round) End-; (decision, version) endgültig; **~ score** Schlussstand m **2.** n SPORT Endspiel nt; (competition) Finale nt; **~s** pl, Abschlussexamen nt; **finalize** vt die endgültige Form geben

+ *dat*; **finally** *adv* (*lastly*) zuletzt; (*eventually*) schließlich, endlich

finance 1. *n* Finanzwesen *nt*; **~s** *pl* Finanzen *pl* **2.** *vt* finanzieren; **financial** *adj* finanziell; (*adviser, crisis, policy etc*) Finanz-

find *vt* finden; **he was found dead** er wurde tot aufgefunden; **I ~ myself in difficulties** ich befinde mich in Schwierigkeiten; **she ~s it difficult / easy** es fällt ihr schwer / leicht; **find out** *vt* herausfinden; **findings** *npl* LAW Ermittlungsergebnis *nt*; MED Befund *m*

fine 1. *adj* (*thin*) dünn, fein; (*good*) gut; (*splendid*) herrlich; (*weather*) schön; **I'm ~** es geht mir gut; **that's ~** das ist OK **2.** *adv* (*well*) gut **3.** *n* LAW Geldstrafe *f* **4.** *vt* LAW mit einer Geldstrafe belegen; **fine arts** *npl* **the ~** die schönen Künste *pl*

finger 1. *n* Finger *m* **2.** *vt* herumfingern an + *dat*; **fingernail** *n* Fingernagel *m*; **fingerprint** *n* Fingerabdruck *m*; **fingertip** *n* Fingerspitze *f*

finicky *adj* (*person*) pingelig; (*work*) knifflig

finish 1. *n* Ende *nt*; SPORT Finish *nt*; (*line*) Ziel *nt*; (*of product*) Verarbeitung *f* **2.** *vt* beenden; (*book etc*) zu Ende lesen; (*food*) aufessen; (*drink*) austrinken **3.** *vi* zu

Ende gehen; (*song, story*) enden; (*person*) fertig sein; (*stop*) aufhören; **have you ~ed?** bist du fertig?; **~ first / second** SPORT als erster / zweiter durchs Ziel gehen; **finishing line** *n* Ziellinie *f*

Finland *n* Finnland *nt*; **Finn** *n* Finne *m*, Finnin *f*; **Finnish 1.** *adj* finnisch **2.** *n* (*language*) Finnisch *nt*

fir *n* Tanne *f*

fire 1. *n* Feuer *nt*; (*house etc*) Brand *m*; **set ~ to sth** etw in Brand stecken; **be on ~** brennen **2.** *vt* (*bullets, rockets*) abfeuern; *fam* (*dismiss*) feuern **3.** *vi* AUTO (*engine*) zünden; **~ at sb** auf jdn schießen; **fire alarm** *n* Feuermelder *m*; **fire brigade** *n* Feuerwehr *f*; **fire engine** *n* Feuerwehrauto *nt*; **fire escape** *n* Feuerleiter *f*; **fire extinguisher** *n* Feuerlöscher *m*; **firefighter** *n* Feuerwehrmann *m*, Feuerwehrfrau *f*; **fireman** *n* Feuerwehrmann *m*; **fireplace** *n* (offener) Kamin; **fireproof** *adj* feuerfest; **fire station** *n* Feuerwache *f*; **fireworks** *npl* Feuerwerk *nt*

firm 1. *adj* fest; (*person*) **be ~** entschlossen auftreten **2.** *n* Firma *f*

first 1. *adj* erste(r, s) **2.** *adv* (*at first*) zuerst; (*firstly*) erstens; (*arrive, finish*) als erste(r); (*happen*) zum ersten Mal; **~**

of all zuallererst **3.** *n* (*person*) Erste(r) *mf*; AUTO (*gear*) erster Gang; **at ~** zuerst, anfangs; **first aid** *n* erste Hilfe; **first-class** *adj* erstklassig; (*compartment, ticket*) erster Klasse; **~ mail** (*Brit*) bevorzugt beförderte Post **2.** *adv* (*travel*) erster Klasse; **first floor** *n* (*Brit*) erster Stock; (*US*) Erdgeschoss *nt*; **first lady** *n* (*US*) Frau *f* des Präsidenten; **firstly** *adv* erstens; **first name** *n* Vorname *m*; **first night** *n* THEAT Premiere *f*; **first-rate** *adj* erstklassig

fir tree *n* Tannenbaum *m*

fish 1. *n* Fisch *m* **2.** *vi* fischen; (*with rod*) angeln; **go~ing** fischen / angeln gehen

fishbone *n* Gräte *f*; **fish farm** *n* Fischzucht *f*; **fish finger** *n* (*Brit*) Fischstäbchen *nt*; **fishing** *n* Fischen *nt*; (*with rod*) Angeln *nt*; **fishing boat** *n* Fischerboot *nt*; **fishing line** *n* Angelschnur *f*; **fishing rod** *n* Angelrute *f*; **fishmonger** *n* (*Brit*) Fischhändler(in) *m(f)*; **fish stick** *n* (*US*) Fischstäbchen *nt*; **fish tank** *n* Aquarium *nt*

fishy *adj fam* (*suspicious*) faul

fist *n* Faust *f*

fit 1. *adj* MED gesund; SPORT in Form, fit; **keep ~** sich in Form halten **2.** *n* MED Anfall *m*; (*attach*) anbringen (*to* an + *dat*); (*install*) einbauen (*in* in + *acc*) **3.** *vi* passen; (*in space, gap*) hineinpassen **4.** *n* (*of clothes*) Sitz *m*; MED Anfall *m*; **it's a good ~** es passt gut; **fit in 1.** *vt* (*accommodate*) unterbringen; (*find time for*) einschieben **2.** *vi* (*in space*) hineinpassen; (*plans, ideas*) passen; **he doesn't ~** (*here*) er passt nicht hierher; **~ with sb's plans** sich mit jds Plänen vereinbaren lassen; **fitness** *n* MED Gesundheit *f*; SPORT Fitness *f*; **fitness trainer** *n* SPORT Fitnesstrainer(in) *m(f)*; **fitted carpet** *n* Teppichboden *m*; **fitted kitchen** *n* Einbauküche *f*; **fitting 1.** *adj* passend **2.** *n* (*of dress*) Anprobe *f*; **~s** *pl* Ausstattung *f*

five 1. *num* fünf **2.** *n* Fünf *f*; → **eight**; **fiver** *n* (*Brit*) *fam* Fünfpfundschein *m*

fix *vt* befestigen (*to* an + *dat*); (*settle*) festsetzen; (*place, time*) ausmachen; (*repair*) reparieren; **fixer** *n* (*drug addict*) Fixer(in) *m(f)*; **fixture** *n* **~s (and fittings)** *pl* Ausstattung *f*

fizzy *adj* sprudelnd; **~ drink** Limo *f*

flabbergasted *adj fam* platt

flabby *adj* (*fat*) wabbelig

flag *n* Fahne *f*

flake 1. *n* Flocke *f* **2.** *vi* **~ (off)** abblättern

flamboyant *adj* extravagant

flame *n* Flamme *f*; (*person*) **an**

old ~ eine alte Liebe

flan n (fruit flan) Obstkuchen m

flannel 1. n Flanell m; (Brit, face flannel) Waschlappen m **2.** vi herumlabern

flap 1. n Klappe f; fam **be in a ~** rotieren **2.** vt (wings) schlagen mit **3.** vi flattern

flared adj (trousers) mit Schlag; **flares** npl Schlaghose f

flash 1. n Blitz m; (news flash) Kurzmeldung f; PHOT Blitzlicht m; **in a ~** im Nu **2.** vt **~ one's (head)lights** die Lichthupe betätigen **3.** vi aufblinken; (brightly) aufblitzen; **flashback** n Rückblende f; **flashlight** n PHOT Blitzlicht nt; (US, torch) Taschenlampe f; **flashy** adj grell, schrill; pej protzig

flat 1. adj flach; (surface) eben; (drink) abgestanden; (tyre) platt; (battery) leer; (refusal) strikt **2.** n (Brit, rooms) Wohnung f; AUTO Reifenpanne f; **flat screen** n IT Flachbildschirm m; **flatten** vt platt machen, einebnen

flatter vt schmeicheln + dat; **flattering** adj schmeichelhaft

flatware n (US) Besteck nt

flavor (US), **flavour 1.** n Geschmack m **2.** vt Geschmack geben + dat; (with spices) würzen; **flavouring** n Aroma nt

flaw n Fehler m; **flawless** adj fehlerlos; (complexion) makellos

flea n Floh m

fled pt, pp **→ flee**

flee vi fliehen

fleece n (of sheep) Vlies nt; (soft material) Fleece m; (jacket) Fleecejacke f

fleet n Flotte f

flesh n Fleisch nt

flew pt **→ fly**

flex n (Brit) ELEC Schnur f

flexibility n Biegsamkeit f; fig Flexibilität f; **flexible** adj biegsam; (plans, person) flexibel; **flexitime** n gleitende Arbeitszeit, Gleitzeit f

flicker vi flackern; TV flimmern

flies pl **→ fly 2**

flight n Flug m; (escape) Flucht f; **~ of stairs** Treppe f; **flight attendant** n Flugbegleiter(in) m(f); **flight recorder** n Flugschreiber m

flimsy adj leicht gebaut, nicht stabil; (thin) hauchdünn; (excuse) fadenscheinig

fling vt schleudern **2.** n **have a ~** eine (kurze) Affäre haben

flip vt schnippen; **~ a coin** eine Münze werfen; **flip through** vt (book) durchblättern; **flipchart** n Flipchart f

flipper n Flosse f

flirt vi flirten

float vi schwimmen; (in air)

schweben

flock n (of sheep) Herde f; (of birds) Schwarm m; (of people) Schar f

flood 1. n Hochwasser nt, Überschwemmung f; fig Flut f **2.** vt überschwemmen;
floodlight n Flutlicht nt;
floodlit adj (building) angestrahlt

floor n Fußboden m; (storey) Stock m; **ground ~** (Brit), **first ~** (US) Erdgeschoss nt; **first ~** (Brit), **second ~** (US) erster Stock

flop 1. n fam (failure) Reinfall m, Flop m **2.** vi misslingen, floppen

floppy disk n Diskette f

Florence n Florenz nt

florist's (**shop**) n Blumengeschäft nt

flounder n (fish) Flunder f

flour n Mehl nt

flourish 1. vi gedeihen; (business) gut laufen; (boom) florieren **2.** vt (wave about) schwenken; **flourishing** adj blühend

flow 1. n Fluss m; **go with the ~** mit dem Strom schwimmen **2.** vi fließen

flower 1. n Blume f **2.** vi blühen; **flower bed** n Blumenbeet nt; **flowerpot** n Blumentopf m

flown pp → **fly**

flu n fam Grippe f

fluent adj (Italian etc) fließend; **be ~ in German** fließend Deutsch sprechen

fluid 1. n Flüssigkeit f **2.** adj flüssig

flung pt, pp → **fling**

flush 1. n (lavatory) Wasserspülung f; (blush) Röte f **2.** vi (lavatory) spülen

flute n Flöte f

fly 1. vt, vi fliegen; **how time flies** wie die Zeit vergeht! **2.** n (insect) Fliege f; **~flies** pl (on trousers) Hosenschlitz m; **fly-drive** n Urlaub m mit Flug und Mietwagen; **flyover** n (Brit) Straßenüberführung f, Eisenbahnüberführung f; **flysheet** n Überzelt nt

foal n Fohlen nt

foam 1. n Schaum m **2.** vi schäumen

focus 1. n Brennpunkt m; **in / out of ~** (photo) scharf / unscharf **2.** vt (camera) scharf stellen **3.** vi sich konzentrieren (on auf + acc)

foetus n Fötus m

fog n Nebel m; **foggy** adj neblig; **fog light** n AUTO (at rear) Nebelschlussleuchte f

foil n Folie f

fold 1. vt falten **2.** vi fam (business) eingehen **3.** n Falte f; **fold up 1.** vt (map etc) zusammenfalten; (chair etc) zusammenklappen **2.** vi (business) fam eingehen; **folder** n (portfolio) Aktenmappe f; (pamphlet) Broschüre f; IT Ordner m; **folding** adj zu-

sammenklappbar; (*bicycle,
chair*) Klapp-

folk 1. *n* Leute *pl*; MUS Folk *m*;
my ~s *pl fam* meine Leute 2.
adj Volks-

follow 1. *vt* folgen + *dat*; (*pursue*) verfolgen; (*understand*)
folgen können + *dat*; (*career,
news etc*) verfolgen; **as ~s**
wie folgt 2. *vi* folgen; (*result*)
sich ergeben (*from* aus); **follow up** *vt* (*request, rumour*)
nachgehen + *dat*, weiter verfolgen; **follower** *n* Anhän-
ger(in) *m(f)*; **following** 1.
adj folgend; **the ~ day** am
(darauf) folgenden Tag 2.
prep nach

fond *adj* **be ~ of** gernhaben;
fondly *adv* (*with love*) liebevoll; **fondness** *n* Vorliebe *f*;
(*for people*) Zuneigung *f*

fondue *n* Fondue *f*

font *n* Taufbecken *nt*; TYPO
Schriftart *f*

food *n* Essen *nt*, Lebensmittel
pl; (*for animals*) Futter *nt*;
food poisoning *n* Lebensmittelvergiftung *f*; **food processor** *n* Küchenmaschine
f; **foodstuff** *n* Lebensmittel
nt

fool 1. *n* Idiot *m*, Narr *m*;
make a ~ of oneself sich blamieren 2. *vt* (*deceive*) hereinlegen 3. *vi* ~ **around** herumalbern; (*waste time*) herum-
trödeln; **foolish** *adj* dumm;
foolproof *adj* idiotensicher

foot 1. *n* Fuß *m*; (*measure*)

Fuß *m (30,48 cm)*; **on ~** zu
Fuß 2. *vt* (*bill*) bezahlen;
foot-and-mouth disease *n*
Maul- und Klauenseuche *f*;
football *n* Fußball *m*; (*US*)
Football *m*; **footballer** *n*
Fußballspieler(in)   *m(f)*;
footbridge *n* Fußgängerbrü-
cke *f*; **footing** *n* (*hold*) Halt
m; **footnote** *n* Fußnote *f*;
footpath *n* Fußweg *m*; **foot-
print** *n* Fußabdruck *m*; **foot-
wear** *n* Schuhwerk *nt*

for 1. *prep* für; **I'm all ~ it** ich
bin ganz dafür; (*purpose*)
what ~? wozu?; ~ **pleasure**
zum Vergnügen; **what's ~
lunch?** was gibt es zum Mittagessen?; (*destination*) **do
the train ~ London** der Zug nach
London; (*because of*) ~ **this
reason** aus diesem Grund;
famous ~ bekannt für, berühmt wegen; (*with time*)
we talked ~ two hours wir
redeten zwei Stunden lang;
(*up to now*) **we have been
talking ~ two hours** wir reden seit zwei Stunden; (*with
distance*) ~ **miles (and miles)**
meilenweit; **bends ~ 2 miles**
kurvenreich auf 2 Meilen;
as ~ ... was ... betrifft 2. *conj*
denn

forbade *pt* → **forbid**

forbid *vt* verbieten

force 1. *n* Kraft *f*, Gewalt *f*;
come into ~ in Kraft treten;
the Forces *pl* die Streitkräf-
te 2. *vt* zwingen; **forced** *adj*

(*smile*) gezwungen

forceps *npl* Zange *f*

forearm *n* Unterarm *m*

forecast 1. *vt* voraussagen; (*weather*) vorhersagen **2.** *n* Vorhersage *f*

forefinger *n* Zeigefinger *m*

foreground *n* Vordergrund *m*

forehand *n* SPORT Vorhand *f*

forehead *n* Stirn *f*

foreign *adj* ausländisch; **foreigner** *n* Ausländer(in) *m(f)*; **foreign exchange** *n* Devisen *pl*; **foreign language** *n* Fremdsprache *f*; **foreign minister** *n* Außenminister(in) *m(f)*; **Foreign Office** *n* (*Brit*) Außenministerium *nt*; **Foreign Secretary** *n* (*Brit*) Außenminister(in) *m(f)*

foremost *adj* erste(r, s); (*leading*) führend

forerunner *n* Vorläufer(in) *m(f)*

foresee *irr vt* vorhersehen; **foreseeable** *adj* absehbar

forest *n* Wald *m*; **forestry** *n* Forstwirtschaft *f*

forever *adv* für immer

forgave *pt* → **forgive**

forge 1. *n* Schmiede *f* **2.** *vt* schmieden; (*fake*) fälschen; **forgery** *n* Fälschung *f*

forget *vt, vi* vergessen; ~ **about sth** etw vergessen; **forgetful** *adj* vergesslich; **forget-me-not** *n* Vergissmeinnicht *nt*

forgive *irr vt* verzeihen; ~ **sb**

for sth jdm etw verzeihen

forgot *pt* → **forget**

forgotten *pt* → **forget**

fork 1. *n* Gabel *f*; (*in road*) Gabelung *f* **2.** *vi* (*road*) sich gabeln

form 1. *n* (*shape*) Form *f*, Klasse *f*; (*document*) Formular *nt*; (*person*) **be in** (**good**) ~ in Form sein **2.** *vt* bilden

formal *adj* förmlich, formell; **formality** *n* Formalität *f*

format 1. *n* Format *nt* **2.** *vt* IT formatieren

former *adj* frühere(r, s); (*opposite of latter*) erstere(r, s); **formerly** *adv* früher

formula *n* Formel *f*

forth *adv* **and so** ~ und so weiter; **forthcoming** *adj* kommend, bevorstehend

fortieth *adj* vierzigste(r, s); → **eighth**

fortnight *n* vierzehn Tage *pl*

fortress *n* Festung *f*

fortunate *adj* glücklich; **I was** ~ ich hatte Glück; **fortunately** *adv* zum Glück; **fortune** *n* (*money*) Vermögen *nt*; **good** ~ Glück *nt*; **fortune-teller** *n* Wahrsager(in) *m(f)*

forty 1. *num* vierzig **2.** *n* Vierzig *f*; → **eight**

forward 1. *adv* vorwärts **2.** *n* SPORT Stürmer(in) *m(f)* **3.** *vt* (*send on*) nachsenden; IT weiterleiten; **forwards** *adv* vorwärts

foster child *n* Pflegekind *nt*; **foster parents** *npl* Pflegeeltern *pl*

fought *pt, pp* → **fight**

foul 1. *adj* (*weather*) schlecht; (*smell*) übel **2.** *n* SPORT Foul *nt*

found 1. *pt, pp* → **find 2.** *vt* (*establish*) gründen; **foundations** *npl* Fundament *nt*

fountain *n* Springbrunnen *m*; **fountain pen** *n* Füller *m*

four 1. *num* vier **2.** *n* Vier *f*; → *eight*; **fourteen 1.** *num* vierzehn **2.** *n* Vierzehn *f*; → *eight*; **fourteenth** *adj* vierzehnte(r, s); → *eighth*; **fourth** *adj* vierte(r, s); → *eighth*

four-wheel drive *n* Allradantrieb *m*; (*car*) Geländewagen *m*

fowl *n* Geflügel *nt*

fox *n* Fuchs *m*

fraction *n* MATH Bruch *m*; (*part*) Bruchteil *m*; **fracture 1.** *n* MED Bruch *m* **2.** *vt* brechen

fragile *adj* zerbrechlich

fragment *n* Bruchstück *nt*

fragrance *n* Duft *m*; **fragrant** *adj* duftend

frail *adj* gebrechlich

frame 1. *n* Rahmen *m*; (*of spectacles*) Gestell *nt*; ~ *of mind* Verfassung *f* **2.** *vt* einrahmen; **framework** *n* Rahmen *m*, Struktur *f*

France *n* Frankreich *nt*

frank *adj* offen

frankfurter *n* (Frankfurter) Würstchen *nt*

frankly *adv* offen gesagt; *quite* ~ ganz ehrlich

frantic *adj* (*activity*) hektisch; (*effort*) verzweifelt; ~ *with worry* außer sich vor Sorge

fraud *n* (*trickery*) Betrug *m*; (*person*) Schwindler(in) *m(f)*

freak 1. *n* Anomalie *f*; (*animal, person*) Missgeburt *f*; *fam* (*fan*) Fan *m*, Freak *m* **2.** *adj* (*conditions*) außergewöhnlich, seltsam; **freak out** *vi fam* ausflippen

freckle *n* Sommersprosse *f*

free 1. *adj, adv* frei; (*without payment*) gratis, kostenlos; *for* ~ umsonst **2.** *vt* befreien; **freebie** *n fam* Werbegeschenk *nt*; **freedom** *n* Freiheit *f*; **freefone** *adj a* ~ *number* eine gebührenfreie Nummer; **free kick** *n* SPORT Freistoß *m*

freelance 1. *adj* freiberuflich tätig; (*artist*) freischaffend **2.** *n* Freiberufler(in) *m(f)*

free-range *adj* (*hen*) frei laufend; ~ *eggs* *pl* Freilandeier *pl*

freeway *n* (*US*) (gebührenfreie) Autobahn

freeze 1. *vi* (*feel cold*) frieren; (*of lake etc*) zufrieren; (*water etc*) gefrieren **2.** *vt* einfrieren; *Tiefkühltruhe f*; (*in fridge*) Gefrierfach *nt*; **freezing** *adj* eiskalt; *I'm* ~ mir ist eiskalt; **freezing point** *n* Gefrierpunkt *m*

freight *n* (*goods*) Fracht *f*; (*money charged*) Frachtgebühr *f*; **freight car** *n* (*US*) Güterwagen *m*; **freight train** *n* (*US*) Güterzug *m*

French 1. *adj* französisch **2.** *n* (*language*) Französisch *nt*; **the ~** *pl* die Franzosen; **French bean** *n* grüne Bohne; **French bread** *n* Baguette *f*; **French dressing** *n* Vinaigrette *f*; **French fries** (*US*) *npl* Pommes frites *pl*; **French kiss** *n* Zungenkuss *m*; **Frenchman** *n* Franzose *m*; **French toast** *n* (*US*) in Ei und Milch getunktes gebratenes Brot; **French window(s)** *n(pl)* Balkontür *f*, Terrassentür *f*; **Frenchwoman** *n* Französin *f*

frequency *n* Häufigkeit *f*; PHYS Frequenz *f*; **frequent** *adj* häufig; **frequently** *adv* häufig

fresco *n* Fresko *nt*

fresh *adj* frisch; (*new*) neu; **freshen** *vi* **~ (up)** (*person*) sich frisch machen; **fresher**, **freshman** *n* Erstsemester *nt*; **freshwater fish** *n* Süßwasserfisch *m*

Fri *abbr* → **Friday** Fr

friction *n* Reibung *f*

Friday *n* Freitag *m*; → **Tuesday**

fridge *n* Kühlschrank *m*

fried *adj* gebraten; **~ potatoes** Bratkartoffeln *pl*; **~ egg** Spiegelei *nt*; **~ rice** gebrate-

ner Reis

friend *n* Freund(in) *m(f)*; (*less close*) Bekannte(r) *mf*; **make ~s with sb** sich mit jdm anfreunden; **we're good ~s** wir sind gut befreundet; **friendly 1.** *adj* freundlich **2.** *n* SPORT Freundschaftsspiel *nt*; **friendship** *n* Freundschaft *f*

fright *n* Schrecken *m*; **frighten** *vt* erschrecken; **be ~ed** Angst haben; **frightening** *adj* beängstigend

frill *n* Rüsche *f*; **~s** *fam* Schnickschnack

fringe *n* (*edge*) Rand *m*; (*on shawl etc*) Fransen *pl*; (*hair*) Pony *m*

frizzy *adj* kraus

frog *n* Frosch *m*

from *prep* von; (*place, out of*) aus; (*with date, time*) ab; **travel ~ A to B** von A nach B fahren; **the train ~ Bath** der Zug aus Bath; **where does she come ~?** woher kommt sie?; **it's ten miles ~ here** es ist zehn Meilen von hier (entfernt); **~ May 5th (onwards)** ab dem 5. Mai

front 1. *n* Vorderseite *f*; (*of house*) Fassade *f*; (*in war, of weather*) Front *f*; (*at seaside*) Promenade *f*; **in ~, at the ~** vorne; **in ~ of** vor; **up ~** (*in advance*) vorher, im Voraus **2.** *adj* vordere(r, s), Vorder-; (*first*) vorderste(r, s); **~ door** Haustür *f*; **~ page** Titelseite f; **~ seat** Vordersitz m; **~ wheel** Vorderrad nt

frontier n Grenze f

front-wheel drive n AUTO Frontantrieb m

frost n Frost m; (white frost) Reif m; **frosting** n (US) Zuckerguss m; **frosty** adj frostig

froth n Schaum m

frown vi die Stirn runzeln

froze pt → **freeze**

frozen 1. pp → **freeze 2.** adj (food) tiefgekühlt, Tiefkühl-

fruit n (as collective, a. type) Obst nt; (single fruit) Frucht f; **fruit machine** n Spielautomat m; **fruit salad** n Obstsalat m

frustrated adj frustriert; **frustration** n Frustration f, Frust m

fry vt braten; **frying pan** n Bratpfanne f

fuchsia n Fuchsie f

fuck vt vulg ficken; **~ off** verpiss dich!; **fucking** adj vulg Scheiß-

fudge n ≈ weiche Karamellsüßigkeit

fuel n Kraftstoff m; (for heating) Brennstoff m; **fuel consumption** n Kraftstoffverbrauch m; **fuel gauge** n Benzinuhr f

fugitive n Flüchtling m

fulfil vt erfüllen

full adj voll; (person: satisfied) satt; (member, employment) Voll(zeit)-; (complete) voll-

ständig; **~ of ...** voller ... gen; **full beam** n AUTO Fernlicht nt; **full moon** n Vollmond m; **full stop** n Punkt m; **full-time** adj **~ job** Ganztagsarbeit f; **fully** adv völlig; (recover) voll und ganz; (discuss) ausführlich

fumble vi herumfummeln (with, at an + dat)

fumes npl Dämpfe pl; (of car) Abgase pl

fun n Spaß m; **for ~** zum Spaß; **it's ~** es macht Spaß; **make ~ of** sich lustig machen über + acc

function 1. n Funktion f; (event) Feier f; (reception) Empfang m **2.** vi funktionieren

fund n Fonds m; **~s** pl Geldmittel pl

fundamental adj grundlegend; **fundamentally** adv im Grunde

funding n finanzielle Unterstützung

funeral n Beerdigung f

funfair n Jahrmarkt m

fungus n Pilz m

funnel n Trichter m; (of steamer) Schornstein m

funny adj (amusing) komisch, lustig; (strange) seltsam

fur n Pelz m; (of animal) Fell nt

furious adj wütend (with sb auf jdn)

furnished adj möbliert; **furniture** n Möbel pl; **piece of ~**

Möbelstück nt

further comparative → **far 1.** adj weitere(r, s); ~ **education** Weiterbildung f; **until ~ notice** bis auf weiteres **2.** adv weiter; **furthest** superlative → **far 1.** adj am weitesten entfernt **2.** adv am weitesten

fury n Wut f

fuse 1. n ELEC Sicherung f **2.** vi ELEC durchbrennen; **fuse**

box n Sicherungskasten m

fuss n Theater nt; **make a ~** (ein) Theater machen; **fussy** adj (difficult) schwierig, kompliziert; (attentive to detail) pingelig

future 1. adj künftig **2.** n Zukunft f

fuze (US) → **fuse**

fuzzy adj (indistinct) verschwommen; (hair) kraus

G

gable n Giebel m

gadget n Vorrichtung f, Gerät nt

Gaelic 1. adj gälisch **2.** n (language) Gälisch nt

gain 1. vt (obtain, win) gewinnen; (advantage, respect) sich verschaffen; (wealth) erwerben; (weight) zunehmen **2.** vi (improve) gewinnen (in an + dat); (clock) vorgehen **3.** n Gewinn m (in an + dat)

gale n Sturm m

gall bladder n Gallenblase f

gallery n Galerie f, Museum nt

gallon n Gallone f; (Brit) 4,546 l (US) 3,79 l

gallop 1. n Galopp m **2.** vi galoppieren

gallstone n Gallenstein m

Gambia n Gambia nt

gamble 1. vi um Geld spielen, wetten **2.** n **it's a ~** es ist ris-

kant; **gambling** n Glücksspiel nt

game n Spiel nt; (animals) Wild nt; **~s** (in school) Sport m

gammon n geräucherter Schinken

gang n (of criminals, youths) Bande f, Gang f, Clique f

gangster n Gangster m

gangway n (Brit, aisle) Gang m, Gangway f

gap n (hole) Lücke f; (in time) Pause f; (in age) Unterschied m

gape vi (mit offenem Mund) starren

gap year n Jahr zwischen Schulabschluss und Studium, das oft zu Auslandsaufenthalten genutzt wird

garage n Garage f; (for repair) (Auto)werkstatt f

garbage n (US) Müll m; fam (nonsense) Quatsch m; **gar-**

bage can n (US) Mülleimer m; (outside) Mülltonne f; **garbage truck** n (US) Müllwagen m

garden n Garten m; (public) ~s Park m; **garden centre** n Gartencenter nt; **gardener** n Gärtner(in) m(f); **gardening** n Gartenarbeit f

gargle vi gurgeln

gargoyle n Wasserspeier m

garlic n Knoblauch m; **garlic bread** n Knoblauchbrot nt; **garlic butter** n Knoblauchbutter f

gas n Gas nt; (US, petrol) Benzin nt; **step on the ~** Gas geben; **gas cooker** n Gasherd m; **gas cylinder** n Gasflasche f; **gas fire** n Gasofen m

gasket n Dichtung f

gas lighter n (for cigarettes) Gasfeuerzeug nt; **gas mask** n Gasmaske f; **gas meter** n Gaszähler m

gasoline n (US) Benzin nt

gasp vi keuchen; (in surprise) nach Luft schnappen

gas pedal n (US) Gaspedal nt; **gas pump** n (US) Zapfsäule f; **gas station** n (US) Tankstelle f; **gas tank** n (US) Benzintank m

gastric adj Magen-; ~ **flu** Magen-Darm-Grippe f; ~ **ulcer** Magengeschwür nt

gasworks n Gaswerk nt

gate n Tor nt; (barrier) Schranke f; AVIAT Gate nt,

Flugsteig m

gateau n Torte f

gateway n Tor nt

gather 1. vt (collect) sammeln; ~ **speed** beschleunigen **2.** vi (assemble) sich versammeln; (understand) schließen (from aus); **gathering** n Versammlung f

gauge n Meßgerät nt

gauze n Gaze f; (for bandages) Mull m

gave pt → **give**

gay adj (homosexual) schwul; ~ **marriage** Homoehe f fam

gaze 1. n Blick m **2.** vi starren

GCSE abbr = **general certificate of secondary education** Abschlussprüfung f der Sekundarstufe, ≈ mittlere Reife

gear n AUTO Gang m; (equipment) Ausrüstung f; (clothes) Klamotten pl; **change ~** schalten; **gearbox** n Getriebe nt; **gear change**, **gear shift** (US) n Gangschaltung f; **gear lever**, **gear stick** (US) n Schalthebel m

geese pl → **goose**

gel 1. n Gel nt **2.** vi gelieren; **they really ~led** sie verstanden sich auf Anhieb

gem n Edelstein m; fig Juwel nt

Gemini nsing ASTR Zwillinge pl

gender n Geschlecht nt

gene n Gen nt

general adj allgemein; ~

knowledge Allgemeinbildung f; **~ election** Parlamentswahlen pl; **generalize** vi verallgemeinern; **generally** adv im Allgemeinen

generation n Generation f; **generation gap** n Generationsunterschied m

generosity n Großzügigkeit f; **generous** adj großzügig; (portion) reichlich

genetic adj genetisch; **~ research** Genforschung; **~ technology** Gentechnik; **genetically modified** adj gentechnisch verändert, genmanipuliert; → **GM**

Geneva n Genf nt; **Lake ~** der Genfer See

genitals npl Geschlechtsteile pl

genius n Genie nt

gentle adj sanft; (touch) zart; **gentleman** n Herr m; (polite man) Gentleman m

gents n ~ (lavatory) „Herren"; **the ~** pl die Herrentoilette

genuine adj echt

geographical adj geografisch; **geography** n Geografie f; (at school) Erdkunde f

geometry n Geometrie f

geranium n Geranie f

gerbil n ZOOL Wüstenrennmaus f

germ n Keim m; MED Bazillus m

German 1. adj deutsch; **she's ~** sie ist Deutsche; **~ shep-**

herd Deutscher Schäferhund **2.** n (person) Deutsche(r) mf; (language) Deutsch nt; **in ~** auf Deutsch; **German measles** n sg Röteln pl; **Germany** n Deutschland nt

gesture n Geste f

get 1. vt (receive) bekommen, kriegen; **~ a cold / flu** sich erkälten / eine Grippe bekommen; (buy) kaufen; (obtain) sich besorgen; (to keep) sich anschaffen; **~ sb sth** jdm etw besorgen; **~ a life!** fam (annoyed) mach dich mal locker!, reg dich bloß ab!; (fetch) jdm etw holen; **where did you ~ that (from)?** woher hast du / haben Sie das?; **~ a taxi** ein Taxi nehmen; (persuade) **~ sb to do sth** jdn dazu bringen, etw zu tun; (manage) **~ sth to work** etw zum Laufen bringen; **~ sth done** (oneself) etw machen; (by sb else) etw machen lassen; (bring) **this isn't ~ting us anywhere** so kommen wir nicht weiter; (understand) **don't ~ me wrong** versteh / verstehen Sie mich nicht falsch! **2.** vi (become) werden; **~ old** alt werden; **it's ~ting dark** es wird dunkel; **~ dressed / washed** sich anziehen / waschen; **I'll ~ ready** ich mache mich fertig; **~ lost** sich verirren; (arrive) **we got to Dover**

giftwrap

at 5 wir kamen um 5 in Dover an; **~** *somewhere* / *nowhere* fig (*in career*) es zu etwas / nichts bringen; (*with task, discussion*) weiterkommen / nicht weiterkommen; **get across 1.** *vi* **~** *sth* über etw *acc* kommen **2.** *vt* **get sth across** (*communicate*) etw klarmachen; **get along** *vi* (*manage*) zurechtkommen; (*people*) gut auskommen (*with* mit); **get at** *vt* (*reach*) herankommen an + *acc*; *what are you getting at?* worauf willst du / wollen Sie hinaus?, was meinst du / meinen Sie damit?; **get away** *vi* (*leave*) wegkommen; (*escape*) entkommen (*from dat*); *he got away with it* er kam ungeschoren davon; **get back 1.** *vi* zurückkommen; TEL **~** *to s.o.* jdn zurückrufen **2.** *vt* **get sth back** etw zurückbekommen; **get by** *vi* (*manage*) auskommen (*on* mit); **get down 1.** *vi* heruntersteigen; **~** *to business* zur Sache kommen **2.** *vt* **get sth down** (*write*) etw aufschreiben; *it gets me down fam* es macht mich fertig; **get in** *vi* (*arrive home*) heimkommen; (*into car etc*) einsteigen; **get into** *vt* (*car, bus etc*) einsteigen in + *acc*; (*rage, panic etc*) geraten in + *acc*; **~** *trouble* in Schwierigkeiten kommen; **get off**

1. *vi* (*train etc*) aussteigen (*aus*); (*horse*) absteigen (*von*); *fam* (*be enthusiastic*) **~** *on sth* auf etw abfahren **2.** *vt* (*nail, sticker*) los-/ abbekommen; (*clothes*) ausziehen; **get on 1.** *vi* (*train etc*) einsteigen (*in* + *acc*); (*horse*) aufsteigen (*auf* + *acc*); (*progress*) vorankommen; (*be friends*) auskommen (*with* mit); *be getting on* alt werden **2.** *vt* etw vorantreiben, mit etw loslegen; **get out 1.** *vi* herauskommen; (*vehicle*) aussteigen (*of* aus); **~!** raus! **2.** *vt* (*take out*) herausholen; (*stain, nail*) herausbekommen; **get over** *vt* (*recover from*) hinwegkommen über + *acc*; (*illness*) sich erholen von; (*loss*) sich abfinden mit; **get through** *vi* durchkommen; **get up** *vi* aufstehen; **get-together** *nt* Treffen *nt*

Ghana *n* Ghana *nt*

gherkin *n* Gewürzgurke *f*

ghetto *n* Ghetto *nt*

ghost *n* Gespenst *nt*; (*of sb*) Geist *m*

giant 1. *n* Riese *m* **2.** *adj* riesig

giblets *npl* Geflügelinnereien *pl*

Gibraltar *n* Gibraltar *nt*

giddy *adj* schwindlig

gift *n* Geschenk *nt*; (*talent*) Begabung *f*; **gifted** *adj* begabt; **giftwrap** *vt* als Geschenk verpacken

gigantic adj riesig

giggle 1. vi kichern **2.** n Gekicher nt

gill n (of fish) Kieme f

gimmick n (for sales, publicity) Gag m

gin n Gin m

ginger n Ingwer m **2.** adj (colour) kupferrot; (cat) rötlichgelb; **ginger ale** n Gingerale m; **ginger beer** n Ingwerlimonade f; **gingerbread** n Lebkuchen m (mit Ingwergeschmack); **ginger (-haired)** adj rotblond; **gingerly** adv (move) vorsichtig

giraffe n Giraffe f

girl n Mädchen nt; **girlfriend** n (feste) Freundin f; **girl guide** n (Brit), **girl scout** (US) Pfadfinderin f

gist n **get the ~** (of it) das Wesentliche verstehen

give 1. vt geben; (as present) schenken n (to sb jdm); (state: name etc) angeben; (speech) halten; (blood) spenden; **~ sb sth** jdm etw geben / schenken **2.** vi (yield) nachgeben; **give away** vt (give free) verschenken; (secret) verraten; **give back** vt zurückgeben; **give in** vi aufgeben; **give up** vt, vi aufgeben; **give way** vi (collapse, yield) nachgeben; (traffic) die Vorfahrt beachten

given 1. pp → **give 2.** adj (fixed) festgesetzt; (certain) bestimmt; **~ name** (US) Vor-

name m **3.** conj **~ that ...** angesichts der Tatsache, dass ...

glacier n Gletscher m

glad adj froh (about über); **I was ~ (to hear) that ...** es hat mich gefreut, dass ...; **gladly** adv gerne

glance 1. n Blick m **2.** vi einen Blick werfen (at auf + acc)

gland n Drüse f; **glandular fever** n Drüsenfieber nt

glare 1. n grelles Licht; (stare) stechender Blick **2.** vi (angrily) **~ at sb** jdn böse anstarren

glass n Glas nt; **~es** pl Brille f

glen n (Scot) (enges) Bergtal nt

glide vi gleiten; (hover) schweben; **glider** n Segelflugzeug nt; **gliding** n Segelfliegen nt

glimpse n flüchtiger Blick

glitter vi glitzern; (eyes) funkeln

glitzy adj fam glanzvoll, Schickimicki-

global adj global, Welt-; **~ warming** die Erwärmung der Erdatmosphäre; **globe** n (sphere) Kugel f; (world) Erdball m; (map) Globus m

gloomily adv, **gloomy** adv, adj düster

glorious adj (victory, past) ruhmreich; (weather, day etc) herrlich; **glory** n Herrlichkeit f

gloss n (shine) Glanz m

glossary n Glossar nt

glossy 1. *adj* (*surface*) glänzend **2.** *n* (*magazine*) Hochglanzmagazin *nt*

glove *n* Handschuh *m*; **glove compartment** *n* Handschuhfach *nt*

glow *vi* glühen

glucose *n* Traubenzucker *m*

glue 1. *n* Klebstoff *m* **2.** *vt* kleben

glutton *n* Vielfraß *m*; **a ~ for punishment** *fam* Masochist *m*

GM *abbr* → **genetically modified** Gen-; ~ **foods** gentechnisch veränderte Lebensmittel

GMT *abbr* = **Greenwich Mean Time** WEZ *f*

go 1. *vi* gehen; (*in vehicle, travel*) fahren; (*plane*) fliegen; (*road*) führen (*to* nach); (*depart: train, bus*) (ab)fahren; (*person*) (fort)gehen; (*disappear*) verschwinden; (*time*) vergehen; (*function*) gehen, funktionieren; (*machine, engine*) laufen; (*fit, suit*) passen (*with* zu); (*fail*) nachlassen; **I have to ~ to the doctor / to London** ich muss zum Arzt / nach London; ~ **shopping** einkaufen gehen; ~ **for a walk / swim** spazieren / schwimmen gehen; **has he gone yet?** ist er schon weg?; **the wine ~es in the cupboard** der Wein kommt in den Schrank; **get sth ~ing** etw in Gang set-

zen; **keep ~ing** weitermachen; (*machine etc*) weiterlaufen; **how's the job ~ing?** was macht der Job?; ~ **deaf / mad / grey** taub / verrückt / grau werden **2.** *vaux* **be ~ing to do sth** etw tun werden; **I was ~ing to do it** ich wollte es tun **3.** *n* (*attempt*) Versuch *m*; **can I have another ~?** darf ich noch mal (probieren)?; **it's my ~** ich bin dran; **in one** ~ auf einen Schlag; (*drink*) in einem Zug; **go after** *vt* nachlaufen + *dat*; (*in vehicle*) nachfahren + *dat*; **go ahead** *vi* (*in front*) vorausgehen; (*start*) anfangen; **go away** *vi* weggehen; (*on holiday, business*) verreisen; **go back** *vi* (*return*) zurückgehen; **go by 1.** *vi* vorbeigehen; (*vehicle*) vorbeifahren; (*years, time*) vergehen **2.** *vt* (*judge by*) gehen nach; **go down** *vi* (*sun, ship*) untergehen; (*flood, temperature*) zurückgehen; (*price*) sinken; ~ **well / badly** gut / schlecht ankommen; **go in** *vi* hineingehen; **go into** *vt* (*enter*) hineingehen in + *acc*; (*crash*) fahren gegen, hineinfahren in + *acc*; ~ **teaching / politics / the army** Lehrer werden / in die Politik gehen / zum Militär gehen; **go off 1.** *vi* (*depart*) weggehen; (*in vehicle*) wegfahren; (*lights*) ausgehen;

(*milk etc*) sauer werden; (*gun, bomb, alarm*) losgehen **2.** *vt* (*dislike*) nicht mehr mögen; **go on** *vi* (*continue*) weitergehen; (*lights*) angehen; **~ with** *or* **doing sth** etw weitermachen; **go out** *vi* (*leave house*) hinausgehen; (*fire, light, person socially*) ausgehen; **~ for a meal** essen gehen; **go up** *vi* (*temperature, price*) steigen; (*lift*) hochfahren; **go without** *vt* verzichten auf + *acc*; (*food, sleep*) auskommen ohne

go-ahead 1. *adj* (*progressive*) fortschrittlich **2.** *n* grünes Licht

goal *n* (*aim*) Ziel *nt*; SPORT Tor *nt*; **goalie, goalkeeper** *n* Torwart *m*; **goalpost** *n* Torpfosten *m*

goat *n* Ziege *f*

gob 1. *n* (*Brit*) *fam* Maul *nt*; **shut your ~** halt's Maul! **2.** *vi* spucken; **gobsmacked** *fam* (*surprised*) platt

god *n* Gott *m*; **thank God** Gott sei Dank; **godchild** *n* Patenkind *nt*; **goddaughter** *n* Patentochter *f*; **goddess** *n* Göttin *f*; **godfather** *n* Pate *m*; **godmother** *n* Patin *f*; **godson** *n* Patensohn *m*

goggles *npl* Schutzbrille *f*; (*for skiing*) Skibrille *f*; (*for diving*) Taucherbrille *f*

going *adj* (*rate*) üblich; **goings-on** *npl* Vorgänge *pl*

go-kart *n* Gokart *m*

gold *n* Gold *nt*; **golden** *adj* golden; **goldfish** *n* Goldfisch *m*; **gold-plated** *adj* vergoldet

golf *n* Golf *m*; **golf ball** *n* Golfball *m*; **golf club** *n* Golfschläger *m*; (*association*) Golfklub *m*; **golf course** *n* Golfplatz *m*

gone 1. *pp* → **go**; **he's ~** er ist weg **2.** *prep just* **~ three** kurz nach drei

good 1. *n* (*benefit*) Wohl *nt*; (*morally good things*) Gute(s) *nt*; **it's for your own ~** es ist zu deinem / Ihrem Besten *or* Vorteil; **it's no ~** (*doing sth*) es hat keinen Sinn *or* Zweck; (*thing*) es taugt nichts; **for ~** für immer **2.** *adj* gut; (*suitable*) passend; (*thorough*) gründlich; (*well-behaved*) brav; (*kind*) nett, lieb; **be ~ at sport / maths** gut in Sport / Mathe sein; **be no ~ at sport / maths** schlecht in Sport / Mathe sein; **too ~ to be true** zu schön, um wahr zu sein; **this is just not ~ enough** so geht das nicht; **a ~ three hours** gute drei Stunden; **~ morning / evening** guten Morgen / Abend; **~ night** gute Nacht; **have a ~ time** sich gut amüsieren

goodbye *interj* auf Wiedersehen

Good Friday *n* Karfreitag *m*

good-looking *adj* gut aussehend

goods *npl* Waren *pl*, Güter *pl*; **goods train** *n* (Brit) Güterzug *m*

goose *n* Gans *f*; **gooseberry** *n* Stachelbeere *f*; **goose bumps** *n*, **goose pimples** *npl* Gänsehaut *f*

gorge *n* Schlucht *f*

gorgeous *adj* wunderschön; **he's ~** er sieht toll aus

gorilla *n* Gorilla *m*

gossip **1.** *n* (talk) Klatsch *m*; (person) Klatschtante *f* **2.** *vi* klatschen, tratschen

got *pt, pp* → **get**

gotten (US) *pp* → **get**

govern *vt* regieren; (province etc) verwalten; **government** *n* Regierung *f*; **governor** *n* Gouverneur(in) *m(f)*; **govt** *abbr* = **government** Regierung *f*

gown *n* Abendkleid *nt*; (academic) Robe *f*

GP *n abbr* = **General Practitioner** Allgemeinarzt *m*, Allgemeinärztin *f*

GPS *n abbr* = **global positioning system** GPS *nt*

grab *vt* packen; (person) schnappen

graceful *adj* anmutig

grade *n* Niveau *nt*; (of goods) Güteklasse *f*; (mark) Note *f*; (US, year) Klasse *f*; **make the ~** es schaffen; **grade crossing** *n* (US) Bahnübergang *m*; **grade school** *n* (US) Grundschule *f*

gradient *n* (upward) Steigung *f*; (downward) Gefälle *nt*

gradual, gradually *adj, adv* allmählich

graduate **1.** *n* Uniabsolvent(in) *m(f)* **2.** *vi* einen akademischen Grad erwerben

grain *n* (cereals) Getreide *nt*; (of corn, sand) Korn *nt*

gram *n* Gramm *nt*

grammar *n* Grammatik *f*; **grammar school** *n* (Brit) ≈ Gymnasium *nt*

gran *n fam* Oma *f*

grand **1.** *adj pej* hochnäsig; (posh) vornehm **2.** *n fam* 1000 Pfund bzw. 1000 Dollar

grand(d)ad *n fam* Opa *m*; **granddaughter** *n* Enkelin *f*; **grandfather** *n* Großvater *m*; **grandma** *n fam* Oma *f*; **grandmother** *n* Großmutter *f*; **grandpa** *n fam* Opa *m*; **grandparents** *npl* Großeltern *pl*; **grandson** *n* Enkel *m*

grandstand *n* SPORT Tribüne *f*

granny *n fam* Oma *f*

grant **1.** *vt* gewähren (sb sth jdm etw); **take sb/sth for ~ed** jdn/etw als selbstverständlich hinnehmen **2.** *n* Subvention *f*, finanzielle Unterstützung *f*; (for university) Stipendium *nt*

grape *n* Weintraube *f*; **grapefruit** *n* Grapefruit *f*; **grape juice** *n* Traubensaft *m*

graph *n* Diagramm *nt*; **graphic** *adj* grafisch; (description) anschaulich

grasp vt ergreifen; (understand) begreifen

grass n Gras nt; (lawn) Rasen
m; **grasshopper** n Heu-
schrecke f

grate 1. n Feuerrost m 2. vi
kratzen 3. vt (cheese) reiben

grateful, gratefully adj, adv
dankbar

grater n Reibe f

gratifying adj erfreulich

gratitude n Dankbarkeit f

grave 1. n Grab nt 2. adj ernst;
(mistake) schwer

gravel n Kies m

graveyard n Friedhof m

gravity n Schwerkraft f; (seriousness) Ernst m

gravy n Bratensoße f

gray adj (US) grau

graze 1. vi (of animals) grasen
2. vt (touch) streifen; MED
abschürfen 3. n MED Ab-
schürfung f

grease 1. n (fat) Fett nt; (lu-
bricant) Schmiere f 2. vt ein-
fetten; TECH schmieren;
greasy adj fettig; (hands,
tools) schmierig; fam (person) schleimig

great adj groß; fam (good)
großartig, super; **a ~ deal
of** viel; **Great Britain** n
Großbritannien nt; **great-
-grandfather** n Urgroßvater
m; **great-grandmother** n
Urgroßmutter f; **greatly**
adv sehr; **~ disappointed** zu-
tiefst enttäuscht

Greece n Griechenland nt

greed n Gier f (for nach); (for
food) Gefräßigkeit f;
greedy adj gierig; (for food)
gefräßig

Greek 1. adj griechisch 2. n
(person) Grieche m, Grie-
chin f; (language) Grie-
chisch nt; **it's all ~ to me**
ich verstehe nur Bahnhof

green 1. adj grün; **~ with envy**
grün / gelb vor Neid 2. n (colour, for golf) Grün nt; (village green) Dorfwiese f; **~s**
(vegetables) grünes Gemü-
se; **the Greens, the Green
Party** POL die Grünen;
green card n (US, work permit) Arbeitserlaubnis f;
(Brit, for car) grüne Versicherungskarte; **greengage**
n Reneklode f; **greengrocer**
n Obst- und Gemüsehänd-
ler(in) m(f); **greenhouse** n
Gewächshaus nt; **~ effect**
n Treibhauseffekt m; **Greenland** n Grönland nt; **green
pepper** n grüner Paprika;
green salad n grüner Salat

greet vt grüßen; **greeting** n
Gruß m

grew pt → **grow**

grey adj grau; **grey-haired** adj
grauhaarig; **greyhound** n
Windhund m

grid n Gitter nt; **gridlock** n
Verkehrsinfarkt m; **grid-
locked** adj (roads) völlig ver-
stopft; (talks) festgefahren

grief n Kummer m; (over loss)
Trauer f

grievance n Beschwerde f
grieve vi trauern (for um)
grill 1. n (on cooker) Grill m **2.** vt grillen
grim adj (face, humour) grimmig; (situation, prospects) trostlos
grin 1. n Grinsen nt **2.** vi grinsen
grind vt mahlen; (sharpen) schleifen; (US, meat) durchdrehen
grip 1. n Griff m; **get a ~** nimm dich zusammen!; **get to ~s with sth** etw in den Griff bekommen **2.** vt packen
groan vi stöhnen (with vor + dat)
grocer n Lebensmittelhändler(in) m(f); **groceries** npl Lebensmittel pl
groin n ANAT Leiste f; **groin strain** n MED Leistenbruch m
groom 1. n Bräutigam m **2.** vt **well ~ed** gepflegt
grope 1. vi tasten **2.** vt (sexually harrass) befummeln
gross adj (coarse) derb; (extreme: negligence, error) grob; (disgusting) ekelhaft; COMM brutto; **~ salary** Bruttogehalt nt
grotty adj fam mies, vergammelt
ground 1. pt, pp → **grind 2.** n Boden m, Erde f; SPORT Platz m; **~s** pl (around house) (Garten)anlagen pl; (reasons) Gründe pl; (of coffee) Satz m; **on (the) ~s of** auf

grund von; ground floor n (Brit) Erdgeschoss nt;
ground meat n (US) Hackfleisch nt
group n Gruppe f
grouse n (bird) Schottisches Moorhuhn; (complaint) Nörgelei f
grow 1. vi wachsen; (increase) zunehmen (in an); (become) werden; **~ old** alt werden; **~ into ...** sich entwickeln zu ... **2.** vt (crop, plant) ziehen; (commercially) anbauen; **I'm ~ing a beard** ich lasse mir einen Bart wachsen; **grow up** vi aufwachsen; (mature) erwachsen werden; **growing** adj wachsend; **a ~ number of people** immer mehr Leute
growl vi knurren
grown pp → **grow**
grown-up 1. adj erwachsen **2.** n Erwachsene(r) mf; **growth** n Wachstum nt; (increase) Zunahme f; MED Wucherung f
grubby adj schmuddelig
grudge 1. n Abneigung f (against gegen) **2.** vt **~ sb sth** jdm etw nicht gönnen
gruelling adj aufreibend; (pace) mörderisch
gruesome adj grausig
grumble vi murren (about über + acc)
grumpy adj fam mürrisch, grantig
grunt vi grunzen

G-string n String m, String-tanga m

guarantee 1. n Garantie f (of für) **2.** vt garantieren

guard 1. n (sentry) Wache f; (in prison) Wärter(in) m(f); (Brit) RAIL Schaffner(in) m(f) **2.** vt bewachen

guardian n Vormund m; ~ **angel** Schutzengel m

guess 1. n Vermutung f; (estimate) Schätzung f; **have a ~ rate mal!** **2.** vt, vi raten; (estimate) schätzen; **I ~ you're right** du hast wohl recht; **I ~ so** ich glaube schon

guest n Gast m; **be my ~** nur zu!; **guest-house** n Pension f; **guest room** n Gästezimmer nt

guidance n (direction) Leitung f; (advice) Rat m; (counselling) Beratung f; **for your ~** zu Ihrer Orientierung; **guide 1.** n (person) Führer(in) m(f); (tour) Reiseleiter(in) m(f); (book) Führer m **2.** vt führen; **guidebook** n Reiseführer m; **guide dog** n Blindenhund m; **guided tour** n Führung f (of durch); **guidelines** npl Richtlinien pl

guilt n Schuld f; **guilty** adj schuldig (of gen); (look) schuldbewusst; **have a ~ conscience** ein schlechtes Gewissen haben

guinea pig n Meerschweinchen nt; (person) Versuchskaninchen nt

guitar n Gitarre f

gulf n Golf m; **Gulf States** npl Golfstaaten pl

gull n Möwe f

gullible adj leichtgläubig

gulp 1. n (kräftiger) Schluck **2.** vi schlucken

gum n (around teeth, usu pl) Zahnfleisch nt; (chewing gum) Kaugummi m

gun n Schusswaffe f; (rifle) Gewehr nt; (pistol) Pistole f; **gunfire** n Schüsse pl; **gunpowder** n Schießpulver nt

gush vi (heraus)strömen (from aus)

gut n Darm m; **~s** pl (intestines) Eingeweide; (courage) Mumm m

gutter n (for roof) Dachrinne f; (in street) Rinnstein m, Gosse f

guy n (man) Typ m, Kerl m; **~s** pl (US) Leute pl

gym n Turnhalle f; (for working out) Fitnesscenter nt; **gymnasium** n Turnhalle f; **gymnastics** nsing Turnen nt; **gym-toned** adj durchtrainiert

gynaecologist n Frauenarzt m, Frauenärztin f, Gynäkologe m, Gynäkologin f; **gynaecology** n Gynäkologie f

H

habit n Gewohnheit f; **habitual** adj gewohnt; (drinker, liar) gewohnheitsmäßig

hack vt hacken; **hacker** n IT Hacker(in) m(f)

had pt, pp → **have**

haddock n Schellfisch m

hadn't contr of **had not**

haemophiliac, hemophiliac (US) n Bluter(in) m(f); **haemorrhage, hemorrhage** (US) **1.** n Blutung f **2.** vi bluten; **haemorrhoids, hemorrhoids** (US) npl Hämorrhoiden pl

haggis n (Scot mit gehackten Schafsinnereien und Haferschrot gefüllter Schafsmagen

hail 1. n Hagel m **2.** vi hageln **3.** vt ~ **sb as sth** jdn als etw feiern; **hailstone** n Hagelkorn nt; **hailstorm** n Hagelschauer m

hair n Haar nt, Haare pl; **get one's ~ cut** sich dat die Haare schneiden lassen; **hairbrush** n Haarbürste f; **hair conditioner** n Haarspülung f; **haircut** n Haarschnitt m; **hairdo** n Frisur f; **hairdresser** n Friseur m, Friseurin f; **hairdryer** n Haartrockner m; (hand-held) Fön® m; (over head) Trockenhaube f; **hair gel** n Haargel nt; **hair remover** n Enthaarungsmittel nt; **hair spray** n Haarspray nt; **hair style** n Frisur f; **hairy** adj haarig, behaart; fam (dangerous) brenzlig

hake n Seehecht m

half 1. n Hälfte f; SPORT (of game) Halbzeit f; **cut in ~** halbieren **2.** adj halb; **three and a ~ pounds** dreieinhalb Pfund; **~ an hour, a ~ hour** eine halbe Stunde; **one and a ~** eineinhalb, anderthalb **3.** adv halb; zum halben Preis; **half-term** n (at school) Ferien pl zu der Mitte des Trimesters; **half-time** n Halbzeit f; **halfway** adv auf halbem Wege; **halfwit** n fam Trottel m

halibut n Heilbutt m

hall n (building) Halle f; (for audience) Saal m; (entrance hall) Flur m; (large) Diele f; **~ of residence** (Brit) Studentenwohnheim nt

hallo interj hallo

halt 1. n Pause f, Halt m; **come to a ~** zum Stillstand kommen **2.** vt, vi anhalten

halve vt halbieren

ham n Schinken m

hamburger n GASTR Hamburger m

hammer 1. n Hammer m **2.** vt, vi hämmern

hammock n Hängematte f

hamper 1. vt behindern **2.** n (as gift) Geschenkkorb m; (for picnic) Picknickkorb m

hamster n Hamster m

hand 1. n Hand f; (of clock, instrument) Zeiger m; (in card game) Blatt nt; **~s off!** Finger weg!; **on the one ~ ...**, **on the other ~...** einerseits ..., andererseits ...; **give sb a ~** jdm helfen (with bei); **it's in his ~s** er hat es in der Hand; **be in good ~s** gut aufgehoben sein; **get out of ~** außer Kontrolle geraten **2.** vt (pass) reichen (to sb jdm); **hand down** vt (tradition) überliefern; (heirloom) vererben; **hand in** vt einreichen; (at school, university etc) abgeben; **hand out** vt verteilen; **hand over** vt übergeben

handbag n Handtasche f; **handbook** n Handbuch nt; **handbrake** n (Brit) Handbremse f; **handcuffs** npl Handschellen pl; **handheld PC** n Handheld m

handicap n Behinderung f,

Handikap nt **2.** vt benachteiligen; **handicapped** adj behindert; **the ~** die Behinderten

handicraft n Kunsthandwerk nt

handkerchief n Taschentuch nt

handle 1. n Griff m; (of door) Klinke f; (of cup etc) Henkel m; (for winding) Kurbel f **2.** vt (touch) anfassen; (deal with: matter) sich befassen mit; (people, machine etc) umgehen mit; (situation, problem) fertig werden mit; **handlebars** npl Lenkstange f

hand luggage n Handgepäck nt; **handmade** adj handgefertigt; **be ~** Handarbeit sein; **handout** n (sheet) Handout nt, Thesenpapier nt; **handset** n Hörer m; **please replace the ~** bitte legen Sie auf; **hands-free phone** n Freisprechanlage f; **handshake** n Händedruck m

handsome adj (man) gut aussehend

hands-on adj praxisorientiert; **~ experience** praktische Erfahrung

handwriting n Handschrift f **handy** adj (useful) praktisch

hang 1. vt (auf)hängen (execute: hanged, hanged) hängen **2.** vi hängen **3.** n **he's got the ~ of it** er hat den

Dreh raus; **hang about** vi sich herumtreiben, rumhängen; **hang on** vi sich festhalten (to an + dat); fam (wait) warten; **~ to sth** etw behalten; **hang up** n vi TEL auflegen **2.** vt aufhängen

hanger n Kleiderbügel m

hang glider n (Flug)drachen m; (person) Drachenflieger(in) m(f); **hang-gliding** n Drachenfliegen nt

hangover n (bad head) Kater m; (relic) Überbleibsel nt

hankie n fam Taschentuch nt

happen vi geschehen; (sth strange, unpleasant) passieren; **if anything should ~ to me** wenn mir etwas passieren sollte; **it won't ~ again** es wird nicht wieder vorkommen; **I ~ed to be passing** ich kam zufällig vorbei; **happening** n Ereignis nt

happily adv fröhlich, glücklich; (luckily) glücklicherweise; **happiness** n Glück nt; **happy** adj glücklich; (satisfied) **~ with sth** mit etw zufrieden; (willing) **be ~ to do sth** etw gerne tun; **Happy Christmas!** fröhliche Weihnachten!; **Happy New Year** ein glückliches Neues Jahr!; **Happy Birthday!** herzlichen Glückwunsch zum Geburtstag!; **happy hour** n Happy Hour f

harass vt (ständig) belästigen; **harassment** n Belästi-

gung f; (at work) Mobbing nt; **sexual ~** sexuelle Belästigung

harbor (US), **harbour** n Hafen m

hard 1. adj hart; (difficult) schwer, schwierig; (harsh) hart(herzig); **don't be ~ on him** sei nicht zu streng zu ihm; **it's ~ to believe** es ist kaum zu glauben **2.** adv (work) schwer; (run) schnell; (rain, snow) stark; **try ~/~er** sich dat große / mehr Mühe geben; **hardback** n gebundene Ausgabe; **hard-boiled** adj (egg) hart gekocht; **hard copy** n TV Ausdruck m; **hard disk** n IT Festplatte f; **harden 1.** vt härten **2.** vi hart werden; **hardly** adv kaum; **~ ever** fast nie; **hardship** n Not f; **hard shoulder** n (Brit) Standspur f; **hardware** n IT Hardware f, Haushalts- und Eisenwaren pl; **hard-working** adj fleißig, tüchtig

hare n Hase m

harm 1. n Schaden m; (bodily) Verletzung f; **it wouldn't do any ~** es würde nicht schaden **2.** vt schaden + dat; (person) verletzen; **harmful** adj schädlich; **harmless** adj harmlos

harp n Harfe f

harsh adj (climate, voice) rau; (light, sound) grell; (severe) hart, streng

harvest 1. n Ernte f; (time)
Erntezeit f **2.** vt ernten

has 3rd person sg present →
have

hash n GASTR Haschee nt; fam
(hashish) Haschisch nt;
make a ~ of sth etw vermasseln; **hash browns** npl (US)
≈ Kartoffelpuffer / Rösti mit
Zwiebeln pl

hasn't abbr of **has not**

hassle n **1.** Ärger m; (fuss)
Theater nt; **no ~** kein Problem **2.** vt bedrängen

haste n Eile f; **hastily, hasty**
adv, adj hastig; (rash) vor-
schnell

hat n Hut m

hatch n NAUT Luke f; (in
house) Durchreiche f;
hatchback n (car) Wagen
m mit Hecktür

hate 1. vt hassen; **I ~ doing
this** ich mache das sehr ungern **2.** n Hass m (of auf
+ acc)

haul 1. vt ziehen, schleppen **2.**
n (booty) Beute f; **haulage** n
Transport m; (trade) Spedition f

haunted adj **a ~ house** ein
Haus, in dem es spukt

have 1. vt haben; (possess) ►
you got or **do you ~ a light?**
hast du / haben Sie Feuer?;
(receive) **I've just had a letter from …** ich habe soeben
einen Brief von … erhalten;
~ a baby ein Kind bekommen; (have to eat / drink)

what are you having? was
möchtest du / möchten Sie
(essen / trinken)?; **I had too
much wine** ich habe zu viel
Wein getrunken; **~ lunch /
dinner** zu Mittag / Abend
essen; (hold) **~ a party** eine
Party geben; (take) **~ a
bath / shower** ein Bad nehmen / duschen; (causative) **~
sth done** etw machen lassen; **they had a good time**
sie haben sich gut amüsiert;
(phrases with 'it') **I won't ~ it**
das lasse ich mir nicht bieten!; **we've had it** fam wir
sind geliefert **2.** vaux (forming perfect tenses) haben /
sein; **he has seen it** er hat
es gesehen; **she has come**
sie ist gekommen; (expressing compulsion) **~ (got)** or
to do sth etw tun müssen;
you don't ~ to go du
musst / Sie müssen nicht gehen; (in tag questions)
**you've been there, ~n't
you?** du bist / Sie sind schon
mal dort gewesen, nicht
wahr?; **have on** vt (be wearing) anhaben; (have ar-
ranged) vorhaben; (Brit)
you're having me on du ver-
arscht / Sie verarschen mich
doch

Hawaii n Hawaii nt

hawk n Habicht m

hay n Heu nt; **hay fever** n
Heuschnupfen m

hazard n Gefahr f; (risk) Risiko *nt*; **hazardous** *adj* gefährlich; **~ waste** Sondermüll *m*; **hazard warning lights** *npl* Warnblinkanlage *f*

haze *n* Dunst *m*

hazelnut *n* Haselnuss *f*

hazy *adj* (*misty*) dunstig; (*vague*) verschwommen

he *pron* er

head 1. *n* Kopf *m*; (*leader*) Leiter(in) *m(f)*; (*at school*) Schulleiter(in) *m(f)*; **~ of state** Staatsoberhaupt *nt*; (*tossing coin*) Kopf oder Zahl? **2.** *adj* (*leading*) Ober-; **~ boy** Schulsprecher *m*; **~ girl** Schulsprecherin *f* **3.** *vt* anführen; (*organization*) leiten; **head for** *vt* zusteuern auf + *acc*; **he's heading for trouble** er wird Ärger bekommen

headache *n* Kopfschmerzen *pl*, Kopfweh *nt*; (*soccer*) Kopfball *m*; (*dive*) Kopfsprung *m*; **headfirst** *adj* kopfüber; **headhunt** *vt* COMM abwerben; **heading** *n* Überschrift *f*; **headlamp**, **headlight** *n* Scheinwerfer *m*; **headline** *n* Schlagzeile *f*; **headmaster** *n* Schulleiter *m*; **headmistress** *n* Schulleiterin *f*; **headphones** *npl* Kopfhörer *m*; **headquarters** *npl* (*of firm*) Zentrale *f*; **headrest**, **head restraint** *n* Kopfstütze *f*; **headscarf** *n* Kopftuch *nt*; **head teacher**

n Schulleiter(in) *m(f)*

heal *vt*, *vi* heilen

health *n* Gesundheit *f*; **good / bad for one's ~** gesund / ungesund; **~ and beauty** Wellness *f*; **health centre** *n* Ärztezentrum *nt*; **health club** *n* Fitnesscenter *nt*; **health food** *n* Reformkost *f*; **~ store**, **~ shop** Bioladen *m*; **health insurance** *n* Krankenversicherung *f*; **health service** *n* Gesundheitswesen *nt*; **healthy** *adj* gesund

heap 1. *n* Haufen *m*; **~s of** *fam* jede Menge **2.** *vt*, *vi* häufen

hear *vt*, *vi* hören; **~ about sth** von etw erfahren; **I've ~d of it / him** ich habe schon da-von / von ihm gehört; **hearing** *n* Gehör *nt*; LAW Verhandlung *f*; **hearing aid** *n* Hörgerät *nt*; **hearsay** *n* **from ~** vom Hörensagen

heart *n* Herz *nt*; **lose / take ~** den Mut verlieren / Mut fassen; **learn by ~** auswendig lernen; (*cards*) **~s** Herz *nt*; **queen of ~s** Herzdame *f*; **heart attack** *n* Herzanfall *m*; **heartbeat** *n* Herzschlag *m*; **heartbreaking** *adj* herzzerreißend; **heartbroken** *adj* todunglücklich, untröstlich; **heartburn** *n* Sodbrennen *nt*; **heart failure** *n* Herzversagen *nt*; **heartfelt** *adj* tief empfunden; **heart-throb** *n* *fam* Schwarm *m*; **heart-to-**

heart n offene Aussprache; **hearty** adj (*meal*, *appetite*) herzhaft; (*welcome*) herzlich

heat 1. n Hitze f; (*pleasant*) Wärme f; (*temperature*) Temperatur f; SPORT Vorlauf m **2.** vt (*house*, *room*) heizen; **heat up 1.** vi warm werden **2.** vt aufwärmen; **heated** adj beheizt; *fig* hitzig; **heater** n Heizofen m; AUTO Heizung f

heath n (*Brit*) Heide f; **heather** n Heidekraut nt

heating n Heizung f

heaven n Himmel m; **heavenly** adj himmlisch

heavily adv (*rain*, *drink etc*) stark; **heavy** adj schwer; (*rain*, *traffic*, *smoker etc*) stark

Hebrew 1. adj hebräisch **2.** n (*language*) Hebräisch nt

hectic adj hektisch

he'd contr of **he had**; **he would**

hedge n Hecke f

hedgehog n Igel m

heel n ANAT Ferse f; (*of shoe*) Absatz m

hefty adj schwer; (*person*) stämmig; (*fine*, *amount*) saftig

height n Höhe f; (*of person*) Größe f

heir n Erbe m; **heiress** n Erbin f

held pt, pp → **hold**

helicopter n Hubschrauber m; **heliport** n Hubschrauberlandeplatz m

hell 1. n Hölle f; *go to* ~ scher dich zum Teufel; *that's a* ~ *of a lot of money* das ist verdammt viel Geld **2.** interj verdammt

he'll contr of **he will**; **he shall**

hello interj hallo

helmet n Helm m

help 1. n Hilfe f **2.** vt, vi helfen + dat (*with* bei); ~ *sb* (*to*) *do sth* jdm helfen, etw zu tun; *can I* ~? kann ich (Ihnen) behilflich sein?; *I couldn't* ~ *laughing* ich musste einfach lachen; *I can't* ~ *it* ich kann nichts dafür; ~ *yourself* bedienen Sie sich; **helpful** adj (*person*) hilfsbereit; (*useful*) nützlich; **helping** n Portion f; **helpless** adj hilflos

hem n Saum m

hemophiliac n (*US*) Bluter m; **hemorrhage** n (*US*) Blutung f; **hemorrhoids** npl (*US*) Hämorrhoiden pl

hen n Henne f

hence adv (*reason*) daher

hen night n (*Brit*) Junggesellinnenabschied

hepatitis n Hepatitis f

her 1. adj ihr; *she's hurt* ~ *leg* sie hat sich dat das Bein verletzt **2.** pron (*direct object*) sie; (*indirect object*) ihr; *do you know* ~? kennst du sie?; *can you help* ~? kannst du ihr helfen?; *it's* ~ sie ist's

herb n Kraut nt

herd n Herde f

here adv hier; (*to this place*)

hierher; **come ~** komm her; **I won't be ~ for lunch** ich bin zum Mittagessen nicht da

hereditary adj erblich; **hereditary disease** n Erbkrankheit f; **heritage** n Erbe nt

hernia n Leistenbruch m, Eingeweidebruch m

hero n Held m

heroin n Heroin nt

heroine n Heldin f

herring n Hering m

hers pron ihre(r, s); **this is ~** das gehört ihr; **a friend of ~** ein Freund von ihr

herself pron (reflexive) sich; **she's bought ~ a flat** sie hat sich eine Wohnung gekauft; (emphatic) **she did it ~** sie hat es selbst gemacht; (all) **by ~** allein

he's contr of **he is**; **he has**

hesitate vi zögern; **don't ~ to ask** fragen Sie ruhig; **hesitation** n Zögern nt; **without ~** ohne zu zögern

heterosexual adj heterosexuell

hi interj hi, hallo

hiccup n Schluckauf m

hid pt → **hide**

hidden pp → **hide**

hide 1. vt (from vor + dat); (feelings, truth) verbergen; (cover) verdecken **2.** vi sich verstecken (from vor + dat)

hideous adj scheußlich

hiding n (beating) Tracht f

Prügel; (concealment) **be in ~** sich versteckt halten; **hiding place** n Versteck nt

hi-fi n Hi-Fi nt; (system) Hi-Fi-Anlage f

high 1. adj hoch; (wind) stark; (on drugs) high **2.** adv hoch **3.** n METEO Hoch nt; **highchair** n Hochstuhl m; **higher** adj höher; **higher education** n Hochschulbildung f; **high heels** npl Stöckelschuhe pl; **high jump** n Hochsprung m; **Highlands** npl (schottisches) Hochland nt; **highlight 1.** n (in hair) Strähnchen nt; fig Höhepunkt m **2.** vt (with pen) hervorheben; **highlighter** n Textmarker m; **highly** adj hoch, sehr; **~ paid** hoch bezahlt; **I think ~ of him** ich habe eine hohe Meinung von ihm; **high school** n (US) Highschool- **2.** n Gymnasium nt; **high-speed** adj Schnell-; **~ train** Hochgeschwindigkeitszug m; **high street** n Hauptstraße f; **high tech 1.** adj Hightech- **2.** n Hightech nt; **high tide** n Flut f; **highway** n (US) ≈ Autobahn f; (Brit) Landstraße f

hijack vt entführen, hijacken; **hijacker** n Entführer(in) m(f), Hijacker m

hike 1. vi wandern **2.** n Wanderung f; **hiker** n Wanderer m, Wanderin f; **hiking** n Wandern nt

hilarious adj zum Schreien

komisch

hill n Hügel m; (higher) Berg m; **hilly** adj hügelig

him pron (direct object) ihn; (indirect object) ihm; **do you know ~?** kennst du ihn?; **can you help ~?** kannst du ihm helfen?; **it's ~** er ist's; **~ too** er auch

himself pron (reflexive) sich; **he's bought ~ a flat** er hat sich eine Wohnung gekauft; (emphatic) **he did it ~** er hat es selbst gemacht; (all) **by ~** allein

hinder vt behindern; **hindrance** n Behinderung f

Hindu 1. adj hinduistisch **2.** n Hindu m; **Hinduism** n Hinduismus m

hinge n Scharnier nt; (on door) Angel f

hint 1. n Wink m, Andeutung f **2.** vi andeuten (at acc)

hip n Hüfte f

hippopotamus n Nilpferd nt

hire 1. vt (worker) anstellen; (car, bike etc) mieten **2.** n Miete f; **for ~** (taxi) frei; **hire car** n Mietwagen m; **hire charge** n Benutzungsgebühr f; **hire purchase** n Ratenkauf m

his 1. adj sein; **he's hurt ~ leg** er hat sich dat das Bein verletzt **2.** pron seine(r, s); **it's ~** es gehört ihm; **a friend of ~** ein Freund von ihm

historic adj (significant) historisch; **historical** adj (mon-

ument etc) historisch; (studies etc) geschichtlich; **history** n Geschichte f

hit 1. n (blow) Schlag m; (on target) Treffer m; (successful film, CD etc) Erfolg m; Hit m **2.** vt schlagen; (bullet, stone etc) treffen; **the car ~ the tree** das Auto fuhr gegen einen Baum; **~ one's head on sth** sich dat den Kopf an etw dat stoßen; **hit (up)on** vt stoßen auf + acc; **hit-and-run** adj **~ accident** Unfall m mit Fahrerflucht

hitch-hike vi trampen; **hitch-hiker** n Tramper(in) m(f); **hitchhiking** n Trampen nt

HIV abbr = **human immunodeficiency virus** HIV nt; **~ positive/negative** HIV-positiv/negativ

hive n Bienenstock m

HM abbr = **His/Her Majesty**

HMS abbr = **His/Her Majesty's Ship**

hoarse adj heiser

hoax n Streich m, Jux m; (false alarm) blinder Alarm

hob n (of cooker) Kochfeld nt

hobble vi humpeln

hobby n Hobby nt

hobo n (US) Penner(in) m(f)

hockey n Hockey nt; (US) Eishockey nt

hold 1. vt halten; (contain) enthalten; (be able to contain) fassen; (post, office) innehaben; (value) behalten; (meeting) abhalten; (person *as prisoner*) gefangen halten; ~ *one's breath* den Atem anhalten; ~ *hands* Händchen halten; ~ *the line* TEL bleiben Sie am Apparat **2.** *vi* halten; (*weather*) sich halten **3.** *n* (*grasp*) Halt *m*; (*of ship, aircraft*) Laderaum *m*; **hold back** *vt* zurückhalten; (*keep secret*) verheimlichen; **hold on** *vi* sich festhalten; TEL dranbleiben; ~ *to sth* etw festhalten; **hold out 1.** *vt* ausstrecken; (*offer*) hinhalten; (*offer*) bieten **2.** *vi* durchhalten; **hold up** *vt* hochhalten; (*support*) stützen; (*delay*) aufhalten; **holdall** *n* Reisetasche *f*; **holder** *n* (*person*) Inhaber(in) *m(f)*; **holdup** *n* (*in traffic*) Stau *m*; (*robbery*) Überfall *m*

hole *n* Loch *nt*; (*of fox, rabbit*) Bau *m*; ~ *in the wall* (*cash dispenser*) Geldautomat *m*

holiday *n* (*day off*) freier Tag; (*public holiday*) Feiertag *m*; (*vacation*) Urlaub *m*; (*at school*) Ferien *pl*; **on ~** im Urlaub; **go on ~** Urlaub machen; **holiday camp** *n* Ferienlager *nt*; **holiday home** *n* Ferienhaus *nt*; (*flat*) Ferienwohnung *f*; **holidaymaker** *n* Urlauber(in) *m(f)*; **holiday resort** *n* Ferienort *m*

Holland *n* Holland *nt*

hollow 1. *adj* hohl; (*words*) leer **2.** *n* Vertiefung *f*

holly *n* Stechpalme *f*

holy *adj* heilig; **Holy Week** *n* Karwoche *f*

home 1. *n* Zuhause *nt*; (*area, country*) Heimat *f*; (*institution*) Heim *nt*; **make oneself at ~** es sich *dat* bequem machen; **away from ~** verreist **2.** *adv* **go ~** nach Hause gehen / fahren; **home address** *n* Heimatadresse *f*; **home country** *n* Heimatland *nt*; **home game** *n* SPORT Heimspiel *nt*; **homeless** *adj* obdachlos; **homely** *adj* häuslich; (*US, ugly*) unscheinbar; **home-made** *adj* selbst gemacht; **Home Office** *n* (*Brit*) Innenministerium *nt*

homeopathic *adj* (*US*) → **homoeopathic**

home page *n* IT Homepage *f*; **Home Secretary** *n* (*Brit*) Innenminister(in) *m(f)*; **homesick** *adj* **be ~** Heimweh haben; **homework** *n* Hausaufgaben *pl*

homicide *n* (*US*) Totschlag *m*

homoeopathic *adj* homöopathisch

homosexual *adj* homosexuell

Honduras *n* Honduras *nt*

honest *adj* ehrlich; **honesty** *n* Ehrlichkeit *f*

honey *n* Honig *m*; **honeydew melon** *n* Honigmelone *f*; **honeymoon** *n* Flitterwochen *pl*

Hong Kong *n* Hongkong *nt*

honor (US) → **honour;** honorary adj (member, title etc) Ehren-, ehrenamtlich; honour **1.** vt ehren; (cheque) einlösen; (contract) einhalten **2.** n Ehre f; **in ~ of** zu Ehren von; **honourable** adj ehrenhaft; **honours degree** n akademischer Grad mit Prüfung im Spezialfach

hood n Kapuze f; AUTO Verdeck nt; (US) AUTO Kühlerhaube f

hoof n Huf m

hook n Haken m; **hooked** adj (keen) besessen (on von); (drugs) abhängig (on von)

hooligan n Hooligan m

hoot vi AUTO hupen

Hoover® n Staubsauger m; **hoover** vi, vt staubsaugen

hop **1.** vi hüpfen **2.** n BOT Hopfen m

hope **1.** vi, vt hoffen (for auf + acc); **I ~ so/~ not** hoffentlich / hoffentlich nicht; **I ~ (that) we'll meet** ich hoffe, dass wir uns sehen werden **2.** n Hoffnung f; **there's no ~** es ist aussichtslos; **hopeful** adj hoffnungsvoll; **hopefully** adv (full of hope) hoffnungsvoll; (I hope so) hoffentlich; **hopeless** adj hoffnungslos; (incompetent) miserabel

horizon n Horizont m; **horizontal** adj horizontal

hormone n Hormon nt

horn n Horn nt; AUTO Hupe f

hornet n Hornisse f

horny adj fam geil

horoscope n Horoskop nt

horrible, horribly adj, adv schrecklich; **horrid, horribly** adj, adv abscheulich; **horrify** vt entsetzen; **horror** n Entsetzen nt; **~s** (things) Schrecken pl

hors d'oeuvre n Vorspeise f

horse n Pferd nt; **horse chestnut** n Rosskastanie f; **horsepower** n Pferdestärke f, PS nt; **horse racing** n Pferderennen nt; **horseradish** n Meerrettich m; **horse riding** n Reiten nt; **horseshoe** n Hufeisen nt

hose, hosepipe n Schlauch m

hospitable adj gastfreundlich

hospital n Krankenhaus nt

hospitality n Gastfreundschaft f

host **1.** n Gastgeber m; TV (of show) Moderator(in) m(f), Talkmaster(in) m(f) **2.** vt (party) geben; TV (TV show) moderieren

hostage n Geisel f

hostel n Wohnheim nt; (youth hostel) Jugendherberge f

hostess n (of a party) Gastgeberin f

hostile adj feindlich; **hostility** n Feindseligkeit f

hot adj heiß; (drink, food, water) warm; (spiced) scharf; **I'm (feeling) ~** mir ist heiß; **hot dog** n Hotdog nt

hotel n Hotel nt; **hotel room** n

Hotelzimmer *nt*

hothouse *n* Treibhaus *nt*; **hotline** *n* Hotline *f*; **hotplate** *n* Kochplatte *f*; **hotpot** *n* Fleischeintopf mit Kartoffeleinlage; **hot-water bottle** *n* Wärmflasche *f*

hour *n* Haus *m*; **wait for ~s** stundenlang warten; **~s** (*of shops etc*) Geschäftszeiten *pl*; **hourly** *adj* stündlich

house 1. *n* Haus *nt*; **at my ~** bei mir (zu Hause); **to my ~** zu mir (nach Hause); **on the ~** auf Kosten des Hauses; **the House of Commons / Lords** das britische Unterhaus / Oberhaus; **the Houses of Parliament** das britische Parlamentsgebäude **2.** *vt* unterbringen; **houseboat** *n* Hausboot *nt*; **household** *n* Haushalt *m*; **~ appliance** Haushaltsgerät *nt*; **house-husband** *n* Hausmann *m*; **housekeeping** *n* Haushaltung *f*; (*money*) Haushaltsgeld *nt*; **house-trained** *adj* stubenrein; **house-warming** (*party*) *n* Einzugsparty *f*; **housewife** *n* Hausfrau *f*; **house wine** *n* Hauswein *m*; **housework** *n* Hausarbeit *f*

housing *n* (*houses*) Wohnungen *pl*; (*house building*) Wohnungsbau *m*; **housing benefit** *n* Wohngeld *nt*; **housing development**, **housing estate** (*Brit*) *n*

Wohnsiedlung *f*

hover *vi* schweben; **hovercraft** *n* Luftkissenboot *nt*

how *adv* wie; **~ many** wie viele; **~ much** wie viel; **~ are you?** wie geht es Ihnen?; **~ are things?** wie geht's?; **~'s work?** was macht die Arbeit?; **~ about ...?** wie wäre es mit ...?; **however 1.** *conj* (*but*) jedoch, aber **2.** *adv* (*no matter how*) wie ...; **~ much it costs** wie viel es auch kostet

howl *vi* heulen; **howler** *n fam* grober Schnitzer

HQ *abbr* → **headquarters**

hubcap *n* Radkappe *f*

hug 1. *vt* umarmen **2.** *n* Umarmung *f*

huge *adj* riesig

hum *vi*, *vt* summen

human 1. *adj* menschlich; **~ rights** Menschenrechte *pl* **2.** *n* **~ (being)** Mensch *m*; **humanitarian** *adj* humanitär; **humanity** *n* Menschheit *f*; (*kindliness*) Menschlichkeit *f*; **humanities** Geisteswissenschaften *pl*

humble *adj* demütig; (*modest*) bescheiden

humid *adj* feucht; **humidity** *n* (Luft)feuchtigkeit *f*

humiliate *vt* demütigen; **humiliation** *n* Erniedrigung *f*, Demütigung *f*

humor (*US*) → **humour**; **humorous** *adj* humorvoll; (*story*) lustig, witzig; **humour** *n*

Humor m; **sense of~** Sinn m
für Humor

hump n Buckel m

hundred num **one~, a~** (ein)-
hundert; **a and one**
hundert(und)eins; **two~**
zweihundert; **hundredth 1.**
adj hundertste(r, s) **2.** n (fraction) Hundertstel nt; **hundredweight** n Zentner m
(50,8 kg)

hung pt, pp → **hang**

Hungarian 1. adj ungarisch **2.**
n (person) Ungar(in) m(f);
(language) Ungarisch nt;
Hungary n Ungarn nt

hunger n Hunger m; **hungry**
adj hungrig; **be~** Hunger haben

hunk n fam gut gebauter
Mann; **hunky** adj fam
(man) gut gebaut

hunt 1. n Jagd f; (search) Suche f (for nach) **2.** vt, vi jagen; (search) suchen (for
nach); **hunting** n Jagen nt,
Jagd f

hurdle n a. fig Hürde f; **the
400m~s** der 400m-Hürden-
lauf

hurl vt schleudern

hurricane n Orkan m

hurried adj eilig; **hurry 1.** n
Eile f; **be in a~** es eilig haben; **there's no~** es eilt nicht
2. vi sich beeilen; **~ (up)**
mach schnell! **3.** vt antreiben

hurt 1. vt wehtun + dat;

(wound: person, feelings)
verletzen; **I've ~ my arm**
ich habe mir am Arm wehge-
tan **2.** vi wehtun; **my arm~s**
mir tut der Arm weh

husband n Ehemann m

husky 1. adj rau **2.** n Schlitten-
hund m

hut n Hütte f

hyacinth n Hyazinthe f

hybrid n Kreuzung f

hydroelectric adj **~ power
station** Wasserkraftwerk nt

hydrofoil n Tragflächenboot
nt

hydrogen n Wasserstoff m

hygiene n Hygiene f; **hygienic** adj hygienisch

hymn n Kirchenlied m

hypermarket n Großmarkt
m; **hypersensitive** adj über-
empfindlich

hyphen n Bindestrich m

hypnosis n Hypnose f; **hypnotize** vt hypnotisieren

hypochondriac n eingebil-
dete(r) Kranke(r)

hypocrisy n Heuchelei f;
hypocrite n Heuchler(in)
m(f)

hypodermic adj, n ~ **(needle)**
Spritze f

hypothetical adj hypothe-
tisch

hysteria n Hysterie f; **hysterical** adj hysterisch; (amusing) zum Totlachen

I

I *pron* ich

ice 1. *n* Eis *nt* **2.** *vt* (*cake*) glasieren; **iceberg** *n* Eisberg *m*; **icebox** *n* (US) Kühlschrank *m*; **icecold** *adj* eiskalt; **ice cream** *n* Eis *nt*; **ice cube** *n* Eiswürfel *m*; **iced** *adj* eisgekühlt; (*coffee, tea*) Eis-; (*cake*) glasiert; **ice hockey** *n* Eishockey *nt*

Iceland *n* Island *nt*; **Icelander** *n* Isländer(in) *m(f)*; **Icelandic 1.** *adj* isländisch **2.** *n* (*language*) Isländisch *nt*

ice lolly *n* (*Brit*) Eis *nt* am Stiel; **ice rink** *n* Kunsteisbahn *f*; **ice skating** *n* Schlittschuhlaufen *nt*

icing *n* (*on cake*) Zuckerguss *m*

icon *n* Ikone *f*; **IT** Icon *nt*, Programmsymbol *nt*

icy *adj* (*slippery*) vereist; (*cold*) eisig

I'd *contr* = **I would; I had**

ID *abbr* = **identification** Ausweis *m*

idea *n* Idee *f*; (*I've*) **no ~** (ich habe) keine Ahnung; *that's my ~ of ...* so stelle ich mir ... vor

ideal 1. *n* Ideal *nt* **2.** *adj* ideal; **ideally** *adv* ideal; (*before statement*) idealerweise

identical *adj* identisch; *~ twins* eineiige Zwillinge

identify *vt* identifizieren; **identity** *n* Identität *f*; **identity card** *n* Personalausweis *m*

idiom *n* Redewendung *f*; **idiomatic** *adj* idiomatisch

idiot *n* Idiot(in) *m(f)*

idle *adj* (*doing nothing*) untätig; (*lazy*) faul; (*promise, threat*) leer

idol *n* Idol *nt*; **idolize** *vt* vergöttern

idyllic *adj* idyllisch

i.e. *abbr* = **id est** d. h.

if *conj* wenn, falls; (*whether*) ob; **~ so** wenn ja; **~ I were you** wenn ich du / Sie wäre; *I don't know ~ he's coming* ich weiß nicht, ob er kommt

ignition *n* Zündung *f*; **ignition key** *n* AUTO Zündschlüssel *m*

ignorance *n* Unwissenheit *f*; **ignorant** *adj* unwissend; **ignore** *vt* ignorieren, nicht beachten

I'll *contr* = **I will; I shall**

ill *adj* krank; **~ at ease** unbehaglich

illegal *adj* illegal

illegitimate *adj* unzulässig; (*child*) unehelich

illiterate *adj* **be ~** Analphabet(in) sein

illness *n* Krankheit *f*

illuminate *vt* beleuchten; **illuminating** *adj* (*remark*) auf-

schlussreich
illusion n Illusion f; **be under the ~ that ...** sich einbilden, dass ...
illustrate vt illustrieren; **illustration** n Abbildung f, Bild nt
I'm contr = **I am**
image n Bild nt; (public image) Image nt; **imagination** n Fantasie f; (mistaken) Einbildung f; **imaginative** adj fantasievoll; **imagine** vt sich vorstellen; (wrongly) sich einbilden; **~!** stell dir vor!
imitate vt nachahmen, nachmachen; **imitation 1.** n Nachahmung f **2.** adj imitiert, Kunst-
immaculate adj tadellos; (spotless) makellos
immature adj unreif
immediate adj unmittelbar; (instant) sofortig; (reply) umgehend; **immediately** adv sofort
immense, immensely adj, adv riesig, enorm
immersion heater n Boiler m
immigrant n Einwanderer m, Einwanderin f; **immigration** n Einwanderung f; (facility) Einwanderungskontrolle f
immobilize vt lähmen; **immobilizer** n AUTO Wegfahrsperre f
immoral adj unmoralisch
immortal adj unsterblich
immune adj MED immun (from, to gegen); **immune**

system n Immunsystem nt
impact n Aufprall m; (effect) Auswirkung f (on adj + acc)
impatience n Ungeduld f; **impatient, impatiently** adj, adv ungeduldig
impede vt behindern
imperfect adj unvollkommen; (goods) fehlerhaft
imperial adj kaiserlich, Reichs-; **imperialism** n Imperialismus m
impertinence n Unverschämtheit f, Zumutung f; **impertinent** adj unverschämt
implant n MED Implantat nt
implausible adj unglaubwürdig
implement 1. n Werkzeug nt, Gerät nt **2.** vt durchführen
implication n Folge f, Auswirkung f; (logical) Schlussfolgerung f; **implicit** adj implizit, unausgesprochen; **imply** vt (indicate) andeuten; (mean) bedeuten; **are you ~ing that ...** wollen Sie damit sagen, dass ...
impolite adj unhöflich
import 1. vt einführen, importieren **2.** n Einfuhr f, Import m
importance n Bedeutung f; **of no ~** unwichtig; **important** adj wichtig (to sb für jdn); (significant) bedeutend; (influential) einflussreich
import duty n Einfuhrzoll m;

import licence n Einfuhrgenehmigung f

impose vt (conditions) auferlegen (on dat); (penalty, sanctions) verhängen (on gegen); **imposing** adj eindrucksvoll, imposant

impossible adj unmöglich

impotence n Machtlosigkeit f; (sexual) Impotenz f; **impotent** adj machtlos; (sexually) impotent

impractical adj unpraktisch; (plan) undurchführbar

impress vt beeindrucken; **impression** n Eindruck m; **impressive** adj eindrucksvoll

imprison vt inhaftieren; **imprisonment** n Inhaftierung f

improper adj (indecent) unanständig; (use) unsachgemäß

improve 1. vt verbessern **2.** vi sich verbessern, besser werden; (patient) Fortschritte machen; **improvement** n Verbesserung f (in + gen; on gegenüber); (in appearance) Verschönerung f

improvise vt, vi improvisieren

impulse n Impuls m; **impulsive** adj impulsiv

in 1. prep in + dat; (expressing motion) in + acc; (in the case of) bei; **put it ~ the drawer** tu es in die Schublade; **~ the army** beim Militär; **~ itself** an sich; (time) **~ the morning / afternoon / evening** am Morgen / Nachmittag /

Abend; **at three ~ the afternoon** um drei Uhr nachmittags; **~ 2007** (im Jahre) 2007; **~ July** im Juli; **~ a week** in einer Woche; **~ writing** schriftlich; **~ German** auf Deutsch; **one ~ ten** einer von zehn, jeder zehnte; **~ all** insgesamt **2.** adv (go) hinein; (come) herein; **be ~** zu Hause sein; (in fashion) in sein, modisch sein; (arrived) angekommen sein; **sb is ~ for sth** jdm steht etw bevor; (sth unpleasant) jmd kann sich auf etw acc gefasst machen; **be ~ on sth** an etw dat beteiligt sein

inability n Unfähigkeit f

inaccessible adj a. fig unzugänglich

inaccurate adj ungenau

inadequate adj unzulänglich

inappropriate adj unpassend; (clothing) ungeeignet; (remark) unangebracht

incapable adj unfähig (of zu); **be ~ of doing sth** nicht imstande sein, etw zu tun

incense n Weihrauch m

incentive n Anreiz m

incessant, incessantly adj, adv unaufhörlich

incest n Inzest m

inch n Zoll m (2,54 cm)

incident n Vorfall m; (disturbance) Zwischenfall m; **incidentally** adv nebenbei bemerkt, übrigens

inclination n Neigung f; **inclined** adj **be ~ to do sth** da-

zu neigen, etw zu tun
include vt einschließen; (on list, in group) aufnehmen; **including** prep einschließlich (+ gen); **not ~ service** Bedienung nicht inbegriffen; **inclusive** adj einschließlich (of + gen); (price) Pauschal-
incoherent adj zusammenhanglos
income n Einkommen nt; (from business) Einkünfte pl; **income tax** n Einkommensteuer f; (on wages, salary) Lohnsteuer f; **incoming** adj ankommend; (mail) eingehend
incompatible adj unvereinbar; (people) unverträglich; IT nicht kompatibel
incompetent adj unfähig
incomplete adj unvollständig
incomprehensible adj unverständlich
inconceivable adj unvorstellbar
inconsiderate adj rücksichtslos
inconsistency n Inkonsequenz f; (contradictory) Widersprüchlichkeit f; **inconsistent** adj inkonsequent; (contradictory) widersprüchlich; (work) unbeständig
inconvenience n Unannehmlichkeit f; (trouble) Umstände pl; **inconvenient** adj ungünstig, unbequem;

(time) **it's ~ for me** es kommt mir ungelegen; **if it's not too ~ for you** wenn es dir / Ihnen passt
incorporate vt aufnehmen (into in + acc); (include) enthalten
incorrect adj falsch; (improper) inkorrekt
increase 1. n Zunahme f (in an + dat); (in amount, speed) Erhöhung f (in + gen) **2.** vt (price, taxes, salary, speed etc) erhöhen; (wealth) vermehren; (number) vergrößern **3.** vi zunehmen (in an + dat); (prices) steigen; (in size) größer werden; (in number) sich vermehren; **increasingly** adv zunehmend
incredible, incredibly adj, adv unglaublich; (very good) fantastisch
incredulous adj ungläubig, skeptisch
incriminate vt belasten
incubator n Brutkasten m
incurable adj unheilbar
indecent adj unanständig
indecisive adj (person) unentschlossen; (result) nicht entscheidend
indeed adv tatsächlich; (as answer) allerdings; **very hot ~** wirklich sehr heiß
indefinite adj unbestimmt; **indefinitely** adv endlos; (postpone) auf unbestimmte Zeit
independence n Unabhän-

gigkeit f; **independent** adj unabhängig (of von); (person) selbstständig

indescribable adj unbeschreiblich

index n Index m, Verzeichnis nt; **index finger** n Zeigefinger m

India n Indien nt; **Indian 1.** adj indisch; (Native American) indianisch **2.** n Inder(in) m(f); (Native American) Indianer(in) m(f); **Indian Ocean** n Indischer Ozean; **Indian summer** n Spätsommer m, Altweibersommer m

indicate 1. vt (show) zeigen; (instrument) anzeigen; (suggest) hinweisen auf + acc **2.** vi AUTO blinken; **indication** n (sign) Anzeichen nt (of für); **indicator** n AUTO Blinker m

indifferent adj (not caring) gleichgültig (to, towards gegenüber); (mediocre) mittelmäßig

indigestible adj unverdaulich; **indigestion** n Verdauungsstörung f

indignity n Demütigung f

indirect, **indirectly** adj, adv indirekt

indiscreet adj indiskret

indispensable adj unentbehrlich

indisposed adj unwohl

indisputable adj unbestreitbar; (evidence) unanfechtbar

individual 1. n Einzelne(r) mf

2. adj einzeln; (distinctive) eigen, individuell; **~ case** Einzelfall m; **individually** adv (separately) einzeln

Indonesia n Indonesien n

indoor adj (shoes) Haus-; (plant, games) Zimmer-; SPORT (soccer, championship, record etc) Hallen-; **indoors** adv drinnen, im Haus

indulge vi **~ in sth** sich dat etw gönnen; **indulgence** n Nachsicht f; (enjoyment) (übermäßiger) Genuss; (luxury) Luxus m; **indulgent** adj nachsichtig (with gegenüber)

industrial adj Industrie-, industriell; **~ estate** Industriegebiet nt; **industry** n Industrie f

inedible adj nicht essbar, ungenießbar

ineffective adj unwirksam, wirkungslos; **inefficient** adj unwirksam; (use, machine) unwirtschaftlich; (method etc) unrationell

inequality n Ungleichheit f

inevitable adj unvermeidlich; **inevitably** adv zwangsläufig

inexcusable adj unverzeihlich

inexpensive adj preisgünstig

inexperience n Unerfahrenheit f; **inexperienced** adj unerfahren

inexplicable adj unerklärlich

infallible adj unfehlbar

infamous adj (person) be-

rüchtigt (for wegen); (deed)
niedertrёchtig

infancy n frühe Kindheit; **infant** n Säugling m; (small child) Kleinkind nt; **infant school** n Vorschule f

infatuated adj vernarrt or verknallt (with in + acc)

infect vt (person) anstecken; (wound) infizieren; **infection** n Infektion f; **infectious** adj ansteckend

inferior adj (in quality) minderwertig; (in rank) untergeordnet; **inferiority** n Minderwertigkeit f

infertile adj unfruchtbar

inflame vt MED entzünden; **inflammation** n MED Entzündung f

inflatable adj aufblasbar; **inflate** vt aufpumpen; (by blowing) aufblasen; (prices) hochtreiben

inflation n Inflation f

inflexible adj unflexibel

in-flight adj (catering, magazine) Bord-

influence 1. n Einfluss m (on auf + acc) 2. vt beeinflussen; **influential** adj einflussreich

influenza n Grippe f

inform vt informieren (of, about über + acc); **keep sb ~ed** jdn auf dem Laufenden halten

informal adj zwanglos, ungezwungen

information n Auskunft f, Informationen pl; **for your ~** zu

deiner / Ihrer Information; **further ~** weitere Informationen, Weiteres; **information desk** n Auskunftsschalter m; **information technology** n Informationstechnik f, Informationstechnologie f; **informative** adj aufschlussreich

infra-red adj infrarot

infrastructure n Infrastruktur f

infuriate vt wütend machen; **infuriating** adj äußerst ärgerlich

infusion n (herbal tea) Aufguss m; MED Infusion f

ingenious adj (person) erfinderisch; (device) raffiniert; (idea) genial

ingredient n GASTR Zutat f

inhabit vt bewohnen; **inhabitant** n Einwohner(in) m(f)

inhale vt einatmen; (cigarettes) MED inhalieren; **inhaler** n Inhalationsgerät nt

inherit vt erben; **inheritance** n Erbe nt

in-house adj intern

inhuman adj unmenschlich

initial 1. adj anfänglich; **~ stage** Anfangsstadium nt 2. vt mit Initialen unterschreiben; **initially** adv anfangs; **initials** npl Initialen pl

initiative n Initiative f

inject vt (drug etc) einspritzen; **~ sb with sth** jdm etw (ein)spritzen; **injection** n Spritze f, Injektion f

injure vt verletzen; ~ **one's leg** sich dat das Bein verletzen; **injury** n Verletzung f

injustice n Ungerechtigkeit f

ink n Tinte f; **ink-jet printer** n Tintenstrahldrucker m

inland adj Binnen- 2. adv landeinwärts; **inland revenue** n (Brit) Finanzamt nt

in-laws npl fam Schwiegereltern pl

inline skates npl Inlineskates pl, Inliner pl

inmate n Insasse m

inn n Gasthaus m

inner adj innere(r, s); ~ **city** Innenstadt f

innocence n Unschuld f; **innocent** adj unschuldig

innovation n Neuerung f

innumerable adj unzählig

inoculate vt impfen (against gegen); **inoculation** n Impfung f

in-patient n stationärer Patient, stationäre Patientin

input n (contribution) Beitrag m; IT Eingabe f

inquire → **enquire**; **inquiry** → **enquiry**

insane adj wahnsinnig; MED geisteskrank; **insanity** n Wahnsinn m

insatiable adj unersättlich

inscription n (on stone etc) Inschrift f

insect n Insekt nt

insecure adj (person) unsicher; (shelves) instabil

insensitive adj unempfind-

lich (to gegen); (unfeeling) gefühllos

inseparable adj unzertrennlich

insert 1. vt einfügen; (coin) einwerfen; (key etc) hineinstecken 2. n (in magazine) Beilage f; **insertion** n (in text) Einfügen nt

inside 1. n the ~ das Innere; (surface) die Innenseite; **from the ~** von innen 2. adj innere(r, s), Innen-; ~ **lane** AUTO Innenspur f; SPORT Innenbahn f 3. adv (place) innen; (direction) hinein; **go ~** hineingehen 4. prep (place) in + dat; (into) in + acc … hinein; (time, within) innerhalb + gen; **inside out** adv verkehrt herum; (know) in und auswendig; **insider** n Eingeweihte(r) mf, Insider(in) m(f)

insight n Einblick m (into in + acc)

insincere adj unaufrichtig, falsch

insinuation n Andeutung f

insist vi darauf bestehen; ~ **on sth** auf etw dat bestehen; **insistent** adj hartnäckig

insomnia n Schlaflosigkeit f

inspect vt prüfen, kontrollieren; **inspection** n Prüfung f; (check) Kontrolle f; **inspector** n (police) Inspektor(in) m(f); (senior) Kommissar(in) m(f); (on bus etc) Kontrolleur(in) m(f) inspiration n Inspiration f; inspire vt (respect) einflößen (in dat); (person) inspirieren

install vt (software) installieren

installment, instalment n Rate f; (of story) Folge f; pay in ~s auf Raten zahlen; installment plan n (US) Ratenkauf m

instance n (of discrimination) Fall m; (example) Beispiel nt (of für + acc); for ~ zum Beispiel

instant 1. n Augenblick m 2. adj sofortig; instant coffee n löslicher Kaffee m; instantly adv sofort

instead adv stattdessen; instead of prep (an)statt + gen

instinct n Instinkt m; instinctive, instinctively adj, adv instinktiv

institute n Institut nt; institution n (organisation) Institution f, Einrichtung f; (home) Anstalt f

instruct vt anweisen; instruction n (teaching) Unterricht m; (command) Anweisung f; ~s for use Gebrauchsanweisung f; instructor n Lehrer(in) m(f); (US) Dozent(in) m(f)

instrument n Instrument nt; instrument panel n Armaturenbrett nt

insufficient adj ungenügend

insulate vt ELEC isolieren; insulating tape n Isolierband nt; insulation n Isolierung f

insulin n Insulin nt

insult 1. n Beleidigung f 2. vt beleidigen; insulting adj beleidigend

insurance n Versicherung f; ~ company Versicherungsgesellschaft f; ~ policy Versicherungspolice f; insure vt versichern (against gegen)

intake n Aufnahme f

integrate vt integrieren (into in + acc)

integrity n Integrität f, Ehrlichkeit f

intellect n Intellekt m; intellectual adj intellektuell; (interests etc) geistig

intelligence n (understanding) Intelligenz f; intelligent adj intelligent

intend vt beabsichtigen; ~ to do sth vorhaben, etw zu tun

intense adj intensiv; (pressure) enorm; (competition) heftig; intensity n Intensität f; intensive adj intensiv; intensive care unit n Intensivstation f

intention n Absicht f; intentional, intentionally adj, adv absichtlich

interact vi aufeinander einwirken; interaction n Interaktion f, Wechselwirkung f; interactive adj interaktiv

interchange n (of motorways) Autobahnkreuz nt; interchangeable adj austauschbar

intercity n Intercityzug m, IC m

intercom n (Gegen)sprechanlage f

intercourse n (sexual) Geschlechtsverkehr m

interest 1. n Interesse nt; FIN (on money) Zinsen pl; COMM (share) Anteil m; **be of ~** von Interesse sein (to für) **2.** vt interessieren; **interested** adj interessiert (in an + dat); **be ~ in** sich interessieren für; **are you ~ in coming?** hast du Lust, mitzukommen?; **interesting** adj interessant; **interest rate** n Zinssatz m

interface n IT Schnittstelle f

interfere vi (meddle) sich einmischen (with, in in + acc); **interference** n Einmischung f; TV, RADIO Störung f

interior 1. adj Innen- **2.** n Innere(s) nt; (of car) Innenraum m; (of house) Innenausstattung f

intermediate adj Zwischen-

intermission n Pause f

intern n Assistent(in) m(f)

internal adj innere(r, s); (flight) Inlands-; **~ revenue** (US) Finanzamt nt; **internally** adv innen; (in body) innerlich

international 1. adj international; **~ match** Länderspiel nt; **~ flight** Auslandsflug m **2.** n SPORT (player) National-

spieler(in) m(f)

Internet n IT Internet nt; **Internet access** n Internetzugang m; **Internet auction** n Internetauktion f; **Internet banking** n Onlinebanking nt; **Internet café** n Internetcafé nt; **Internet connection** n Internetanschluss m; **Internet provider** n Internetprovider m

interpret vi, vt (translate) dolmetschen; (explain) interpretieren; **interpretation** n Interpretation f; **interpreter** n Dolmetscher(in) m(f)

interrogate vt verhören; **interrogation** n Verhör nt

interrupt vt unterbrechen; **interruption** n Unterbrechung f

intersection n (of roads) Kreuzung f

interstate n (US) zwischenstaatlich; **~ highway** ≈ Bundesautobahn f

interval n (space, time) Abstand m; (theatre etc) Pause f

intervene vi eingreifen (in in); **intervention** n Eingreifen nt; POL Intervention f

interview 1. n Interview nt; (for job) Vorstellungsgespräch nt **2.** vt interviewen; (job applicant) ein Vorstellungsgespräch führen mit; **interviewer** n Interviewer(in) m(f)

intestine n Darm m; **~s** pl Eingeweide pl

intimate adj (friends) vertraut, eng; (atmosphere) gemütlich; (sexually) intim

intimidate vt einschüchtern; **intimidation** n Einschüchterung f

into prep in + acc; (crash) gegen; **translate ~ French** ins Französische übersetzen; **be ~ sth** fam auf etw acc stehen

intolerable adj unerträglich

intolerant adj intolerant

intoxicated adj betrunken; fig berauscht

intricate adj kompliziert

intrigue vt faszinieren; **intriguing** adj faszinierend, fesselnd

introduce vt (person) vorstellen (to sb jdm); (sth new) einführen (to in + acc); **introduction** n Einführung f (to in + acc); (to book) Einleitung f (to zu); (to person) Vorstellung f

introvert n Introvertierte(r) mf

intuition n Intuition f

invade vt einfallen in + acc

invalid 1. n Kranke(r) mf; (disabled) Invalide m **2.** adj (not valid) ungültig

invaluable adj äußerst wertvoll, unschätzbar

invariably adv ständig; (every time) jedes Mal, ohne Ausnahme

invasion n Invasion f (of in + acc)

invent vt erfinden; **invention** n Erfindung f; **inventor** n Erfinder(in) m(f)

inverted commas npl Anführungszeichen pl

invest vt, vi investieren (in in + acc)

investigate vt untersuchen; **investigation** n Untersuchung f (into + gen)

investment n Investition f; **it's a good ~** es ist eine gute Anlage

invigorating adj erfrischend, belebend; (tonic) stärkend

invisible adj unsichtbar

invitation n Einladung f; **invite** vt einladen

invoice n (bill) Rechnung f

involuntary adj unbeabsichtigt

involve vt verwickeln (in in etw acc); (entail) zur Folge haben; **be ~d in sth** (participate in) an etw dat beteiligt sein; **I'm not ~d** (affected) ich bin nicht betroffen

inward adj innere(r, s); **inwardly** adv innerlich; **inwards** adv nach innen

iodine n Jod nt

IOU abbr = **I owe you** Schuldschein m

IQ abbr = **intelligence quotient** IQ m

Iran n der Iran

Iraq n der Irak

Ireland n Irland nt

iris n (flower) Schwertlilie f; (of eye) Iris f

Irish 1. *adj* irisch; **~ coffee** Irish Coffee *m*; **~ Sea** die Irische See **2.** *n* (*language*) Irisch *nt*; **the ~** *pl* die Iren *pl*; **Irishman** *n* Ire *m*; **Irishwoman** *n* Irin *f*

iron 1. *n* Eisen *nt*; (*for ironing*) Bügeleisen *nt* **2.** *adj* eisern **3.** *vt* bügeln

ironic(al) *adj* ironisch

ironing board *n* Bügelbrett *nt*

irony *n* Ironie *f*

irrational *adj* irrational

irregular *adj* unregelmäßig

irrelevant *adj* belanglos, irrelevant

irreplaceable *adj* unersetzlich

irresistible *adj* unwiderstehlich

irresponsible *adj* verantwortungslos

irretrievable *adv* unwiederbringlich; (*loss*) unersetzlich

irritable *adj* reizbar; **irritate** *vt* (*annoy*) ärgern; (*deliberately*) reizen; **irritation** *n* (*anger*) Ärger *m*; MED Reizung *f*

is *3rd person sg present* → **be**

Islam *n* Islam *m*; **Islamic** *adj* islamisch

island *n* Insel *f*; **Isle** *n* (*in names*) **the ~ of Man** die Insel Man; **the British ~s** die Britischen Inseln

isn't *contr* = **is not**

isolate *vt* isolieren; **isolated** *adj* (*remote*) abgelegen; **isolation** *n* Isolierung *f*

Israel *n* Israel *nt*; **Israeli 1.** *adj* israelisch **2.** *n* Israeli *m or f*

issue 1. *n* (*matter*) Frage *f*; (*problem*) Problem *nt*; (*subject*) Thema *nt*; (*of newspaper etc*) Ausgabe *f*; **that's not the ~** darum geht es nicht **2.** *vt* ausgeben; (*document*) ausstellen; (*orders*) erteilen; (*book*) herausgeben

it *pron* (*as subject*) er / sie / es; (*as direct object*) ihn / sie / es; (*as indirect object*) ihm / ihr / ihm; **the worst thing about ~** das Schlimmste daran; **who is ~?** wer ist das?; **~'s me/~'s him** wer ist da? ihr/sie/es ist's; **~'s your turn** du bist dran; **that's ~** ja genau!; **~'s raining** es regnet; **~'s Charlie here**, hier spricht Charlie

IT *abbr* → **information technology** IT *f*

Italian 1. *adj* italienisch **2.** *n* Italiener(in) *m(f)*; (*language*) Italienisch *nt*

italic 1. *adj* kursiv **2.** *npl* **in ~s** kursiv

Italy *n* Italien *nt*

itch 1. *n* Juckreiz *m*; **I have an ~** mich juckt es **2.** *vi* jucken; **he is ~ing to …** es juckt ihn, zu …; **itchy** *adj* juckend

it'd *contr* = **it would**; **it had**

item *n* (*article*) Gegenstand *m*; (*in catalogue*) Artikel *m*; (*on list, in accounts*) Posten *m*; (*on agenda*) Punkt *m*; (*in news*) Bericht *m*; TV (*radio*)

Meldung f
itinerary n Reiseroute f
it'll contr = **it will; it shall**
its pron sein; (feminine form)
ihr
it's contr = **it is; it has**
itself pron (reflexive) sich;
(emphatic) **the house ~** das

Haus selbst or an sich; **by ~**
allein; **the door closes
(by) ~** die Tür schließt sich
von selbst
I've contr = **I have**
ivory n Elfenbein nt
ivy n Efeu m

J

jab 1. vt (needle, knife) stechen
(into in + acc) **2.** n fam Spritze f

jack n AUTO Wagenheber m,
Bube m; **jack in** vt fam aufgeben, hinschmeißen; **jack
up** vt (car etc) aufbocken

jacket n Jacke f; (of man's
suit) Jackett nt; (of book)
Schutzumschlag m; **jacket
potato** n (in der Schale) gebackene Kartoffel

jack-knife 1. n Klappmesser
nt **2.** vi (truck) sich quer stellen

jacuzzi® n (bath) Whirlpool®
m

jail 1. n Gefängnis nt **2.** vt einsperren

jam 1. n Konfitüre f, Marmelade f; (traffic jam) Stau m
2. vt (street) verstopfen; **be
~med** (stuck) klemmen; **~
on the brakes** eine Vollbremsung machen

Jamaica n Jamaika nt
jam-packed adj proppenvoll
janitor n (US) Hausmeis-

ter(in) m(f)
January n Januar m
Japan n Japan nt; **Japanese
1.** adj japanisch **2.** n (person)
Japaner(in) m(f); (language)
Japanisch nt

jar n Glas nt
jaundice n Gelbsucht f
javelin n Speer m; SPORT
Speerwerfen nt

jaw n Kiefer m
jazz n Jazz m
jealous adj eifersüchtig (of
auf + acc); **don't make me
~** mach mich nicht neidisch;
jealousy n Eifersucht f

jeans npl Jeans pl
jelly n Gelee nt; (dessert) Göt-
terspeise f; (US, jam) Marmelade f; **jelly baby** n (sweet)
Gummibärchen n; **jellyfish**
n Qualle f

jeopardize vt gefährden
jerk 1. n Ruck m; fam (idiot)
Trottel m **2.** vt ruckartig bewegen **3.** vi (rope) rucken;
(muscles) zucken
Jerusalem n Jerusalem nt

jet n (of water etc) Strahl m; (nozzle) Düse f; (aircraft) Düsenflugzeug nt; **jet foil** n Tragflächenboot nt; **jetlag** n Jetlag m (Müdigkeit nach langem Flug)

Jew n Jude m, Jüdin f

jewel n Edelstein m; (esp) fig Juwel nt; **jeweller, jeweler** (US) n Juwelier(in) m(f); **jewellery, jewelery** (US) n Schmuck m

Jewish adj jüdisch; **she's ~** sie ist Jüdin

jigsaw (puzzle) n Puzzle nt

jilt vt den Laufpass geben + dat

jitters npl fam **have the ~** Bammel haben; **jittery** adj fam ganz nervös

job n (piece of work) Arbeit f; (task) Aufgabe f; (occupation) Stellung f, Job m; **what's your ~?** was machen Sie beruflich?; **jobcentre** n Arbeitsvermittlungsstelle f Arbeitsamt nt; **job-hunting** n **go ~** auf Arbeitssuche gehen; **jobless** adj arbeitslos; **job seeker** n Arbeitssuchende(r) m/f; **jobseeker's allowance** n Arbeitslosengeld nt; **job-sharing** n Arbeitsplatzteilung f

jockey n Jockey m

jog vt (person) anstoßen **2.** vi (run) joggen **2.** Jogging nt; **go ~** joggen gehen

john n (US) fam Klo nt

join 1. vt (put together) verbinden (to mit); (club etc) beitreten + dat; **~ sb** sich jdm anschließen; (sit with) sich zu jdm setzen **2.** vi (unite) sich vereinigen; (rivers) zusammenfließen; **join in** vi, vt mitmachen (sth bei etw)

joint 1. n (of bones) Gelenk nt; (in pipe etc) Verbindungsstelle f; (of meat) Braten m; (of marijuana) Joint m **2.** adj gemeinsam; **joint account** n Gemeinschaftskonto nt; **jointly** adv gemeinsam

joke 1. n Witz m; (prank) Streich m; **for a ~** zum Spaß; **it's no ~** das ist nicht zum Lachen **2.** vi Witze machen; **you must be joking** das ist ja wohl nicht dein Ernst!

jolly adj lustig, vergnügt

Jordan n (country) Jordanien nt; (river) Jordan m

jot down vt sich notieren; **jotter** n Notizbuch nt

journal n (diary) Tagebuch nt; (magazine) Zeitschrift f; **journalism** n Journalismus m; **journalist** n Journalist(in) m(f)

journey n Reise f; (esp on stage, by car, train) Fahrt f

joy n Freude f (at über + acc); **joystick** n Joystick m; AVIAT Steuerknüppel m

judge 1. n Richter(in) m(f); SPORT Punktrichter(in) m(f) **2.** vt beurteilen (by nach) **3.** vi urteilen (by nach);

judg(e)ment *n* LAW Urteil *nt*; (*opinion*) Ansicht *f*; **an error of ~** Fehleinschätzung *f*

judo *n* Judo *nt*

jug *n* Krug *m*

juggle *vi* jonglieren (*with* mit)

juice *n* Saft *m*; **juicy** *adj* saftig

July *n* Juli *m*; → **September**

jumble 1. *n* Durcheinander *nt* **2.** *vt* ~ (**up**) durcheinanderwerfen; (*facts*) durcheinanderbringen; **jumble sale** *n* Flohmarkt *m*, (*for charity*) Wohltätigkeitsbasar *m*

jump 1. *vi* springen; (*nervously*) zusammenzucken; ~ **to conclusions** voreilige Schlüsse ziehen **2.** *vt* (*omit*) überspringen; ~ **the lights** bei Rot über die Kreuzung fahren; ~ **the queue** sich vordrängen **3.** *n* Sprung *m*; (*for horses*) Hindernis *nt*; **jumper** *n* Pullover *m*; (*US, dress*) Trägerkleid *nt*; (*person, horse*) Springer(in) *m(f)*; **jumper cable** *n* (*US*), **jump lead** *n* (*Brit*) AUTO Starthilfekabel *nt*

junction *n* (*of roads*) Kreuzung *f*; RAIL Knotenpunkt *m*

June *n* Juni *m*; → **September**

jungle *n* Dschungel *m*

junior 1. *adj* (*younger*) jünger; (*lower position*) untergeordnet (*to sb* jdm) **2.** *n* **she's two years my ~** sie ist zwei Jahre jünger als ich; **junior high (school)** *n* (*US*) ≈ Mittel-

schule *f*; **junior school** *n* (*Brit*) Grundschule *f*

junk *n* (*trash*) Plunder *m*; **junk food** *n* Nahrungsmittel *pl* mit geringem Nährwert, Junkfood *nt*; **junkie** *n fam* Junkie *m*, Fixer(in) *m(f)*; **junk mail** *n* Reklame *f*; IT Junkmail *f*; **junk shop** *n* Trödelladen *m*

jury *n* Geschworene *pl*; (*in competition*) Jury *f*

just 1. *adj* gerecht **2.** *adv* (*recently*) gerade; (*exactly*) genau; ~ **as expected** wie erwartet; ~ **as nice** genauso nett; (*barely*) ~ **in time** gerade noch rechtzeitig; (*immediately*) ~ **before / after** ... gleich vor / nach ...; (*small distance*) ~ **round the corner** gleich um die Ecke; (*a little*) ~ **over an hour** etwas mehr als eine Stunde; (*only*) ~ **the two of us** nur wir beide; ~ **a moment** Moment mal; (*absolutely, simply*) **it was ~ fantastic** es war einfach klasse; ~ **about** so etwa; (*more or less*) mehr oder weniger; ~ **about ready** fast fertig

justice *n* Gerechtigkeit *f*; **justifiable** *adj* berechtigt; **justifiably** *adv* zu Recht; **justify** *vt* rechtfertigen

juvenile *n* **1.** *adj* Jugend-, jugendlich **2.** *n* Jugendliche(r) *mf*

K

k *abbr* → **thousand**; **15k** 15 000

K *abbr* → **kilobyte** KB

kangaroo *n* Känguru *nt*

karaoke *n* Karaoke *nt*

karate *n* Karate *nt*

kart *n* Gokart *m*

kayak *n* Kajak *m or nt*; **kayaking** *n* Kajakfahren *nt*

Kazakhstan *n* Kasachstan *nt*

kebab *n* (*shish kebab*) Schaschlik *nt or m*; (*doner kebab*) Kebab *m*

keel *n* NAUT Kiel *m*; **keel over** *vi* (*boat*) kentern; (*person*) umkippen

keen *adj* begeistert (*on* von); (*hardworking*) eifrig; (*mind, wind*) scharf; (*interest, feeling etc*) stark; **be ~ on sb** von jdm angetan sein; **she's ~ on riding** sie reitet gern; **be ~ to do sth** darauf erpicht sein, etw zu tun

keep 1. *vt* (*retain*) behalten; (*secret*) für sich behalten; (*observe*) halten; (*promise*) halten; (*run: shop, diary, accounts*) führen; (*animals*) halten; (*store*) aufbewahren; (*support, family etc*) unterhalten, versorgen; **~ sb waiting** jdn warten lassen; **~ sb from doing sth** jdn davon abhalten, etw zu tun; **~ sth clean / secret** etw sauber / geheim halten; **'~ clear'** „(bitte) frei halten"; **~ this to yourself** behalt das für dich / behalten Sie das für sich **2.** *vi* (*food*) sich halten; (*remain, with adj*) bleiben; **~ quiet** sei / seien Sie ruhig!; **~ left** links fahren; **~ doing sth** (*repeatedly*) etw immer wieder tun so!; **it ~s happening** es passiert immer wieder; **keep back 1.** *vi* zurückbleiben **2.** *vt* zurückhalten; (*information*) verschweigen (*from sb* jdm); **keep off** *vt* (*person, animal*) fernhalten; **'~ the grass'** „Betreten des Rasens verboten"; **keep on 1.** *vi* weitermachen; (*walking*) weitergehen; (*in car*) weiterfahren; **~ doing sth** (*persistently*) etw immer wieder tun **2.** *vt* (*coat etc*) anbehalten; **keep out 1.** *vt* nicht hereinlassen **2.** *vi* draußen bleiben; (*on sign*) Eintritt verboten; **keep to** *vt* (*road, path*) bleiben auf + *dat*; (*plan etc*) sich halten an + *acc*; **~ the point** bei der Sache bleiben; **keep up 1.** *vi* Schritt halten (*with* mit) **2.** *vt* (*maintain*) aufrechterhalten; (*speed*) halten; **~ appearances** den Schein wahren; **keep it up!**

fam weiter so!

keeper *n* (*museum etc*) Aufseher(in) *m(f)*; (*goalkeeper*) Torwart *m*; (*zoo keeper*) Tierpfleger(in) *m(f)*; **keep- -fit** *n* Fitnesstraining *nt*; **~ ex- ercises** Gymnastik *f*

kennel *n* Hundehütte *f*; **ken- nels** *n* Hundepension *f*

Kenya *n* Kenia *nt*

kept *pt*, *pp* → **keep**

kerb *n* Randstein *m*

kerosene *n* (*US*) Petroleum *nt*

ketchup *n* Ketchup *nt or m*

kettle *n* Kessel *m*

key 1. *n* Schlüssel *m*; (*of piano, computer*) Taste *f*; MUS Tonart *f*; (*for map etc*) Zeichenerklärung *f* **2.** *vt* **~ (in)** IT eingeben **3.** *adj* entscheidend; **keyboard** *n* (*of piano, computer*) Tastatur *f*; **keyhole** *n* Schlüsselloch *nt*; **keypad** *n* IT Nummernblock *m*; **key- ring** *n* Schlüsselring *m*

kick 1. *n* Tritt *m*; SPORT Stoß *m* **2.** *vt*, *vi* treten; **kick out** *vt fam* rausschmeißen (*of* aus); **kick-off** *n* SPORT Anstoß *m*

kid 1. *n* (*child*) Kind *nt* **2.** *vt* (*tease*) auf den Arm nehmen **3.** *vi* Witze machen; **you're ~ding** das ist doch nicht dein Ernst!; **no ~ding** aber echt!

kidnap *vt* entführen; **kidnap- per** *n* Entführer(in) *m(f)*; **kidnapping** *n* Entführung *f*

kidney *n* Niere *f*; **kidney ma-** **chine** *n* künstliche Niere

kill *vt* töten; (*esp intentionally*) umbringen; (*weeds*) vernichten; **killer** *n* Mörder(in) *m(f)*

kilo *n* Kilo *nt*; **kilobyte** *n* Kilobyte *nt*; **kilogramme** *n* Kilogramm *nt*; **kilometer** (*US*), **kilometre** *n* Kilometer *m*; **~s per hour** Stundenkilometer *pl*; **kilowatt** *n* Kilowatt *nt*

kilt *n* Schottenrock *m*

kind 1. *adj* nett, freundlich (*to* zu) **2.** *n* Art *f*; (*of coffee, cheese etc*) Sorte *f*; **what ~ of...?** was für ein(e) ...?; **this ~ of ...** so ein(e) ...; **~ of** (+ *adj*) *fam* irgendwie

kindergarten *n* Kindergarten *m*

kindly 1. *adj* nett, freundlich **2.** *adv* liebenswürdigerweise

king *n* König *m*; **kingdom** *n* Königreich *nt*; **king-size** *adj* im Großformat; (*bed*) extra groß

kipper *n* Räucherhering *m*

kiss 1. *n* Kuss *m*; **~ of life** Mund-zu-Mund-Beatmung *f* **2.** *vt* küssen

kit *n* (*equipment*) Ausrüstung *f*; *fam* Sachen *pl*; (*sports kit*) Sportsachen *pl*; (*for building sth*) Bausatz *m*

kitchen *n* Küche *f*; **kitchen foil** *n* Alufolie *f*; **kitchen scales** *n* Küchenwaage *f*; **kitchenware** *n* Küchengeschirr *nt*

kite *n* Drachen *m*

kitten *n* Kätzchen *nt*

kiwi n (fruit) Kiwi f
km abbr = **kilometre(s)** km
knack n Dreh m, Trick m; **get / have got the ~** den Dreh herausbekommen/ heraushaben; **knackered** adj (Brit) fam fix und fertig, kaputt
knee n Knie nt; **kneecap** n Kniescheibe f; **knee-jerk** adj (reaction) reflexartig; **kneel** vi kien; (action, kneel down) sich hinknien
knelt pt, pp → **kneel**
knew pt → **know**
knickers npl (Brit fam) Schlüpfer m
knife n Messer nt
knight n Ritter m; (in chess) Pferd nt, Springer m
knit vt, vi stricken; **knitting** n (piece of work) Strickarbeit f; (activity) Stricken nt; **knitwear** n Strickwaren pl
knob n (on door) Knauf m; (on radio etc) Knopf m
knock 1. vt (with hammer etc) schlagen; (accidentally) stoßen; **~ one's head** sich dat den Kopf anschlagen **2.** vi klopfen (on, at an + acc) **3.** n (blow) Schlag m; (on door) Klopfen nt; **there was a ~ (at the door)** es hat geklopft; **knock down** vt (object) umstoßen; (person) niederschlagen; (with car) anfahren; (building) abreißen;

knock out vt (stun) bewusstlos schlagen; (boxer) k.o. schlagen
knot n Knoten m
know vt, vi wissen; (be acquainted with: people, places) kennen; (recognize) erkennen; (language) können; **I'll let you ~** ich sage dir / Ihnen Bescheid; **I ~ some French** ich kann etwas Französisch; **get to ~ sb** jdn kennenlernen; **be ~n as** bekannt sein als; **know of** vt kennen; **not that I ~** nicht dass ich wüsste; **know-all** n fam Klugscheißer m; **know-how** n Kenntnis f, Know-how nt; **knowing** adj wissend; (look, smile) vielsagend; **knowledge** n Wissen nt; (of a subject) Kenntnisse pl; **to (the best of) my ~** meines Wissens
known pp → **know**
knuckle n (Finger)knöchel m; GASTR Hachse f; **knuckle down** vi sich an die Arbeit machen
Koran n Koran m
Korea n Korea nt
Kosovo n der Kosovo m
kph abbr = **kilometres per hour** km/h
Kremlin n the ~ der Kreml
Kurd n Kurde m, Kurdin f; **Kurdish** adj kurdisch
Kuwait n Kuwait nt

L

L abbr (Brit) AUTO → **learner**
LA abbr = **Los Angeles**
lab n fam Labor nt
label 1. n Etikett nt; (tied) Anhänger m; (adhesive) Aufkleber m; (record label) Label nt **2.** vt etikettieren; pej abstempeln
labor (US), **labour 1.** n Arbeit f; MED Wehen pl; **be in ~** Wehen haben **2.** adj POL Labour-; **Labour Party** Labour Party f
laboratory n Labor nt
laborious adj mühsam; **labor union** n (US) Gewerkschaft f; **labourer** n Arbeiter(in) m(f)
lace 1. n (fabric) Spitze f; (of shoe) Schnürsenkel m **2.** vt **~ (up)** zuschnüren
lack 1. vt, vi **be ~ing** fehlen; **we ~ the time** uns fehlt die Zeit **2.** n Mangel m (of an + dat)
lacquer n Lack m; (Brit, hair lacquer) Haarspray nt
lad n Junge m
ladder n Leiter f; (in tight) Laufmasche f
laddish adj (Brit) machohaft
laden adj beladen (with mit)
ladies, ladies' room n Damentoilette f
lad mag n Männerzeitschrift f
lady n Dame f; (as title) Lady f;

ladybird, ladybug (US) n Marienkäfer m; **Lady-shave®** n Epiliergerät nt
lag 1. vi **~ (behind)** zurückliegen **2.** vt (pipes) isolieren
lager n helles Bier; **~ lout** betrunkener Rowdy
laid pt, pp → **lay**; **laid-back** adj fam cool, gelassen
lain pp → **lie**
lake n See m
lamb n Lamm nt; (meat) Lammfleisch nt; **lamb chop** n Lammkotelett nt
lame adj lahm; (excuse) faul; (argument) schwach
lament 1. n Klage f **2.** vt beklagen
laminated adj beschichtet
lamp n Lampe f; (in street) Laterne f; (in car) Licht nt, Scheinwerfer m
land 1. n Land nt **2.** vi (from ship) an Land gehen; AVIAT landen; **landing** n Landung f; (on stairs) Treppenabsatz m; **landing stage** n Landesteg m; **landing strip** n Landebahn f
landlady n Hauswirtin f, Vermieterin f; **landlord** n (of house) Hauswirt m, Vermieter m; (of pub) Gastwirt m; **landowner** n Grundbesitzer(in) m(f); **landscape** n Landschaft f; (format) Quer-

format nt; **landslide** n Erdrutsch m

lane n (in country) enge Landstraße, Weg m; (in town) Gasse f; (of motorway) Spur f; SPORT Bahn f; **get in** ~ (in car) sich einordnen

language n Sprache f

lantern n Laterne f

lap n **1.** Schoß m; (in race) Runde f **2.** vt (in race) überholen

lapse n **1.** (mistake) Irrtum m; (moral) Fehltritt m **2.** vi ablaufen

laptop n Laptop m

large adj groß; **by and** ~ im Großen und Ganzen; **largely** adv zum größten Teil; **large-scale** adj groß angelegt, Groß-

lark n (bird) Lerche f

larynx n Kehlkopf m

laser n Laser m; **laser printer** n Laserdrucker m

lash vt peitschen; **lash out** vi (with fists) um sich schlagen; (spend money) sich in Unkosten stürzen (on mit)

lass n Mädchen nt

last 1. adj letzte(r, s); the ~ **but one** der / die / das vorletzte; ~ **night** gestern Abend; ~ **but not least** nicht zuletzt **2.** adv zuletzt; (last time) das letzte Mal; **at** ~ endlich **3.** n (person) Letzte(r) mf; (thing) Letzte(s) nt; **he was the** ~ **to leave** er ging als Letzter **4.** vi (continue) dauern; (re-

main in good condition) durchhalten; (remain good) sich halten; (money) ausreichen; **lasting** adj dauerhaft; (impression) nachhaltig; **lastly** adv schließlich; **last-minute** adj in letzter Minute; **last name** n Nachname m

late 1. adj spät; (after proper time) zu spät; (train etc) verspätet; (dead) verstorben; **be** ~ zu spät kommen; (train etc) Verspätung haben **2.** adv spät; (after proper time) zu spät; **late availibility flight** n Last-Minute-Flug m; **lately** adv in letzter Zeit; **late opening** n verlängerte Öffnungszeiten pl; **later** adj, adv später; **see you** ~ bis später; **latest 1.** adj späteste(r, s); (most recent) neueste(r, s) **2.** n **the** ~ (news) das Neueste; **at the** ~ spätestens

Latin 1. n Latein nt **2.** adj lateinisch; **Latin America** n Lateinamerika nt; **Latin-American 1.** adj lateinamerikanisch **2.** n Lateinamerikaner(in) m(f)

latter adj (second of two) letztere(r, s); (last: part, years) letzte(r, s), später

Latvia n Lettland nt; **Latvian 1** adj lettisch **2** n (person) Lette m, Lettin f; (language) Lettisch nt

laugh 1. n Lachen nt; **for a** ~ aus Spaß **2.** vi lachen (at, *about* über + *acc*); **~ at sb** sich über jdn lustig machen; **it's no ~ing matter** es ist nicht zum Lachen; **laughter** n Gelächter *nt*

launch 1. n (*launching, of ship*) Stapellauf m; (*of rocket*) Abschuss m; (*of product*) Markteinführung f; (*event*) Eröffnungsfeier f **2.** vt (*ship*) vom Stapel lassen; (*rocket*) abschießen; (*product*) einführen; (*project*) in Gang setzen

laundrette n (*Brit*), **laundromat** n (*US*) Waschsalon m; **laundry** n (*place*) Wäscherei f; (*clothes*) Wäsche f

lavatory n Toilette f

lavender n Lavendel m

lavish adj verschwenderisch; (*furnishings etc*) üppig; (*gift*) großzügig

law n Gesetz nt; (*system*) Recht nt; (*for study*) Jura; (*of sport*) Regel f; **against the ~** gesetzwidrig; **law-abiding** adj gesetzestreu; **law court** n Gerichtshof m; **lawful** adj rechtmäßig

lawn n Rasen m; **lawnmower** n Rasenmäher m

lawsuit n Prozess m; **lawyer** n Rechtsanwalt m, Rechtsanwältin f

laxative n Abführmittel nt

lay 1. pt → **lie 2.** vt legen; (*table*) decken; (*vulg*) poppen, bumsen; (*egg*) legen **3.** adj Laien-; **lay down** vt hinle-

gen; **lay on** vt (*provide*) anbieten; (*organize*) veranstalten, bereitstellen; **layabout** n Faulenzer(in) m(f)

layer n Schicht f

layman n Laie m

layout n Gestaltung f; (*of book etc*) Lay-out nt

laze vi faulenzen; **laziness** n Faulheit f; **lazy** adj faul; (*day, time*) gemütlich

lb abbr → **pound** Pfd.

lead 1. n Blei nt **2.** vt, vi führen; (*group etc*) leiten; **~ the way** vorangehen **3.** (*race*) Führung f; (*distance, time ahead*) Vorsprung m (*over* vor + *dat*); THEAT Hauptrolle f; (*dog's*) Leine f; ELEC (*flex*) Leitung f; **lead astray** vt irreführen; **lead away** vt wegführen; **lead back** vi zurückführen; **lead to** vt (*street*) hinführen nach; (*result in*) führen zu; **lead up to** vt (*drive*) führen zu

leaded adj (*petrol*) verbleit

leader n Führer(in) m(f); (*of party*) Vorsitzende(r) mf; (*of project, expedition*) Leiter(in) m(f); SPORT (*in race*) der / die Erste; (*in league*) Tabellenführer m; **leadership** n Führung f

lead-free adj (*petrol*) bleifrei

leading adj führend, wichtig

leaf n Blatt nt; **leaflet** n Prospekt m; (*pamphlet*) Flugblatt nt; (*with instructions*) Merkblatt nt

league n Bund m; SPORT Liga f

leak 1. n (gap) undichte Stelle; (escape) Leck nt **2.** vi (pipe etc) undicht sein; (liquid etc) auslaufen; **leaky** adj undicht

lean 1. adj (meat) mager **2.** vi (not vertical) sich neigen; (rest) ~ **against sth** sich an etw acc lehnen; (support oneself) ~ **on sth** sich auf etw acc stützen **3.** vt lehnen (on, against an + acc); **lean back** vi sich zurücklehnen; **lean towards** vt tendieren zu

leant pt, pp → **lean**

leap 1. n Sprung m **2.** vi springen; **leap year** n Schaltjahr nt

learn vt, vi lernen; (find out) erfahren; ~ **(how) to swim** schwimmen lernen; **learned** adj gelehrt; **learner** n Anfänger(in) m(f); (Brit, driver) Fahrschüler(in) m(f)

learnt pt, pp → **learn**

lease 1. n (of land, premises etc) Pacht f; (contract) Pachtvertrag m; (of house, car etc) Miete f; (contract) Mietvertrag m **2.** vt pachten; (house, car etc) mieten; **lease out** vt vermieten; **leasing** n Leasing nt

least 1. adj wenigste(r, s); (slightest) geringste(r, s) **2.** adv am wenigsten; ~ **expensive** billigste(r, s) **3.** n **the** ~ das Mindeste; **not in the** ~ nicht im geringsten; **at** ~ we-

nigstens; (with number) mindestens

leather 1. n Leder nt **2.** adj ledern, Leder-

leave 1. n (time off) Urlaub m; **on** ~ auf Urlaub; **take one's** ~ Abschied nehmen (of von) **2.** vt (place, person) verlassen; (leave behind: message, scar etc) hinterlassen; (after death) hinterlassen (to sb jdm); (entrust) überlassen (to sb jdm); **be left** (remain) übrig bleiben; ~ **me alone** lass mich in Ruhe!; **don't** ~ **it to the last minute** warte nicht bis zur letzten Minute **3.** vi (weg)gehen, (weg)fahren; (on journey) abreisen; (bus, train) abfahren (for nach); **leave behind** vt zurücklassen; (scar etc) hinterlassen; **leave out** vt auslassen; (person) ausschließen (of von)

leaves pl → **leaf**

leaving do n Abschiedsfeier f

Lebanon n **the** ~ der Libanon

lecture 1. n Vortrag m; (at university) Vorlesung f; **give a** ~ einen Vortrag / eine Vorlesung halten; **lecturer** n Dozent(in) m(f); **lecture theatre** n Hörsaal m

led pt, pp → **lead**

LED abbr = **light-emitting diode** Leuchtdiode f

leek n Lauch m

left 1. pt, pp → **leave 2.** adj linke(r, s) **3.** adv (position)

links; (movement) nach links
4. n (side) linke Seite; **the Left** POL die Linke; **on/to the ~** links (of von); left-hand adj linke(r, s); **~ bend** Linkskurve f; **~ drive** Linkssteuerung f; **left-handed** adj linkshändig; **left-hand side** n linke Seite

left-luggage locker n Gepäckschließfach nt; **left-luggage office** n Gepäckaufbewahrung f

leftovers npl Reste pl

left wing n linker Flügel; left-wing adj POL linksgerichtet

leg n Bein nt; (of meat) Keule f

legacy n Erbe nt, Erbschaft f

legal adj Rechts-, rechtlich; (allowed) legal; (limit, age) gesetzlich; **~ aid** Rechtshilfe f; **legalize** vt legalisieren; **legally** adv legal

legible, legibly adj, adv leserlich

legislation n Gesetze pl

legitimate adj rechtmäßig, legitim

legroom n Beinfreiheit f

leisure 1. n (time) Freizeit f **2.** adj Freizeit-; **~ centre** Freizeitzentrum nt; **leisurely** adj gemächlich

lemon n Zitrone f; **lemonade** n Limonade f; **lemon curd** n Brotaufstrich aus Zitronen, Butter, Eiern und Zucker; **lemon juice** n Zitronensaft m; **lemon sole** n Seezunge f

lend vt leihen; **~ sb sth** jdm

etw leihen

length n Länge f; **4 metres in ~** 4 Meter lang; **what ~ is it?** wie lange ist es?; **lengthy** adj sehr lange; (dragging) langwierig

lenient adj nachsichtig

lens n Linse f; PHOT Objektiv nt

lent pt, pp → **lend**

Lent n Fastenzeit f

lentil n BOT Linse f

Leo n ASTR Löwe m

leopard n Leopard m

lept pt, pp → **leap**

lesbian 1. adj lesbisch **2.** n Lesbe f

less adj, adv n weniger; **~ and ~** immer weniger; (less often) immer seltener; **lessen 1.** vi abnehmen, nachlassen **2.** vt verringern; (pain) lindern; **lesser** adj geringer; (amount) kleiner

lesson n (at school) Stunde f; (unit of study) Lektion f; fig Lehre f; REL Lesung f; **~s start at 9** der Unterricht beginnt um 9

let vt lassen; (lease) vermieten; **~ sb have sth** jdm etw geben; **~'s go** gehen wir; **~ go (of sth)** (etw) loslassen; **let down** vt herunterlassen; (fail to help) im Stich lassen; (disappoint) enttäuschen; **let in** vt hereinlassen; **let out** vt hinauslassen; (secret) verraten; (scream etc) ausstoßen

lethal adj tödlich

445

let's abbr = **let us**

letter n (of alphabet) Buchstabe m; (message) Brief m; (official letter) Schreiben nt; letterbox n Briefkasten m

lettuce n Kopfsalat m

leukaemia, leukemia (US) n Leukämie f

level 1. adj (horizontal) waagerecht; (ground) eben; (two things, two runners) auf selber Höhe; ~ **on points** punktgleich 2. adv (run etc) auf gleicher Höhe, gleich auf; **draw** ~ (in race) gleichziehen (with mit); (in game) ausgleichen 3. n (altitude) Höhe f; (standard) Niveau nt; **be on a** ~ **with** auf gleicher Höhe sein mit 4. vt (ground) einebnen; **level crossing** n (Brit) (schienengleicher) Bahnübergang m; **level-headed** adj vernünftig

lever (US) n Hebel m; fig Druckmittel nt; **lever up** vt hochstemmen

liability n Haftung f; (burden) Belastung f; (obligation) Verpflichtung f; **liable** adj **be** ~ **for sth** (responsible) für etw haften

liar n Lügner(in) m(f)

liberal adj (generous) großzügig; (broad-minded) liberal; **Liberal Democrat 1.** n (Brit) POL Liberaldemokrat(in) m(f) 2. adj liberaldemokratisch

liberate vt befreien; libera-

tion n Befreiung f

liberty n Freiheit f

Libra n ASTR Waage f

library n Bibliothek f; (lending library) Bücherei f

Libya n Libyen nt

lice pl → **louse**

licence n (permit) Genehmigung f; COMM Lizenz f; (driving licence) Führerschein m; **license 1.** n (US) → **licence** **2.** vt genehmigen; **licensed** adj (restaurant etc) mit Schankerlaubnis; **license plate** n (US) AUTO Nummernschild nt; **licensing hours** npl Ausschankzeiten pl

lick 1. vt lecken 2. n Lecken nt

licorice n Lakritze f

lid n Deckel m; (eyelid) Lid nt

lie 1. n Lüge f; ~ **detector** Lügendetektor m 2. vi lügen; **to sb** jdn belügen 3. vi (rest, be situated) liegen; (lie down) sich legen; (snow) liegen bleiben; **be lying third** an dritter Stelle liegen; **lie about** vi herumliegen; **lie down** vi sich hinlegen

lie in n have a ~ ausschlafen

life n Leben nt; **get** ~ lebenslänglich bekommen; life assurance n Lebensversicherung f; lifebelt n Rettungsring m; lifeboat n Rettungsboot nt; lifeguard n Bademeister(in) m(f), Rettungsschwimmer(in) m(f); life insurance n Lebensversicherung f; **life jacket** n Schwimmweste f; **lifeless** adj (dead) leblos; **lifelong** adj lebenslang; **life preserver** n (US) Rettungsring m; **life-saving** adj lebensrettend; **life-size(d)** adj in Lebensgröße; **life span** n Lebensspanne f; **life style** n Lebensstil m; **lifetime** n Lebenszeit f

lift 1. vt (hoch)heben; (ban) aufheben **2.** n (Brit, elevator) Aufzug m, Lift m; **give sb a ~** jdn im Auto mitnehmen; **lift up** vt hochheben

ligament n Band nt

light 1. vt beleuchten; (fire, cigarette) anzünden **2.** n Licht nt; (lamp) Lampe f; **~s** pl AUTO Beleuchtung f; (traffic lights) Ampel f; **in the ~ of** angesichts + gen **3.** adj (bright) hell; (not heavy, easy) leicht; (punishment) milde; (taxes) niedrig; **~ blue / green** hellblau / hellgrün; **light up 1.** vt (illuminate) beleuchten; (cigarette) anzünden **2.** vi (a. eyes) aufleuchten

light bulb n Glühbirne f

lighten 1. vi hell werden **2.** vt (give light to) erhellen; (make less heavy) leichter machen; fig erleichtern

lighter n (cigarette lighter) Feuerzeug nt

light-hearted adj unbeschwert; **lighthouse** n

Leuchtturm m; **lighting** n Beleuchtung f; **lightly** adv leicht; **light meter** n PHOT Belichtungsmesser m

lightning n Blitz m

like 1. vt mögen, gernhaben; **he ~s swimming** er schwimmt gern; **would you ~ ...?** hättest du / hätten Sie gern ...?; **I'd ~ to go home** ich möchte nach Hause (gehen); **I don't ~ the film** der Film gefällt mir nicht **2.** prep wie; **what's it/he ~?** wie ist es/er?; **he looks ~ you** er sieht dir / Ihnen ähnlich; **~ that / this** so; **likeable** adj sympathisch

likelihood n Wahrscheinlichkeit f; **likely** adj wahrscheinlich; **the bus is ~ to be late** der Bus wird wahrscheinlich Verspätung haben

like-minded adj gleich gesinnt

likewise adv ebenfalls; **do ~** das Gleiche tun

liking n (for person) Zuneigung f; (for type, things) Vorliebe f (for für)

lilac 1. n Flieder m **2.** adj fliederfarben

lily n Lilie f; **~ of the valley** Maiglöckchen nt

limb n Glied nt

limbo n **in ~** (plans) auf Eis gelegt

lime n (tree) Linde f; (fruit) Limone f; (substance) Kalk m; **lime juice** n Limonensaft m

limelight n fig Rampenlicht nt; **limestone** n Kalkstein m

limit 1. n Grenze f; (for pollution etc) Grenzwert m; **be over the ~** (speed) das Tempolimit überschreiten; (alcohol consumption) fahruntüchtig sein; **that's the ~** jetzt reicht's!, das ist die Höhe! **2.** vt beschränken (to auf + acc); (freedom, spending) einschränken; **limitation** n Beschränkung f; (of freedom, spending) Einschränkung f; **limited** adj begrenzt; **~ liability company** Gesellschaft f mit beschränkter Haftung, GmbH f; **public ~ company** Aktiengesellschaft f

limp 1. vi hinken **2.** adj schlaff

line 1. n Linie f; (written) Zeile f; (on face) Falte f; (row) Reihe f; (US, queue) Schlange f; RAIL Bahnlinie f; TEL Leitung f; (range of items) Kollektion f; **hold the ~** bleiben Sie am Apparat; **stand in ~** Schlange stehen; **something along those ~s** etwas in dieser Art; **drop me a ~** schreib mir ein paar Zeilen; **~s** THEAT Text m **2.** vt (clothes) füttern; (streets) säumen; **lined** adj (paper) liniert; (face) faltig; **line up** vi sich aufstellen; (US, form queue) sich anstellen

linen n Leinen nt; (sheets etc) Wäsche f

liner n Überseedampfer m, Passagierschiff nt

lingerie n Damenunterwäsche f

lining n (of clothes) Futter nt; (brake lining) Bremsbelag m

link 1. n (connection) Verbindung f; (of chain) Glied nt; (relationship) Beziehung f (with zu); (between events) Zusammenhang m; (Internet) Link m **2.** vt verbinden

lion n Löwe m

lip n Lippe f; **lipstick** n Lippenstift m

liqueur n Likör m

liquid 1. n Flüssigkeit f **2.** adj flüssig

liquor n Spirituosen pl

liquorice n Lakritze f

Lisbon n Lissabon nt

lisp vi, n lispeln

list 1. n Liste f **2.** vt auflisten, aufzählen; **~ed building** unter Denkmalschutz stehendes Gebäude

listen vi zuhören; **listen to** vt (person) zuhören + dat; (radio) hören; (advice) hören auf; **listener** n Zuhörer(in) m(f); (to radio) Hörer(in) m(f)

lit pt, pp → **light**

liter n (US) Liter m

literacy n Fähigkeit f zu lesen und zu schreiben; **literal** adj (translation, meaning) wörtlich; (actual) buchstäblich; **literally** adv (translate, take sth) wörtlich; **literary** adj literarisch; (*critic, journal etc*) Literatur-; **literature** *n* Literatur *f*; (*brochures etc*) Informationsmaterial *nt*

Lithuania *n* Litauen *nt*; **Lithuanian 1** *adj* litauisch **2** *n* (*person*) Litauer(in) *m(f)*; (*language*) Litauisch *nt*

litre *n* Liter *m*

litter 1. *n* Abfälle *pl*; (*of animals*) Wurf *m* **2.** *vt* **be ~ed with** übersät sein mit; **litter bin** *n* Abfalleimer *m*

little 1. *adj* klein; (*in quantity*) wenig; **a ~ while ago** vor kurzer Zeit **2.** *adv*, *n* wenig; **a ~** ein bisschen, ein wenig; **as ~ as possible** so wenig wie möglich; **for as ~ as £5** schon für 5 Pfund; **I see very ~ of them** ich sehe sie sehr selten; **~ by ~** nach und nach; **little finger** *n* kleiner Finger

live 1. *adj* lebendig; ELEC geladen, unter Strom; TV (*radio, event*) live; **~ broadcast** Direktübertragung *f* **2.** *vi* leben; (*not die*) überleben; (*dwell*) wohnen; **you ~ and learn** man lernt nie aus **3.** *vt* (*life*) führen; **live on 1.** *vi* weiterleben **2.** *vt* **~ sth** von etw leben; (*feed*) sich von etw ernähren; **earn enough to ~** genug verdienen, um davon zu leben; **live together** *vi* zusammenleben; **live up to** *vt* (*reputation*) gerecht werden + *dat*; (*expectations*) entsprechen + *dat*; **live with**

vt (*parents etc*) wohnen bei; (*partner*) zusammenleben mit; (*difficulty*) **you'll just have to ~ it** du musst dich / Sie müssen sich eben damit abfinden

liveliness *n* Lebhaftigkeit *f*; **lively** *adj* lebhaft

liver *n* Leber *f*

lives *pl* → **life**

livestock *n* Vieh *nt*

living 1. *n* Lebensunterhalt *m*; **what do you do for a ~?** was machen Sie beruflich? **2.** *adj* lebend; **living room** *n* Wohnzimmer *nt*

lizard ZOOL *n* Eidechse *f*

llama ZOOL *n* Lama *nt*

load 1. *n* Last *f*; (*cargo*) Ladung *f*; TECH *fig* Belastung *f*; **~s of** *fam* massenhaft; **it was a ~ of rubbish** *fam* es war grottenschlecht **2.** *vt* (*vehicle*) beladen; IT laden; (*film*) einlegen

loaf *n* **a ~ of bread** ein (Laib) Brot (*m*)*nt*

loan 1. *n* (*item leant*) Leihgabe *f*; FIN Darlehen *nt*, on ~ geliehen **2.** *vt* leihen (*to sb* jdm)

loathe *vt* verabscheuen

loaves *pl* → **loaf**

lobby *n* Vorhalle *f*; POL Lobby *f*

lobster *n* Hummer *m*

local 1. *adj* (*traffic, time etc*) Orts-; (*radio, news, paper*) Lokal-; (*government, authority*) Kommunal-; (*anaesthetic*) örtlich; **~ call** TEL

Ortsgespräch nt; **~ elections** Kommunalwahlen pl; **~ time** Ortszeit f; **~ train** Nahverkehrszug m; **the ~ shops** die Geschäfte am Ort **2.** n (pub) Stammlokal nt; **the ~s** pl die Ortsansässigen pl; **locally** adv örtlich, am Ort

locate vt (find) ausfindig machen; (establish) errichten; **be ~d** sich befinden (in, at in + dat); **location** n (position) Lage f; FILM Drehort m

loch n (Scot) See m

lock 1. n Schloss nt; NAUT Schleuse f; (of hair) Locke f **2.** vt (door etc) abschließen **3.** vi (door etc) sich abschließen lassen; (wheels) blockieren; **lock in** vt einschließen, einsperren; **lock out** vt aussperren; **lock up** vt (house) abschließen; (person) einsperren

locker n Schließfach nt; **locker room** n (US) Umkleideraum m

locksmith n Schlosser(in) m(f)

locust n Heuschrecke f

lodge 1. n (small house) Pförtnerhaus m; (porter's lodge) Pförtnerloge f **2.** vi in Untermiete wohnen (with bei); **lodger** n Untermieter(in) m(f); **lodging** n Unterkunft f

loft n Dachboden m

log n Klotz m; NAUT Log nt; **keep a ~ of sth** über etw

Buch führen; **log in** vi IT sich einloggen; **log off** vi IT sich ausloggen; **log on** vi IT sich einloggen; **log out** vi IT sich ausloggen

logic n Logik f; **logical** adj logisch

logo n Logo nt

loin n Lende f

loiter vi sich herumtreiben

lollipop n Lutscher m; **~ man / lady** (Brit) Schülerlotse m, Schülerlotsin f

lolly n Lutscher m; fam (money) Knete f

London n London nt

loneliness n Einsamkeit f; **lonely, lonesome** (esp US) adj einsam

long 1. adj lang; (distance) weit; **it's a ~ way** es ist weit (to reach); **for a ~ time** lange; **how ~ is the film?** wie lange dauert der Film?; **in the ~ run** auf die Dauer **2.** adv lange; **not for ~** nicht lange; **~ ago** vor langer Zeit; **before ~** bald; **all day ~** den ganzen Tag; **no ~er** nicht mehr; **as ~ as** solange **3.** vi sich sehnen (for nach); (be waiting) sehnsüchtig warten (for auf); **long-distance call** n Ferngespräch nt; **long drink** n Longdrink m; **long-haul flight** n Langstreckenflug m; **longing** n Sehnsucht f (for nach); **longingly** adv sehnsüchtig; **longitude** n Länge f; **long jump** n Weitsprung *m*; **long-life milk** *n* H-Milch *f*; **long-range** *adj* Langstrecken-, Fern-; **missile** Langstreckenrakete *f*; **long-sighted** *adj* weitsichtig; **long-standing** *adj* alt, langjährig; **long-term** *adj* langfristig; (*car park, effect etc*) Langzeit-; **unemployment** Langzeitarbeitslosigkeit *f*

loo *n* (*Brit*) *fam* Klo *nt*

look 1. *n* Blick *m*; (*appearance*) ~(**s**) *pl* Aussehen *nt*; **I'll have a ~** ich schau mal nach; **have a ~ at sth** sich *dat* etw ansehen; **can I have a ~?** darf ich mal sehen? **2.** *vi* schauen, gucken; (*search*) nachsehen; (*appear*) aussehen; (**I'm**) **just ~ing** ich schaue nur; **it ~s like rain** es sieht nach Regen aus **3.** *vt* ~ **what you've done** sieh dir mal an, was du da angestellt hast; (*appear*) **he ~s his age** man sieht ihm sein Alter an; ~ **one's best** sehr vorteilhaft aussehen; **look after** *vt* (*care for*) sorgen für; (*keep an eye on*) aufpassen auf + *acc*; **look at** *vt* ansehen, anschauen; **look back** *vi* sich umsehen; *fig* zurückblicken; **look down on** *vt fig* herabsehen auf + *acc*; **look for** *vt* suchen; **look forward** *vt* sich freuen auf + *acc*; **look into** *vt* (*investigate*) untersuchen; **look out**

vi hinaussehen (*of the window* zum Fenster); (*watch out*) Ausschau halten (*for* nach); **~!** Vorsicht!; **look up 1.** *vi* aufsehen **2.** *vt* (*word etc*) nachschlagen; **look up to** *vt* aufsehen zu

loop *n* Schleife *f*

loose *adj* locker; (*knot, button*) lose; **loosen** *vt* lockern; (*knot*) lösen

loot *n* Beute *f*

lop-sided *adj* schief

lord *n* (*ruler*) Herr *m*; (*Brit, title*) Lord *m*; **the Lord** (*God*) Gott der Herr; **the** (**House of**) **Lords** (*Brit*) das Oberhaus

lorry *n* (*Brit*) Lastwagen *m*

lose 1. *vt* verlieren; ~ **weight** abnehmen; ~ **one's life** umkommen **2.** *vi* verlieren; (*clock, watch*) nachgehen; **loser** *n* Verlierer(in) *m(f)*; **loss** *n* Verlust *m*; **lost 1.** *pt*, *pp* → **lose**; **we're ~** wir haben uns verlaufen **2.** *adj* verloren; **lost-and-found** (*US*), **lost property** (**office**) *n* Fundbüro *nt*

lot *n* (*batch*) *fam* Menge *f*, Haufen *m*; **a ~** viel(e); **a ~ of money** viel Geld; **~s of people** viele Leute; **the** (**whole**) ~ alles; (*people*) alle; (**parking**) ~ (*US*) Parkplatz *m*

lotion *n* Lotion *f*

lottery *n* Lotterie *f*

loud *adj* laut; (*colour*) schreiend; **loudspeaker** n Lautsprecher m; (of stereo) Box f

lounge 1. n Wohnzimmer n; (in hotel) Aufenthaltsraum m; (at airport) Warteraum m **2.** vi sich herumlümmeln

louse n Laus f; **lousy** adj fam lausig

lout n Rüpel m

lovable adj liebenswert

love 1. n Liebe f (of zu); (person, address) Liebling m, Schatz m; SPORT null; **be in ~** verliebt sein (with sb in jdn); **fall in ~** sich verlieben (with sb in jdn); **make ~** (sexually) sich lieben; **make ~ to** (or **with**) **sb** mit jdm schlafen; **give her my ~** grüße sie von mir; **~, Tom** liebe Grüße, Tom **2.** vt (person) lieben; (activity) sehr gerne mögen; **~ to do sth** etw für sein Leben gerne tun; **I'd ~ a cup of tea** ich hätte liebend gern eine Tasse Tee; **love affair** n (Liebes)verhältnis nt; **love letter** n Liebesbrief m; **love life** n Liebesleben nt; **lovely** adj schön, wunderschön; (charming) reizend; **we had a ~ time** es war sehr schön; **lover** n Liebhaber(in) m(f); **loving** adj liebevoll

low 1. adj niedrig; (level, note, neckline) tief; (quality, standard) schlecht; (not loud) leise; (depressed) niedergeschlagen; **we're ~ on petrol** wir haben kaum noch

Benzin **2.** n METEO Tief nt; **low-calorie** adj kalorienarm; **low-emission** adj schadstoffarm; **lower 1.** adj niedriger; (storey, class etc) untere(r, s) **2.** vt herunterlassen; (eyes, price) senken; (pressure) verringern; **low-fat** adj fettarm; **low tide** n Ebbe f

loyal adj treu; **loyalty** n Treue f

lozenge n Pastille f

Ltd abbr = **limited** ≈ GmbH f

luck n Glück nt; **bad ~** Pech nt; **luckily** adv glücklicherweise, zum Glück; **lucky** adj (number, day etc) Glücks-; **be ~** Glück haben

ludicrous adj grotesk

luggage n Gepäck nt; **luggage compartment** n Gepäckraum m; **luggage rack** n Gepäcknetz nt

lukewarm adj lauwarm

lullaby n Schlaflied nt

lumbago n Hexenschuss m

luminous adj leuchtend

lump n Klumpen m; MED Schwellung f; (in breast) Knoten m; (of sugar) Stück nt; **lump sum** n Pauschalsumme f

lunacy n Wahnsinn m; **lunatic 1.** adj wahnsinnig **2.** n Wahnsinnige(r) mf

lunch, luncheon n Mittagessen nt; **have ~** zu Mittag essen; **lunch break, lunch hour** n Mittagspause f;

lunchtime *n* Mittagszeit *f*
lung *n* Lunge *f*
lurch *vi;* **leave sb in the ~** jdn im Stich lassen
lurk *vi* lauern
lust *n* (sinnliche) Begierde *(for* nach*)*
Luxembourg *n* Luxemburg

nt
luxurious *adj* luxuriös, Luxus-; luxury *n (a.* luxuries *pl)* Luxus *m;* ~ **goods** Luxusgüter *pl*
lynx *n* Luchs *m*
lyrics *npl (words for song)* Liedtext *m*

M

m *abbr* = **metre(s)** m
M *abbr →* **motorway** A; *(size)* → **medium** M
ma *n fam* Mutti *f*
mac *n (Brit) fam* Regenmantel *m*
macaroon *n* Makrone *f*
Macedonia *n* Mazedonien *nt*
machine *n* Maschine *f;* **machine gun** *n* Maschinengewehr *nt;* **machinery** *n* Maschinen *pl; fig* Apparat *m*
mackerel *n* Makrele *f*
macro *n* IT Makro *nt*
mad *adj* wahnsinnig, verrückt; *(dog)* tollwütig; *(angry)* wütend, sauer *(at auf* + *acc); fam* ~ **about** *(fond of)* verrückt nach; **work like** ~ wie verrückt arbeiten; **are you ..?** spinnst du / spinnen Sie?
madam *n* gnädige Frau
mad cow disease *n* Rinderwahnsinn *m;* **maddening** *adj* zum Verrücktwerden
made *pt, pp →* **make**
made-to-measure *adj* nach

Maß; ~ **suit** Maßanzug *m*
madly *adv* wie verrückt; *(with adj)* wahnsinnig; **madman** *n* Verrückte(r) *m;* **madness** *n* Wahnsinn *m;* **madwoman** *n* Verrückte *f*
magazine *n* Zeitschrift *f*
maggot *n* Made *f*
magic 1. *n* Magie *f; (activity)* Zauberei *f; fig (effect)* Zauber *m;* **as if by** ~ wie durch Zauberei **2.** *adj* Zauber-; *(powers)* magisch; **magician** *n* Zauberer *m,* Zaub(r)erin *f*
magnet *n* Magnet *m;* **magnetic** *adj* magnetisch
magnificent, magnificently *adj, adv* herrlich, großartig
magnify *vt* vergrößern; **magnifying glass** *n* Vergrößerungsglas *nt,* Lupe *f*
magpie *n* Elster *f*
maid *n* Dienstmädchen *nt;* **maiden name** *n* Mädchenname *m;* **maiden voyage** *n* Jungfernfahrt *f*
mail 1. *n* Post *f; (e-mail)* Mail *f* **2.** *vt (post)* aufgeben; *(send)*

mit der Post® schicken (*to an* + *acc*); **mailbox** *n* (*US*) Briefkasten *m*; IT Mailbox *f*; **mailing list** *n* Adressenliste *f*; **mailman** *n* (*US*) Briefträger *m*; **mail order** *n* Bestellung *f per Post*; **mail order firm** *n* Versandhaus *nt*

main 1. *adj* Haupt-; ~ **course** Hauptgericht *nt*; **the ~ thing** die Hauptsache **2.** *n* (*pipe*) Hauptleitung *f*; **mainframe** *n* Großrechner *m*; **mainland** *n* Festland *nt*; **mainly** *adv* hauptsächlich; **main road** *n* Hauptverkehrsstraße *f*; **main street** *n* (*US*) Hauptstraße *f*

maintain *vt* (*keep up*) aufrechterhalten; (*machine, roads*) instand halten; (*service*) warten; **maintenance** *n* Instandhaltung *f*; TECH Wartung *f*

maize *n* Mais *m*

majestic *adj* majestätisch; **majesty** *n* Majestät *f*; **Your / His / Her Majesty** Eure / Seine / Ihre Majestät

major 1. *adj* (*bigger*) größer; (*important*) bedeutend; ~ **part** Großteil *m*; (*role*) wichtige Rolle; ~ **road** Hauptverkehrsstraße *f*; MUS **A** ~ A-Dur *nt* **2.** *vi* (*US*) ~ **in sth** etw als Hauptfach studieren

Majorca *n* Mallorca *f*

majority *n* Mehrheit *f*; **be in the** ~ in der Mehrzahl sein

make 1. *n* Marke *f* **2.** *vt* machen; (*manufacture*) herstellen; (*clothes*) anfertigen; (*dress*) nähen; (*soup*) zubereiten; (*bread, cake*) backen; (*tea, coffee*) kochen; (*speech*) halten; (*earn*) verdienen; (*decision*) treffen; **it's made of gold** es ist aus Gold; ~ **sb do sth** jdn dazu bringen, etw zu tun; (*force*) jdn zwingen, etw zu tun; **she made us wait** sie ließ uns warten; **what ~s you think that?** wie kommen Sie darauf?; **he never really made it** er hat es nie zu etwas gebracht; **she didn't ~ it through the night** sie hat die Nacht nicht überlebt; (*calculate*) **I ~ it £5/a quarter to six** nach meiner Uhr ist es dreiviertel sechs; **he's just made for this job** er ist für diese Arbeit wie geschaffen; **make for** *vt* zusteuern auf + *acc*; **make of** *vt* (*think of*) halten von; **I couldn't make anything of it** ich wurde daraus nicht schlau; **make off** *vi* sich davonmachen (*with* mit); **make out** *vt* (*cheque*) ausstellen; (*list*) aufstellen; (*understand*) verstehen; (*discern*) ausmachen; ~ (**that**) ... es so hinstellen, als ob ...; **make up 1.** *vt* (*team etc*) bilden; (*face*) schminken; (*invent: story etc*) erfinden; **~ one's mind** sich entscheiden; **make (it) up with sb** sich mit jdm aussöhnen; **~** *vi* sich versöhnen; **make up for** *vt* ausgleichen; (*time*) aufholen

make-believe *adj* Fantasie-; **makeover** *n* gründliche Veränderung, Verschönerung *f*; **maker** *n* COMM Hersteller(in) *m(f)*; **makeshift** *adj* behelfsmäßig; **make-up** *n* Make-up *nt*, Schminke *f*; **making** *n* Herstellung *f*

malaria *n* Malaria *f*

Malaysia *n* Malaysia *f*

male 1. *n* Mann *m*; (*animal*) Männchen *nt* **2.** *adj* männlich; **~ chauvinist** Chauvi *m*, Macho *m*; **~ nurse** Krankenpfleger *m*

malfunction 1. *vi* nicht richtig funktionieren **2.** *n* Defekt *m*

malice *n* Bosheit *f*; **malicious** *adj* boshaft; (*damage*) mutwillig

malignant *adj* bösartig

mall *n* (*US*) Einkaufszentrum *nt*

malnutrition *n* Unterernährung *f*

malt *n* Malz *nt*

Malta *n* Malta *nt*; **Maltese 1.** *adj* maltesisch **2.** *n* (*person*) Malteser(in) *m(f)*; (*language*) Maltesisch *nt*

maltreat *vt* schlecht behandeln; (*violently*) misshandeln

mammal *n* Säugetier *nt*

mammoth *adj* Mammut-, Riesen-

man 1. *n* (*male*) Mann *m*; (*human race*) der Mensch, die Menschen *pl*; (*in chess*) Figur *f* **2.** *vt* besetzen

manage 1. *vi* zurechtkommen; **can you ~?** schaffst du es?; **~ without sth** ohne etw auskommen, auf etw verzichten können **2.** *vt* (*control*) leiten; (*musician, sportsman*) managen; (*cope with*) fertig werden mit; (*task, portion, climb etc*) schaffen; **~ to do sth** es schaffen, etw zu tun; **manageable** *adj* (*object*) handlich; (*task*) zu bewältigen; **management** *n* Leitung *f*; (*directors*) Direktion *f*; (*subject*) Management *nt*, Betriebswirtschaft *f*; **management consultant** *n* Unternehmensberater(in) *m(f)*; **manager** *n* Geschäftsführer(in) *m(f)*; (*departmental manager*) Abteilungsleiter(in) *m(f)*; (*of branch, bank*) Filialleiter(in) *m(f)*; (*of musician, sportsman*) Manager(in) *m(f)*; **managing director** *n* Geschäftsführer(in) *m(f)*

mane *n* Mähne *f*

maneuver (*US*) → **manoeuvre**

mango *n* Mango *f*

man-hour *n* Arbeitsstunde *f*

manhunt n Fahndung f
mania n Manie f; **maniac** n Wahnsinnige(r) mf; (fan) Fanatiker(in) m(f)
manicure n Maniküre f
manipulate vt manipulieren
mankind n Menschheit f
manly adj männlich
man-made adj (product) künstlich
manner n Art f; **in this** ~ auf diese Art und Weise; **~s** pl Manieren pl
manoeuvre 1. n Manöver nt **2.** vt, vi manövrieren
manor n ~ (**house**) Herrenhaus n
manpower n Arbeitskräfte pl
mansion n Villa f; (of old family) Herrenhaus nt
manslaughter n Totschlag m
manual 1. adj manuell, Hand- **2.** n Handbuch nt
manufacture 1. vt herstellen **2.** n Herstellung f; **manufacturer** n Hersteller m
manure n Dung m; (esp artificial) Dünger m
many adj, pron viele; ~ **times** oft; **not** ~ **people** nicht viele Leute; **too** ~ **problems** zu viele Probleme
map n Landkarte f; (of town) Stadtplan m
maple n Ahorn m
marathon n Marathon m
marble n Marmor m; (for playing) Murmel f
march 1. vi marschieren **2.** n Marsch m; (protest) Demonstration f
March n März m; → **September**
mare n Stute f
margarine n Margarine f
margin n Rand m; (extra amount) Spielraum m; COMM Gewinnspanne f; **marginal** adj (difference etc) geringfügig
marijuana n Marihuana nt
marinated adj mariniert
marine adj Meeres-
marital adj ehelich; ~ **status** Familienstand m
maritime adj See-
marjoram n Majoran m
mark 1. n (spot) Fleck m; (at school) Note f; (sign) Zeichen nt **2.** vt (indicate) markieren; (schoolwork) benoten, korrigieren, Flecken machen auf + acc; **marker** n (in book) Lesezeichen nt; (pen) Marker m
market 1. n Markt m **2.** vt COMM (new product) auf den Markt bringen; (goods) vertreiben; **marketing** n Marketing nt; **market leader** n Marktführer m; **market place** n Marktplatz m; **market research** n Marktforschung f
marmalade n Orangenmarmelade f
maroon adj rötlich braun
marquee n großes Zelt
marriage n Ehe f; (wedding) Heirat f (to mit); **married**

adj (person) verheiratet

marrow *n (bone marrow)* Knochenmark *nt*; *(vegetable)* Kürbis *m*

marry 1. *vt* heiraten; *(join)* trauen **2.** *vi* ~ / **get married** heiraten

marsh *n* Marsch *f*, Sumpf *m*

marshal *n (at rally etc)* Ordner *m*; *(US, police)* Bezirkspolizeichef *m*

martial arts *npl* Kampfsportarten *pl*

martyr *n* Märtyrer(in) *m(f)*

marvel *n* Wunder *nt* **2.** *vi* staunen *(at über + acc)*; **marvellous, marvelous** *(US)* *adj* wunderbar

mascara *n* Wimperntusche *f*

mascot *n* Maskottchen *nt*

masculine *adj* männlich

mashed *adj* ~ **potatoes** *pl* Kartoffelbrei *m*, Kartoffelpüree *nt*

mask 1. *n* Maske *f* **2.** *vt (feelings)* verbergen

masochist *n* Masochist(in) *m(f)*

mason *n (stonemason)* Steinmetz(in) *m(f)*; **masonry** *n* Mauerwerk *nt*

mass *n* Masse *f*; *(of people)* Menge *f*; REL Messe *f*; **~es of** massenhaft

massacre *n* Blutbad *nt*

massage 1. *n* Massage *f* **2.** *vt* massieren

massive *adj (powerful)* gewaltig; *(very large)* riesig

mass media *npl* Massenme-

dien *pl*; **mass production** *n* Massenproduktion *f*

master 1. *n* Herr *m*; *(of dog)* Besitzer *m*, Herrchen *nt*; *(artist)* Meister *m* **2.** *vt* meistern; *(language etc)* beherrschen; **masterly** *adj* meisterhaft; **masterpiece** *n* Meisterwerk *nt*

masturbate *vi* masturbieren

mat *n* Matte *f*; *(for table)* Untersetzer *m*

match 1. *n* Streichholz *nt*; SPORT Wettkampf *m*; *(ball games)* Spiel *nt*; *(tennis)* Match *nt* **2.** *vt (be like, suit)* passen zu; *(equal)* gleichkommen + *dat* **3.** *vi* zusammenpassen; **matchbox** *n* Streichholzschachtel *f*; **matching** *adj (one item)* passend; *(two items)* zusammenpassend

mate 1. *n (companion)* Kumpel *m*; *(of animal)* Weibchen *nt*/Männchen *nt* **2.** *vi* sich paaren

material *n* Material *nt*; *(for book etc, cloth)* Stoff *m*; **materialistic** *adj* materialistisch; **materialize** *vi* zustande kommen; *(hope)* wahr werden

maternal *adj* mütterlich; **maternity** *adj* ~ **dress** Umstandskleid *nt*; ~ **leave** Elternzeit *f* (der Mutter); ~ **ward** Entbindungsstation *f*

math *n (US) fam* Mathe *f*; **mathematical** *adj* mathematisch; **mathematics** *nsing* Mathematik *f*; **maths** *nsing* (Brit) *fam* Mathe *f*

matter 1. n (substance) Materie *f*; (affair) Sache *f*; **a personal** ~ eine persönliche Angelegenheit; **a** ~ **of taste** eine Frage des Geschmacks; **no** ~ **how / what** egal wie / was; **what's the** ~? was ist los?; **as a** ~ **of fact** eigentlich; **a** ~ **of time** eine Frage der Zeit **2.** vi darauf ankommen, wichtig sein; **it doesn't** ~ es macht nichts; **matter-of-fact** adj sachlich, nüchtern

mattress n Matratze *f*

mature 1. adj reif **2.** vi reif werden; **maturity** n Reife *f*

maximum 1. adj Höchst-, höchste(r, s); ~ **speed** Höchstgeschwindigkeit *f* **2.** n Maximum *nt*

may vaux (be possible) können; (have permission) dürfen; **it** ~ **rain** es könnte regnen; ~ **I smoke?** darf ich rauchen?; **we** ~ **as well go** wir können ruhig gehen

May n Mai *m*; → **September**

maybe adv vielleicht

mayo (US) fam, **mayonnaise** n Mayo *f*, Mayonnaise *f*, Majonäse *f*

mayor n Bürgermeister *m*

maze n Irrgarten *m*; fig Wirrwarr *m*

MB abbr → **megabyte** MB *nt*

me pron (direct object) mich; (indirect object) mir; **it's** ~ ich bin's

meadow n Wiese *f*

meal n Essen *nt*, Mahlzeit *f*; **go out for a** ~ essen gehen; **meal pack** n (US) tiefgekühltes Fertiggericht; **meal time** n Essenszeit *f*

mean 1. vt (signify) bedeuten; (have in mind) meinen; (intend) vorhaben; **I** ~ **it** ich meine das ernst; **what do you** ~ **(by that)?** was willst du damit sagen?; ~ **to do sth** etw tun wollen; **it was** ~t **for you** es war für dich bestimmt (or gedacht); **it was** ~t **to be a joke** es sollte ein Witz sein **2.** vi **he** ~s **well** er meint es gut **3.** adj (stingy) geizig; (spiteful) gemein (to zu); **meaning** n Bedeutung *f*; (of life, poem) Sinn *m*; **meaningful** adj sinnvoll; **meaningless** adj (text) ohne Sinn

means n Mittel *nt*; (pl, funds) Mittel *pl*; **by** ~ **of** durch, mittels; **by** ~ ! selbstverständlich; **by no** ~ keineswegs; ~ **of transport** Beförderungsmittel

meant pp, pp → **mean**

meantime adv **in the** ~ inzwischen; **meanwhile** adv inzwischen

measles nsing Masern *pl*; **German** ~ Röteln *pl*

measure 1. vt, vi messen **2.** n (unit, device for measuring) Maß *nt*; (step) Maßnahme *f*; **take** ~**s** Maßnahmen ergreifen; **measurement** n (*amount measured*) Maß nt

meat n Fleisch nt; **meatball** n Fleischbällchen nt

mechanic n Mechaniker(in) m(f); **mechanical** adj mechanisch; **mechanics** nsing Mechanik f; **mechanism** n Mechanismus m

medal n Medaille f; (*decoration*) Orden m; **medalist** (US), **medallist** n Medaillengewinner(in) m(f)

media npl Medien pl

median strip n (US) Mittelstreifen m

mediate vi vermitteln

medical 1. adj medizinisch; (*treatment etc*) ärztlich; ~ **student** n Medizinstudent(in) m(f) **2.** n Untersuchung f; **Medicare** n (US) Krankenkasse f für ältere Leute; **medication** n Medikamente pl; **be on** ~ Medikamente nehmen; **medicinal** adj Heil-; ~ **herbs** Heilkräuter pl; **medicine** n Arznei f; (*science*) Medizin f

medieval adj mittelalterlich

mediocre adj mittelmäßig

meditate vi meditieren; (*fig*) nachdenken (*on* über + acc)

Mediterranean n (*sea*) Mittelmeer nt; (*region*) Mittelmeerraum m

medium 1. adj (*quality, size*) mittlere(r, s); (*steak*) halbdurch; ~ **(dry)** (*wine*) halbtrocken; ~ **sized** mittelgroß;

~ **wave** Mittelwelle f **2.** n Medium nt; (*means*) Mittel nt

meet 1. vt treffen; (*by arrangement*) sich treffen mit; (*difficulties*) stoßen auf + acc; (*get to know*) kennenlernen; (*requirement, demand*) gerecht werden + dat; (*deadline*) einhalten; **pleased to** ~ **you** sehr angenehm!; ~ **sb at the station** jdn vom Bahnhof abholen **2.** vi sich treffen; (*become acquainted*) sich kennenlernen; **we've met** (*before*) wir kennen uns schon; **meet up** vt sich treffen (*with* mit); **meet with** vt (*group*) zusammenkommen mit; (*difficulties, resistance etc*) stoßen auf + acc; **meeting** n Treffen nt; (*business meeting*) Besprechung f; (*of committee*) Sitzung f; (*assembly*) Versammlung f; **meeting place**, **meeting point** n Treffpunkt m

megabyte n Megabyte nt

melody n Melodie f

melon n Melone f

melt vt, vi schmelzen

member n Mitglied nt; (*of tribe, species*) Angehörige(r) mf; **Member of Parliament** Parlamentsabgeordnete(r) mf; **membership** n Mitgliedschaft f; **membership card** n Mitgliedskarte f

memo n Mitteilung f, Memo nt; **memo pad** n Notizblock m

memorable *adj* unvergesslich; **memorial** *n* Denkmal *nt* (*to* für); **memorize** *vt* sich einprägen, auswendig lernen; **memory** *n* Gedächtnis *nt*; IT (*of computer*) Speicher *m*; (*sth recalled*) Erinnerung *f*; **in ~ of** zur Erinnerung an + *acc*

men *pl* → **man**

menace *n* Bedrohung *f*; (*danger*) Gefahr *f*

mend 1. *vt* reparieren; (*clothes*) flicken **2.** *n* **be on the ~** auf dem Wege der Besserung sein

meningitis *n* Hirnhautentzündung *f*

menopause *n* Wechseljahre *pl*

mental *adj* geistig; **mentality** *n* Mentalität *f*; **mentally** *adv* geistig; **~ handicapped** geistig behindert; **~ ill** geisteskrank

mention 1. *n* Erwähnung *f* **2.** *vt* erwähnen (*to sb* jdm gegenüber); **don't ~ it** bitte sehr, gern geschehen

menu *n* Speisekarte *f*; IT Menü *nt*

merchandise *n* Handelsware *f*; **merchant** *adj* Handels-

merciful *adj* gnädig; **mercifully** *adv* glücklicherweise

mercury *n* Quecksilber *nt*

mercy *n* Gnade *f*

mere *adj* bloß; **merely** *adv* bloß, lediglich

merge *vi* verschmelzen; AUTO sich einfädeln; COMM fusionieren; **merger** *n* COMM Fusion *f*

meringue *n* Baiser *nt*

merit *n* Verdienst *nt*; (*advantage*) Vorzug *m*

merry *adj* fröhlich; *fam* (*tipsy*) angeheitert; **Merry Christmas** Fröhliche Weihnachten!; **merry-go-round** *n* Karussell *nt*

mess *n* Unordnung *f*; (*muddle*) Durcheinander *nt*; (*dirty*) Schweinerei *f*; (*trouble*) Schwierigkeiten *pl*; **in a ~** (*muddled*) durcheinander; (*untidy*) unordentlich; *fig* (*person*) in der Klemme; **make a ~ of sth** etw verpfuschen; **mess about** *vi* (*tinker with*) herummurksen (*with* an + *dat*); (*play the fool*) herumalbern; (*do nothing in particular*) herumgammeln; **mess up** *vt* verpfuschen; (*make untidy*) in Unordnung bringen; (*dirty*) schmutzig machen

message *n* Mitteilung *f*, Nachricht *f*; **can I give him a ~?** kann ich ihm etwas ausrichten?; **please leave a ~** (*on answerphones*) bitte hinterlassen Sie eine Nachricht; **I get the ~** ich hab's verstanden

messenger *n* Bote *m*

messy *adj* (*untidy*) unordentlich; (*situation etc*) verfahren

met *pt*, *pp* → **meet**

metal n Metall nt; **metallic** adj metallisch

meteorology n Meteorologie f

meter n Zähler m; (*parking meter*) Parkuhr f; (US) → **metre**

method n Methode f

meticulous adj (peinlich) genau

metre n Meter m or nt; **metric** adj metrisch; ~ **system** Dezimalsystem nt

Mexico n Mexiko nt

mice pl → **mouse**

mickey n **take the** ~ (**out of sb**) fam (jdn) auf den Arm nehmen

microchip n IT Mikrochip m;
microphone n Mikrofon nt;
microscope n Mikroskop nt; **microwave** (**oven**) n Mikrowelle(nherd) f(m)

mid adj **in** ~ **January** Mitte Januar; **he's in his** ~ **forties** er ist Mitte vierzig

midday n Mittag m; **at** ~ mittags

middle 1. n Mitte f; **in the** ~ **of** mitten in + dat; **be in the** ~ **of doing sth** gerade dabei sein, etw zu tun **2.** adj mittlere(r, s), Mittel-; **middle-aged** adj mittleren Alters; **Middle Ages** npl **the** ~ das Mittelalter; **middle-class** adj mittelständisch; (*bourgeois*) bürgerlich; **middle classes** npl **the** ~ der Mittelstand; **Middle East** n **the** ~ der Nahe

Osten; **middle name** n zweiter Vorname

Midlands npl **the** ~ Mittelengland nt

midnight n Mitternacht f

midst n **in the** ~ **of** mitten in + dat

midsummer n Hochsommer m; **Midsummer's Day** Sommersonnenwende f

midway adv auf halbem Wege; ~ **through the film** nach der Hälfte des Films; **midweek** adj, adv in der Mitte der Woche

midwife n Hebamme f

midwinter n tiefster Winter

might 1. pt → **may**; (*possibility*) könnte; (*permission*) dürfte; (*would*) würde; **they** ~ **still come** sie könnten noch kommen; **I thought she** ~ **change her mind** ich dachte schon, sie würde sich anders entscheiden **2.** n Macht f, Kraft f

mighty adj gewaltig; (*powerful*) mächtig

migraine n Migräne f

migrant n (*bird*) Zugvogel m; ~ **worker** Gastarbeiter(in) m(f); **migrate** vi abwandern; (*birds*) nach Süden ziehen

mike n fam Mikro nt

Milan n Mailand nt

mild adj mild; (*person*) sanft; **mildly** adv **put it** ~ gelinde gesagt; **mildness** n Milde f

mile n Meile f (= 1,609 km); **for** ~**s** (**and** ~**s**) ≈ kilometerweit; **~s per hour** Meilen pro Stunde; **~s better than** hundertmal besser als; **mileage** n Meilen pl, Meilenzahl f; **mileometer** n ≈ Kilometerzähler m; **milestone** n a. fig Meilenstein m

militant adj militant; **military** adj Militär-, militärisch

milk 1. n Milch f **2.** vt melken; **milk chocolate** n Vollmilchschokolade f; **milkman** n Milchmann m; **milk shake** n Milkshake m, Milchmixgetränk nt

mill n Mühle f; (factory) Fabrik f

millennium n Jahrtausend nt

milligramme n Milligramm nt; **milliliter** (US), **millilitre** n Milliliter m; **millimeter** (US), **millimetre** n Millimeter m

million n Million f; **five ~** fünf Millionen; **~s of people** Millionen von Menschen; **millionaire** n Millionär(in) m(f)

mime 1. n Pantomime f **2.** vt, vi mimen; **mimic 1.** n Imitator(in) m(f) **2.** vt, vi nachahmen; **mimicry** n Nachahmung f

mince 1. vt (zer)hacken **2.** n (meat) Hackfleisch nt; **mincemeat** n süße Gebäckfüllung aus Rosinen, Äpfeln, Zucker, Gewürzen und Talg; **mince pie** n mit 'mincemeat' gefülltes süßes Weihnachtsgebäck

mind 1. n (intellect) Verstand m; (also person) Geist m; **out of sight, out of ~** aus den Augen, aus dem Sinn; **he is out of his ~** er ist nicht bei Verstand; **keep sth in ~** etw im Auge behalten; **I have a lot on my ~** mich beschäftigt so vieles im Moment; **change one's ~** es sich dat anders überlegen **2.** vt (look after) aufpassen auf + acc; (object to) etwas haben gegen; **~ you, ...** allerdings ...; **I wouldn't ~ ...** ich hätte nichts gegen ...; **~ the step** „Vorsicht Stufe!" **3.** vi etwas dagegen haben; **do you ~ if I ...** macht es Ihnen etwas aus, wenn ich ...; **I don't ~** es ist mir egal, meinetwegen; **never ~** macht gar nichts

mine 1. pron meine(r, s); **this is ~** das gehört mir; **a friend of ~** ein Freund von mir **2.** n (coalmine) Bergwerk nt; MIL Mine f

miner n Bergarbeiter(in) m(f)

mineral n Mineral nt; **mineral water** n Mineralwasser nt

mingle vi sich mischen (with unter + acc)

minibar n Minibar f; **minibus** n Kleinbus m; **minicab** n Kleintaxi nt

minimal adj minimal; **minimize** vt auf ein Minimum reduzieren; **minimum 1.** n Minimum nt **2.** adj Mindest-

mining n Bergbau m
miniskirt n Minirock m
minister n POL Minister(in) m(f); REL Pastor(in) m(f), Pfarrer(in) m(f); **ministry** n POL Ministerium nt
minor 1. adj kleiner; (insignificant) unbedeutend; (operation, offence) harmlos; ~ **road** Nebenstraße f; MUS **A** ~ **a**-Moll nt **2.** n (Brit, under 18) Minderjährige(r) mf; **minority** n Minderheit f
mint n Minze f; (sweet) Pfefferminz(bonbon) nt; **mint sauce** n Minzsoße f
minus prep minus; (without) ohne
minute 1. adj winzig; **in** ~ **detail** genauestens **2.** n Minute f; **just a** ~ Moment mal!; **any** ~ jeden Augenblick; ~ **s** pl (of meeting) Protokoll nt
miracle n Wunder nt; **miraculous** adj unglaublich
mirage n Fata Morgana f, Luftspiegelung f
mirror n Spiegel m
misbehave vi sich schlecht benehmen
miscalculation n Fehlkalkulation f; (misjudgement) Fehleinschätzung f
miscarriage n MED Fehlgeburt f
miscellaneous adj verschiedene
mischief n Unfug m; **mischievous** adj (person) durchtrieben; (glance) ver-

schmitzt
misconception n falsche Vorstellung
misconduct n Vergehen nt
miser n Geizhals m
miserable adj (person) todunglücklich; (conditions, life) elend; (pay, weather) miserabel
miserly adj geizig
misery n Elend nt; (suffering) Qualen pl
misfit n Außenseiter(in) m(f)
misfortune n Pech nt
misguided adj irrig; (optimism) unangebracht
misinform vt falsch informieren
misinterpret vt falsch auslegen
misjudge vt falsch beurteilen
mislay irr vt verlegen
mislead irr vt irreführen; **misleading** adj irreführend
misprint n Druckfehler m
mispronounce vt falsch aussprechen
miss 1. vt (fail to hit, catch) verfehlen; (not notice, hear) nicht mitbekommen; (be too late for) verpassen; (chance) versäumen; (regret the absence of) vermissen; **I** ~ **you** du fehlst mir **2.** vi nicht treffen; (shooting) danebenschießen; (ball, shot etc) danebengehen; **miss out 1.** vt auslassen **2.** vi ~ **on sth** etw verpassen
Miss n (unmarried woman)

Fräulein nt

missile n Geschoss nt; (rocket) Rakete f

missing adj (person) vermisst; (thing) fehlend; **be/go ~** vermisst werden, fehlen

mission n POL, MIL, REL Auftrag m, Mission f; **missionary** n Missionar(in) m(f)

mist n (feiner) Nebel m; (haze) Dunst m; **mist over, mist up** vi sich beschlagen

mistake 1. n Fehler m; **by ~** aus Versehen 2. irr vt (misunderstand) falsch verstehen; (mix up) verwechseln (for mit); **mistaken** adj (idea, identity) falsch; **be ~** sich irren, falschliegen

mistletoe n Mistel f

mistreat vt schlecht behandeln

mistress n (lover) Geliebte f

mistrust 1. n Misstrauen nt (of gegen) 2. vt misstrauen + dat

misty adj neblig; (hazy) dunstig

misunderstand irr vt, vi falsch verstehen; **misunderstanding** n Missverständnis nt; (disagreement) Differenz f

mitten n Fausthandschuh m

mix 1. n (mixture) Mischung f 2. vt mischen; (blend) vermischen (with mit); (drinks, music) mixen; **~ business with pleasure** das Angenehme mit dem Nützlichen verbinden 3. vi (liquids) sich

vermischen lassen; **mix up** vt (mix) zusammenmischen; (confuse) verwechseln (with mit); **mixed** adj gemischt; **a ~ bunch** eine bunt gemischte Truppe; **~ grill** Mixed Grill m; **~ vegetables** Mischgemüse nt; **mixer** n (for food) Mixer m; **mixture** n Mischung f; neg Saft m; **mix-up** n Durcheinander nt; Missverständnis nt

ml abbr = **millilitre(s)** ml

mm abbr = **millimetre(s)** mm

moan 1. n Stöhnen nt; (complaint) Gejammer nt 2. vi stöhnen; (complain) jammern, meckern (about über + acc)

mobile 1. adj beweglich; (on wheels) fahrbar 2. n (phone) Handy nt; **mobile phone** n Mobiltelefon nt, Handy nt

mobility n Beweglichkeit f

mock 1. vt verspotten 2. adj Schein-; **mockery** n Spott m

mod cons abbr = **modern conveniences** (moderner) Komfort

mode n Art f; IT Modus m

model 1. n Modell nt; (example) Vorbild nt; (fashion) Model nt 2. adj (miniature) Modell-; (perfect) Muster- 3. vt (make) formen 4. vi **she~s for Versace** sie arbeitet als Model bei Versace

modem n Modem nt

moderate 1. adj mäßig; (views, politics) gemäßigt;

(*income, success*) mittelmäßig **2.** *n* POL Gemäßigte(r) *mf* **3.** *vt* mäßigen

modern *adj* modern; ~ **history** neuere Geschichte; ~ **Greek** Neugriechisch *nt*; **modernize** *vt* modernisieren

modest *adj* bescheiden; **modesty** *n* Bescheidenheit *f*

modification *n* Abänderung *f*; **modify** *vt* abändern

moist *adj* feucht; **moisten** *vt* befeuchten; **moisture** *n* Feuchtigkeit *f*; **moisturizer** *n* Feuchtigkeitscreme *f*

molar *n* Backenzahn *m*

mold (US) → **mould**

mole *n* (*spot*) Leberfleck *m*; (*animal*) Maulwurf *m*

molecule *n* Molekül *nt*

molest *vt* belästigen

molt (US) → **moult**

molten *adj* geschmolzen

mom *n* (US) Mutti *f*

moment *n* Moment *m*, Augenblick *m*; *just a* ~ Moment mal!; *at* (*or* for) *the* ~ im Augenblick; *in a* ~ gleich

momentous *adj* bedeutsam

Monaco *n* Monaco *nt*

monarch *n* Monarch *m*

monarchy *n* Monarchie *f*

monastery *n* (*for monks*) Kloster *nt*

Monday *n* Montag *m*; → **Tuesday**

monetary *adj* (*reform, policy, union*) Währungs-; ~ **unit** Geldeinheit *f*

money *n* Geld *nt*

monitor 1. *n* (*screen*) Monitor

m **2.** *vt* (*progress etc*) überwachen

monk *n* Mönch *m*

monkey *n* Affe *m*; ~ **business** Unfug *m*

monsoon *n* Monsun *m*

monster 1. *n* (*animal, thing*) Monstrum *nt* **2.** *adj* Riesen-; **monstrosity** *n* Monstrosität *f*; (*thing*) Ungetüm *nt*

Montenegro *n* Montenegro *nt*

month *n* Monat *m*; **monthly 1.** *adj* monatlich; (*ticket, salary*) Monats- **2.** *adv* monatlich **3.** *n* (*magazine*) Monats(zeit)schrift *f*

monty *n* **go the full** ~ *fam* (*strip*) alle Hüllen fallen lassen; (*go the whole hog*) aufs Ganze gehen

monument *n* Denkmal *nt* (*to* für); **monumental** *adj* (*huge*) gewaltig

mood *n* (*of person*) Laune *f*; (*a. general*) Stimmung *f*; **be in a good** / **bad** ~ gute / schlechte Laune haben, gut / schlecht drauf sein; **be in the** ~ **for sth** zu etw aufgelegt sein; **moody** *adj* launisch

moon *n* Mond *m*; **be over the** ~ *fam* überglücklich sein; **moonlight 1.** *n* Mondlicht *nt* **2.** *vi* schwarzarbeiten; **moonlit** *adj* (*night, landscape*) mondhell

moor 1. *n* Moor *nt* **2.** *vt, vi* festmachen; **moorings** *npl* Liegeplatz *m*; **moorland** *n* Moorland *nt*, Heideland *nt*

moose *n* Elch *m*

mop *n* Mopp *m*; **mop up** *vt* aufwischen

moped *n* (*Brit*) Moped *nt*

moral 1. *adj* moralisch; (*values*) sittlich **2.** *n* Moral *f*; **~s** *pl* Moral *f*; **morale** *n* Stimmung *f*, Moral *f*; **morality** *n* Moral *f*, Ethik *f*

more *adj*, *pron adv* mehr; (*additional*) noch; **three ~** noch drei; **some ~ tea?** noch etwas Tee?; **are there any ~?** gibt es noch welche?; **I don't go there any~** ich gehe nicht mehr hin; (*forming comparative*) ~wichtiger; **~ important** wichtiger; **~ slowly** langsamer; **~ and ~** immer mehr; **~ and ~ beautiful** immer schöner; **~ or less** mehr oder weniger; **moreish** *adj* (*food*) **these crisps are really ~** ich kann mit diesen Chips einfach nicht aufhören; **moreover** *adv* außerdem

morgue *n* Leichenschauhaus *nt*

morning 1. *n* Morgen *m*; **in the ~** am Morgen, morgens; (*tomorrow*) morgen früh; **this ~** heute morgen **2.** *adj* Morgen-; (*early*) Früh-; (*walk etc*) morgendlich; **morning after pill** *n* die Pille danach; **morning sickness** *n* Schwangerschaftsübelkeit *f*

Morocco *n* Marokko *nt*

moron *n* Idiot(in) *m(f)*

morphine *n* Morphium *nt*

morsel *n* Bissen *m*

mortal 1. *adj* sterblich; (*wound*) tödlich **2.** *n* Sterbliche(r) *mf*; **mortality** *n* (*death rate*) Sterblichkeitsziffer *f*

mortgage 1. *n* Hypothek *f* **2.** *vt* mit einer Hypothek belasten

mosaic *n* Mosaik *nt*

Moscow *n* Moskau *nt*

Moslem *adj*, *n* → **Muslim**

mosque *n* Moschee *f*

mosquito *n* (Stech)mücke *f*; (*tropical*) Moskito *m*; **~ net** Moskitonetz *nt*

moss *n* Moos *nt*

most 1. *adj* meiste *pl*, die meisten; **in ~ cases** in den meisten Fällen **2.** *adv* (*with verbs*) am meisten; (*with adj*) …ste; (*with adv*) am …sten; (*very*) äußerst, höchst; **he ate (the) ~** er hat am meisten gegessen; **the ~ beautiful / interesting** der / die / das schönste / interessanteste; **~ interesting** hochinteressant! **3.** *n* das meiste, der größte Teil; (*people*) die meisten; **~ of the money / players** das meiste Geld / die meisten Spieler; **for the ~ part** zum größten Teil; **five at the ~** höchstens fünf; **make the ~ of sth** etw voll ausnützen; **mostly** *adv* (*most of the* *time)* meistens; *(mainly)* hauptsächlich; *(for the most part)* größtenteils

MOT *abbr* = **Ministry of Transport; ~ (test)** ≈ TÜV m

motel n Motel nt

moth n Nachtfalter m; *(wool-eating)* Motte f; **mothball** n Mottenkugel f

mother 1. n Mutter f **2.** vt bemuttern; **mother-in-law** n Schwiegermutter f; **mother-to-be** n werdende Mutter

motion n Bewegung f; *(in meeting)* Antrag m

motivate vt motivieren

motor 1. n Motor m; *fam (car)* Auto nt **2.** adj Motor-; **Motorail train®** n *(Brit)* Autoreisezug m; **motorbike** n Motorrad nt; **motorboat** n Motorboot nt; **motorcycle** n Motorrad nt; **motorist** n Autofahrer(in) m(f); **motor oil** n Motorenöl nt; **motor racing** n Autorennsport m; **motor scooter** n Motorroller m; **motor vehicle** n Kraftfahrzeug nt; **motorway** n *(Brit)* Autobahn f

mould 1. n Form f; *(mildew)* Schimmel m **2.** vt formen; **mouldy** adj schimmelig

mount 1. vt *(horse)* steigen auf + acc; *(exhibition etc)* organisieren; *(painting)* mit einem Passepartout versehen **2.** vi ~ **(up)** (an)steigen **3.** n Passepartout nt

mountain n Berg m; **moun-** **taineer** n Bergsteiger(in) m(f); **mountaineering** n Bergsteigen nt; **mountainside** n Berghang m

mourn 1. vt betrauern **2.** vi trauern *(for* um*)*; **mourning** n Trauer f; **be in ~** trauern *(for* um*)*

mouse n a. IT Maus f; **mouse mat, mouse pad** *(US)* n Mauspad nt; **mouse trap** n Mausefalle f

mousse n GASTR Creme f; *(styling mousse)* Schaumfestiger m

moustache n Schnurrbart m

mouth n Mund m; *(of animal)* Maul nt; *(of cave)* Eingang m; *(of bottle etc)* Öffnung f; *(of river)* Mündung f; **keep one's ~ shut** fam den Mund halten; **mouthful** n *(of drink)* Schluck m; *(of food)* Bissen m; **mouth organ** n Mundharmonika f; **mouthwash** n Mundwasser nt; **mouthwatering** adj appetitlich, lecker

move 1. n *(movement)* Bewegung f; *(in game)* Zug m; *(step)* Schritt m; *(moving house)* Umzug m; **make a ~** *(in game)* ziehen; *(leave)* sich auf den Weg machen; **get a ~ on (with sth)** sich (mit etw) beeilen **2.** vt bewegen; *(object)* rücken; *(car)* wegfahren; *(transport: goods)* befördern; *(people)* transportieren; *(in job)* versetzen;

(*emotionally*) bewegen, rühren; **I can't ~ it** (*stuck, too heavy*) ich bringe es nicht von der Stelle; **~ (house)** umziehen **3.** *vi* sich bewegen; (*change place*) gehen; (*vehicle, ship*) fahren; (*move house, town etc*) umziehen; (*in game*) ziehen; **move about** *vi* sich bewegen; (*travel*) unterwegs sein; **move away** *vi* weggehen; (*move town*) wegziehen; **move in** *vi* (*to house*) einziehen; **move on** *vi* weitergehen; (*vehicle*) weiterfahren; **move out** *vi* ausziehen; **move up** *vi* (*in queue etc*) aufrücken; **movement** *n* Bewegung *f*

movie *n* Film *m*; **the ~s** (*the cinema*) das Kino; **movie theater** *n* (*US*) Kino *nt*

moving *adj* (*emotionally*) ergreifend, berührend

mow *vt* mähen; **mower** *n* (*lawnmower*) Rasenmäher *m*

mown *pp* → **mow**

Mozambique *n* Mosambik *nt*

MP *abbr* = **Member of Parliament** Parlamentsabgeordnete(r) *mf*

MP3 player *n* MP3-Player *m*

mph *abbr* = **miles per hour** Meilen pro Stunde

Mr *n* (*written form of address*) Herr

Mrs *n* (*written form of address*) Frau

Ms *n* (*written form of address for any woman, married or unmarried*) Frau

Mt *abbr* = **Mount** Berg *m*

much 1. *adj* viel; **we haven't got ~ time** wir haben nicht viel Zeit **2.** *adv* viel; (*with verb*) sehr; **~ better** viel besser; **I like it very ~** es gefällt mir sehr gut; **I don't like it ~** ich mag es nicht besonders; **thank you very ~** danke sehr; **~ as I like him** so sehr ich ihn mag; **we don't see them ~** wir sehen sie nicht sehr oft; **~ the same** fast gleich **3.** *n* viel; **as ~ as you want** so viel du willst / Sie wollen; **he's not ~ of a cook** er ist kein großer Koch

muck *n fam* Dreck *m*; **muck about** *vi fam* herumalbern; **muck up** *vt fam* dreckig machen; (*spoil*) vermasseln; **mucky** *adj* dreckig

mucus *n* Schleim *m*

mud *n* Schlamm *m*

muddle 1. *n* Durcheinander *nt*; **be in a ~** ganz durcheinander sein **2.** *vt* **~ (up)** durcheinanderbringen; **muddled** *adj* konfus

muddy *adj* schlammig; (*shoes*) schmutzig; **mudguard** *n* Schutzblech *nt*

muesli *n* Müsli *nt*

muffin *n* Muffin *m*; (*Brit*) weiches, flaches Milchbrötchen aus Hefeteig, das meist getoastet und mit Butter gegess-

sen wird

muffle vt (sound) dämpfen; **muffler** n (US) Schalldämpfer m

mug 1. n (cup) Becher m; fam (fool) Trottel m **2.** vt (attack and rob) überfallen; **mugging** n Raubüberfall m

mule n Maulesel m

mulled adj ~ **wine** Glühwein m

multicolored (US), **multicoloured** adj bunt; **multicultural** adj multikulturell; **multi-grade** adj ~ **oil** Mehrbereichsöl nt; **multilingual** adj mehrsprachig

multiple 1. n Vielfache(s) nt **2.** adj mehrfach; (several) mehrere; **multiple-choice (method)** n Multiple-Choice-Verfahren nt

multiplex adj, n ~ **(cinema)** Multiplexkino nt

multiply 1. vt multiplizieren (by mit) **2.** vi sich vermehren

multi-purpose adj Mehrzweck-; **multistorey (car park)** n Parkhaus nt

mum n fam (mother) Mutti f, Mami f

mumble vt, vi murmeln

mummy n (dead body) Mumie f; fam (mother) Mutti f, Mami f

mumps nsing Mumps m

munch vt, vi mampfen

Munich n München nt

municipal adj städtisch

murder 1. n Mord m; **the traf-**

fic was ~ der Verkehr war die Hölle **2.** vt ermorden; **murderer** n Mörder(in) m(f)

murky adj düster; (water) trüb

murmur vt, vi murmeln

muscle n Muskel m; **muscular** adj (strong) muskulös; (cramp, pain etc) Muskel-

museum n Museum nt

mushroom n (essbarer) Pilz; (button mushroom) Champignon m

mushy adj breiig

music n Musik f; **musical 1.** adj (sound) melodisch; (person) musikalisch; ~ **instrument** Musikinstrument nt **2.** n (show) Musical nt; **musically** adv musikalisch; **musician** n Musiker(in) m(f)

Muslim 1. adj moslemisch **2.** n Moslem m, Muslime f

mussel n Miesmuschel f

must 1. vaux (need to) müssen; (in negation) dürfen; **I** ~**n't forget that** ich darf das nicht vergessen; (certainty) **he** ~ **be there by now** er ist inzwischen bestimmt schon da; (assumption) **I** ~ **have lost it** ich habe es wohl verloren; ~ **you?** muss das sein? **2.** n Muss nt

mustache n (US) Schnurrbart m

mustard n Senf m

mustn't contr = **must not**

mute adj stumm

mutter vt, vi murmeln

mutton n Hammelfleisch nt

mutual *adj* gegenseitig; *by ~ consent* in gegenseitigem Einvernehmen

my *adj* mein; *I've hurt ~ leg* ich habe mir das Bein verletzt

Myanmar *n* Myanmar *nt*

myself *pron* (*reflexive*) mich *acc*, mir *dat*; *I've hurt ~* ich habe mich verletzt; *I've bought ~ a flat* ich habe mir eine Wohnung gekauft;

(*emphatic*) *I did it ~* ich habe es selbst gemacht; (*all*) *by ~* allein

mysterious *adj* geheimnisvoll, mysteriös; (*inexplicable*) rätselhaft; **mystery** *n* Geheimnis *nt*; (*puzzle*) Rätsel *nt*

myth *n* Mythos *m*; *fig* (*untrue story*) Märchen *nt*; **mythology** *n* Mythologie *f*

N

naan bread *n* (*warm serviertes*) indisches Fladenbrot

nag *vt*, *vi* herumnörgeln (*sb* an jdm); **nagging** *n* Nörgelei *f*

nail 1. *n* Nagel *m* **2.** *vt* nageln (*to* an); **nail down** *vt* festnageln; **nailbrush** *n* Nagelbürste *f*; **nail clippers** *npl* Nagelknipser *m*; **nailfile** *n* Nagelfeile *f*; **nail polish** *n* Nagellack *m*; **nail polish remover** *n* Nagellackentferner *m*; **nail scissors** *npl* Nagelschere *f*; **nail varnish** *n* Nagellack *m*

naive *adj* naiv

naked *adj* nackt

name 1. *n* Name *m*; *his ~ is ...* er heißt ...; *what's your ~?* wie heißen Sie?; (*reputation*) *have a good / bad ~* einen guten / schlechten Ruf haben **2.** *vt* nennen (*after* nach); (*sth new*) benennen; (*nomi-*

nate) ernennen (*as* als / zu); *a boy ~d ...* ein Junge namens ...; *namely adv* nämlich; **name plate** *n* Namensschild *nt*

nanny *n* Kindermädchen *nt*

nap *n* **have / take a ~** ein Nickerchen machen

napkin *n* (*at table*) Serviette *f*

Naples *n* Neapel *nt*

nappy *n* (*Brit*) Windel *f*

narrow 1. *adj* eng, schmal; (*victory*, *majority*) knapp; *have a ~ escape* mit knapper Not davonkommen **2.** *vi* sich verengen; **narrow down** *vt* einschränken (*to sth* auf etw *acc*); **narrow-minded** *adj* engstirnig

nasty *adj* ekelhaft; (*person*) fies; (*remark*) gehässig; (*accident*, *wound etc*) schlimm

nation *n* Nation *f*; **national 1.** *adj* national; *~ anthem* Nationalhymne f; **National Health Service** (Brit) staatlicher Gesundheitsdienst; ~ **insurance** (Brit) Sozialversicherung f; ~ **park** Nationalpark m **2.** n Staatsbürger(in) m(f); **nationality** n Staatsangehörigkeit f, Nationalität f; **nationwide** adj, adv landesweit

native 1. adj einheimisch; (inborn) angeboren, natürlich; **Native American** Indianer(in) m(f); ~ **country** Heimatland nt; a ~ **German** ein gebürtiger Deutscher, eine gebürtige Deutsche; ~ **language** Muttersprache f; ~ **speaker** Muttersprachler(in) m(f) **2.** n Einheimische(r) mf; (in colonial context) Eingeborene(r) mf

nativity play n Krippenspiel nt

NATO acr = **North Atlantic Treaty Organization**; Nato f

natural adj natürlich; (law, science, forces etc) Natur-; (inborn) angeboren; ~ **resources** Bodenschätze pl; **naturally** adv natürlich; (by nature) von Natur aus

nature n Natur f; (type) Art f; **by** ~ von Natur aus; **nature reserve** n Naturschutzgebiet nt

naughty adj (child) ungezogen; (cheeky) frech

nausea n Übelkeit f

nautical adj nautisch; ~ **mile**

Seemeile f

nave n Hauptschiff nt

navel n Nabel m

navigate vi navigieren; (in car) lotsen, dirigieren; **navigation** n Navigation f; (in car) Lotsen nt

navy n Marine f

near 1. adj nahe; **in the ~ future** in nächster Zukunft; **that was a ~ miss** (or thing) das war knapp; (with price) **... or ~est offer** Verhandlungsbasis ... **2.** adv in der Nähe; **come ~er** näher kommen; (event) näher rücken **3.** prep ~ **(to)** (space) nahe an + dat; (vicinity) in der Nähe + gen; ~ **the station** in der Nähe des Bahnhofs, in Bahnhofsnähe; **nearby 1.** adj nahe gelegen **2.** adv in der Nähe; **nearly** adv fast; **near-sighted** adj kurzsichtig

neat adj ordentlich; (work, writing) sauber; (undiluted) pur

necessarily adv notwendigerweise; **not** ~ nicht unbedingt; **necessary** adj notwendig, nötig; **it's** ~ **to ...** man muss ...; **it's not** ~ **for him to come** er braucht nicht mitzukommen; **necessity** n Notwendigkeit f; **the bare necessities** das absolut Notwendigste

neck n Hals m; (size) Halsweite f; **necklace** n Halskette f; **necktie** n (US) Krawatte f

nectarine n Nektarine f

née adj geborene

need 1. n (requirement) Bedürfnis nt (for für); (necessity) Notwendigkeit f; (poverty) Not f; **be in ~ of sth** etw brauchen; **if ~(s) be** wenn nötig **2.** vt brauchen; **I ~ to speak to you** ich muss mit dir reden; **you ~n't go** du brauchst nicht (zu) gehen, du musst nicht gehen

needle n Nadel f

needless, needlessly adj, adv unnötig; **~ to say** selbstverständlich

negative 1. n Verneinung f; PHOT Negativ nt **2.** adj negativ; (answer) verneinend

neglect 1. n Vernachlässigung f **2.** vt vernachlässigen; **negligence** n Nachlässigkeit f; **negligent** adj nachlässig

negotiate vi verhandeln; **negotiation** n Verhandlung f

neigh vi (horse) wiehern

neighbor (US), **neighbour** n Nachbar(in) m(f); **neighbo(u)rhood** n Nachbarschaft f

neighbo(u)ring adj benachbart

neither 1. adj, pron keine(r, s) von beiden; **~ of you / us** keiner von euch / uns beiden **2.** adv **~ ... nor ...** weder ... noch ... **3.** conj **I'm not going - ~ am I** ich gehe nicht - ich auch nicht

nephew n Neffe m

nerd n fam Schwachkopf m; **he's a real computer ~** er ist ein totaler Computerfreak

nerve n Nerv m; **he gets on my ~s** er geht mir auf die Nerven; (courage) **keep / lose one's ~** die Nerven behalten / verlieren; (cheek) **have the ~ to do sth** die Frechheit besitzen, etw zu tun; **nerve-racking** adj nervenaufreibend; **nervous** adj (apprehensive) ängstlich; (on edge) nervös; **nervous breakdown** n Nervenzusammenbruch m

nest 1. n Nest nt **2.** vi nisten

net 1. n Netz nt; **the Net** (Internet) das Internet; **on the ~** im Netz **2.** adj (price, weight) Netto-; **~ profit** Reingewinn m

Netherlands npl **the ~** die Niederlande pl

network n Netz nt; TV, RADIO Sendenetz nt; IT Netzwerk nt; **networking** n Networking nt (das Knüpfen und Pflegen von Kontakten, die dem beruflichen Fortkommen dienen)

neurosis n Neurose f; **neurotic** adj neurotisch

neuter adj BIO geschlechtslos; LING sächlich

neutral 1. adj neutral **2.** n (gear in car) Leerlauf m

never adv nie(mals); **~ before** noch nie; **~ mind** macht

nichts!; **never-ending** *adj*
endlos; **nevertheless** *adv*
trotzdem
new *adj* neu; *this is all ~ to me*
das ist für mich noch unge-
wohnt
New England *n* Neuengland
nt
Newfoundland *n* Neufund-
land *nt*
newly *adv* neu; *~ made* (*cake*)
frisch gebacken; **new-
-weds** *npl* Frischvermählte
pl; **new moon** *n* Neumond *m*
news *nsing* (*item of news*)
Nachricht *f*; RADIO, TV Nachrichten *pl*; *good ~* eine er-
freuliche Nachricht; *what's
the ~?* was gibt's Neues?;
have you heard the ~? hast
du das Neueste gehört?;
newsagent, news dealer
(*US*) *n* Zeitungshändler(in)
m(f); **news bulletin** *n* Nach-
richtensendung *f*; **news
flash** *n* Kurzmeldung *f*;
newsgroup *n* IT Diskussi-
onsforum *nt*, Newsgroup *f*;
newsletter *n* Mitteilungs-
blatt *nt*; **newspaper** *n* Zeitung *f*
New Year *n* das neue Jahr;
Happy ~ (ein) frohes Neues
Jahr!; (*toast*) Prosit Neujahr!; *~'s Day* Neujahr *nt*,
Neujahrstag *m*; *~'s Eve* Silvesterabend *m*; *~'s resolution* guter Vorsatz fürs neue
Jahr
New York *n* New York *nt*

New Zealand 1. *n* Neuseeland
nt **2.** *adj* neuseeländisch;
New Zealander *n* Neusee-
länder(in) *m(f)*
next 1. *adj* nächste(r, s); *the
week after ~* übernächste
Woche; *~ time I see him*
wenn ich ihn das nächste
Mal sehe; *you're ~* du bist /
Sie sind jetzt dran **2.** *adv* als
Nächstes; (*then*) dann, darauf; *~ to* neben + *dat*; *~ to
last* vorletzte(r, s); *~ to impossible* nahezu unmög-
lich; *the ~ best thing* das
Nächstbeste; *~ door* nebenan
NHS *abbr = National Health
Service*
Niagara Falls *npl* Niagara-
fälle *pl*
nibble *vt* knabbern an + *dat*;
nibbles *npl* Knabberzeug *nt*
Nicaragua *n* Nicaragua *nt*
nice *adj* nett, sympathisch;
(*taste, food, drink*) gut;
(*weather*) schön; **have a ~
day** (*US*) schönen Tag noch!;
nicely *adv* nett; (*well*) gut;
that'll do ~ das genügt voll-
auf
nick *vt fam* (*steal*) klauen
nickel *n* CHEM Nickel *nt*; (*US,
coin*) Nickel *m*
nickname *n* Spitzname *m*
nicotine *n* Nikotin *nt*; **nicotine patch** *n* Nikotinpflaster
nt
niece *n* Nichte *f*
Nigeria *n* Nigeria *nt*

night n Nacht f; (before bed) Abend m; **good ~** gute Nacht!; **at** (or **by**) **~** nachts; **have an early ~** früh schlafen gehen; **nightcap** n Schlummertrunk m; **nightclub** n Nachtklub m; **nightdress** n Nachthemd nt; **nightie** n fam Nachthemd nt

nightingale n Nachtigall f

night life n Nachtleben nt; **nightly** adj (every evening) jeden Abend; (every night) jede Nacht; **nightmare** n Albtraum m; **nighttime** n Nacht f; **at ~** nachts

nil n SPORT null

Nile n Nil m

nine 1. num neun; **~ times out of ten** so gut wie immer **2.** n (a. bus etc) Neun f; → **eight**; **nineteen 1.** num neunzehn **2.** n (a. bus etc) Neunzehn f; → **eight**; **nineteenth** adj neunzehnte(r, s); → **eighth**; **ninetieth** adj neunzigste(r, s); → **eighth**; **ninety 1.** num neunzig **2.** n Neunzig f; → **eight**; **ninth 1.** adj neunte(r, s) **2.** n (fraction) Neuntel nt; → **eighth**

nipple n Brustwarze f

nitrogen n Stickstoff m

no 1. adv nein; (after comparative) nicht; **I can wait ~ longer** ich kann nicht länger warten; **I have ~ more money** ich habe kein Geld mehr **2.** adj kein; **in ~ time** im Nu; **~ way** fam keinesfalls; **it's ~**

use (or **good**) es hat keinen Zweck; **~ smoking** Rauchen verboten **3.** n Nein nt

nobody 1. pron niemand; (emphatic) keiner; **~ knows** keiner weiß es; **~ else** sonst niemand, kein anderer **2.** n Niemand m

no-claims bonus n Schadenfreiheitsrabatt m

nod vi, vt nicken; **nod off** vi einnicken

noise n (loud) Lärm m; (sound) Geräusch nt; **noisy** adj (say) (crowd) lärmend

nominate vt (in election) aufstellen; (appoint) ernennen

non- pref Nicht-; (with adj) nicht-, un-; **non-alcoholic** adj alkoholfrei

none pron keine(r, s); **~ of them** keiner von ihnen; **~ of it is any use** nichts davon ist brauchbar; **there are ~ left** es sind keine mehr da; (with comparative) **be ~ the wiser** auch nicht schlauer sein

nonetheless adv nichtsdestoweniger

non-fiction n Sachbücher pl; **non-resident** n 'open to ~s' ,auch für Nichthotelgäste"; **non-returnable** adj **~ bottle** Einwegflasche f

nonsense n Unsinn m

non-smoker n Nichtraucher(in) m(f); **non-smoking** adj Nichtraucher-; **nonstop 1.** adj (train) durchgehend;

(*flight*) Nonstop- **2.** *adv* (*talk*) ununterbrochen; (*fly*) ohne Zwischenlandung

noodles *npl* Nudeln *pl*

noon *n* Mittag *m*; **at ~** um 12 Uhr mittags

no one *pron* niemand; (*emphatic*) keiner; **~ else** sonst niemand, kein anderer

nor *conj* **neither ... ~ ...** weder ... noch ...; **I don't smoke, ~ does he** ich rauche nicht, er auch nicht

normal *adj* normal; **get back to ~** sich wieder normalisieren; **normally** *adv* (*usually*) normalerweise

north 1. *n* Norden *m*; **to the ~ of** nördlich von **2.** *adv* (*go, face*) nach Norden **3.** *adj* Nord-; **North America** *n* Nordamerika *nt*; **northbound** *adj* (in) Richtung Norden; **northeast 1.** *n* Nordosten *m*; **to the ~ of** nordöstlich von **2.** *adv* (*go, face*) nach Nordosten **3.** *adj* Nordost-; **northern** *adj* nördlich; **~ France** Nordfrankreich *nt*; **Northern Ireland** *n* Nordirland *nt*; **North Pole** *n* Nordpol *m*; **North Sea** *n* Nordsee *f*; **northwards** *adv* nach Norden; **northwest 1.** *n* Nordwesten *m*; **to the ~ of** nordwestlich von **2.** *adv* (*go, face*) nach Nordwesten **3.** *adj* Nordwest-

Norway *n* Norwegen *nt*; **Nor-**

wegian 1. *adj* norwegisch **2.** *n* (*person*) Norweger(in) *m(f)*; (*language*) Norwegisch *nt*

nose *n* Nase *f*; **nosebleed** *n* Nasenbluten *nt*; **nose-dive** *n* Sturzflug *m*

nosey → **nosy**

nostril *n* Nasenloch *nt*

nosy *adj* neugierig

not *adv* nicht; **~ one of them** kein einziger von ihnen; **I told him ~ to** (*do it*) ich sagte ihm, er solle es nicht tun; **~ at all** überhaupt nicht, keineswegs; (*don't mention it*) gern geschehen; **~ yet** noch nicht

notable *adj* bemerkenswert; **note 1.** *n* (*written*) Notiz *f*; (*short letter*) paar Zeilen *pl*; (*comment in book etc*) Anmerkung *f*; (*banknote*) Schein *m*; MUS (*sign*) Note *f*; (*sound*) Ton *m*; **make a ~ of sth** sich *dat* etw notieren; **~s** (*of lecture etc*) Aufzeichnungen *pl*; **take ~s** sich *dat* Notizen machen (*of* über + *acc*) **2.** *vt* (*notice*) bemerken (*that* dass); (*write down*) notieren; **notebook** *n* Notizbuch *nt*; IT Notebook *nt*; **notepad** *n* Notizblock *m*; **notepaper** *n* Briefpapier *nt*

nothing *n* nichts; **~ but ...** lauter ...; **for ~** umsonst; **he thinks ~ of it** er macht sich nichts daraus

notice 1. *n* (*announcement*) Bekanntmachung *f*; (*on no-*

tice board) Anschlag *m*; (*attention*) Beachtung *f*; (*advance warning*) Ankündigung *f*; (*to leave job, flat etc*) Kündigung *f*; **at short ~** kurzfristig; **until further ~** bis auf weiteres; **give sb ~** jdm kündigen; **hand in one's ~** kündigen; **take (no)~ of (sth)** etw (nicht) beachten **2.** *vt* bemerken; **noticeable** *adj* erkennbar; (*visible*) sichtbar; **be ~** auffallen; **notice board** *n* Anschlagtafel *f*

notification *n* Benachrichtigung *f* (*of* von); **notify** *vt* benachrichtigen (*of* von)

notorious *adj* berüchtigt

nought *n* Null *f*

noun *n* Substantiv *nt*

novel 1. *n* Roman *m* **2.** *adj* neuartig; **novelty** *n* Neuheit *f*

November *n* November *m*; → *September*

novice *n* Neuling *m*

now *adv* (*at the moment*) jetzt; (*introductory phrase*) also; **right ~** jetzt gleich; **just ~** gerade; **by ~** inzwischen; **from ~ on** ab jetzt; **~ and again** (*or* **then**) ab und zu; **nowadays** *adv* heutzutage

nowhere *adv* nirgends; **we're getting ~** wir kommen nicht weiter; **~ near** noch lange nicht

nozzle *n* Düse *f*

nuclear *adj* (*energy etc*)

Kern-; **~ power station** Kernkraftwerk *nt*

nude 1. *adj* nackt **2.** *n* (*person*) Nackte(r) *mf*; (*painting etc*) Akt *m*; **nudist** *n* Nudist(in) *m(f)*, FKK-Anhänger(in) *m(f)*; **nudist beach** *n* FKK-Strand *m*

nuisance *n* Ärgernis *nt*; (*person*) Plage *f*; **what a ~** wie ärgerlich!

numb 1. *adj* taub, gefühllos **2.** *vt* betäuben

number 1. *n* Nummer *f*; MATH Zahl *f*; (*quantity*) (An)zahl *f*; **in small / large ~s** in kleinen / großen Mengen; **a ~ of times** mehrmals **2.** *vt* (*give a number to*) nummerieren; (*count*) zählen (*among* zu); **his days are ~ed** seine Tage sind gezählt; **number plate** *n* (*Brit*) AUTO Nummernschild *nt*

numeral *n* Ziffer *f*; **numerical** *adj* numerisch; (*superiority*) zahlenmäßig; **numerous** *adj* zahlreich

nun *n* Nonne *f*

Nuremberg *n* Nürnberg *nt*

nurse 1. *n* Krankenschwester *f*; (*male nurse*) Krankenpfleger *m* **2.** *vt* (*patient*) pflegen; (*baby*) stillen; **nursery** *n* Kinderzimmer *nt*; (*for plants*) Gärtnerei *f*; (*tree*) Baumschule *f*; **nursery rhyme** *n* Kinderreim *m*; **nursery school** *n* Kindergarten *m*; **~ teacher** Kindergärtner(in) *m(f)*, Erzieher(in) *m(f)*; **nursing** *n (profession)* Krankenpflege *f*; **~ home** Privatklinik *f*

nut *n* Nuss *f*; TECH *(for bolt)* Mutter *f*; **nutcase** *n fam* Spinner(in) *m(f)*; **nutcracker** *n*, **nutcrackers** *npl* Nussknacker *m*

nutmeg *n* Muskat *m*, Muskatnuss *f*

nutrition *n* Ernährung *f*; **nutritious** *adj* nahrhaft

nuts *fam* **1.** *adj* verrückt; **be ~ about sth** nach etw verrückt sein **2.** *npl (testicles)* Eier *pl*

nutshell *n* Nussschale *f*; **in a ~** kurz gesagt

nutter *n fam* Spinner(in) *m(f)*; **nutty** *adj fam* verrückt

nylon® **1.** *n* Nylon® *nt* **2.** *adj* Nylon-

O

O *n* TEL Null *f*

oak **1.** *n* Eiche *f* **2.** *adj* Eichen-

OAP *abbr = old-age pensioner* Rentner(in) *m(f)*

oar *n* Ruder *nt*

oasis *n* Oase *f*

oath *n (statement)* Eid *m*

oats *npl* Hafer *m*; GASTR Haferflocken *pl*

obedience *n* Gehorsam *m*; **obedient** *adj* gehorsam; **obey** *vt, vi* gehorchen + *dat*

object 1. *n* Gegenstand *m*; *(abstract)* Objekt *nt*; *(purpose)* Ziel *nt* **2.** *vi* dagegen sein; *(raise objection)* Einwände erheben *(to* gegen*)*; *(morally)* Anstoß nehmen *(to* an + *dat)*; **do you ~ to my smoking?** haben Sie etwas dagegen, wenn ich rauche?; **objection** *n* Einwand *m*

objective 1. *n* Ziel *nt* **2.** *adj* objektiv; **objectivity** *n* Objek-

tivität *f*

obligation *n (duty)* Pflicht *f*; *(commitment)* Verpflichtung *f*; **no ~** unverbindlich; **obligatory** *adj* obligatorisch; **oblige** *vt* **~ sb to do sth** jdn *(dazu)* zwingen, etw zu tun; **he felt ~d to accept the offer** er fühlte sich verpflichtet, das Angebot anzunehmen

oboe *n* Oboe *f*

obscene *adj* obszön

obscure *adj* veraltet

observation *n (watching)* Beobachtung *f*; *(remark)* Bemerkung *f*; **observe** *vt (notice)* bemerken; *(watch)* beobachten; *(customs)* einhalten

obsessed *adj* besessen *(with an idea etc)* von einem Gedanken etc); **obsession** *n* Manie *f*

obsolete *adj* veraltet

obstacle *n* Hindernis *nt* (to

für)

obstinate *adj* hartnäckig

obstruct *vt* versperren; *(pipe)* verstopfen; *(hinder)* behindern, aufhalten; **obstruction** *n* Blockierung *f*; *(of pipe)* Verstopfung *f*; *(obstacle)* Hindernis *nt*

obtain *vt* erhalten; **obtainable** *adj* erhältlich

obvious *adj* offensichtlich; *it was ~ to me that ...* es war mir klar, dass ...; **obviously** *adj* offensichtlich

occasion *n* Gelegenheit *f*; *(special event)* (großes) Ereignis; *on the ~ of* anlässlich + *gen*; **special ~** besonderer Anlass; **occasional**, **occasionally** *adj*, *adv* gelegentlich

occupant *n* *(of house)* Bewohner(in) *m(f)*; *(of vehicle)* Insasse *m*, Insassin *f*; **occupation** *n* Beruf *m*; *(pastime)* Beschäftigung *f*; *(of country etc)* Besetzung *f*; **occupied** *adj* *(country, seat, toilet)* besetzt; *(person)* beschäftigt; *keep sb / oneself ~* jdn / sich beschäftigen; **occupy** *vt* *(country)* besetzen; *(time)* beanspruchen; *(mind, person)* beschäftigen

occur *vi* vorkommen; *~ to sb* jdm einfallen

ocean *n* Ozean *m*; *(US, sea)* das Meer *nt*

o'clock *adv* **5 ~** 5 Uhr; *at* **10 ~** um 10 Uhr

octagon *n* Achteck *nt*

October *n* Oktober *m*; → **September**

octopus *n* Tintenfisch *m*

odd *adj* *(strange)* sonderbar; *(not even)* ungerade; *(one missing)* einzeln; *be the ~ one out* nicht dazugehören; **odds** *npl* Chancen *pl*; *against all ~* entgegen allen Erwartungen

odometer *n* *(US)* AUTO Meilenzähler *m*

odor *(US)*, **odour** *n* Geruch *m*

of *prep* von; *(material, origin)* aus; *the name ~ the hotel* der Name des Hotels; *the works ~ Shakespeare* Shakespeares Werke; *a friend ~ mine* ein Freund von mir; *the fourth ~ June* der vierte Juni; *(quantity)* *a glass ~ water* ein Glas Wasser; *a litre ~ wine* ein Liter Wein; *a girl ~ ten* ein zehnjähriges Mädchen; *(US, in time)* *it's five ~ three* es ist fünf vor drei; *(cause)* *die ~ cancer* an Krebs sterben

off 1. *adv* *(away)* weg, fort; *(free)* frei; *(switch)* ausgeschaltet; *(milk)* sauer; *a mile ~* eine Meile entfernt; *I'll be ~ now* ich gehe jetzt; *have the day / Monday ~* heute / Montag freihaben; *the lights are ~* die Lichter sind aus; *the concert is ~* das Konzert fällt aus; *I got 10 % ~* ich habe 10 % Nachlass bekommen **2.**

prep (*away from*) von; **jump / fall ~ the roof** vom Dach springen / fallen; **~ the bus** aus dem Bus aussteigen; **he's ~ work / school** er hat frei / schulfrei; **take £20 ~ the price** den Preis um 20 Pfund herabsetzen

offence *n* (*crime*) Straftat *f*; (*minor*) Vergehen *nt*; (*to feelings*) Kränkung *f*; **cause / take ~** Anstoß erregen / nehmen; **offend** *vt* kränken; (*eye, ear*) beleidigen; **offender** *n* Straffällige(r) *mf*; **offense** (*US*) → **offence**; **offensive 1.** *adj* anstößig; (*insulting*) beleidigend; (*smell*) übel, abstoßend **2.** *n* MIL Offensive *f*

offer **1.** *n* Angebot *nt*; on ~ COMM im Angebot **2.** *vt* anbieten (*to sb* jdm); (*money, a chance etc*) bieten

offhand **1.** *adj* lässig **2.** *adv* (*say*) auf Anhieb

office *n* Büro *nt*; (*position*) Amt *nt*; **doctor's ~** Arztpraxis *f*; **office block** *n* Bürogebäude *nt*; **office hours** *npl* Dienstzeit *f*; (*notice*) Geschäftszeiten *pl*; **officer** *n* MIL Offizier(in) *m*(*f*); (*official*) Polizeibeamte(r) *m*, Polizeibeamtin *f*; **office worker** *n* Büroangestellte(r) *mf*; **official 1.** *adj* offiziell; (*report etc*) amtlich; **~ language** Amtssprache *f* **2.** *n*

Beamte(r) *m*, Beamtin *f*, Repräsentant(in) *m*(*f*)

off-licence *n* (*Brit*) Wein- und Spirituosenhandlung *f*; **off-line** *adj* IT offline; **off-peak** *adj* außerhalb der Stoßzeiten; (*rate, ticket*) verbilligt; **off-putting** *adj*, abstoßend; **off-season** *adj* außerhalb der Saison

offshore *adj* küstennah, Küsten-; (*oil rig*) im Meer; **offside** *n* AUTO Fahrerseite *f*; SPORT Abseits *nt*

often *adv* oft; **every so ~** von Zeit zu Zeit

oil 1. *n* Öl *nt* **2.** *vt* ölen; **oil level** *n* Ölstand *m*; **oil painting** *n* Ölgemälde *nt*; **oil-rig** *n* (Öl-)bohrinsel *f*; **oil slick** *n* Ölteppich *m*; **oil tanker** *n* Öltanker *m*; (*truck*) Tankwagen *m*; **oily** *adj* ölig; (*skin, hair*) fettig

ointment *n* Salbe *f*

OK, okay *adj fam* okay, in Ordnung; **that's ~ by** (*or* **with**) **me** das ist mir recht

old *adj* alt; **old age** *n* Alter *nt*; **~ pensioner** *n* Rentner(in) *m*(*f*); **old-fashioned** *adj* altmodisch; **old people's home** *n* Altersheim *nt*

olive *n* Olive *f*; **olive oil** *n* Olivenöl *nt*

Olympic *adj* olympisch; **the Games, the ~s** *pl* die Olympischen Spiele *pl*, die Olympiade

omelette *n* Omelett *nt*

omit vt auslassen

on 1. prep (position) auf + dat; (with motion) auf + acc; (vertical surface, day) an + dat; (with motion) an + acc; **it's ~ the table** es ist auf dem Tisch; **hang it ~ the wall** häng es an die Wand; **I haven't got it ~ me** ich habe es nicht bei mir; **~ TV** im Fernsehen; **~ the left** links; **~ the right** rechts; **~ the train / bus** im Zug / Bus; **~ the twelfth** am zwölften; **~ Sunday** am Sonntag; **~ Sundays** sonntags **2.** adj, adv (light etc) TV, ELEC an; **what's ~ at the cinema?** was läuft im Kino?; **~ nothing ~** (nothing arranged) ich habe nichts vor; (no clothes) ich habe nichts an; **leave the light ~** das Licht brennen lassen

once 1. adv (one time, in the past) einmal; **at ~** sofort; (at the same time) gleichzeitig; **~ more** noch einmal; **for ~** ausnahmsweise (einmal); **~ in a while** ab und zu mal **2.** conj wenn ... einmal; **you've got used to it** sobald Sie sich daran gewöhnt haben

oncoming adj entgegenkommend; **~ traffic** Gegenverkehr m

one 1. num eins **2.** adj ein, eine, ein; (only) einzige(r, s); **~ day** eines Tages; **the ~ and only ...** der / die unvergleichliche ... **3.** pron eine(r, s); (people, you) man; **the ~ who / that** ... der/der(jenige), der / die/die(jenige), die / das/das(jenige), das ...; **this ~,** that ~ dieser / diese / dieses; **the blue ~** der / die Blaue; **which ~?** welcher / welche / welches?; **~ another** einander; **one-off 1.** adj einmalig **2.** n **a ~** etwas Einmaliges; **one-parent family** n Einelternfamilie f; **one-piece** adj einteilig; **oneself** pron (reflexive) sich; **one-way** adj **~ street** Einbahnstraße f; **~ ticket** (US) einfache Fahrkarte

onion n Zwiebel f

on-line adj IT online; **~ banking** Homebanking nt

only 1. adv nur; (with time) erst; **~ yesterday** erst gestern; **he's ~ four** er ist erst vier; **~ just arrived** gerade erst angekommen **2.** adj einzige(r, s); **~ child** Einzelkind nt

o.n.o. abbr (= nearest offer) VHB f (Verhandlungsbasis)

onside adv SPORT nicht im Abseits

onto prep auf + acc; (vertical surface) an + acc

onwards adv voran, vorwärts; **from today ~** von heute an, ab heute

open 1. adj offen; **in the ~ air** im Freien; **~ to the public** für die Öffentlichkeit zugänglich; *the shop is ~ all day* das Geschäft hat den ganzen Tag offen **2.** *vt* öffnen, aufmachen; (*meeting, account, new building*) eröffnen; (*road*) dem Verkehr übergeben **3.** *vi* (*door, window etc*) aufgehen, sich öffnen; (*shop, bank*) öffnen, aufmachen; (*begin*) anfangen (*with* mit); **open day** *n* Tag *m* der offenen Tür; **opening** *n* Öffnung *f*; (*beginning*) Anfang *m*; (*official, of exhibition etc*) Eröffnung *f*; **~ hours** (*or* **times**) Öffnungszeiten *pl*; **openly** *adv* offen; **open-minded** *adj* aufgeschlossen; **open-plan** *adj* **~ office** Großraumbüro *nt*

opera *n* Oper *f*; **opera glasses** *npl* Opernglas *nt*; **opera house** *n* Oper *f*, Opernhaus *nt*

operate 1. *vt* (*machine*) bedienen; (*brakes, lights*) betätigen **2.** *vi* (*machine*) laufen; (*bus etc*) verkehren (*between zwischen*); **~ (on sb)** MED (*jdn*) operieren; **operating theatre** *n* Operationssaal *m*; **operation** *n* (*of machine*) Bedienung *f*; MED Operation *f* (*on an* + *dat*); (*undertaking*) Unternehmen *nt*; **in ~** (*machine*) in Betrieb; **have an ~** operiert werden (*for wegen*)

opinion *n* Meinung *f* (*on* zu); **in my ~** meiner Meinung

nach

opponent *n* Gegner(in) *m(f)*

opportunity *n* Gelegenheit *f*

oppose *vt* sich widersetzen + *dat*; (*idea*) ablehnen; **opposed** *adj* **be ~ to sth** gegen etw sein; **as ~ to** im Gegensatz zu; **opposing** *adj* (*team*) gegnerisch; (*points of view*) entgegengesetzt

opposite 1. *adj* (*house*) gegenüberliegend; (*direction*) entgegengesetzt; **the ~ sex** das andere Geschlecht **2.** *adv* gegenüber **3.** *prep* gegenüber + *dat*; **~ me** mir gegenüber **4.** *n* Gegenteil *nt*

opposition *n* Widerstand *m* (*to* gegen); POL Opposition *f*

oppress *vt* unterdrücken

opt *vi* **~ for sth** sich für etw entscheiden

optician *n* Optiker(in) *m(f)*

optimist *n* Optimist(in) *m(f)*; **optimistic** *adj* optimistisch

option *n* Möglichkeit *f*; COMM Option *f*; **have no ~** keine Wahl haben; **optional** *adj* freiwillig; **~ extras** AUTO Extras *pl*

or *conj* oder; (*otherwise*) sonst; **hurry up, ~ (else) we'll be late** beeil dich, sonst kommen wir zu spät

oral 1. *adj* mündlich; **~ sex** Oralverkehr *m* **2.** *n* (*exam*) Mündliche(s) *nt*; **oral surgeon** *n* Kieferchirurg(in) *m(f)*

orange 1. *n* Orange *f* **2.** *adj*

orangefarben; **orange juice** n Orangensaft m

orbit 1. n Umlaufbahn f **2.** vt umkreisen

orchard n Obstgarten m

orchestra n Orchester nt; (US) THEAT Parkett nt

orchid n Orchidee f

ordeal n Tortur f; (emotional) Qual f

order 1. n (sequence) Reihenfolge f; (good arrangement) Ordnung f; (command) Befehl m; LAW Anordnung f; (condition) Zustand m, Bestellung f; **out of ~** (not functioning) außer Betrieb; (unsuitable) nicht angebracht; **in ~** (items) richtig geordnet; (all right) in Ordnung; **in~ to do sth** um etw zu tun **2.** vt (arrange) ordnen; (command) befehlen; **~ sb to do sth** jdm befehlen, etw zu tun; (food, product) bestellen; **order form** n Bestellschein m

ordinary adj gewöhnlich, normal

ore n Erz nt

organ n MUS Orgel f; ANAT Organ nt

organic adj organisch; (farming, vegetables) Bio-, Öko-; **~ farmer** Biobauer m, Biobäuerin f; **~ food** Biokost f

organization n Organisation f; (arrangement) Ordnung f; **organize** vt organisieren; **organizer** n (elektronisches)

Notizbuch

orgasm n Orgasmus m

oriental adj orientalisch

orientation n Orientierung f

origin n Ursprung m; (of person) Herkunft f; **original 1.** adj (first) ursprünglich; (painting) original; (idea) originell **2.** n Original nt; **originally** adv ursprünglich

Orkneys npl, **Orkney Islands** npl Orkneyinseln pl

ornamental adj dekorativ

orphan n Waise f, Waisenkind nt; **orphanage** n Waisenhaus nt

orthodox adj orthodox

orthopaedic, **orthopedic** (US) adj orthopädisch

ostrich n ZOOL Strauß m

other adj, pron andere(r, s); **any ~ questions?** sonst noch Fragen?; **the~ day** neulich; **every ~ day** jeden zweiten Tag; **someone / something or ~** irgendjemand / irgendetwas; **otherwise** adv sonst; (differently) anders

OTT adj abbr = **over the top** übertrieben

otter n Otter m

ought vaux (obligation) sollte; (probability) dürfte; (stronger) müsste; **you ~ to do that** du solltest / Sie sollten das tun; **that ~ to do** das müsste (or dürfte) reichen

ounce n Unze f (28,35 g)

our adj unser; **ours** pron unsere(r, s); *this is ~* das gehört uns; *a friend of ~* ein Freund von uns; **ourselves** *pron (reflexive)* uns; *we enjoyed ~* wir haben uns amüsiert; *we've got the house to ~* wir haben das Haus für uns; *(emphatic)* *we did it ~* wir haben es selbst gemacht; *(all) by ~* allein

out 1. *adv* hinaus / heraus; *(not indoors)* draußen; *(not at home)* nicht zu Hause; *(not alight)* aus; *(unconscious)* bewusstlos; *(published)* herausgekommen; *(results)* bekannt gegeben; *have you been ~ yet?* warst du / waren Sie schon draußen?; *I was ~ when they called* ich war nicht da, als sie vorbeikamen; *be ~ and about* unterwegs sein; *the fire is ~* das Feuer ist ausgegangen **2.** *vt fam* outen

outback *n (in Australia)* *the ~* das Hinterland

outboard *adj ~ motor* Außenbordmotor *m*

outbreak *n* Ausbruch *m*

outcome *n* Ergebnis *nt*

outcry *n (public protest)* Protestwelle *f (against* gegen)

outdo *irr vt* übertreffen

outdoor *adj* Außen-; SPORT im Freien; *~ swimming pool* Freibad *nt*; **outdoors** *adv* draußen, im Freien

outer *adj* äußere(r, s); **outer space** *n* Weltraum *m*

outfit *n* Ausrüstung *f*; *(clothes)* Kleidung *f*

outgoing *adj* kontaktfreudig

outgrow *irr vt (clothes)* herauswachsen aus

outing *n* Ausflug *m*

outlet *n* Auslass *m*, Abfluss *m*; *(US)* Steckdose *f*; *(shop)* Verkaufsstelle *f*

outline *n* Umriss *m*; *(summary)* Abriss *m*

outlive *vt* überleben

outlook *n* Aussicht(en) *f(pl)*; *(attitude)* Einstellung *f (on* zu)

outnumber *vt* zahlenmäßig überlegen sein + *dat*; *~ed* zahlenmäßig unterlegen

out of *prep (motion, motive, origin)* aus; *(position, away from)* außerhalb + *gen*; *~ danger / sight / breath* außer Gefahr / Sicht / Atem; *made ~ wood* aus Holz gemacht; *we are ~ bread* wir haben kein Brot mehr; **out-of-date** *adj* veraltet; **out-of-the-way** *adj* abgelegen

outpatient *n* ambulanter Patient, ambulante Patientin

output *n* Produktion *f*; *(of engine)* Leistung *f*; IT Ausgabe *f*

outrage *n (great anger)* Empörung *f (at* über); *(wicked deed)* Schandtat *f*; *(crime)* Verbrechen *nt*; *(indecency)* Skandal *m*; **outrageous** *adj* unerhört; *(clothes, behaviour etc)* unmöglich, schrill

outright 1. *adv (killed)* sofort

2. adj total; (denial) völlig; (winner) unbestritten

outside 1. n Außenseite f; **on the ~** außen **2.** adj äußere(r, s), Außen-; (chance) sehr gering **3.** adv außen; **go ~** nach draußen gehen **4.** prep außerhalb + gen; **outsider** n Außenseiter(in) m(f)

outskirts npl (of town) Stadtrand m

outstanding adj hervorragend; (debts etc) ausstehend

outward adj äußere(r, s); **~ journey** Hinfahrt f; **outwardly** adv nach außen hin; **outwards** adv nach außen

oval adj oval

ovary n Eierstock m

ovation n Ovation f, Applaus m

oven n Backofen m; **ovenproof** adj feuerfest

over 1. prep (position) über + dat; (motion) über + acc; **they spent a long time ~ it** sie haben lange dazu gebraucht; **from all ~ England** aus ganz England; **~ £20** mehr als 20 Pfund; **~ the phone / radio** am Telefon / im Radio; **talk ~ a glass of wine** sich bei einem Glas Wein unterhalten; **~ the summer** während des Sommers **2.** adv (across) hinüber / herüber; (finished) vorbei; (match, play etc) zu Ende; (left) übrig; **~ there /**

in America da drüben / drüben in Amerika; **~ to you** du bist / Sie sind dran; **it's (all) ~ between us** es ist aus zwischen uns; **~ and ~ again** immer wieder; **start (all) ~ again** noch einmal von vorn anfangen; **children of 8 and ~** Kinder ab 8 Jahren

over- pref über-

overall 1. n (Brit) Kittel m **2.** adj (situation) allgemein; (length) Gesamt-; **~ majority** absolute Mehrheit **3.** adv insgesamt; **overalls** npl Overall m

overboard adv über Bord

overbooked adj überbucht

overcharge vt zu viel verlangen von

overcome irr vt überwinden; **~ by sleep / emotion** von Schlaf / Rührung übermannt

overcooked adj zu lange gekocht; (meat) zu lange gebraten

overcrowded adj überfüllt

overdo irr vt übertreiben; **overdone** adj übertrieben; (food) zu lange gekocht; (meat) zu lange gebraten

overdose n Überdosis f

overdraft n Kontoüberziehung f; **overdrawn** adj überzogen

overdue adj überfällig

overestimate vt überschätzen

overexpose vt PHOT überbelichten

overflow vi überlaufen

overhead 1. adj AVIAT ~ **locker** Gepäckfach nt; ~ **projector** Overheadprojektor m **2.** adv oben; **overhead** n, (Brit) **overheads** n COMM allgemeine Geschäftskosten pl

overhear irr vt zufällig mit anhören

overheat vi (engine) heiß laufen

overjoyed adj überglücklich (at über)

overland 1. adj Überland- **2.** adv (travel) über Land

overlap vi (dates etc) sich überschneiden; (objects) sich teilweise decken

overload vt überladen

overlook vt (view from above) überblicken; (not notice) übersehen; (pardon) hinwegsehen über + acc

overnight 1. adj (journey, train) Nacht-; ~ **bag** Reisetasche f; ~ **stay** Übernachtung f **2.** adv über Nacht

overpass n Überführung f

overpay vt überbezahlen

overrule vt verwerfen; (decision) aufheben

overseas 1. adj Übersee-; ausländisch; fam Auslands- **2.** adv (go) nach Übersee; (live, work) in Übersee

oversee irr vt beaufsichtigen

overshadow vt überschatten

oversimplify vt zu sehr vereinfachen

oversleep irr vi verschlafen

overtake irr vt, vi überholen

overtime n Überstunden pl

overturn vt, vi umkippen

overweight adj **be** ~ Übergewicht haben

overwhelm vt überwältigen; **overwhelming** adj überwältigend

overwork 1. n Überarbeitung f **2.** vi sich überarbeiten; **overworked** adj überarbeitet

owe vt schulden; ~ **sth to sb** (money) jdm etw schulden; (favour etc) jdm etw verdanken; **how much do I** ~ **you?** was bin ich dir / Ihnen schuldig?; **owing to** prep wegen + gen

owl n Eule f

own 1. vt besitzen **2.** adj eigen; **on one's** ~ allein; **he has a flat of his** ~ er hat eine eigene Wohnung; **owner** n Besitzer(in) m(f); (of business) Inhaber(in) m(f); **ownership** n Besitz m; **under new** ~ unter neuer Leitung

ox n Ochse m; **oxtail** n Ochsenschwanz m; ~ **soup** Ochsenschwanzsuppe f

oxygen n Sauerstoff m

oyster n Auster f

oz abbr = **ounces** Unzen pl

Oz n fam Australien nt

ozone n Ozon nt; ~ **layer** Ozonschicht f

P

p 1. abbr → **page** S. **2.** n abbr → **penny**; → **pence**

p&p abbr = **postage and packing**

p.a. abbr = **per annum**

pace n (speed) Tempo nt; (step) Schritt m; **pacemaker** n MED Schrittmacher m

Pacific n the ~ (**Ocean**) der Pazifik

pacifier n (US, for baby) Schnuller m

pack 1. n (of cards) Spiel nt; (esp US, ~ of cigarettes) Schachtel f; (gang) Bande f; (US, backpack) Rucksack m **2.** vt (case) packen; (clothes) einpacken **3.** vi (for holiday) packen; **pack in** vt (Brit fam (job) hinschmeißen; **package** n Paket nt; **package deal** n Pauschalangebot nt; **package holiday, package tour** n Pauschalreise f; **packaging** n (material) Verpackung f; **packed lunch** n (Brit) Lunchpaket nt; **packet** n Päckchen nt; (of cigarettes) Schachtel f

pad n (of paper) Schreibblock m; (padding) Polster m; **padded envelope** n wattierter Umschlag; **padding** n (material) Polsterung f

paddle 1. n (for boat) Paddel

nt **2.** vi (in boat) paddeln; **paddling pool** n (Brit) Planschbecken nt

padlock n Vorhängeschloss nt

page n (of book etc) Seite f

pager n Piepser m

paid 1. pt, pp → **pay 2.** adj bezahlt

pain n Schmerz m; **be in** ~ Schmerzen haben; **she's a (real)** ~ sie nervt; **painful** adj (physically) schmerzhaft; **painkiller** n schmerzstillendes Mittel

painstaking adj sorgfältig

paint 1. n Farbe f **2.** vt anstreichen; (picture) malen; **paintbrush** n Pinsel m; **painter** n Maler(in) m(f); **painting** n (picture) Bild nt, Gemälde nt

pair n Paar nt; a ~ **of shoes** ein Paar Schuhe; a ~ **of scissors** eine Schere; a ~ **of trousers** eine Hose

pajamas npl (US) Schlafanzug m

Pakistan n Pakistan nt

pal n fam Kumpel m

palace n Palast m

pale adj (face) blass, bleich; (colour) hell

palm n (of hand) Handfläche f; ~ (**tree**) Palme f; **palmtop** (**computer**) n Palmtop (-computer) m

pamper vt verhätscheln

pan *n* (*saucepan*) Topf *m*; (*frying pan*) Pfanne *f*; **pancake** *n* Pfannkuchen *m*; **Pancake Day** *n* (*Brit*) Fastnachtsdienstag *m*

panda *n* Panda *m*

pandemic *n* Pandemie *f*

panel *n* (*of wood*) Tafel *f*; (*in discussion*) Diskussionsteilnehmer *pl*; (*in jury*) Jurymitglieder *pl*

panic 1. *n* Panik *f* **2.** *vi* in Panik geraten; **panicky** *adj* panisch

pansy *n* (*flower*) Stiefmütterchen *nt*

panties *npl* (Damen)slip *m*

pantomime *n* (*Brit*) um die Weihnachtszeit aufgeführte Märchenkomödie

pants *npl* Unterhose *f*; (*esp US, trousers*) Hose *f*

pantyhose *npl* (*US*) Strumpfhose *f*; **panty-liner** *n* Slipeinlage *f*

paper 1. *n* Papier *nt*; (*newspaper*) Zeitung *f*; (*exam*) Klausur *f*; (*for reading at conference*) Referat *nt*; **~s** *npl* (*identity papers*) Papiere *pl*; **~ bag** Papiertüte *f*; **~ cup** Pappbecher *m* **2.** *vt* (*wall*) tapezieren; **paperback** *n* Taschenbuch *nt*; **paper clip** *n* Büroklammer *f*; **paper feed** *n* (*of printer*) Papiereinzug *m*; **paperwork** *n* Schreibarbeit *f*

paracetamol *n* (*tablet*) Paracetamoltablette *f*

parachute 1. *n* Fallschirm *m* **2.** *vi* abspringen

parade 1. *n* (*procession*) Umzug *m*; MIL Parade *f* **2.** *vi* vorbeimarschieren

paradise *n* Paradies *nt*

paragliding *n* Gleitschirmfliegen *nt*

paragraph *n* Absatz *m*

parallel 1. *adj* parallel **2.** *n* MATH *fig* Parallele *f*

paralyze *vt* lähmen; *fig* lahmlegen

paranoid *adj* paranoid

paraphrase *vt* umschreiben; (*sth spoken*) anders ausdrücken

parasailing *n* Parasailing *nt*

parasol *n* Sonnenschirm *m*

parcel *n* Paket *nt*

pardon *n* LAW Begnadigung *f*; **~ me/I beg your ~** verzeih / verzeihen Sie bitte; (*objection*) aber ich bitte dich / Sie; **I beg your ~?/~ me?** wie bitte?

parent *n* Elternteil *m*; **~s** *pl* Eltern *pl*; **~s-in-law** *pl* Schwiegereltern *pl*; **parental** *adj* elterlich, Eltern-

parish *n* Gemeinde *f*

park 1. *n* Park *m* **2.** *vt*, *vi* parken; **parking** *n* Parken *nt*; **'no ~'** „Parken verboten"; **parking brake** *n* (*US*) Handbremse *f*; **parking disc** *n* Parkscheibe *f*; **parking fine** *n* Geldbuße *f* für falsches Parken; **parking lights** *npl* (*US*) Standlicht *nt*; **parking**

lot n (US) Parkplatz m;
parking meter n Parkuhr f;
**parking place, parking
space** n Parkplatz m; **parking ticket** n Strafzettel m
parliament n Parlament nt
parrot n Papagei m
parsley n Petersilie f
parsnip n Pastinake f (längli-
ches, weißes Wurzelgemüse)
part 1. n Teil m; (of machine)
Teil nt; THEAT Rolle f; (US,
in hair) Scheitel m; **take ~**
teilnehmen (in an + dat);
for the most ~ zum größten
Teil **2.** adj Teil- **3.** vt (separate) trennen; (hair) schei-
teln **4.** vi (people) sich trennen
partial adj (incomplete) teilweise, Teil-
participant n Teilnehmer(in)
m(f); **participate** vi teilnehmen (in an + dat)
particular 1. adj (specific) bestimmt; (exact) genau;
(fussy) eigen; **in ~** insbesondere **2.** n **~s** pl (details) Ein-
zelheiten pl; (about person)
Personalien pl; **particularly**
adv besonders
parting n (farewell) Abschied
m; (Brit, in hair) Scheitel m
partly adv teilweise
partner n Partner(in) m(f);
partnership n Partnerschaft
f
partridge n Rebhuhn nt
part-time 1. adj Teilzeit- **2.**
adv **work ~** Teilzeit arbeiten

party 1. n (celebration) Party f;
POL, LAW Partei f; (group)
Gruppe f **2.** vi feiern
pass 1. vt (on foot) vorbeigehen an + dat; (in car etc) vorbeifahren an + dat; (time)
verbringen; (exam) beste-
hen; (law) verabschieden; **~
sth to sb, ~ sb sth** jdm etw
reichen; **~ the ball to sb**
jdm den Ball zuspielen **2.**
vi (on foot) vorbeigehen;
(in car etc) vorbeifahren;
(years) vergehen; (in exam)
bestehen **3.** n (document)
Ausweis m; SPORT Pass m;
pass away vi (die) verschei-
den; **pass by 1.** vi (on foot)
vorbeigehen; (in car etc) vorbeifahren **2.** vt (on foot) vorbeigehen an + dat; (in car etc)
vorbeifahren an + dat; **pass
on** vt weitergeben (to an
+ acc); (disease) übertragen
(to auf + acc); **pass out** vi
(faint) ohnmächtig werden;
pass round vt herumrei-
chen
passage n (corridor) Gang
m; (in book, music) Passage
f; **passageway** n Durchgang
m
passenger n Passagier(in)
m(f); (on bus) Fahrgast m;
(on train) Reisende(r) mf;
(in car) Mitfahrer(in) m(f)
passer-by n Passant(in) m(f)
passion n Leidenschaft f;
passionate adj leidenschaftlich; **passion fruit** n

Passionsfrucht f

passive 1. adj passiv; ~ **smoking** Passivrauchen nt **2.** n ~ **(voice)** LING Passiv nt

passport n (Reise)pass m; **passport control** n Passkontrolle f

password n IT Passwort nt

past 1. n Vergangenheit f **2.** adv (by) vorbei; **it's five ~** es ist fünf nach **3.** adj (years) vergangen; (president etc) ehemalig; **in the ~ two months** in den letzten zwei Monaten; (telling time) nach; **half ~ 10** halb 11; **go ~ sth** an etw dat vorbeigehen / -fahren

pasta n Nudeln pl

paste 1. vt (stick) kleben; IT einfügen **2.** n (glue) Kleister m

pastime n Zeitvertreib m

pastry n Teig m; (cake) Stückchen nt

pasty n (Brit) Pastete f

patch 1. n (area) Fleck m; (for mending) Flicken m **2.** vt flicken

pâté n Pastete f

paternal adj väterlich; ~ **grandmother** Großmutter f väterlicherseits; **paternity leave** n Elternzeit f (des Vaters)

path n a. IT Pfad m; a. fig Weg m

pathetic adj (bad) kläglich, erbärmlich; **it's ~** es ist zum Heulen

patience n Geduld f; (Brit,) Patience f; **patient 1.** adj geduldig **2.** n Patient(in) m(f)

patio n Terrasse f

patriotic adj patriotisch

patrol car n Streifenwagen m; **patrolman** n (US) Streifenpolizist m

patron n (sponsor) Förderer m, Förderin f; (in shop) Kunde m, Kundin f

patronize vt (treat condescendingly) von oben herab behandeln; **patronizing** adj (attitude) herablassend

pattern n Muster nt

pause 1. n Pause f **2.** vi (speaker) innehalten

pavement n (Brit) Bürgersteig m; (US) Pflaster nt

pay 1. vt bezahlen; **he paid (me) £20 for it** er hat (mir) 20 Pfund dafür gezahlt; ~ **attention** Acht geben (to auf + acc); ~ **sb a visit** jdn besuchen **2.** vi zahlen; (be profitable) sich bezahlt machen; ~ **for sth** etw bezahlen **3.** n Bezahlung f, Lohn m; **pay back** vt (money) zurückzahlen; **pay in** vt (into account) einzahlen; **payable** adj zahlbar; (due) fällig; **payday** n Zahltag m; **payee** n Zahlungsempfänger(in) m(f); **payment** n Bezahlung f; (money) Zahlung f; **pay phone** n Münzfernsprecher m

PC 1. abbr = **personal computer** PC m **2.** abbr = **politi-**

pepper

cally correct politisch korrekt

PDA *abbr* = **personal digital assistant** PDA *m*

PE *abbr* = **physical education** Sport *m*

pea *n* Erbse *f*

peace *n* Frieden *m*; **peaceful** *adj* friedlich

peach *n* Pfirsich *m*

peacock *n* Pfau *m*

peak *n* (*of mountain*) Gipfel *m*; *fig* Höhepunkt *m*; **peak period** *n* Stoßzeit *f*; (*season*) Hochsaison *f*

peanut *n* Erdnuss *f*; **peanut butter** *n* Erdnussbutter *f*

pear *n* Birne *f*

pearl *n* Perle *f*

pebble *n* Kiesel *m*

pecan *n* Pekannuss *f*

peck *vt, vi* picken; **peckish** *adj* (*Brit*) *fam* ein bisschen hungrig

peculiar *adj* (*odd*) seltsam; ~ **to** charakteristisch für; **peculiarity** *n* (*singular quality*) Besonderheit *f*; (*strangeness*) Eigenartigkeit *f*

pedal *n* Pedal *nt*

pedestrian *n* Fußgänger(in) *m(f)*; **pedestrian crossing** *n* Fußgängerüberweg *m*

pee *vi fam* pinkeln

peel **1.** *n* Schale *f* **2.** *vt* schälen **3.** *vi* (*paint etc*) abblättern; (*skin etc*) sich schälen

peer **1.** *n* Gleichaltrige(r) *mf* **2.** *vi* starren

peg *n* (*for coat etc*) Haken *m*;

(*for tent*) Hering *m*; (*clothes*) ~ (Wäsche)klammer *f*

pelvis *n* Becken *nt*

pen *n* (*ball-point*) Kuli *m*, Kugelschreiber *m*; (*fountain pen*) Füller *m*

penalize *vt* (*punish*) bestrafen; **penalty** *n* (*punishment*) Strafe *f*; (*in soccer*) Elfmeter *m*

pence *pl* → **penny**

pencil *n* Bleistift *m*; **pencil sharpener** *n* (Bleistift)spitzer *m*

penetrate *vt* durchdringen; (*enter into*) eindringen in + *acc*

penfriend *n* Brieffreund(in) *m(f)*

penguin *n* Pinguin *m*

penicillin *n* Penizillin *nt*

peninsula *n* Halbinsel *f*

penis *n* Penis *m*

penknife *n* Taschenmesser *nt*

penny *n* (*Brit*) Penny *m*; (*US*) Centstück *nt*

pension *n* Rente *f*; (*for civil servants, executives etc*) Pension *f*; **pensioner** *n* Rentner(in) *m(f)*; **pension plan**, **pension scheme** *n* Rentenversicherung *f*

penultimate *adj* vorletzte(r, s)

people *npl* (*persons*) Leute *pl*; (*von Staat*) Volk *nt*; (*inhabitants*) Bevölkerung *f*; **people carrier** *n* Minivan *m*

pepper *n* Pfeffer *m*; (*vegeta-*

ble) Paprika *m;* **peppermint** *n (sweet)* Pfefferminz *nt*

per *prep* pro; **~ annum** pro Jahr; **~ cent** Prozent *nt*

percentage *n* Prozentsatz *m*

percolator *n* Kaffeemaschine *f*

percussion *n* MUS Schlagzeug *nt*

perfect 1. *adj* perfekt; *(utter)* völlig **2.** *vt* vervollkommnen; **perfectly** *adv* perfekt; *(utterly)* völlig

perform 1. *vt (task)* ausführen; *(play)* aufführen; MED *(operation)* durchführen **2.** *vi* THEAT auftreten; **performance** *n (show)* Vorstellung *f; (efficiency)* Leistung *f*

perfume *n* Duft *m; (substance)* Parfüm *nt*

perhaps *adv* vielleicht

period *n (length of time)* Zeit *f; (in history)* Zeitalter *nt*, Stunde *f;* MED Periode *f; (US, full stop)* Punkt *m;* **for a ~ of three years** für einen Zeitraum von drei Jahren; **periodical** *n* Zeitschrift *f*

peripheral *n* IT Peripheriegerät *nt*

perjury *n* Meineid *m*

perm *n* Dauerwelle *f*

permanent, **permanently** *adj, adv* ständig

permission *n* Erlaubnis *f;* **permit 1.** *n* Genehmigung *f* **2.** *vt* erlauben, zulassen; **~ sb to do sth** jdm erlauben,

etw zu tun

persecute *vt* verfolgen

perseverance *n* Ausdauer *f*

persist *vi (in belief etc)* bleiben *(in* bei); *(rain, smell)* andauern; **persistent** *adj* beharrlich

person *n* Mensch *m; (in official context)* Person *f;* **in ~** persönlich; **personal** *adj* persönlich; *(private)* privat; **personality** *n* Persönlichkeit *f;* **personal organizer** *n* Organizer *m;* **personal stereo** *n* Walkman® *m;* **personnel** *n* Personal *nt*

perspective *n* Perspektive *f*

persuade *vt* überreden; *(convince)* überzeugen; **persuasive** *adj* überzeugend

perverse *adj* eigensinnig; abwegig; **pervert 1.** *n* Perverse(r) *mf* **2.** *vt (morally)* verderben; **perverted** *adj* pervers

pessimist *n* Pessimist(in) *m(f);* **pessimistic** *adj* pessimistisch

pest *n (insect)* Schädling *m; fig (person)* Nervensäge *f; (thing)* Plage *f;* **pester** *vt* plagen; **pesticide** *n* Schädlingsbekämpfungsmittel *nt*

pet *n (animal)* Haustier *nt; (person)* Liebling *m*

petition *n* Petition *f*

petrol *n (Brit)* Benzin *nt;* **petrol pump** *n (at garage)* Zapfsäule *f;* **petrol station** *n* Tankstelle *f;* **petrol tank** *n*

Benzintank m

pharmacy n (shop) Apotheke f; (science) Pharmazie f

phase n Phase f

PhD abbr = *Doctor of Philosophy* Dr. phil.; (dissertation) Doktorarbeit f; **do one's ~** promovieren

pheasant n Fasan m

phenomenon n Phänomen nt

Philippines npl Philippinen pl

philosophical adj philosophisch; fig gelassen; **philosophy** n Philosophie f

phone 1. n Telefon nt **2.** vt, vi anrufen; **phone bill** n Telefonrechnung f; **phone book** n Telefonbuch nt; **phone booth, phone box** (Brit) Telefonzelle f; **phonecall** n Telefonanruf m; **phonecard** n Telefonkarte f; **phone number** n Telefonnummer f

photo n Foto nt; **photo booth** n Fotoautomat m; **photocopier** n Kopiergerät nt; **photocopy 1.** n Fotokopie f **2.** vt fotokopieren; **photograph 1.** n Fotografie f, Aufnahme f **2.** vt fotografieren; **photographer** n Fotograf(in) m(f); **photography** n Fotografie f

phrase n (expression) Redewendung f, Ausdruck m; **phrase book** n Sprachführer m

physical 1. adj (bodily) körperlich, physisch **2.** n ärztliche Untersuchung; **physically** adv (bodily) körperlich, physisch; **~ handicapped** körperbehindert

physics nsing Physik f

physiotherapy n Physiotherapie f

physique n Körperbau m

piano n Klavier nt

pick vt (flowers, fruit) pflücken; (choose) auswählen; (team) aufstellen; **pick out** vt auswählen; **pick up** vt (lift up) aufheben; (collect) abholen; (learn) lernen

pickle 1. n (food) (Mixed) Pickles pl **2.** vt einlegen

pickpocket n Taschendieb(in) m(f)

picnic n Picknick nt

picture 1. n Bild nt; **go to the ~s** (Brit) ins Kino gehen **2.** vt (visualize) sich vorstellen; **picture book** n Bilderbuch nt; **picturesque** adj malerisch

pie n (meat) Pastete f; (fruit) Kuchen m

piece n Stück nt; (part) Teil nt; (in chess) Figur f; (in draughts) Stein m; **a ~ of cake** ein Stück Kuchen; **fall to ~s** auseinanderfallen

pier n Pier m

pierce vt durchstechen, durchbohren; (cold, sound) durchdringen; **pierced** adj (part of body) gepierct; **piercing** adj durchdringend

pig n Schwein nt

pigeon n Taube f

piggy adj fam verfressen; **pig-headed** adj dickköpfig; **piglet** n Ferkel nt; **pigsty** n Schweinestall m; **pigtail** n Zopf m

pile n (heap) Haufen m; (one on top of another) Stapel m; **pile up** vi (accumulate) sich anhäufen

pile-up n AUTO Massenkarambolage f

pill n Tablette f; **the ~** die (Antibaby)pille; **be on the ~** die Pille nehmen

pillar n Pfeiler m

pillow n (Kopf)kissen nt; **pillowcase** n (Kopf)kissenbezug m

pilot n AVIAT Pilot(in) m(f)

pimple n Pickel m

pin 1. n (for fixing) Nadel f; (in sewing) Stecknadel f; TECH Stift m; **I've got ~s and needles in my leg** mein Bein ist mir eingeschlafen 2. vt (fix with pin) heften (to an + acc)

PIN acr = **personal identification number**; **~** (**number**) PIN f, Geheimzahl f

pinch 1. n (of salt) Prise f 2. vt zwicken; fam (steal) klauen 3. vi (shoe) drücken

pine n Kiefer f

pineapple n Ananas f

pink adj rosa

pint n Pint nt (Brit: 0,57 l, US: 0,473 l); (Brit, glass of beer) Bier nt

pious adj fromm

pip n (of fruit) Kern m

pipe n (for smoking) Pfeife f; (for water, gas) Rohrleitung f

pirate n Pirat(in) m(f); **pirated copy** n Raubkopie f

Pisces nsing ASTR Fische pl; **she's a ~** sie ist Fisch

piss 1. vi vulg Pisse f 2. n vulg Pisse f; **take the ~ out of sb** jdn verarschen; **piss off** vi vulg sich verpissen; **pissed** adj (Brit, fam: drunk) sturzbesoffen; (US, fam: annoyed) stocksauer

pistachio n Pistazie f

piste n, Piste f

pistol n Pistole f

pit n (hole) Grube f; (coalmine) Zeche f; **the ~s** (motor racing) die Box; **be the ~s** fam grottenschlecht sein

pitch 1. n SPORT Spielfeld nt; MUS (of instrument) Tonlage f; (of voice) Stimmlage f 2. vt (tent) aufschlagen; (throw) werfen; **pitch-black** adj pechschwarz

pitcher n (US, jug) Krug m

pitiful adj (contemptible) jämmerlich

pitta bread n Pittabrot nt

pity 1. n Mitleid nt; **what a ~** wie schade; **it's a ~** es ist schade 2. vt Mitleid haben mit

pizza n Pizza f

place 1. n (spot, in text) Stelle f; (town etc) Ort; (house) Haus nt; (position, seat, on course) Platz m; **~ of birth**

Geburtsort m; **at my ~** bei mir; **in third ~** auf den dritten Platz; **out of ~** nicht an der richtigen Stelle; (remark) unangebracht; **in ~ of** anstelle von; **in the first ~** (firstly) erstens; (immediately) gleich; (in any case) überhaupt 2. vt (put) stellen, setzen; (lay flat) legen; (advertisement) setzen (in in + acc); COMM (order) aufgeben; **place mat** n Set nt

plague n Pest f

plaice n Scholle f

plain 1. adj (clear) klar, deutlich; (simple) einfach; (not beautiful) unattraktiv; (yoghurt) Natur-; (Brit, chocolate) (Zart)bitter- **2.** n Ebene f; **plainly** adv (frankly) offen; (simply) einfach; (obviously) eindeutig

plait 1. n Zopf m **2.** vt flechten

plan 1. n Plan m; (for essay etc) Konzept nt **2.** vt planen; **~ to do sth, ~ on doing sth** vorhaben, etw zu tun **3.** vi planen

plane n (aircraft) Flugzeug nt; (tool) Hobel m

planet n Planet m

plank n Brett nt

plant 1. n Pflanze f; (factory) Werk nt **2.** vt (tree etc) pflanzen; **plantation** n Plantage f

plaque n Gedenktafel f; (on teeth) Zahnbelag m

plaster n (Brit) MED (sticking plaster) Pflaster nt; (on wall)

Verputz m; **to have one's arm in ~** den Arm in Gips haben

plastered adj fam besoffen; **get (absolutely) ~** sich besaufen

plastic 1. n Kunststoff m; **pay with ~** mit Kreditkarte bezahlen **2.** adj Plastik-; **plastic bag** n Plastiktüte f; **plastic surgery** n plastische Chirurgie f

plate n (for food) Teller m; (flat sheet) Platte f; (plaque) Schild nt

platform n RAIL Bahnsteig m

platinum n Platin nt

play 1. n Spiel nt; THEAT (Theater)stück nt **2.** vt spielen; (another player or team) spielen gegen; **~ the piano** Klavier spielen **3.** vi spielen; **play at** vt **what are you playing at?** was soll das?; **play back** vt abspielen; **play down** vt herunterspielen

playacting n Schauspielerei f; **playback** n Wiedergabe f; **player** n Spieler(in) m(f); **playful** adj (person) verspielt; (remark) scherzhaft; **playground** n Spielplatz m; (in school) Schulhof m; **playgroup** n Spielgruppe f; **playing card** n Spielkarte f; **playing field** n Sportplatz m; **playmate** n Spielkamerad(in) m(f); **playwright** n Dramatiker(in) m(f)

plc abbr = **public limited**

company AG f

plea n Bitte f (for um)

plead vi dringend bitten (with sb jdn); LAW ~ **guilty** sich schuldig bekennen

pleasant, pleasantly adj, adv angenehm

please 1. adv bitte; **more tea? - yes,** ~ noch Tee? - ja, bitte **2.** vt (be agreeable to) gefallen + dat; ~ **yourself** wie du willst / Sie wollen; **pleased** adj zufrieden; (glad) erfreut; ~ **to meet you** freut mich, angenehm; **pleasing** adj erfreulich; **pleasure** n Vergnügen nt, Freude f; **it's a** ~ gern geschehen

pledge 1. n (promise) Versprechen nt **2.** vt (promise) versprechen

plenty 1. n ~ **of** eine Menge, viel(e); **be** ~ genug sein, reichen; **I've got** ~ ich habe mehr als genug **2.** adv (US) fam ganz schön

plimsoll n (Brit) Turnschuh m

plonk 1. n (Brit) fam (wine) billiger Wein 2. vt ~ **sth** (**down**) etw hinknallen

plot 1. n (of story) Handlung f; (conspiracy) Komplott nt; (of land) Stück nt Land, Grundstück nt **2.** vi ein Komplott schmieden

plough, plow (US) **1.** n Pflug m **2.** vt, vi AGR pflügen

ploughman's lunch n f (Brit) in einer Kneipe serviertes Gericht aus Käse, Brot,

Mixed Pickles etc

pluck vt (eyebrows, guitar) zupfen; (chicken) rupfen; **pluck up** vt ~ **(one's) courage** Mut aufbringen

plug 1. n (for sink, bath) Stöpsel m; ELEC Stecker m; AUTO (Zünd)kerze f; fam (publicity) Schleichwerbung f **2.** vt fam (advertise) Reklame machen für; **plug in** vt anschließen

plum 1. n Pflaume f **2.** adj fam (job etc) Super-

plumber n Klempner(in) m(f)

plump adj rundlich

plunge 1. vt (knife) stoßen; (into water) tauchen **2.** vi stürzen; (into water) tauchen

plural n Plural m

plus 1. prep plus; (as well as) und **2.** adj Plus-; **20** ~ mehr als 20 **3.** n fig Plus nt

plywood n Sperrholz nt

pm abbr = **post meridiem; at 3** ~ um 3 Uhr nachmittags; **at 8** ~ um 8 Uhr abends

pneumonia n Lungenentzündung f

poached adj (egg) pochiert, verloren

PO Box abbr → **post office box** Postfach nt

pocket 1. n Tasche f **2.** vt (put in pocket) einstecken; **pocketbook** n (US, wallet) Brieftasche f; **pocket calculator** n Taschenrechner m; **pocket money** n Taschengeld nt

poem n Gedicht nt; **poet** n

Dichter(in) m(f); **poetic** adj poetisch; **poetry** n (art) Dichtung f; (poems) Gedichte pl

point 1. n Punkt m; (spot) Stelle f; (sharp tip) Spitze f; (moment) Zeitpunkt m; (purpose) Zweck m; (idea) Argument nt; (decimal) Dezimalstelle f; **~s** pl RAIL Weiche f; **~ of view** Standpunkt m; **three ~ two** drei Komma zwei; **at some ~** irgendwann (mal); **get to the ~** zur Sache kommen; **there's no ~** es hat keinen Sinn; **I was on the ~ of leaving** ich wollte gerade gehen **2.** vt (gun etc) richten (at auf + acc); **~ one's finger at** mit dem Finger zeigen auf + acc **3.** vi (with finger etc) zeigen (at, to auf + acc); **point out** vt (indicate) aufzeigen; (mention) hinweisen auf + acc; **pointed** adj spitz; (question) gezielt; **pointer** n (on dial) Zeiger m; (tip) Hinweis m; **pointless** adj sinnlos

poison 1. n Gift nt **2.** vt vergiften; **poisonous** adj giftig

poke vt (with stick, finger) stoßen, stupsen; (put) stecken

Poland n Polen nt

polar adj Polar-, polar; **~ bear** Eisbär m

pole n Stange f; Pol m

Pole n Pole m, Polin f

pole vault n Stabhochsprung m

police n Polizei f; **police car** n Polizeiwagen m; **policeman** n Polizist m; **police station** n (Polizei)wache f; **policewoman** n Polizistin f

policy n (plan) Politik f; (principle) Grundsatz m; (insurance policy) (Versicherungs)police f

polio n Kinderlähmung f

polish 1. n (for furniture) Politur f; (for floor) Wachs nt; (for shoes) Creme f; (shine) Glanz m; fig Schliff m **2.** vt polieren; (shoes) putzen; fig den letzten Schliff geben + dat

Polish 1. adj polnisch **2.** n Polnisch nt

polite adj höflich; **politeness** n Höflichkeit f

political, politically adj, adv politisch; **~ly correct** politisch korrekt; **politician** n Politiker(in) m(f); **politics** nsing or pl Politik f

poll n (election) Wahl f; (opinion poll) Umfrage f

pollen n Pollen m, Blütenstaub m; **pollen count** n Pollenflug m

polling station n Wahllokal nt

pollute vt verschmutzen; **pollution** n Verschmutzung f

pompous adj aufgeblasen; (language) geschwollen

pond n Teich m

pony n Pony nt; **ponytail** n

Pferdeschwanz *m*

pool 1. *n* (*swimming pool*) Schwimmbad *nt*; (*private*) Swimmingpool *m*; (*game*) Poolbillard *nt* **2.** *vt* (*money etc*) zusammenlegen

poor 1. *adj* arm; (*not good*) schlecht **2.** *npl* **the ~** die Armen *pl*; **poorly 1.** *adv* (*badly*) schlecht **2.** *adj* (*Brit*) krank

pop 1. *n* (*music*) Pop *m*; (*noise*) Knall *m* **2.** *vt* (*put*) stecken; (*balloon*) platzen lassen *vi* (*balloon*) platzen; (*cork*) knallen; **~ in** (*person*) vorbeischauen; **popcorn** *n* Popcorn *nt*

Pope *n* Papst *m*

poppy *n* Mohn *m*

Popsicle® *n* (*US*) Eis *nt* am Stiel

popular *adj* (*well-liked*) beliebt (*with* bei); (*widespread*) weit verbreitet

population *n* Bevölkerung *f*; (*of town*) Einwohner *pl*

porcelain *n* Porzellan *nt*

porch *n* Vorbau *m*; (*US*, *verandah*) Veranda *f*

porcupine *n* Stachelschwein *nt*

pork *n* Schweinefleisch *nt*; **pork chop** *n* Schweinekotelett *nt*; **pork pie** *n* Schweinefleischpastete *f*

porn *n* Porno *m*; **pornographic** *adj* pornografisch; **pornography** *n* Pornografie *f*

porridge *n* Haferbrei *m*

port *n* (*harbour*) Hafen *m*; NAUT (*left side*) Backbord *nt*; (*wine*) Portwein *m*; IT Anschluss *m*

portable *adj* tragbar; (*radio*) Koffer-

portal *n* IT Portal *nt*

porter *n* Pförtner(in) *m(f)*; (*for luggage*) Gepäckträger *m*

porthole *n* Bullauge *nt*

portion *n* Teil *m*; (*of food*) Portion *f*

portrait *n* Porträt *nt*

Portugal *n* Portugal *nt*; **Portuguese 1.** *adj* portugiesisch **2.** *n* Portugiese *m*, Portugiesin *f*; (*language*) Portugiesisch *nt*

pose 1. *n* Haltung *f* **2.** *vi* posieren **3.** *vt* (*threat, problem*) darstellen

posh *adj fam* piekfein

position 1. *n* Stellung *f*; (*place*) Position *f*, Lage *f*; (*job*) Stelle *f*; (*opinion*) Standpunkt *m*; **be in a ~ to do sth** in der Lage sein, etw zu tun **2.** *vt* aufstellen; IT (*cursor*) positionieren

positive *adj* positiv; (*convinced*) sicher

possess *vt* besitzen; **possession** *n* ~(*s pl*) Besitz *m*

possibility *n* Möglichkeit *f*; **possible** *adj* möglich; **if ~** wenn möglich; **as big / soon as ~** so groß / bald wie möglich; **possibly** *adv* (*perhaps*) vielleicht; **I've**

done all I ~ can ich habe mein Möglichstes getan

post 1. n (mail) Post f; (pole) Pfosten m; (job) Stelle f **2.** vt (letters) aufgeben; **keep sb ~ed** jdn auf dem Laufenden halten; **postage** n Porto nt; **postal** adj Post-; **postbox** n Briefkasten m; **postcard** n Postkarte f; **postcode** n (Brit) Postleitzahl f

poster n Plakat nt, Poster nt

postgraduate n jmd, der seine Studien nach dem ersten akademischen Grad weiterführt

postman n Briefträger m; **postmark** n Poststempel m; **postmortem** n Autopsie f

post office n Post® f

postpone vt verschieben (till auf + acc)

posture n Haltung f

pot 1. n Topf m; (teapot, coffee pot) Kanne f **2.** vt (plant) eintopfen

potato n Kartoffel f

potential 1. adj potenziell **2.** n Potenzial nt; **potentially** adv potenziell

pottery n (objects) Töpferwaren pl

potty 1. adj (Brit) fam verrückt **2.** n Töpfchen nt

poultry n Geflügel nt

pound n (money) Pfund nt; (weight) Pfund nt (0,454 kg); **a ~ of cherries** ein Pfund Kirschen; **ten-~ note** Zehnpfundschein m

pour vt (liquid) gießen; (rice, sugar etc) schütten; **~ sb sth** (drink) jdm etw eingießen; **pouring** adj (rain) strömend

poverty n Armut f

powder n Pulver nt; (cosmetic) Puder m; **powder room** n Damentoilette f

power 1. n Macht f; (ability) Fähigkeit f; (strength) Stärke f; ELEC Strom m; **be in ~** an der Macht sein **2.** vt betreiben, antreiben; **power-assisted steering** n Servolenkung f; **power cut** n Stromausfall m; **powerful** adj (politician etc) mächtig; (engine, government) stark; (argument) durchschlagend; **powerless** adj machtlos; **power station** n Kraftwerk nt

PR 1. abbr = **public relations 2.** abbr = **proportional representation**

practical, practically adj, adv praktisch; **practice 1.** n (training) Übung f; (custom) Gewohnheit f; (doctor's, lawyer's) Praxis f; **in ~** (in reality) in der Praxis; **out of ~** außer Übung; **put sth into ~** etw in die Praxis umsetzen **2.** vt, vi (US) → **practise**; **practise 1.** vt (instrument, movement) üben; (profession) ausüben **2.** vi üben; (doctor, lawyer) praktizieren

Prague n Prag nt

praise 1. n Lob nt **2.** vt loben

pram n (Brit) Kinderwagen m

prawn n Garnele f, Krabbe f;
  prawn crackers npl Krabbenchips pl

pray vi beten; **prayer** n Gebet nt

pre- pref vor-, prä-

preach vi predigen

precaution n Vorsichtsmaßnahme f

precede vt vorausgehen + dat; **preceding** adj vorhergehend

precinct n (Brit, pedestrian precinct) Fußgängerzone f; (Brit, shopping precinct) Einkaufsviertel nt; (US, district) Bezirk m

precious adj kostbar; ~ **stone** Edelstein m

précis n Zusammenfassung f

precise, precisely adj, adv genau

precondition n Vorbedingung f

predecessor n Vorgänger(in) m(f)

predict vt voraussagen; **predictable** adj vorhersehbar; (person) berechenbar

predominant adj vorherrschend; **predominantly** adv überwiegend

preface n Vorwort nt

prefer vt vorziehen (to dat), lieber mögen (to als); ~ **to do sth** etw lieber tun; **preferably** adv vorzugsweise, am liebsten; **preference** n (liking) Vorliebe f; **preferential** adj **get** ~ **treatment** bevorzugt behandelt werden

prefix n (US) TEL Vorwahl f

pregnancy n Schwangerschaft f; **pregnant** adj schwanger; **two months** ~ im zweiten Monat schwanger

prejudice n Vorurteil nt; **prejudiced** adj (person) voreingenommen

preliminary adj (measures) vorbereitend; (results) vorläufig; (remarks) einleitend

premature adj vorzeitig; (hasty) voreilig

premiere n Premiere f

premises npl (offices) Räumlichkeiten pl; (of factory, school) Gelände nt

premium-rate adj TEL zum Höchsttarif

preoccupied adj **be** ~ **with sth** mit etw sehr beschäftigt sein

prepaid adj vorausbezahlt; (envelope) frankiert

preparation n Vorbereitung f; **prepare 1.** vt vorbereiten (for auf + acc); (food) zubereiten; **be** ~**d to do sth** bereit sein, etw zu tun **2.** vi sich vorbereiten (for auf + acc)

prerequisite n Voraussetzung f

prescribe vt vorschreiben; MED verschreiben; **prescription** n Rezept nt

presence n Gegenwart f; **present 1.** adj (in attendance) anwesend (at bei); (current) gegenwärtig; **~ tense** Gegenwart f, Präsens nt **2.** n Gegenwart f; (gift) Geschenk nt; **at ~** zurzeit **3.** vt TV, RADIO präsentieren; (problem) darstellen; (report etc) vorlegen; **present-day** adj heutig; **presently** adv bald; (at present) zurzeit

preservative n Konservierungsmittel nt; **preserve** vt erhalten; (food) einmachen, konservieren

president n Präsident(in) m(f); **presidential** adj Präsidenten-; (election) Präsidentschafts-

press 1. n (newspapers, machine) Presse f **2.** vt (push) drücken; **~ a button** auf einen Knopf drücken **3.** vi (push) drücken; **pressing** adj dringend; **press-stud** n Druckknopf m; **press-up** n (Brit) Liegestütz m; **pressure** n Druck m; **be under ~** unter Druck stehen; **put ~ on sb** jdn unter Druck setzen; **pressure cooker** n Schnellkochtopf m; **pressurize** vt (person) unter Druck setzen

presumably adv vermutlich; **presume** vt, vi annehmen

presumptuous adj anmaßend

presuppose vt voraussetzen

pretend 1. vt ~ **that** so tun als ob; **~ to do sth** vorgeben, etw zu tun **2.** vi **she's ~ing** sie tut

nur so

pretentious adj anmaßend; (person) wichtigtuerisch

pretty 1. adj hübsch **2.** adv ziemlich

prevent vt verhindern; **~ sb from doing sth** jdn daran hindern, etw zu tun

preview n FILM Voraufführung f; (trailer) Vorschau f

previous, previously adj, adv früher

prey n Beute f

price 1. n Preis m **2.** vt **it's ~d at £10** es ist mit 10 Pfund ausgezeichnet; **priceless** adj unbezahlbar; **price list** n Preisliste f; **price tag** n Preisschild nt

prick 1. n Stich m; vulg (penis) Schwanz m; vulg (person) Arsch m **2.** vt stechen in + acc; **~ one's finger** sich dat in den Finger stechen; **prickly** adj stachelig

pride 1. n Stolz m; (arrogance) Hochmut m **2.** vt **~ oneself on sth** auf etw acc stolz sein

priest n Priester m

primarily adv vorwiegend; **primary** adj Haupt-; **~ school** Grundschule f

prime 1. adj Haupt-; (excellent) erstklassig **2.** n **in one's ~** in den besten Jahren; **prime minister** n Premierminister(in) m(f); **prime time** n TV Hauptsendezeit f

primitive adj primitiv

prince n Prinz m; (ruler) Fürst

m; **princess** *n* Prinzessin *f*;
Fürstin *f*

principal 1. *adj* Haupt-, wichtigste(r, s) **2.** *n*, Rektor(in)
m(f)

principle *n* Prinzip *nt*; *in ~* im
Prinzip; *on ~* aus Prinzip

print 1. *n (picture)* Druck *m*;
PHOT Abzug *m*; *(made by feet, fingers)* Abdruck *m*;
out of ~ vergriffen **2.** *vt* drucken; *(photo)* abziehen; **print out** *vt* IT abdrucken;
printed matter *n* Drucksache *f*; **printer** *n* Drucker *m*;
printout *n* IT Ausdruck *m*

prior *adj* früher; *a ~ engagement* eine vorher getroffene
Verabredung

priority *n (thing having precedence)* Priorität *f*

prison *n* Gefängnis *nt*; **prisoner** *n* Gefangene(r) *mf*

privacy *n* Privatleben *nt*; **private 1.** *adj* privat; *(confidential)* vertraulich **2.** *n* einfacher Soldat; *in ~* privat; **privately** *adv* privat; *(confidentially)* vertraulich; **privatize**
vt privatisieren

privilege *n* Privileg *nt*; **privileged** *adj* privilegiert

prize *n* Preis *m*; **prize money**
n Preisgeld *nt*; **prizewinner**
n Gewinner(in) *m(f)*; **prizewinning** *adj* preisgekrönt

pro *n (professional)* Profi *m*;
the ~s and cons *pl* das Für
und Wider

pro- *pref* pro-

probability *n* Wahrscheinlichkeit *f*; **probable, probably** *adj*, *adv* wahrscheinlich

probation *n* Probezeit *f*; LAW
Bewährung *f*

probe 1. *n (investigation)* Untersuchung *f* **2.** *vt* untersuchen

problem *n* Problem *nt*; *no ~*
kein Problem!

procedure *n* Verfahren *nt*

proceed 1. *vi (continue)* fortfahren; *(set about sth)* vorgehen **2.** *vt ~ to do sth* anfangen, etw zu tun; **proceedings** *npl* LAW Verfahren *nt*;
proceeds *npl* Erlös *m*

process 1. *n* Prozess *m*, Vorgang *m*; *(method)* Verfahren
nt **2.** *vt (application etc)* bearbeiten; *(food, data)* verarbeiten; *(film)* entwickeln

procession *n* Umzug *m*

processor *n* IT Prozessor *m*;
GASTR Küchenmaschine *f*

produce 1. *n* AGR Produkte *pl*,
Erzeugnisse *pl* **2.** *vt (manufacture)* herstellen, produzieren; *(on farm)* erzeugen;
(film, play, record) produzieren; *(cause)* hervorrufen;
producer *n (manufacturer)*
Hersteller(in) *m(f)*; *(of film, play, record)* Produzent(in)
m(f); **product** *n* Produkt
nt, Erzeugnis *nt*; **production**
n Produktion *f*; THEAT Inszenierung *f*; **productive** *adj*
produktiv; *(land)* ertragreich

prof *n fam* Prof *m*

profession 1. *n* Beruf *m*; **professional 1.** *n* Profi *m* **2.** *adj* beruflich; (*expert*) fachlich; (*sportsman, actor etc*) Berufs-

professor *n* Professor(in) *m(f)*; (*US, lecturer*) Dozent(in) *m(f)*

proficient *adj* kompetent (*in* in + *dat*)

profile *n* Profil *nt*; *keep a low ~* sich rarmachen

profit 1. *n* Gewinn *m* **2.** *vi* profitieren (*by, from* von); **profitable** *adj* rentabel

profound *adj* tief; (*idea, thinker*) tiefgründig; (*knowledge*) profund

program 1. *n* IT Programm *nt*; (*US*) → *programme* **2.** *vt* IT programmieren; (*US*) → *programme*

programme 1. *n* Programm *nt*; TV, RADIO Sendung *f* **2.** *vt* programmieren; **programmer** *n* Programmierer(in) *m(f)*; **programming** *n* IT Programmieren *nt*; ~ *language* Programmiersprache *f*

progress 1. *n* Fortschritt *m*; *make ~* Fortschritte machen **2.** *vi* (*work, illness etc*) fortschreiten; (*improve*) Fortschritte machen; **progressive** *adj* (*person, policy*) fortschrittlich; **progressively** *adv* zunehmend

prohibit *vt* verbieten

project *n* Projekt *nt*

prolong *vt* verlängern

prom *n* (*at seaside*) Promenade *f*; (*Brit, concert*) Konzert *nt* (*bei dem ein Großteil des Publikums im Parkett Stehplätze*) hat; (*US, dance*) Ball für die Schüler und Studenten von Highschools oder Colleges

prominent *adj* (*politician, actor etc*) prominent; (*easily seen*) auffallend

promiscuous *adj* promisk

promise 1. *n* Versprechen *nt* **2.** *vt* versprechen; ~ *sb sth* jdm etw versprechen; ~ *to do sth* versprechen, etw zu tun **3.** *vi* versprechen; **promising** *adj* vielversprechend

promote *vt* (*in rank*) befördern; (*help on*) fördern; COMM werben für; **promotion** *n* (*in rank*) Beförderung *f*; COMM Werbung *f* (*of* für)

prompt 1. *adj* prompt; (*punctual*) pünktlich **2.** *adv at two o'clock ~* Punkt zwei Uhr **3.** *vt* THEAT (*actor*) soufflieren + *dat*

prone *adj be ~ to sth* zu etw neigen

pronounce *vt* (*word*) aussprechen; **pronunciation** *n* Aussprache *f*

proof *n* Beweis *m*; (*of alcohol*) Alkoholgehalt *m*

prop 1. *n* Stütze *f*; THEAT Requisit *nt* **2.** *vt* ~ *sth against sth* etw gegen etw lehnen;

prop up vt stützen; fig unterstützen

proper adj richtig; (morally correct) anständig

property n (possession) Eigentum nt; (characteristic) Eigenschaft f

proportion n Verhältnis nt; (share) Teil m; **~s** pl (size) Proportionen pl; **in ~ to** im Verhältnis zu; **proportional** adj proportional; **~ representation** Verhältniswahlrecht nt

proposal n Vorschlag m; **~ (of marriage)** (Heirats)antrag m; **propose 1.** vt vorschlagen **2.** vi (offer marriage) einen Heiratsantrag machen (to sb jdm)

proprietor n Besitzer(in) m(f); (of pub, hotel) Inhaber(in) m(f)

prose n Prosa f

prosecute vt verfolgen (for wegen)

prospect n Aussicht f

prosperity n Wohlstand m; **prosperous** adj wohlhabend; (business) gut gehend

prostitute n Prostituierte(r) mf

protect vt schützen (from, against vor + dat, gegen); **protection** n Schutz m (from, against vor + dat, gegen); **protective** adj beschützend; (clothing etc) Schutz-

protein n Protein nt, Eiweiß nt

protest 1. n Protest m; (demonstration) Protestkundgebung f **2.** vi protestieren (against gegen); (demonstrate) demonstrieren

Protestant 1. adj protestantisch **2.** n Protestant(in) m(f)

proud, proudly adj, adv stolz (of auf + acc)

prove vt beweisen; (turn out to be) sich erweisen als

proverb n Sprichwort nt

provide vt zur Verfügung stellen; (drinks, music etc) sorgen für; (person) versorgen (with mit); **provide for** vt (family etc) sorgen für; **provided** conj **~ (that)** vorausgesetzt, dass; **provider** n IT Provider m

provision n (condition) Bestimmung f; **~s** pl (food) Proviant m

provoke vt provozieren; (cause) hervorrufen

proximity n Nähe f

prudent adj klug; (person) umsichtig

prudish adj prüde

prune 1. n Backpflaume f **2.** vt (tree etc) zurechtstutzen

PS abbr = **postscript** PS nt

pseudo adj pseudo-, Pseudo-; **pseudonym** n Pseudonym nt

psychiatric adj psychiatrisch; (illness) psychisch; **psychiatrist** n Psychiater(in) m(f); **psychiatry** n Psychiatrie f; **psychic** adj übersinnlich;

I'm not ~ ich kann keine Gedanken lesen; **psychoanalysis** *n* Psychoanalyse *f*; **psychoanalyst** *n* Psychoanalytiker(in) *m(f)*; **psychological** *adj* psychologisch; **psychology** *n* Psychologie *f*; **psychopath** *n* Psychopath(in) *m(f)*

pto *abbr* = *please turn over* b. w.

pub *n (Brit)* Kneipe *f*
puberty *n* Pubertät *f*
public 1. *n the (general) ~* die (breite) Öffentlichkeit; *in ~* in der Öffentlichkeit **2.** *adj* öffentlich; *(relating to the state)* Staats- *f*; *~ convenience (Brit)* öffentliche Toilette; *~ holiday* gesetzlicher Feiertag; *~ opinion* die öffentliche Meinung; *~ relations* Öffentlichkeitsarbeit *f*, Public Relations *pl*; *~ school (Brit)* Privatschule *f*; **publication** *n* Veröffentlichung *f*; **publicity** *n* Publicity *f*; *(advertisements)* Werbung *f*; **publish** *vt* veröffentlichen; **publisher** *n* Verleger(in) *m(f)*; *(company)* Verlag *m*; **publishing** *n* Verlagswesen *nt*
pudding *n (course)* Nachtisch *m*
puddle *n* Pfütze *f*
puff *vi (pant)* schnaufen
puffin *n* Papageientaucher *m*
puff paste *(US)*, **puff pastry** *n* Blätterteig *m*

pull 1. *n* Ziehen *nt*; *give sth a ~ an etw dat* ziehen **2.** *vt (cart, tooth)* ziehen; *(rope, handle)* ziehen an + *dat*; *fam (date)* abschleppen; *~ a muscle* sich *dat* einen Muskel zerren; *~ sb's leg* jdn auf den Arm nehmen **3.** *vi* ziehen; **pull apart** *vt (separate)* auseinanderziehen; **pull down** *vt (blind)* herunterziehen; *(house)* abreißen; **pull in** *vi* hineinfahren; *(stop)* anhalten; **pull off** *vt (deal etc)* zuwege bringen; *(clothes)* ausziehen; **pull on** *vt (clothes)* anziehen; **pull out 1.** *vi (car from lane)* ausscheren; *(train)* abfahren; *(withdraw)* aussteigen *(of* aus) **2.** *vt* herausziehen; *(tooth)* ziehen; *(troops)* abziehen; **pull up 1.** *vt (raise)* hochziehen; *(chair)* heranziehen **2.** *vi* anhalten
pullover *n* Pullover *m*
pulp *n* Brei *m*; *(of fruit)* Fruchtfleisch *nt*
pulpit *n* Kanzel *f*
pulse *n* Puls *m*
pump *n* Pumpe *f*; *(in petrol station)* Zapfsäule *f*; **pump up** *vt (tyre etc)* aufpumpen
pumpkin *n* Kürbis *m*
pun *n* Wortspiel *nt*
punch 1. *n (blow)* (Faust)schlag *m*; *(tool)* Locher *m*; *(hot drink)* Punsch *m*; *(cold drink)* Bowle *f* **2.** *vt (strike)* schlagen; *(ticket, paper)* lo-

chen

punctual, punctually adj, adv pünktlich

punctuation n Interpunktion f; **punctuation mark** n Satzzeichen nt

puncture n (flat tyre) Reifenpanne f

punish vt bestrafen; **punishment** n Strafe f; (action) Bestrafung f

pupil n, Schüler(in) m(f)

puppet n Marionette f

puppy n junger Hund

purchase 1. n Kauf m **2.** vt kaufen

pure adj rein; (clean) sauber; (utter) pur; **purely** adv rein; **purify** vt reinigen; **purity** n Reinheit f

purple adj violett

purpose n Zweck m; (of person) Absicht f; **on ~** absichtlich

purr vi (cat) schnurren

purse n Geldbeutel m; (US, handbag) Handtasche f

pursue vt (person, car) verfolgen; (hobby, studies) nachgehen + dat

pus n Eiter m

push 1. n Stoß m **2.** vt (person) stoßen; (car, chair etc) schieben; (button) drücken; (drugs) dealen **3.** vi (in crowd) drängeln; **push in** vi (in queue) sich vordrängeln; **push off** vi fam (leave) abhauen; **push on** vi (with job) weitermachen; **push**

up vt (prices) hochtreiben; **pushchair** n (Brit) Sport(kinder)wagen m; **pusher** n (of drugs) Dealer(in) m(f); **push-up** n (US) Liegestütz m; **pushy** adj fam aufdringlich, penetrant

put vt (place) stellen; (upright) stellen; (flat) legen; (express) ausdrücken; (write) schreiben; **he ~ his hand in his pocket** er steckte die Hand in die Tasche; **he ~ his hand on her shoulder** er legte ihr die Hand auf die Schulter; **~ money into one's account** Geld auf sein Konto einzahlen; **put aside** vt (money) zurücklegen; **put away** vt (tidy away) wegräumen; **put back** vt zurücklegen; (clock) zurückstellen; **put down** vt (in writing) aufschreiben; (Brit, animal) einschläfern; (rebellion) niederschlagen; **put the phone down** (den Hörer) auflegen; **put one's name down for sth** sich für etw eintragen; **put forward** vt (idea) vorbringen; (name) vorschlagen; (clock) vorstellen; **put off** vt (switch off) ausschalten; (postpone) verschieben; **put sb off doing sth** jdn davon abbringen, etw zu tun; **put on** vt (switch on) anmachen; (clothes) anziehen; (hat, glasses) aufsetzen; (make-up, CD) auflegen; **put the kettle on** Wasser aufsetzen; *put weight on* zunehmen; *put out* vt (*hand, foot*) ausstrecken; (*light, cigarette*) ausmachen; *put up* vt (*hand*) hochheben; (*picture*) aufhängen; (*tent*) aufstellen; (*building*) errichten; (*price*) erhöhen; (*person*) unterbringen; **~ with** sich abfinden mit; *I won't ~ with it* das lasse ich mir nicht gefal-

len

putt vt, vi SPORT putten

puzzle 1. n Rätsel nt; (*toy*) Geduldsspiel nt; (*jigsaw*) ~ Puzzle nt **2.** vt vor ein Rätsel stellen; *it ~s me* es ist mir ein Rätsel; **puzzling** adj rätselhaft

pyjamas npl Schlafanzug m

pylon n Mast m

pyramid n Pyramide f

Q

quack vi quaken

quaint adj (*idea, tradition*) kurios; (*picturesque*) malerisch

qualification n (*for job*) Qualifikation f; (*from school, university*) Abschluss m; **qualified** adj (*for job*) qualifiziert; **qualify 1.** vt (*limit*) einschränken; *be qualified to do sth* berechtigt sein, etw zu tun **2.** vi (*finish training*) seine Ausbildung abschließen; (*contest etc*) sich qualifizieren

quality n Qualität f; (*characteristic*) Eigenschaft f

quantity n Menge f, Quantität f

quarantine n Quarantäne f

quarrel 1. n Streit m **2.** vi sich streiten

quarter 1. n Viertel nt; (*of year*) Vierteljahr nt; (*US, coin*) Vierteldollar m; *a ~ of an hour* eine Viertelstun-

de **2.** vt vierteln

quarter final n Viertelfinale nt

quartet n Quartett nt

quay n Kai m

queen n Königin f; (*in cards, chess*) Dame f

queer 1. adj (*strange*) seltsam, sonderbar; pej (*homosexual*) schwul **2.** n pej Schwule(r) m

quench vt (*thirst*) löschen

query 1. n Frage f **2.** vt infrage stellen; (*bill*) reklamieren

question 1. n Frage f; *that's out of the ~* das kommt nicht infrage **2.** vt (*person*) befragen; (*suspect*) verhören; (*express doubt about*) bezweifeln; **questionable** adj zweifelhaft; (*improper*) fragwürdig; **question mark** n Fragezeichen nt; **questionnaire** n Fragebogen m

queue 1. n (*Brit*) Schlange f;

jump the ~ sich vordrängeln **2.** vi ~ **(up)** Schlange stehen
quibble vi kleinlich sein; *(argue)* streiten
quiche n Quiche f
quick adj schnell; *(short)* kurz; *be* ~ mach schnell!; **quickly** adv schnell
quid n *(Brit) fam* Pfund nt
quiet 1. adj *(not noisy)* leise; *(peaceful, calm)* still, ruhig; *be* ~ sei still!; *keep* ~ *about sth* über etw acc nichts sagen **2.** n Stille f, Ruhe f; **quietly** adv leise; *(calmly)* ruhig
quilt n (Stepp)decke f
quit 1. vt *(leave)* verlassen; *(job)* aufgeben; ~ *doing sth* aufhören, etw zu tun **2.** vi aufhören; *(resign)* kündigen

quite adv *(fairly)* ziemlich; *(completely)* ganz, völlig; *I don't* ~ *understand* ich verstehe das nicht ganz; ~ *a few* ziemlich viele; ~ *so* richtig!
quits adj *be* ~ *with sb* mit jdm quitt sein
quiver vi zittern
quiz n *(competition)* Quiz nt
quota n Anteil m; COMM, POL Quote f
quotation n Zitat nt; *(price)* Kostenvoranschlag m; **quotation marks** npl Anführungszeichen pl; **quote** vt *(text, author)* zitieren; *(price)* nennen **2.** n Zitat nt; *(price)* Kostenvoranschlag m; *in* ~**s** in Anführungszeichen

R

rabbi n Rabbiner m
rabbit n Kaninchen nt
rabies nsing Tollwut f
raccoon n Waschbär m
race 1. n *(competition)* Rennen nt; *(people)* Rasse f **2.** vt um die Wette laufen / fahren **3.** vi *(rush)* rennen; **racecourse** n Rennbahn f; **racetrack** n Rennbahn f
racial adj Rassen-; ~ *discrimination* Rassendiskriminierung f
racing n *(horse)* ~ Pferderennen nt; *(motor)* ~ Autorennen nt; **racing car** n Renn-

wagen m
racism n Rassismus m; **racist 1.** n Rassist(in) m(f) **2.** adj rassistisch
rack 1. n Ständer m, Gestell nt **2.** vt ~ *one's brains* sich dat den Kopf zerbrechen
racket n SPORT Schläger m; *(noise)* Krach m
radar n Radar nt or m
radiation n *(radioactive)* Strahlung f
radiator n Heizkörper m; AUTO Kühler m
radical adj radikal
radio n Rundfunk m, Radio nt

radioactivity n Radioaktivität f

radio alarm n Radiowecker m; **radio station** n Rundfunkstation f

radiotherapy n Strahlenbehandlung f

radish n Radieschen nt

radius n Radius m; **within a five-mile ~** im Umkreis von fünf Meilen (of um)

raffle n Tombola f; **raffle ticket** n Los nt

raft n Floß nt

rag n Lumpen m; (for cleaning) Lappen m

rage n Wut f; **be all the ~** der letzte Schrei sein **2.** vi toben; (disease) wüten

raid 1. n Überfall m (on auf + acc); (by police) Razzia f (on gegen) **2.** vt (bank etc) überfallen; (by police) eine Razzia machen in + dat

rail n (on stairs, balcony etc) Geländer nt; (of ship) Reling f; RAIL Schiene f; **railcard** n (Brit) ≈ Bahncard® f; **railing** n Geländer nt; **~s** pl (fence) Zaun m; **railroad** n (US) Eisenbahn f; **railroad station** n (US) Bahnhof m; **railway** n (Brit) Eisenbahn f; **railway station** n Bahnhof m

rain 1. n Regen m **2.** vi regnen; **it's ~ing** es regnet; **rainbow** n Regenbogen m; **raincoat** n Regenmantel m; **rainforest** n Regenwald m; **rainy** adj regnerisch

raise 1. n (US, of wages / salary) Gehalts- / Lohnerhöhung f **2.** vt (lift) hochheben; (increase) erhöhen; (family) großziehen; (livestock) züchten; (money) aufbringen; (objection) erheben; **~ one's voice** (in anger) laut werden

raisin n Rosine f

rally n POL Kundgebung f; AUTO Rallye f

RAM acr = **random access memory**; RAM m

ramble 1. n Wanderung f **2.** vi (walk) wandern; (talk) schwafeln

ramp n Rampe f

ran pt → **run**

ranch n Ranch f

rancid adj ranzig

random 1. adj willkürlich **2.** n **at ~** (choose) willkürlich; (fire) ziellos

rang pt → **ring**

range 1. n (selection) Auswahl f (of an + dat); COMM Sortiment nt (of an + dat); (of missile, telescope) Reichweite f; (of mountains) Kette f; **in this price ~** in dieser Preisklasse **2.** vi **~ from ... to ...** (temperature, sizes, prices) liegen zwischen ... und ...

rank 1. n Rang m; (social position) Stand m **2.** vt einstufen

ransom n Lösegeld nt

rap n MUS Rap m

rape 1. n Vergewaltigung f **2.**

vt vergewaltigen

rapid, rapidly *adj, adv* schnell

rapist *n* Vergewaltiger *m*

rare *adj* selten, rar; (*especially good*) vortrefflich; (*steak*) blutig; **rarely** *adv* selten; **rarity** *n* Seltenheit *f*

rash 1. *adj* unbesonnen **2.** *n* MED (Haut)ausschlag *m*

rasher *n* ~ (*of bacon*) (Speck)scheibe *f*

raspberry *n* Himbeere *f*

rat *n* Ratte *f*

rate 1. *n* (*proportion, frequency*) Rate *f*; (*speed*) Tempo *nt*; ~ (*of exchange*) (Wechsel)kurs *m*; ~ **of interest** Zinssatz *m*; **at any** ~ auf jeden Fall **2.** *vt* (*evaluate*) einschätzen (*as* als)

rather *adv* (*in preference*) lieber; (*fairly*) ziemlich; **I'd ~ stay here** ich würde lieber hierbleiben; **I'd ~ not** lieber nicht; **or ~** (*more accurately*) vielmehr

ratio *n* Verhältnis *nt*

rational *adj* rational; **rationalize** *vt* rationalisieren

rattle 1. *n* (*toy*) Rassel *f* **2.** *vt* (*keys, coins*) klimpern mit; (*person*) durcheinanderbringen **3.** *vi* (*window*) klappern; (*bottles*) klirren; **rattle off** *vt* herunterrasseln; **rattlesnake** *n* Klapperschlange *f*

rave 1. *vi* (*talk wildly*) fantasieren; (*rage*) toben; (*enthuse*) schwärmen (*about*

von) **2.** *n* (*Brit, event*) Raveparty *f*

raven *n* Rabe *m*

raving *adv* ~ **mad** total verrückt

ravishing *adj* hinreißend

raw *adj* (*food*) roh; (*skin*) wund; (*climate*) rau

ray *n* (*of light*) Strahl *m*; ~ **of hope** Hoffnungsschimmer *m*

razor *n* Rasierapparat *m*; **razor blade** *n* Rasierklinge *f*

Rd *n abbr* → **road** Str.

re *prep* betreffs + *gen*

reach 1. *n* **within / out of** (**sb's**) ~ in / außer (jds) Reichweite; **within easy ~ of the shops** nicht weit von den Geschäften **2.** *vt* (*arrive at, contact*) erreichen; (*come down / up as far as*) reichen bis zu; (*contact*) **can you ~ it?** kommst du / kommen Sie dran?; **reach for** *vt* greifen nach; **reach out** *vi* die Hand ausstrecken; ~ **for** greifen nach

react *vi* reagieren (*to* auf + *acc*); **reaction** *n* Reaktion *f* (*to* auf + *acc*); **reactor** *n* Reaktor *m*

read 1. *vt* lesen; (*meter*) ablesen; ~ **sth to sb** jdm etw vorlesen **2.** *vi* lesen; ~ **to sb** jdm vorlesen; **it ~s well** es liest sich gut; **it ~s as follows** es lautet folgendermaßen; **read out** *vt* vorlesen; **read through** *vt* durchlesen; **read**

rebel

up on vt nachlesen über + acc; **readable** adj (book) lesenswert; (handwriting) lesbar; **reader** n Leser(in) m(f); **readership** n Leserschaft f

readily adv (willingly) bereitwillig; **~ available** leicht erhältlich

reading n (action) Lesen nt; (from meter) Zählerstand m; **reading glasses** npl Lesebrille f; **reading lamp** n Leselampe f; **reading matter** n Lektüre f

readjust 1. vt (mechanism etc) neu einstellen **2.** vi sich wieder anpassen (to an + acc)

ready adj fertig, bereit; **be~ to do sth** (willing) bereit sein, etw zu tun; **are you ~ to go?** bist du so weit?; **get sth ~** etw fertig machen; **get (oneself) ~** sich fertig machen; **ready cash** n Bargeld nt; **ready-made** adj (product) Fertig-; (clothes) Konfektions-; **~ meal** Fertiggericht nt

real 1. adj wirklich; (actual) eigentlich; (genuine) echt; (idiot etc) richtig; **for ~** echt; **this time it's for ~** diesmal ist es ernst; **get ~** sei realistisch! **2.** adv fam (esp US) echt

real estate n Immobilien pl

realistic, realistically adj, adv realistisch; **reality** n Wirklichkeit f; **in ~** in Wirklichkeit; **realization** n (awareness) Erkenntnis f; **realize** vt (plan, idea) realisieren; **I ~d (that) ...** mir wurde klar, dass ...

really adv wirklich

real time n IT **in ~** in Echtzeit

realtor n (US) Grundstücksmakler(in) m(f)

reappear vi wieder erscheinen

rear 1. adj hintere(r, s), Hinter- **2.** n (of building, vehicle) hinterer Teil; **at the ~** of hinter + dat; (inside) hinten in + dat; **rear light** n AUTO Rücklicht nt

rearm vi wieder aufrüsten

rearrange vt (furniture, system) umstellen; (meeting) verlegen (for auf + acc)

rear-view mirror n Rückspiegel m; **rear window** n AUTO Heckscheibe f

reason 1. n (cause) Grund m (for für); (ability to think) Verstand m; (common sense) Vernunft f; **for some ~** aus irgendeinem Grund **2.** vi **~ with sb** mit jdm vernünftig reden; **reasonable** adj (person, price) vernünftig; (offer) akzeptabel; (chance) reell; (food, weather) ganz gut; **reasonably** adv vernünftig; (fairly) ziemlich

reassure vt beruhigen; **she ~d me that ...** sie versicherte mir, dass ...

rebel 1. n Rebell(in) m(f) **2.** vi

rebellieren; **rebellion** n Aufstand m

reboot vt, vi IT rebooten

rebuild irr vt wieder aufbauen

recall vt (remember) sich erinnern an + acc; (call back) zurückrufen

recap vt, vi rekapitulieren

receipt n (document) Quittung f; (receiving) Empfang m; **~s** pl (money) Einnahmen pl

receive vt (news etc) erhalten, bekommen; (visitor) empfangen; **receiver** n TEL Hörer m; RADIO Empfänger m

recent adj (event) vor Kurzem stattgefunden; (photo) neueste(r,s); (invention) neu; **in ~ years** in den letzten Jahren; **recently** adv vor Kurzem; (in the last few days or weeks) in letzter Zeit

reception n Empfang m; **receptionist** n (in hotel) Empfangschef m, Empfangsdame f; (woman in firm) Empfangsdame f; MED Sprechstundenhilfe f

recess n (in wall) Nische f; (US, in school) Pause f

recession n Rezession f

recharge vt (battery) aufladen; **rechargeable** adj wiederaufladbar

recipe n Rezept nt (for für)

recipient n Empfänger(in) m(f)

reciprocal adj gegenseitig

recite vt vortragen

reckless adj leichtsinnig; (driving) gefährlich

reckon 1. vt (calculate) schätzen; (think) glauben **2.** vi **~ with / on** rechnen mit

reclaim vt (baggage) abholen; (expenses, tax) zurückverlangen

recline vi (person) sich zurücklehnen; **reclining seat** n Liegesitz m

recognition n (acknowledgement) Anerkennung f; **in ~ of** in Anerkennung + gen;

recognize vt erkennen; (approve officially) anerkennen

recommend vt empfehlen; **recommendation** n Empfehlung f

reconfirm vt (flight etc) rückbestätigen

reconsider vt noch einmal überdenken

reconstruct vt wieder aufbauen; (crime) rekonstruieren

record 1. n MUS (Schall)platte f; (best performance) Rekord m; **keep a ~ of** Buch führen über + acc **2.** adj (time etc) Rekord- **3.** vt (write down) aufzeichnen; (on tape etc) aufnehmen; **~ed message** Ansage f; **recorded delivery** n (Brit) **by ~** per Einschreiben

recorder n MUS Blockflöte f; (cassette) **~** (Kassetten)rekorder m; **recording** n (on tape etc) Aufnahme f

recover 1. *vt* (*money, item*) zurückbekommen; (*appetite, strength*) wiedergewinnen **2.** *vi* sich erholen

recreation *n* Erholung *f*; **recreational** *adj* Freizeit-; **~ vehicle** *n* Wohnmobil *nt*

recruit 1. *n* MIL Rekrut(in) *m(f)*; (*in firm, organization*) neues Mitglied **2.** *vt* MIL rekrutieren; (*members*) anwerben; (*staff*) einstellen; **recruitment agency** *n* Personalagentur *f*

rectangle *n* Rechteck *nt*; **rectangular** *adj* rechteckig

recuperate *vi* sich erholen

recyclable *adj* recycelbar, wiederverwertbar; **recycle** *vt* recyceln, wiederverwerten; **~d paper** Recyclingpapier *nt*; **recycling** *n* Recycling *nt*, Wiederverwertung *f*

red 1. *adj* rot **2.** *n* **in the ~** in den roten Zahlen; **red cabbage** *n* Rotkohl *m*; **redcurrant** *n* (rote) Johannisbeere *f*

redeem *vt* COMM einlösen

red-handed *adj* **catch sb ~** jdn auf frischer Tat ertappen

redhead *n* Rothaarige(r) *mf*

redial *vt, vi* nochmals wählen

redirect *vt* (*traffic*) umleiten; (*forward*) nachsenden

red light *n* (*traffic signal*) rotes Licht; **go through the ~** bei Rot über die Ampel fahren

red meat *n* Rind-, Lamm-, Rehfleisch

redo *irr vt* nochmals machen

reduce *vt* reduzieren (*to* auf + *acc*, *by* um); **reduction** *n* Reduzierung *f*; (*in price*) Ermäßigung *f*

redundant *adj* überflüssig; **be made ~** entlassen werden

red wine *n* Rotwein *m*

reef *n* Riff *nt*

reel *n* Spule *f*; (*on fishing rod*) Rolle *f*; **reel off** *vt* herunterrasseln

ref *n fam* (*referee*) Schiri *m*

refectory *n* (*at college*) Mensa *f*

refer 1. *vt* **~ sb to sb / sth** jdn an jdn / etw verweisen; **~ sth to sb** (*query, problem*) etw an jdn weiterleiten **2.** *vi* **~ to** (*mention, allude to*) sich beziehen auf + *acc*; (*book*) nachschlagen in + *dat*

referee *n* Schiedsrichter(in) *m(f)*; (*in boxing*) Ringrichter *m*; (*Brit, for job*) Referenz *f*

reference *n* (*allusion*) Anspielung *f* (*to* auf + *acc*); (*for job*) Referenz *f*; (*in book*) Verweis *m*; **~ (number*) Aktenzeichen *nt*; **with ~ to** mit Bezug auf + *acc*; **reference book** *n* Nachschlagewerk *nt*

referendum *n* Referendum *nt*

refill *vt* nachfüllen **2.** *n* (*for ballpoint pen*) Ersatzmine *f*

refine *vt* (*purify*) raffinieren; (*improve*) verfeinern; **refined** *adj* (*genteel*) fein

reflect 1. vt reflektieren; fig widerspiegeln **2.** vi nachdenken (on über + acc); **reflection** n (image) Spiegelbild nt; (thought) Überlegung f; **on ~** nach reiflicher Überlegung

reflex n Reflex m

reform 1. n Reform f **2.** vt reformieren; (person) bessern

refrain vi **~ from doing sth** es unterlassen, etw zu tun

refresh vt erfrischen; **refreshing** adj erfrischend; **refreshments** npl Erfrischungen pl

refrigerator n Kühlschrank m

refuel vt, vi auftanken

refugee n Flüchtling m

refund 1. n (of money) Rückerstattung f; **get a ~ (on sth)** sein Geld (für etw) zurückbekommen **2.** vt zurückerstatten

refusal n (to do sth) Weigerung f; **refuse 1.** n Müll m, Abfall m **2.** vt ablehnen; **~ sb sth** jdm etw verweigern; **~ to do sth** sich weigern, etw zu tun **3.** vi sich weigern

regain vt wiedergewinnen, wiedererlangen

regard 1. n with **~ to** in Bezug auf + acc; **in this ~** in dieser Hinsicht; **~s** (at end of letter) mit freundlichen Grüßen; **give my ~s to** … viele Grüße an … + acc **2.** vt **~ sb / sth as sth** jdn / etw als etw betrachten; **as ~s** … was … betrifft; **regarding** prep bezüglich + gen; **regardless 1.** adj **~ of** ohne Rücksicht auf + acc **2.** adv trotzdem; **carry on ~** einfach weitermachen

regime n POL Regime nt

region n (of country) Region f, Gebiet nt; **regional** adj regional

register 1. n Register nt, Namensliste f **2.** vt (with authority) registrieren lassen; (birth, death, vehicle) anmelden **3.** vi (at hotel, for course) sich anmelden; (at university) sich einschreiben; **registered** adj eingetragen; (letter) eingeschrieben; **by ~ post** per Einschreiben; **registration** n (for course) Anmeldung f; (at university) Einschreibung f; AUTO (number) (polizeiliches) Kennzeichen; **registration form** n Anmeldeformular nt; **registration number** n AUTO (polizeiliches) Kennzeichen; **registry office** n Standesamt nt

regret 1. n Bedauern nt **2.** vt bedauern; **regrettable** adj bedauerlich

regular 1. adj regelmäßig; (size) normal **2.** n (client) Stammkunde m, Stammkundin f; (in bar) Stammgast m; (petrol) Normalbenzin nt; **regularly** adv regelmäßig

regulate vt regulieren; (using rules) regeln; **regulation** n (rule) Vorschrift f

rehabilitation n Rehabilitation *f*

rehearsal *n* Probe *f*; **rehearse** *vt, vi* proben

reign 1. *n* Herrschaft *f* **2.** *vi* herrschen (*over* über + *acc*)

reimburse *vt* (*person*) entschädigen; (*expenses*) zurückerstatten

reindeer *n* Rentier *nt*

reinforce *vt* verstärken

reinstate *vt* (*employee*) wieder einstellen

reject 1. *n* COMM Ausschussartikel *m* **2.** *vt* ablehnen; **rejection** *n* Ablehnung *f*

relapse *n* Rückfall *m*

relate 1. *vt* (*story*) erzählen; (*connect*) in Verbindung bringen (*to* mit) **2.** *vi* ~ *to* (*refer*) sich beziehen auf + *acc*; **related** *adj* verwandt (*to* mit); **relation** *n* (*relative*) Verwandte(r) *mf*; (*connection*) Beziehung *f*; **relationship** *n* (*connection*) Beziehung *f*; (*between people*) Verhältnis *nt*

relative 1. *n* Verwandte(r) *mf* **2.** *adj* relativ; **relatively** *adv* relativ, verhältnismäßig

relax 1. *vi* sich entspannen; ~! reg dich nicht auf! **2.** *vt* (*grip, conditions*) lockern; **relaxation** *n* (*rest*) Entspannung *f*; **relaxed** *adj* entspannt

release 1. *n* (*from prison*) Entlassung *f*; **new / recent** ~ (*film, CD*) Neuerscheinung *f* **2.** *vt* (*animal, hostage*) freilassen; (*prisoner*) entlas-

sen; (*handbrake*) lösen; (*news*) veröffentlichen; (*film, CD*) herausbringen

relent *vi* nachgeben; **relentless, relentlessly** *adj, adv* (*merciless*) erbarmungslos; (*neverending*) unaufhörlich

relevance *n* Relevanz *f* (*to* für); **relevant** *adj* relevant (*to* für)

reliable, reliably *adj, adv* zuverlässig; **reliant** *adj* ~ *on* abhängig von

relic *n* (*from past*) Relikt *nt*

relief *n* (*from anxiety, pain*) Erleichterung *f*; (*assistance*) Hilfe *f*; (*in pain*) lindern; (*boredom*) überwinden; (*take over from*) ablösen; **I'm ~d** ich bin erleichtert

religion *n* Religion *f*; **religious** *adj* religiös

relish 1. *n* (*for food*) würzige Soße *f* **2.** *vt* (*enjoy*) genießen; **I don't ~ the thought of it** der Gedanke behagt mir gar nicht

reluctant *adj* widerwillig; **be ~ to do sth** etw nur ungern tun; **reluctantly** *adv* widerwillig

rely on *vt* sich verlassen auf + *acc*; (*depend on*) abhängig sein von

remain *vi* bleiben; (*be left over*) übrig bleiben; **remainder** *n a.* MATH Rest *m*; **remaining** *adj* übrig; **remains** *npl* Überreste *pl*

remark 1. *n* Bemerkung *f* **2.** *vt*

~ **that** bemerken, dass; **remarkable, remarkably** *adj, adv* bemerkenswert

remedy *n* Mittel *nt* (*for* gegen)

remember 1. *vt* sich erinnern an + *acc*; ~ **to do sth** daran denken, etw zu tun; **I must** ~ **that** das muss ich mir merken **2.** *vi* sich erinnern

remind *vt* ~ **sb of / about sb / sth** jdn an jdn / etw erinnern; ~ **sb to do sth** jdn daran erinnern, etw zu tun; **that ~s me** dabei fällt mir ein ...; **reminder** *n* (*to pay*) Mahnung *f*

remnant *n* Rest *m*

remote 1. *adj* (*place*) abgelegen; (*slight*) gering **2.** *n* TV Fernbedienung *f*; **remote control** *n* Fernsteuerung *f*; (*device*) Fernbedienung *f*

removal *n* Entfernung *f*; (*Brit, move from house*) Umzug *m*; **removal firm** *n* (*Brit*) Spedition *f*; **remove** *vt* entfernen; (*lid*) abnehmen; (*doubt, suspicion*) zerstreuen

rename *vt* umbenennen

renew *vt* erneuern; (*licence, passport, library book*) verlängern lassen

renovate *vt* renovieren

renowned *adj* berühmt (*for* für)

rent 1. *n* Miete *f*; **for** ~ (*US*) zu vermieten **2.** *vt* (*as hirer, tenant*) mieten; (*as owner*) vermieten; **~ed car** Mietwagen

m; **rent out** *vt* vermieten; **rental 1.** *n* Miete *f*; (*for car, TV etc*) Leihgebühr *f* **2.** *adj* Miet-

reorganize *vt* umorganisieren

rep *n* COMM Vertreter(in) *m(f)*

repair 1. *n* Reparatur *f* **2.** *vt* reparieren; (*damage*) wiedergutmachen

repay *irr vt* (*money*) zurückzahlen; ~ **sb for sth** *fig* sich bei jdm für etw revanchieren

repeat 1. *n* RADIO, TV Wiederholung *f* **2.** *vt* wiederholen; **repetition** *n* Wiederholung *f*

replace *vt* ersetzen (*with* durch); (*put back*) zurückstellen, zurücklegen; **replacement** *n* (*thing, person*) Ersatz *m*; (*temporarily in job*) Vertretung *f*

replay 1. *n* (**action**) ~ Wiederholung *f* **2.** *vt* (*game*) wiederholen

replica *n* Kopie *f*

reply 1. *n* Antwort *f* **2.** *vi* antworten; ~ **to sb / sth** jdm / auf etw *acc* antworten **3.** *vt* ~ **that** antworten, dass

report 1. *n* Bericht *m*, Zeugnis *nt* **2.** *vt* (*tell*) berichten; (*give information against*) melden; (*to police*) anzeigen **3.** *vi* (*present oneself*) sich melden; ~ **sick** sich krankmelden; **report card** *n* (*US, in school*) Zeugnis *nt*; **reporter** *n* Reporter(in) *m(f)*

represent *vt* darstellen;

(speak for) vertreten; **representation** n *(picture etc)* Darstellung f; **representative 1.** n Vertreter(in) m(f); *(US)* POL Abgeordnete(r) mf **2.** adj repräsentativ *(of für)*

reproduce 1. vt *(copy)* reproduzieren **2.** vi BIO sich fortpflanzen; **reproduction** n *(copy)* Reproduktion f; BIO Fortpflanzung f

reptile n Reptil nt

republic n Republik f; **republican 1.** adj republikanisch **2.** n Republikaner(in) m(f)

repulsive adj abstoßend

reputation n Ruf m

request 1. n Bitte f *(for* um); **on ~** auf Wunsch **2.** vt bitten um

require vt *(need)* brauchen; *(desire)* verlangen; **required** adj erforderlich; **requirement** n *(condition)* Anforderung f; *(need)* Bedingung f

rerun n Wiederholung f

rescue 1. n Rettung f; **come to sb's ~** jdm zu Hilfe kommen **2.** vt retten

research 1. n Forschung f **2.** vi forschen *(into* über + acc) vt erforschen; **researcher** n Forscher(in) f

resemblance n Ähnlichkeit f *(to* mit); **resemble** vt ähneln + dat

resent vt übel nehmen

reservation n *(booking)* Reservierung f; *(doubt)* Vorbe-

halt m; **I have a ~** *(in hotel, restaurant)* ich habe reserviert; **reserve 1.** n *(store)* Vorrat m *(of* an + dat); *(manner)* Zurückhaltung f; SPORT Reservespieler(in) m(f); *(game reserve)* Naturschutzgebiet nt **2.** vt *(book in advance)* reservieren; **reserved** adj reserviert

residence n Wohnsitz m; *(living)* Aufenthalt m; **~ permit** Aufenthaltsgenehmigung f; **~ hall** Studentenwohnheim nt; **resident** n *(in house)* Bewohner(in) m(f); *(in town, area)* Einwohner(in) m(f)

resign 1. vt *(post)* zurücktreten von; *(job)* kündigen **2.** vi *(from post)* zurücktreten; *(from job)* kündigen; **resignation** n *(from post)* Rücktritt m; *(from job)* Kündigung f

resist vt widerstehen + dat; **resistance** n Widerstand m *(to* gegen)

resit *(Brit)* **1.** irr vt wiederholen **2.** n Wiederholungsprüfung f

resolution n *(intention)* Vorsatz m; *(decision)* Beschluss m

resolve vt *(problem)* lösen

resort 1. n *(holiday resort)* Urlaubsort m; **as a last ~** als letzter Ausweg m **2.** vi **~ to** greifen zu; *(violence)* anwenden

resources npl *(money)* (Geld)mittel pl; *(mineral re-*

sources) Bodenschätze *pl*

respect 1. *n* Respekt *m (for vor + dat); (consideration)* Rücksicht *f (for auf + acc);* **with ~ to** in Bezug auf + *acc;* **in this~** in dieser Hinsicht; **with all due ~** bei allem Respekt **2.** *vt* respektieren; **respectable** *adj (person, family)* angesehen; *(district)* anständig; *(achievement, result)* beachtlich; **respected** *adj* angesehen

respective *adj* jeweilig; **respectively** *adv* 5 % and 10 % ~ 5 % beziehungsweise 10 %

respond *vi* antworten *(to auf + acc); (react)* reagieren *(to auf + acc); (to treatment)* ansprechen *(to auf + acc);* **response** *n* Antwort *f; (reaction)* Reaktion *f;* **in ~ to** als Antwort auf + *acc*

responsibility *n* Verantwortung *f;* **that's her ~** dafür ist sie verantwortlich; **responsible** *adj* verantwortlich *(for* für*); (trustworthy)* verantwortungsbewusst; *(job)* verantwortungsvoll

rest 1. *n (relaxation)* Ruhe *f; (break)* Pause *f; (remainder)* Rest *m;* **have *(or* take) a ~** sich ausruhen; *(break)* Pause machen **2.** *vi (relax)* sich ausruhen; *(lean)* lehnen *(on, against* an + *dat,* gegen*)*

restaurant *n* Restaurant *nt;* **restaurant car** *n (Brit)* Speisewagen *m*

restful *adj (holiday etc)* erholsam, ruhig; **restless** *adj* unruhig

restore *vt (painting, building)* restaurieren; *(order)* wiederherstellen; *(give back)* zurückgeben

restrain *vt (person, feelings)* zurückhalten; **~ oneself** sich beherrschen

restrict *vt* beschränken *(to auf + acc);* **restricted** *adj* beschränkt; **restriction** *n* Einschränkung *f (on + gen)*

rest room *n (US)* Toilette *f*

result 1. *n* Ergebnis *nt; (consequence)* Folge *f;* **as a ~ of** infolge + *gen* **2.** *vi* **~ in** führen zu; **~ from** sich ergeben aus

resume *vt (work, negotiations)* wieder aufnehmen; *(journey)* fortsetzen

résumé *n* Zusammenfassung *f; (US, curriculum vitae)* Lebenslauf *m*

resuscitate *vt* wiederbeleben

retail *adv* im Einzelhandel; **retailer** *n* Einzelhändler(in) *m(f)*

retain *vt* behalten; *(heat)* halten

rethink *irr vt* noch einmal überdenken

retire *vi (from work)* in den Ruhestand treten; *(withdraw)* sich zurückziehen; **retired** *adj (person)* pensioniert; **retirement** *n (time of life)* Ruhestand *m;* **retire-**

ment age *n* Rentenalter *nt*

retrain *vi* sich umschulen lassen

retreat 1. *n* Rückzug *m* (*from* aus); (*refuge*) Zufluchtsort *m* **2.** *vi* sich zurückziehen

retrieve *vt* (*recover*) wiederbekommen; (*rescue*) retten; (*data*) abrufen

retrospect *n* **in ~** rückblickend

return 1. *n* (*going back*) Rückkehr *f*; (*giving back*) Rückgabe *f*; (*profit*) Gewinn *m*; (*Brit, return ticket*) Rückfahrkarte *f*; (*plane ticket*) Rückflugticket *nt*, Return *m*; **in ~** als Gegenleistung (*for* für); **many happy ~s (of the day)** herzlichen Glückwunsch zum Geburtstag! **2.** *vi* (*person*) zurückkehren; (*doubts, symptoms*) wieder auftreten **3.** *vt* (*give back*) zurückgeben; **I ~ed his call** ich habe ihn zurückgerufen; **returnable** *adj* (*bottle*) Pfand-; **return flight** *n* (*Brit*) Rückflug *m*; (*both ways*) Hin- und Rückflug *m*; **return key** *n* IT Eingabetaste *f*; **return ticket** *n* (*Brit*) Rückfahrkarte *f*; (*for plane*) Rückflugticket *nt*

reunification *n* Wiedervereinigung *f*; **reunion** *n* (*party*) Treffen *nt*; **reunite** *vt* wieder vereinigen

reveal *vt* (*make known*) enthüllen; (*secret*) verraten; **re-**

vealing *adj* aufschlussreich; (*dress*) freizügig

revenge *n* Rache *f*; (*in game*) Revanche *f*; **take~on sb (for sth)** sich an jdm (für etw) rächen

revenue *n* Einnahmen *pl*

reverse 1. *n* (*back*) Rückseite *f*; (*opposite*) Gegenteil *nt*; AUTO **~ (gear)** Rückwärtsgang *m* **2. adj in ~ order** in umgekehrter Reihenfolge **3.** *vt* (*order*) umkehren; (*decision*) umstoßen; (*car*) zurücksetzen **4.** *vi* rückwärtsfahren

review 1. *n* (*of book, film etc*) Rezension *f*; Kritik *f*; **be under~** überprüft werden **2.** *vt* (*book, film etc*) rezensieren; (*re-examine*) überprüfen

revise 1. *vt* revidieren; (*text*) überarbeiten; (*Brit, in school*) wiederholen **2.** *vi* (*Brit*) (für eine Prüfung) lernen; **revision** *n* (*of text*) Überarbeitung *f*; (*Brit*) Wiederholung *f*

revitalize *vt* neu beleben

revive *vt* (*person*) wiederbeleben; (*tradition, interest*) wieder aufleben lassen

revolt 1. *n* Aufstand *m*; **revolting** *adj* widerlich

revolution *n* POL *fig* Revolution *f*; **revolutionary 1.** *adj* revolutionär **2.** *n* Revolutionär(in) *m*(*f*)

revolve *vi* sich drehen (*around* um); **revolver** *n* Revolver m; **revolving door** n Drehtür f

reward 1. n Belohnung f **2.** vt belohnen; **rewarding** adj lohnend

rewind irr vt (tape) zurückspulen

rheumatism n Rheuma nt

rhinoceros n Nashorn nt

Rhodes n Rhodos nt

rhubarb n Rhabarber m

rhyme 1. n Reim m **2.** vi sich reimen (with auf + acc)

rhythm n Rhythmus m

rib n Rippe f

ribbon n Band nt

rice n Reis m; **rice pudding** n Milchreis m

rich 1. adj reich; (food) schwer **2.** npl **the ~** die Reichen pl

rickety adj wackelig

rid vt **get ~ of sb / sth** jdn / etw loswerden

ridden pp → ride

riddle n Rätsel n

ride 1. vt (horse) reiten; (bicycle) fahren **2.** vi (on horse) reiten; (on bike) fahren **3.** n (in vehicle, on bike) Fahrt f; (on horse) (Aus)ritt m; **go for a ~** (in car, on bike) spazieren fahren; (on horse) reiten gehen; **take sb for a ~** fam jdn verarschen; **rider** n (on horse) Reiter(in) m(f)

ridiculous adj lächerlich; **don't be ~** red keinen Unsinn!

riding 1. n Reiten nt **2.** adj Reit-

rifle n Gewehr nt

right 1. adj (correct, just) richtig; (opposite of left) rechte(r, s); (clothes, job etc) passend; **be ~** (person) recht haben; (clock) richtig gehen; **that's ~** das stimmt! **2.** n Recht nt (to auf + acc); (side) rechte Seite; **the Right** POL die Rechte; **take a ~** AUTO rechts abbiegen; **on the ~** rechts (of von); **to the ~** nach rechts, rechts (of von) **3.** adv (towards the right) nach rechts; (directly) direkt; (exactly) genau; **turn ~** AUTO rechts abbiegen; **~ away** sofort; **~ now** im Moment; (immediately) sofort; **right angle** n rechter Winkel; **right-hand drive** f **2.** adj rechtsgesteuert; **right-handed** adj **be ~** er ist Rechtshänder; **right-hand side** n rechte Seite; **on the ~** auf der rechten Seite; **rightly** adv zu Recht; **right of way** n **have ~** AUTO Vorfahrt haben; **right wing** n POL, SPORT rechter Flügel; **right-wing** adj Rechts-; **extremist** Rechtsradikale(r) mf

rigid adj (stiff) starr; (strict) streng

rim n (of cup etc) Rand m; (of wheel) Felge f

rind n (of cheese) Rinde f; (of bacon) Schwarte f; (of fruit) Schale f

ring 1. *vt*, *vi* (*bell*) läuten; TEL anrufen **2.** *n* (*on finger, in boxing*) Ring *m*; (*circle*) Kreis *m*; (*at circus*) Manege *f*; **give sb a ~** TEL jdn anrufen; **ring back** *vt*, *vi* zurückrufen; **ring up** *vt*, *vi* anrufen

ring road *n* (*Brit*) Umgehungsstraße *f*

ringtone *n* Klingelton *m*

rink *n* (*ice rink*) Eisbahn *f*; (*for roller-skating*) Rollschuhbahn *f*

rinse *vt* spülen

riot *n* Aufruhr *m*

rip 1. *n* Riss *m* **2.** *vt* zerreißen; **~ sth open** etw aufreißen **3.** *vi* reißen; **rip off** *vt* fam (*person*) übers Ohr hauen; **rip up** *vt* zerreißen

ripe *adj* (*fruit*) reif; **ripen** *vi* reifen

rip-off *n that's a ~* fam (*too expensive*) das ist Wucher

rise 1. *vi* (*from sitting, lying*) aufstehen; (*sun*) aufgehen; (*prices, temperature*) steigen; (*ground*) ansteigen **2.** *n* (*increase*) Anstieg *m* (*in* + *gen*); (*pay rise*) Gehaltserhöhung *f*; (*to power, fame*) Aufstieg *m* (*to* zu); (*slope*) Steigung *f*; **risen** *pp* → **rise**

risk 1. *n* Risiko *nt* **2.** *vt* riskieren; **risky** *adj* riskant

ritual *n* Ritual *nt*

rival *n* Rivale *m*, Rivalin *f* (*for* um); COMM Konkurrent(in) *m(f)*; **rivalry** *n* Rivalität *f*; COMM, SPORT Konkurrenz *f*

river *n* Fluss *m*; **the River Thames** (*Brit*), **the Thames River** (*US*) die Themse; **riverside 1.** *n* Flussufer *nt* **2.** *adj* am Flussufer

road *n* Straße *f*; (*fig* Weg *m*; **on the ~** (*travelling*) unterwegs; **roadblock** *n* Straßensperre *f*; **roadmap** *n* Straßenkarte *f*; **road rage** *n* aggressives Verhalten im Straßenverkehr; **roadside 1.** *n* (*at* or *by*) **the ~** am Straßenrand; **roadsign** *n* Verkehrsschild *nt*; **road tax** *n* Kraftfahrzeugssteuer *f*; **roadworks** *npl* Bauarbeiten *pl*; **roadworthy** *adj* fahrtüchtig

roar 1. *n* (*of person, lion*) Brüllen *nt*; (*von Verkehr*) Donnern *nt* **2.** *vi* (*person, lion*) brüllen (*with* vor + *dat*)

roast 1. *n* Braten *m* **2.** *adj* ~ **beef** Rinderbraten *m*; ~ **chicken** Brathähnchen *nt*; ~ **pork** Schweinebraten *m*; ~ **potatoes** *pl* im Backofen gebratene Kartoffeln **3.** *vt* (*meat*) braten

rob *vt* bestehlen; (*bank, shop*) ausrauben; **robbery** *n* Raub *m*

robe *n* (*US, dressing gown*) Morgenrock *m*; (*of judge, priest etc*) Robe *f*, Talar *m*

robin *n* Rotkehlchen *nt*

robot *n* Roboter *m*

rock 1. *n* (*substance*) Stein *m*; (*boulder*) Felsbrocken *m*; MUS Rock *m*; **on the ~s**

(*drink*) mit Eis; (*marriage*) gescheitert **2.** *vt, vi* (*swing*) schaukeln; (*dance*) rocken; **rock climbing** *n* Klettern *nt*

rocket *n* Rakete *f*; (*in salad*) Rucola *m*

rocking chair *n* Schaukelstuhl *m*

rocky *adj* (*landscape*) felsig; (*path*) steinig

rod *n* (*bar*) Stange *f*; (*fishing rod*) Rute *f*

rode *pt* → **ride**

rogue *n* Schurke *m*

role *n* Rolle *f*; **role model** *n* Vorbild *nt*

roll 1. *n* (*of film, paper etc*) Rolle *f*; (*bread roll*) Brötchen *nt* **2.** *vt* (*move by rolling*) rollen; (*cigarette*) drehen **3.** *vi* (*move by rolling*) rollen; **roll out** *vt* (*pastry*) ausrollen; **roll over** *vi* (*person*) sich umdrehen; **roll up 1.** *vi* fam (*arrive*) antanzen **2.** *vt* (*carpet*) aufrollen; **roll one's sleeves up** die Ärmel hochkrempeln

roller *n* (*hair roller*) (Locken)wickler *m*; **roller coaster** *n* Achterbahn *f*; **roller skates** *npl* Rollschuhe *pl*; **roller-skating** *n* Rollschuhlaufen *nt*; **rolling pin** *n* Nudelholz *nt*; **roll-on** (*deodorant*) *n* Deoroller *m*

ROM *acr* = **read only memory**; ROM *m*

Roman 1. *adj* römisch **2.** *n* Römer(in) *m(f)*; **Roman Cath-**

olic **1.** *adj* römisch-katholisch **2.** *n* Katholik(in) *m(f)*

romance *n* Romantik *f*; (*love affair*) Romanze *f*

Romania *n* Rumänien *nt*; **Romanian 1.** *adj* rumänisch **2.** *n* Rumäne *m*, Rumänin *f*; (*language*) Rumänisch *nt*

romantic *adj* romantisch

roof *n* Dach *nt*; **roof rack** *n* Dachgepäckträger *m*

rook *n* (*in chess*) Turm *m*

room *n* Zimmer *nt*, Raum *m*; (*large, for gatherings etc*) Saal *m*; (*space*) Platz *m*; *fig* Spielraum *m*; **make ~ for** Platz machen für; **roommate** *n* Zimmergenosse *m*, Zimmergenossin *f*; **room service** *n* Zimmerservice *m*

root *n* Wurzel *f*; **root out** *vt* ausrotten; **root vegetable** *n* Wurzelgemüse *nt*

rope *n* Seil *nt*; **know the ~s** *fam* sich auskennen

rose 1. *pt* → **rise 2.** *n* Rose *f*

rosé *n* Rosé(wein) *m*

rot *vi* verfaulen

rotate *vt* (*turn*) rotieren lassen **2.** *vi* rotieren; **rotation** *n* (*turning*) Rotation *f*; **in ~** abwechselnd

rotten *adj* (*decayed*) faul; (*mean*) gemein; (*unpleasant*) scheußlich; (*ill*) elend

rough 1. *adj* (*not smooth*) rau; (*path*) uneben; (*coarse, violent*) grob; (*crossing*) stürmisch; (*without comforts*) hart; (*unfinished, makeshift*) grob; (approximate) ungefähr; ~ **draft** Rohentwurf m; **I have a ~ idea** ich habe eine ungefähre Vorstellung 2. adj **sleep ~ in** im Freien schlafen 3. vt ~ **it** primitiv leben; **roughly** adv grob; (approximately) ungefähr

round 1. adj **round 2.** adv **all ~** (on all sides) rundherum; **I'll be ~ at 8** ich werde um acht Uhr da sein; **the other way ~** umgekehrt **3.** prep (surrounding) um (... herum); ~ (**about**) (approximately) ungefähr; ~ **the corner** um die Ecke; **go ~ the world** um die Welt reisen; **she lives ~ here** sie wohnt hier in der Gegend **4.** n Runde f; (of bread, toast) Scheibe f; **it's my ~** (of drinks) die Runde geht auf mich **5.** vt (corner) biegen um; **round off** vt abrunden; **round up** vt (number, price) aufrunden

roundabout 1. n (Brit) AUTO Kreisverkehr m; (Brit, merry-go-round) Karussell nt **2.** adj umständlich; **round-the-clock** adj rund um die Uhr; **round trip** n Rundreise f; **round-trip ticket** n (US) Rückfahrkarte f; (for plane) Rückflugticket nt

route n Route f; (bus, plane etc service) Linie f; fig Weg m

routine 1. n Routine f **2.** adj Routine-

row 1. n (line) Reihe f; **three**

times in a ~ dreimal hintereinander **2.** vt, vi (boat) rudern **3.** n (noise) Krach m; (dispute) Streit m

rowboat n (US) Ruderboot nt

row house n (US) Reihenhaus nt

rowing n Rudern nt; **rowing boat** n (Brit) Ruderboot nt; **rowing machine** n Rudergerät nt

royal adj königlich; **royalty** n (family) Mitglieder pl der königlichen Familie; **royalties** pl (from book, music) Tantiemen pl

RSPCA abbr = **Royal Society for the Prevention of Cruelty to Animals** britischer Tierschutzverein

RSVP abbr = **répondez s'il vous plaît** u. A. w. g.

rub vt reiben; **rub in** vt einmassieren; **rub out** vt (with eraser) ausradieren

rubber n Gummi m; (Brit, eraser) Radiergummi m; (US) fam (contraceptive) Gummi m; **rubber stamp** n Stempel m

rubbish n Abfall m; (nonsense) Quatsch m; (poor-quality thing) Mist m; **don't talk ~** red keinen Unsinn!; **rubbish bin** n Mülleimer m; **rubbish dump** n Müllabladeplatz m

rubble n Schutt m

ruby n (stone) Rubin m

rucksack n Rucksack m

rude adj (impolite) unhöflich; (indecent) unanständig

rug n Teppich m; (next to bed) Bettvorleger m; (for knees) Wolldecke f

rugby n Rugby nt

rugged adj (coastline) zerklüftet; (features) markant

ruin 1. n Ruine f; (financial, social) Ruin m **2.** vt ruinieren

rule 1. n Regel f; (governing) Herrschaft f; **as a ~** in der Regel **2.** vt, vi (govern) regieren; (decide) entscheiden; **ruler** n Lineal nt; (person) Herrscher(in) m(f)

rum n Rum m

rumble vi (stomach) knurren; (train, truck) rumpeln

rummage vi (~ (**around**)) herumstöbern

rumor (US), **rumour** n Gerücht nt

run 1. vt (race, distance) laufen; (machine, engine, computer program, water) laufen lassen; (manage) leiten, führen; (car) unterhalten; **I ran her home** ich habe sie nach Hause gefahren **2.** vi laufen; (move quickly) rennen; (bus, train) fahren; (path etc) verlaufen; (machine, engine, computer program) laufen; (flow) fließen; (colours, make-up) verlaufen; **~ for President** für die Präsidentschaft kandidieren; **be ~ning low** knapp werden; **my nose is ~ning** mir läuft

die Nase; **it ~s in the family** es liegt in der Familie **3.** n (on foot) Lauf m; (in car) Spazierfahrt f; (series) Reihe f; (sudden demand) Ansturm m (on auf + acc); (in tights) Laufmasche f; (in cricket, baseball) Lauf m; **go for a ~** laufen gehen; (in car) eine Spazierfahrt machen; **in the long ~** auf die Dauer; **on the ~** auf der Flucht (from vor + dat); **run about** vi herumlaufen; **run away** vi weglaufen; **run down** vt (with car) umfahren; (criticize) heruntermachen; **be ~** (tired) abgespannt sein; **run into** vt (meet) zufällig treffen; (problem) stoßen auf + acc; **run off** vi weglaufen; **run out** vi (person) hinausrennen; (liquid) auslaufen; (lease, time) ablaufen; (money, supplies) ausgehen; **he ran out of money** ihm ging das Geld aus; **run over** vt (with car) überfahren; **run up** vt (debt, bill) machen

rung pp → **ring**

runner n (athlete) Läufer(in) m(f); **do a ~** fam wegrennen; **runner bean** n (Brit) Stangenbohne f

running 1. n SPORT Laufen m; (management) Leitung f, Führung f **2.** adj (water) fließend; **~ costs** Betriebskosten pl; (for car) Unterhaltskosten pl; **3 days ~** 3 Tage hintereinander

runny adj (food) flüssig; (nose) laufend

runway n Start- und Landebahn f

rural adj ländlich

rush 1. n Eile f; (for tickets etc) Ansturm m (for auf + acc); **be in a ~** es eilig haben; **there's no ~** es eilt nicht 2. vt (do too quickly) hastig machen; (meal) hastig essen; **~ sb to hospital** jdn auf dem schnellsten Weg ins Krankenhaus bringen; **don't ~**

me dräng mich nicht 3. vi (hurry) eilen; **rush hour** n Hauptverkehrszeit f

rusk n Zwieback m

Russia n Russland nt; **Russian 1.** adj russisch 2. n Russe m, Russin f; (language) Russisch nt

rust 1. n Rost m 2. vi rosten; **rustproof** adj rostfrei; **rusty** adj rostig

ruthless adj rücksichtslos; (treatment, criticism) schonungslos

rye n Roggen m

S

sabotage vt sabotieren

sachet n Päckchen n

sack 1. n (bag) Sack m; **get the ~** fam rausgeschmissen werden 2. vt fam rausschmeißen

sacred adj heilig

sacrifice 1. n Opfer nt 2. vt opfern

sad adj traurig

saddle n Sattel m

sadistic adj sadistisch

sadly adv (unfortunately) leider

safe 1. adj (free from danger) sicher; (out of danger) in Sicherheit; (careful) vorsichtig; **have a ~ journey** gute Fahrt! 2. n Safe m; **safeguard 1.** n Schutz m 2. vt

schützen (against vor + dat); **safely** adv sicher; (arrive) wohlbehalten; (drive) vorsichtig; **safety** n Sicherheit f; **safety belt** n Sicherheitsgurt m; **safety pin** n Sicherheitsnadel f

Sagittarius n ASTR Schütze m

Sahara n **the ~ (Desert)** die (Wüste) Sahara

said pt, pp → **say**

sail 1. n Segel nt; **set ~** losfahren (for nach) **2.** vi (in yacht) segeln; (on ship) mit dem Schiff fahren; (ship) auslaufen (for nach) 3. vt (yacht) segeln mit; (ship) steuern; **sailboat** n (US) Segelboot nt; **sailing** n **go ~** segeln gehen; **sailing boat** n (Brit) Segelboot *nt*; **sailor** *n* Seemann *m*; (*in navy*) Matrose *m*

saint *n* Heilige(r) *mf*

sake *n* **for the ~ of** um + *gen* ... willen; **for your ~** deinetwegen, dir zuliebe

salad *n* Salat *m*; **salad cream** *n* (*Brit*) majonäseartige Salatsoße; **salad dressing** *n* Salatsoße *f*

salary *n* Gehalt *nt*

sale *n* **1.** *n* Verkauf *m*; (*at reduced prices*) Ausverkauf *m*; **for ~** zu verkaufen; **sales clerk** *n* (*US*) Verkäufer(in) *mf*; **salesman** *n* Verkäufer *m*; (*rep*) Vertreter *m*; **sales rep** *n* Vertreter(in) *mf*; **saleswoman** *n* Verkäuferin *f*; (*rep*) Vertreterin *f*

salmon *n* Lachs *m*

saloon *n* (*ship's lounge*) Salon *m*; (*US, bar*) Kneipe *f*

salt 1. *n* Salz *nt* **2.** *vt* (*flavour*) salzen; (*roads*) mit Salz streuen; **salt cellar, salt shaker** (*US*) *n* Salzstreuer *m*; **salty** *adj* salzig

same 1. *adj* **the ~** (*similar*) der / das gleiche, die gleichen *pl*; (*identical*) der- / die- / dasselbe, dieselben *pl*; **they live in the ~ house** sie wohnen im selben Haus **2.** *pron* **the ~** (*similar*) der / die Gleiche, die Gleichen *pl*; (*identical*) der- / die- / dasselbe, dieselben *pl*; **all the ~** trotzdem; **the ~ to you** gleichfalls; **it's**

all the **~ to me** es ist mir egal **3.** *adv* **the ~** gleich

sample 1. *n* Probe *f*; (*of fabric*) Muster *nt* **2.** *vt* probieren

sanctions *npl* POL Sanktionen *pl*

sanctuary *n* (*refuge*) Zuflucht *f*; (*for animals*) Schutzgebiet *nt*

sand *n* Sand *m*

sandal *n* Sandale *f*

sandwich *n* Sandwich *nt*

sandy *adj* (*full of sand*) sandig; **~ beach** Sandstrand *m*

sane *adj* geistig gesund, normal; (*sensible*) vernünftig

sang *pt* → **sing**

sanitary *adj* hygienisch; **sanitary napkin** (*US*), **sanitary towel** *n* Damenbinde *f*

sank *pt* → **sink**

Santa (**Claus**) *n* der Weihnachtsmann

sarcastic *adj* sarkastisch

sardine *n* Sardine *f*

sari *n* Sari *m* (*von indischen Frauen getragenes Gewand*)

sat *pt, pp* → **sit**

Sat *abbr* → **Saturday** Sa.

satellite *n* Satellit *m*; **satellite dish** *n* Satellitenschüssel *f*

satin *n* Satin *m*

satisfaction *n* (*contentment*) Zufriedenheit *f*; **is that to your ~?** bist du / sind Sie damit zufrieden?; **satisfactory** *adj* zufriedenstellend; **satisfied** *adj* zufrieden (*with* mit); **satisfy** *vt* zufriedenstellen; (*conditions*) erfüllen; (*need*, *demand)* befriedigen; **satisfying** *adj* befriedigend

Saturday *n* Samstag *m*, Sonnabend *m*; → *Tuesday*

sauce *n* Soße *f*; **saucepan** *n* Kochtopf *m*; **saucer** *n* Untertasse *f*

Saudi Arabia *n* Saudi-Arabien *nt*

sauna *n* Sauna *f*

sausage *n* Wurst *f*; **sausage roll** *n* mit Wurst gefülltes Blätterteigröllchen

savage *adj* *(person, attack)* brutal; *(animal)* wild

save 1. *vt* *(rescue)* retten *(from* vor + *dat)*; *(money, time, electricity etc)* sparen; *(strength)* schonen; *vt* sichern; *~ sb's life* jdm das Leben retten **2.** *vi* sparen **3.** *n* *(in soccer)* Parade *f*; **save up** *vi* sparen *(for* auf + *acc)*; **saving** *n (of money)* Sparen *nt*; **~s** *pl* Ersparnisse *pl*; **~s account** Sparkonto *nt*

savory *(US)*, **savoury** *adj* *(not sweet)* pikant

saw 1. *vt, vi* sägen **2.** *n (tool)* Säge *f* **3.** *pt → see*; **sawdust** *n* Sägemehl *nt*

saxophone *n* Saxophon *nt*

say 1. *vt* sagen *(to sb* jdm); *(prayer)* sprechen; **what does the letter ~?** was steht im Brief?; **the rules ... that** in den Regeln heißt es, dass ...; **he's said to be rich** er soll reich sein **2.** *n* **have a ~ in sth** bei etw ein Mitspra-

cherecht haben **3.** *adv* zum Beispiel; **saying** *n* Sprichwort *nt*

scab *n* *(on cut)* Schorf *m*

scaffolding *n* (Bau)gerüst *nt*

scale *n* *(of map etc)* Maßstab *m*; *(on thermometer etc)* Skala *f*; *(of pay)* Tarifsystem *nt*; MUS Tonleiter *f*; *(of fish, snake)* Schuppe *f*; **to ~** maßstabsgerecht; **on a large / small ~** in großem / kleinem Umfang; **scales** *npl* *(for weighing)* Waage *f*

scalp *n* Kopfhaut *f*

scan 1. *vt* *(examine)* genau prüfen; *(read quickly)* überfliegen; IT scannen **2.** *n* MED Ultraschall *m*; **scan in** *vt* IT einscannen

scandal *n* Skandal *m*

Scandinavia *n* Skandinavien *nt*; **Scandinavian 1.** *adj* skandinavisch **2.** *n* Skandinavier(in) *m(f)*

scanner *n* Scanner *m*

scapegoat *n* Sündenbock *m*

scar *n* Narbe *f*

scarce *adj* selten; *(in short supply)* knapp; **scarcely** *adv* kaum

scare 1. *n (general alarm)* Panik *f* **2.** *vt* erschrecken; **be ~d** Angst haben *(of* vor + *dat)*

scarf *n* Schal *m*; *(on head)* Kopftuch *nt*

scarlet *adj* scharlachrot; **scarlet fever** *n* Scharlach *m*

scary *adj (film, story)* gruselig

scatter *vt* verstreuen; *(seed,*

gravel) streuen; *(disperse)* auseinandertreiben

scene n *(location)* Ort m; *(division of play)* THEAT Szene f; *(view)* Anblick m; **make a ~** eine Szene machen; **scenery** n *(landscape)* Landschaft f; THEAT Kulissen pl; **scenic** adj *(landscape)* malerisch; **~ route** landschaftlich schöne Strecke

scent n *(perfume)* Parfüm nt; *(smell)* Duft m

sceptical adj *(Brit)* skeptisch

schedule 1. n *(plan)* Programm nt; *(of work)* Zeitplan m; *(list)* Liste f; *(US, of trains, buses, air traffic)* Fahr-, Flugplan m; **on ~** planmäßig; **be behind ~ with sth** mit etw in Verzug sein 2. vt **the meeting is ~d for next Monday** die Besprechung ist für nächsten Montag angesetzt; **scheduled** adj *(departure, arrival)* planmäßig; **~ flight** Linienflug m

scheme 1. n *(plan)* Plan m; *(project)* Projekt nt; *(dishonest)* Intrige f 2. vi intrigieren

scholar n Gelehrte(r) mf; **scholarship** n *(grant)* Stipendium nt

school n Schule f; *(university department)* Fachbereich m; *(US, university)* Universität f; **school bag** n Schultasche f; **schoolbook** n Schulbuch nt; **schoolboy** n Schüler m;

schoolgirl n Schülerin f; **schoolteacher** n Lehrer(in) m(f); **schoolwork** n Schularbeiten pl

sciatica n Ischias m

science n Wissenschaft f; *(natural science)* Naturwissenschaft f; **science fiction** n Sciencefiction f; **scientific** adj wissenschaftlich; **scientist** n Wissenschaftler(in) m(f); *(natural sciences)* Naturwissenschaftler(in) m(f)

scissors npl Schere f

scone n kleines süßes Hefebrötchen mit oder ohne Rosinen, das mit Butter oder Dickrahm und Marmelade gegessen wird

scoop 1. n *(exclusive story)* Exklusivbericht m; **a ~ of ice-cream** eine Kugel Eis 2. vt **~ (up)** schaufeln

scooter n (Motor)roller m; *(toy)* (Tret)roller m

scope n Umfang m; *(opportunity)* Möglichkeit f

score 1. n SPORT Spielstand m; *(final result)* Spielergebnis nt; *(in quiz etc)* Punktestand m; MUS Partitur f; **keep (the) ~** mitzählen 2. vt *(goal)* schießen; *(points)* punkten 3. vi *(keep score)* mitzählen; **scoreboard** n Anzeigetafel f

scorn n Verachtung f; **scornful** adj verächtlich

Scorpio n ASTR Skorpion m

scorpion n Skorpion m

Scot n Schotte m, Schottin f;

Scotch n (whisky) schottischer Whisky, Scotch m

Scotch tape® n (US) Tesafilm® nt

Scotland n Schottland nt; **Scotsman** n Schotte m; **Scotswoman** n Schottin f; **Scottish** adj schottisch

scout n (boy scout) Pfadfinder m

scrambled eggs npl Rührei nt

scrap 1. n (bit) Stückchen nt, Fetzen m; (metal) Schrott m **2.** vt (car) verschrotten; (plan) verwerfen

scrape 1. n (scratch) Kratzer m **2.** vt (car) schrammen; (wall) streifen; **~ one's knee** sich das Knie schürfen; **scrape through** vi (exam) mit knapper Not bestehen

scrap heap n Schrotthaufen m; **scrap metal** n Schrott m; **scrap paper** n Schmierpapier nt

scratch 1. n (mark) Kratzer m; **start from ~** von vorne anfangen **2.** vt kratzen; (car) zerkratzen; **~ one's arm** sich am Arm kratzen

scream 1. n Schrei m **2.** vi schreien (with vor + dat); **~ at sb** jdn anschreien

screen n TV, IT Bildschirm m; FILM Leinwand f **2.** vt (film) zeigen; (applicants, luggage) überprüfen; **screenplay** n Drehbuch nt; **screensaver** n IT Bild-

schirmschoner m

screw 1. n Schraube f **2.** vt vulg (have sex with) ficken; **~ sth to sth** etw an etw acc schrauben; **~ off / on** (lid) ab- / aufschrauben; **screw up** vt (paper) zusammenknüllen; (make a mess of) vermasseln; **screwdriver** n Schraubenzieher m

scribble vt, vi kritzeln

script n (of play) Text m; (of film) Drehbuch nt; (style of writing) Schrift f

scroll vi IT scrollen; **scroll down** vi IT runterscrollen; **scroll up** vi IT raufscrollen; **scroll bar** n IT Scrollbar f

scrub vi schrubben

scruffy adj vergammelt

scuba-diving n Sporttauchen nt

sculptor n Bildhauer(in) m(f); **sculpture** n ART Bildhauerei f; (statue) Skulptur f

sea n Meer nt, See f; **seafood** n Meeresfrüchte pl; **sea front** n Strandpromenade f; **seagull** n Möwe f

seal 1. n (animal) Robbe f; (stamp, impression) Siegel nt; TECH Verschluss m; (ring etc) Dichtung f **2.** vt versiegeln; (envelope) zukleben

seam n Naht f

search 1. n Suche f (for nach); **do a ~ for** IT suchen nach; **in ~ of** auf der Suche nach **2.** vi suchen (for nach) **3.** vt durchsuchen; **search en-**

gine *n* IT Suchmaschine *f*
seashell *n* Muschel *f*; **sea-shore** *n* Strand *m*; **seasick** *adj* seekrank; **seaside** *n at the* ~ am Meer; **seaside resort** *n* Seebad *nt*

season 1. *n* Jahreszeit *f*, Saison *f*; **high / low** ~ Hoch- / Nebensaison *f* **2.** *vt (flavour)* würzen

seasoning *n* Gewürz *nt*
season ticket *n* RAIL Zeitkarte *f*; THEAT Abonnement *nt*; SPORT Dauerkarte *f*

seat 1. *n (place)* Platz *m*; *(chair)* Sitz *m*; **take a** ~ setzen Sie sich **2.** *vt the hall* **~s 300** der Saal hat 300 Sitzplätze; **please be ~ed** bitte setzen Sie sich; **remain ~ed** sitzen bleiben; **seat belt** *n* Sicherheitsgurt *m*

sea view *n* Seeblick *m*; **seaweed** *n* Seetang *m*
secluded *adj* abgelegen
second 1. *adj* zweite(r, s); **the ~ of June** der zweite Juni **2.** *adv (in second position)* an zweiter Stelle; *(secondly)* zweitens; **he came** ~ er ist Zweiter geworden **3.** *n (of time)* Sekunde *f*; *(moment)* Augenblick *m*; ~ *(gear)* der zweite Gang; *(second helping)* zweite Portion; **just a** ~ (einen) Augenblick! **secondary** *adj (less important)* zweitrangig; ~ **education** höhere Schulbildung *f*; ~ **school** weiterführende

Schule; **second-class 1.** *adj (ticket)* zweiter Klasse; ~ **stamp** Briefmarke für nicht bevorzugt beförderte Sendungen **2.** *adv (travel)* zweiter Klasse; **second-hand** *adj*, *adv* gebraucht; *(information)* aus zweiter Hand; **secondly** *adv* zweitens; **second-rate** *adj pej* zweitklassig

secret 1. *n* Geheimnis *nt* **2.** *adj* geheim; *(admirer)* heimlich
secretary *n* Sekretär(in) *m(f)*; *(minister)* Minister(in) *m(f)*; **Secretary of State** *n (US)* Außenminister(in) *m(f)*; **secretary's office** *n* Sekretariat *nt*

secretive *adj* geheimnistuerisch; **secretly** *adv* heimlich
sect *n* Sekte *f*
section *n (part)* Teil *m*; *(of document)* Abschnitt *m*; *(department)* Abteilung *f*

secure 1. *adj (safe)* sicher *(from vor + dat)*; *(firmly fixed)* fest **2.** *vt (make firm)* befestigen; *(window, door)* fest verschließen; **securely** *adv* fest; *(safely)* sicher; **security** *n* Sicherheit *f*

sedative *n* Beruhigungsmittel *nt*
seduce *vt* verführen; **seductive** *adj* verführerisch
see 1. *vt* sehen; *(understand)* verstehen; *(check)* nachsehen; *(accompany)* bringen; *(visit)* besuchen; *(talk to)*

sprechen; **~ the doctor** zum Arzt gehen; **~ sb home** jdn nach Hause begleiten; **~ you** tschüs!; **~ you on Friday** bis Freitag! **2.** vi sehen; (understand) verstehen; (check) nachsehen (you) siehst du / sehen Sie!; **we'll ~** mal sehen; **see about** vt (attend to) sich kümmern um; **see off** vt (say goodbye to) verabschieden; **see out** vt (show out) zur Tür bringen; **see through** vt **see sth through** etw zu Ende bringen; **~ sb / sth** jdn / etw durchschauen; **see to** vt sich kümmern um; **~ it that ...** sieh zu / sehen Sie zu, dass ...

seed n (of plant) Samen m; (in fruit) Kern m; **seedless** adj kernlos; **seedy** adj zwielichtig

seek vt suchen; (fame) streben nach; **~ sb's advice** jdn um Rat fragen

seem vi scheinen; **he ~s (to be) honest** er scheint ehrlich zu sein

seen pp → **see**

seesaw n Wippe f

see-through adj durchsichtig

segment n Teil m

seize vt packen; (confiscate) beschlagnahmen; (opportunity, power) ergreifen

seldom adv selten

select 1. adj (exclusive) exklusiv **2.** vt auswählen; selec-

tion n Auswahl f (of an + dat)

self n Selbst nt, Ich nt; **he's his old ~ again** er ist wieder ganz der Alte; **self-adhesive** adj selbstklebend; **self-assured** adj selbstsicher; **self-catering** adj für Selbstversorger; **self-centred** adj egozentrisch; **self-confidence** n Selbstbewusstsein nt; **self-confident** adj selbstbewusst; **self-conscious** adj befangen, verklemmt; **self-contained** adj (flat) separat; **self-control** n Selbstbeherrschung f; **self-defence** n Selbstverteidigung f; **self-employed** adj selbstständig

selfish, **selfishly** adj, adv egoistisch, selbstsüchtig

self-pity n Selbstmitleid nt; **self-respect** n Selbstachtung f; **self-service 1.** n Selbstbedienung f **2.** adj Selbstbedienungs-

sell vt verkaufen; **~ sb sth, ~ sth to sb** jdm etw verkaufen; **do you ~ postcards?** haben Sie Postkarten? **2.** vi (product) sich verkaufen; **sell out** vi **be sold out** ausverkauft sein; **sell-by date** n Haltbarkeitsdatum nt

Sellotape® n (Brit) Tesafilm® m

semi n (Brit, house) Doppelhaushälfte f; **semicircle** n Halbkreis m; **semicolon** n Semikolon nt; **semidetached (house)** n (Brit)

Doppelhaushälfte *f*; **semifinal** *n* Halbfinale *nt*

seminar *n* Seminar *nt*

senate *n* Senat *m*; **senator** *n* Senator(in) *m(f)*

send *vt* schicken; **~ sb sth**, **sth to sb** jdm etw schicken; **~ her my best wishes** grüße sie von mir; **send away 1.** *vt* wegschicken **2.** *vi* **~ for** anfordern; **send back** *vt* zurückschicken; **send for** *vt* (*person*) holen lassen; (*by post*) anfordern; **send off** *vt* (*by post*) abschicken

sender *n* Absender(in) *m(f)*

senior 1. *adj* (*older*) älter; (*high-ranking*) höher; (*pupils*) älter; **he's ~ to me** er ist mir übergeordnet **2.** *n* **he's eight years my ~** er ist acht Jahre älter als ich; **senior citizen** *n* Senior(in) *m(f)*

sensation *n* Gefühl *nt*; (*excitement, person, thing*) Sensation *f*; **sensational** *adj* sensationell

sense 1. *n* (*faculty, meaning*) Sinn *m*; (*feeling*) Gefühl *nt*; (*understanding*) Verstand *m*; **~ of smell / taste** Geruchs- / Geschmackssinn *m*; **have a ~ of humour** haben; **make ~** (*sentence etc*) einen Sinn ergeben; (*be sensible*) Sinn machen; **in a ~** gewissermaßen **2.** *vt* spüren; **senseless** *adj* (*stupid*) sinnlos

sensible, sensibly *adj*, *adv* vernünftig

sensitive *adj* empfindlich (*to* gegen); (*easily hurt*) sensibel; (*subject*) heikel

sent *pt*, *pp* → **send**

sentence 1. *n* LING Satz *m*; LAW Strafe *f* **2.** *vt* verurteilen (*to* zu)

sentiment *n* (*sentimentality*) Sentimentalität *f*; (*opinion*) Ansicht *f*; **sentimental** *adj* sentimental

separate 1. *adj* getrennt, separat; (*individual*) einzeln **2.** *vt* trennen (*from* von); **they are ~d** (*couple*) sie leben getrennt **3.** *vi* sich trennen; **separately** *adv* getrennt; (*singly*) einzeln

September *n* September *m*; **in ~** im September; **on the 2nd of ~** am 2. September; **at the beginning / in the middle / at the end of ~** Anfang / Mitte / Ende September; **last / next ~** letzten / nächsten September

septic *adj* vereitert

sequel *n* (*to film, book*) Fortsetzung *f* (*to* von)

sequence *n* (*order*) Reihenfolge *f*

Serbia *n* Serbien *nt*

sergeant *n* Polizeimeister(in) *m(f)*; MIL Feldwebel(in) *m(f)*

serial 1. *n* TV Serie *f*; (*in newspaper etc*) Fortsetzungsroman *m* **2.** *adj* IT seriell; **~**

set up

number Seriennummer f
series *nsing* Reihe f; TV, RADIO
Serie f
serious *adj* ernst; (*injury, illness, mistake*) schwer; (*discussion*) ernsthaft; **are you ~?** ist das dein Ernst?; **seriously** *adv* ernsthaft; (*hurt*) schwer; **~?** im Ernst?; **take sb ~** jdn ernst nehmen
sermon *n* REL Predigt f
servant *n* Diener(in) m(f)
serve 1. *vt* (*customer*) bedienen; (*food*) servieren; (*one's country etc*) dienen + *dat*; (*sentence*) verbüßen; **I'm being ~d** ich werde schon bedient; **it ~s him right** es geschieht ihm recht **2.** *vi* dienen (*as* als), aufschlagen **3.** *n*, Aufschlag m
server *n* IT Server m

service 1. *n* (*in shop, hotel*) Bedienung f; (*activity, amenity*) Dienstleistung f; (*set of dishes*) Service nt; AUTO Inspektion f; TECH Wartung f; REL Gottesdienst m, Aufschlag m; **train / bus ~** Zug- / Busverbindung f; **~ not included"** "Bedienung nicht inbegriffen" **2.** *vt* AUTO, TECH warten; **service area** *n* (*on motorway*) Raststätte f (*mit Tankstelle*); **service charge** *n* Bedienung f; **service provider** *m* IT Provider *m*; **service station** *n* Tankstelle f
session *n* (*of court, assembly*)
Sitzung f

set 1. *vt* (*place*) stellen; (*lay flat*) legen; (*arrange*) anordnen; (*table*) decken; (*trap, record*) aufstellen; (*time, price*) festsetzen; (*watch, alarm*) stellen (*for* auf + *acc*); **~ sb a task** jdm eine Aufgabe stellen; **~ free** freilassen; **~ a good example** ein gutes Beispiel geben; **the novel is ~ in London** der Roman spielt in London **2.** *vi* (*sun*) untergehen; (*become hard*) fest werden; (*bone*) zusammenwachsen **3.** *n* (*collection of things*) Satz m; (*of cutlery, furniture*) Garnitur f; (*group of people*) Kreis m; RADIO, TV Apparat m, Satz m; THEAT Bühnenbild nt; FILM (Film)kulisse f **4.** *adj* (*agreed, prescribed*) festgelegt; (*ready*) bereit; **~ meal** Menü nt; **set aside** *vt* (*money*) beiseitelegen; (*time*) einplanen; **set off 1.** *vi* aufbrechen (*for* nach) **2.** *vt* (*alarm*) auslösen; (*enhance*) hervorheben; **set out 1.** *vi* aufbrechen (*for* nach) **2.** *vt* (*chairs, chesspieces etc*) aufstellen; (*state*) darlegen; **~ to do sth** (*intend*) beabsichtigen, etw zu tun; **set up 1.** *vt* (*firm, organization*) gründen; (*stall, tent, camera*) aufbauen; (*meeting*) vereinbaren **2.** *vi* **~ as a doctor** sich als Arzt niederstelle f lassen

setback n Rückschlag m
settee n Sofa nt, Couch f
setting n (of novel, film)
Schauplatz m; (surroundings) Umgebung f
settle 1. vt (bill, debt) begleichen; (dispute) beilegen;
(question) klären; (stomach)
beruhigen **2.** vi ~ (**down**)
(feel at home) sich einleben;
(calm down) sich beruhigen
2. vi (in place) sich einleben; (in job) sich eingewöhnen; **settlement** n (of
bill, debt) Begleichung f;
(colony) Siedlung f; **reach
a ~** sich einigen
setup n (organization) Organisation f; (situation) Situation f

seven 1. num sieben **2.** n Sieben f; → **eight**; **seventeen 1.**
num siebzehn **2.** n Siebzehn
f; → **eight**; **seventeenth** adj
siebzehnte(r, s); → **eighth**;
seventh 1. adj siebte(r, s)
2. n (fraction) Siebtel f; →
eighth; **seventieth** adj siebzigste(r, s); → **eighth**; **seventy 1.** num siebzig; ~**one** einundsiebzig **2.** n Siebzig f; **be
in one's seventies** in den
Siebzigern sein; → **eight**
several adj, pron mehrere
severe adj (strict) streng;
(serious) schwer; (pain)
stark; (winter) hart; **severely** adv (harshly) hart; (seriously) schwer

sew vt, vi nähen
sewage n Abwasser nt; **sewer**
n Abwasserkanal m
sewing n Nähen nt; **sewing
machine** n Nähmaschine f
sewn pp → **sew**
sex n Sex m; (gender) Geschlecht nt; **have ~** Sex haben (with mit); **sexism** n Sexismus m; (colour) Farbton tisch **2.** n Sexist(in) m(f); **sex
life** n Sex(ual)leben nt
sexual adj sexuell; ~ **discrimination** / **harassment** sexuelle Diskriminierung / Belästigung; ~ **intercourse** Geschlechtsverkehr m; **sexuality** n Sexualität f
sexy adj sexy; geil
Seychelles npl Seychellen pl
shack n Hütte f
shade 1. n (shadow) Schatten
m; (for lamp) (Lampen)schirm m; (colour) Farbton
m; ~**s** (US, sunglasses) Sonnenbrille f **2.** vt (from sun)
abschirmen; (in drawing)
schattieren
shadow n Schatten m
shady adj schattig; fig zwielichtig
shake 1. vt schütteln; (shock)
erschüttern; ~ **hands with
sb** jdm die Hand geben; ~
one's head den Kopf schütteln **2.** vi (tremble) zittern;
(building, ground) schwanken; **shake off** vt abschütteln; **shaken** pp → **shake**;
shaky adj (trembling) zitt-

rig; *(table, chair, position)* wackelig

shall *vaux* werden; *(in questions)* sollen; *I ~ do my best* ich werde mein Bestes tun; *~ I come too?* soll ich mitkommen?; *where ~ we go?* wo gehen wir hin?

shallow *adj* seicht; *(person)* oberflächlich

shame *n (feeling)* Scham *f*; *(disgrace)* Schande *f*; *what a ~!* wie schade!; *~ on you* schäm dich / schämen Sie sich!; *it's a ~ that ...* schade, dass ...

shampoo 1. *n* Shampoo *nt*; *have a ~ and set* sich die Haare waschen und legen lassen **2.** *vt (hair)* waschen; *(carpet)* schamponieren

shandy *n* Radler *m*, Alsterwasser *nt*

shan't *contr* = **shall not**

shape 1. *n* Form *f*; *(unidentified figure)* Gestalt *f*; *in the ~ of* in Form + *gen*; *be in good ~ (healthwise)* in guter Verfassung sein; *take ~ (plan, idea)* Gestalt annehmen **2.** *vt (clay, dough)* formen; *-shaped suf* -förmig

share 1. *n* Anteil + *dat (in, of* an *m)*; FIN Aktie *f* **2.** *vt, vi* teilen; **shareholder** *n* Aktionär(in) *m(f)*

shark *n* Haifisch *m*

sharp 1. *adj* scharf; *(pin)* spitz; *(person)* scharfsinnig; *(pain)* heftig; *(increase, fall)* ab-

rupt; *C/F ~* MUS Cis / Dis *n* **2.** *adv* **at 2 o'clock ~** Punkt 2 Uhr; **sharpen** *vt (knife)* schärfen; *(pencil)* spitzen; **sharpener** *n (pencil sharpener)* Spitzer *m*

shatter 1. *vt* zerschmettern; *fig* zerstören **2.** *vi* zerspringen; **shattered** *adj (exhausted)* kaputt

shave 1. *vt* rasieren **2.** *vi* sich rasieren **3.** *n* Rasur *f*; *that was a close ~ fig* das war knapp; **shave off** *vt* **shave one's beard off** sich den Bart abrasieren; **shaven 1.** *pp* → **shave 2.** *adj (head)* kahl geschoren; **shaver** *n* ELEC Rasierapparat *m*; **shaving brush** *n* Rasierpinsel *m*; **shaving foam** *n* Rasierschaum *m*; **shaving tackle** *n* Rasierzeug *nt*

shawl *n* Tuch *nt*

she *pron* sie

shed 1. *n* Schuppen *m* **2.** *vt (tears, blood)* vergießen; *(hair, leaves)* verlieren

she'd *contr* = **she had; she would**

sheep *n* Schaf *nt*; **sheepdog** *n* Schäferhund *m*; **sheepskin** *n* Schaffell *nt*

sheer *adj (madness)* rein; *(steep)* steil; *by ~ chance* rein zufällig

sheet *n (on bed)* Betttuch *nt*; *(of paper)* Blatt *nt*; *(of metal)* Platte *f*; *(of glass)* Scheibe *f*

shelf *n* Bücherbord *nt*, Regal

nt; **shelves** pl (item of furniture) Regal nt

she'll contr = **she will; she shall**

shell 1. n (of egg, nut) Schale f; (seashell) Muschel f **2.** vt (peas, nuts) schälen; **shellfish** n (as food) Meeresfrüchte pl

shelter 1. n (protection) Schutz m; (accommodation) Unterkunft f; (bus shelter) Wartehäuschen nt **2.** vt schützen (from vor + dat) **3.** vi sich unterstellen; **sheltered** adj (spot) geschützt; (life) behütet

shelve vt fig aufschieben; **shelves** pl → **shelf**

shepherd n Schäfer m; **shepherd's pie** n Hackfleischauflauf mit Decke aus Kartoffelpüree

sherry n Sherry m

she's contr = **she is; she has**

shield 1. n Schild m; fig Schutz m **2.** vt schützen (from vor + dat)

shift 1. n (change) Veränderung f; (period at work, workers) Schicht f; (on keyboard) Umschalttaste f **2.** vt (furniture etc) verrücken; **~gear(s)** (US) AUTO schalten **3.** vi (move) sich bewegen; (move up) rutschen; **shift key** n Umschalttaste f

shin n Schienbein nt

shine 1. vi (be shiny) glänzen; (sun) scheinen; (lamp)

leuchten **2.** vt (polish) polieren **3.** n Glanz m

shingles nsing MED Gürtelrose f

shiny adj glänzend

ship 1. n Schiff nt **2.** vt (send) versenden; (by ship) verschiffen; **shipment** n (goods) Ladung f; (sent by ship) Sendung f; **shipwreck** n Schiffbruch m; **shipyard** n Werft f

shirt n Hemd nt

shit n vulg Scheiße f; **~!** Scheiße!; **shitty** adj fam beschissen

shiver vi zittern (with vor + dat)

shock 1. n (mental, emotional) Schock m; **be in ~** unter Schock stehen; **get a ~** ELEC einen Schlag bekommen **2.** vt schockieren; **shock absorber** n Stoßdämpfer m; **shocked** adj schockiert (by über + acc); **shocking** adj schockierend

shoe n Schuh m; **shoelace** n Schnürsenkel m; **shoe polish** n Schuhcreme f

shone pt, pp → **shine**

shook pt → **shake**

shoot 1. vt (wound) anschießen; (kill) erschießen; FILM drehen; fam (heroin) drücken **2.** vi (with gun, move quickly) schießen; **~ at sb** auf jdn schießen **3.** n (of plant) Trieb m; **shooting** n (exchange of gunfire) Schie-

ßerei f; (killing) Erschie-
ßung f

shop 1. n Geschäft nt, Laden
m **2.** vi einkaufen; **shop assistant** n Verkäufer(in)
m(f); **shopkeeper** n Ge-
schäftsinhaber(in) m(f);
shoplifting n Ladendiebstahl m; **shopping** n (activity) Einkaufen nt; (goods)
Einkäufe pl; **do the ~** einkaufen; **go ~** einkaufen gehen; **shopping bag** n Einkaufstasche f; **shopping
cart** n (US) Einkaufswagen
m; **shopping center** (US),
shopping centre n Einkaufszentrum nt; **shopping
list** n Einkaufszettel m;
shopping trolley n (Brit)
Einkaufswagen m; **shop
window** n Schaufenster nt
shore n Ufer nt; **on ~** an Land
short adj kurz; (person) klein;
be ~ of money knapp bei
Kasse sein; **be ~ of time** wenig Zeit haben; **~ of breath**
kurzatmig; **cut ~** (holiday)
abbrechen; **we are two ~**
wir haben zwei zu wenig;
it's ~ for ... das ist die Kurz-
form von ...; **shortage** n
Knappheit f (of an + dat);
shortbread n Buttergebäck
nt; **short circuit** n Kurzschluss m; **shortcoming** n
Unzulänglichkeit f; (of person) Fehler m; **shortcut** n
(quicker route) Abkürzung
f; IT Shortcut m; **shorten** vt

kürzen; (in time) verkürzen;
shortlist n **be on the ~** in der
engeren Wahl sein; **short-
-lived** adj kurzlebig; **shortly**
adv bald; **shorts** npl Shorts
pl; **short-sighted** adj kurzsichtig; **short-sleeved** adj
kurzärmelig; **short-stay
car park** n Kurzzeitpark-
platz m; **short story** n Kurzgeschichte f; **short-term** adj
kurzfristig

shot 1. pt, pp → **shoot 2.** n
(from gun, in soccer) Schuss
m; PHOT, FILM Aufnahme f;
(injection) Spritze f; (of alcohol) Schuss m

should 1. pt → **shall 2.** vaux I **~
go now** ich sollte jetzt ge-
hen; **you ~n't have said that**
das hättest du / hätten Sie
nicht sagen sollen; **that ~ be
enough** das müsste reichen
shoulder n Schulter f
shouldn't contr = **should not**
should've contr = **should
have**
shout 1. n Schrei m; (call) Ruf
m **2.** vt rufen; (order) brüllen
3. vi schreien; **~ at** anschrei-
en
shove 1. vt (person) schubsen;
(car, table etc) schieben **2.** vi
(in crowd) drängeln
shovel 1. n Schaufel f **2.** vt
schaufeln
show 1. vt zeigen; **~ sb sth,** ~
sth to sb jdm etw zeigen; **~
sb in** jdn hereinführen; **~
sb out** jdn zur Tür bringen

2. n FILM, THEAT Vorstellung f; TV Show f; (exhibition) Ausstellung f; **show off** vi pej angeben; **show round** vt herumführen; *show sb round the house / the town* jdm das Haus / die Stadt zeigen; **show up** vi (arrive) auftauchen

shower 1. n Dusche f; (rain) Schauer m; *have* (or *take*) *a ~* duschen **2.** vi (wash) duschen

showing n FILM Vorstellung f

shown pp → **show**

showroom n Ausstellungsraum m

shrank pt → **shrink**

shred 1. n (of paper, fabric) Fetzen m **2.** vt (in shredder) (im Reißwolf) zerkleinern; **shredder** n (for paper) Reißwolf m

shrimp n Garnele f

shrink 1. vi schrumpfen; (clothes) eingehen

shrivel vi (**up**) schrumpfen; (skin) runzlig werden

Shrove Tuesday n Fastnachtsdienstag m

shrub n Busch m, Strauch m

shrug vt, vi (**one's shoulders**) die Achseln zucken

shrunk pp → **shrink**

shudder vi schaudern; (ground, building) beben

shuffle vt, vi, mischen

shut 1. vt zumachen, schließen; **~ your face!** fam halt den Mund! **2.** vi schließen

3. adj geschlossen; **we're ~** wir haben geschlossen; **shut down 1.** vt schließen; (computer) ausschalten **2.** vi schließen; (computer) sich ausschalten; **shut in** vt einschließen; **shut out** vt (lock out) aussperren; **shut oneself out** sich aussperren; **shut up 1.** vt (lock up) abschließen; (silence) zum Schweigen bringen **2.** vi (keep quiet) den Mund halten; **~!** halt den Mund!; **shutter** n (on window) (Fenster)laden m; **shutter release** n Auslöser m

shuttle bus n Shuttlebus m

shuttlecock n Federball m

shuttle service n Pendelverkehr m

shy adj schüchtern; (animal) scheu

Sicily n Sizilien m

sick adj krank; (joke) makaber; **be ~** (Brit, vomit) sich übergeben; **be ~ of** wegen Krankheit fehlen; **I feel ~** mir ist schlecht; **be ~ of sb / sth** jdn / etw satthaben; **it makes me ~** fig es ekelt mich an; **sickbag** n Spucktüte f; **sick leave** n **be on ~** krankgeschrieben; **sickness** n Krankheit f; (Brit, nausea) Übelkeit f

side n Seite f; (of road) Rand m; (of mountain) Hang m; SPORT Mannschaft f; **by my ~** neben mir; **~ by ~**

beneinander **2.** adj (door, entrance) Seiten-; **sideboard** n Anrichte f; **sideburns** npl Koteletten pl; **side dish** n Beilage f; **side effect** n Nebenwirkung f; **side order** n Beilage f; **side road** n Nebenstraße f; **side street** n Seitenstraße f; **sidewalk** n (US) Bürgersteig m; **sideways** adv seitwärts

sieve n Sieb nt

sift vt (flour etc) sieben

sigh vi seufzen

sight 1. n (power of seeing) Sehvermögen nt; (view, thing seen) Anblick m; **~s** pl (of city etc) Sehenswürdigkeiten pl; **have bad ~** schlecht sehen; **lose~ of** aus den Augen verlieren; **out of ~** außer Sicht; **sightseeing** n go **~** tour Rundfahrt f

sign 1. n Zeichen nt; (notice, road sign) Schild nt **2.** vt unterschreiben **3.** vi unterschreiben; **~ for sth** den Empfang einer Sache gen bestätigen; **~ in / out** sich ein- / austragen; **sign up** vi (for course) sich einschreiben; MIL sich verpflichten

signal 1. n Signal nt **2.** vi (car driver) blinken

signature n Unterschrift f

significant adj (important) bedeutend, wichtig; (meaning sth) bedeutsam

sign language n Zeichen-

sprache f; **signpost** n Wegweiser m

silence 1. n Stille f; (of person) Schweigen nt; **~!** Ruhe! **2.** vt zum Schweigen bringen; **silent** adj still; (taciturn) schweigsam; **she remained ~** sie schwieg

silk 1. n Seide f **2.** adj Seidensilly adj dumm, albern; **don't do anything ~** mach keine Dummheiten; **the ~ season** das Sommerloch

silver 1. n Silber nt; (coins) Silbermünzen pl **2.** adj Silber-, silbern; **silver wedding** n silberne Hochzeit

similar adj ähnlich (to dat); **similarity** n Ähnlichkeit f (to mit); **similarly** adv (equally) ebenso

simple adj einfach; (unsophisticated) schlicht; **simplify** vt vereinfachen; **simply** adv einfach; (merely) bloß; (dress) schlicht

simulate vt simulieren

simultaneous, simultaneously adj, adv gleichzeitig

sin 1. n Sünde f **2.** vi sündigen

since 1. adv seitdem; (in the meantime) inzwischen **2.** prep seit + dat; **ever ~ 1995** schon seit 1995 **3.** conj (time) seit, seitdem; (because) da, weil; **ever ~ I've known her** seit ich sie kenne; **it's ages ~ I've seen him** ich habe ihn seit Langem nicht mehr gesehen

sincere *adj* aufrichtig; **sincerely** *adv* aufrichtig; *Yours ~* mit freundlichen Grüßen

sing *vt, vi* singen

Singapore *n* Singapur *nt*

singer *n* Sänger(in) *m(f)*

single 1. *adj* (*one only*) einzig; (*not double*) einfach: (*bed, room*) Einzel-; (*unmarried*) ledig; (*Brit, ticket*) einfach **2.** *n* (*Brit, ticket*) einfache Fahrkarte; mus Single *f*; **single out** *vt* (*choose*) auswählen; **single-handed, single-handedly** *adv* im Alleingang; **single parent** *n* Alleinerziehende(r) *mf*

singular *n* Singular *m*

sinister *adj* unheimlich

sink 1. *vt* (*ship*) versenken **2.** *vi* sinken **3.** *n* Spülbecken *nt*; (*in bathroom*) Waschbecken *nt*

sip *vt* nippen an + *dat*

sir *n* yes, ~ ja(, mein Herr); *can I help you, ~?* kann ich Ihnen helfen?; *Sir James* (*title*) Sir James

sister *n* Schwester *f*; (*Brit, nurse*) Oberschwester *f*; **sister-in-law** *n* Schwägerin *f*

sit **1.** *vi* (*be sitting*) sitzen (*sit down*) sich setzen; (*committee, court*) tagen **2.** *vt* (*Brit, exam*) machen; **sit down** *vi* sich hinsetzen; **sit up** *vi* (*from lying position*) sich aufsetzen

site *n* Platz *m*; (*building site*) Baustelle *f*; (*website*) Site *f*

sitting *n* (*meeting, for portrait*) Sitzung *f*; **sitting room** *n* Wohnzimmer *nt*

situated *adj* **be** ~ liegen

situation *n* (*circumstances*) Situation *f*, Lage *f*; (*job*) Stelle *f*; *'~s vacant / wanted'* (*Brit*) „Stellenangebote / Stellengesuche"

six 1. *num* sechs **2.** *n* Sechs *f*; → **eight**; **sixpack** *n* (*of beer etc*) Sechserpack *nt*; **sixteen 1.** *num* sechzehn **2.** *n* Sechzehn *f*; → **eight**; **sixteenth** *adj* sechzehnte(r, s); → **eighth**; **sixth 1.** *adj* sechste(r, s); **~ form** (*Brit*) ≈ Oberstufe *f* **2.** *n* (*fraction*) Sechstel *nt*; → **eighth**; **sixtieth** *adj* sechzigste(r, s); → **eighth**; **sixty 1.** *num* sechzig; **~one** einundsechzig **2.** *n* Sechzig *f*; **be in one's sixties** in den Sechzigern sein; → **eight**

size *n* Größe *f*; **what ~ are you?** welche Größe hast du / haben Sie?; **a ~ too big** eine Nummer zu groß

sizzle *vi* brutzeln

skate 1. *n* Schlittschuh *m*; (*roller skate*) Rollschuh *m* **2.** *vi* Schlittschuh laufen; (*roller-skate*) Rollschuh laufen; **skateboard** *n* Skateboard *nt*; **skating** *n* Eislauf *m*; (*roller-skate*) Rollschuhlauf *m*; **skating rink** *n* Eisbahn *f*; (*for roller-skating*) Rollschuhbahn *f*

skeleton n Skelett nt
skeptical n (US) → **sceptical**
sketch 1. n Skizze f; THEAT Sketch m **2.** vt skizzieren
ski 1. n Ski m **2.** vi Ski laufen; **ski boot** n Skistiefel m
skid vi AUTO schleudern
skier n Skiläufer(in) m(f); **skiing** n Skilaufen nt; **go ~** Ski laufen gehen; (~ **holiday**) Skiurlaub m; **skiing instructor** n Skilehrer(in) m(f)
skilful, **skilfully** adj, adv geschickt
ski-lift n Skilift m
skill n Geschick nt; (acquired technique) Fertigkeit f; **skilled** adj geschickt (at, in in + dat); (worker) Fach-; (work) fachmännisch
skim vt **~ (off)** (fat etc) abschöpfen; **(through)** (read) überfliegen; **skimmed milk** n Magermilch f
skin n Haut f; (fur) Fell nt; (peel) Schale f; **skinny** adj dünn
skip 1. vi hüpfen; (with rope) seilspringen **2.** vt (miss out) überspringen; (meal) ausfallen lassen; (school, lesson) schwänzen
ski pants npl Skihose f; **ski pass** n Skipass m; **ski pole** n Skistock m; **ski resort** n Skiort m
skirt n Rock m
ski run n (Ski)abfahrt f; **ski stick** n Skistock m; **ski tow** n Schlepplift m

skittle n Kegel m; **~s** (game) Kegeln nt
skive vi **~ (off)** (from school) schwänzen; (from work) blaumachen
skull n Schädel m
sky n Himmel m; **skydiving** n Fallschirmspringen nt; **skylight** n Dachfenster nt; **skyscraper** n Wolkenkratzer m
slam vt (door) zuschlagen; **slam on** vt **slam the brakes on** voll auf die Bremse treten
slander 1. n Verleumdung f **2.** vt verleumden
slang n Slang m
slap 1. n Klaps m; (across face) Ohrfeige f **2.** vt schlagen; **~ sb's face** jdn ohrfeigen
slash 1. n (punctuation mark) Schrägstrich m **2.** vt (face, tyre) aufschlitzen; (prices) stark herabsetzen
slate n (rock) Schiefer m; (roof slate) Schieferplatte f
slaughter vt (animals) schlachten; (people) abschlachten
Slav 1. adj slawisch **2.** n Slawe m, Slawin f
slave n Sklave m, Sklavin f; **slave away** vi schuften; **slave-driver** n fam Sklaventreiber(in) m(f); **slavery** n Sklaverei f
sleaze n (corruption) Korruption f; **sleazy** adj (bar, district) zwielichtig
sledge n Schlitten m
sleep 1. vi schlafen **2.** n Schlaf

m; **put to ~** *(animal)* einschläfern; **sleep in** *vi (lie in)* ausschlafen; **sleeper** *n* RAIL *(train)* Schlafwagenzug *m; (carriage)* Schlafwagen *m;* **sleeping bag** *n* Schlafsack *m;* **sleeping car** *n* Schlafwagen *m;* **sleeping pill** *n* Schlaftablette *f;* **sleepless** *adj* schlaflos; **sleepy** *adj* schläfrig; *(place)* verschlafen

sleet *n* Schneeregen *m*

sleeve *n* Ärmel *m;* **sleeveless** *adj* ärmellos

sleigh *n* (Pferde)schlitten *m*

slender *adj* schlank; *fig* gering

slept *pt, pp* → **sleep**

slice 1. *n* Scheibe *f; (of cake, tart, pizza)* Stück *nt* **2.** *vt* ~ **(up)** in Scheiben schneiden

slid *pt, pp* → **slide**

slide 1. *vt* gleiten lassen; *(push)* schieben **2.** *vi* gleiten; *(slip)* rutschen **3.** *n* PHOT Dia *nt; (in playground)* Rutschbahn *f; (Brit, for hair)* Spange *f*

slight *adj* leicht; *(problem, difference)* klein; **not in the ~est** nicht im Geringsten; **slightly** *adv* etwas; *(injured)* leicht

slim 1. *adj (person)* schlank; *(book)* dünn; *(chance, hope)* gering **2.** *vi* abnehmen

slime *n* Schleim *m;* **slimy** *adj* schleimig

sling 1. *vt* werfen **2.** *n (for*

arm) Schlinge *f*

slip 1. *n (mistake)* Flüchtigkeitsfehler *m;* ~ **of paper** Zettel *m* **2.** *vt (put)* stecken; ~ **on / off** *(garment)* an- / ausziehen; **it ~ped my mind** ich habe es vergessen **3.** *vi (lose balance)* (aus)rutschen; **slipper** *n* Hausschuh *m;* **slippery** *adj (path, road)* glatt; *(soap, fish)* glitschig; **slip-road** *n (Brit, onto motorway)* Auffahrt *f; (off motorway)* Ausfahrt *f*

slit 1. *vt* aufschlitzen **2.** *n* Schlitz *m*

slope 1. *n* Neigung *f; (side of hill)* Hang *m* **2.** *vi (be sloping)* schräg sein; **sloping** *adj (floor, roof)* schräg

sloppy *adj (careless)* schlampig

slot *n (opening)* Schlitz *m;* IT Steckplatz *m;* **we have a ~ free at 2** *(free time)* um 2 ist noch ein Termin frei; **slot machine** *n* Automat *m; (for gambling)* Spielautomat *m*

Slovak 1. *adj* slowakisch **2.** *n (person)* Slowake *m*, Slowakin *f; (language)* Slowakisch *nt;* **Slovakia** *n* Slowakei *f*

Slovene, Slovenian 1. *adj* slowenisch **2.** *n (person)* Slowene *m*, Slowenin *f; (language)* Slowenisch *nt;* **Slovenia** *n* Slowenien *nt*

slow *adj* langsam; *(business)* flau; **be ~** *(clock)* nachgehen; *(stupid)* begriffsstutzig

smudge

sein; **slow down** vi langsamer werden; (when driving / walking) langsamer fahren / gehen; **slowly** adv langsam; **slow motion** n in ~ in Zeitlupe

slug n ZOOL Nacktschnecke f

slum n Slum m

slump 1. n Rückgang m (in an + dat) **2.** vi (onto chair etc) sich fallen lassen; (prices) stürzen

slung pt, pp → **sling**

slur n (insult) Verleumdung f; **slurred** adj undeutlich

slush n (snow) Schneematsch m; **slushy** adj matschig; fig schmalzig

slut n pej Schlampe f

smack 1. n Klaps m **2.** vt ~ **sb** jdm einen Klaps geben

small adj klein; **small ads** npl (Brit) Kleinanzeigen pl; **small change** n Kleingeld nt; **small letters** npl in ~ in Kleinbuchstaben; **smallpox** n Pocken pl; **small print** the ~ das Kleingedruckte; **small-scale** adj (map) in kleinem Maßstab; **small talk** n Konversation f, Smalltalk m

smart adj (elegant) schick; (clever) clever; **smartarse**, **smartass** (US) n Klugscheißer(in) m(f); **smart card** n Chipkarte f; **smartly** adv (dressed) schick

smash 1. n (car crash) Zusammenstoß m, Schmetterball

m **2.** vt (break) zerschlagen; (record) brechen, deutlich übertreffen **3.** vi (break) zerbrechen; ~ **into** (car) krachen gegen

smear 1. n (mark) Fleck m; MED Abstrich m; fig Verleumdung f **2.** vt (spread) schmieren; (make dirty) beschmieren; fig verleumden

smell 1. vt riechen **2.** vi riechen (of nach); (unpleasantly) stinken **3.** n Geruch m; (unpleasant) Gestank m; **smelly** adj übel riechend; **smelt** pt, pp → **smell**

smile 1. n Lächeln nt **2.** vi lächeln; ~ **at sb** jdn anlächeln

smog n Smog m

smoke 1. n Rauch m **2.** vt rauchen; (food) räuchern **3.** vi rauchen; **smoke alarm** n Rauchmelder m; **smoked** adj geräuchert; **smoke-free** adj (zone, building) rauchfrei; **smoker** n Raucher(in) m(f); **smoking** n Rauchen nt; 'no ~' „Rauchen verboten"

smooth 1. adj glatt; (flight, crossing) ruhig; (movement) geschmeidig; (without problems) reibungslos; pej (person) aalglatt **2.** vt (hair, dress) glatt streichen; (surface) glätten; **smoothly** adv, reibungslos; **run** ~ (engine) ruhig laufen

smudge vt (writing, lipstick) verschmieren

smug adj selbstgefällig

smuggle vt schmuggeln; ~ **in / out** herein- / herausschmuggeln

smutty adj (obscene) schmutzig

snack n Imbiss m; **have a ~** eine Kleinigkeit essen

snail n Schnecke f; **snail mail** n fam Schneckenpost f

snake n Schlange f

snap 1. n (photo) Schnappschuss m **2.** adj (decision) spontan **3.** vt (break) zerbrechen; (rope) zerreißen **4.** vi (break) brechen; (rope) reißen; (bite) schnappen (at nach); **snap fastener** n (US) Druckknopf m; **snapshot** n Schnappschuss m

snatch vt (grab) schnappen

sneak vi (move) schleichen; **sneakers** npl (US) Turnschuhe pl

sneeze vi niesen

sniff 1. vi schniefen; (smell) schnüffeln (at an + dat) **2.** vt schnuppern an + dat; (glue) schnüffeln

snob n Snob m; **snobbish** adj versnobt

snog vi, vt knutschen

snooker n Snooker nt

snoop vi ~ **(around)** (herum)schnüffeln

snooze n, vi **(have a)** ~ ein Nickerchen machen

snore vi schnarchen

snorkel n Schnorchel m; **snorkelling** n Schnorcheln

nt

snout n Schnauze f

snow 1. n Schnee m **2.** vi schneien; **snowball** n Schneeball m; **snowboard** n Snowboard nt; **snowboarding** n Snowboarding nt; **snowdrift** n Schneewehe f; **snowflake** n Schneeflocke f; **snowman** n Schneemann m; **snowplough, snowplow** (US) n Schneepflug m; **snowstorm** n Schneesturm m; **snowy** adj (region) schneereich; (landscape) verschneit

snug adj (person, place) gemütlich

snuggle up vi ~ **to sb** sich an jdn ankuscheln

so 1. adv so; ~ **many / much** so viele / viel; ~ **do I / do I** auch; **I hope** ~ hoffentlich; **30 or** ~ etwa 30; ~ **what?** na und?; **and** ~ **on** und so weiter **2.** conj (therefore) also, deshalb

soak vt durchnässen; (leave in liquid) einweichen; **I'm ~ed** ich bin klatschnass; **soaking** adj ~ **(wet)** klatschnass

soap n Seife f; **soap (opera)** n Seifenoper f

sob vi schluchzen

sober adj nüchtern; **sober up** vi nüchtern werden

so-called adj sogenannt

soccer n Fußball m

sociable adj gesellig

social adj sozial; (sociable)

gesellig; **socialist 1.** *adj* sozialistisch **2.** *n* Sozialist(in) *m(f)*; **socialize** *vi* unter die Leute gehen; **social security** *n* (*Brit*) Sozialhilfe *f*; (*US*) Sozialversicherung *f*

society *n* Gesellschaft *f*; (*club*) Verein *m*

sock *n* Socke *f*

socket *n* ELEC Steckdose *f*

soda *n* (*soda water*) Soda *f*; (*US, pop*) Limo *f*

sofa *n* Sofa *nt*; **sofa bed** *n* Schlafcouch *f*

soft *adj* weich; (*quiet*) leise; (*lighting*) gedämpft; (*kind*) gutmütig; (*weak*) nachgiebig; ~ **drink** alkoholfreies Getränk; **softly** *adv* sanft; (*quietly*) leise; **software** *n* IT Software *f*

soil *n* Erde *f*; (*ground*) Boden *m*

solar *adj* Sonnen-, Solar-; **solarium** *n* Solarium *nt*

sold *pt*, *pp* → **sell**

soldier *n* Soldat(in) *m(f)*

sole 1. *n* Sohle *f*; (*fish*) Seezunge *f* **2.** *vt* besohlen **3.** *adj* einzig; (*owner, responsibility*) alleinig; **solely** *adv* nur

solemn *adj* feierlich; (*person*) ernst

solicitor *n* (*Brit*) Rechtsanwalt *m*, Rechtsanwältin *f*

solid *adj* (*hard*) fest; (*gold, oak etc*) massiv; (*solidly built*) solide; (*meal*) kräftig; **three hours** ~ drei volle

Stunden

solitary *adj* einsam; (*single*) einzeln; **solitude** *n* Einsamkeit *f*

soluble *adj* löslich; **solution** *n* Lösung *f* (*to + gen*); **solve** *vt* lösen

somber (*US*), **sombre** *adj* düster

some 1. *adj* etwas; (*with plural nouns*) einige; ~ **woman** (*or other*) irgendeine Frau; **would you like** ~ **more** (*wine*)**?** möchten Sie noch etwas (Wein)? **2.** *pron* etwas; (*plural*) einige; ~ **of the team** einige (aus) der Mannschaft **3.** *adv* ~ **50 people** (*or so*) etwa 50 Leute

somebody *pron* jemand; ~ (*or other*) irgendjemand; ~ **else** jemand anders; **someday** *adv* irgendwann; **somehow** *adv* irgendwie; **someone** *pron* → **somebody**; **someplace** *adv* (*US*) → **somewhere**; **something 1.** *pron* etwas; ~ (*or other*) irgendetwas; ~ **else** etwas anderes; ~ **nice** etwas Nettes; **would you like** ~ **to drink?** möchtest du / möchten Sie etwas trinken? **2.** *adv* ~ **like 20** ungefähr 20; **sometime** *adv* irgendwann; **sometimes** *adv* manchmal; **somewhat** *adv* ein wenig; **somewhere** *adv* irgendwo; (*to a place*) irgendwohin; ~ **else** irgendwo anders; (*to* *another place)* irgendwo anders hin

son n Sohn m

song n Lied nt; Song m

son-in-law n Schwiegersohn m

soon adv bald; *(early)* früh; **too ~** zu früh; **as ~ as I ...** sobald ich ...; **as ~ as possible** so bald wie möglich; **sooner** adv *(time)* früher; *(for preference)* lieber

soot n Ruß m

soothe vt beruhigen; *(pain)* lindern

sophisticated adj *(person)* kultiviert; *(machine)* hoch entwickelt; *(plan)* ausgeklügelt

soppy adj fam rührselig

soprano n Sopran m

sore adj be ~ wehtun; **have a ~ throat** Halsschmerzen haben 2. n wunde Stelle

sorrow n Kummer m

sorry adj *(sight, figure)* traurig; *(I'm)* ~ Entschuldigung!; **I'm ~** *(regretful)* es tut mir leid; **~?** wie bitte?; **I feel ~ for him** er tut mir leid

sort 1. n Art f; **what ~ of film is it?** was für ein Film ist das?; **a ~ of** eine Art + gen; **all ~s of things** alles Mögliche **2.** adv ~ **of** fam irgendwie **3.** vt sortieren; **everything's ~ed** *(dealt with)* alles ist geregelt

sort out vt *(classify etc)* sortieren; *(problems)* lösen

sought pt, pp → **seek**

soul n Seele f; MUS Soul m

sound 1. adj *(healthy)* gesund; *(safe)* sicher; *(sensible)* vernünftig; *(theory)* stichhaltig; *(thrashing)* tüchtig **2.** n *(noise)* Geräusch nt; MUS Klang m; TV Ton m **3.** vt ~ **one's horn** hupen **4.** vi *(seem)* klingen *(like* wie*)*

soundcard n IT Soundkarte f; **soundproof** adj schalldicht

soup n Suppe f

sour adj sauer; fig mürrisch

source n Quelle f; fig Ursprung m

sour cream n saure Sahne

south 1. n Süden m; **to the ~ of** südlich von + dat **2.** adv *(go, face)* nach Süden **3.** adj Süd-; **South Africa** n Südafrika nt; **South African 1.** adj südafrikanisch **2.** n Südafrikaner(in) m(f); **South America** n Südamerika nt; **South American 1.** adj südamerikanisch **2.** n Südamerikaner(in) m(f); **southbound** adj *(in)* Richtung Süden; **southern** adj Süd-, südlich; **southwards** adv nach Süden

souvenir n Andenken nt *(of* an + acc*)*

sow [1] vt säen; *(field)* besäen **2.** n *(pig)* Sau f

soya bean n Sojabohne f

soy sauce n Sojasoße f

spa n *(place)* Kurort m

space n (room) Platz m, Raum m; (outer space) Weltraum m; (gap) Zwischenraum m; (for parking) Lücke f; **space bar** n Leertaste f; **spacecraft** n Raumschiff nt; **space shuttle** n Raumfähre f

spacing n (in text) Zeilenabstand m; **double** ~ zweizeiliger Abstand

spacious adj geräumig

spade n Spaten m; ~s, Pik nt

spaghetti nsing Spaghetti pl

Spain n Spanien nt

spam n IT Spam m

Spaniard n Spanier(in) m(f); **Spanish 1.** adj spanisch **2.** n (language) Spanisch nt

spanner n (Brit) Schraubenschlüssel m

spare 1. adj (as replacement) Ersatz-; ~ **part** Ersatzteil nt; ~ **room** Gästezimmer nt; ~ **time** Freizeit f; ~ **tyre** Ersatzreifen m **2.** n (spare part) Ersatzteil m **3.** vt (lives, feelings) verschonen; **can you ~ (me) a moment?** hättest du / hätten Sie einen Moment Zeit?

spark n Funke m; **sparkle** vi funkeln; **sparkling wine** n Schaumwein m, Sekt m; **spark plug** n Zündkerze f

sparrow n Spatz m

sparse adj spärlich; **sparsely** adv ~ **populated** dünn besiedelt

spasm n MED Krampf m

spat pt, pp → **spit**

speak 1. vt sprechen; **can you ~ French?** sprechen Sie Französisch?; ~ **one's mind** seine Meinung sagen **2.** vi sprechen (to mit, zu); (make speech) reden; **~ing** TEL am Apparat; **so to ~** sozusagen; **speak up** vi (louder) lauter sprechen; **speaker** n Sprecher(in) m(f); (public speaker) Redner(in) m(f); (loudspeaker) Lautsprecher m, Box f

special 1. adj besondere(r, s), speziell **2.** n (on menu) Tagesgericht nt; TV, RADIO Sondersendung f; **special delivery** n Eilzustellung f; **specialist** n Spezialist(in) m(f); TECH Fachmann m, Fachfrau f; MED Facharzt m, Fachärztin f; **speciality** n Spezialität f; **specialize** vi sich spezialisieren (in auf + acc); **specially** adv besonders; (specifically) extra; **special offer** n Sonderangebot nt; **specialty** n (US) → **speciality**

species nsing Art f

specific adj spezifisch; (precise) genau; **specify** vt genau angeben

specimen n (sample) Probe f; (example) Exemplar nt

spectacle n Schauspiel nt

spectacles npl Brille f

spectacular adj spektakulär

spectator n Zuschauer(in) m(f)

sped pt, pp → **speed**

speech n (address) Rede f; (faculty) Sprache f; **make a ~** eine Rede halten; **speechless** adj sprachlos (with vor + dat)

speed 1. vi rasen; **exceed ~ limit** zu schnell fahren **2.** n Geschwindigkeit f; (of film) Lichtempfindlichkeit f; **speed up 1.** vt beschleunigen **2.** vi schneller werden / fahren; **speedboat** n Rennboot nt; **speed bump** n Bodenschwelle f; **speed limit** n Geschwindigkeitsbegrenzung f; **speedometer** n Tachometer m; **speed trap** n Radarfalle f; **speedy** adj schnell

spell 1. vt buchstabieren; **how do you ~ ...?** wie schreibt man ...? **2.** n (period) Weile f; **a cold / hot ~** (weather) ein Kälteeinbruch / eine Hitzewelle; (enchantment) Zauber m; **spellchecker** n IT Rechtschreibprüfung f; **spelling** n Rechtschreibung f; **~ mistake** Schreibfehler m

spelt pt, pp → **spell**

spend vt (money) ausgeben (on für); (time) verbringen

spent pt, pp → **spend**

sperm n Sperma nt

sphere n (globe) Kugel f; fig Sphäre f

spice 1. n Gewürz nt; fig Würze f **2.** vt würzen; **spicy** adj würzig

spider n Spinne f

spike n (on railing etc) Spitze f; (on shoe, tyre) Spike m

spill vt verschütten

spin 1. vi (turn) sich drehen; (washing) schleudern; **my head is ~ning** mir dreht sich alles **2.** vt (turn) drehen; (coin) hochwerfen **3.** n (turn) Drehung f

spinach n Spinat m

spin doctor n Spindoktor m (Verantwortlicher für die schönrednerische Öffentlichkeitsarbeit besonders von Politikern)

spin-drier n Wäscheschleuder f

spine n Rückgrat nt; (of animal, plant) Stachel m; (of book) Rücken m

spiral 1. n Spirale f **2.** adj spiralförmig; **spiral staircase** n Wendeltreppe f

spire n Turmspitze f

spirit n (essence, soul) Geist m; (humour, mood) Stimmung f; (courage) Mut m; (verve) Elan m; **~s** pl (drinks) Spirituosen pl

spiritual adj geistig; REL geistlich

spit 1. vi spucken **2.** n (for roasting) (Brat)spieß m; (saliva) Spucke f; **spit out** vt ausspucken

spite n Boshaftigkeit f; **in ~ of** trotz + gen; **spiteful** adj boshaft

spitting image n **he's the ~ of**

you er ist dir / Ihnen wie aus dem Gesicht geschnitten

splash 1. vt (person, object) bespritzen **2.** vi (liquid) spritzen; (play in water) planschen

splendid adj herrlich

splinter n Splitter m

split 1. vt (stone, wood) spalten; (share) teilen **2.** vi (stone, wood) sich spalten **3.** n (in stone, wood) Spalt m; (in clothing) Riss m; fig Spaltung f; **split up 1.** vi (couple) sich trennen **2.** vt (divide up) aufteilen; **split ends** npl (Haar)spliss m; **splitting** adj (headache) rasend

spoil 1. vt verderben; (child) verwöhnen **2.** vi (food) verderben

spoilt pt, pp → **spoil**

spoke 1. pt → **speak 2.** n Speiche f

spoken pp → **speak**

spokesperson n Sprecher(in) m(f)

sponge n (for washing) Schwamm m; **sponge cake** n Biskuitkuchen m

sponsor 1. n (of event, programme) Sponsor(in) m(f) **2.** vt unterstützen; (event, programme) sponsern

spontaneous, spontaneously adj, adv spontan

spool n Spule f

spoon n Löffel m

sport n Sport m; **sports car** n

Sportwagen m; **sports centre** n Sportzentrum nt; **sportsman** n Sportler m; **sportswear** n Sportkleidung f; **sportswoman** n Sportlerin f; **sporty** adj sportlich

spot 1. n (dot) Punkt m; (of paint, blood etc) Fleck m; (place) Stelle f; (pimple) Pickel m; **on the ~** vor Ort; (at once) auf der Stelle **2.** vt (notice) entdecken; (difference) erkennen; **spotless** adj (clean) blitzsauber; **spotlight** n (lamp) Scheinwerfer m; **spotty** adj (pimply) pickelig

spouse n Gatte m, Gattin f

spout n Schnabel m

sprain vt ~ **one's ankle** sich den Knöchel verstauchen

sprang pt → **spring**

spray 1. n (liquid in can) Spray nt or m; (spray (can)) Spraydose f **2.** vt (plant, insects) besprühen; (car) spritzen

spread 1. vt (open out) ausbreiten; (news, disease) verbreiten; (butter, jam) streichen **2.** vi (news, disease, fire) sich verbreiten **3.** n (of disease, religion etc) Verbreitung f; (for bread) Aufstrich m; **spreadsheet** n ɪт Tabellenkalkulation f

spring 1. vi (leap) springen **2.** n (season) Frühling m; (coil) Feder f; (water) Quelle f; **springboard** n Sprungbrett

nt; **spring onion** *n* (*Brit*)
Frühlingszwiebel *f*; **spring
roll** *n* (*Brit*) Frühlingsrolle *f*

sprinkle *vt* streuen; (*liquid*)
beträufeln; **~ sth with sth**
etw mit etw bestreuen /
beträufeln; **sprinkler** *n* (*for
lawn*) Rasensprenger *m*;
(*for fire*) Sprinkler *m*

sprint *vi* rennen; SPORT sprin-
ten

sprout 1. *n* (*of plant*) Trieb *m*;
(*from seed*) Keim *m*; (**Brus-
sels**)**~s** *pl* Rosenkohl *m* **2.** *vi*
sprießen

sprung *pp* → **spring**

spun *pt, pp* → **spin**

spy *n* Spion(in) *m(f)* **2.** *vi*
spionieren; **~ on sb** jdm
nachspionieren

squad *n* SPORT Kader *m*

square 1. *n* (*shape*) Quadrat
nt; (*open space*) Platz *m*;
(*on chessboard etc*) Feld *nt*
2. *adj* (*in shape*) quadratisch;
2 ~ metres 2 Quadratmeter;
2 metres ~ 2 Meter im Quadrat **3.** *vt* **3 ~d** 3 hoch 2

squash 1. *n* (*drink*) Frucht-
saftgetränk *nt*; SPORT Squash
nt; (*US, vegetable*) Kürbis *m*
2. *vt* zerquetschen

squeak *vi* (*door, shoes etc*)
quietschen; (*animal*) quie-
ken

squeal *vi* (*person*) kreischen
(*with* vor + *dat*)

squeeze 1. *vt* drücken; (*orange*) auspressen **2.** *vi* **~ into
the car** sich in den Wagen hi-

neinzwängen

squid *n* Tintenfisch *m*

squirrel *n* Eichhörnchen *n*

St 1. *abbr* → **saint** St. **2.** *abbr*
→ **street** Str.

stab *vt* (*person*) einstechen
auf + *acc*; (*to death*) erste-
chen; **stabbing** *adj* (*pain*)
stechend

stabilize 1. *vt* stabilisieren **2.**
vi sich stabilisieren

stable 1. *n* Stall *m* **2.** *adj* stabil

stack 1. *n* (*pile*) Stapel *m* **2.** *vt*
~ (up) (auf)stapeln

stadium *n* Stadion *nt*

staff *n* (*personnel*) Personal
nt, Lehrkräfte *pl*

stag *n* Hirsch *m*

stage 1. *n* THEAT Bühne *f*; (*of
project, life etc*) Stadium *nt*;
(*of journey*) Etappe *f*; **at this
~** zu diesem Zeitpunkt **2.** *vt*
THEAT aufführen, inszenie-
ren; (*demonstration*) veranstalten

stagger 1. *vi* wanken **2.** *vt*
(*amaze*) verblüffen; **stag-
gering** *adj* (*amazing*) um-
werfend; (*amount, price*)
schwindelerregend

stagnate *vi* stagnieren

stag night *n* (*Brit*) Junggesellenabschied *m*

stain 1. *n* Fleck *m*; **stained-
glass window** *n* Buntglas-
fenster *nt*; **stainless steel**
n rostfreier Stahl; **stain remover** *n* Fleck(en)entferner
m

stair *n* (Treppen)stufe *f*; **~s** *pl*

Treppe f; **staircase** n Treppe f

stake n (post) Pfahl m; (in betting) Einsatz m; FIN Anteil m (in an + dat); **be at ~** auf dem Spiel stehen

stale adj (bread) alt; (beer) schal

stalk 1. n Stiel m **2.** vt (wild animal) sich anpirschen an + acc; (person) nachstellen + dat

stall 1. n (in market) (Verkaufs)stand m; (in stable) Box f; **~s** pl THEAT Parkett nt **2.** vt (engine) abwürgen **3.** vi (driver) den Motor abwürgen; (car) stehen bleiben

stamina nt Durchhaltevermögen nt

stammer vi, vt stottern

stamp 1. n (postage stamp) Briefmarke f; (for document) Stempel m **2.** vt (passport etc) stempeln; (mail) frankieren

stand 1. vi stehen; (as candidate) kandidieren **2.** vt (place) stellen; (endure) aushalten; **I can't ~ her** ich kann sie nicht ausstehen **3.** n (stall) Stand m; (seats in stadium) Tribüne f; (for coats, bicycles) Ständer m; (for small objects) Gestell nt; **stand around** vi herumstehen; **stand by 1.** vi (be ready) sich bereithalten; (be inactive) danebenstehen **2.** vt (decision, promise) stehen zu; **stand for** vt (represent) stehen für; (tolerate) hinnehmen; **stand in for** vt einspringen für; **stand out** vi (be noticeable) auffallen; **stand up 1.** vi (get up) aufstehen **2.** vt (girlfriend, boyfriend) versetzen; **stand up for** vt sich einsetzen für

standard 1. n (norm) Norm f; **~ of living** Lebensstandard m **2.** adj Standard-

standardize vt vereinheitlichen

stand-by 1. n (thing in reserve) Reserve f; **on ~** in Bereitschaft **2.** adj (flight, ticket) Standby-; **standing order** n (at bank) Dauerauftrag m; **standpoint** n Standpunkt m; **standstill** n Stillstand m; **come to a ~** stehen bleiben; fig zum Erliegen kommen

stank pt → **stink**

staple 1. n (for paper) Heftklammer f **2.** vt heften (to an + acc); **stapler** n Hefter m

star 1. n Stern m; (person) Star m **2.** vt **the film ~s Hugh Grant** der Film zeigt Hugh Grant in der Hauptrolle **3.** vi die Hauptrolle spielen

starch n Stärke f

stare vi starren; **~ at** anstarren

starfish n Seestern m

star sign n Sternzeichen nt

start 1. n (beginning) Anfang m, Beginn m; SPORT Start m;

(lead) Vorsprung *m*; **from the~** von Anfang an **2.** *vt* anfangen; *(car, engine)* starten; *(business, family)* gründen; **~ to do sth, ~ doing sth** anfangen, etw zu tun **3.** *vi (begin)* anfangen; *(car)* anspringen; *(on journey)* aufbrechen; SPORT starten; *(jump)* zusammenfahren; **~ing from Monday** ab Montag; **start off 1.** *vt (discussion, process etc)* anfangen, beginnen **2.** *vi (begin)* anfangen, beginnen; *(on journey)* aufbrechen; **start up 1.** *vi (in business)* anfangen **2.** *vt (car, engine)* starten; *(business)* gründen; **starter** *n (Brit, first course)* Vorspeise *f*; AUTO Anlasser *m*; **starting point** *n* Ausgangspunkt *m*

startle *vt* erschrecken; **startling** *adj* überraschend

starve *vi* hungern; *(to death)* verhungern; **I'm starving** ich habe einen Riesenhunger

state 1. *n (condition)* Zustand *m*; POL Staat *m*; **the (United) States** die (Vereinigten) Staaten **2.** *adj* Staats-; *(control, education)* staatlich **3.** *vt* erklären; *(facts, name etc)* angeben; **stated** *adj (fixed)* festgesetzt; **statement** *n (official declaration)* Erklärung *f*; *(to police)* Aussage *f*; *(from bank)* Kontoauszug *m*; **state-of-the-art**

adj hochmodern, auf dem neuesten Stand der Technik

static *adj (unchanging)* konstant

station 1. *n (for trains, buses)* Bahnhof *m*; *(underground station)* Station *f*; *(police station, fire station)* Wache *f*; TV, RADIO Sender *m* **2.** *vt* MIL stationieren

stationer's *n* **~** **(shop)** Schreibwarengeschäft *nt*; **stationery** *n* Schreibwaren *pl*

station wagon *n (US)* Kombiwagen *m*

statistics *nsing (science)* Statistik *f*; *(figures)* Statistiken *pl*

statue *n* Statue *f*

status *n* Status *m*; *(prestige)* Ansehen *nt*

stay 1. *n* Aufenthalt *m* **2.** *vi* bleiben; *(with friends, in hotel)* wohnen *(with* bei); **~ the night** übernachten; **stay away** *vi* wegbleiben; **~ from sb** sich von jdm fernhalten; **stay behind** *vi* zurückbleiben; *(at work)* länger bleiben; **stay in** *vi (at home)* zu Hause bleiben; **stay out** *vi (not come home)* wegbleiben; **stay up** *vi (at night)* aufbleiben

steady 1. *adj (speed)* gleichmäßig; *(progress, increase)* stetig; *(job, income, girlfriend)* fest; *(worker)* zuverlässig; *(hand)* ruhig; **they've**

been going ~ for two years sie sind seit zwei Jahren fest zusammen **2.** vt (nerves) beruhigen

steak n Steak nt; (of fish) Filet nt

steal vt stehlen

steam 1. n Dampf m **2.** vt GASTR dämpfen; **steam up** vi (window) beschlagen; **steamer** n GASTR Dampfkochtopf m; (ship) Dampfer m

steel 1. n Stahl m **2.** adj Stahl-

steep adj steil

steeple n Kirchturm m

steer vt, vi steuern; (car, bike etc) lenken; **steering** n AUTO Lenkung f; **steering wheel** n Steuer nt, Lenkrad nt

stem n (of plant, glass) Stiel m

step 1. n Schritt m; (stair) Stufe f; (measure) Maßnahme f; **~ by ~** Schritt für Schritt **2.** vi treten; **~ this way, please** hier entlang, bitte; **step down** vi (resign) zurücktreten

stepbrother n Stiefbruder m; **stepchild** n Stiefkind nt; **stepfather** n Stiefvater m; **stepmother** n Stiefmutter f; **stepsister** n Stiefschwester f

stereo n ~ (**system**) Stereoanlage f

sterile adj steril; **sterilize** vt sterilisieren

sterling n FIN das Pfund Sterling

stew n Eintopf m

steward n (on plane, ship) Steward m; **stewardess** n Stewardess f

stick 1. vt (with glue etc) kleben; (pin etc) stecken; fam (put) tun **2.** vi (get jammed) klemmen; (hold fast) haften **3.** n Stock m; (hockey stick) Schläger m; (of chalk) Stück nt; (of celery, rhubarb) Stange f; **stick out 1.** vt **stick one's tongue out (at sb)** (jdm) die Zunge herausstrecken **2.** vi (protrude) vorstehen; (ears) abstehen; (be noticeable) auffallen; **stick to** vt (rules, plan etc) sich halten an + acc; **sticker** n Aufkleber m; **sticky** adj klebrig; (weather) schwül; ~ **label** Aufkleber m; ~ **tape** Klebeband nt

stiff adj steif

stifle vt (yawn etc, opposition) unterdrücken; **stifling** adj drückend

still 1. adj still; (drink) ohne Kohlensäure **2.** adv (yet, even now) (immer) noch; (all the same) immerhin; (sit, stand) still; **he ~ doesn't believe me** er glaubt mir immer noch nicht; **keep ~** halt still!; **bigger / better ~** noch größer / besser

stimulate vt anregen, stimulieren; **stimulating** adj anregend

sting 1. vt (wound with sting)

stechen **2.** *vi (eyes, ointment
etc)* brennen **3.** *n (insect
wound)* Stich *m*

stingy *adj fam* geizig

stink 1. *vi* stinken *(of* nach) **2.**
n Gestank *m*

stir *vt (mix)* (um)rühren; **stir
up** *vt (mob)* aufhetzen;
(memories) wachrufen; ~
trouble Unruhe stiften;
stir-fry *vt* (unter Rühren)
kurz anbraten

stitch 1. *n (in sewing)* Stich *m*;
(in knitting) Masche *f*; **have
a** ~ *(pain)* Seitenstechen haben; **he had to have** ~**es** er
musste genäht werden; **she
had her** ~**es out** ihr wurden
die Fäden gezogen; **be in**
~**es** *fam* sich kaputtlachen
2. *vt* nähen; **stitch up** *vt
(hole, wound)* nähen

stock 1. *n (supply)* Vorrat *m
(of* an + *dat); (of shop)* Be-
stand *m; (for soup etc)* Brühe
f; ~**s and shares** *pl* Aktien
und Wertpapiere *pl*; **be in /
out of** ~ vorrätig / nicht vorrätig sein; **take** ~ Inventur
machen; *fig* Bilanz ziehen
2. *vt (keep in shop)* führen;
stock up *vi* sich eindecken
(on, with mit)

stockbroker *n* Börsenmak-
ler(in) *m(f)*

stock cube *n* Brühwürfel *m*

stock exchange *n* Börse *f*

stocking *n* Strumpf *m*

stock market *n* Börse *f*

stole *pt* → **steal**; **stolen** *pp* →

steal

stomach *n* Magen *m*; *(belly)*
Bauch *m*; **on an empty** ~
auf leeren Magen; **stom-
ach-ache** *n* Magenschmerzen *pl*; **stomach upset** *n*
Magenverstimmung *f*

stone 1. *n* Stein *m*; *(seed)*
Kern *m*, Stein *m*; *(weight)*
britische Gewichtseinheit
(6,35 kg) **2.** *adj* Stein-, aus
Stein

stony *adj (ground)* steinig

stood *pt, pp* → **stand**

stool *n* Hocker *m*

stop 1. *n* Halt *m*; *(for bus,
tram, train)* Haltestelle *f*;
come to a ~ anhalten **2.** *vt
(vehicle, passer-by)* anhalten; *(put an end to)* ein Ende
machen + *dat; (cease)* aufhören mit; *(prevent from happening)* verhindern; *(bleeding)* stillen; *(engine, machine)* abstellen; *(payments)*
einstellen; *(cheque)* sperren;
~ **doing sth** aufhören, etw zu
tun; ~ **sb (from) doing sth**
jdn daran hindern, etw zu
tun; ~ **it!** hör / hören Sie auf
(damit)! **3.** *vi (vehicle)* anhalten; *(during journey)* Halt
machen; *(pedestrian, clock,
heart)* stehen bleiben; *(rain,
noise)* aufhören; *(stay)* bleiben; **stop by** *vi* vorbeischau-
en; **stop over** *vi* Halt machen; *(overnight)* übernachten; **stopgap** *n* Provisorium
nt; Zwischenlösung *f*; **stop-**

over n (on journey) Zwischenstation f; **stopper** n Stöpsel m; **stop sign** n Stoppschild nt; **stopwatch** n Stoppuhr f

storage n Lagerung f; **store 1.** n (supply) Vorrat m (of an + dat); (place for storage) Lager nt; (large shop) Kaufhaus nt; (US, shop) Geschäft nt **2.** vt lagern; IT speichern; **storeroom** n Lagerraum m

storey n (Brit) Stock m, Stockwerk nt

storm 1. n Sturm m; (thunderstorm) Gewitter m **2.** vt, vi (with movement) stürmen; **stormy** adj stürmisch

story n Geschichte f; (plot) Handlung f; (US, of building) Stock m, Stockwerk nt

stout adj (fat) korpulent

stove n Herd m; (for heating) Ofen m

stow vt verstauen; **stowaway** n blinder Passagier

straight 1. adj (not curved) gerade; (hair) glatt; (honest) ehrlich (with zu); fam (heterosexual) hetero **2.** adv (directly) direkt; (immediately) sofort; (drink) pur; (think) klar; ~ **ahead** geradeaus; **go~on** geradeaus weitergehen / weiterfahren; **straightaway** adv sofort; **straightforward** adj einfach; (person) aufrichtig, unkompliziert

strain 1. n Belastung f **2.**

vt (eyes) überanstrengen; (rope, relationship) belasten; (vegetables) abgießen; ~ **a muscle** sich einen Muskel zerren; **strained** adj (relations) gespannt; ~ **muscle** Muskelzerrung f; **strainer** n Sieb nt

strand 1. n (of wool) Faden m; (of hair) Strähne f **2.** vt **be (left) ~ed** (person) festsitzen

strange adj seltsam; (unfamiliar) fremd; **strangely** adv seltsam; ~ **enough** seltsamerweise; **stranger** n Fremde(r) mf

strangle vt (kill) erdrosseln

strap 1. n Riemen m; (on dress etc) Träger m; (on watch) Band m **2.** vt (fasten) festschnallen (to an + dat); **strapless** adj trägerlos

strategy n Strategie f

straw n Stroh nt; (drinking straw) Strohhalm m

strawberry n Erdbeere f

stray 1. n streunendes Tier **2.** adj (cat, dog) streunend **3.** vi streunen

streak n (of colour, dirt) Streifen m; (in hair) Strähne f; (in character) Zug m

stream 1. n (flow of liquid) Strom m; (brook) Bach m **2.** vi strömen

street n Straße f; **streetcar** n (US) Straßenbahn f; **street lamp**, **street light** n Straßenlaterne f; **street map** n Stadtplan m

strength n Kraft f, Stärke f; **strengthen** vt verstärken; fig stärken

strenuous adj anstrengend

stress 1. n Stress m; (on word) Betonung f **2.** vt betonen; (put under stress) stressen; **stressed** adj ~ (**out**) gestresst

stretch 1. n (of land) Stück nt; (of road) Strecke f **2.** vt (material, shoes) dehnen; (rope, canvas) spannen; (person in job etc) fordern; **~ one's legs** (walk) sich die Beine vertreten **3.** vi (person) sich strecken; (area) sich erstrecken (**to** bis zu); **stretch out 1.** vt ausstrecken **2.** vi (reach) sich ausstrecken; (lie down) sich ausstrecken; **stretcher** n Tragbahre f

strict, strictly adj, adv (severe(ly)) streng; (exact(ly)) genau; **strictly speaking** genauer gesagt

strike 1. vt (match) anzünden; (hit) schlagen; (find) finden; **it struck me as strange** es kam mir seltsam vor **2.** vi (stop work) streiken; (attack) zuschlagen; (clock) schlagen **3.** n (by workers) Streik m; **be on ~** streiken; **strike up** vt (conversation) anfangen; (friendship) schließen; **striking** adj auffallend

string n (for tying) Schnur f; MUS Saite f; **the ~s** pl (section of orchestra) die Streicher pl

strip 1. n Streifen m; (Brit, of soccer player) Trikot nt **2.** vi (undress) sich ausziehen, strippen

stripe n Streifen m; **striped** adj gestreift

stripper n Stripper(in) m(f); (paint stripper) Farbentferner m

stroke 1. n MED, SPORT etc Schlag m; (of pen, brush) Strich m **2.** vt streicheln

stroll 1. n Spaziergang m **2.** vi spazieren; **stroller** n (US, for baby) Buggy m

strong adj stark; (healthy) robust; (wall, table) stabil; (shoes) fest; (influence, chance) groß; **strongly** adv stark; (believe) fest; (constructed) stabil

struck pt, pp → **strike**

structural, structurally adj strukturell; **structure** n Struktur f; (building, bridge) Konstruktion f, Bau m

struggle 1. n Kampf m (for um) **2.** vi (fight) kämpfen (for um); (do sth with difficulty) sich abmühen; **~ to do sth** sich abmühen, etw zu tun

stub 1. n (of cigarette) Kippe f; (of ticket, cheque) Abschnitt m

stubble n Stoppelbart m; (field) Stoppeln pl

stubborn adj (person) stur

stuck 1. pt, pp → **stick 2.** adj **be ~** (jammed) klemmen;

(at a loss) nicht mehr weiterwissen; **get ~** (car in snow etc) stecken bleiben
student n Student(in) m(f), Schüler(in) m(f)
studio n Studio nt
study 1. n (investigation) Untersuchung f; (room) Arbeitszimmer nt 2. vt, vi studieren
stuff 1. n Zeug nt, Sachen pl 2. vt (push) stopfen; GASTR füllen; **~ oneself** fam sich vollstopfen; **stuffing** n GASTR Füllung f
stuffy adj (room) stickig; (person) spießig
stumble vi stolpern; (when speaking) stocken
stun vt (shock) fassungslos machen; **I was ~ned** ich war fassungslos (or völlig überrascht)
stung pt, pp → **sting**
stunk pp → **stink**
stunning adj (marvellous) fantastisch; (beautiful) atemberaubend; (very surprising, shocking) überwältigend; unfassbar
stupid adj dumm; **stupidity** n Dummheit f
sturdy adj robust; (building, car) stabil
stutter vi, vt stottern
stye n MED Gerstenkorn nt
style 1. n Stil m 2. vt (hair) stylen; **styling mousse** n Schaumfestiger m; **stylish** adj elegant, schick

subconscious 1. adj unterbewusst 2. n **the~** das Unterbewusstsein
subject 1. n (topic) Thema nt; (in school) Fach nt; (citizen) Staatsangehörige(r) mf; (of kingdom) Untertan(in) m(f); LING Subjekt nt; **change the ~** das Thema wechseln 2. adj **be ~ to** (dependent on) abhängen von; (under control of) unterworfen sein + dat
subjective adj subjektiv
sublet irr vt untervermieten (to an + acc)
submarine n U-Boot nt
submerge 1. vt (put in water) eintauchen 2. vi tauchen
submit 1. vt (application, claim) einreichen 2. vi (surrender) sich ergeben
subordinate 1. adj untergeordnet (to + dat) 2. n Untergebene(r) mf
subscribe vi **~ to** (magazine etc) abonnieren; **subscription** n (to magazine etc) Abonnement nt; (to club etc) (Mitglieds)beitrag m
subsequent adj nach(-folgend); **subsequently** adv später, anschließend
subside vi (floods) zurückgehen; (storm) sich legen; (building) sich senken
substance n Substanz f
substantial adj beträchtlich; (improvement) wesentlich; (meal) reichhaltig

substitute 1. *n* Ersatz *m*; SPORT Ersatzspieler(in) *m(f)* **2.** *vt* ~ *A for B* B durch A ersetzen

subtitle *n* Untertitel *m*

subtle *adj (difference, taste)* fein; *(plan)* raffiniert

subtract *vt* abziehen *(from von)*

suburb *n* Vorort *m*; **suburban** *adj* vorstädtisch, Vorstadt-

subway *n (Brit)* Unterführung *f*; *(US)* RAIL U-Bahn *f*

succeed 1. *vi* erfolgreich sein; *he ~ed (in doing it)* es gelang ihm(, es zu tun) **2.** *vt* nachfolgen + *dat*; **succeeding** *adj* nachfolgend; **success** *n* Erfolg *m*; **successful, successfully** *adj, adv* erfolgreich

successive *adj* aufeinanderfolgend; **successor** *n* Nachfolger(in) *m(f)*

such 1. *adj* solche(r, s); ~ *a book* so ein Buch, ein solches Buch; *it was ~ a success that ...* es war solch ein Erfolg, dass ...; ~ *as* wie 2. *adv* so; ~ *a hot day* so ein heißer Tag **3.** *pron as* ~ als solche(r, s)

suck *vt (toffee etc)* lutschen; *(liquid)* saugen; *it ~s fam* das ist beschissen

Sudan *n (the)* ~ der Sudan

sudden *adj* plötzlich; *all of a* ~ ganz plötzlich; **suddenly** *adv* plötzlich

sue *vt* verklagen

suede *n* Wildleder *nt*

suffer 1. *vt* erleiden **2.** *vi* leiden; ~ *from* MED leiden an + *dat*

sufficient, sufficiently *adj, adv* ausreichend

suffocate *vt, vi* ersticken

sugar 1. *n* Zucker *m* **2.** *vt* zuckern; **sugary** *adj (sweet)* süß

suggest *vt* vorschlagen; *(imply)* andeuten; *I ~ saying nothing* ich schlage vor, nichts zu sagen; **suggestion** *n (proposal)* Vorschlag *m*; **suggestive** *adj* vielsagend; *(sexually)* anzüglich

suicide *n (act)* Selbstmord *m*; **suicide bomber** *n* Selbstmordattentäter(in) *m(f)*; **suicide bombing** *n* Selbstmordattentat *nt*

suit 1. *n (man's clothes)* Anzug *m*; *(lady's clothes)* Kostüm *nt*; *(cards)* Farbe *f* **2.** *vt (be convenient for)* passen + *dat*; *(clothes, colour)* stehen + *dat*; *(climate, food)* bekommen + *dat*; **suitable** *adj* geeignet *(for* für*)*

suitcase *n* Koffer *m*

suite *n (of rooms)* Suite *f*; *(sofa and chairs)* Sitzgarnitur *f*

sulk *vi* schmollen; **sulky** *adj* eingeschnappt

sultana *n (raisin)* Sultanine *f*

sum *n* Summe *f*; *(money a.)* Betrag *m*; *(calculation)* Rechenaufgabe *f*

summarize *vt, vi* zusammenfassen; **summary** *n* Zusammenfassung *f*

summer *n* Sommer *m*; **summer camp** *n* (*US*) Ferienlager *nt*; **summertime** *n* **in** (**the**) ~ im Sommer

summit *n a.* POL Gipfel *m*

summon *vt* (*doctor, fire brigade etc*) rufen; (*to one's office*) zitieren; **summon up** *vt* (*courage, strength*) zusammennehmen

summons *nsing* LAW Vorladung *f*

sumptuous *adj* luxuriös; (*meal*) üppig

sun 1. *n* Sonne *f* **2.** *vt* ~ **oneself** sich sonnen

Sun *abbr* → **Sunday** So.

sunbathe *vi* sich sonnen; **sunbed** *n* Sonnenbank *f*; **sunblock** *n* Sonnenblocker *m*; **sunburn** *n* Sonnenbrand *m*; **sunburnt** *adj* **be** / **get** ~ einen Sonnenbrand haben / bekommen

sundae *n* Eisbecher *m*

Sunday *n* Sonntag *m*; → **Tuesday**

sung *pp* → **sing**

sunglasses *npl* Sonnenbrille *f*; **sunhat** *n* Sonnenhut *m*

sunk *pp* → **sink**

sunlamp *n* Höhensonne *f*; **sunlight** *n* Sonnenlicht *nt*; **sunny** *adj* sonnig; **sun protection factor** *n* Lichtschutzfaktor *m*; **sunrise** *n* Sonnenaufgang *m*; **sunroof**

n AUTO Schiebedach *nt*; **sunscreen** *n* Sonnenschutzmittel *nt*; **sunset** *n* Sonnenuntergang *m*; **sunshade** *n* Sonnenschirm *m*; **sunshine** *n* Sonnenschein *m*; **sunstroke** *n* Sonnenstich *m*; **suntan** *n* (Sonnen)bräune *f*; ~ **lotion** (*or oil*) Sonnenöl *nt*

super *adj fam* toll

superb, superbly *adj, adv* ausgezeichnet

superficial, superficially *adj, adv* oberflächlich

superfluous *adj* überflüssig

superior 1. *adj* (*better*) besser (*to* als); (*higher in rank*) höhergestellt (*to* als), höher **2.** *n* (*in rank*) Vorgesetzte(r) *mf*

supermarket *n* Supermarkt *m*

supersonic *adj* Überschall-

superstition *n* Aberglaube *m*; **superstitious** *adj* abergläubisch

supervise *vt* beaufsichtigen; **supervisor** *n* Aufsicht *f*; (*at university*) Doktorvater *m*

supper *n* Abendessen *nt*; (*late-night snack*) Imbiss *m*

supplement 1. *n* (*extra payment*) Zuschlag *m*; (*of newspaper*) Beilage *f* **2.** *vt* ergänzen; **supplementary** *adj* zusätzlich

supplier *n* Lieferant(in) *m(f)*; **supply 1.** *vt* (*deliver*) liefern; (*drinks, music etc*) sorgen für; ~ **sb with sth** (*provide*) jdn mit etw versorgen **2.** *n*

(*stock*) Vorrat *m* (*of* an + *dat*)
support 1. *n* Unterstützung *f*;
TECH Stütze *f* **2.** *vt* (*hold up*)
tragen, stützen; (*provide for*)
ernähren, unterhalten;
(*speak in favour of*) unterstützen; **he ~s Manchester
United** er ist Manchester-
-United-Fan
suppose *vt* (*assume*) annehmen; **I ~ so** ich denke schon;
I ~ not wahrscheinlich nicht;
you're not ~d to smoke here
du darfst / Sie dürfen hier
nicht rauchen; **supposedly**
adv angeblich
suppress *vt* unterdrücken
surcharge *n* Zuschlag *m*
sure 1. *adj* sicher; **I'm (not) ~**
ich bin mir (nicht) sicher;
make ~ you lock up ver-
giss / vergessen Sie nicht ab-
zuschließen **2.** *adv* **~!** klar!;
surely *adv* **~ you don't mean
it?** das ist nicht dein / Ihr
Ernst, oder?
surf 1. *n* Brandung *f* **2.** *vi* SPORT
surfen **3.** *vt* **~ the Net** im Internet surfen
surface 1. *n* Oberfläche *f* **2.** *vi*
auftauchen
surfboard *n* Surfbrett *nt*;
surfer *n* Surfer(in) *m(f)*;
surfing *n* Surfen *nt*
surgeon *n* Chirurg(in) *m(f)*;
surgery *n* (*operation*) Operation *f*; (*room*) Praxis *f*,
Sprechzimmer *nt*; (*consulting time*) Sprechstunde *f*;
have ~ operiert werden

surname *n* Nachname *m*
surpass *vt* übertreffen
surprise 1. *n* Überraschung *f*
2. *vt* überraschen; **surprising** *adj* überraschend; **sur-
prisingly** *adv* überraschen-
derweise, erstaunlicherwei-
se
surrender 1. *vi* sich ergeben
(*to* + *dat*) **2.** *vt* (*weapon, passport*) abgeben
surround *vt* umgeben; (*stand
all round*) umringen; **surrounding 1.** *adj* (*countryside*) umliegend **2.** *n* **~s** *pl*
Umgebung *f*
survey 1. *n* (*opinion poll*)
Umfrage *f*; (*of literature etc*)
Überblick *m* (*of* über
+ *acc*); (*of land*) Vermessung
f **2.** *vt* (*look out over*) überblicken; (*land*) vermessen
survive *vt*, *vi* überleben
sushi *n* Sushi *nt*
suspect 1. *n* Verdächtige(r)
mf **2.** *adj* verdächtig **3.** *vt* verdächtigen (*of* + *gen*); (*think
likely*) vermuten
suspend *vt* (*from work*) sus-
pendieren; (*payment*) vorübergehend einstellen; (*player*) sperren; (*hang up*) aufhängen; **suspender** *n* (*Brit*)
Strumpfhalter *m*; **~s** *pl* (*US,
for trousers*) Hosenträger *pl*
suspense *n* Spannung *f*
suspicious *adj* misstrauisch
(*of sb* / *sth* jdm / etw gegenüber); (*causing suspicion*)
verdächtig

swallow 1. n (bird) Schwalbe f **2.** vt, vi schlucken

swam pt → **swim**

swamp n Sumpf m

swan n Schwan m

swap vt, vi tauschen; ~ **sth for sth** etw gegen etw eintauschen

sway vi schwanken

swear vt (promise) schwören; (curse) fluchen; ~ **at sb** jdn beschimpfen; **swear by** vt (have faith in) schwören auf + acc

sweat 1. n Schweiß m **2.** vi schwitzen; **sweater** n Pullover m; **sweaty** adj verschwitzt

swede n Steckrübe f

Swede n Schwede m, Schwedin f; **Sweden** n Schweden nt; **Swedish 1.** adj schwedisch **2.** n (language) Schwedisch nt

sweep vt, vi (with brush) kehren, fegen

sweet 1. n (Brit, candy) Bonbon nt; (dessert) Nachtisch m **2.** adj süß; (kind) lieb; **sweet-and-sour** adj süßsauer; **sweetcorn** n Mais m; **sweeten** vt (tea etc) süßen; **sweetener** n (substance) Süßstoff m; **sweet potato** n Süßkartoffel f

swell 1. vi ~ **(up)** (an)schwellen **2.** adj (US) fam toll; **swelling** n MED Schwellung f

sweltering adj (heat) drückend

swept pt, pp → **sweep**

swift, swiftly adj, adv schnell

swim 1. vi schwimmen **2.** n **go for a** ~ schwimmen gehen; **swimmer** n Schwimmer(in) m(f); **swimming** n Schwimmen nt; **go** ~ schwimmen gehen; **swimming cap** n (Brit) Badekappe f; **swimming costume** n (Brit) Badeanzug m; **swimming pool** n Schwimmbad nt; (private, in hotel) Swimmingpool m; **swimming trunks** npl (Brit) Badehose f; **swimsuit** n Badeanzug m

swindle vt betrügen (out of um)

swine n Schwein nt

swing 1. vt, vi (object) schwingen **2.** n (for child) Schaukel f

swipe vt (credit card etc) durchziehen; fam (steal) klauen; **swipe card** n Magnetkarte f

Swiss 1. n ELEC Schweizerisch **2.** n Schweizer(in) m(f)

switch 1. n ELEC Schalter m **2.** vi (change) wechseln (to zu); **switch off** vt abschalten, ausschalten; **switch on** vt anschalten, einschalten; **switchboard** n TEL Vermittlung f

Switzerland n die Schweiz

swivel vi sich drehen **2.** vt drehen

swollen 1. pp → **swell 2.** adj MED geschwollen; (stomach)

aufgebläht
swop → **swap**
sword n Schwert nt
swore pt → **swear**
sworn pp → **swear**
swum pp → **swim**
swung pt, pp → **swing**
syllable n Silbe f
symbol n Symbol nt; **symbolic** adj symbolisch; **symbolize** vt symbolisieren
symmetrical adj symmetrisch
sympathetic adj mitfühlend; (understanding) verständ-

nisvoll; **sympathize** vi mitfühlen (with sb mit jdm); **sympathy** n Mitleid nt; (after death) Beileid nt; (understanding) Verständnis nt
symphony n Sinfonie f
symptom n Symptom nt
synagogue n Synagoge f
synthetic adj (material) synthetisch
Syria n Syrien nt
syringe n Spritze f
system n System nt; **systematic** adj systematisch

T

tab n (for hanging up coat etc) Aufhänger m; IT Tabulator m; **pick up the ~** fam die Rechnung übernehmen
table n Tisch m; (list) Tabelle f; **~ of contents** Inhaltsverzeichnis nt; **tablecloth** n Tischdecke f; **tablespoon** n Servierlöffel m; (in recipes) Esslöffel m
tablet n Tablette f
table tennis n Tischtennis nt; **table wine** n Tafelwein m
tabloid n Boulevardzeitung f
taboo 1. n Tabu nt 2. adj tabu
tack n (small nail) Stift m; (US, thumbtack) Reißzwecke f
tackle 1. n SPORT Angriff m; (equipment) Ausrüstung f 2. vt (deal with) in Angriff

nehmen; SPORT angreifen; (verbally) zur Rede stellen (about wegen)
tacky adj trashig, heruntergekommen
tact n Takt m; **tactful, tactfully** adj, adv taktvoll; **tactic(s)** n(pl) Taktik f; **tactless, tactlessly** adj, adv taktlos
tag n (label) Schild nt; (with maker's name) Etikett nt
tail n Schwanz m; **heads or ~s?** Kopf oder Zahl?; **tailback** n (Brit) Rückstau m; **taillight** n AUTO Rücklicht nt
tailor n Schneider(in) m(f)
tailpipe n (US) AUTO Auspuffrohr m
Taiwan n Taiwan nt
take vt nehmen; (take along with one) mitnehmen; (take

to a place) bringen; (*subtract*) abziehen (*from* von); (*capture: person*) fassen; (*gain, obtain*) bekommen; FIN, COMM einnehmen; (*train, taxi*) nehmen, fahren mit; (*trip, walk, holiday, exam, course, photo*) machen; (*bath*) nehmen; (*phone call*) entgegennehmen; (*decision, precautions*) treffen; (*risk*) eingehen; (*advice, job*) annehmen; (*tablets*) nehmen; (*heat, pain*) ertragen; (*react to*) aufnehmen; (*have room for*) Platz haben für; *I'll ~ it* (*item in shop*) ich nehme es; *how long does it ~?* wie lange dauert es?; *it ~s 4 hours* man braucht 4 Stunden; *I ~ it that ...* ich nehme an, dass ...; *~ place* stattfinden; *~ part in* teilnehmen an; **take after** *vt* nachschlagen + *dat*; **take along** *vt* mitnehmen; **take apart** *vt* auseinandernehmen; **take away** *vt* (*remove*) wegnehmen (*from sb* jdm); (*subtract*) abziehen (*from* von); **take back** *vt* (*return*) zurückbringen; (*retract*) zurücknehmen; **take down** *vt* (*picture, curtains*) abnehmen; (*write down*) aufschreiben; **take in** *vt* (*understand*) begreifen; (*give accommodation to*) aufnehmen; (*deceive*) hereinlegen; (*include*) einschließen; (*show, film etc*) mitnehmen;

take off 1. *vi* (*plane*) starten **2.** *vt* (*clothing*) ausziehen; (*hat, lid*) abnehmen; (*deduct*) abziehen; **take a day off** sich einen Tag freinehmen; **take on** *vt* (*undertake*) übernehmen; (*employ*) einstellen; SPORT antreten gegen; **take out** *vt* (*wallet etc*) herausnehmen; (*person, dog*) ausführen; (*insurance*) abschließen; (*money from bank*) abheben; (*book from library*) ausleihen; **take over 1.** *vt* übernehmen **2.** *vi* **he took over** (*from me*) er hat mich abgelöst; **take to** *vt* **I've taken to her** / **it** ich mag sie / es; *~ doing sth* (*begin*) anfangen, etw zu tun; **take up** *vt* (*carpet*) hochnehmen; (*space*) einnehmen; (*time*) in Anspruch nehmen; (*hobby*) anfangen mit; (*new job*) antreten; (*offer*) annehmen

taken 1. *pp* → **take 2.** *adj* (*seat*) besetzt; *be ~ with* angetan sein von

takeoff *n* AVIAT Start *m*; **takeout** (*US*) → **takeaway**; **takeover** *n* COMM Übernahme *f*

tale *n* Geschichte *f*

talent *n* Talent *nt*; **talented** *adj* begabt

talk 1. *n* (*conversation*) Gespräch *nt*; (*rumour*) Gerede *nt*; (*to audience*) Vortrag *m* **2.** *vi* sprechen, reden; (*have conversation*) sich unterhalten; **~ to** (or with) sb (about sth) mit jdm (über etw acc) sprechen **3.** vt (language) sprechen; (nonsense) reden; (politics, business) reden über + acc; **~ sb into doing / out of doing sth** jdn überreden / jdn ausreden, etw zu tun; **talk over** vt besprechen

talkative adj gesprächig

tall adj groß; (building, tree) hoch

tame 1. adj zahm **2.** vt (animal) zähmen

tampon n Tampon m

tan 1. n (on skin) (Sonnen)-bräune f; **get / have a ~** braun werden / sein **2.** vi braun werden

tangerine n Mandarine f

tango n Tango m

tank n Tank m; (for fish) Aquarium nt; MIL Panzer m

tanker n (ship) Tanker m; (vehicle) Tankwagen m

tanned adj (by sun) braun

Tanzania n Tansania nt

tap 1. n (for water) Hahn m **2.** vt, vi (strike) klopfen; **~ sb on the shoulder** jdm auf die Schulter klopfen; **tap-dance** vi steppen

tape 1. n (adhesive tape) Klebeband nt; (for tape recorder) Tonband nt; (cassette) Kassette f; (video) Video nt **2.** vt (record) aufnehmen; **tape up** vt (parcel) zukleben; **tape measure** n Maß-

band nt; **tape recorder** n Tonbandgerät nt

tapestry n Wandteppich m

tap water n Leitungswasser nt

target n Ziel nt; (board) Zielscheibe f; **target group** n Zielgruppe f

tariff n (price list) Preisliste f; (tax) Zoll m

tart n (fruit tart) (Obst)kuchen m; (small) (Obst)törtchen nt; fam, pej (prostitute) Nutte f, Schlampe f

tartan n Schottenkaro nt

tartar(e) sauce n Remoulandensoße f

task n Aufgabe f; (duty) Pflicht f

Tasmania n Tasmanien nt

taste 1. n Geschmack m; (sense of taste) Geschmackssinn m; (small quantity) Kostprobe f; **it has a strange ~** es schmeckt komisch **2.** vt schmecken; (try) probieren **3.** vi (food) schmecken (of nach); **tasteful, tastefully** adj, adv geschmackvoll; **tasteless, tastelessly** adj, adv geschmacklos; **tasty** adj lecker

taught pt, pp **→ teach**

Taurus n ASTR Stier m

tax 1. n Steuer f (on auf + acc) **2.** vt besteuern; **taxation** n Besteuerung f; **tax bracket** n Steuerklasse f; **tax-free** adj steuerfrei

taxi 1. n Taxi nt **2.** vi (plane) rollen; **taxi rank** (Brit), **taxi**

stand *n* Taxistand *m*

tea return *n* Steuererklärung *f*

tea *n* Tee *m*; (afternoon tea) ≈ Kaffee und Kuchen; (meal) frühes Abendessen; teabag *n* Teebeutel *m*; tea break *n* (Tee)pause *f*

teach 1. *vt* (person, subject) unterrichten; ~ sb (how) to dance jdm das Tanzen beibringen 2. *vi* unterrichten; teacher *n* Lehrer(in) *m(f)*

team *n* SPORT Mannschaft *f*, Team *nt*; teamwork *n* Teamarbeit *f*

teapot *n* Teekanne *f*

tear *n* (in eye) Träne *f*

tear 1. *vt* zerreißen; ~ a muscle sich einen Muskel zerren 2. *n* (in material etc) Riss *m*; tear down *vt* (building) abreißen; tear up *vt* (paper) zerreißen

tearoom *n* Café, in dem in erster Linie Tee serviert wird

tease *vt* (person) necken (about wegen)

teaspoon *n* Teelöffel *m*; tea towel *n* Geschirrtuch *nt*

technical *adj* technisch; (knowledge, term, dictionary) Fach-; technically *adv* technisch; technique *n* Technik *f*

techno *n* Techno *m*

technology *n* Technologie *f*; Technik *f*

tedious *adj* langweilig

teen(age) *adj* (fashions etc) Teenager-; teenager *n* Teen-

ager *m*; teens *npl* in one's ~ im Teenageralter

teeth *pl* → tooth

teetotal *adj* abstinent

telephone 1. *n* Telefon *nt* 2. *vi* telefonieren 3. *vt* anrufen; telephone book *n* Telefonbuch *nt*; telephone booth, telephone box (Brit) *n* Telefonzelle *f*; telephone call *n* Telefonanruf *m*; telephone directory *n* Telefonbuch *nt*; telephone number *n* Telefonnummer *f*

telephoto lens *n* Teleobjektiv *nt*

telescope *n* Teleskop *nt*

television *n* Fernsehen *nt*; television (set) *n* Fernseher *m*

tell 1. *vt* (say, inform) sagen (sb sth jdm etw); (story) erzählen; (truth) sagen; (difference) erkennen; (reveal secret) verraten; ~ sb about sth jdm von etw erzählen; ~ sth from sth etw von etw unterscheiden 2. *vi* (be sure) wissen; tell apart *vt* unterscheiden; tell off *vt* schimpfen

telling *adj* aufschlussreich

telly *n* (Brit) fam Glotze *f*; on (the) ~ in der Glotze

temp 1. *n* Aushilfskraft *f* 2. *vi* als Aushilfskraft arbeiten

temper *n* (anger) Wut *f*; (mood) Laune *f*; lose one's ~ die Beherrschung verlieren; temperamental *adj* (*moody*) launisch

temperature n Temperatur f; MED (*high temperature*) Fieber nt; **have a ~** Fieber haben

temple n Tempel m; ANAT Schläfe f

temporarily adv vorübergehend; **temporary** adj vorübergehend; (*road, building*) provisorisch

tempt vt in Versuchung führen; **temptation** n Versuchung f; **tempting** adj verlockend

ten 1. num zehn **2.** n Zehn f; → **eight**

tenant n Mieter(in) m(f); (*of land*) Pächter(in) m(f)

tend vi **~ to do sth** (*person*) dazu neigen, etw zu tun; **~ towards** neigen zu; **tendency** n Tendenz f

tender adj (*loving*) zärtlich; (*sore*) empfindlich; (*meat*) zart

tendon n Sehne f

Tenerife n Teneriffa nt

tenner n (*Brit*) fam (*note*) Zehnpfundschein m

tennis n Tennis nt; **tennis court** n Tennisplatz m; **tennis racket** n Tennisschläger m

tenor n Tenor m

tense adj angespannt; (*stretched tight*) gespannt; **tension** n Spannung f; (*strain*) Anspannung f

tent n Zelt nt

tenth 1. adj zehnte(r, s) **2.** n (*fraction*) Zehntel nt; → **eighth**

tent peg n Hering m; **tent pole** n Zeltstange f

term n (*in school, at university*) Trimester nt; (*expression*) Ausdruck m; **~s** pl (*conditions*) Bedingungen pl; **be on good ~s with sb** mit jdm gut auskommen; **come to ~s with sth** sich mit etw abfinden; **in the long / short ~** langfristig / kurzfristig; **in ~s of ...** was ... betrifft

terminal 1. n (*bus terminal etc*) Endstation f; AVIAT Terminal m; IT Terminal nt; ELEC Pol m **2.** adj MED unheilbar; **terminally** adv (*ill*) unheilbar

terminate 1. vt (*contract*) lösen; (*pregnancy*) abbrechen **2.** vi (*train, bus*) enden

terrace n (*of houses*) Häuserreihe f; (*in garden etc*) Terrasse f; **terraced** adj (*garden*) terrassenförmig angelegt; **terraced house** n (*Brit*) Reihenhaus nt

terrible adj schrecklich

terrific adj (*very good*) fantastisch

terrify vt erschrecken; **be terrified** schreckliche Angst haben (*of* vor + dat)

territory n Gebiet nt

terror n Schrecken m; POL Terror m; **terrorism** n Terrorismus m; **terrorist** n Terrorist(in) *m(f)*

test 1. *n* Test *m*, Klassenarbeit *f*; *(driving test)* Prüfung *f*; **put to the ~** auf die Probe stellen **2.** *vt* testen, prüfen

Testament *n* **the Old / New ~** das Alte / Neue Testament

test-drive *vt* Probe fahren

testicle *n* Hoden *m*

testify *vi* LAW aussagen

test tube *n* Reagenzglas *nt*

tetanus *n* Tetanus *m*

text 1. *n* Text *m*; *(of document)* Wortlaut *m*; *(sent by mobile phone)* SMS *f*; **~ sb** jdm simsen, SMSen; **~ sb** jdm simsen, jdm eine SMS schicken; *I'll ~ it to you* ich schicke es dir per SMS

textbook *n* Lehrbuch *nt*

texting *n* SMS-Messaging *nt*; **text message** *n* SMS *f*

texture *n* Beschaffenheit *f*

Thailand *n* Thailand *nt*

Thames *n* Themse *f*

than *prep, conj* als; *bigger / faster ~ me* größer / schneller als ich

thank *vt* danken **~ + dat;** **~ you** danke; **~ you very much** vielen Dank; **thankful** *adj* dankbar; **thankfully** *adv (luckily)* zum Glück; **thankless** *adj* undankbar; **thanks** *npl* Dank *m*; **~ danke!;** **~ to** dank + *gen*

that 1. *adj* der / die / das; *(opposed to this)* jene(r, s); *who's ~ woman?* wer ist die Frau?; *I like ~ one* ich

mag da **2.** *pron* das; *(in relative clauses)* der / die / das, die *pl*; **~ is very good** das ist sehr gut; *the wine ~ I drank* der Wein, den ich getrunken habe; **~ is (to say)** das heißt **3.** *conj* dass; *I think ~ ...* ich denke, dass ... **4.** *adv* so; **~ good** so gut

that's *contr* = *that is; that has*

thaw 1. *vi* tauen; *(frozen food)* auftauen **2.** *vt* auftauen lassen

the *art* der / die / das, die *pl*; **by ~ hour** pro Stunde; **~ ... ~ better** je ..., desto besser

theater *(US)*, **theatre** *n* Theater *nt*; *(for lectures etc)* Saal *m*

theft *n* Diebstahl *m*

their *adj* ihr; *they cleaned ~ teeth* sie putzten sich die Zähne; *someone has left ~ umbrella here* jemand hat seinen Schirm hier vergessen; **theirs** *pron* ihre(r, s); *it's ~* es gehört ihnen; *a friend of ~* ein Freund von ihnen; *someone has left ~ here* jemand hat seins hier liegen lassen

them *pron (direct object)* sie; *(indirect object)* ihnen; *do you know ~?* kennst du / kennen Sie sie?; *can you help ~?* kannst du / können Sie ihnen helfen?; *it's ~* sie sind's; *if anyone has a problem you should help ~* wenn jemand ein Problem hat,

solltest du / sollten Sie ihm
helfen

theme n Thema nt; MUS Motiv
nt; **~ song** Titelmusik f

themselves pron sich; **they
hurt ~** sie haben sich verletzt; **they ~ were not there**
sie selbst waren da nicht;
they did it ~ sie haben es
selbst gemacht; **(all) by ~** allein

then 1. adv (at that time) damals; (next) dann; (therefore) also; (furthermore) ferner; **from ~ on** von da an; **by
~** bis dahin **2.** adj damalig

theoretical, theoretically
adj, adv theoretisch

theory n Theorie f; **in ~** theoretisch

therapy n Therapie f

there adv dort; (to a place)
dorthin; **~ is / are** (exists /
exist) es gibt; **it's over ~** es
ist da drüben; **~ you are**
(when giving) bitte schön;
thereabouts adv (approximately) so ungefähr; **therefore** adv daher, deshalb

thermometer n Thermometer nt

Thermos® n **~ (flask)** Ther-
mosflasche® f

these pron, adj diese; **~ are
not my books** das sind nicht
meine Bücher

thesis n (for PhD) Doktorarbeit f

they pron pl sie; (people in
general) man; (unidentified

person) er / sie; **~ are rich**
sie sind reich; **~ say that ...**
man sagt, dass ...; **if anyone
looks at this, ~ will see that
...** wenn sich jemand dies an-
sieht, wird er erkennen, dass
...

they'd contr = **they had; they
would**

they'll contr = **they will; they
shall**

they've contr = **they have**

thick adj dick; (fog) dicht;
(liquid) dickflüssig; fam
(stupid) dumm; **thicken** vi
(fog) dichter werden; (sauce)
dick werden

thief n Dieb(in) m(f)

thigh n Oberschenkel m

thimble n Fingerhut m

thin adj dünn

thing n Ding nt; (affair) Sache
f; **how are ~s?** wie geht's?; **I
can't see a ~** ich kann nichts
sehen

think vt, vi denken; (believe)
meinen; **I ~ so** ich denke
schon; **I don't ~ so** ich glaube
nicht; **think about** vt denken
an + acc; (reflect on) nachdenken über + acc; (have
opinion of) halten von;
think of vt denken an
+ acc; (devise) sich ausdenken; (have opinion of) halten von; (remember) sich erinnern an + acc; **think over**
vt überdenken; **think up** vt
sich ausdenken

third 1. adj dritte(r, s) **2.** n

(fraction) Drittel *nt*; **in ~** *(gear)* im dritten Gang; → **eighth**; **thirdly** *adv* drittens; **third-party insurance** *n* Haftpflichtversicherung *f*

thirst *n* Durst *m* (for nach); **thirsty** *adj* **be ~** Durst haben

thirteen 1. *num* dreizehn **2.** *n* Dreizehn *f*; → **eight**; **thirteenth** *adj* dreizehnte(r, s); → **eighth**; **thirtieth** *adj* dreißigste(r, s); → **eighth**; **thirty 1.** *num* dreißig; **~-one** einunddreißig **2.** *n* Dreißig *f*; **be in one's thirties** in den Dreißigern sein; → **eight**

this 1. *adj* diese(r, s); **~ morning** heute Morgen **2.** *pron* das, dies; **~ is Mark** *(on the phone)* hier spricht Mark

thistle *n* Distel *f*

thong *n* String *m*

thorn *n* Dorn *m*, Stachel *m*

thorough *adj* gründlich; **thoroughly** *adv* gründlich; *(agree etc)* völlig

those 1. *pron* die da, jene; **~ who** diejenigen, die **2.** *adj* die, jene

though 1. *conj* obwohl; **as ~** als ob **2.** *adv* aber

thought *pt*, *pp* → **think 2.** *n* Gedanke *m*; *(thinking)* Überlegung *f*; **thoughtful** *adj* *(kind)* rücksichtsvoll; *(attentive)* aufmerksam; *(in Gedanken versunken)* nachdenklich; **thoughtless** *adj* *(unkind)* rücksichtslos, gedankenlos

thousand *num* **(one)** ~, **a ~** tausend; **five ~** fünftausend; **~s of** Tausende von

thrash *vt* *(hit)* verprügeln; *(defeat)* vernichtend schlagen

thread 1. *n* Faden *m* **2.** *vt* *(needle)* einfädeln; *(beads)* auffädeln

threat *n* Drohung *f*; *(danger)* Bedrohung *f* (to für); **threaten** *vt* bedrohen; **threatening** *adj* bedrohlich

three 1. *num* drei **2.** *n* Drei *f*; → **eight**; **three-dimensional** *adj* dreidimensional; **three-quarters** *npl* drei Viertel *pl*

threshold *n* Schwelle *f*

threw *pt* → **throw**

thrifty *adj* sparsam

thrilled *adj* **be ~ (with sth)** sich *(über etw acc)* riesig freuen; **thrilling** *adj* aufregend

thrive *vi* gedeihen (on bei); *(business)* *fig* florieren

throat *n* Hals *m*, Kehle *f*

throbbing *adj* *(pain, headache)* pochend

thrombosis *n* Thrombose *f*

throne *n* Thron *m*

through 1. *prep* durch; *(time)* während + *gen*; *(because of)* aus, durch; *(US, up to and including)* bis **2.** *adv* durch; **put sb ~** TEL jdn verbinden (to mit) **3.** *adj* *(ticket, train)* durchgehend; **~ flight** Direktflug *m*; **be ~ with sb / sth** mit jdm / etw fertig sein; **throughout 1.** *prep (place)* überall in + *dat*; (*time*) während + *gen*; **~ the night** die ganze Nacht hindurch **1.** *adv* überall; (*time*) die ganze Zeit

throw 1. *vt* werfen; (*rider*) abwerfen; (*party*) geben **2.** *n* Wurf *m*; **throw away** *vt* wegwerfen; **throw in** *vt* (*include*) dazugeben; **throw out** *vt* (*unwanted object*) wegwerfen; (*person*) hinauswerfen (*of* aus); **throw up** *vt*, *vi fam* (*vomit*) sich übergeben

thrown *pp* → **throw**

thru (*US*) → **through**

thrush *n* Drossel *f*

thrust *vt*, *vi* (*push*) stoßen

thruway *n* (*US*) Schnellstraße *f*

thumb 1. *n* Daumen *m* **2.** *vt* **~ a lift** per Anhalter fahren; **thumbtack** *n* (*US*) Reißzwecke *f*

thunder 1. *n* Donner *m* **2.** *vi* donnern; **thunderstorm** *n* Gewitter *nt*

Thur(s) *abbr* → **Thursday** Do.

Thursday *n* Donnerstag *m*; → **Tuesday**

thus *adv* (*in this way*) so; (*therefore*) somit, also

thyme *n* Thymian *m*

Tibet *n* Tibet *nt*

tick 1. *n* (*Brit, mark*) Häkchen *nt* **2.** *vt* (*name*) abhaken; (*box, answer*) ankreuzen **3.** *vi* (*clock*) ticken

ticket *n* (*for train, bus*) (Fahr)karte *f*; (*plane ticket*) Flug-

schein *m*, Ticket *nt*; (*for theatre, match, museum etc*) (Eintritts)karte *f*; (*price ticket*) (Preis)schild *nt*; (*raffle ticket*) Los *nt*; (*for car park*) Parkschein *m*; (*for traffic offence*) Strafzettel *m*; **ticket collector, ticket inspector** (*Brit*) *n* Fahrkartenkontrolleur(in) *m(f)*; **ticket machine** *n* (*for public transport*) Fahrscheinautomat *m*; (*in car park*) Parkscheinautomat *m*; **ticket office** *n* RAIL Fahrkartenschalter *m*; THEAT Kasse *f*

tickle *vt* kitzeln; **ticklish** *adj* kitzlig

tide *n* Gezeiten *pl*; **the ~ is in / out** es ist Flut / Ebbe

tidy 1. *adj* ordentlich **2.** *vt* aufräumen; **tidy up** *vt*, *vi* aufräumen

tie 1. *n* (*necktie*) Krawatte *f*; SPORT Unentschieden *nt*; (*bond*) Bindung *f* **2.** *vt* (*attach, do up*) binden (*to* an + *acc*); (*tie together*) zusammenbinden; (*knot*) machen; **tie down** *vt* festbinden (*to* an + *dat*); *fig* binden; **tie up** *vt* (*dog*) anbinden; (*parcel*) verschnüren; (*shoelace*) binden; (*boat*) festmachen

tiger *n* Tiger *m*

tight 1. *adj* (*clothes*) eng; (*knot*) fest; (*screw, lid*) fest sitzend; (*control, security measures*) streng; (*timewise*) knapp; (*schedule*) eng **2.** *adv* (*shut*) fest; (*pull*) stramm; **hold** ~ festhalten!; **tighten** *vt* (*knot, rope, screw*) anziehen; (*belt*) enger machen; (*restrictions, control*) verschärfen; **tights** *npl* (*Brit*) Strumpfhose *f*

tile *n* (*on roof*) Dachziegel *m*; (*on wall, floor*) Fliese *f*

till 1. *n* Kasse *f* **2.** *prep, conj* → *until*

tilt 1. *vt* kippen; (*head*) neigen **2.** *vi* sich neigen

time 1. *n* (*occasion*) Mal *nt*; MUS Takt *m*; *local* ~ Ortszeit; *what* ~ *is it?, what's the* ~*?* wie spät ist es?, wie viel Uhr ist es?; *take one's* ~ (*over sth*) sich (*bei etw*) Zeit lassen; *have a good* ~ Spaß haben; *in two weeks'* ~ in zwei Wochen; *at* ~*s* manchmal; *at the same* ~ gleichzeitig; *all the* ~ die ganze Zeit; *by the* ~ *he ...* bis er ...; (*in past*) als er ...; *for the* ~ *being* vorläufig; *in* ~ (*not late*) rechtzeitig; *on* ~ pünktlich; *the first* ~ das erste Mal; *this* ~ diesmal; *five* ~*s* fünfmal; *five* ~ *six* fünf mal sechs; *four* ~*s a year* viermal im Jahr; *three at a* ~ drei auf einmal **2.** *vt* (*with stopwatch*) stoppen; *you* ~*d that well* das hast du / haben Sie gut getimt; **time difference** *n* Zeitunterschied *m*; **timer** *n* Timer *m*; (*switch*) Schaltuhr *f*; **time-saving** *adj* zeitspa-rend; **time switch** *n* Schaltuhr *f*; **timetable** *n* (*for public transport*) Fahrplan *m*; (*school*) Stundenplan *m*; **time zone** *n* Zeitzone *f*

timid *adj* ängstlich

timing *n* (*coordination*) Timing *nt*

tin *n* (*metal*) Blech *nt*; (*Brit, can*) Dose *f*; **tinfoil** *n* Alufolie *f*; **tinned** *adj* (*Brit*) aus der Dose; **tin opener** *n* (*Brit*) Dosenöffner *m*

tinsel *n* ≈ Lametta *nt*

tint *n* (*Farb*)ton *m*; (*in hair*) Tönung *f*; **tinted** *adj* getönt

tiny *adj* winzig

tip 1. *n* (*money*) Trinkgeld *nt*; (*hint*) Tipp *m*; (*end*) Spitze *f*; (*of cigarette*) Filter *m*; (*Brit, rubbish tip*) Müllkippe *f* **2.** *vt* (*waiter*) Trinkgeld geben + *dat*; **tip over** *vt, vi* (*overturn*) umkippen

tipsy *adj* beschwipst

tiptoe *n* **on** ~ auf Zehenspitzen

tire 1. *n* (*US*) → *tyre* **2.** *vt* müde machen **3.** *vi* müde werden; **tired** *adj* müde; *be* ~ *of doing sth* es satthaben, etw zu tun; **tireless, tirelessly** *adv* unermüdlich; **tiresome** *adj* lästig; **tiring** *adj* ermüdend

tissue *n* ANAT Gewebe *nt*; (*paper handkerchief*) Papier(taschen)tuch *nt*; **tissue paper** *n* Seidenpapier *nt*

tit *n* (*bird*) Meise *f*; *fam*

(*breast*) Titte *f*

title *n* Titel *m*

titter *vi* kichern

to *prep* (*towards*) zu; (*with countries, towns*) nach; (*as far as*) bis; (*with infinitive of verb*) zu; ~ **Rome / Switzerland** nach Rom / in die Schweiz; **I've been ~ London** ich war schon mal in London; **go ~ town/~ the theatre** in die Stadt / ins Theater gehen; **from Monday ~ Thursday** von Montag bis Donnerstag; **he came ~ say sorry** er kam, um sich zu entschuldigen; **20 minutes ~ 4** 20 Minuten vor 4; **they won by 4 goals ~ 3** sie haben mit 4 zu 3 Toren gewonnen

toad *n* Kröte *f*; **toadstool** *n* Giftpilz *m*

toast 1. *n* (*bread, drink*) Toast *m*; **a piece** (*or slice*) **of ~** eine Scheibe Toast; **propose a ~ to sb** einen Toast auf jdn ausbringen **2.** *vt* (*bread*) toasten; (*person*) trinken auf + *acc*; **toaster** *n* Toaster *m*

tobacco *n* Tabak *m*; **tobacconist's** *n* ~ (*shop*) Tabakladen *m*

toboggan *n* Schlitten *m*

today *adv* heute; **a week ~** heute in einer Woche; **~'s newspaper** die Zeitung von heute

toddler *n* Kleinkind *nt*

toe *n* Zehe *f*, Zeh *m*; **toenail** *n*

Zehennagel *m*

toffee *n* (*sweet*) Karamellbonbon *nt*; **toffee-nosed** *adj* hochnäsig

tofu *n* Tofu *m*

together *adv* zusammen; **I tied them ~** ich habe sie zusammengebunden

toilet *n* Toilette *f*; **go to the ~** auf die Toilette gehen; **toilet bag** *n* Kulturbeutel *m*; **toilet paper** *n* Toilettenpapier *nt*; **toiletries** *npl* Toilettenartikel *pl*; **toilet roll** *n* Rolle *f* Toilettenpapier

token *n* Marke *f*; (*in casino*) Spielmarke *f*; (*voucher, gift token*) Gutschein *m*; (*sign*) Zeichen *nt*

Tokyo *n* Tokio *nt*

told *pt, pp* → **tell**

tolerant *adj* tolerant (*of* gegenüber); **tolerate** *vt* tolerieren; (*noise, pain, heat*) ertragen

toll *n* (*charge*) Gebühr *f*; **toll-free** *adj, adv* (*US*) TEL gebührenfrei; **toll road** *n* gebührenpflichtige Straße

tomato *n* Tomate *f*; **tomato juice** *n* Tomatensaft *m*; **tomato sauce** *n* Tomatensoße *f*; (*Brit, ketchup*) Tomatenketchup *m or nt*

tomb *n* Grabmal *nt*; **tombstone** *n* Grabstein *m*

tomorrow *adv* morgen; ~ **morning** morgen früh; ~ **evening** morgen Abend; **the day after ~** übermorgen

toss

a week (from) ~/~ *week* morgen in einer Woche

ton n (*Brit*) Tonne f (*1016 kg*); (*US*) Tonne f (*907 kg*); ~**s of books** *fam* eine Menge Bücher

tone n Ton m; **toner** n (*for printer*) Toner m; **toner cartridge** n Tonerpatrone f

tongs npl Zange f; (*curling tongs*) Lockenstab m

tongue n Zunge f

tonic n MED Stärkungsmittel nt; ~ (**water**) Tonic nt

tonight adv heute Abend; (*during night*) heute Nacht

tonsillitis n Mandelentzündung f; **tonsils** n Mandeln pl

too adv zu; (*also*) auch; ~ **fast** zu schnell; ~ **much / many** zu viel / viele; **me** ~ ich auch; **she liked it** ~ ihr gefiel es auch

took pt → **take**

tool n Werkzeug nt; **toolbar** n IT Symbolleiste f; **toolbox** n Werkzeugkasten m

tooth n Zahn m; **toothache** n Zahnschmerzen pl; **toothbrush** n Zahnbürste f; **toothpaste** n Zahnpasta f; **toothpick** n Zahnstocher m

top 1. n (*of tower, class, company etc*) Spitze f; (*of mountain*) Gipfel m; (*of tree*) Krone f; (*of street*) oberes Ende; (*of tube, pen*) Kappe f; (*of box*) Deckel m; (*of bikini*) Oberteil m; (*sleeveless*) Top nt; **at the** ~ **of the page** oben

auf der Seite; **at the** ~ **of the league** an der Spitze der Liga; **on** ~ oben; **on** ~ **of** auf + dat; (*in addition to*) zusätzlich zu; **over the** ~ übertrieben 2. adj (*floor, shelf*) oberste(r, s); (*price, note*) höchste(r, s); (*best*) Spitzen-; (*pupil, school*) beste(r, s) 3. vt (*exceed*) übertreffen; (*be better than*) übersteigen; (*be league*) an erster Stelle liegen in + dat; ~**ped with cream** mit Sahne obendrauf; **top up** vt auffüllen; **can I top you up?** darf ich dir nachschenken?

topic n Thema nt; **topical** adj aktuell

topless adj, adv oben ohne

topping n (*on top of pizza, ice-cream etc*) Belag m, Garnierung f

torch n (*Brit*) Taschenlampe f

tore pt → **tear**

torment vt quälen

torn pp → **tear**

tornado n Tornado m

torrential adj (*rain*) sintflutartig

tortoise n Schildkröte f

torture 1. n Folter f; fig Qual f 2. vt foltern

Tory (*Brit*) n Tory m, Konservative(r) mf

toss 1. vt (*throw*) werfen; (*salad*) anmachen; ~ **a coin** eine Münze werfen 2. n **I don't give a** ~ *fam* es ist mir scheißegal

total 1. n (of figures, money) Gesamtsumme f; **a ~ of 30** insgesamt 30; **in ~** insgesamt **2.** adj total; (sum etc) Gesamt- **3.** vt (amount to) sich belaufen auf + acc; **totally** adv total

touch 1. n (act of touching) Berührung f; (sense of touch) Tastsinn m; (trace) Spur f; **be / keep in ~ with sb** mit jdm in Verbindung stehen / bleiben; **get in ~ with sb** sich mit jdm in Verbindung setzen **2.** vt (feel) berühren; (emotionally) bewegen; **touch on** vt (topic) berühren; **touchdown** n AVIAT Landung f; **touching** adj (moving) rührend; **touch screen** n Touchscreen m; **touchy** adj empfindlich, zickig

tough adj hart; (material) robust; (meat) zäh

tour 1. n Tour f (of durch); (of town, building) Rundgang m (of durch); (of pop group etc) Tournee f **2.** vt eine Tour / einen Rundgang / eine Tournee machen durch **3.** vi (on holiday) umherreisen; **tour guide** n Reiseleiter(in) m(f)

tourism n Tourismus m, Fremdenverkehr m; **tourist** n Tourist(in) m(f); **tourist guide** n (book) Reiseführer m; (person) Fremdenführer(in) m(f); **tourist office** n Fremdenverkehrsamt nt

tournament n Tournier nt

tour operator n Reiseveranstalter m

tow vt abschleppen; (caravan, trailer) ziehen

towards prep **~ me** mir entgegen, auf mich zu; **we walked ~ the station** wir gingen in Richtung Bahnhof; **my feelings ~ him** meine Gefühle ihm gegenüber

towel n Handtuch nt

tower n Turm m; **tower block** n (Brit) Hochhaus nt

town n Stadt f; **town center** (US), **town centre** n Stadtmitte f, Stadtzentrum nt; **town hall** n Rathaus nt

towrope n Abschleppseil nt; **tow truck** n (US) Abschleppwagen m

toxic adj giftig, Gift-

toy n Spielzeug nt; **toy with** vt spielen mit; **toyshop** n Spielwarengeschäft nt

trace 1. n (of) Spur f; **without ~** spurlos **2.** vt (find) ausfindig machen; **tracing paper** n Pauspapier nt

track n (mark) Spur f; (path) Weg m; RAIL Gleis nt; (on CD, record) Stück nt; **keep / lose ~ of sb / sth** jdn / etw im Auge behalten / aus den Augen verlieren; **track down** vt ausfindig machen; **tracksuit** n Trainingsanzug m

tractor n Traktor m

trade 1. n (commerce) Handel

m; *(business)* Geschäft *nt*; *(skilled job)* Handwerk *nt* **2.** *vi* handeln *(in* mit*)* **3.** *vt (exchange)* tauschen *(for* gegen*)*; **trademark** *n* Warenzeichen *nt*; **tradesman** *n (shopkeeper)* Geschäftsmann *m*; *(workman)* Handwerker *m*; **trade(s) union** *n (Brit)* Gewerkschaft *f*

tradition *n* Tradition *f*; **traditional**, **traditionally** *adj*, *adv* traditionell

traffic *n* Verkehr *m*; *pej (trading)* Handel *m (in* mit*)*; **traffic circle** *n (US)* Kreisverkehr *m*; **traffic jam** *n* Stau *m*; **traffic lights** *npl* Verkehrsampel *f*; **traffic warden** *n (Brit)* ≈ Politesse *f*

tragedy *n* Tragödie *f*; **tragic** *adj* tragisch

trail 1. *n* Spur *f*; *(path)* Weg *m* **2.** *vt (follow)* verfolgen; *(drag)* schleppen; *(drag behind)* hinter sich herziehen; SPORT zurückliegen hinter + *dat* **3.** *vi (hang loosely)* schleifen; SPORT weit zurückliegen; **trailer** *n* Anhänger *m*; *(US, caravan)* Wohnwagen *m*; FILM Trailer *m*

train 1. *n* RAIL Zug *m* **2.** *vt (teach)* ausbilden; SPORT trainieren **3.** *vi* SPORT trainieren; **~ as** *(or* **to be***) a teacher* eine Ausbildung als Lehrer machen; **trained** *adj (person, voice)* ausgebildet; **trainee** *n* Auszubildende(r) *mf*;

(academic, practical) Praktikant(in) *m(f)*; **traineeship** *n* Praktikum *nt*; **trainer** *n* SPORT Trainer(in) *m(f)*; **~s** *(Brit, shoes)* Turnschuhe *pl*; **training** *n* Ausbildung *f*; SPORT Training *nt*; **train station** *n* Bahnhof *m*

tram *n (Brit)* Straßenbahn *f*; **tramp** *n* Landstreicher(in) *m(f)*

tranquillizer *n* Beruhigungsmittel *nt*

transaction *n (piece of business)* Geschäft *nt*

transatlantic *adj* transatlantisch; **~ flight** *n* Transatlantikflug *m*

transfer 1. *n (of money)* Überweisung *f*; *(US, ticket)* Umsteigekarte *f* **2.** *vt (money)* überweisen *(to* an jdn*)*; *(patient)* verlegen; *(employee)* versetzen; SPORT transferieren **3.** *vi (on journey)* umsteigen; **transferable** *adj* übertragbar

transform *vt* umwandeln; **transformation** *n* Umwandlung *f*

transfusion *n* Transfusion *f*

transistor *n* Transistor *m*

transition *n* Übergang *m (from ... to* von ... zu*)*

translate *vt, vi* übersetzen; **translation** *n* Übersetzung *f*; **translator** *n* Übersetzer(in) *m(f)*

transmission *n* AUTO Getriebe *nt*

transparent adj durchsichtig

transplant MED **1.** vt transplantieren **2.** n (operation) Transplantation f

transport 1. n (of goods, people) Beförderung f; *public* ~ öffentliche Verkehrsmittel pl **2.** vt (goods, people) transportieren; **transportation** n → **transport**

trap 1. n (book, film etc) Falle f **2.** vt *be ~ped* (in snow, job etc) festsitzen

trash n (book, film etc) Schund m; (US, refuse) Abfall m; **trash can** n (US) Abfalleimer m; **trashy** adj (novel) Schund-

traumatic adj traumatisch

travel 1. n Reisen nt **2.** vi (journey) reisen **3.** vt (distance) zurücklegen; (country) bereisen; **travel agency**, **travel agent** n (company) Reisebüro nt; **traveler** (US) → **traveller**; **traveler's check** (US) → **traveller's cheque**; **traveller** n Reisende(r) mf; **traveller's cheque** n (Brit) Reisescheck m

tray n Tablett nt; (for mail etc) Ablage f; (of printer, photocopier) Fach nt

tread n (on tyre) Profil nt; **tread on** vt treten auf + acc

treasure n Schatz m **2.** vt schätzen

treat 1. n besondere Freude f; *it's my ~* das geht auf meine Kosten **2.** vt behandeln; ~ *sb* (to sth) jdn (zu etw) einla-

den; ~ *oneself to sth* sich etw leisten; **treatment** n Behandlung f

treaty n Vertrag m

tree n Baum m

tremble vi zittern

tremendous adj gewaltig; fam (very good) toll

trench n Graben m

trend n Tendenz f; (fashion) Mode f, Trend m; **trendy** adj trendy

trespass vi *'no ~ing'* „Betreten verboten"

trial n LAW Prozess m; (test) Versuch m; **trial period** n (for employee) Probezeit f

triangle n Dreieck nt; MUS Triangel m; **triangular** adj dreieckig

tribe n Stamm m

trick 1. n Trick m; (mischief) Streich m **2.** vt hereinlegen

tricky adj (difficult) schwierig, heikel; (situation) verzwickt

trifle n Kleinigkeit f; (Brit) GASTR Trifle nt (Nachspeise aus Biskuit, Wackelpudding, Obst, Vanillesoße und Sahne)

trigger 1. n (of gun) Abzug m **2.** vt ~ (off) auslösen

trim 1. vt (hair, beard) nachschneiden; (nails) schneiden; (hedge) stutzen **2.** n *just a ~, please* nur etwas nachschneiden, bitte; **trimmings** npl (decorations) Verzierungen pl; (extras) Zubehör nt; GASTR Beilagen pl

trip 1. n Reise f; (outing) Ausflug m **2.** vi stolpern (over über + acc)

triple 1. adj dreifach **2.** adv ~ **the price** dreimal so teuer **3.** vi sich verdreifachen; **triplet** n Drilling m

tripod n Stativ nt

trite adj banal

triumph n Triumph m

trivial adj trivial

trod pt → **tread**

trodden pp → **tread**

trolley n (Brit, in shop) Einkaufswagen m; (for luggage) Kofferkuli m; (serving trolley) Teewagen m

trombone n Posaune f

troops npl MIL Truppen pl

trophy n Trophäe f

tropical adj tropisch

trouble 1. n (problems) Schwierigkeiten pl; (worry) Sorgen pl; (effort) Mühe f; (unrest) Unruhen pl; MED Beschwerden pl; **be in ~** in Schwierigkeiten sein; **get into ~** (with authority) Ärger bekommen; **make ~** Schwierigkeiten machen **2.** vt (worry) beunruhigen; (disturb) stören; **sorry to ~ you** ich muss dich / Sie leider kurz stören; **troubled** adj (worried) beunruhigt; **trouble-free** adj problemlos; **troublemaker** n Unruhestifter(in) m(f); **troublesome** adj lästig

trousers npl Hose f; **trouser**

suit n (Brit) Hosenanzug m

trout n Forelle f

truck n Lastwagen m; (Brit) RAIL Güterwagen m; **trucker** n (US, driver) Lastwagenfahrer(in) m(f)

true adj (factually correct) wahr; (genuine) echt; **come ~** wahr werden

truly adv wirklich; **Yours ~** (in letter) mit freundlichen Grüßen

trumpet n Trompete f

trunk n (of tree) Stamm m; ANAT Rumpf m; (of elephant) Rüssel m; (piece of luggage) Überseekoffer m; (US) AUTO Kofferraum m; **trunks** npl (swimming) ~ Badehose f

trust 1. n (confidence) Vertrauen nt (in zu) **2.** vt vertrauen + dat; **trusting** adj vertrauensvoll; **trustworthy** adj vertrauenswürdig

truth n Wahrheit f; **truthful** adj ehrlich; (statement) wahrheitsgemäß

try 1. n Versuch m **2.** vt (attempt) versuchen; (try out) ausprobieren; (sample) probieren; LAW (person) vor Gericht stellen; (courage, patience) auf die Probe stellen **3.** vi versuchen; (make effort) sich bemühen; **try on** vt (clothes) anprobieren; **try out** vt ausprobieren

T-shirt n T-Shirt nt

tub n (for ice-cream, margarine) Becher m

tube n (pipe) Rohr nt; (of rubber, plastic) Schlauch m; (for toothpaste, glue etc) Tube f; **the Tube** (in London) die U-Bahn; **tube station** n U-Bahn-Station f

tuck vt (put) stecken; **tuck in 1.** vt (shirt) in die Hose stecken; (person) zudecken **2.** vi (eat) zulangen

Tue(s) abbr → **Tuesday** Di.

Tuesday n Dienstag m; **on** ~ (am) Dienstag; **on** ~**s** dienstags; **this / last / next** ~ diesen / letzten / nächsten Dienstag; **(on)** ~ **morning / afternoon / evening** (am) Dienstagmorgen / -nachmittag / -abend; **every** ~ jeden Dienstag; **a week on** ~/~ **week** Dienstag in einer Woche

tug(s) abbr → **Tuesday**

tuition n Unterricht m; (US, fees) Studiengebühren pl; ~ **fees** pl Studiengebühren pl

tulip n Tulpe f

tumble vi (person, prices) fallen; **tumble dryer** n Wäschetrockner m

tummy n fam Bauch m

tumor (US), **tumour** (US) n Tumor m

tuna n Thunfisch m

tune 1. n Melodie f; **be in / out of** ~ (instrument) gestimmt / verstimmt sein; (singer) richtig / falsch singen **2.** vt (instrument) stim-

men; (radio) einstellen (to auf + acc)

Tunisia n Tunesien nt

tunnel n Tunnel m; (under road, railway) Unterführung f

turbulence n AVIAT Turbulenzen pl; **turbulent** adj stürmisch

Turk n Türke m, Türkin f

turkey n Truthahn m

Turkey n die Türkei; **Turkish 1.** adj türkisch **2.** n (language) Türkisch nt

turmoil n Aufruhr m

turn 1. n (rotation) Drehung f; (performance) Nummer f; **make a left** ~ nach links abbiegen; **at the** ~ **of the century** um die Jahrhundertwende; **it's your** ~ du bist / Sie sind dran; **in** ~, **by** ~**s** abwechselnd; **take** ~**s** sich abwechseln **2.** vt (wheel, key, screw) drehen; (to face other way) umdrehen; (corner) biegen um; (page) umblättern; (transform) verwandeln (into in + acc) **3.** vi (rotate) sich drehen; (to face other way) sich umdrehen; (change direction: driver, car) abbiegen; (become) werden; (weather) umschlagen; ~ **sth into sth** sich in etw acc verwandeln; ~ **cold / green** kalt / grün werden; ~ **left / right** links / rechts abbiegen; **turn away** vt (person) abweisen; **turn**

back 1. vt (person) zurückweisen **2.** vi (go back) umkehren; **turn down** vt (refuse) ablehnen; (radio, TV) leiser stellen; (heating) kleiner stellen; **turn off 1.** vi abbiegen **2.** vt (switch off) ausschalten; (tap) zudrehen; (engine, electricity) abstellen; **turn on** vt (switch on) einschalten; (tap) aufdrehen; (engine, electricity) anstellen; fam (person) anmachen, antörnen; **turn out 1.** vt (light) ausmachen; (pockets) leeren **2.** vi (develop) sich entwickeln; **as it turned out** wie sich herausstellte; **turn over 1.** vt (page) umblättern **2.** vi (person) sich umdrehen; (car) sich überschlagen; TV umschalten (to auf + acc); **turn round 1.** vt (to face other way) umdrehen **2.** vi (person) sich umdrehen; (go back) umkehren; **turn to** vt sich zuwenden + dat; **turn up 1.** vi (person, lost object) auftauchen **2.** vt (radio, TV) lauter stellen; (heating) höher stellen; **turning** n (in road) Abzweigung f; **turning point** n Wendepunkt m

turnip n Rübe f

turnover n FIN Umsatz m

turnpike n (US) gebührenpflichtige Autobahn

turquoise adj türkis

turtle n (Brit) Wasserschild-

kröte f; (US) Schildkröte f

tutor n (private) Privatlehrer(in) m(f); (Brit, at university) Tutor(in) m(f)

tux, tuxedo n (US) Smoking m

TV 1. n Fernsehen nt; (TV set) Fernseher m; **watch ~** fernsehen; **on ~** im Fernsehen **2.** adj Fernseh-; **~ programme** Fernsehsendung f

tweed n Tweed m

tweezers npl Pinzette f

twelfth adj zwölfte(r, s); → **eighth**; **twelve 1.** num zwölf **2.** n Zwölf f; → **eight**

twentieth adj zwanzigste(r, s); → **eighth**; **twenty 1.** num zwanzig; **~-one** einundzwanzig **2.** n Zwanzig f; **be in one's twenties** in den Zwanzigern sein; → **eight**

twice adv zweimal; **~ as much / many** doppelt so viel / viele

twig n Zweig m

twilight n (in evening) Dämmerung f

twin 1. n Zwilling m **2.** adj (brother etc) Zwillings-; **~ beds** zwei Einzelbetten **3.** vt **York is ~ned with Münster** York ist eine Partnerstadt von Münster

twinkle vi funkeln

twin room n Zweibettzimmer nt; **twin town** n Partnerstadt f

twist vt (turn) drehen, winden; (distort) verdrehen;

I've ~ed my ankle ich bin mit dem Fuß umgeknickt

two 1. *num* zwei; **break sth in ~** etw in zwei Teile brechen 2. *n* Zwei *f*; **the ~ of them** die beiden; → **eight**; **two-dimensional** *adj* zweidimensional; *fig* oberflächlich; **two-piece** *adj* zweiteilig; **two-way** *adj* ~ **traffic** Gegenverkehr

type *n* (*sort*) Art *f*; (*typeface*)

Schrift(art) *f*; **he's not my ~** er ist nicht mein Typ; **typeface** *n* Schrift(art) *f*; **typewriter** *n* Schreibmaschine *f*

typhoid *n* Typhus *m*

typhoon *n* Taifun *m*

typical *adj* typisch (*of* für)

typing error *n* Tippfehler *m*

tyre *n* (*Brit*) Reifen *m*; **tyre pressure** *n* Reifendruck *m*

Tyrol *n* **the ~** Tirol *nt*

U

UFO *acr* = **unidentified flying object**; Ufo *nt*

Uganda *n* Uganda *nt*

ugly *adj* hässlich

UHT *adj abbr* = **ultra-heat treated**; ~ **milk** H-Milch *f*

UK *abbr* = **United Kingdom** Vereinigtes Königreich *nt*

Ukraine *n* **the ~** die Ukraine

ulcer *n* Geschwür *nt*

ultimate *adj* (*final*) letzte(r, s); (*authority*) höchste(r, s); **ultimately** *adv* letzten Endes; (*eventually*) schließlich; **ultimatum** *n* Ultimatum *nt*

ultra- *pref* ultra-

ultrasound *n* MED Ultraschall *m*

umbrella *n* Schirm *m*

umpire *n* Schiedsrichter(in) *m(f)*

umpteen *num fam* zig; ~ **times** zigmal

un- *pref* un-

UN *nsing abbr* = **United Nations** VN, Vereinte Nationen *pl*

unable *adj* **be ~ to do sth** etw nicht tun können

unacceptable *adj* unannehmbar

unaccustomed *adj* **be ~ to sth** etw nicht gewohnt sein

unanimous, unanimously *adj, adv* einmütig

unattached *adj* (*without partner*) ungebunden

unattended *adj* (*luggage, car*) unbeaufsichtigt

unauthorized *adj* unbefugt

unavailable *adj* nicht erhältlich; (*person*) nicht erreichbar

unavoidable *adj* unvermeidlich

unaware *adj* **be ~ of sth** sich einer Sache *gen* nicht bewusst sein; **I was ~ that ...**

ich wusste nicht, dass …

unbalanced *adj* unausgewogen

unbearable *adj* unerträglich

unbeatable *adj* unschlagbar

unbelievable *adj* unglaublich

uncertain *adj* unsicher

uncle *n* Onkel *m*

uncomfortable *adj* unbequem

unconditional *adj* bedingungslos

unconscious *adj* MED bewusstlos; **be ~ of sth** sich einer Sache *gen* nicht bewusst sein; **unconsciously** *adv* unbewusst

uncover *vt* aufdecken

undecided *adj* unschlüssig

undeniable *adj* unbestreitbar

under **1.** *prep* (*beneath*) unter + *dat*; (*with motion*) unter + *acc*; **~ an hour** weniger als eine Stunde **2.** *adv* (*beneath*) unten; (*with motion*) darunter; **children aged eight and ~** Kinder bis zu acht Jahren; **under-age** *adj* minderjährig

undercarriage *n* Fahrgestell *nt*

underdog *n* (*outsider*) Außenseiter(in) *m(f)*

underdone *adj* GASTR nicht gar, durch

underestimate *vt* unterschätzen

underexposed *adj* PHOT unterbelichtet

undergo *irr vt* (*experience*) durchmachen; (*operation, test*) sich unterziehen + *dat*

undergraduate *n* Student(in) *m(f)*

underground **1.** *adj* unterirdisch **2.** *n* (*Brit*) U-Bahn *f*; **underground station** *n* U-Bahn-Station *f*

underlie *irr vt* zugrunde liegen + *dat*

underline *vt* unterstreichen

underlying *adj* zugrunde liegend

underneath **1.** *prep* unter + *dat*; (*with motion*) unter + *acc* **2.** *adv* darunter

underpants *npl* Unterhose *f*; **undershirt** *n* (*US*) Unterhemd *nt*; **undershorts** *npl* (*US*) Unterhose *f*

understand *irr vt, vi* verstehen; **I ~ that …** (*been told*) ich habe gehört, dass …; (*sympathize*) ich habe Verständnis dafür, dass …; **make oneself understood** sich verständlich machen; **understanding** *adj* verständnisvoll

undertake *irr vt* (*task*) übernehmen; **~ to do sth** sich verpflichten, etw zu tun; **undertaker** *n* Leichenbestatter(in) *m(f)*; **~'s** (*firm*) Bestattungsinstitut *nt*

underwater **1.** *adv* unter Wasser **2.** *adj* Unterwasser-

underwear *n* Unterwäsche *f*

undo *irr vt* (*unfasten*) aufmachen; (*work*) zunichtemachen; rr rückgängig machen

undoubtedly adv zweifellos

undress 1. vt ausziehen **2.** vi sich ausziehen

unearth vt (dig up) ausgraben; (find) aufstöbern

unease n Unbehagen nt; **uneasy** adj (person) unbehaglich; **I'm ~ about it** mir ist nicht wohl dabei

unemployed 1. adj arbeitslos **2.** npl **the~** pl die Arbeitslosen pl; **unemployment** n Arbeitslosigkeit f; **unemployment benefit** n Arbeitslosengeld nt

unequal adj ungleich

uneven adj (surface, road) uneben; (contest) ungleich

unexpected adj unerwartet

unfamiliar adj **be ~ with sb / sth** jdn / etw nicht kennen

unfasten vt aufmachen

unfit adj ungeeignet (for für); (in bad health) nicht fit

unforeseen adj unvorhergesehen

unforgettable adj unvergesslich

unforgivable adj unverzeihlich

unfortunate adj (unlucky) unglücklich; **it is ~ that ...** es ist bedauerlich, dass ...; **unfortunately** adv leider

unfounded adj unbegründet

unhappy adj (sad) unglücklich, unzufrieden

unhealthy adj ungesund

unheard-of adj (unknown)

gänzlich unbekannt; (outrageous) unerhört

unhitch vt (caravan, trailer) abkoppeln

unhurt adj unverletzt

uniform 1. n Uniform f **2.** adj einheitlich

unify vt vereinigen

unimportant adj unwichtig

uninhabited adj unbewohnt

uninstall vt rr deinstallieren

unintentional adj unabsichtlich

union n (uniting) Vereinigung f; (alliance) Union f

unique adj einzigartig

unit n Einheit f; (of system, machine) Teil nt; (in school) Lektion f

unite 1. vt vereinigen; **the United Kingdom** das Vereinigte Königreich; **the United Nations** pl die Vereinten Nationen pl; **the United States (of America)** pl die Vereinigten Staaten (von Amerika) pl **2.** vi sich vereinigen

universe n Universum nt

university n Universität f

unkind adj unfreundlich (to zu)

unknown adj unbekannt (to + dat)

unleaded adj bleifrei

unless conj es sei denn, wenn ... nicht; **don't do it ~ I tell you to** mach das nicht, es sei denn, ich sage es dir; **~ I'm mistaken ...** wenn ich mich nicht irre …

unlicensed adj (to sell alcohol) ohne Lizenz

unlike prep (in contrast to) im Gegensatz zu; **it's~ her to be late** es sieht ihr gar nicht ähnlich, zu spät zu kommen; **unlikely** adj unwahrscheinlich

unload vt ausladen

unlock vt aufschließen

unlucky adj unglücklich; **be~** Pech haben

unmistakable adj unverkennbar

unnecessary adj unnötig

unoccupied adj (seat) frei; (building, room) leer stehend

unpack vt, vi auspacken

unpleasant adj unangenehm

unplug vt ~ sth den Stecker von etw herausziehen

unprecedented adj beispiellos

unpredictable adj (person, weather) unberechenbar

unreasonable adj unvernünftig; (demand) übertrieben

unreliable adj unzuverlässig

unsafe adj nicht sicher; (dangerous) gefährlich

unscrew vt abschrauben

unskilled adj (worker) ungelernt

unsuccessful adj erfolglos

unsuitable adj ungeeignet (for für)

until 1. prep bis; **not ~** erst;

from Monday ~ Friday von Montag bis Freitag; **he didn't come home ~ midnight** er kam erst um Mitternacht nach Hause; **~ then** bis dahin **2.** conj bis; **she won't come ~ you invite her** sie kommt erst, wenn du sie einlädst / Sie sie einladen

unusual, unusually adj, adv ungewöhnlich

unwanted adj unerwünscht, ungewollt

unwell adj krank; **feel ~** sich nicht wohlfühlen

unwilling adj **be ~ to do sth** nicht bereit sein, etw zu tun

unwind irr **1.** vt abwickeln **2.** vi (relax) sich entspannen

unwrap vt auspacken

unzip vt den Reißverschluss aufmachen an + dat; IT entzippen

up 1. prep climb **~ a tree** einen Baum hinaufklettern; **go ~ the street / the stairs** die Straße entlanggehen / die Treppe hinaufgehen; **further ~ the hill** weiter oben auf den Berg **2.** adv (in higher position) oben; (to higher position) nach oben; (out of bed) auf; **~ there** dort oben; **~ and down** (walk, pace) auf und ab; **what's ~?** fam was ist los?; **~ to £100** bis zu 100 Pfund; **what's she ~ to?** was macht sie gerade?; (planning) was hat sie vor?; **it's ~ to you** das liegt bei dir / Ih-

nen; *I don't feel ~ to it* ich
fühle mich dem nicht ge-
wachsen

upbringing *n* Erziehung *f*

update 1. *n* (*list etc*) Aktuali-
sierung *f*; (*software*) Update
nt **2.** *vt* (*list etc, person*) aktualisieren

upgrade *vt* (*computer*) aufrüsten; (*offend*) das Hotel hat uns ein besseres Zimmer gegeben

upheaval *n* Aufruhr *m*; POL
Umbruch *m*

uphill *adv* bergauf

upon *prep* → **on**

upper *adj, adv* obere(r, s); (*arm,
deck*) Ober-

upright *adj, adv* aufrecht

uprising *n* Aufstand *m*

uproar *n* Aufruhr *m*

upset 1. *irr vt* (*overturn*) umkippen; (*disturb*) aufregen;
(*sadden*) bestürzen; (*offend*)
kränken; (*plans*) durcheinanderbringen **2.** *adj* (*disturbed*) aufgeregt; (*sad*) bestürzt; (*offended*) gekränkt;
~ stomach Magenverstimmung *f*

upside down *adv* verkehrt
herum; *fig* drunter und drüber; *turn sth ~* (*box etc*) etw
umdrehen / durchwühlen

upstairs *adv* oben; (*go, take*)
nach oben

up-to-date *adj* modern; (*fashion, information*) aktuell;
keep sb ~ jdn auf dem Laufenden halten

upwards *adv* nach oben

urban *adj* städtisch, Stadt-

urge 1. *n* Drang *m* **2.** *vt ~ sb to
do sth* jdn drängen, etw zu
tun; *urgent, urgently adj,
adv* dringend

urine *n* Urin *m*

us *pron* uns; *can he help ~?*
kann er uns helfen?; *it's ~*
wir sind's; *both of ~* wir beide

US, USA *nsing abbr* = **United
States (of America)** USA *pl*

use 1. *n* (*using*) Gebrauch *m*;
(*for specific purpose*) Benut-
zung *f*; *in / out of ~* in / außer Gebrauch; *it's no ~ (doing that)* es hat keinen
Zweck, (das zu tun); *it's
(of) no ~ to me* das kann
ich nicht brauchen **2.** *vt* benutzen, gebrauchen; (*for
specific purpose*) verwenden; (*method*) anwenden;
use up vt aufbrauchen

used 1. *adj* (*secondhand*) gebraucht **2.** *vaux be ~ to
sb / sth* an jdn / etw gewöhnt sein; *get ~ to sb /
sth* sich an jdn / etw gewöhnen; *she ~ to live here* sie
hat früher mal hier gewohnt;
useful adj nützlich; *useless
adj* nutzlos; (*unusable*) unbrauchbar; (*pointless*)
zwecklos; *user n* Benut-
zer(in) *m(f)*; *user-friendly
adj* benutzerfreundlich

usual *adj* üblich, gewöhnlich;
as ~ wie üblich; *usually adv*

normalerweise
utensil *n* Gerät *nt*
uterus *n* Gebärmutter *f*
utilize *vt* verwenden
utmost *adj* äußerst

utter 1. *adj* völlig **2.** *vt* von sich
geben; **utterly** *adv* völlig
U-turn *n* AUTO Wende *f*; **do a ~**
wenden

V

vacancy *n* (*job*) offene Stelle;
(*room*) freies Zimmer; **vacant** *adj* (*room, toilet*) frei;
(*post*) offen; (*building*) leer
stehend; **vacate** *vt* (*room,
building*) räumen; (*seat*) frei
machen
vacation *n* (*US*) Ferien *pl*,
Urlaub *m*; (*at university*) (Semester)ferien *pl*; **go on ~** in
Urlaub fahren
vaccinate *vt* impfen; **vaccination** *n* Impfung *f*; **~ card**
Impfpass *m*
vacuum 1. *n* Vakuum *nt* **2.** *vt,
vi* (staub)saugen; **vacuum
(cleaner)** *n* Staubsauger *m*
vagina *n* Scheide *f*
vague *adj* (*imprecise*) vage;
(*resemblance*) schwach; **vaguely** *adv* in etwa, irgendwie
vain *adj* (*attempt*) vergeblich;
(*conceited*) eitel; **in ~** vergeblich, umsonst
valid *adj* (*ticket, passport etc*)
gültig; (*argument*) stichhaltig
valley *n* Tal *nt*
valuable *adj* wertvoll; (*time*)
kostbar; **valuables** *npl*

Wertsachen *pl*
value 1. *n* Wert *m* **2.** *vt* (*appreciate*) schätzen; **value added
tax** *n* Mehrwertsteuer *f*
valve *n* Ventil *nt*
van *n* AUTO Lieferwagen *m*
vanilla *n* Vanille *f*
vanish *vi* verschwinden
vanity *n* Eitelkeit *f*; **vanity
case** *n* Schminkkoffer *m*
vapor (*US*), **vapour** *n* (*mist*)
Dunst *m*; (*steam*) Dampf *m*
variable *adj* (*weather, mood*)
unbeständig; (*quality*) unterschiedlich; (*speed, height*)
regulierbar; **varied** *adj* (*interests, selection*) vielseitig;
(*career*) bewegt; (*work, diet*)
abwechslungsreich; **variety**
n (*diversity*) Abwechslung
f; (*assortment*) Vielfalt *f* (*of
an + dat*); (*type*) Art *f*; **various** *adj* verschieden
varnish 1. *n* Lack *m* **2.** *vt* lackieren
vary 1. *vt* (*alter*) verändern **2.**
vi (*be different*) unterschiedlich sein; (*fluctuate*) sich verändern; (*prices*) schwanken
vase (*US*) *n* Vase *f*
vast *adj* riesig; (*area*) weit

VAT *abbr* → *value added tax*
Mehrwertsteuer *f*, MwSt.

Vatican *n the* ~ der Vatikan

VCR *abbr* → *video cassette recorder* Videorekorder *m*

VD *abbr* → *venereal disease* Geschlechtskrankheit *f*

veal *n* Kalbfleisch *nt*

vegan *n* Veganer(in) *m(f)*

vegetable *n* Gemüse *nt*

vegetarian 1. *n* Vegetarier(in) *m(f)* **2.** *adj* vegetarisch

veggie *fam* **1.** *n* Vegetarier(in) *m(f)*; Gemüse *nt* **2.** *adj* vegetarisch; **veggieburger** *fam n* Veggieburger *m*, Gemüseburger *m*

vehicle *n* Fahrzeug *nt*

veil *n* Schleier *m*

vein *n* Ader *f*

Velcro® *n* Klettband *nt*

velvet *n* Samt *m*

vending machine *n* Automat *m*

venetian blind *n* Jalousie *f*

Venezuela *n* Venezuela *nt*

Venice *n* Venedig *nt*

venison *n* Rehfleisch *nt*

vent *n* Öffnung *f*

ventilate *vt* lüften; **ventilation** *n* Belüftung *f*; **ventilator** *n* (*in room*) Ventilator *m*; **be on a** ~ MED künstlich beatmet werden

venture 1. *n* (*project*) Unternehmung *f*; COMM Unternehmen *nt* **2.** *vi* (*go*) (sich) wagen

venue *n* (*for concert etc*) Veranstaltungsort *m*

verb *n* Verb *nt*

verdict *n* Urteil *nt*

verge 1. *n* (*of road*) (Straßen)rand *m*; **be on the** ~ **of doing sth** im Begriff sein, etw zu tun **2.** *vi* ~ **on** grenzen an + *acc*

verification *n* (*confirmation*) Bestätigung *f*; (*check*) Überprüfung *f*; **verify** *vt* (*confirm*) bestätigen; (*check*) überprüfen

vermin *npl* Schädlinge *pl*; (*insects*) Ungeziefer *nt*

verruca *n* Warze *f*

versatile *adj* vielseitig

verse *n* (*poetry*) Poesie *f*; (*stanza*) Strophe *f*

version *n* Version *f*

versus *prep* gegen

vertical *adj* senkrecht, vertikal

very 1. *adv* sehr; ~ **much** sehr **2.** *adj* **the** ~ **book I need** genau das Buch, das ich brauche; **at that** ~ **moment** gerade in dem Augenblick; **at the** ~ **top** ganz oben; **the** ~ **best** der / die / das Allerbeste

vest *n* (*Brit*) Unterhemd *nt*; (*US, waistcoat*) Weste *f*

vet *n* Tierarzt *m*, Tierärztin *f*

veto 1. *n* Veto *nt* **2.** *vt* sein Veto einlegen gegen

via *prep* über + *acc*

vibrate *vi* vibrieren; **vibration** *n* Vibration *f*

vicar *n* Pfarrer(in) *m(f)*

vice 1. *n* (*evil*) Laster *nt* **2.** *pref* Vize-; ~**-chairman** stellvertretender Vorsitzender;

vital

~-president Vizepräsident(in) m(f)
vice versa adv umgekehrt
vicinity n **in the ~** in der Nähe (of + gen)
vicious adj (violent) brutal; (malicious) gemein; **vicious circle** n Teufelskreis m
victim n Opfer nt
victory n Sieg m
video 1. adj Video- **2.** n Video nt; (recorder) Videorekorder m **3.** vt (auf Video) aufnehmen; **video camera** n Videokamera f; **video cassette** n Videokassette f; **video clip** n Videoclip m; **video recorder** n Videorekorder m; **videotape 1.** n Videoband nt **2.** vt (auf Video) aufnehmen
Vienna n Wien nt
Vietnam n Vietnam nt
view 1. n (sight) Blick m (of auf + acc); (vista) Aussicht f; (opinion) Meinung f; **in ~ of** angesichts + gen **2.** vt (situation, event) betrachten; (house) besichtigen; **viewer** n (for slides) Diabetrachter m; TV Zuschauer(in) m(f); **viewpoint** n fig Standpunkt m
village n Dorf nt
villain n Schurke m; (in film, story) Bösewicht m
vinegar n Essig m
vineyard n Weinberg m
vintage n (of wine) Jahrgang m

violate vt (treaty) brechen; (rights, rule) verletzen
violence n (brutality) Gewalt f; (of person) Gewalttätigkeit f; **violent** adj (brutal) brutal; (death) gewaltsam
violet n Veilchen nt; (colour) Violett nt
violin n Geige f, Violine f
virgin n Jungfrau f
Virgo n ASTR Jungfrau f
virtual adj IT virtuell; **virtually** adv praktisch; **virtual reality** n IT virtuelle Realität f
virtue n Tugend f; **by ~ of** aufgrund + gen; **virtuous** adj tugendhaft
virus n MED, IT Virus nt
visa n Visum nt
visibility n METEO Sichtweite f; **good / poor ~** gute / schlechte Sicht; **visible** adj sichtbar; (evident) sichtlich; **visibly** adv sichtlich
vision n (power of sight) Sehvermögen nt; (foresight) Weitblick m; (dream, image) Vision f
visit 1. n Besuch m; (stay) Aufenthalt m **2.** vt besuchen; **visiting hours** npl Besuchszeiten pl; **visitor** n Besucher(in) m(f); **~'s book** Gästebuch m
visual adj Seh-; (image, joke) visuell; **visualize** vt sich vorstelle; **visually** adv visuell; **~ impaired** sehbehindert
vital adj (essential) unerlässlich, wesentlich; (argument,

moment) entscheidend; **vitality** *n* Vitalität *f*; **vitally** *adv* äußerst

vitamin *n* Vitamin *nt*

vivid *adj* (*description*) anschaulich; (*memory*) lebhaft

V-neck *n* V-Ausschnitt *m*

vocabulary *n* Wortschatz *m*, Vokabular *nt*

vocal *adj* (*of the voice*) Stimm-; (*group*) Gesangs-; (*protest, person*) lautstark

vocation *n* Berufung *f*; **vocational** *adj* Berufs-

vodka *n* Wodka *m*

voice 1. *n* Stimme *f* **2.** *vt* äußern; **voice mail** *n* Voicemail *f*

void 1. *n* Leere *f* **2.** *adj* LAW ungültig

volcano *n* Vulkan *m*

volleyball *n* Volleyball *m*

volt *n* Volt *nt*; **voltage** *n* Spannung *f*

volume *n* (*of sound*) Lautstärke *f*; (*space occupied by sth*) Volumen *nt*; (*size, amount*) Umfang *nt*; (*book*) Band *m*; **volume control** *n* Lautstärkeregler *m*

voluntary, voluntarily *adj, adv* freiwillig; (*unpaid*) ehrenamtlich; **volunteer 1.** *n* Freiwillige(r) *mf* **2.** *vi* sich freiwillig melden

voluptuous *adj* sinnlich

vomit *vi* sich übergeben

vote 1. *n* Stimme *f*; (*ballot*) Wahl *f*; (*result*) Abstimmungsergebnis *nt*; (*right to vote*) Wahlrecht *nt* **2.** *vt* (*elect*) wählen; **they ~d him chairman** sie wählten ihn zum Vorsitzenden **3.** *vi* wählen; **~ for / against sth** für / gegen etw stimmen; **voter** *n* Wähler(in) *m(f)*

voucher *n* Gutschein *m*

vow *n* Gelöbnis *nt*

vowel *n* Vokal *m*

voyage *n* Reise *f*

vulgar *adj* vulgär, ordinär

vulnerable *adj* verwundbar; (*sensitive*) verletzlich

vulture *n* Geier *m*

W

wade *vi* (*in water*) waten

wafer *n* Waffel *f*; REL Hostie *f*; **wafer-thin** *adj* hauchdünn

waffle *n* Waffel *f*; (*Brit*) *fam* (*empty talk*) Geschwafel *nt*

wag *vt* (*tail*) wedeln mit

wage *n* Lohn *m*

waggon (*Brit*), **wagon** *n*

(*horse-drawn*) Fuhrwerk *nt*; (*Brit*) RAIL Waggon *m*; (*US*) AUTO Wagen *m*

waist *n* Taille *f*; **waistcoat** *n* (*Brit*) Weste *f*; **waistline** *n* Taille *f*

wait 1. *n* Wartezeit *f* **2.** *vi* warten (*for* auf + *acc*); **~ and see**

wary

abwarten; **~ a minute** Moment mal!; **wait up** vi aufbleiben

waiter n Kellner m

waiting n 'no ~' „Halteverbot"; **waiting list** n Warteliste f; **waiting room** n MED Wartezimmer nt; RAIL Wartesaal m

waitress n Kellnerin f

wake 1. vt wecken **2.** vi aufwachen; **wake up 1.** vt aufwecken **2.** vi aufwachen; **wake-up call** n TEL Weckruf m

Wales n Wales nt

walk 1. n Spaziergang m; (ramble) Wanderung f; (route) Weg m; **go for a ~** spazieren gehen; **it's only a five-minute ~** es sind nur fünf Minuten zu Fuß **2.** vi gehen; (stroll) spazieren gehen; (ramble) wandern **3.** vt (dog) ausführen; **walking** n **go ~** wandern; **walking shoes** npl Wanderschuhe pl

wall n (inside) Wand f; (outside) Mauer f

wallet n Brieftasche f

wallpaper 1. n Tapete f; IT Bildschirmhintergrund m **2.** vt tapezieren

walnut n (nut) Walnuss f

waltz n Walzer m

wander vi (person) herumwandern

want 1. n (lack) Mangel m (of an + dat); (need) Bedürfnis nt; **for ~ of** aus Mangel an

+ dat **2.** vt (desire) wollen; (need) brauchen; **he doesn't ~ to** er will nicht

WAP phone n WAP-Handy nt

war n Krieg m

ward n (in hospital) Station f; (child) Mündel nt

warden n Aufseher(in) m(f); (in youth hostel) Herbergsvater m, Herbergsmutter f

wardrobe n Kleiderschrank m

warehouse n Lagerhaus nt

warfare n Krieg m; (techniques) Kriegsführung f

warm 1. adj warm; (welcome) herzlich; **I'm ~** mir ist warm **2.** vt wärmen; (food) aufwärmen; **warm over** vt (US, food) aufwärmen; **warm up 1.** vt (food) aufwärmen; (room) erwärmen **2.** vi (food, room) warm werden; SPORT sich aufwärmen; **warmly** adv warm; (welcome) herzlich; **warmth** n Wärme f; (of welcome) Herzlichkeit f

warn vt warnen (of, against vor + dat); **~ sb not to do sth** jdn davor warnen, etw zu tun; **warning** n Warnung f; **warning light** n Warnlicht nt; **warning triangle** n AUTO Warndreieck nt

warranty n Garantie f

wart n Warze f

wary adj vorsichtig; (suspicious) misstrauisch

was pt → **be**

wash 1. n have a ~ sich waschen; *it's in the ~* es ist in der Wäsche **2.** vt waschen; *(plates, glasses etc)* abwaschen; *~ the dishes* (das Geschirr) abwaschen **3.** vi *(clean oneself)* sich waschen; **wash off** vt abwaschen; **wash up** vi *(Brit, wash dishes)* abwaschen; *(US, clean oneself)* sich waschen; **washable** adj waschbar; **washbag** n *(US)* Kulturbeutel m; **washbasin** n Waschbecken nt; **washcloth** n *(US)* Waschlappen m; **washer** n TECH Dichtungsring m; *(washing machine)* Waschmaschine f; *(laundry)* Wäsche f; **washing machine** n Waschmaschine f; **washing powder** n Waschpulver nt; **washing-up** n *(Brit)* Abwasch m; **do the ~** abwaschen; **washing-up liquid** n *(Brit)* Spülmittel nt; **washroom** n *(US)* Toilette f

wasn't contr = **was not**

wasp n Wespe f

waste 1. n *(materials)* Abfall m; *(wasting)* Verschwendung f; *it's a ~ of time* das ist Zeitverschwendung **2.** adj *(superfluous)* überschüssig **3.** vt verschwenden *(on an + acc)*; *(opportunity)* vertun; **waste bin** n Abfalleimer m; **wastepaper basket** n Papierkorb m

watch 1. n *(timepiece)* (Armband)uhr f **2.** vt *(observe)* beobachten; *(guard)* aufpassen auf + acc; *(talks, play, programme)* sich dat ansehen; *~ TV* fernsehen **3.** vi zusehen; *(guard)* Wache halten; *~ for sb / sth* nach jdm / etw Ausschau halten; *~ out* pass auf!; **watchdog** n Wachhund m; **watchful** adj wachsam

water 1. n Wasser nt **2.** vt *(plant)* gießen **3.** vi *(eye)* tränen; *my mouth is ~ing* mir läuft das Wasser im Mund zusammen; **water down** vt verdünnen; **watercolor** *(US)*, **watercolour** n *(painting)* Aquarell nt; *(paint)* Wasserfarbe f; **watercress** n (Brunnen)kresse f; **waterfall** n Wasserfall m; **watering can** n Gießkanne f; **water level** n Wasserstand m; **watermelon** n Wassermelone f; **waterproof** adj wasserdicht; **water-skiing** n Wasserskilaufen nt; **water sports** npl Wassersport m; **watertight** adj wasserdicht; **water wings** npl Schwimmflügel pl; **watery** adj wässerig

wave 1. n Welle f **2.** vt *(move to and fro)* schwenken; *(hand, flag)* winken mit **3.** vi *(person)* winken; *(flag)* wehen; **wavelength** n Wellenlänge *f*; **wavy** *adj* wellig

wax *n* Wachs *nt*; (*in ear*) Ohrenschmalz *nt*

way *n* Weg *m*; (*direction*) Richtung *f*; (*manner*) Art *f*; *can you tell me the ~ to ... ?* wie komme ich (am besten) zu ... ?; *we went the wrong ~* wir sind in die falsche Richtung gefahren / gegangen; *lose one's ~* sich verirren; *make ~ for sb / sth* jdm / etw Platz machen; *get one's own ~* seinen Willen durchsetzen; *'give ~'* AUTO „Vorfahrt achten"; *the other~ round* andersherum; *one~ or another* irgendwie; *in a ~* in gewisser Weise; *in the ~* im Weg; *by the ~* übrigens; *'~ in'* „Eingang"; *'~ out'* „Ausgang"; *no~ fam* kommt nicht infrage!

we *pron* wir

weak *adj* schwach; **weaken 1.** *vt* schwächen **2.** *vi* schwächer werden

wealth *n* Reichtum *m*; **wealthy** *adj* reich

weapon *n* Waffe *f*

wear *vt* (*have on*) tragen **2.** *vi* (*become worn*) sich abnutzen **3.** *n ~ (and tear)* Abnutzung *f*; **wear off** *vi* (*diminish*) nachlassen; **wear out** *vt* abnutzen; (*person*) erschöpfen **2.** *vi* sich abnutzen

weather *n* Wetter *nt*; **weather forecast** *n* Wettervorhersage *f*

weave *vt* (*cloth*) weben; (*basket etc*) flechten

web *n a. fig* Netz *nt*; *the Web* das Web, das Internet; **webcam** *n* Webcam *f*; **web page** *n* Webseite *f*; **website** *n* Website *f*

we'd *contr* = *we had*; *we would*

Wed *abbr* → *Wednesday* Mi.

wedding *n* Hochzeit *f*; **wedding anniversary** *n* Hochzeitstag *m*; **wedding dress** *n* Hochzeitskleid *nt*; **wedding ring** *n* Ehering *m*; **wedding shower** *n* (*US*) Party für die zukünftige Braut

wedge *n* (*under door etc*) Keil *m*; (*of cheese etc*) Stück *nt*, Ecke *f*

Wednesday *n* Mittwoch *m*; → *Tuesday*

wee 1. *adj* klein **2.** *vi fam* pinkeln, Pipi machen

weed 1. *n* Unkraut *nt* **2.** *vt* jäten

week *n* Woche *f*; *twice a ~* zweimal in der Woche; *a ~ on Friday / Friday ~* Freitag in einer Woche; *in two ~s' time, in two ~s* in zwei Wochen; **weekday** *n* Wochentag *m*; **weekend** *n* Wochenende *nt*; **weekend break** *n* Wochenendurlaub *m*; **weekly** *adj, adv* wöchentlich; (*magazine*) Wochen-

weep *vi* weinen

weigh *vt, vi* wiegen; **weigh up** *vt* abwägen; (*person*) einschätzen; **weight** n Gewicht nt; **lose / put on ~** abnehmen / zunehmen; **weightlifting** n Gewichtheben nt; **weight training** n Krafttraining nt

weird adj seltsam; **weirdo** n Spinner(in) m(f)

welcome 1. n Empfang m **2.** adj willkommen; (news) angenehm; **~ to London** willkommen in London! **3.** vt begrüßen; **welcoming** adj freundlich

welfare n Wohl nt; (US, social security) Sozialhilfe f; **welfare state** n Wohlfahrtsstaat m

well 1. n Brunnen m **2.** adj (in good health) gesund; **are you ~?** geht es dir / Ihnen gut?; **feel ~** sich wohlfühlen **3.** interj nun; **~, I don't know** nun, ich weiß nicht **4.** adv gut; **~ done** gut gemacht!; **it may ~ be** das kann wohl sein; **as ~** (in addition) auch; **~ over 60** weit über 60

we'll contr = **we will; we shall**

well-behaved adj brav; **well-done** adj (steak) durchgebraten

wellingtons npl Gummistiefel pl

well-known adj bekannt; **well-off** adj (wealthy) wohlhabend; **well-paid** adj gut bezahlt

Welsh 1. adj walisisch **2.** n (language) Walisisch nt; **the**

~ pl die Waliser pl; **Welshman** n Waliser m; **Welshwoman** n Waliserin f

went pt → **go**

wept pt, pp → **weep**

were pt → **be**

we're contr = **we are**

weren't contr = **were not**

west 1. n Westen m **2.** adv (go, face) nach Westen **3.** adj West-; **westbound** adj (in) Richtung Westen; **western 1.** adj West-, westlich; **Western Europe** Westeuropa nt **2.** n FILM Western m; **West Germany** n Westdeutschland nt; **westwards** adv nach Westen

wet 1. vt **~ oneself** in die Hose machen **2.** adj nass, feucht; **„~ paint"** „frisch gestrichen"; **wet suit** n Tauchanzug m

we've contr = **we have**

whale n Wal m

wharf n Kai m

what 1. pron, interj was; **~'s your name?** wie heißt du / heißen Sie?; **~ is the letter about?** worum geht es in dem Brief?; **~ are they talking about?** worüber reden sie?; **~ for?** wozu? **2.** adj welche(r, s); **~ colour is it?** welche Farbe hat es?; **whatever** pron **I'll do ~ you want** ich tue alles, was du willst / Sie wollen; **~ he says** egal, was er sagt

what's contr = **what is; what has**

whoever

wheat n Weizen m

wheel 1. n Rad nt; (steering wheel) Lenkrad nt **2.** vt (bicycle, trolley) schieben; **wheelchair** n Rollstuhl m; **wheel clamp** n Parkkralle f

when 1. adv (in questions) wann; **on the day ~** an dem Tag, als **2.** conj wenn; (in past) als; **~ I was younger** als ich jünger war; **whenever** adv (every time) immer wenn; **come ~ you like** komm wann immer du willst / kommen Sie wann immer Sie wollen

where adv wo; **~ are you going?** wohin gehst du / gehen Sie?; **~ are you from?** woher kommst du / kommen Sie? **2.** conj wo; **that's ~ I used to live** da habe ich früher gewohnt; **whereabouts 1.** adv wo **2.** npl Aufenthaltsort m; **whereas** conj während, wohingegen; **wherever** conj wo immer; **~ that may be** wo immer das sein mag

whether conj ob

which 1. adj welche(r, s); **~ car is yours?** welches Auto gehört dir / Ihnen?; **~ one?** welche(r, s)? **2.** pron (in questions) welche(r, s); (in relative clauses) der / die/ das, die pl; **it rained, ~ upset his plans** es regnete, was seine Pläne durcheinanderbrachte; **whichever** adj, pron welche(r, s) auch im-

mer

while 1. n a ~ eine Weile; **for a ~** eine Zeit lang; **a short ~ ago** vor Kurzem **2.** conj während; (although) obwohl

whine vi (person) jammern

whip 1. n Peitsche f **2.** vt (beat) peitschen; **~ped cream** Schlagsahne f

whirl vt, vi herumwirbeln; **whirlpool** n (in river, sea) Strudel m; (pool) Whirlpool m

whisk 1. n Schneebesen m **2.** vt (cream etc) schlagen

whisker n (of animal) Schnurrhaar nt; **~s** pl (of man) Backenbart m

whisk(e)y n Whisky m

whisper vi, vt flüstern

whistle 1. n Pfiff m, Pfeife f **2.** vt, vi pfeifen

white 1. n (of egg) Eiweiß nt; (of eye) Weiße nt **2.** adj weiß; (with fear) blass; (coffee) mit Milch / Sahne

white lie n Notlüge f; **white meat** n helles Fleisch; **white water rafting** n Rafting nt; **white wine** n Weißwein m

Whitsun n Pfingsten nt

who pron (in questions) wer; (in relative clauses) der / die/das, die pl; **~ did you see?** wen hast du / haben Sie gesehen?; **~ does that belong to?** wem gehört das?; **the people ~ live next door** die Leute, die nebenan wohnen; **whoever** pron wer auch

immer; ~ *you choose* wen
auch immer du wählst / Sie
wählen

whole 1. *adj* ganz **2.** *n* Ganze(s) *nt*; **the ~ of my family**
meine ganze Familie; **on
the ~** im Großen und Ganzen; **wholefood** *n* (*Brit*)
Vollwertkost *f*; **~ store, ~
shop** Bioladen *m*; **wholeheartedly** *adv* voll und ganz; **wholemeal** *adj* (*Brit*) Vollkorn-; **wholesale** *adv* (*buy,
sell*) im Großhandel; **wholesome** *adj* gesund; **whole
wheat** *adj* Vollkorn-; **wholly**
adv völlig

whom *pron* (*in questions*)
wen; (*in relative clauses*)
den / die/das, die *pl*; **with ~
did you speak?** mit wem
hast du / haben Sie gesprochen?

whooping cough *n* Keuchhusten *m*

whose 1. *adj* (*in questions*)
wessen; (*in relative clauses*)
dessen / deren / dessen, deren *pl* **2.** *pron* (*in questions*)
wessen; **~ is this?** wem gehört das?

why *adv, conj* warum; **that's ~**
deshalb

wicked *adj* böse; *fam* (*great*)
geil

wide 1. *adj* breit; (*skirt, trousers*) weit; (*selection*) groß
2. *adv* weit; **wide-angle lens**
n Weitwinkelobjektiv *nt*;
wide-awake *adj* hellwach;

widely *adv* weit; **~ known**
allgemein bekannt; **widen**
vt verbreitern; *fig* erweitern;
wide-open *adj* weit offen;
widescreen TV *n* Breitbildfernseher *m*; **widespread**
adj weit verbreitet

widow *n* Witwe *f*; **widowed**
adj verwitwet; **widower** *n*
Witwer *m*

width *n* Breite *f*

wife *n* (Ehe)frau *f*

wig *n* Perücke *f*

wild 1. *adj* wild; (*violent*) heftig; (*plan, idea*) verrückt **2.** *n*
in the ~ in freier Wildbahn;
wildlife *n* Tier- und Pflanzenwelt *f*; **wildly** *adv* wild;
(*enthusiastic, exaggerated*)
maßlos

will 1. *vaux* he / they ~ come
er wird / sie werden kommen; **I won't be back until
late** ich komme erst spät zurück; **the car won't start** das
Auto will nicht anspringen;
~ you have some coffee?
möchtest du / möchten Sie
eine Tasse Kaffee? **2.** *n* Wille
m; (*wish*) Wunsch *m*; (*document*) Testament *nt*; **willing**
adj bereitwillig; **be ~ to do
sth** bereit sein, etw zu tun;
willingly *adv* gern(e)

willow *n* Weide *f*

wimp *n* Weichei *nt*

win 1. *vt, vi* gewinnen **2.** *n* Sieg
m; **win over, win round** *vt*
für sich gewinnen

wind *vt* (*rope, bandage*) wickeln; **wind down** vt (car window); **wind up** vt (clock) aufziehen; (car window) hochkurbeln; (meeting, speech) abschließen; (person) aufziehen, ärgern

wind n Wind m; MED Blähungen pl

wind instrument n Blasinstrument nt; **windmill** n Windmühle f

window n Fenster nt; (counter) Schalter m; **~ of opportunity** Chance f, Gelegenheit f; **windowpane** n Fensterscheibe f; **window-shopping** n **go ~** einen Schaufensterbummel machen; **windowsill** n Fensterbrett nt

windpipe n Luftröhre f; **windscreen** n (Brit) Windschutzscheibe f; **windscreen wiper** n (Brit) Scheibenwischer m; **windshield** n (US) Windschutzscheibe f; **windshield wiper** n (US) Scheibenwischer m; **windsurfer** n Windsurfer(in) m(f); (board) Surfbrett nt; **windsurfing** n Windsurfen nt

windy adj windig

wine n Wein m; **wine list** n Weinkarte f; **wine tasting** n (event) Weinprobe f

wing n Flügel m; (Brit) AUTO Kotflügel m

wink vi zwinkern; **~ at sb** jdm zuzwinkern

winner n Gewinner(in) m(f), Sieger(in) m(f); **winning 1.** adj (team, horse etc) siegreich **2.** n **~s** pl Gewinn m

winter n Winter m; **winter sports** npl Wintersport m; **wint(e)ry** adj winterlich

wipe vt abwischen; **~ one's nose** sich Dat die Nase putzen; **wipe off** vt abwischen; **wipe out** vt (destroy) vernichten; (data, debt) löschen

wire 1. n Draht m; ELEC Leitung f; (US, telegram) Telegramm nt **2.** vt (plug in) anschließen; (US) TEL telegrafieren (sb sth jdm etw); **wireless** adj drahtlos

wisdom n Weisheit f; **wisdom tooth** n Weisheitszahn m

wise, wisely adj, adv weise

wish 1. n Wunsch m (for nach); **with best ~es** (in letter) herzliche Grüße **2.** vt wünschen, wollen; **~ sb good luck / Merry Christmas** jdm viel Glück / frohe Weihnachten wünschen; **I ~ I'd never seen him** ich wünschte, ich hätte ihn nie gesehen

witch n Hexe f

with prep mit; (cause) vor + dat; **I'm pleased ~ it** ich bin damit zufrieden **he lives ~ his aunt** er wohnt bei seiner Tante

withdraw irr **1.** vt zurückziehen; (money) abheben;

(*comment*) zurücknehmen **2.** *vi* sich zurückziehen

wither *vi* (*plant*) verwelken

withhold *irr vt* vorenthalten (*from sb* jdm)

within *prep* innerhalb + *gen*; **~ walking distance** zu Fuß erreichbar

without *prep* ohne; **~ asking** ohne zu fragen

withstand *irr vt* standhalten + *dat*

witness 1. *n* Zeuge *m*, Zeugin *f* **2.** *vt* Zeuge sein

witty *adj* geistreich

wives *pl* → **wife**

WMD *abbr* = **weapons of mass destruction** Massenvernichtungswaffen *pl*

wobble *vi* wackeln; **wobbly** *adj* wackelig

wok *n* Wok *m*

woke *pt* → **wake**

woken *pp* → **wake**

wolf *n* Wolf *m*

woman *n* Frau *f*

womb *n* Gebärmutter *f*

women *pl* → **woman**

won *pt, pp* → **win**

wonder 1. *n* (*marvel*) Wunder *nt*; (*surprise*) Staunen *nt* **2.** *vi, vi* (*speculate*) sich fragen; **I ~ what / if ...** ich frage mich, was / ob ...; **wonderful, wonderfully** *adj, adv* wunderbar

won't *contr* = **will not**

wood *n* Holz *nt*; **~s** Wald *m*; **wooden** *adj* Holz-; *fig* hölzern; **woodpecker** *n* Specht

m

wool *n* Wolle *f*; **woollen, woolen** (*US*) *adj* Woll-

word 1. *n* Wort *nt*; (*promise*) Ehrenwort *nt*; **~s** *pl* (*of song*) Text *m*; **have a ~ with sb** mit jdm sprechen; **in other ~s** mit anderen Worten **2.** *vt* formulieren; **word processor** *n* (*program*) Textverarbeitungsprogramm *nt*

wore *pt* → **wear**

work 1. *n* Arbeit *f*; (*of art, literature*) Werk *nt*; **~ of art** Kunstwerk *nt*; **he's at ~** er ist in / auf der Arbeit; **out of ~** arbeitslos **2.** *vi* arbeiten (*at, on* an + *dat*); (*machine, plan*) funktionieren; (*medicine*) wirken; (*succeed*) klappen **3.** *vt* (*machine*) bedienen; **work out 1.** *vi* (*plan*) klappen; (*sum*) aufgehen; (*person*) trainieren **2.** *vt* (*price, speed etc*) ausrechnen; (*plan*) ausarbeiten; **work up** *vt* **get worked up** sich aufregen; **workaholic** *n* Arbeitstier *nt*; **worker** *n* Arbeiter(in) *m(f)*; **work experience** *n* Praktikum *nt*; **workman** *n* Handwerker *m*; **workout** *n* SPORT Fitnesstraining *nt*, Konditionstraining *nt*; **work permit** *n* Arbeitserlaubnis *f*; **workplace** *n* Arbeitsplatz *m*; **workshop** *n* Werkstatt *f*; (*meeting*) Workshop *m*

world *n* Welt *f*; **world cham-**

pionship *n* Weltmeister-
schaft *f*; World War *n* ~ **I/II,
the First / Second ~** der
Erste / Zweite Weltkrieg;
world-wide *adj, adv* weltweit; **World Wide Web** *n*
World Wide Web *nt*

worm *n* Wurm *m*

worn 1. *pp* → **wear** 2. *adj*
(*clothes*) abgetragen; (*tyre*)
abgefahren; **worn-out** *adj*
abgenutzt; (*person*) er-
schöpft

worried *adj* besorgt; worry 1.
n Sorge *f* 2. *vt* Sorgen machen + *dat* 3. *vi* sich Sorgen
machen (*about* um); **don't ~**
keine Sorge!; **worrying** *adj*
beunruhigend

worse 1. *adj comparative* →
bad; schlechter; (*pain, mistake etc*) schlimmer 2. *adv
comparative* → **badly**;
schlechter; **worsen 1.** *vt* verschlechtern **2.** *vi* sich verschlechtern

worship *vt* anbeten, anhimmeln

worst **1.** *adj superlative* →
bad; schlechteste(r, s);
(*pain, mistake etc*) schlimms-
te(r, s) **2.** *adv superlative* →
badly; am schlechtesten **3.**
n **the ~ is over** das
Schlimmste ist vorbei; **at
(the) ~** schlimmstenfalls

worth **1.** *n* Wert *m* **2.** *adj* **it is ~
£50** es ist 50 Pfund wert;
(*seeing*) **~ seeing** sehenswert;
it's ~ it (*rewarding*) es lohnt sich;

worthless *adj* wertlos;
worthwhile *adj* lohnend,
lohnenswert; **worthy** *adj*
(*deserving respect*) würdig;
be ~ of sth etw verdienen

would *vaux* **if you asked he ~
come** wenn du ihn fragtest /
Sie ihn fragten, würde er kommen; **I ~ have told you, but
...** ich hätte es dir / Ihnen gesagt, aber ...; **~ you like a
drink?** möchtest du / möchten Sie etwas trinken?; **he
~n't help me** er wollte mir
nicht helfen

wouldn't *contr* = **would not**
would've *contr* = **would have**
wound **1.** *n* Wunde *f* **2.** *vt* ver-
wunden, verletzen **3.** *pt, pp*
→ **wind**
wove *pt* → **weave**
woven *pp* → **weave**
wrap *vt* (*parcel, present*) einwickeln; **wrap up 1.** *vt* (*parcel, present*) einwickeln **2.**
vi (*dress warmly*) sich warm
anziehen; **wrapping paper**
n Packpapier *nt*; (*giftwrap*)
Geschenkpapier *nt*
wreath *n* Kranz *m*
wreck **1.** *n* (*ship, plane, car*)
Wrack *nt*; **a nervous ~** ein
Nervenbündel *m* **2.** *vt* (*car*)
zu Schrott fahren; *fig* zerstören; **wreckage** *n* Trümmer
pl
wrench *n* (*tool*) Schraubenschlüssel *m*
wrestling *n* Ringen *nt*
wring out *vt* auswringen

wrinkle n Falte f

wrist n Handgelenk nt; **wristwatch** n Armbanduhr f

write 1. vt schreiben; (cheque) ausstellen **2.** vi schreiben; **~ to sb** jdm schreiben; **write down** vt aufschreiben; **write off** vt (debt, person) abschreiben; (car) zu Schrott fahren; **write out** vt (name etc) ausschreiben; (cheque) ausstellen; **write-protected** adj IT schreibgeschützt; **writer** n Verfasser(in) m(f); (author) Schriftsteller(in) m(f); **writing** n Schrift f; (profession) Schreiben nt; **in ~** schriftlich; **writing paper** n

Schreibpapier nt

written pp → **write**

wrong adj (incorrect) falsch; (morally) unrecht; **you're ~** du hast / Sie haben unrecht; **what's ~ with your leg?** was ist mit deinem / Ihrem Bein los?; **I dialled the ~ number** ich habe mich verwählt; **don't get me ~** versteh / verstehen Sie mich nicht falsch; **go ~** (plan) schiefgehen; **wrongly** adv falsch; (unjustly) zu Unrecht

wrote pt → **write**

WWW abbr → **World Wide Web** WWW

X

xenophobia n Ausländerfeindlichkeit f

XL abbr = **extra large** XL, übergroß

Xmas n Weihnachten nt

X-ray 1. n (picture) Röntgenaufnahme f **2.** vt röntgen

xylophone n Xylophon nt

Y

yacht n Jacht f; **yachting** n Segeln nt

yam n (US) Süßkartoffel f

yard n Hof m; (US, garden) Garten m; (measure) Yard nt (0,91 m)

yawn vi gähnen

yd abbr = **yard(s)**

year n Jahr nt; **~s ago** vor Jahren; **a five-year-old** ein(e)

Fünfjährige(r); **yearly** adj, adv jährlich

yearn vi sich sehnen (for nach + dat)

yeast n Hefe f

yell vi, vt schreien; **~ at sb** jdn anschreien

yellow adj gelb; **~ fever** Gelbfieber nt; **the Yellow Pages®** pl die Gelben Seiten pl

yes 1. *adv* ja; *(answering negative question)* doch; **say~ to sth** ja zu etw sagen **2.** *n* Ja *nt*
yesterday *adv* gestern; **the day before ~** vorgestern; **~'s newspaper** die Zeitung von gestern
yet 1. *adv (still)* noch; *(up to now)* bis jetzt; *(in a question: already)* schon; **he hasn't arrived ~** er ist noch nicht gekommen; **have you finished ~?** bist du / sind Sie schon fertig?; **~ again** schon wieder; **as ~** bis jetzt **2.** *conj* doch
yield 1. *n* Ertrag *m* **2.** *vt (result, crop)* hervorbringen; *(profit, interest)* bringen **3.** *vi* nachgeben *(to + dat)*; MIL sich ergeben *(to + dat)*; **'~' (US)** AUTO „Vorfahrt beachten"
yoga *n* Yoga *nt*
yog(h)urt *n* Jog(h)urt *m*
yolk *n* Eigelb *nt*
Yorkshire pudding *n* gebackener Eierteig, der meist zum Roastbeef gegessen wird
you *pron (as subject)* du / Sie/ihr; man; *(as direct object)* dich / Sie/euch; einen; *(as indirect object)* dir / Ihnen / ihnen; einem; **~ never can tell** man weiß nie
you'd *contr* = **you had; you would; ~ better leave** du

solltest / Sie sollten gehen
you'll *contr* = **you will; you shall**
young *adj* jung; **youngster** *n* Jugendliche(r) *mf*
your *adj (sg)* dein; *(polite form)* Ihr; *(pl)* euer; *(polite form)* Ihr; **have you hurt ~ leg?** hast du dir / haben Sie sich das Bein verletzt?
you're *contr* = **you are**
yours *pron (sg)* deine(r, s); *(polite form)* Ihre(r, s); *(pl)* eure(r, s); *(polite form)* Ihre(r, s); **is this ~?** gehört das dir / Ihnen?; **a friend of ~** ein Freund von dir / Ihnen; *(in letter)* **~ ...** dein / deine ..., Ihr / Ihre ...
yourself *pron sg* dich; *(polite form)* sich; **have you hurt~?** hast du dich / haben Sie sich verletzt?; **did you do it ~?** hast du / haben Sie es selbst gemacht?; **(all) by ~** allein; **yourselves** *pron pl* euch; *(polite form)* sich; **have you hurt ~?** habt ihr euch / haben Sie sich verletzt?
youth *n (period)* Jugend *f*; **youth group** *n* Jugendgruppe *f*; **youth hostel** *n* Jugendherberge *f*
you've *contr* = **you have**
yucky *adj fam* eklig
yummy *adj* lecker

Z

zap 1. *vt* IT löschen; (*in computer game*) abknallen **2.** *vi* TV zappen; **zapper** *n* TV Fernbedienung *f*

zebra (*US*) *n* Zebra *nt*; **zebra crossing** *n* (*Brit*) Zebrastreifen *m*

zero *n* Null *f*

zest *n* (*enthusiasm*) Begeisterung *f*

zigzag 1. *n* Zickzack *m* **2.** *vi* (*person, vehicle*) im Zickzack gehen / fahren

zinc *n* Zink *nt*

zip 1. *n* (*Brit*) Reißverschluss *m* **2.** *vt* ~ (**up**) den Reißverschluss zumachen; IT zippen;

zip code *n* (*US*) Postleitzahl *f*; **Zip disk®** *n* IT ZIP-Diskette® *f*; **Zip drive®** *n* IT ZIP-Laufwerk® *nt*; **Zip file®** *n* IT ZIP-Datei® *f*; **zipper** *n* (*US*) Reißverschluss *m*

zodiac *n* Tierkreis *m*; **sign of the ~** Tierkreiszeichen *nt*

zone *n* Zone *f*; (*area*) Gebiet *nt*; (*in town*) Bezirk *m*

zoo *n* Zoo *m*

zoom 1. *vi* (*move fast*) brausen, sausen **2.** *n* ~ (**lens**) Zoomobjektiv *nt*; **zoom in** *vi* PHOT heranzoomen (*on* an + *acc*)

zucchini *n* (*US*) Zucchini *f*

Appendices

German irregular verbs

backen–backt/bäckt	backte	hat gebacken
befehlen–befiehlt	befahl	hat befohlen
beginnen–beginnt	begann	hat begonnen
beißen–beißt	biss	hat gebissen
bergen–birgt	barg	hat geborgen
betrügen–betrügt	betrog	hat betrogen
biegen–biegt	bog	hat/ist gebogen
bieten–bietet	bot	hat geboten
binden–bindet	band	hat gebunden
bitten–bittet	bat	hat gebeten
blasen–bläst	blies	hat geblasen
bleiben–bleibt	blieb	ist geblieben
braten–brät	briet	hat gebraten
brechen–bricht	brach	hat/ist gebrochen
brennen–brennt	brannte	hat gebrannt
bringen–bringt	brachte	hat gebracht
denken–denkt	dachte	hat gedacht
dringen–dringt	drang	ist gedrungen
dürfen–darf	durfte	hat gedurft
empfangen–empfängt	empfing	hat empfangen
empfehlen–empfiehlt	empfahl	hat empfohlen
empfinden–empfindet	empfand	hat empfunden
erschrecken–erschrickt	erschrak	ist erschrocken
essen–isst	aß	hat gegessen
fahren–fährt	fuhr	hat/ist gefahren
fallen–fällt	fiel	ist gefallen
fangen–fängt	fing	hat gefangen
finden–findet	fand	hat gefunden
flechten–flicht	flocht	hat geflochten
fliegen–fliegt	flog	hat/ist geflogen
fließen–fließt	floss	ist geflossen
fressen–frisst	fraß	hat gefressen
frieren–friert	fror	hat gefroren
geben–gibt	gab	hat gegeben
gehen–geht	ging	ist gegangen

gelingen–gelingt	gelang	ist gelungen
gelten–gilt	galt	hat gegolten
genießen–genießt	genoss	hat genossen
geschehen–geschieht	geschah	ist geschehen
gewinnen–gewinnt	gewann	hat gewonnen
gießen–gießt	goss	hat gegossen
gleichen–gleicht	glich	hat geglichen
gleiten–gleitet	glitt	ist geglitten
graben–gräbt	grub	hat gegraben
greifen–greift	griff	hat gegriffen
haben–hat	hatte	hat gehabt
halten–hält	hielt	hat gehalten
hängen–hängt	hing	hat gehangen
hauen–haut	haute	hat gehauen
heißen–heißt	hieß	hat geheißen
helfen–hilft	half	hat geholfen
kennen–kennt	kannte	hat gekannt
klingen–klingt	klang	hat geklungen
kneifen–kneift	kniff	hat gekniffen
kommen–kommt	kam	ist gekommen
können–kann	konnte	hat gekonnt
kriechen–kriecht	kroch	ist gekrochen
laden–lädt	lud	hat geladen
lassen–lässt	ließ	hat gelassen
laufen–läuft	lief	ist gelaufen
leiden–leidet	litt	hat gelitten
leihen–leiht	lieh	hat geliehen
lesen–liest	las	hat gelesen
liegen–liegt	lag	hat gelegen
lügen–lügt	log	hat gelogen
mahlen–mahlt	mahlte	hat gemahlen
meiden–meidet	mied	hat gemieden
messen–misst	maß	hat gemessen
misslingen–misslingt	misslang	ist misslungen
mögen–mag	mochte	hat gemocht
müssen–muss	musste	hat gemusst
nehmen–nimmt	nahm	hat genommen
nennen–nennt	nannte	hat genannt
pfeifen–pfeift	pfiff	hat gepfiffen
raten–rät	riet	hat geraten

reiben–reibt	rieb	hat gerieben	
reißen–reißt	riss	hat/ist gerissen	
reiten–reitet	ritt	hat/ist geritten	
rennen–rennt	rannte	ist gerannt	
riechen–riecht	roch	hat gerochen	
ringen–ringt	rang	hat gerungen	
rufen–ruft	rief	hat gerufen	
salzen–salzt	salzte	hat gesalzen	
saufen–säuft	soff	hat gesoffen	
saugen–saugt	sog/saugte	hat gesogen/gesaugt	
schaffen–schafft	schuf	hat geschaffen	
scheiden–scheidet	schied	hat/ist geschieden	
scheinen–scheint	schien	hat geschienen	
scheißen–scheißt	schiss	hat geschissen	
schieben–schiebt	schob	hat geschoben	
schießen–schießt	schoss	hat/ist geschossen	
schlafen–schläft	schlief	hat geschlafen	
schlagen–schlägt	schlug	hat geschlagen	
schleichen–schleicht	schlich	ist geschlichen	
schleifen–schleift	schliff	hat geschliffen	
schließen–schließt	schloss	hat geschlossen	
schmeißen–schmeißt	schmiss	hat geschmissen	
schmelzen–schmilzt	schmolz	ist geschmolzen	
schneiden–schneidet	schnitt	hat geschnitten	
schreiben–schreibt	schrieb	hat geschrieben	
schreien–schreit	schrie	hat geschrie(e)n	
schweigen–schweigt	schwieg	hat geschwiegen	
schwimmen–schwimmt	schwamm	hat/ist geschwommen	
schwören–schwört	schwor	hat geschworen	
sehen–sieht	sah	hat gesehen	
sein–ist	war	ist gewesen	
senden–sendet	sandte	hat gesandt	
singen–singt	sang	hat gesungen	
sinken–sinkt	sank	ist gesunken	
sitzen–sitzt	saß	hat gesessen	
spinnen–spinnt	spann	hat gesponnen	
sprechen–spricht	sprach	hat gesprochen	
springen–springt	sprang	ist gesprungen	
stechen–sticht	stach	hat gestochen	

stehen–steht	stand	hat gestanden
stehlen–stiehlt	stahl	hat gestohlen
steigen–steigt	stieg	ist gestiegen
sterben–stirbt	starb	ist gestorben
stinken–stinkt	stank	hat gestunken
stoßen–stößt	stieß	hat/ist gestoßen
streichen–streicht	strich	hat gestrichen
streiten–streitet	stritt	hat gestritten
tragen–trägt	trug	hat getragen
treffen–trifft	traf	hat getroffen
treiben–treibt	trieb	hat getrieben
treten–tritt	trat	hat/ist getreten
trinken–trinkt	trank	hat getrunken
tun–tut	tat	hat getan
überwinden–überwindet	überwand	hat überwunden
verderben–verdirbt	verdarb	hat/ist verdorben
vergessen–vergisst	vergaß	hat vergessen
verlieren–verliert	verlor	hat verloren
verschwinden–		
verschwindet	verschwand	ist verschwunden
verzeihen–verzeiht	verzieh	hat verziehen
wachsen–wächst	wuchs	ist gewachsen
waschen–wäscht	wusch	hat gewaschen
weisen–weist	wies	hat gewiesen
wenden–wendet	wendete/wandte	hat gewandt/gewendet
werben–wirbt	warb	hat geworben
werden–wird	wurde	ist geworden
werfen–wirft	warf	hat geworfen
wiegen–wiegt	wog	hat gewogen
wissen–weiß	wusste	hat gewusst
ziehen–zieht	zog	hat/ist gezogen
zwingen–zwingt	zwang	hat gezwungen

Numbers

Cardinal numbers

0	null *zero, nought*	**30**	dreißig *thirty*
1	eins *one*	**40**	vierzig *forty*
2	zwei *two*	**50**	fünfzig *fifty*
3	drei *three*	**60**	sechzig *sixty*
4	vier *four*	**70**	siebzig *seventy*
5	fünf *five*	**80**	achtzig *eighty*
6	sechs *six*	**90**	neunzig *ninety*
7	sieben *seven*	**100**	(ein)hundert *a/one hundred*
8	acht *eight*	**101**	hundert(und)eins *a hundred and one*
9	neun *nine*		
10	zehn *ten*	**200**	zweihundert *two hundred*
11	elf *eleven*		
12	zwölf *twelve*	**572**	fünfhundert(und)zwei- undsiebzig *five hundred and seventy-two*
13	dreizehn *thirteen*		
14	vierzehn *fourteen*	**1000**	(ein)tausend *a/one thousand*
15	fünfzehn *fifteen*		
16	sechzehn *sixteen*	**1998**	as year: neunzehnhundertacht- undneunzig *nineteen (hundred and) ninety-eight*
17	siebzehn *seventeen*		
18	achtzehn *eighteen*		
19	neunzehn *nineteen*		
20	zwanzig *twenty*	**2000**	zweitausend *two thousand*
21	einundzwanzig *twenty-one*	**2010**	as year: zweitausendzehn *two thousand (and) ten*
22	zweiundzwanzig *twenty-two*		
23	dreiundzwanzig *twenty-three*	**6 14 8 25**	as phone number: einundsechzig acht- undvierzig fünfund- zwanzig *six one four eight two five*
24	vierundzwanzig *twenty-four*		
25	fünfundzwanzig *twenty-five*		
26	sechsundzwanzig *twenty-six*		
27	siebenundzwanzig *twenty-seven*	**1,000,000**	eine Million *a/one million*
28	achtundzwanzig *twenty-eight*	**2,000,000**	zwei Millionen *two million*
29	neunundzwanzig *twenty-nine*	**1,000,000,000**	eine Milliarde *a/one billion*

Ordinal numbers

1. erste *first*
2. zweite *second*
3. dritte *third*
4. vierte *fourth*
5. fünfte *fifth*
6. sechste *sixth*
7. siebte *seventh*
8. achte *eighth*
9. neunte *ninth*
10. zehnte *tenth*
11. elfte *eleventh*
12. zwölfte *twelfth*
13. dreizehnte *thirteenth*
14. vierzehnte *fourteenth*
15. fünfzehnte *fifteenth*
16. sechzehnte *sixteenth*
17. siebzehnte *seventeenth*
18. achtzehnte *eighteenth*
19. neunzehnte *nineteenth*
20. zwanzigste *twentieth*
21. einundzwanzigste
  twenty-first
22. zweiundzwanzigste
  twenty-second
23. dreiundzwanzigste
  twenty-third
24. vierundzwanzigste
  twenty-fourth
25. fünfundzwanzigste
  twenty-fifth
26. sechsundzwanzigste
  twenty-sixth
27. siebenundzwanzigste
  twenty-seventh
28. achtundzwanzigste
  twenty-eighth

29. neunundzwanzigste
  twenty-ninth
30. dreißigste *thirtieth*
40. vierzigste *fortieth*
50. fünfzigste *fiftieth*
60. sechzigste *sixtieth*
70. siebzigste *seventieth*
80. achtzigste *eightieth*
90. neunzigste *ninetieth*
100. (ein)hundertste *(one) hundredth*
101. hundert(und)erste *(one) hundred and first*
200. zweihundertste *two hundredth*
572. fünfhundert(und)zwei-undsiebzigste *five hundred and seventy-second*
1000. tausendste *(one) thousandth*
1998. neunzehnhundert(und)-achtundneunzigste *nineteen hundred and ninety-ninth*
2000. zweitausendste *two thousandth*
500 000. fünfhunderttausends-te *five hundred thousandth*
1 000 000. millionste *(one) millionth*
2 000 000. zweimillionste *two millionth*

Fractions, decimals and
mathematical calculation methods

¹/₂	ein halb	*one/a half*
¹/₂ m	eine halbe Meile	*half a mile*
1 ¹/₂	anderthalb/eineinhalb	*one and a half*
2 ¹/₂	zweieinhalb	*two and a half*
¹/₃	ein Drittel	*one/a third*
²/₃	zwei Drittel	*two thirds*
¹/₄	ein Viertel	*one fourth, one/a quarter*
³/₄	drei Viertel	*three fourths, three quarters*
¹/₅	ein Fünftel	*one/a fifth*
3 ⁴/₅	drei vier Fünftel	*three and four fifths*
0,4	null Komma vier	*point four (.4)*
2,5	zwei Komma fünf	*two point five (2.5)*
1x	ein mal	*once*
2x	zwei mal	*twice*
3x	drei mal	*three times*
4x	vier mal	*four times*

7 + 8 = 15 sieben plus acht ist fünfzehn *seven plus eight is fifteen*
10 – 3 = 7 zehn minus drei ist sieben *ten minus three is seven*
2 x 3 = 6 zwei mal drei ist sechs/zwei multpliziert mit drei ist sechs *two times three is six/two multiplied by three is six*
20 : 5 = 4 zwanzig (dividiert) durch fünf ist vier *twenty divided by five is four*

European currency

Germany and Austria

1 euro (€) = 100 cent (ct)

coins	banknotes
1 ct	€ 5
2 ct	€ 10
5 ct	€ 20
10 ct	€ 50
20 ct	€ 100
50 ct	€ 200
€ 1	€ 500
€ 2	

Switzerland

1 Swiss franc (Sfr) = 100 Rappen (Rp) / centimes (c)

coins	banknotes
1 Rp	10 Sfr
5 Rp	20 Sfr
10 Rp	50 Sfr
20 Rp	100 Sfr
½ Sfr (50 Rp)	200 Sfr
1 Sfr	1,000 Sfr
2 Sfr	
5 Sfr	

Temperatures

	°F (Fahrenheit)	°C (Celsius)
	400°	204°
	350°	177°
	300°	149°
boiling point	212°	100°
	100°	38°
	80°	27°
	60°	16°
	40°	4°
freezing point	32°	0°
	20°	− 7°
	0°	−18°

How to convert Celsius into Fahrenheit and vice versa

To convert Celsius into Fahrenheit

multiply by 9, divide by 5 and add 32.

To convert Fahrenheit into Celsius

subtract 32, multiply by 5 and divide by 9.

Weights and measures

Length

1 mm	(*Millimeter* millimeter/millimetre)	
	= 0.039 inches	
1 cm	(*Zentimeter* centimeter/centimetre)	
	= 10 mm	= 0.39 inches
1 m	(*Meter* meter/metre)	
	=100 cm	= 1.094 yards
	= 3.28 feet	= 39.37 inches
1 km	(*Kilometer* kilometer/kilometre)	
	= 1000 m	1094 yards = 0.62 miles

1 in (inch)	= 2.54 cm	
1 ft (foot)	= 12 inches	= 30.48 cm
1 yd (yard)	= 3 feet	= 91.4 cm
1 m (mile)	= 1760 yards	= 1.61 km

Volume capacity

1 l (*Liter* liter/litre)	= 2.11 pints (*US*)
	= 1.06 quarts (*US*)
	= 0.26 gallons (*US*)
	= 1.76 pints (*Brit*)
	= 0.88 quarts (*Brit*)
	= 0.22 gallons (*Brit*)
1 pint (*US*)	= 0.472 l
1 pint (*Brit*)	= 0.567 l
1 quart (*US*)	= 0.945 l
1 quart (*Brit*)	= 1.136 l
1 gallon (*US*)	= 3.785 l
1 gallon (*Brit*)	= 4.54 l

Weight

1 g (*Gramm* gram/gramme)
  = 15.432 grains

1 Pfd (*Pfund* (German) pound)
  = 500 g
  = 1.102 pounds avoirdupois
  = 1.34 pounds troy

1 kg (*Kilogramm*, *Kilo* kilogram/kilogramme)
  = 1000 g
  = 2.204 pounds avoirdupois

1 Ztr (*Zentner* centner)
  = 100 Pfd
  = 50 kg
  = 110.23 pounds avoirdupois
  = 1.102 US hundredweights
  = 0.98 British hundredweights

1 t (*Tonne* ton)
  = 1000 kg
  = 1.102 US tons
  = 0.984 British tons

1 ton (of 2240 pounds)
  = 1.01605 metric tonnes
  = 1016.05 kilograms/kilogrammes

1 pound
  = 0.4536 kilograms/kilogrammes
  = 453.6 grams/grammes

1 ounce avoirdupois = 28.3495 grams/grammes
1 ounce troy = 31.1035 grams/grammes
1 grain = 0.0648 grams/grammes